Hillers Westermann
Lehrbuch Umwandlungssteuerrecht

Zusätzliche digitale Inhalte für Sie!

Dieses Buch bietet Ihnen mehr als nur eine gedruckte Version! Nutzen Sie die folgenden Möglichkeiten, die Ihnen für dieses Produkt in der NWB Datenbank zur Verfügung stehen.

Frag das Buch!

Mit **„Frag das Buch!" & „Frag den Kommentar!"** wird Ihre Online-Bibliothek interaktiv! Nutzen Sie die intelligente Unterstützung von NWB KIRA direkt in Ihren Online-Büchern und -Kommentaren. Stellen Sie gezielte Fragen und Sie erhalten punktgenaue Antworten. So wird Fachwissen noch schneller und einfacher zugänglich. Probieren Sie es aus und erleben Sie, wie smart Recherche heute sein kann.

@ Online-Version

Sie haben das gedruckte Exemplar Ihres Buches nicht zur Hand oder möchten etwas schnell recherchieren? Dann nutzen Sie die Online-Version Ihres Buches. Diese steht Ihnen nach Eingabe des folgenden Freischaltcodes direkt zur Verfügung.

Schalten Sie sich Ihre digitalen Mehrwerte direkt frei:

Scannen Sie den QR-Code **oder** rufen Sie die Seite www.nwb.de auf.
Geben Sie den Freischaltcode ein und folgen Sie dem Anmeldedialog. Fertig!

Ihr Freischaltcode

HISO-RWIK-DFRB-CGXU-LMZY-T

www.nwb.de

Steuerfachkurs · Lehrbuch

Lehrbuch Umwandlungssteuerrecht

Von
Dipl.-Finanzwirt (FH) Jan-Hendrik Hillers,
Steuerberater, Düsseldorf
Dr. iur. Benjamin Westermann,
Rechtsanwalt, Fachanwalt für Steuerrecht, Steuerberater, Hamburg, Lehrbeauftragter an der Christian-Albrechts-Universität zu Kiel

6., überarbeitete und aktualisierte Auflage

nwb AUSBILDUNG

Bildnachweis des Buchumschlags: © George Doyle/Stockbyte via Getty Images

ISBN 978-3-482-**58506**-7 – 6., überarbeitete und aktualisierte Auflage 2026

NWB Verlag GmbH & Co. KG
Eschstr. 22
44629 Herne
service@nwb.de

Satz: PMGi Agentur für intelligente Medien GmbH, Hamm
Druck: CPI books, Leck

Um eine gute Lesbarkeit zu gewährleisten, verwenden wir in Fachtexten in der Regel geschlechtsspezifische Personenbezeichnungen. Selbstverständlich sind damit alle Menschen gleichermaßen gemeint.

VORWORT

Das Umwandlungssteuergesetz vollzieht einen Spagat zwischen der Beseitigung steuerlicher Hindernisse für betriebswirtschaftlich erwünschte und handelsrechtlich mögliche Umstrukturierungen einerseits und der Sicherung deutscher Besteuerungsrechte andererseits. Es ist an Komplexität kaum zu überbieten. Im Umwandlungssteuerrecht werden die Einkommensteuer, die Körperschaftsteuer, die Gewerbesteuer und das internationale Steuerrecht miteinander vernetzt. Grundlagenkenntnisse aus diesen Steuerrechtsgebieten sind zwingende Voraussetzung für die Anwendung des Umwandlungssteuerrechts.

Die Anwendung der umwandlungssteuerlichen Regelungen erfordert ein streng systematisches Vorgehen. In diesem Lehrbuch wird in vielen Beispielen der systematische Lösungsweg (immer wieder) aufgezeigt. Unser Anliegen war es, für die in Praxis und Theorie auftretenden Sachverhalte die einzuhaltenden Lösungsschritte aufzuzeigen und damit dem Leser eine Vorlage für die von ihm zu lösenden Fälle an die Hand zu geben. Das Lehrbuch beginnt in dem jeweiligen Abschnitt mit einfachen Einstiegsbeispielen, die dann in der Fortsetzung nach und nach weitere Probleme aufgreifen. Dabei werden auch die Hintergründe und Zusammenhänge einzelner Normen zu deren besseren Verständnis beleuchtet. Komplettiert wird dieses Lehrbuch durch zusammenfassende Beispiele.

Dieses Lehrbuch eignet sich zur Vorbereitung auf die Steuerinspektorenprüfung, die Steuerberaterprüfung, WP-Examen sowie die Bachelor- und Masterprüfung im Steuerrecht. Aber auch Studenten an Universitäten und Fachhochschulen mit dem Studienfach Steuerrecht/Steuerlehre bietet das vorliegende Werk einen Einblick in das Umwandlungssteuerrecht. Es kann ebenso eine Hilfe für die in der Steuerrechtspraxis Beschäftigten sein. Der umwandlungssteuerrechtliche Einsteiger findet in diesem Buch erste Orientierungshilfen, der auf diesem Rechtsgebiet Fortgeschrittene wertvolle Entscheidungshilfen.

Am Ende eines jeden Kapitels werden Kontrollfragen gestellt, die dem Leser Gelegenheit geben, sich die Kernaussagen in dem jeweiligen Teil und Lösungen zu häufig gestellten Fragen in Erinnerung zu rufen.

Bei Auslegungsfragen orientiert sich dieses Lehrbuch weitestgehend an der in dem Umwandlungssteuererlass vom 2. 1. 2025 vertretenen Verwaltungsauffassung. Zu einigen streitbaren Gesetzesinterpretationen hat sich auch der BFH positionieren müssen und zum Teil (von der im Umwandlungssteuererlass vom 11. 11. 2011 dargelegten Verwaltungsmeinung) abweichende Entscheidungen getroffen. Da der Umwandlungssteuererlass vom 2. 1. 2025 in weiten Teilen der Vorgängerfassung vom 11. 11. 2011 entspricht, sind die entsprechenden Entscheidungen unverändert von wesentlicher Bedeutung. Diese Entscheidungen des BFH sowie ausgewählte Auffassungen aus dem Fachschrifttum werden in diesem Lehrbuch ebenfalls behandelt.

In dieser 6. Auflage wurden die Erklärungen und Beispiele an die aktuelle Rechtsprechung angepasst und die im Umwandlungssteuererlass vom 2. 1. 2025 geänderten Verwaltungsmeinungen einbezogen. Selbstverständlich wurden auch die Gesetzesänderungen (unter anderem durch das Wachstumschancengesetz vom 27. 3. 2024) eingearbeitet.

Wir sind dankbar, das von Bernd Junge begründete und bis zur vorherigen 5. Auflage aktualisierte Lehrbuch nunmehr fortführen zu dürfen. Wir hoffen auf ebenso freundlichen Zuspruch wie kritische Anmerkungen.

Rechtsstand des Buches ist der 31. 12. 2025.

Düsseldorf und Hamburg, im Januar 2026

Jan-Hendrik Hillers und
Benjamin Westermann

INHALTSÜBERSICHT

INHALTSVERZEICHNIS

LITERATURHINWEISE

Brandis/Heuermann, Ertragsteuerrecht Kommentar, Loseblattsammlung, München 2025

Brähler/Krenzin, Umwandlungssteuerrecht: Grundlagen für Studium und Steuerberaterprüfung, 11. Auflage, Wiesbaden 2019

Brühl/Kunzmann, Fallsammlung Umwandlungssteuerrecht, 7. Auflage, Herne 2021

Dötsch/Pung/Möhlenbrock, Die Körperschaftsteuer Kommentar, Loseblattsammlung, Stuttgart 2025

Eisgruber, Umwandlungssteuergesetz Kommentar, 3. Auflage, Herne 2023

Haritz/Menner/Bilitewski, Umwandlungssteuerrecht Kommentar, 6. Auflage, München 2024

Klingebiel/Patt/Krause, Umwandlungssteuerrecht, 6. Auflage, Stuttgart 2023

Köllen/Vogl/Wagner/Zimmermann, Lehrbuch Körperschaftsteuer und Gewerbesteuer, 7. Auflage, Herne 2022

Maier/Kremer, Lehrbuch Einkommensteuer, 31. Auflage, Herne 2025

Rödder/Herlinghaus/Graw/Heinemann, Umwandlungssteuergesetz Kommentar, 4. Auflage, Köln 2025

Schmidt, Einkommensteuergesetz Kommentar, 44. Auflage, München 2025

Schmitt/Hörtnagl, Umwandlungsgesetz, Umwandlungssteuergesetz Kommentar, 10. Auflage, München 2024

Westermann/Schulz, Umstrukturierungen – Eine Einführung in das Umwandlungs- und Umwandlungssteuerrecht, JURA 2024, S. 154-166

ABKÜRZUNGSVERZEICHNIS

A

a. A.	anderer Ansicht
a. a. O.	an angegebenem Ort
ABL. EG	Amtsblatt der Europäischen Gemeinschaft
Abs.	Absatz
AEAO	Anwendungserlass zur Abgbenordnung
AEUV	Vertrag über die Arbeitsweise der europäischen Union
a. F.	alte Fassung
AfA	Absetzungen für Abnutzung
AG	Aktiengesellschaft
AktG	Aktiengesetz
AO	Abgabenordnung
Art.	Artikel
AStG	Außensteuergesetz
Az.	Aktenzeichen

B

BB	Betriebsberater (Zeitschrift)
BergbauRatG	Rationalisierungsgesetz für den Bergbau
BewG	Bewertungsgesetz
BFH	Bundesfinanzhof
BFH/NV	Sammlung nicht veröffentlichter BFH-Urteile (Zeitschrift)
BGB	Bürgerliches Gesetzbuch
BGBl	Bundesgesetzblatt
BMF	Bundesfinanzministerium/Bundesfinanzminister
BR-Drucks.	Drucksache des Bundesrats
BsGaV	Betriebsstättengewinnaufteilungsverordnung
bspw.	beispielsweise
BStBl	Bundessteuerblatt
BT-Drucks.	Drucksache des deutschen Bundestages
Buchst.	Buchstabe
BW	Buchwert
bzw.	beziehungsweise

D

DB	Der Betrieb (Zeitschrift)
DBA	Doppelbesteuerungsabkommen
d. h.	das heißt

E

EFG	Entscheidungen der Finanzgerichte (Zeitschrift)
EGV	Vertrag zur Gründung der Europäischen Gemeinschaft
ErbStRG	Erbschaftsteuerreformgesetz
EStG	Einkommensteuergesetz
EStH	Amtliches Einkommensteuer-Handbuch/Hinweis zu den EStR
EStR	Einkommensteuerrichtlinie
etc.	et cetera
EU	Europäische Union
EuGH	Europäischer Gerichtshof
EuGHE	Sammlung der Entscheidungen des EuGH
evtl.	eventuell
EWG	Europäische Wirtschaftsgemeinschaft
EWIV	Europäische wirtschaftliche Interessenvereinigung
EWR	Europäischer Wirtschaftsraum

F

f./ff.	folgende/die folgenden
FG	Finanzgericht
FR	Finanz-Rundschau (Zeitschrift)

G

gem.	gemäß
GenG	Genossenschaftsgesetz
GewSt	Gewerbesteuer
GewStG	Gewerbesteuergesetz
GewStR	Gewerbesteuerrichtlinie
GewStH	Gewerbesteuerhinweise
ggf.	gegebenenfalls
GmbH	Gesellschaft mit beschränkter Haftung
GmbHG	GmbH-Gesetz
grds.	grundsätzlich
GrESt	Grunderwerbsteuer
GrS	Großer Senat des BFH

H

H	Hinweis
h. A.	herrschende Ansicht
HGB	Handelsgesetzbuch
HS	Halbsatz

I

i. H. v.	in Höhe von
inkl.	inklusive
i. R.	im Rahmen
i. S. d.	im Sinne des/der
i.V. m.	in Verbindung mit

K

KapSt	Kapitalertragsteuer
KG	Kommanditgesellschaft
KGaA	Kommanditgesellschaft auf Aktien
KÖSDI	Kölner Steuerdialog (Zeitschrift)
KStG	Körperschaftsteuergesetz
KStH	Körperschaftsteuerhinweise
KStR	Körperschaftsteuerrichtlinie

L

LLC	Limited Liability Company

M

m. E.	meines Erachtens
Mio.	Million/en
m. w. N.	mit weiteren Nachweisen

N

Nr.	Nummer
NWB	NWB Steuer- und Wirtschaftsrecht (Zeitschrift)

O

OECD	Organisation für wirtschaftliche Zusammenarbeit und Entwicklung
OECD-MA	OECD-Musterabkommen zur Vermeidung von Doppelbesteuerung von Einkommen und Vermögen
OFD	Oberfinanzdirektion
o. g.	oben genannt(en)
OHG	offene Handelsgesellschaft

R

R	Richtlinie
Rdn.	Randnummer
REITG	Gesetz über deutsche Immobilien-Aktiengesellschaften mit börsennotierten Anteilen
Rz.	Randziffer

S

s.	siehe
SB	Schlussbilanz
SCE	Europäische Genossenschaft (Societas Cooperativa-Europaea)
SE	Europäische Gesellschaft (Societas Europaea)
SEStEG	Gesetz über steuerliche Begleitmaßnahmen zur Einführung der Europäischen Gesellschaft und zur Änderung weiterer steuerrechtlicher Vorschriften
s. o.	siehe oben
sog.	sogenannt
SolZ	Solidaritätszuschlag

T

Tz.	Textziffer

U

u. a.	unter anderem
UmwG	Umwandlungsgesetz
UmwStE	Umwandlungssteuererlass vom 11. 11. 2011
UmwStG	Umwandlungssteuergesetz
u. U.	unter Umständen

V

v.	vom
vgl.	vergleiche
VVaG	Versicherungsverein auf Gegenseitigkeit
VWG BsGA	Verwaltungsgrundsätze Betriebsstättengewinnaufteilung

Z

z. B.	zum Beispiel
zzgl.	zuzüglich

KAPITEL 1: UMWANDLUNGEN NACH ZIVILRECHT UND VERBINDUNGEN ZUM STEUERRECHT

Kapitel 1: Umwandlungen nach Zivilrecht und Verbindungen zum Steuerrecht

1.1 Begriff der Umwandlung und Telos des UmwG

1 Umwandlung bedeutet im Gesellschaftsrecht die **Änderung** der **rechtlichen Strukturen** eines **Unternehmensträgers**. Ist die Unternehmensträgerin eine Gesellschaft z. B. in der Rechtsform einer KG und soll das Unternehmen aus betriebswirtschaftlichen oder rechtlichen Motiven künftig von einer (anderen) Gesellschaft z. B. in der Rechtsform einer AG geführt werden, stellt sich die Frage, nach welchen rechtlichen Grundlagen der Übergang von der Personengesellschaft in die Kapitalgesellschaft erfolgen kann.

Nach dem Typenzwang im deutschen Gesellschaftsrecht können Gesellschaften nicht frei nach dem Willen ihrer Gründer konstruiert oder nach den Vorstellungen der Beteiligten umstrukturiert werden. Zum einen sind die nach deutschem Recht zulässigen Gesellschaftsformen abschließend gesetzlich geregelt (numerus clausus der Gesellschaftsformen; geschlossene Zahl der Gesellschaftsformen). Zum anderen sind Umstrukturierungen im Hinblick auf die Rechtsform der Gesellschaft nur innerhalb des gesetzlichen Rahmens zulässig.

2 Eine Gesellschaft ist eine rechtliche Einheit, der die Fähigkeit zuerkannt wird, Trägerin eines Unternehmens und Eigentümerin des Unternehmensvermögens zu sein. Wird das **bisher** von einer **KG** betriebene Unternehmen **künftig** von einer **AG** geführt, so handelt es sich dabei – abgesehen von dem Fall einer Umwandlung durch Formwechsel nach dem fünften Buch des UmwG – um zwei verschiedene Unternehmensträger (Rechtsträger), die jeweils nach den speziell für sie geltenden rechtlichen Regeln zu gründen und aufzulösen sind. Fraglich ist, nach welchen rechtlichen Grundlagen das bisher der KG gehörende Vermögen nunmehr der AG zugerechnet werden kann.

3 Die Vermögensübertragung von einem Rechtsträger auf einen anderen Rechtsträger erfolgt nach allgemeinem Zivilrecht grundsätzlich im Wege der **Einzelrechtsnachfolge**. Das bedeutet, dass bei der Übertragung von Vermögenswerten für jede einzelne Sache, jedes einzelne Recht und jede einzelne Verpflichtung jeweils eigene Voraussetzungen erfüllt sein müssen und jeweils ein spezielles Rechtsgeschäft abgeschlossen werden muss (**Spezialitätsprinzip** im Sachenrecht). Zur Übereignung eines Grundstücks bedarf es einer notariell zu beurkundenden Einigung von Erwerber und Veräußerer und der Eintragung im Grundbuch (§§ 873, 925 BGB). Das Eigentum an beweglichen Sachen wird nach den §§ 929 ff. BGB durch Einigung und Besitzverschaffung übertragen. Auf die Übertragung von Forderungen und Rechten finden die Vorschriften über die Abtretung (§§ 398 ff. BGB) Anwendung. Verbindlichkeiten können nur mit Zustimmung des jeweiligen Gläubigers übertragen werden (§§ 414 ff. BGB).

Diese Grundsätze der Einzelrechtsnachfolge stellen ein beträchtliches Hindernis für Vermögensübertragungen eines ganzen Unternehmens dar und würden in vielen Fällen zum Scheitern einer wirtschaftlich gebotenen Umstrukturierung führen. Hinzu kommt, dass bei einer gewünschten Auflösung der bisherigen Unternehmensträgerin nach allgemeinem Gesellschaftsrecht eine Liquidation (Abwicklung) durchzuführen ist.

Das bedeutet, dass das positive Gesellschaftsvermögen zunächst zur Berichtigung der Gesellschaftsverbindlichkeiten einzusetzen ist. Ein verbleibendes positives Vermögen ist auf die Gesellschafter zu verteilen. Diese Abwicklung hätte zwangsläufig die Beendigung der bisherigen unternehmerischen Tätigkeit zur Folge.

Das UmwG erleichtert den Teilnehmern am Wirtschaftsverkehr die **Anpassung** ihrer **rechtlichen Strukturen** an die veränderten Umstände des Wirtschaftslebens. Die wesentlichen Eckpunkte des UmwG sind: 4

- Vermögensübergang als Ganzes einschließlich der Verbindlichkeiten im Wege der Gesamtrechtsnachfolge
- Erlöschen des übertragenden Rechtsträgers ohne Abwicklung (bei der Verschmelzung und Aufspaltung)

Das im **UmwG** kodifizierte Umwandlungsrecht ist **spezielles Zivil-** bzw. **Handelsrecht**, das neben das allgemeine Zivil- und Handelsrecht tritt. Es lässt den Beteiligten die Wahl, die Umstrukturierung nach allgemeinen zivilrechtlichen Regelungen zu gestalten oder das UmwG in Anspruch zu nehmen. 5

Im UmwG sind rechtseinheitlich vier **Umwandlungsarten** abschließend beschrieben und geregelt. Es sind dies: 6

- die Verschmelzung
- die Spaltung
- die Vermögensübertragung
- der Formwechsel

Andere Umwandlungen sind nur möglich, wenn sie durch ein besonderes Bundes- oder Landesgesetz ausdrücklich vorgesehen sind (§ 1 Abs. 2 UmwG). 7

1.2 Umwandlungsarten

1.2.1 Verschmelzung

Bei einer Verschmelzung (§ 2 ff. UmwG) wird das gesamte Vermögen eines Rechtsträgers auf einen anderen 8

- entweder schon bestehenden (Verschmelzung durch Aufnahme)
- oder neu gegründeten (Verschmelzung durch Neugründung)

Rechtsträger im Wege der **Gesamtrechtsnachfolge** unter Auflösung ohne Abwicklung übertragen. Den Anteilsinhabern der übertragenden Rechtsträger wird dabei im Wege des **Anteilstauschs** eine Beteiligung an dem übernehmenden oder neuen Rechtsträger gewährt.

9 Die Verschmelzung ist für folgende **Rechtsträger** möglich:

von (übertragende Rechtsträger)	**auf (übernehmende Rechtsträger)**
eingetragene Gesellschaften bürgerlichen Rechts (eGbR), Personenhandelsgesellschaft (OHG, KG) und Partnerschaftsgesellschaft	eingetragene Gesellschaften bürgerlichen Rechts (eGbR), Personenhandelsgesellschaft (OHG, KG) und Partnerschaftsgesellschaft Kapitalgesellschaft (AG, GmbH, KGaA) Genossenschaft
Kapitalgesellschaft (AG, GmbH, KGaA)	eingetragene Gesellschaften bürgerlichen Rechts (eGbR) Personenhandelsgesellschaft (OHG, KG) Partnerschaftsgesellschaft Kapitalgesellschaft (AG, GmbH, KGaA) Genossenschaft natürliche Person (Alleingesellschafter)
Genossenschaft	eingetragene Gesellschaften bürgerlichen Rechts (eGbR) Personenhandelsgesellschaft (OHG, KG) Partnerschaftsgesellschaft Kapitalgesellschaft (AG, GmbH, KGaA) Genossenschaft
Verein	eingetragene Gesellschaften bürgerlichen Rechts (eGbR) Personenhandelsgesellschaft (OHG, KG) Partnerschaftsgesellschaft Kapitalgesellschaft (AG, GmbH, KGaA) Genossenschaft Verein
Genossenschaftlicher Prüfungsverband	Genossenschaftlichen Prüfungsverband
VVaG	AG VVaG

1.2.2 Spaltung

Bei einer Spaltung wird das Vermögen eines Rechtsträgers geteilt (§§ 123 ff. UmwG). 10
Spaltungen sind für folgende Rechtsträger möglich:

von (übertragende Rechtsträger)	auf (übernehmende Rechtsträger)
eingetragene Gesellschaften bürgerlichen Rechts (eGbR), Personenhandelsgesellschaft (OHG, KG) und Partnerschaftsgesellschaft	eingetragene Gesellschaften bürgerlichen Rechts (eGbR) Personenhandelsgesellschaft (OHG, KG) und Partnerschaftsgesellschaft Kapitalgesellschaft (AG, GmbH, KGaA) Genossenschaft
Kapitalgesellschaft (AG, GmbH, KGaA) und Genossenschaft	eingetragene Gesellschaften bürgerlichen Rechts (eGbR) Personenhandelsgesellschaft (OHG, KG) Partnerschaftsgesellschaft Kapitalgesellschaft (AG, GmbH, KGaA) Genossenschaft
Verein	eingetragene Gesellschaften bürgerlichen Rechts (eGbR) Personenhandelsgesellschaft (OHG, KG) Partnerschaftsgesellschaft Kapitalgesellschaft (AG, GmbH, KGaA) Genossenschaft Verein
Genossenschaftlicher Prüfungsverband	Genossenschaftlichen Prüfungsverband Kapitalgesellschaft (AG, GmbH, KGaA); nur Ausgliederung
VVaG	GmbH; nur Ausgliederung AG, KGaA (nur Auf-, Abspaltung) VVaG (nur Auf-, Abspaltung)
Einzelkaufmann	eingetragene Gesellschaften bürgerlichen Rechts (eGbR); nur Ausgliederung Personenhandelsgesellschaft (OHG, KG); nur Ausgliederung Kapitalgesellschaft (AG, GmbH, KGaA); nur Ausgliederung Genossenschaft; nur Ausgliederung

Stiftung	eingetragene Gesellschaften bürgerlichen Rechts (eGbR); nur Ausgliederung Personenhandelsgesellschaft (OHG, KG); nur Ausgliederung Kapitalgesellschaft (AG, GmbH, KGaA); nur Ausgliederung
Gebietskörperschaft	eingetragene Gesellschaften bürgerlichen Rechts (eGbR); nur Ausgliederung Personenhandelsgesellschaft (OHG, KG); nur Ausgliederung Kapitalgesellschaft (AG, GmbH, KGaA); nur Ausgliederung Genossenschaft (nur Ausgliederung)

Das UmwG unterteilt die Spaltung in § 123 in drei Arten.

1.2.2.1 Aufspaltung

11 Die Aufspaltung ist das Spiegelbild der Verschmelzung (§ 123 Abs. 1 UmwG). Ein Rechtsträger teilt sein Vermögen unter Auflösung ohne Abwicklung auf und überträgt die Teile als Gesamtheit im Wege der Sonderrechtsnachfolge (partielle Gesamtrechtsnachfolge) auf **mindestens zwei andere**

- schon bestehende (Aufspaltung zur Aufnahme)
- oder neu gegründete (Aufspaltung zur Neugründung)

Rechtsträger. Den Anteilsinhabern des sich aufspaltenden Rechtsträgers werden dabei im Wege des Anteilstauschs Beteiligungen an den übernehmenden oder neuen Rechtsträgern gewährt.

1.2.2.2 Abspaltung

12 Bei der Abspaltung bleibt der **übertragende**, sich spaltende **Rechtsträger als Rumpfunternehmen** bestehen und überträgt wiederum im Wege der Sonderrechtsnachfolge einen Teil oder mehrere Teile seines Vermögens jeweils als Gesamtheit auf einen oder mehrere andere

- bereits bestehende (Abspaltung zur Aufnahme)
- oder neu gegründete (Abspaltung zur Neugründung)

Rechtsträger (§ 123 Abs. 2 UmwG). Die Anteilsinhaber des sich spaltenden Rechtsträgers erhalten eine Beteiligung an dem übernehmenden oder neuen Rechtsträger.

1.2.2.3 Ausgliederung

Die Ausgliederung entspricht im Wesentlichen der Abspaltung (§ 123 Abs. 3 UmwG). 13
Die Anteile an den übernehmenden oder neuen Rechtsträgern fallen jedoch nicht den Anteilsinhabern des sich spaltenden Rechtsträgers, sondern dem **Vermögen** des **Rumpfunternehmens** selbst zu.

1.2.3 Vermögensübertragung

Die Vermögensübertragung wird als Vollübertragung und als Teilübertragung zugelassen (§ 174 UmwG). Ihre Konstruktion entspricht bei der **Vollübertragung** der Verschmelzung und bei der **Teilübertragung** der Spaltung. Der Unterschied besteht darin, dass die Gegenleistung für die Anteile an dem übertragenden Rechtsträger nicht in Anteilen an den übernehmenden oder neuen Rechtsträgern besteht, sondern in einer **Barleistung**. 14

Vermögensübertragungen sind für folgende Rechtsträger möglich: 15

von (übertragende Rechtsträger)	auf (übernehmende Rechtsträger)
Kapitalgesellschaft (AG, GmbH, KGaA)	Öffentliche Hand
Versicherungs-AG	VVaG öffentlich-rechtliche Versicherungsunternehmen
VVaG	Versicherungs-AG öffentlich-rechtliche Versicherungsunternehmen
öffentlich-rechtliche Versicherungsunternehmen	VVaG Versicherungs-AG

1.2.4 Formwechsel

Beim Formwechsel **ändern sich** lediglich das **Rechtskleid** und die **Struktur** des Rechtsträgers (§ 190 UmwG). Seine Identität bleibt gewahrt. Es wird kein Vermögen übertragen. 16

Ein Formwechsel ist für folgende Rechtsformen möglich: 17

von	in
eingetragene Gesellschaften bürgerlichen Rechts (eGbR), Personenhandelsgesellschaft (OHG, KG) und Partnerschaftsgesellschaft	Kapitalgesellschaft (AG, GmbH, KGaA) Genossenschaft

Kapitalgesellschaft (AG, GmbH, KGaA)	eingetragene Gesellschaften bürgerlichen Rechts (eGbR) Personenhandelsgesellschaft (OHG, KG) Partnerschaftsgesellschaft Kapitalgesellschaft (AG, GmbH, KGaA) Genossenschaft
Genossenschaft	Kapitalgesellschaft (AG, GmbH, KGaA)
Verein	Kapitalgesellschaft (AG, GmbH, KGaA) Genossenschaft
Körperschaft/Anstalt des öffentlichen Rechts	Kapitalgesellschaft (AG, GmbH, KGaA)

18

ABB. 1: Umwandlungen abschließend geregelt nach UmwG

Verschmelzung
§§ 2-122 und §§ 305-319 UmwG (2. Buch)

von:	auf:
eGbR, OHG, KG und Partnerschaftsgesellschaft	eGbR, OHG, KG Partnerschaftsgesellschaft AG, GmbH, KGaA Genossenschaft
AG, GmbH, KGaA	eGbR, OHG, KG Partnerschaftsgesellschaft AG, GmbH, KGaA Genossenschaft Natürliche Person (Alleingesellschafter)
Genossenschaft	eGbR, OHG, KG Partnerschaftsgesellschaft AG, GmbH, KGaA Genossenschaft
Verein	eGbR, OHG, KG Partnerschaftsgesellschaft AG, GmbH, KGaA Genossenschaft Verein
Genossenschaftlicher Prüfungsverband	Genossenschaftlicher Prüfungsverband
VVaG	AG VVaG

jeweils möglich:

durch Aufnahme | durch Neugründung

Spaltung
§§ 123-173 und §§ 320-332 UmwG (3. Buch)

von:	auf:
eGbR, OHG, KG und Partnerschaftsgesellschaft	eGbR, OHG, KG Partnerschaftsgesellschaft AG, GmbH, KGaA Genossenschaft
AG, GmbH, KGaA und Genossenschaft	eGbR, OHG, KG Partnerschaftsgesellschaft AG, GmbH, KGaA Genossenschaft
Verein	eGbR, OHG, KG Partnerschaftsgesellschaft AG, GmbH, KGaA Genossenschaft Verein
Genossenschaftlicher Prüfungsverband	Genossenschaftlicher Prüfungsverband

mögliche Spaltungsarten:

Aufspaltung | **Abspaltung** | **Ausgliederung**

zusätzliche Übertragungsmöglichkeiten bei den Spaltungsunterarten:

von:	auf:
VVaG	AG, KGaA VVaG

von:	auf:
Einzelkaufmann	eGbR, OHG, KG AG, GmbH, KGaA Genossenschaft
Genossenschaftlicher Prüfungsverband	AG, GmbH, KGaA
VVaG	GmbH
Stiftung	eGbR OHG, KG AG, GmbH, KGaA
Gebietskörperschaft	eGbR, OHG, KG AG, GmbH, KGaA

jeweils möglich:

zur Aufnahme | zur Neugründung

Vermögensübertragung
§§ 190-304 und §§ 333-345 UmwG (5. Buch)

von:	auf:
AG, GmbH, KGaA	öffentliche Hand
Versicherungs-AG	VVaG öffentlich-rechtliche Versicherungsunternehmen
VVaG	Versicherungs-AG öffentlich-rechtliche Versicherungsunternehmen
öffentlich-rechtliche Versicherungsunternehmen	VVaG Versicherungs-AG

Formwechsel
§§ 190–304 UmwG (5. Buch)

von:	in:
eGbR, OHG, KG und Partnerschaftsgesellschaft	AG, GmbH, KGaA Genossenschaft
AG, GmbH, KGaA	GbR eGbR, OHG, KG, Partnerschaftsgesellschaft AG, GmbH, KGaA Genossenschaft
Genossenschaft	AG, GmbH, KGaA
Verein	AG, GmbH, KGaA Genossenschaft
Körperschaft/ Anstalt des öffentlichen Rechts	AG, GmbH, KGaA

19

ABB. 2: Ablaufplan einer Verschmelzung/Spaltung

Zivilrecht	Steuerrecht
Vorbereitungsphase (Vorbereitung der gesellschaftsrechtlichen Beschlüsse): ▸ **Entwurf eines Umwandlungsvertrages (Verschmelzungs- oder Spaltungs – und Übernahmevertrag oder Verschmelzungs- oder Spaltungsplan) (§§ 4, 5 UmwG, § 126 UmwG) in notarieller Form** ▸ **Verschmelzungsbericht (§ 8 UmwG), Spaltungsbericht (§ 127 UmwG), Umwandlungsbericht (§ 192 UmwG)** ▸ **Prüfung der Verschmelzung (§ 9 UmwG) oder der Spaltung (§ 125 UmwG) durch einen unabhängigen sachverständigen Prüfer (Wirtschaftsprüfer)**	
Beschlussphase: Beschluss, durch den die Anteilsinhaber der beteiligten Rechtsträger auf einer Versammlung dem Verschmelzungs- oder Spaltungs- und Übernahmevertrag zustimmen	
Vollzugsphase:	
Übertragender Rechtsträger: Anmeldung der Umwandlung zur Eintragung in das Handelsregister durch das Vertretungsorgan (Geschäftsführer) unter Beifügung des Umwandlungsvertrags, eine Niederschrift des Umwandlungsbeschlusses, des Prüfungsberichts und	
einer **Schlussbilanz** die nach den Vorschriften über die Jahresbilanz (zu Buchwerten) zu erstellen und auf einen höchstens acht Monate vor der Anmeldung liegenden Stichtag aufgestellt worden ist (§ 17 Abs. 2 UmwG)	Aufstellung einer steuerlichen Schlussbilanz (Übertragungsbilanz) auf den **steuerlichen Übertragungsstichtag** = Stichtag, auf den die Handelsbilanz nach § 17 Abs. 2 UmwG aufgestellt worden ist (§ 2 Abs. 1 Satz 1 UmwStG) = Ende des letzten Wirtschaftsjahres der übertragenden Körperschaft
Eintragung in das Handelsregister des Sitzes des übertragenden Rechtsträgers	
Übernehmender Rechtsträger: Anmeldung der Umwandlung zur Eintragung in das Handelsregister durch das Vertretungsorgan (Geschäftsführer)	
Eintragung in das Register des Sitzes des übernehmenden Rechtsträgers. Mit der (konstitutiven) Eintragung 1. geht das Vermögen der übertragenden Rechtsträger einschließlich der Verbindlichkeiten auf den übernehmenden Rechtsträger über, 2. erlöschen die übertragenden Rechtsträger 3. werden die Anteilsinhaber der übertragenden Rechtsträger Anteilsinhaber des übernehmenden Rechtsträger	

1.3 Vom UmwG ins UmwStG

20 Das UmwStG knüpft an das UmwG an und beseitigt steuerliche Hindernisse für betriebswirtschaftlich erwünschte und handelsrechtlich mögliche Umstrukturierungen von Unternehmensträgern. Nach allgemeinen ertragsteuerlichen Vorschriften führen

die Umwandlungsvorgänge grundsätzlich zur Auflösung und Versteuerung der stillen Reserven bei dem bisherigen Vermögensinhaber. Unter Durchbrechung des Subjektsteuerprinzips bietet das UmwStG den Umwandlungsbeteiligten unter den jeweils in den einschlägigen Normen beschriebenen Voraussetzungen an, den **Umwandlungsvorgang steuerneutral** zu gestalten. Dafür werden keine Steuerbefreiungen gewährt; es wird lediglich die Möglichkeit geschaffen, stille Reserven auf den jeweils anderen (übernehmenden) Rechtsträger zu übertragen.

Trotz übereinstimmender Zielsetzung mit dem UmwG (Erleichterung der Umstrukturie- 21
rung von Unternehmen) und weitgehender Abhängigkeit vom UmwG (s. Anwendungsvoraussetzungen in § 1 UmwStG) folgt das UmwStG in Aufbau und Systematik nicht dem UmwG. Der Grund dafür sind die **speziellen ertragsteuerlichen Gegebenheiten**. Die Körperschaften sind körperschaftsteuerrechtsfähig und ermöglichen eine Thesaurierung von Gewinnen. Bei den Personengesellschaften gilt das Transparenzprinzip (Durchgriffsbesteuerung bei den Gesellschaftern). Diese Differenzierung ist Grundlage für Aufbau und Gliederung des UmwStG.

Das UmwStG regelt die ertragsteuerlichen Folgen der durch eine Umwandlung erfolg- 22
ten Vermögensübertragungen.

Dabei geht es im Zweiten bis Fünften Teil	**um Vermögensübertragungen von Körperschaften**	
§§ 3 – 19 UmwStG	auf Personengesellschaften oder natürliche Personen	
	► durch Verschmelzung	§§ 3 – 9 UmwStG
	► durch Auf- oder Abspaltung	§ 16 UmwStG
	auf andere Körperschaften	
	► durch Verschmelzung	§§ 11 – 13 UmwStG
	► durch Auf- oder Abspaltung	§ 15 UmwStG
Sechsten bis Achten Teil	**Einbringungen**	
§§ 20 – 25 UmwStG	► in eine Kapitalgesellschaft oder Genossenschaft	§§ 20, 22, 23, 25 UmwStG
	► Anteilstausch	§§ 21, 22 UmwStG
	► in eine Personengesellschaft	§§ 24, 23 UmwStG

Der **Formwechsel** einer Kapitalgesellschaft in eine Personengesellschaft wird ertrag- 23
steuerlich der Verschmelzung einer Körperschaft auf eine Personengesellschaft gleichgestellt (§ 9 UmwStG).

Der **Formwechsel** einer Personengesellschaft in eine Kapitalgesellschaft oder Genossenschaft wird ertragsteuerlich der Einbringung in eine Kapitalgesellschaft oder Genossenschaft gleichgestellt (§ 25 UmwStG).

Die Vermögensübertragungen i. S. d. §§ 174 ff. UmwG werden hier wegen ihres Ausnahmecharakters vernachlässigt.

24

ABB. 3: Anwendungsbereich UmwStG

Vermögensübertragung einer Körperschaft

auf eine Personengesellschaft/natürliche Person

§§ 3 bis 10 UmwStG
und § 16 UmwStG (Spaltung)
und § 18 UmwStG (GewSt)

auf eine andere Körperschaft

§§ 11 bis 13 UmwStG
und § 15 UmwStG (Spaltung)
und § 19 UmwStG (GewSt)

im Wege der (des):

auf eine Personengesellschaft/natürliche Person:

- Verschmelzung
  § 1 Abs. 1 Satz 1 Nr. 1 UmwStG
- Formwechsels
  § 1 Abs. 1 Satz 1 Nr. 2 UmwStG
- Auf-/Abspaltung
  § 1 Abs. 1 Satz 1 Nr. 1 UmwStG

auf eine andere Körperschaft:

- Verschmelzung
  § 1 Abs. 1 Satz 1 Nr. 1 UmwStG
- Vollübertragung i. S. d. § 174 Abs. 1 UmwStG
  § 1 Abs. 1 Satz 1 Nr. 4 UmwStG
- Auf-/Abspaltung und Teilübertragung i. S. d. § 174 Abs. 2 UmwStG
  § 1 Abs. 1 Satz 1 Nr. 1 und 4 UmwStG

Einbringungen

in Kapitalgesellschaft oder Genossenschaft

§§ 20, 25 UmwStG

Gegenstand der Einbringung:

- Betrieb
- Teilbetrieb
- Mitunternehmeranteil

Anteilstausch

§ 21 UmwStG

Gegenstand der Einbringung:

Anteile an einer Kapitalgesellschaft oder Genossenschaft

in Personengesellschaft

§ 24 UmwStG

Gegenstand der Einbringung:

- Betrieb
- Teilbetrieb
- Mitunternehmeranteil

im Wege der (des):

in Kapitalgesellschaft oder Genossenschaft:

- Verschmelzung, Auf- oder Abspaltung von eGbR, OHG, KG und Partnerschaftsgesellschaft
  § 1 Abs. 3 Nr. 1 UmwStG
- Ausgliederung
  § 1 Abs. 3 Nr. 2 UmwStG
- Formwechsels einer Personengesellschaft in eine Kapitalgesellschaft oder Genossenschaft
  § 1 Abs. 1 Nr. 3 UmwStG
- Einzelrechtsnachfolge
  § 1 Abs. 1 Nr. 3 UmwStG

Anteilstausch:

Austauschs von Anteilen
§ 1 Abs. 3 Nr. 5 UmwStG

in Personengesellschaft:

- Verschmelzung, Auf- oder Abspaltung von eGbR, OHG, KG und Partnerschaftsgesellschaft
  § 1 Abs. 3 Nr. 1 UmwStG
- Ausgliederung
  § 1 Abs. 1 Nr. 2 UmwStG
- Einzelrechtsnachfolge
  § 1 Abs. 1 Nr. 3 UmwStG

In den Fällen der Gesamtrechtsnachfolge (Verschmelzung) oder der partiellen Gesamtrechtsnachfolge (Auf- /Abspaltung oder Ausgliederung) fallen auch vergleichbare ausländische Vorgänge in den Anwendungsbereich des UmwStG. Für den persönlichen Anwendungsbereich ist § 1 Abs. 2 und 4 UmwStG zu beachten.

1.4 Kontrollfragen

FRAGEN

		Rdn.
1.	Warum kann eine KG nicht einfach in eine AG (oder umgekehrt) umbenannt werden?	1 f.
2.	Welches Ziel verfolgt das UmwG und wie wird dieses Ziel erreicht?	4
3.	Beschreiben Sie das Verhältnis des UmwG zum BGB und zu den gesellschaftsrechtlichen Regeln im HGB, AktG und GmbHG!	5
4.	Welche Umwandlungsarten werden durch das UmwG geregelt und gibt es darüber hinaus noch andere Möglichkeiten der Umwandlung von Unternehmensträgern?	6 f.
5.	Was ist unter einer Verschmelzung zu verstehen und welche Verschmelzungsvarianten gibt es?	8
6.	Kann eine GbR Beteiligte an einer Verschmelzung oder Spaltung sein?	9 f.
7.	Beschreiben Sie den Unterschied zwischen einer Abspaltung und einer Ausgliederung!	11 f.
8.	Was sind Vermögensübertragungen i. S. d. UmwG?	14 f.
9.	Durch welche Besonderheit zeichnet sich der Formwechsel aus?	16 f.
10.	Nach welchen ertragsteuerlichen Gegebenheiten ist das UmwStG gegliedert?	21
11.	Wie wird ein Formwechsel ertragsteuerlich behandelt?	23

KAPITEL 2: UMWANDLUNG VON KÖRPERSCHAFTEN IN PERSONENUNTERNEHMEN

Kapitel 2: Umwandlung von Körperschaften in Personenunternehmen

2.1 Verschmelzung auf eine Personengesellschaft oder auf eine natürliche Person

Bei der Umwandlung einer Körperschaft in ein Personenunternehmen (Personengesellschaft oder natürliche Person) im Wege der Verschmelzung wird das Vermögen der Körperschaft als Ganzes auf das Personenunternehmen übertragen (**Gesamtrechtsnachfolge**). Die übertragende Körperschaft erlischt. Den Anteilsinhabern der Körperschaft wird eine Beteiligung an der übernehmenden Personengesellschaft gewährt, soweit die Übernehmerin nicht bereits selbst an der übertragenden Körperschaft beteiligt war. 25

2.1.1 Ertragsteuerliche Folgen nach allgemeinen Vorschriften

Für die ertragsteuerliche Beurteilung der Verschmelzung – und auch des Formwechsels – einer Körperschaft auf bzw. in eine Personengesellschaft sind die **Ebenen** der übertragenden Körperschaft und die der übernehmenden Personengesellschaft sowie die der Anteilsinhaber der übertragenden Körperschaft bzw. der Gesellschafter der übernehmenden Personengesellschaft auseinander zu halten. 26

2.1.1.1 Übertragende Körperschaft

Bei der übertragenden Körperschaft wäre nach den **allgemeinen Vorschriften** eine **Schlussbesteuerung** durchzuführen. Es müssten alle stillen Reserven aufgedeckt und dem Subjektsteuerprinzip entsprechend noch von der Körperschaft versteuert werden. Mit der Verschmelzung erlischt die übertragende Körperschaft (§ 20 Abs. 1 Nr. 2 UmwG). Hinsichtlich des übertragenen Vermögens ist entweder eine liquidationsähnliche Sachauskehrung oder ein veräußerungsähnlicher Vorgang anzunehmen. 27

Eine dem Wortlaut des § 11 KStG entsprechende Liquidation ist zwar nicht gegeben, weil die Körperschaft nicht abgewickelt wird (§ 2 UmwG). Es gelten jedoch alle materiellen und immateriellen Wirtschaftsgüter (einschließlich eines Geschäfts- und Firmenwertes) als an die Gesellschafter ausgekehrt (Sachausschüttung), was – wie bei einer Liquidation – durch Ansatz des gemeinen Wertes zur Realisierung sämtlicher stillen Reserven führen würde.

Die Verschmelzung kann aber auch als Veräußerung des gesamten Betriebsvermögens an die übernehmende Personengesellschaft mit anschließender Übertragung der als Gegenleistung erhaltenen Mitunternehmeranteile an die Gesellschafter betrachtet werden. Im Zuge dieser Veräußerung käme es dann ebenfalls zur Auflösung sämtlicher stiller Reserven (vgl. auch Rdn. 00.02 UmwStE).

2.1.1.2 Übernehmende Personengesellschaft

28 Für die übernehmende Personengesellschaft stellt sich die Übernahme des Betriebsvermögens nach **allgemeinen Vorschriften** als **entgeltlicher Erwerb** (Anschaffung) dar. Aus Sicht der Übernehmerin ist der Vermögensübergang als Sacheinlage anzusehen. Die Gesellschafter der übertragenden Körperschaft erwerben mit der Verschmelzung Anteile an der Übernehmerin und erfüllen ihre Einlageverpflichtung durch die Übertragung der Vermögensgegenstände der Körperschaft.

Es handelt sich um einen tauschähnlichen Vorgang. Die (handelsrechtlichen) Anschaffungskosten für die übergehenden Vermögensgegenstände entsprechen deren gemeinem Wert. Soweit die Übernehmerin bereits Anteile an der Überträgerin hält, wendet sie diese (mit der Verschmelzung untergehenden Anteile) auf, um das Betriebsvermögen der Überträgerin zu erwerben. Der gemeine Wert der untergehenden Anteile bildet grundsätzlich die Anschaffungskosten für das übernommene Vermögen.

2.1.1.3 Anteilseigner der übertragenden Körperschaft

29 Die Verschmelzung würde nach den **allgemeinen Vorschriften** bei den Anteilseignern der übertragenden Körperschaft zur **Realisierung** und Versteuerung der in ihren Anteilen vorhandenen **stillen Reserven** führen. Die Umwandlung hinsichtlich der Anteile an der übertragenden Körperschaft stellt einen Veräußerungsvorgang zum gemeinen Wert dar (vgl. Rdn. 00.03 und 00.04 UmwStE). Die neuen Anteile am übernehmenden Rechtsträger gelten dann als zum gemeinen Wert angeschafft.

2.1.2 Konzeption und Telos der §§ 3 bis 9 UmwStG

30 § 3 UmwStG ermöglicht ausnahmsweise einen **Transfer stiller Reserven** auf das übernehmende Personenunternehmen. Soweit die übrigen Voraussetzungen dieser Vorschrift erfüllt sind, kann das Vermögen der übertragenden Körperschaft in der steuerlichen Schlussbilanz wahlweise mit dem Buchwert, dem gemeinen Wert oder mit einem Zwischenwert angesetzt werden. Die Wertansätze erfolgen unabhängig von den Ansätzen in der Handelsbilanz – der Grundsatz der Maßgeblichkeit der Handelsbilanz für die Steuerbilanz gilt insoweit nicht mehr (BR-Drucks. 542/06 59). Der Gesetzgeber verfolgt mit der geschaffenen Möglichkeit des Transfers der stillen Reserven das Ziel, betriebswirtschaftlich erwünschte und handelsrechtlich mögliche Umstrukturierungen nicht durch steuerliche Folgen zu behindern, die ohne die besonderen Regelungen des Umwandlungssteuerrechts eintreten würden (BT-Drucks. 12/6885 14).

31 Die mit Hilfe dieser Regelungen bei der übertragenden Körperschaft nicht mehr besteuerten stillen Reserven müssen mit ihrer späteren Realisierung durch die **übernehmende Personengesellschaft** der Besteuerung zugeführt werden. Um dies zu gewährleisten, ordnet § 4 UmwStG für die übernehmende Personengesellschaft eine strikte **Wertverknüpfung** mit der **steuerlichen Schlussbilanz** der übertragenden Körperschaft an. Die Übernehmerin tritt hinsichtlich des übertragenen Betriebsvermögens an die Stelle der Überträgerin.

Im Zentrum des § 4 UmwStG steht die Ermittlung des Übernahmeergebnisses, die dem Wechsel des Körperschaftsbesteuerungsregimes zum Besteuerungsregime betreffend Personenunternehmen Rechnung trägt. Mit der Verschmelzung fällt die Besteuerungsebene der Körperschaft weg. Die bisherigen Anteilsinhaber verlieren ihre Anteile an der übertragenden Körperschaft. Ihnen wird anstelle der Anteile nunmehr das Betriebsvermögen der Körperschaft unmittelbar – als Teilhaber an der übernehmenden Personengesellschaft – steuerlich zugerechnet. Daraus folgt, dass die Differenz zwischen dem Wert des untergehenden – steuerverhafteten – Anteils an der Körperschaft und dem steuerlich maßgebenden Übernahmewert des dem Gesellschafter nunmehr zuzurechnenden Anteils am Betriebsvermögen als Übernahmegewinn oder -verlust steuerwirksam werden muss. 32

Der Wegfall der Besteuerungsebene der Körperschaft hat außerdem zur Folge, dass alle offenen Rücklagen bzw. ausschüttungsfähigen Gewinne der übertragenden Körperschaft als an ihre Anteilseigner ausgeschüttet gelten (§ 7 UmwStG). Anderenfalls würde die Besteuerung der körperschaftlichen Gewinne auf Ebene der Anteilsinhaber ungerechtfertigterweise entfallen. 33

2.1.3 Sachlicher Anwendungsbereich – Umwandlungsformen

Der sachliche Anwendungsbereich der §§ 3 bis 9 UmwStG (zweiter Teil) ergibt sich aus § 1 Abs. 1 i. V. m. § 3 Abs. 1 Satz 1 und § 9 UmwStG. Danach knüpft das Umwandlungssteuerrecht an gesellschaftsrechtliche Umwandlungsvorgänge an. Die Umwandlung muss zivilrechtlich zulässig und wirksam sein, sog. **Maßgeblichkeit des Gesellschaftsrechts** (Rdn. 01.02 UmwStE). 34

2.1.3.1 Verschmelzung einer Körperschaft auf ein Personenunternehmen

Die §§ 3 bis 8 UmwStG regeln die steuerrechtliche Behandlung der Verschmelzung einer Körperschaft auf eine Personengesellschaft oder natürliche Person (Personenunternehmen). 35

2.1.3.1.1 Inländische Verschmelzung

Es muss sich um eine **Verschmelzung i. S. d. § 2 UmwG** handeln. Die an der Verschmelzung beteiligten Rechtsträger (übertragende und übernehmende Rechtsträger) müssen dazu ihren (statutarischen) Sitz (bzw. eine Personengesellschaft als übernehmender Rechtsträger den Sitz ihrer Hauptverwaltung und eine natürliche Person ihren Wohnsitz) im Inland haben, § 1 Abs. 1 UmwG (inländische Verschmelzung). 36

Eine Verschmelzung wird erst mit der (Handels-)Registereintragung wirksam (§ 20 UmwG). Für die steuerrechtliche Beurteilung ist regelmäßig daran anzuknüpfen. Nur wenn die registerrechtliche Entscheidung trotz rechtlich gravierender Mängel erfolgte, hat die Finanzverwaltung eine eigenständige Beurteilung vorzunehmen (Rdn. 01.06 UmwStE).

2.1.3.1.2 Vergleichbare ausländische Vorgänge

37 Neben dem Verweis des UmwStG auf das UmwG (und damit auf inländische Verschmelzungen), ist der Anwendungsbereich des UmwStG gem. § 1 Satz 1 Nr. 1 und 2, Abs. 1 Nr. 1 bis 3 UmwStG auch eröffnet für mit Verschmelzungen, Aufspaltungen oder Abspaltungen (§§ 2, 123 Abs. 1 und 2 UmwG), Ausgliederungen (§ 123 Abs. 3 UmwG) oder Formwechseln (§ 190 UmwG) vergleichbare ausländische Vorgänge. Ein **ausländischer Vorgang** liegt vor, wenn ein Rechtsträger ausländischer Rechtsform an der Umwandlung beteiligt ist (Rdn. 01.20, 01.21 UmwStE).

Durch diesen Verweis werden auch **grenzüberschreitende Umwandlungen** in den Anwendungsbereich einbezogen. Das sind Vorgänge, bei denen inländische Kapitalgesellschaften und EU/EWR-Gesellschaften umgewandelt werden (vgl. § 305 UmwG). Auch die grenzüberschreitende Verschmelzung unter Beteiligung einer Personenhandelsgesellschaft ist gem. § 305 Abs. 2 Satz 2 UmwG grundsätzlich zulässig. Demnach sind auch grenzüberschreitende Umwandlungen ausländische Vorgänge i. S. d. § 1 Abs. 1 UmwStG.

38 Unklar ist die Behandlung von Umwandlungen unter Beteiligung von Drittstaatengesellschaften. Laut UmwStE soll für Umwandlungen mit Drittstaatenbezug entsprechendes gelten (Rdn. 01.21 UmwStE). Da die Vorschriften über die grenzüberschreitende Umwandlung gem. § 305 ff. UmwG nicht auf Drittstaatengesellschaften anwendbar sind, kann der Verweis nur dahingehend verstanden werden, dass auch Umwandlungen unter Beteiligung von Drittstaatengesellschaften in den Anwendungsbereich des UmwStG fallen.

39 Die §§ 3 bis 8 UmwStG sind auf ausländische Vorgänge anzuwenden, wenn diese Vorgänge mit einer inländischen Verschmelzung vergleichbar sind. Bei der **Vergleichbarkeitsprüfung** ist in folgenden Schritten vorzugehen:

40 1. **Schritt:**

Zivilrechtliche Wirksamkeit nach ausländischem Recht (Rdn. 01.23 UmwStE)

Der Grundsatz der Maßgeblichkeit des Gesellschaftsrechts gilt auch für ausländische Vorgänge. Somit ist hinsichtlich der Zulässigkeit und Wirksamkeit einer ausländischen Verschmelzung regelmäßig von der Entscheidung der ausländischen Registerbehörde auszugehen. Das gilt nicht bei gravierenden Mängeln der Umwandlung.

41 2. **Schritt:**

Verschmelzungsfähigkeit der beteiligten Rechtsträger (Rdn. 01.26 ff. UmwStE)

Die an der Verschmelzung beteiligten (übertragender **und** übernehmender) Rechtsträger müssen mit einem inländischen verschmelzungsfähigen Rechtsträger i. S. d. § 3 UmwG vergleichbar sein. Allein die steuerliche Einordnung als Körperschaft oder Personengesellschaft ist für die Beurteilung der Verschmelzungsfähigkeit ebenso wenig ausreichend, wie ein Rechtstypenvergleich anhand des gesetzlichen Leitbilds.

Der Rechtstypenvergleich mit einer inländischen verschmelzungsfähigen Gesellschaftsform ist anhand einer konkret-individuellen zweistufigen Prüfung vorzunehmen. Hierzu sind die Grundsätze des BMF-Schreibens zur steuerlichen Einordnung der nach dem Recht der Bundesstaaten der USA gegründeten Limited Liability Company (LLC) anzuwenden (vgl. BMF v. 26.9.2014, BStBl I 1258, Tz. 1.2). Weichen die gesellschaftsvertraglichen Regelungen im Einzelfall nicht wesentlich von dem gesetzlichen Leitbild ab, kann auf die Einordnung in BMF v. 24.12.1999 BStBl 1999 I 1076, Anhang Tabelle 1 und 2 zurückgegriffen werden.

3. **Schritt:** 42

Strukturmerkmale des Umwandlungsvorgangs der Verschmelzung (Rdn. 01.29 ff. UmwStE)

Vergleichbar ist der (zulässige und rechtswirksame) ausländische Vorgang mit einer inländischen Verschmelzung nur, wenn auch die Strukturmerkmale einer Verschmelzung i. S. d. § 2 UmwG vorliegen. Zu prüfen ist der ausländische Umwandlungsvorgang in seiner konkreten rechtlichen Ausgestaltung und nicht das ausländische Umwandlungsrecht als solches. Die Strukturmerkmale einer Verschmelzung i. S. d. § 2 UmwG sind:

- Vermögensübertragung im Wege der Gesamtrechtsnachfolge
- aufgrund eines Rechtsgeschäfts (Verschmelzungsvertrag)
- kraft Gesetzes
- gegen Gewährung von Anteilen oder Mitgliedschaftsrechten am übernehmenden Rechtsträger an die Anteilsinhaber des übertragenden Rechtsträgers
- unter Auflösung des übertragenden Rechtsträgers ohne Abwicklung

Der Verschmelzungsvertrag und die Rechtswirkungen der Verschmelzung müssen mindestens den Vorgaben der Richtlinie 2017/1132/EU, Nr. L, Ausgabe 169, 2017 Seite 46 entsprechen. Eine ausländische notarielle Beglaubigung oder vergleichbare Formerfordernisse sind aus inländischer Perspektive dabei nicht entscheidend (Rdn. 01.32 UmwStE).

4. **Schritt:** 43

Sonstige Vergleichskriterien (Rdn. 01.40 f. UmwStE)

Bei den sonstigen wesentlichen Vergleichskriterien ist darauf abzustellen, ob der konkrete ausländische Umwandlungsvorgang so auch nach den Regeln des deutschen UmwG hätte abgewickelt werden können. Dabei sind z. B. Kapitalerhöhungsverbote (§ 54 Abs. 1 UmwG) und Begrenzungen für bare Zuzahlungen (§ 54 Abs. 4 UmwG) zu beachten.

Die Dauer der gesellschaftsrechtlichen Rückbeziehungsmöglichkeit des Umwandlungsvorgangs stellt jedoch kein für die Vergleichbarkeit entscheidendes Kriterium dar (Rdn. 01.41 UmwStE).

Die Vergleichbarkeitsprüfung obliegt der zuständigen inländischen Finanzbehörde 44
(Rdn. 01.24 UmwStE).

Unter diesen Voraussetzungen (vergleichbarer ausländischer Vorgang) ist ein mögli- 45
cher Anwendungsfall für die §§ 3 bis 8 UmwStG die Verschmelzung einer inländischen

Kapitalgesellschaft auf eine ausländische – aus deutscher Sicht – steuerlich transparente Gesellschaft, die in dem EU-Mitgliedstaat, in dem die Gesellschaft ansässig ist, der Körperschaftsteuer unterliegt.

In der Liste der Gesellschaften, die in den Regelungsbereich der Richtlinie 2009/133/EG (Fusionsrichtlinie) fallen, sind auch Gesellschaften aufgeführt, die in dem Mitgliedstaat, in dem die Gesellschaft ansässig ist, der Körperschaftsteuer unterliegen und von einem anderen Mitgliedstaat aufgrund seiner Beurteilung der zivilrechtlichen Merkmale als steuerlich transparent betrachtet werden (Anhang zu Art. 3 Buchst. a der Richtlinie). Eine solche aus deutscher Sicht als transparent zu betrachtende Gesellschaft wird steuerlich im Inland als Personengesellschaft behandelt.

Solche Gesellschaften werden auch als **hybride Gesellschaften** bezeichnet. Beispiele hierfür sind die französische Société Civile, die ungarische Közkereseti társaság oder die ungarische Betéti társaság. Die §§ 3 bis 8 UmwStG sind folglich z. B. anzuwenden, wenn eine deutsche GmbH auf eine französische Societé Civile (nach französischem Recht) verschmolzen wird.

46 Der Anwendungsbereich der §§ 3 bis 8 UmwStG erstreckt sich auch auf **Auslandsumwandlungen mit Inlandsbezug,** wenn es sich dabei um einen der Verschmelzung nach § 2 UmwG vergleichbaren ausländischen Umwandlungsvorgang handelt, bei der eine ausländische Körperschaft auf eine ausländische Personengesellschaft oder natürliche Person verschmolzen wird. Ein Inlandsbezug ist gegeben, wenn mit der Verschmelzung auch inländisches Betriebsstättenvermögen der übertragenden Körperschaft auf die übernehmende Personengesellschaft übergeht oder wenn ein im Inland steuerpflichtiger Anteilseigner an der übertragenden Körperschaft beteiligt ist.

2.1.3.2 Formwechsel einer Kapitalgesellschaft in eine Personengesellschaft

47 Die §§ 3 bis 8 UmwStG sind entsprechend anzuwenden im Falle eines heterogenen Formwechsels einer Kapitalgesellschaft in eine Personengesellschaft gem. § 190 Abs. 1 UmwG (§ 9 Satz 1 UmwStG i. V. m. § 1 Abs. 1 Satz 1 Nr. 2 UmwStG) oder auf vergleichbare ausländische Vorgänge (Rdn. 01.38a UmwStE). Das für die Vergleichbarkeit kennzeichnende Merkmal bei einem Formwechsel ist die **rechtliche Kontinuität** (Identität) des Rechtsträgers vor und nach dem Formwechsel nach ausländischem Recht (vgl. Rdn. 01.39 UmwStE). Es findet keine Vermögensübertragung statt. Die Gesellschaft ändert nur ihre Rechtsform (Änderung des Gesellschaftsvertrages). Der einem Formwechsel nach § 190 Abs. 1 UmwG vergleichbare ausländische Vorgang ist im Inland steuerrechtlich bedeutsam, wenn der ausländischen Gesellschaft inländisches Betriebsstättenvermögen gehört oder im Inland steuerpflichtige Anteilseigner an der Gesellschaft beteiligt sind. Der in § 333 UmwG geregelte grenzüberschreitende Formwechsel steht gem. § 334 UmwG nur Kapitalgesellschaften offen und ist folglich als homogener Formwechsel ein Vorgang, auf den das UmwStG keine Anwendung findet (Rdn. 01.38b UmwStE).

2.1.4 Persönlicher Anwendungsbereich

Mit dem Gesetz zur Modernisierung des Körperschaftsteuerrechts vom 25.6.2021, BGBl I S. 2050 (KöMoG), ist § 1 Abs. 2 UmwStG mit den darin enthaltenen Beschränkungen auf EU-Mitgliedstaaten und EWR-Staaten für steuerliche Übertragungsstichtage nach dem 31.12.2021 aufgehoben worden (Rdn. 01.02 UmwStE). Die Folge ist, dass neben den Begrenzungen des persönlichen Anwendungsbereichs des UmwStG durch die Regelungen zur Steuerpflicht (§ 1 EStG, §§ 1 bis 4 KStG sowie § 2 GewStG) seit dem 1.1.2022 keine Begrenzungen des persönlichen Anwendungsbereichs fortgelten(vgl. zur alten Rechtslage die Vorauflage). 48

Einstweilen frei 49 bis 62

2.1.5 Steuerliche Folgen für die übertragende Körperschaft

2.1.5.1 Pflicht zur Abgabe einer steuerlichen Schlussbilanz

Die übertragende Körperschaft hat auf den steuerlichen Übertragungsstichtag zunächst eine den allgemeinen Gewinnermittlungsgrundsätzen entsprechende Jahresabschlussbilanz und darüber hinaus gem. § 3 Abs. 1 Satz 1 UmwStG eine steuerliche Schlussbilanz (steuerliche Übertragungsbilanz) zu erstellen. 63

Steuerlicher Übertragungsstichtag ist der Stichtag der (Handels-)Bilanz, die dem Vermögensübergang zu Grunde liegt (§ 2 Abs. 1 Satz 1 UmwStG). Gemäß § 17 Abs. 2 Satz 1 UmwG ist der Anmeldung der Verschmelzung zum Handelsregister eine (handelsrechtliche) Schlussbilanz der übertragenden Körperschaft beizufügen. Diese kann nach aktueller BGH-Rechtsprechung unabhängig davon – ob sie im Zeitpunkt der Anmeldung erstellt war – zeitnah nachgereicht werden (BGH v. 18.3.2025 - II ZB 1/24, NJW 2025, 2321). Diese der Verschmelzung zu Grunde liegende Bilanz ist nach den Vorschriften über die (handelsrechtliche) Jahresbilanz zu erstellen und muss auf einen höchstens acht Monate vor der Anmeldung liegenden Stichtag aufgestellt worden sein (§ 17 Abs. 2 Satz 2 und 4 UmwG). 64

BEISPIEL Die Verschmelzung der B-GmbH auf die -D-OHG wird unter Beifügung der Schlussbilanz der B-GmbH auf den 31.12.01 am 15.8.02 zur Eintragung in das Handelsregister angemeldet.

LÖSUNG Steuerlicher Übertragungsstichtag ist der 31.12.01, weil das der Stichtag der Bilanz ist, die dem Vermögensübergang zu Grunde liegt. Davon zu unterscheiden ist der im Verschmelzungsvertrag bestimmte (handelsrechtliche) Umwandlungs- bzw. Verschmelzungsstichtag i. S. d. § 5 Abs. 1 Nr. 6 UmwG. Das ist der Zeitpunkt, von dem an die Handlungen der übertragenden B-GmbH als von der übernehmenden CD-OHG vorgenommen gelten. Umwandlungs- bzw. Verschmelzungsstichtag ist hier der 1.1.02. Es ist der dem Übertragungsstichtag folgende Tag.

Auf den 31.12.01 ist neben der regulären Jahresabschlussbilanz (zusätzlich) eine steuerliche Schlussbilanz (Übertragungsbilanz) der B-GmbH zu erstellen. Dabei sind die Bewertungsregelungen des § 3 UmwStG zu beachten.

Am 31.12.01 (24 Uhr) gilt das Vermögen der B-GmbH als auf die CD-OHG übergegangen. Aus dem Vermögensübergang resultierende steuerliche Folgen bei der übertragenden B-GmbH (z. B. Besteuerung des Übertragungsgewinns), bei der übernehmenden CD-OHG (z. B. Besteuerung eines Übernahmeergebnisses) und bei den Anteilseignern der B-GmbH (z. B. Versteuerung einer fiktiven Gewinnausschüttung nach § 7 UmwStG) sind für den Veranlagungszeitraum 01 zu ziehen.

65 Gemäß § 2 Abs. 1 Satz 1 UmwStG ist das Einkommen und Vermögen der übertragenden Körperschaft so zu ermitteln, als ob das Vermögen mit Ablauf des steuerlichen Übertragungsstichtags auf den übernehmenden Rechtsträger übergegangen wäre. Mit Ablauf des steuerlichen Übertragungsstichtags endet die Steuerpflicht der übertragenden Körperschaft und damit auch – steuerlich betrachtet – ihr letztes Wirtschaftsjahr. Umfasst der Zeitraum von dem letzten Bilanzstichtag bis zum steuerlichen Übertragungsstichtag weniger als zwölf Monate, liegt ein Rumpfwirtschaftsjahr vor (§ 8b Satz 2 Nr. 1 EStDV). Somit ist zunächst eine den allgemeinen Gewinnermittlungsvorschriften entsprechende Jahresabschlussbilanz aufzustellen.

66 Nach § 3 Abs. 1 Satz 1 UmwStG hat die übertragende Körperschaft daneben eine von der Gewinnermittlung i. S. d. §§ 4 Abs. 1, 5 EStG zu unterscheidende steuerliche Schlussbilanz (Übertragungsbilanz) zu erstellen. In dieser steuerlichen Schlussbilanz sind die übergehenden Wirtschaftsgüter grundsätzlich mit dem gemeinen Wert (eine Ausnahme gilt für Pensionsrückstellungen) anzusetzen. Für die der Verschmelzung zu Grunde liegende Handelsbilanz gelten demgegenüber die Vorschriften über die Jahresbilanz entsprechend (§ 17 Abs. 2 Satz 2 UmwG). In der handelsrechtlichen Schlussbilanz sind folglich die übergehenden Vermögensgegenstände mit den Buchwerten anzusetzen. Nach Aufgabe der Bindung der Steuerbilanz an die Handelsbilanz (BR-Drucks. 542/06 59) hat das aber keinen Einfluss auf die Wertansätze in der steuerlichen Schlussbilanz nach § 3 UmwStG.

67 Auf die Erstellung und Abgabe einer eigenständigen steuerlichen Schlussbilanz kann nur dann verzichtet werden, wenn ausdrücklich erklärt wird, dass die Jahresabschlussbilanz i. S. d. §§ 4 Abs. 1, 5 EStG zugleich die steuerliche Schlussbilanz nach § 3 UmwStG sein soll. Dann muss die Steuerbilanz i. S. d. §§ 4 Abs. 1, 5 EStG aber auch der steuerlichen Schlussbilanz nach § 3 UmwStG entsprechen. Das ist der Fall, wenn von der in § 3 Abs. 2 UmwStG eingeräumten Möglichkeit des Buchwertansatzes Gebrauch gemacht wird. In diesem Fall tritt die o. g. ausdrückliche Erklärung an die Stelle der steuerlichen Schlussbilanz. Die Erklärung ist zugleich als konkludent gestellter Antrag auf den Buchwertansatz zu sehen. Die Erklärung ist unwiderruflich (Rdn. 03.01 UmwStE).

68 Im Falle des **Formwechsels** einer **Kapitalgesellschaft in** eine **Personengesellschaft** bestimmt § 9 Satz 2 UmwStG, dass die Kapitalgesellschaft auf den Zeitpunkt, in dem der Formwechsel wirksam wird, für steuerliche Zwecke eine Übertragungsbilanz aufzustellen hat. Beim Formwechsel wird (handelsrechtlich) kein Vermögen übertragen, weswegen keine handelsrechtliche Übertragungsbilanz aufzustellen ist. Der vor und nach dem Formwechsel bestehende Rechtsträger ist rechtlich und wirtschaftlich identisch. Steuerlich ist der Formwechsel einer Kapitalgesellschaft in eine Personengesellschaft aber wie ein Vermögensübergang zu behandeln, auf den die §§ 3 bis 8 UmwStG entsprechend anzuwenden sind.

69 Infolge der Europäisierung des Anwendungsbereichs des UmwStG müssen **auch ausländische übertragende Körperschaften** eine Schlussbilanz nach deutschen steuerrecht-

lichen Grundsätzen erstellen, wenn sie für inländische Besteuerungszwecke benötigt wird (BR-Drucks. 542/06 S. 59). Das ist z. B. der Fall, wenn die Körperschaft über inländisches Betriebsstättenvermögen verfügt.

Aber auch ohne inländische Steuerpflicht der übertragenden Körperschaft wird die Bilanz für deutsche steuerliche Zwecke benötigt, wenn ein Mitunternehmer der übernehmenden Personengesellschaft oder die übernehmende natürliche Person im Inland unbeschränkt oder beschränkt steuerpflichtig ist. Die Wertansätze in der Übertragungsbilanz wirken sich nämlich auf das für die Anteilseigner der übertragenden Körperschaft zu ermittelnde Übernahmeergebnis und auf die Höhe der fiktiven Gewinnausschüttung (vgl. § 4 Abs. 4 und § 7 UmwStG) aus.

2.1.5.2 Grundsätzlicher Bewertungsmaßstab und Übertragungsgewinn

2.1.5.2.1 Gemeiner Wert als Bewertungsgrundsatz

Die übergehenden Wirtschaftsgüter sind – mit Ausnahme der Pensionsrückstellungen – gem. § 3 Abs. 1 Satz 1 UmwStG in der steuerlichen Schlussbilanz der übertragenden Körperschaft **grundsätzlich** mit dem **gemeinen Wert** anzusetzen. Dies gilt **auch** für selbst geschaffene oder entgeltlich erworbene **immaterielle Wirtschaftsgüter** (z. B. Patente, Lizenzen, Warenzeichen, Markenrechte, Konzessionen, Kundenstamm, Knowhow) einschließlich eines als Geschäfts- oder Firmenwert selbst geschaffenen Wertes. Dieser Wertansatz erfolgt unabhängig von einem gegebenenfalls abweichenden Wertansatz nach ausländischem Recht. 70

Mit der Etablierung des gemeinen Wertes als grundsätzlichem Bewertungsmaßstab wird zum einen der Europäisierung des UmwStG Rechnung getragen und zum anderen die Besteuerung im Inland entstandener stiller Reserven der übertragenden Körperschaft sichergestellt. Das Abstellen auf den gemeinen Wert bedeutet eine Annäherung an den im internationalen Steuerrecht bekannten Fremdvergleichspreis. 71

Die Bewertung mit dem gemeinen Wert bezieht sich auf die Gesamtheit der übergehenden aktiven und passiven Wirtschaftsgüter. Es ist also nicht auf die möglicherweise erzielbaren Einzelveräußerungspreise für die einzelnen Wirtschaftsgüter abzustellen. Maßgebend ist vielmehr, welchen Gesamtpreis ein gedachter Erwerber für die **Sachgesamtheit** zu zahlen bereit wäre. 72

In Anlehnung an § 109 Abs. 1 Satz 2 i. V. m. § 11 Abs. 2 BewG sollte der gemeine Wert in erster Linie aus Verkäufen (von Anteilen an der übertragenden Körperschaft) unter fremden Dritten abgeleitet werden. Dabei sind jedoch nur Verkäufe zu berücksichtigen, die zum steuerlichen Übertragungsstichtag (entspricht dem Bewertungsstichtag) weniger als ein Jahr zurückliegen. 73

Lässt sich der gemeine Wert nicht aus Verkäufen ableiten, kann er anhand eines allgemein anerkannten ertragswert- oder zahlungsstromorientierten Verfahrens ermittelt werden, welches ein gedachter Erwerber des Betriebs bei der Findung eines Kaufpreises zu Grunde legen würde. In Rdn. 03.07 UmwStE wird ausdrücklich zur Bewertung nach 74

§ 11 Abs. 2 BewG auf die gleich lautenden Erlasse der obersten Finanzbehörden der Länder zur Anwendung der §§ 11, 95 bis 109ff. BewG vom 17. 5.2011 (BStBl 2011 I 606) verwiesen, die für ertragsteuerliche Zwecke entsprechend gelten sollen (BMF v. 22.9.2011, BStBl 2011 I 569).

75 Bei der Bewertung der Sachgesamtheit ist stets der Bewertungsvorbehalt für die Pensionsrückstellungen zu beachten. **Pensionsrückstellungen** sind gem. § 3 Abs. 1 Satz 2 UmwStG – abweichend vom Grundsatz der Bewertung mit dem gemeinen Wert – nach § 6a EStG zu bewerten. Dabei ist nach Maßgabe der Regelungen in § 6a Abs. 3 EStG der Teilwert zu ermitteln. Dieser wird – insbesondere durch die Vorgabe des Diskontierungssatzes und die fehlende Berücksichtigung von zu erwartenden Gehaltssteigerungen – regelmäßig zu niedrig sein. Somit kommt es zur Entstehung von stillen Lasten.

Diese stillen Lasten sollen bei der Ermittlung des gemeinen Wertes des Unternehmens i. S. d. § 3 Abs. 1 UmwStG unberücksichtigt bleiben (Rdn. 03.08 UmwStE). Sie dürfen auch bei der Ermittlung des Firmenwertes nicht mindernd berücksichtigt werden.

76 Für die Ermittlung des gemeinen Wertes bzw. für Pensionsrückstellungen des Teilwertes nach § 6a EStG sind die Verhältnisse **am steuerlichen Übertragungsstichtag** maßgebend.

77 Der für die Sachgesamtheit (ohne die Pensionsrückstellung) ermittelte gemeine Wert ist in entsprechender Anwendung des § 6 Abs. 1 Nr. 7 EStG nach dem **Verhältnis der Teilwerte** auf die einzelnen Wirtschaftsgüter **zu verteilen**.

78 **Steuerfreie Rücklagen** (z. B. nach § 6b EStG oder Rücklage für Ersatzbeschaffung nach R 6.6 Abs. 4 EStR) bzw. **steuerliche Ausgleichsposten** nach § 4g EStG sind keine (übergehenden) „Wirtschaftsgüter“, sondern noch nicht versteuerte Gewinne. Bei Ansatz der übergehenden aktiven und passiven Wirtschaftsgüter mit dem gemeinen Wert sind steuerfreie Rücklagen – nach der Verwaltungsmeinung – gewinnerhöhend aufzulösen. Das ergibt sich aus dem Umkehrschluss der Aussage unter Rdn. 03.04 UmwStE. Darin heißt es: „Steuerfreie Rücklagen sind nach § 4 Abs. 2 Satz 1 UmwStG dem Grunde nach anzusetzen, soweit die Buchwerte fortgeführt bzw. die Zwischenwerte angesetzt werden.“

Außerdem soll die Umwandlung nach Rdn. 00.02 UmwStE auf der Ebene des übertragenden Rechtsträgers ertragsteuerlich als Veräußerungsvorgang (Betriebsveräußerung) angesehen werden. Folge dieser Betrachtungsweise ist eine gewinnerhöhende Auflösung der steuerfreien Rücklagen. Die übertragende Körperschaft wird mit der „Veräußerung“ aufgelöst und kann folglich die Rücklagen nicht mehr weiterführen.

79 Die **steuerlichen Ansatzverbote des § 5 EStG** gelten nicht für die steuerliche Schlussbilanz i. S. d. § 3 Abs. 1 UmwStG, wenn die übergehenden Wirtschaftsgüter mit dem gemeinen Wert angesetzt werden (Rdn. 03.06 UmwStE). Folge daraus ist, dass z. B. bisher verbotene Drohverlustrückstellungen aus schwebenden Geschäften (§ 5 Abs. 4a EStG) in der steuerlichen Übertragungsbilanz erstmalig zu passivieren sind. Sie mindern somit den Übertragungsgewinn.

Nach Ansicht der Finanzverwaltung soll ein Buchwertansatz dann ausscheiden, wenn der gemeine Wert der übertragenen Wirtschaftsgüter unter dem Buchwert liegt, d. h. wenn **stille Lasten** bestehen (Rdn. 03.12 UmwStE; vgl. aber FG Hessen v. 24.6.2025 - 7 K 1188/21, NWB 2025, 2446).

2.1.5.2.2 Übertragungsgewinn und daraus resultierende Steuerschulden

Durch den Ansatz sämtlicher Wirtschaftsgüter einschließlich der nicht entgeltlich erworbenen oder selbst geschaffenen immateriellen Wirtschaftsgüter (insbesondere Patente und Firmenwert) in der steuerlichen Schlussbilanz der übertragenden Körperschaft mit dem gemeinen Wert (Pensionsrückstellungen mit dem Teilwert nach § 6a EStG) entsteht ein Gewinn in Höhe des Unterschiedsbetrags zwischen dem gemeinen Wert und dem nach den allgemeinen Gewinnermittlungsvorschriften auf den Übertragungsstichtag fortentwickelten Buchwert. Dieser Gewinn ist der **steuerliche Übertragungsgewinn**. Die Ermittlung kann wie folgt schematisiert werden: 80

	Summe der aktiven Wirtschaftsgüter (einschließlich bisher nicht bilanzierter immaterieller Wirtschaftsgüter) zu gemeinen Werten (einschließlich Rechnungsabgrenzungsposten)
./.	passivierte Verbindlichkeiten (Pensionsrückstellungen mit dem Wert nach § 6a EStG)
./.	Rückstellungen, für die bisher ein Ansatzverbot nach § 5 EStG galt
=	gemeiner Wert des übergehenden Betriebsvermögens (Ausnahme: § 6a EStG)
./.	auf den Übertragungsstichtag fortgeschriebener Buchwert (§ 1 Abs. 5 Nr. 4 UmwStG)
./.	Umwandlungskosten
=	Übertragungsgewinn vor Steuern
./.	Körperschaftsteuer und Gewerbesteuer auf den Übertragungsgewinn
=	steuerlicher Übertragungsgewinn

Der steuerliche Übertragungsgewinn unterliegt auf Ebene der übertragenden Körperschaft als laufender Gewinn der Körperschaftsteuer sowie der Gewerbesteuer (§ 18 Abs. 1 Satz 1 UmwStG), soweit dem nicht Sonderregelungen entgegenstehen (z. B. § 8b Abs. 2 KStG, Freistellung nach DBA). 81

BEISPIEL Die E-GmbH wird zum 1.1.02 auf die F-KG verschmolzen. Auf den 31.12.01 stellt sich die nach allgemeinen steuerrechtlichen Vorschriften über die Gewinnermittlung aufzustellende Schlussbilanz der E-GmbH (unter Fortführung der Buchwerte) wie folgt dar:

A Schlussbilanz der E-GmbH zum 31.12.01 P

	Buchwert	(gem. Wert)		
Summe Aktiva	1 200 000 €	(1 500 000 €)	gez. Kapital	100 000 €
			Gewinnrücklagen	375 000 €
			Jahresüberschuss	25 000 €
			Verbindlichkeiten (einschl. Steuerrückstellungen)	700 000 €
	1 200 000 €	(1 500 000 €)		1 200 000 €

Dem Antrag auf Eintragung der Verschmelzung in das Handelsregister wurde die handelsrechtliche Schlussbilanz der E-GmbH auf den 31.12.01 beigefügt.

Welche ertragsteuerlichen Folgen ergeben sich für die E-GmbH?

Ein Buch- oder Zwischenwertantrag nach § 3 Abs. 2 UmwStG wird nicht gestellt. (Für die Berechnung der Gewerbesteuerschuld ist von einem Hebesatz von 400 % auszugehen).

LÖSUNG Für die Verschmelzung i. S. d. § 2 UmwG der E-GmbH auf die F-KG gelten die §§ 3 bis 8 und 18 UmwStG (§ 1 Abs. 1 Satz 1 Nr. 1 UmwStG). Die E-GmbH und die F-KG sind nach deutschem Recht gegründete Gesellschaften i. S. d. Art. 54 AEUV, deren Sitz und Geschäftsleitung sich in Deutschland, d. h. im Inland i. S. d. § 2 Abs. 1 Nr. 1 UmwG befinden. Mit der E-GmbH wird auch eine Körperschaft auf die F-KG als Personengesellschaft verschmolzen.

Der Verschmelzungsstichtag (§ 5 Abs. 1 Nr. 6 UmwG) ist der 1.1.01.

Der steuerliche Übertragungsstichtag ist der 31.12.01, weil auf diesen Stichtag die dem Vermögensübergang zu Grunde liegende Bilanz aufgestellt worden ist (§ 2 Abs. 1 Satz 1 UmwStG).

In der steuerlichen Schlussbilanz der übertragenden E-GmbH zum 31.12.01 sind mangels abweichenden Antrags (§ 3 Abs. 2 UmwStG) die übergehenden Wirtschaftsgüter gem. § 3 Abs. 1 Satz 1 UmwStG mit dem gemeinen Wert anzusetzen. Die aus dem dabei entstehenden Übertragungsgewinn resultierenden Steuerschulden sind noch in der Schlussbilanz zum 31.12.01 zu passivieren.

Übertragungsgewinn i. H. aufgedeckter stiller Reserven			300 000 €
Körperschaftsteuer 15 % (§ 23 Abs. 1 KStG)			45 000 €
Solidaritätszuschlag (5,5 % von 45 000 €, §§ 3 Abs. 1, 4 SolZG)			2 475 €
Gewerbesteuer	Messbetrag = 3,5 % (§ 11 Abs. 2 GewStG)	10 500 €	
	Hebesatz (Annahme = 400 %, § 16 GewStG)		42 000 €
Übertragungsgewinn (nach Abzug der Steuern)			210 525 €

A — Steuerliche Schlussbilanz (Übertragungsbilanz) der E-GmbH zum 31.12.01 — P

Summe Aktiva	1 500 000 €	gez. Kapital		100 000 €
		Gewinnrücklagen		375 000 €
		Jahresüberschuss	25 000 €	
			+ 210 525 €	235 525 €
		Verbindlichkeiten		700 000 €
		KSt-/SolZ-Rückstellung		47 475 €
		GewSt-Rückstellung		42 000 €
	1 500 000 €			1 500 000 €

82 **Umwandlungskosten** mindern den Gewinn. Die der übertragenden Körperschaft zuzuordnenden Kosten der Umwandlung, die bis zum steuerlichen Übertragungsstichtag entstanden sind, sind in dem Jahr, in dem das Vermögen als übertragen gilt, sofort als Betriebsausgaben (§ 4 Abs. 4 EStG) abzuziehen. Die Frage, welche umwandlungsbedingten Kosten auf die übertragende Körperschaft entfallen und welche Kosten dem übernehmenden Rechtsträger zuzuordnen sind, richtet sich nach dem objektiven **Veranlassungsprinzip** und belässt den Beteiligten kein Zuordnungswahlrecht (BFH v. 22.4.1998 - I R 83/96, BStBl 1998 II 698). Es kann nicht darauf abgestellt werden, wer Schuldner der Kosten ist oder wer sie tatsächlich geleistet hat (vgl. Rdn 04.34 UmwStE).

Ausschlaggebend für die Zuordnung ist, in wessen Sphäre sie entstehen. Bei der übertragenden Körperschaft zu berücksichtigende Kosten sind demzufolge nur solche, die sich aus ihrer Gesellschaftsform ergeben. Das sind z. B. Kosten des Verschmelzungsbeschlusses, der Anmeldung und Eintragung des Beschlusses, Löschungskosten, Kosten für Beratungen, die sich auf den Verschmelzungsbeschluss beziehen, Kosten für die Erstellung der Übertragungsbilanz und Kosten der Gesellschafterversammlung, auf der dem Verschmelzungsvertrag zugestimmt wird.

Die bei der Verschmelzung anfallende **Grunderwerbsteuer** entsteht bereits in der Sphä- 83
re des übernehmenden Rechtsträgers und kann deshalb bei der übertragenden Körperschaft nicht mehr berücksichtigt werden (BMF v. 18.1.2010, BStBl 2010 I 70). Der Grunderwerbsteueranspruch entsteht erst in der logischen Sekunde nach Eintragung der Verschmelzung in das Handelsregister. Da die Verschmelzung zur Gesamtrechtsnachfolge des Übernehmers und zum Wegfall des Übertragenden als des bisherigen Eigentümers des Grundbesitzes führt, kommt als Steuerschuldner grunderwerbsteuerrechtlich nur der Erwerber in Betracht; die Inanspruchnahme des Übertragenden hingegen entfällt (BFH v. 15.10.1997 - I R 22/96, BStBl 1998 II 168).

Übernimmt die übertragende Körperschaft auch solche auf den übernehmenden Rechtsträger entfallenden Kosten, kann es sich um eine verdeckte Gewinnausschüttung handeln.

Die Aufdeckung der stillen Reserven in der steuerlichen Schlussbilanz und die Versteue- 84
rung eines Übertragungsgewinns lassen sich unter den Voraussetzungen des § 3 Abs. 2 UmwStG vermeiden. In Anbetracht dieser Möglichkeit wird ein (freiwillig) gewinnrealisierender Ansatz der übergehenden Wirtschaftsgüter bis zur Höhe des gemeinen Wertes häufig nur zur Ausnutzung ansonsten verfallender Verlustvorträge erfolgen (**Verlustnutzung**). Bei der übertragenden Körperschaft vorhandene verrechenbare Verluste, verbleibende Verlustvorträge oder nicht ausgeglichene negative Einkünfte (§§ 2a, 10d, 15 Abs. 4, 15a EStG) gehen nämlich mit der Verschmelzung unter. Sie gehen gem. § 4 Abs. 2 Satz 2 UmwStG nicht auf den übernehmenden Rechtsträger über. Das gilt gem. § 18 Abs. 1 Satz 2 UmwStG auch für den Gewerbeverlust nach § 10a GewStG. Eine Verlustverwertung kann aber nur in den Grenzen der Mindestbesteuerung gem. § 10d Abs. 2 EStG und § 10a GewStG erfolgen.

BEISPIEL Die T-GmbH wird zum 1.1.02 auf die M-KG verschmolzen. Auf den 31.12.01 stellt sich die nach allgemeinen steuerrechtlichen Vorschriften über die Gewinnermittlung aufzustellende Schlussbilanz der T-GmbH (unter Fortführung der Buchwerte) wie folgt dar:

A	Schlussbilanz der T-GmbH zum 31.12.01			P
	Buchwert	(gem. Wert)		
Anlagegüter	1 000 €	(10 000 €)	gez. Kapital	50 000 €
Konzessionen u. ähnliche Rechte	2 000 €	(1 200 000 €)	Verlustvortrag	./. 4 500 000 €
Umlaufvermögen	17 000 €	(20 000 €)	Jahresfehlbetrag	./. 25 000 €
			Verbindlichkeiten	4 495 000 €
	20 000 €	(1 230 000 €)		20 000 €

Auf den 31.12.00 wurde ein verbleibender Verlustvortrag (§ 8 Abs. 1 KStG i. V. m. § 10d Abs. 2 EStG) i. H. v. 4 800 000 € gesondert festgestellt. Bei der Gewerbesteuer soll ein ebenso hoher vortragsfähiger Fehlbetrag nach § 10a GewStG bestehen.

Dem Antrag auf Eintragung der Verschmelzung in das Handelsregister wurde die handelsrechtliche Schlussbilanz der T-GmbH auf den 31.12.01 beigefügt.

Welche ertragsteuerlichen Folgen ergeben sich für die T-GmbH?

Ein Buch- oder Zwischenwertantrag nach § 3 Abs. 2 UmwStG wird nicht gestellt.

(Für die Berechnung der Gewerbesteuerschuld ist von einem Hebesatz von 400 % auszugehen.)

LÖSUNG (Um Wiederholungen zu vermeiden, wird auf den Beginn der Lösung zu dem vorangehenden Beispiel – bis zur Ermittlung des Übertragungsgewinns – verwiesen.)

Ermittlung des Übertragungsgewinns:

Übertragungsgewinn i. H. aufgedeckter stiller Reserven			1 210 000 €
Jahresfehlbetrag 01			./. 25 000 €
Gewinn 01 = G. d. E. (vor Abzug von KSt, SolZ, GewSt)			1 185 000 €
Verlustvortrag Berechnung Höchstbetrag:		4 800 000 €	
G. d. E.	1 185 000 €		
unbeschränkt abziehbar	./. 1 000 000 €	./. 1 000 000 €	./. 1 000 000 €
Verbleiben	185 000 €		
davon 60 %	111 000 €	./. 111 000 €	./. 111 000 €
Verbleibender Verlustvortrag 31.12.01		3 689 000 €	
Einkommen (vor Abzug von KSt, SolZ, GewSt)			74 000 €
Körperschaftsteuer 15 % (§ 23 Abs. 1 KStG)			11 100 €
Solidaritätszuschlag (5,5 % von 11 100 €, §§ 3 Abs. 1, 4 SolZG) abger. =			610 €
Gewerbesteuer	Messbetrag = 3,5 % (§ 11 Abs. 2 GewStG)	2 590 €	
	Hebesatz (Annahme = 400 %, § 16 GewStG)		10 360 €
Einkommen = z. v. E.			51 930 €

A Steuerliche Übertragungsbilanz der T-GmbH zum 31.12.01 P

Anlagegüter	10 000 €	gez. Kapital	50 000 €
Konzessionen u. ähnliche Rechte	1 200 000 €	Verlustvortrag	./. 4 500 000 €
Umlaufvermögen	20 000 €	Jahresüberschuss	1 162 930 €
		Verbindlichkeiten	4 495 000 €
		KSt-/SolZ-Rückstellung	11 710 €
		GewSt-Rückstellung	10 360 €
	1 230 000 €		1 230 000 €

Der verbleibende Verlustvortrag i. H. v. 3 689 000 € geht mit der Verschmelzung unter. Gemäß § 4 Abs. 2 Satz 2 und § 18 Abs. 1 Satz 2 UmwStG geht er nicht auf die M-KG als übernehmenden Rechtsträger oder auf deren Gesellschafter über.

Gemäß § 2 Abs. 4 UmwStG ist eine Verlustnutzung aber nur möglich, wenn sie auch ohne die Rückwirkungsfiktion des § 2 Abs. 1 und 2 UmwStG möglich gewesen wäre (s. hierzu und zur zeitlichen Anwendungsregelung des § 27 Abs. 9 UmwStG Rdn. 322, 323). 85

2.1.5.3 Buch- oder Zwischenwertansatz

Nach § 3 Abs. 2 UmwStG können die übergehenden Wirtschaftsgüter unter bestimmten Voraussetzungen – anstatt mit dem gemeinen Wert – einheitlich mit dem Buchwert oder einem höheren Wert angesetzt werden. Bewertungsobergrenze ist der gemeine Wert. 86

Mit dieser Regelung verfolgt der Gesetzgeber das im Fokus des UmwStG stehende Ziel, den beteiligten Rechtsträgern eine weitgehend steuerneutrale Umwandlung zu ermöglichen. Dies geschieht durch einen Transfer der im Betriebsvermögen der übertragenden Körperschaft gebildeten stillen Reserven auf den übernehmenden Rechtsträger. Der deutsche Gesetzgeber verzichtet jedoch nicht endgültig auf die Besteuerung der stillen Reserven, sondern verlegt sie nur auf einen späteren Zeitpunkt und akzeptiert dabei, dass ein anderer Rechtsträger (übernehmender Rechtsträger) – nach seinen persönlichen Verhältnissen – die bei der übertragenden Körperschaft entstandenen Gewinne (in Form der stillen Reserven) später versteuert. 87

Um dies sicherzustellen, ist die Übertragung stiller Reserven durch einen **Buch-** oder **Zwischenwertansatz** in der steuerlichen Übertragungsbilanz als **antragsgebundene Ausnahme** ausgestaltet und an bestimmte **Bedingungen** geknüpft worden. Die Umwandlung darf nicht zu einem endgültigen Verlust oder einer Beschränkung des inländischen Besteuerungsrechts an den stillen Reserven des übertragenen Vermögens führen. Eine Minderbewertung (Buch- oder Zwischenwertansatz) der übergehenden Wirtschaftsgüter ist demnach nur insoweit zulässig, als die stillen Reserven betrieblich verstrickt bleiben und das Besteuerungsrecht Deutschlands gewahrt ist. 88

Buchwert ist gem. § 1 Abs. 5 Nr. 4 UmwStG der Wert, der sich nach den steuerrechtlichen Vorschriften über die Gewinnermittlung in einer für den steuerlichen Übertragungsstichtag aufzustellenden Schlussbilanz ergibt. 89

Zwischenwert ist jeder Wert oberhalb des Buchwertes und unterhalb des gemeinen Wertes. Ein Zwischenwertansatz empfiehlt sich für Zwecke der Verlustverwertung. Sind die insgesamt vorhandenen stillen Reserven höher als ein abziehbarer Verlustvortrag, können die übergehenden Wirtschaftsgüter – einheitlich – mit einem solchen Zwischenwert angesetzt werden, der zur Aufdeckung von stillen Reserven nur bis zur Höhe des Verlustabzugs führt. 90

Die vorgeschriebene **Einheitlichkeit** bei dem Wertansatz der übergehenden Wirtschaftsgüter bedeutet, dass alle Wirtschaftsgüter, die die Voraussetzungen des § 3 Abs. 2 Satz 1 UmwStG erfüllen, in der steuerlichen Übertragungsbilanz entweder mit dem Buchwert oder mit dem gemeinen Wert oder mit einem Zwischenwert anzusetzen sind. Eine Ausnahme bilden die Pensionsrückstellungen, die stets mit dem Teilwert nach § 6a EStG anzusetzen sind. Beim Zwischenwertansatz sind die stillen Reserven al- 91 ler Wirtschaftsgüter einschließlich eines selbst geschaffenen Geschäfts- oder Firmenwertes um den gleichen Prozentsatz aufzulösen.

2.1.5.3.1 Materielle Voraussetzungen für einen Buch- oder Zwischenwertansatz

92 Im Einzelnen führt das Gesetz (§ 3 Abs. 2 Satz 1 UmwStG) die nachfolgend erläuterten Voraussetzungen für einen Buch- oder Zwischenwertansatz an. Bei einer Personengesellschaft als Übernehmerin müssen die Voraussetzungen, bezogen auf jeden Gesellschafter der Personengesellschaft, gesondert geprüft werden (Rdn. 03.11 UmwStE).

2.1.5.3.1.1 Betriebsvermögen beim Übernehmer und Sicherstellung der Besteuerung

93 Der Ansatz der übergehenden Wirtschaftsgüter in der steuerlichen Schlussbilanz der übertragenden Körperschaft – einheitlich – mit ihrem Buchwert oder einem Zwischenwert ist nach § 3 Abs. 2 Satz 1 Nr. 1 UmwStG nur insoweit möglich, als sie Betriebsvermögen der übernehmenden Personengesellschaft oder natürlichen Person werden und sichergestellt ist, dass sie später der Besteuerung mit Einkommensteuer oder Körperschaftsteuer unterliegen.

94 **Betriebsvermögen** ist das einem Gewerbebetrieb (§ 15 Abs. 2 EStG) dienende Vermögen. Aber auch das einem land- und forstwirtschaftlichen Betrieb i. S. d. § 13 EStG oder einer selbständigen Arbeit i. S. d. § 18 EStG dienende Vermögen ist Betriebsvermögen in diesem Sinne.

BEISPIEL Eine Steuerberatungs-GmbH wechselt ihre Rechtsform nach § 190 Abs. 1 UmwG in eine Steuerberatungs-Partnerschaftsgesellschaft mit Einkünften i. S. d. § 18 Abs. 1 Nr. 1 EStG.

LÖSUNG Nach § 9 Satz 1 i. V. m. § 3 Abs. 2 Satz 1 UmwStG können die übergehenden Wirtschaftsgüter – bei Vorliegen auch der übrigen Voraussetzungen – in der steuerlichen Übertragungsbilanz der GmbH mit ihrem Buchwert angesetzt werden. Dass die gewerbesteuerliche Erfassung der stillen Reserven damit nicht mehr gewährleistet ist, spielt keine Rolle. Die Sicherstellung der späteren Besteuerung mit Gewerbesteuer wird nicht verlangt (Rdn. 03.17 UmwStE).

95 Die Betriebsvermögenseigenschaft bei der Übernehmerin muss ab dem steuerlichen Übertragungsstichtag erfüllt sein. Das ist z. B. nicht gegeben bei der **Verschmelzung** einer **rein vermögensverwaltenden GmbH** auf ihren Alleingesellschafter, der eine natürliche Person ist, die keinen Betrieb hat. Die Vermögensverwaltung war bei der GmbH kraft ihrer Rechtsform als Gewerbebetrieb zu behandeln (§ 8 Abs. 2 KStG). Bei dem das Vermögen übernehmenden Alleingesellschafter wird (allein) mit der Umwandlung kein Betrieb begründet. Die übertragende Körperschaft muss deshalb in ihrer steuerlichen Schlussbilanz alle Wirtschaftsgüter mit ihrem gemeinen Wert ansetzen und den dadurch entstehenden Übertragungsgewinn ungemildert der Körperschaftsteuer und Gewerbesteuer unterwerfen, soweit nicht für einzelne Wirtschaftsgüter Sonderregelungen (z. B. § 8b Abs. 2 KStG) oder eine Freistellung nach einem DBA oder (bei der Gewerbesteuer) eine Kürzung nach § 9 Nr. 3 GewStG eingreifen.

Das gilt auch für einen bestehenden originären **Geschäfts- oder Firmenwert**, und zwar auch dann, wenn der Betrieb (Vermögensverwaltung) der übertragenden Körperschaft nicht fortgeführt wird (Rdn. 03.14 UmwStE). Die steuerlichen Folgen für den übernehmenden Rechtsträger sind in diesem Fall unter Beachtung des § 8 UmwStG zu ziehen.

Dasselbe gilt bei der Umwandlung einer rein vermögensverwaltenden – z. B. Grundbesitz vermietenden – Kapitalgesellschaft auf bzw. in eine vermögensverwaltende Personengesellschaft, die mit ihrem Vermögen nur Einkünfte aus Vermietung und Verpachtung nach § 21 EStG (oder Einkünfte aus Kapitalvermögen nach § 20 EStG) erzielt. Die Vermögensverwaltung ist bei der übernehmenden Personengesellschaft nur dann als Gewerbebetrieb zu qualifizieren, wenn die Personengesellschaft daneben noch eine gewerbliche Tätigkeit i. S. d. § 15 Abs. 1 Nr. 1 EStG ausübt (Abfärberegelung nach § 15 Abs. 3 Nr. 1 EStG) oder wenn es sich um eine gewerblich geprägte Personengesellschaft nach § 15 Abs. 3 Nr. 2 EStG handelt. In diesen Fällen werden die übergehenden Wirtschaftsgüter Betriebsvermögen bei der übernehmenden Personengesellschaft (beachte aber FG Hessen v. 24.6.2025 - 7 K 1188/21, NWB 2025, 2446, wonach bei gewerblichen Gesellschaftern auf die Gesellschafter abzustellen ist). 96

Der Buch- oder Zwischenwertansatz kann auch nur für **einzelne Wirtschaftsgüter** nach § 3 Abs. 2 Satz 1 Nr. 1 UmwStG („soweit") ausgeschlossen sein. Das ist z. B. bei einem Wirtschaftsgut der Fall, das ausschließlich oder fast ausschließlich der privaten Lebensführung des übernehmenden Alleingesellschafters dient oder das einem, mehreren oder allen Mitunternehmern der übernehmenden Personengesellschaft unentgeltlich zu deren privater Nutzung überlassen wird. 97

BEISPIEL Die G-GmbH wechselt ihre Rechtsform nach § 190 Abs. 1 UmwG in die G-KG. Das Vermögen der G-GmbH umfasst auch ein Einfamilienhaus, das sie ihrem Gesellschafter X unentgeltlich zur Nutzung für Wohnzwecke überlassen hat.

LÖSUNG Das Einfamilienhaus ist in der steuerlichen Übertragungsbilanz der G-GmbH nach § 9 Satz 1 i. V. m. § 3 Abs. 1 Satz 1 UmwStG (zwingend) mit dem gemeinen Wert anzusetzen. Eine Minderbewertung nach § 3 Abs. 2 Satz 1 UmwStG ist nicht möglich, weil das Einfamilienhaus nicht Betriebsvermögen des Übernehmers wird (§ 3 Abs. 2 Satz 1 Nr. 1 UmwStG). Unbeschadet dessen können alle übrigen Wirtschaftsgüter – unter den Voraussetzungen des § 3 Abs. 2 UmwStG – mit dem Buch- oder Zwischenwert angesetzt werden.

Das Einfamilienhaus war bei der G-GmbH trotz der privaten Nutzung durch ihren Gesellschafter Betriebsvermögen, weil die GmbH keine außerbetriebliche Sphäre hat (ständige Rechtsprechung s. BFH v. 22.8.2007 - I R 32/06, BStBl 2007 II 961, m. w. N.). Die unentgeltliche Überlassung an den Gesellschafter löst eine verdeckte Gewinnausschüttung (§ 8 Abs. 3 Satz 2 KStG) aus. Bei der Personengesellschaft ist das Grundstück nicht dem Betriebsvermögen, sondern dem notwendigen Privatvermögen der Gesellschafter zuzuordnen (H 4.2 (11) „Ausnahme bei privater Nutzung" EStH).

Der aus der Auflösung der stillen Reserven in dem Einfamilienhausgrundstück entstehende Übertragungsgewinn unterliegt ungemildert der Körperschaftsteuer und Gewerbesteuer der G-GmbH.

Neben der Betriebsvermögenseigenschaft der übergehenden Wirtschaftsgüter bei dem übernehmenden Rechtsträger fordert § 3 Abs. 2 Satz 1 Nr. 1 UmwStG auch, dass **sichergestellt** ist, dass die **Wirtschaftsgüter später** der **Besteuerung mit Einkommensteuer** oder **Körperschaftsteuer** unterliegen. Diese Voraussetzung ist z. B. nicht erfüllt, soweit an der übernehmenden Personengesellschaft eine nach § 5 KStG steuerbefreite Körperschaft oder eine juristische Person des öffentlichen Rechts als Mitunternehmerin betei- 98 ligt ist und diese Beteiligung nicht zu einem steuerpflichtigen wirtschaftlichen Geschäftsbetrieb gehört und keinen Betrieb gewerblicher Art (§ 4 KStG) darstellt. Insoweit ist dann ein Buch- oder Zwischenwertansatz der übergehenden Wirtschaftsgüter ausgeschlossen.

99 Unerheblich ist, ob später tatsächlich eine Besteuerung der übergehenden Wirtschaftsgüter mit Einkommen- oder Körperschaftsteuer erfolgt. Es spielt z. B. keine Rolle, wenn auf die später aufgedeckten stillen Reserven bei dem übernehmenden Rechtsträger wegen eigener Verlustvorträge keine Einkommen- oder Körperschaftsteuer anfällt.

100 Unerheblich ist an dieser Stelle außerdem, ob die Besteuerung mit inländischer Einkommen- oder Körperschaftsteuer oder mit einer vergleichbaren ausländischen Steuer erfolgt. Siehe dazu aber die nachfolgenden Ausführungen.

2.1.5.3.1.2 Kein Ausschluss und keine Beschränkung des deutschen Besteuerungsrechts

101 Weiterhin dürfen die übergehenden Wirtschaftsgüter in der steuerlichen Schlussbilanz der übertragenden Körperschaft nach § 3 Abs. 2 Satz 1 Nr. 2 UmwStG nur insoweit unterhalb ihres **gemeinen Wertes** angesetzt werden, als das Recht Deutschlands hinsichtlich der Besteuerung des Gewinns aus deren Veräußerung bei den Gesellschaftern der übernehmenden Personengesellschaft oder bei der natürlichen Person nicht ausgeschlossen oder beschränkt wird (sog. Entstrickung). Vor diesem Hintergrund sind schon die allgemeinen Entstrickungsregelungen in § 4 Abs. 1 Satz 4 EStG und § 12 Abs. 1 Satz 2 KStG zu berücksichtigen.

102 Mit dieser Voraussetzung soll sichergestellt werden, dass ein vor der Umwandlung bestehendes deutsches Besteuerungsrecht an den übergehenden Wirtschaftsgütern sich durch die Umwandlung nicht verschlechtert. Die Voraussetzung ist erfüllt bei den reinen Inlandsverschmelzungen ohne Auslandsbezug sowie (natürlich) auch bei den reinen Auslandsverschmelzungen ohne Inlandsbezug. In den letztgenannten Fällen bestand gar kein deutsches Besteuerungsrecht, das ausgeschlossen oder beschränkt werden könnte.

103 **Inlandsverschmelzungen ohne Auslandsbezug** sind Umwandlungen, bei denen als übertragender Rechtsträger eine inländische Körperschaft und als übernehmender Rechtsträger ein inländisches Personenunternehmen beteiligt sind. Die an dem Überträger und dem Übernehmer beteiligten Gesellschafter sind sämtlich Steuerinländer, also persönlich unbeschränkt steuerpflichtig, und die übergehenden Wirtschaftsgüter gehören vollständig zu einem inländischen Betriebsvermögen. Allein der Ausschluss oder die Beschränkung des deutschen Besteuerungsrechts für Zwecke der Gewerbesteuer stellt somit keine Beschränkung i. S. d. § 3 Abs. 2 Satz 1 Nr. 2 UmwStG dar (Rdn. 03.18 UmwStE).

104 Ein Ausschluss oder eine Beschränkung des deutschen Besteuerungsrechts kommt nur bei einer Verschmelzung mit Auslandsbezug in Betracht. Dabei sollen zunächst nur die **Inlandsverschmelzungen mit Auslandsbezug** betrachtet werden, also Verschmelzungen, bei denen als übertragender Rechtsträger eine inländische Körperschaft und als

übernehmender Rechtsträger ein inländisches Personenunternehmen beteiligt sind. Hinsichtlich des Auslandsbezugs sind folgende Konstellationen denkbar:

- Ausländisches Betriebsstättenvermögen der übertragenden Körperschaft
- Beschränkt steuerpflichtiger Gesellschafter
- Beschränkt steuerpflichtiger Gesellschafter und ausländisches Betriebsstättenvermögen

Ausländisches Betriebsstättenvermögen der übertragenden Körperschaft

Für die der ausländischen Betriebsstätte zuzuordnenden und im Rahmen der Verschmelzung übergehenden Wirtschaftsgüter ist die Voraussetzung des § 3 Abs. 2 Satz 1 Nr. 2 UmwStG erfüllt. Die übertragende Körperschaft kann also auch für diese Wirtschaftsgüter den Buch- oder einen Zwischenwertansatz wählen. Das gilt unabhängig davon, ob mit dem ausländischen Betriebsstättenstaat ein DBA besteht, nach welchem die Gewinne aus der Veräußerung des ausländischen Betriebsstättenvermögens von der inländischen Besteuerung freizustellen sind (Freistellungsmethode) oder ob die Anrechnungsmethode zur Anwendung kommt. 105

Bei der Freistellungsmethode hatte Deutschland vor der Umwandlung kein Besteuerungsrecht an den stillen Reserven, so dass es durch die Verschmelzung auch nicht zu einer Beschränkung des Besteuerungsrechts kommen kann.

Bei der Anrechnungsmethode wird der Gewinn aus der Veräußerung des ausländischen Betriebsstättenvermögens in Deutschland besteuert. Wenn der Betriebsstättenstaat auf diesen Gewinn ebenfalls Steuern (Einkommen- oder Körperschaftsteuer) erhebt, ist diese ausländische Steuer auf die inländische Einkommen- oder Körperschaftsteuer anzurechnen. Daran ändert sich auch nach erfolgter Umwandlung nichts, sofern die Gesellschafter der übernehmenden Personengesellschaft im Inland unbeschränkt steuerpflichtig sind. Es ergibt sich also keine Beschränkung des deutschen Besteuerungsrechts, da entweder das DBA mit Anrechnungsverpflichtung fortbesteht oder – sofern kein DBA bestand – sich die Steuerverhaftung aufgrund des Welteinkommensprinzips in Deutschland auch nach der Verschmelzung fortsetzt.

Das Bewertungswahlrecht nach § 3 Abs. 2 UmwStG ist für das inländische und das ausländische Betriebsvermögen einheitlich auszuüben. 106

Beschränkt steuerpflichtiger Gesellschafter

Sofern ausschließlich inländisches Betriebsstättenvermögen übertragen wird, kommt es regelmäßig nicht zur Beschränkung oder zum Ausschluss des deutschen Besteuerungsrechts. Der an der übernehmenden Personengesellschaft beteiligte, im Ausland ansässige Mitunternehmer erzielt im Rahmen seiner beschränkten Steuerpflicht inländische Einkünfte i. S. d. § 49 Abs. 1 Nr. 2 Buchst. a EStG. Demnach bleiben die auf die Personengesellschaft übergehenden Wirtschaftsgüter im Regelfall in Deutschland steuerverhaftet. Die Voraussetzung des § 3 Abs. 2 Satz 1 Nr. 2 UmwStG ist also auch in diesem Fall erfüllt. 107

Beschränkt steuerpflichtiger Gesellschafter und ausländisches Betriebsstättenvermögen

108 Hier ist zu unterscheiden, ob mit dem Betriebsstättenstaat ein DBA besteht, das für die Veräußerungsgewinne die Freistellungsmethode vorschreibt, oder ob die Anrechnungsmethode zur Anwendung kommt.

109 Im Fall der **Freistellungsmethode** ist die Voraussetzung des § 3 Abs. 2 Satz 1 Nr. 2 UmwStG auch für den im Ausland ansässigen Gesellschafter und Mitunternehmer der übernehmenden Personengesellschaft erfüllt, weil Deutschland bereits vor der Umwandlung kein Besteuerungsrecht an dem ausländischen Betriebsstättenvermögen hatte.

110 Im Fall der Anrechnungsmethode hatte Deutschland vor der Umwandlung das Besteuerungsrecht an dem ausländischen Betriebsstättenvermögen. Dass die ausländische Steuer nach § 26 KStG auf die deutsche Körperschaftsteuer anzurechnen war, ändert nichts an dem grundsätzlich bestehenden Besteuerungsrecht. Dieses Besteuerungsrecht an dem ausländischen Betriebsstättenvermögen geht nach der Umwandlung in Höhe des Anteils verloren, mit dem ein Steuerausländer an der übernehmenden Personengesellschaft beteiligt ist. Insoweit liegt die Voraussetzung des § 3 Abs. 2 Satz 1 Nr. 2 UmwStG nicht mehr vor. Aus diesem Grund sind die auf die ausländische Betriebsstätte übergehenden Wirtschaftsgüter in der steuerlichen Übertragungsbilanz (zwingend) mit dem gemeinen Wert anzusetzen, soweit an der übernehmenden Personengesellschaft nicht unbeschränkt steuerpflichtige Gesellschafter beteiligt sind (Beispiel dazu s. Rdn. 03.19 UmwStE).

111 Bei einer **grenzüberschreitenden Hinausverschmelzung** (einer inländischen Körperschaft auf eine ausländische Personengesellschaft) ändert sich die abkommensrechtliche Zuordnung von Wirtschaftsgütern zu einer in- oder ausländischen Betriebsstätte grundsätzlich nicht. Für die Beurteilung der Frage, ob eine Änderung der Zuordnung vorliegt, ist für Zwecke des innerstaatlichen Rechts (beschränkte Steuerpflicht) und Nicht-DBA-Fälle auf § 1 Abs. 5 AStG, die Grundsätze der Betriebsstättengewinnaufteilungsverordnung (BsGaV) und die Verwaltungsgrundsätze Betriebsstättengewinnaufteilung (VWG BsGa) abzustellen bzw. ggf. das jeweilige DBA maßgeblich (vgl. Rdn. 03.20 UmwStE). Daraus ergibt sich eine Zuordnung nach der Personalfunktion.

Kommt es dennoch dazu, dass ein übertragenes Wirtschaftsgut aufgrund des Ausschlusses oder der Beschränkung des deutschen Besteuerungsrechts i. S. d. § 3 Abs. 2 Satz 1 Nr. 23 UmwStG in der steuerlichen Schlussbilanz mit dem gemeinen Wert anzusetzen ist, kann auf Antrag ein Ausgleichsposten nach § 4g EStG gebildet und über die nächsten fünf Veranlagungszeiträume gestundet werden (Rdn. 03.20a UmwStE). Die Vorschrift soll die Folgen einer Entstrickungsbesteuerung bei Überführung von Wirtschaftsgütern in das Ausland abmildern.

112 Eine **grenzüberschreitende Hereinverschmelzung** (einer ausländischen Kapitalgesellschaft auf ein inländisches Personenunternehmen) führt regelmäßig nicht zu einer Verschlechterung des deutschen Besteuerungsrechts. Hier kann es vielmehr zur erstmaligen Begründung des deutschen Besteuerungsrechts kommen (Steuerverstrickung), soweit an der übernehmenden Personengesellschaft unbeschränkt steuerpflichtige Gesellschafter beteiligt sind. In diesem Fall der Begründung eines deutschen Besteue-

rungsrechts, sind die entsprechenden Wirtschaftsgüter nur dann mit dem gemeinen Wert anzusetzen, sofern nicht aufgrund einer Besteuerung im anderen Staat nach § 6 Abs. 1 Nr. 5a EStG ein niedriger Wert anzusetzen ist (Rdn. 03.09a UmwStE). Für inländische Besteuerungszwecke hat die ausländische übertragende Kapitalgesellschaft eine steuerliche Übertragungsbilanz zu erstellen.

BEISPIEL Eine beschränkt steuerpflichtige französische F-S.A.R.L. mit Betriebsstätten in Deutschland (stille Reserven 100) und Frankreich (stille Reserven 150) wird nach §§ 305, 306 UmwG auf die deutsche D-GmbH & Co. KG verschmolzen. In Frankreich unterliegen die stillen Reserven i. H. v. 120 der Entstrickungsbesteuerung.

LÖSUNG Die Wirtschaftsgüter der französischen Betriebsstätte werden mit dem Buchwert zzgl. 120 gem. § 6 Abs. 1 Nr. 5a EStG und die der deutschen Betriebsstätte mit dem Buchwert angesetzt.

Eine **Auslandsumwandlung mit Inlandsbezug** liegt vor, wenn eine ausländische Kapitalgesellschaft auf bzw. in eine ausländische Personengesellschaft umgewandelt wird und ein inländischer Anknüpfungspunkt gegeben ist. Der Inlandsbezug kann eine inländische Betriebsstätte oder die unbeschränkte Steuerpflicht eines Gesellschafters sein. 113

Ist (nur) eine inländische Betriebsstätte vorhanden, muss nur für dieses Betriebsstättenvermögen eine steuerliche Übertragungsbilanz erstellt werden. Das deutsche Besteuerungsrecht verschlechtert sich für die dieser Betriebsstätte zuzuordnenden Wirtschaftsgüter nicht, so dass das Wertansatzwahlrecht nach § 3 Abs. 2 UmwStG – bei Vorliegen auch der übrigen Voraussetzungen – ausgeübt werden kann.

Ist an der übernehmenden Personengesellschaft ein im Inland unbeschränkt steuerpflichtiger Gesellschafter beteiligt, muss für das gesamte (in- und ausländische) Vermögen eine steuerliche Übertragungsbilanz aufgestellt werden. Das Wertansatzwahlrecht nach § 3 Abs. 2 UmwStG ist einheitlich für alle Wirtschaftsgüter auszuüben. Die Wertansätze wirken sich auf das für die Anteilseigner der übertragenden Körperschaft zu ermittelnde Übernahmeergebnis und auf die Höhe der fiktiven Gewinnausschüttung (vgl. § 4 Abs. 4 und § 7 UmwStG) aus. 114

2.1.5.3.1.3 Keine Gegenleistung neben den Gesellschaftsrechten

Ein **Buch- oder Zwischenwertansatz** der übergehenden Wirtschaftsgüter ist gem. § 3 Abs. 2 Satz 1 Nr. 3 UmwStG außerdem nur insoweit möglich, als eine Gegenleistung nicht gewährt wird oder in Gesellschaftsrechten besteht. 115

Das Gesetz lässt offen, was als **Gegenleistung** in diesem Sinne zu verstehen ist. Die Wirtschaftsgüter gehen mit der Verschmelzung – zivilrechtlich – unmittelbar von der Körperschaft auf die Personengesellschaft über. Eine Gegenleistung kann die übertragende Körperschaft nicht mehr erhalten, weil sie nämlich mit der Verschmelzung erlischt. Auch wenn ihr schon vor der Verschmelzung eine „Gegenleistung" gewährt worden sein sollte, wird diese mit der Verschmelzung auf die Übernehmerin (zurück-)übertragen. Es geht also nicht um eine Gegenleistung an die übertragende Körperschaft. 116

In Betracht kommt vielmehr eine Gegenleistung an die Anteilseigner der übertragenden Körperschaft. Diese haben mit dem Verschmelzungsbeschluss die Übertragung der Wirtschaftsgüter auf die Personengesellschaft herbeigeführt. Sie haben über das Vermögen der Überträgerin verfügt. 117

Steuerrechtlich kann der Vorgang so betrachtet werden, als habe die Körperschaft ihr Vermögen zunächst an ihre Anteilseigner ausgekehrt, damit diese eine logische Sekunde später sämtliche Wirtschaftsgüter auf die übernehmende Personengesellschaft übertragen können. Bei dieser Betrachtung ergibt sich eine gewisse Parallelität zu § 24 UmwStG.

118 Soweit die Anteilseigner als Gegenleistung Gesellschaftsrechte an der übernehmenden Personengesellschaft erhalten, kann eine Buch- oder Zwischenwertübertragung nach § 3 Abs. 2 Satz 1 Nr. 3 UmwStG vorgenommen werden. Erhalten die Anteilseigner darüber hinaus noch eine weitere Gegenleistung, führt dies unter dem Gesichtspunkt der Veräußerung zwingend zur Aufdeckung der stillen Reserven. Die weitere („schädliche") Gegenleistung kann eine Barzahlung (Spitzenausgleich zur Verbesserung des Umtauschverhältnisses), ein anderer Vermögenswert oder die Gutschrift auf einem Gesellschafter-Darlehenskonto sein.

BEISPIEL Die H-GmbH, deren Alleingesellschafter H ist, und die I-GmbH mit dem Alleingesellschafter I werden auf die HI-OHG (durch Neugründung) verschmolzen. H und I sollen zu gleichen Teilen an der HI-OHG beteiligt sein. Während das Unternehmen der I-GmbH am Übertragungsstichtag 400 000 € wert ist, stellt sich die – um die gemeinen Werte ergänzte – Schlussbilanz der H-GmbH (vor der Verschmelzung) wie folgt dar:

A — Schlussbilanz der H-GmbH zum 31.12. — P

	Buchwert	(gem. Wert)		
Summe Aktiva	150 000 €	(620 000 €)	gez. Kapital	25 000 €
			Gewinnrücklagen	5 000 €
			Verbindlichkeiten	120 000 €
	150 000 €	(620 000 €)		150 000 €

In der Eröffnungsbilanz der HI-OHG soll zugunsten von H ein Darlehenskonto i. H. v. 100 000 € eingerichtet werden.

(Für die Berechnung der Gewerbesteuerschuld ist von einem Hebesatz von 400 % auszugehen.)

LÖSUNG Die Einräumung des Gesellschafterdarlehens i. H. v. 100 000 € ist eine „schädliche" Gegenleistung. Insoweit müssen die übergehenden Wirtschaftsgüter in der steuerlichen Übertragungsbilanz der H-GmbH mit dem gemeinen Wert angesetzt werden (§ 3 Abs. 2 Satz 1 Nr. 3 UmwStG i. V. m. Abs. 1 UmwStG).

Gemeiner Wert des insgesamt übergehenden Betriebsvermögens:

Aktiva	620 000 €
Verbindlichkeiten	./. 120 000 €
	500 000 €

Das Verhältnis der nicht in Gesellschaftsrechten bestehenden Gegenleistung von 100 000 € zum gemeinen Wert des übergehenden Vermögens entspricht 20 %.

Zu 20 % sind die übergehenden Wirtschaftsgüter zwingend mit dem gemeinen Wert anzusetzen. Zu 80 % kann gem. § 3 Abs. 2 UmwStG der Buchwert angesetzt werden. Mit dieser Vorgabe ermittelt sich folgender Übertragungsgewinn:

Übertragungsgewinn i. H. aufgedeckter stiller Reserven (20 % von 470 000 €)	94 000 €
Körperschaftsteuer 15 % (§ 23 Abs. 1 KStG)	14 100 €
Solidaritätszuschlag (5,5 % von 14 100 €, §§ 3 Abs. 1, 4 SolZG) abger. =	775 €

Gewerbesteuer	Messbetrag = 3,5 % (§ 11 Abs. 2 GewStG)	3 290 €	
	Hebesatz (Annahme = 400 %, § 16 GewStG)		13 160 €
Übertragungsgewinn (nach Abzug der Steuern)			65 965 €

A		Übertragungsbilanz der H-GmbH zum 31.12.			P
Summe Aktiva	20 %	124 000 €		gez. Kapital	25 000 €
	+ 80 %	120 000 €	244 000 €		
			Gewinnrücklagen	5 000 €	
				Übertragungsgewinn	65 965 €
				KSt-/SolZ-Rückstellung	14 875 €
				GewSt-Rückstellung	13 160 €
				Verbindlichkeiten	120 000 €
			244 000 €		244 000 €

Die Gutschrift auf einem **Kapitalkonto** bei der übernehmenden Personengesellschaft ist keine („schädliche") Gegenleistung. Ob ein für einen Gesellschafter der übernehmenden Personengesellschaft (und Anteilseigner der übertragenden Körperschaft) eingerichtetes Konto in der Eröffnungsbilanz der Übernehmerin als Kapitalkonto oder Darlehenskonto zu beurteilen ist, hängt nicht entscheidend von der Bezeichnung des Kontos ab. Die Rechtsnatur des (Gesellschafter-)Kontos muss vielmehr im Wege der Auslegung des Gesellschaftsvertrages unter Berücksichtigung der von den Gesellschaftern beabsichtigten zivilrechtlichen Folgen bestimmt werden. 119

Eine gewinnunabhängige Verzinsung des Kontoguthabens und eine jederzeitige Entnahmemöglichkeit sind Indizien für den Forderungscharakter des Gesellschafterkontos (Fremdkapital aus Sicht der Gesellschaft). Können auf dem Gesellschafterkonto aber auch Verlustanteile verbucht werden oder sieht der Gesellschaftsvertrag vor, dass das Konto spätere Verluste abdecken soll, ist es als Eigenkapital zu beurteilen (BFH v. 15.5.2008 - IV R 46/05, BStBl 2008 II 812 und BFH v. 16.10.2008 - IV R 98/06, BStBl 2009 II 272). Eine Verlustbeteiligung steht dem Wesen eines Darlehens entgegen.

Zu dem Umfang des Kapitalkontos und der Abgrenzung zu einem Forderungskonto (Darlehenskonto) ist im Übrigen auf das – noch immer aktuelle – zu § 15a EStG ergangene BMF-Schreiben vom 30.5.1997 (BStBl 1997 I 627) hinzuweisen. 120

Weitere Beispiele zur Verschmelzung einer Körperschaft (deren Betriebsvermögen auch einen originären Firmenwert sowie eine Drohverlustrückstellung bzw. eine Pensionsrückstellung umfasst) auf eine Personengesellschaft und der Vereinbarung (zusätzlicher) „schädlicher" Gegenleistungen befinden sich in Rdn 03.23. und 03.24 UmwStE. 121

Von den Fällen der („schädlichen") Gegenleistung für die übergehenden Wirtschaftsgüter sind die **Zahlungen an ausscheidende Anteilseigner** oder Zahlungen für den Teilverkauf von Anteilen an der übertragenden Körperschaft zu unterscheiden. 122

Veräußert ein Anteilseigner seine Anteile nach dem steuerlichen Übertragungsstichtag an den übernehmenden Rechtsträger, so ist der Gewinn des übernehmenden Rechtsträgers so zu ermitteln, als hätte er die Anteile an diesem Stichtag angeschafft (s. § 5 Abs. 1 UmwStG). Steuerlich ist er also so zu behandeln, als ob er nicht Gesellschafter 123 des übernehmenden bzw. umgewandelten Rechtsträgers geworden und damit aus dem übertragenden Rechtsträger ausgeschieden ist.

124 Auch der dem Umwandlungsbeschluss widersprechende und deshalb gegen Barabfindung gem. §§ 29 ff. bzw. §§ 207 ff. UmwG ausscheidende Anteilseigner ist steuerlich so zu behandeln, als ob er aus der übertragenden Körperschaft ausgeschieden wäre, obwohl er handelsrechtlich erst nach der Handelsregistereintragung ausscheidet (Rdn. 02.19 und 03.22 UmwStE). Die Barabfindung bzw. den Veräußerungspreis erhält der ganz oder teilweise Ausscheidende für seine Anteile an der übertragenden Körperschaft; es handelt sich insoweit also nicht um eine Gegenleistung i. S. d. § 3 Abs. 2 Satz 1 Nr. 3 UmwStG (für die Übertragung von Wirtschaftsgütern des Betriebsvermögens). Der Ausscheidende nimmt nämlich – so gesehen – an der Auskehrung des Vermögens durch die Körperschaft und der anschließenden Übertragung der Wirtschaftsgüter auf die Übernehmerin gar nicht mehr teil. Er ist in Höhe seiner veräußerten Anteile schon vorher als ausgeschieden zu betrachten.

125 Der Erwerber der Anteile gilt im steuerlichen Übertragungszeitpunkt bereits als Anteilsinhaber. Das Übernahmeergebnis (§ 4 Abs. 4 UmwStG) wird bereits für den Erwerber auf der Basis seiner Anschaffungskosten ermittelt, und auch die weiteren steuerlichen Folgen aus der Umwandlung (fiktive Gewinnausschüttung gem. § 7 UmwStG) treffen den Erwerber.

126 Die Veräußerung von Anteilen an der übertragenden Körperschaft hat keinen Einfluss auf die Bewertung der Wirtschaftsgüter in der steuerlichen Übertragungsbilanz der Körperschaft. Die Anteilsveräußerungen unterliegen bei dem Veräußerer den allgemeinen steuerlichen Regelungen.

127 **Zahlungen durch die übertragende Körperschaft** an ausscheidende Anteilseigner stellen ebenfalls keine Gegenleistung i. S. d. § 3 Abs. 2 Satz 1 Nr. 3 UmwStG dar. Dieser Vorgang ist entweder als Erwerb eigener Anteile durch die Überträgerin oder als verdeckte Gewinnausschüttung (§ 8 Abs. 3 Satz 2 KStG) zu beurteilen.

2.1.5.3.2 Antrag

128 Der Buch- oder Zwischenwertansatz für die übergehenden Wirtschaftsgüter in der steuerlichen Schlussbilanz der übertragenden Körperschaft ist gem. § 3 Abs. 2 Satz 1 UmwStG nur auf Antrag möglich. Der Antrag ist spätestens bis zur erstmaligen Abgabe der steuerlichen Schlussbilanz bei dem für die Besteuerung der übertragenden Körperschaft zuständigen Finanzamt zu stellen (§ 3 Abs. 2 Satz 2 UmwStG).

129 Das Antragswahlrecht für eine Minderbewertung kann für alle übergehenden Wirtschaftsgüter nur **einheitlich** ausgeübt werden. Dass nach den vorstehenden Darstellungen stille Reserven – bei einer nicht in Gesellschaftsrechten bestehenden Gegenleistung – teilweise aufgedeckt und/oder einzelne Wirtschaftsgüter – bei einer Einschränkung des Besteuerungsrechts – mit dem gemeinen Wert angesetzt werden müssen, steht dem nicht entgegen. Das Antragswahlrecht erstreckt sich nur auf den vom Gesetz als dispositiv definierten Bereich.

2.1.5.3.2.1 Antrag mit Einreichen der steuerlichen Schlussbilanz

Der Antrag ist gem. § 3 Abs. 2 Satz 2 UmwStG spätestens bis zur erstmaligen Abgabe 130
der steuerlichen Schlussbilanz zu stellen. Mit der steuerlichen Schlussbilanz ist die – unabhängig von der regulären Jahresabschlussbilanz (nach §§ 4 Abs. 1, 5 EStG) – nach § 3 Abs. 1 UmwStG zu erstellende steuerliche Übertragungsbilanz gemeint, in der die übergehenden Wirtschaftsgüter grundsätzlich mit dem gemeinen Wert anzusetzen sind. Die steuerliche Schlussbilanz ist dem zuständigen Finanzamt gem. § 3 Abs. 2a UmwStG ebenfalls spätestens bis zum Ablauf der nach § 149 AO maßgebenden Frist zur Abgabe der Körperschaftsteuererklärung für den Besteuerungszeitraum, in den der steuerliche Übertragungsstichtag fällt, elektronisch zu übermitteln, wobei § 5b EStG entsprechend gilt. Der Buchwertantrag ist mithin nur möglich, wenn er mit der steuerlichen Schlussbilanz fristgerecht gestellt wird.

Für den Antrag gibt es **keine** besonderen **Formvorschriften**. Er kann ausdrücklich 131
(schriftlich, mündlich) oder konkludent gestellt werden. Werden in der (separaten) steuerlichen Schlussbilanz (Übertragungsbilanz) sämtliche Wirtschaftsgüter mit dem Buchwert angesetzt, ist die (kommentarlose) Abgabe dieser Bilanz wohl als konkludent gestellter Antrag zugunsten des Buchwertes zu sehen. Verzichtet die übertragende Körperschaft auf die separate Erstellung einer steuerlichen Schlussbilanz und erklärt sie ausdrücklich, dass die Jahresschlussbilanz (i. S. d. §§ 4 Abs. 1, 5 EStG) gleichzeitig die steuerliche Schlussbilanz sein soll, ist diese Erklärung zugleich als konkludent gestellter Antrag auf Ansatz des Buchwertes zu betrachten (Rdn. 03.01 und 03.29 UmwStE).

Das Bewertungswahlrecht in der Steuerbilanz ist unabhängig von den Wertansätzen in 132
der Handelsbilanz. Der Maßgeblichkeitsgrundsatz ist nicht zu beachten (BT-Drucks. 16/2710 69 und Rdn. 03.25 UmwStE). So kann in der Handelsbilanz der gemeine Wert, in der Steuerbilanz jedoch der Buchwert angesetzt werden (Rdn. 03.10 UmwStE).

Liegt kein Antrag vor oder ist er wegen Verspätung, des falschen Absenders (Antrag- 133
stellers), des falschen Adressaten (unzuständiges Finanzamt) oder inhaltlicher Unbestimmtheit unwirksam, müssen die übergehenden Wirtschaftsgüter (einschließlich eines Geschäfts- oder Firmenwertes) zwingend mit dem gemeinen Wert angesetzt werden.

2.1.5.3.2.2 Keine nachträgliche Änderung der Wahlrechtsausübung

Der Antrag ist bedingungsfeindlich und unwiderruflich (Rdn. 03.29 UmwStE). Eine 134
nachträglich anderweitige Ausübung des Wahlrechts ist nach Abgabe der Schlussbilanz nicht mehr möglich (BFH v. 28.5.2008 - I R 98/06, BStBl 2008 II 916). Die nachträgliche Veränderung der Bilanzansätze stellt eine **unzulässige rückwirkende Sachverhaltsgestaltung** dar. Mit den zulässigen Wertansätzen in der erstmalig abgegebenen steuerlichen Schlussbilanz wird ein tatsächlicher Zustand geschaffen, der einer Neuausübung des Bewertungswahlrechts entgegensteht (BFH v. 19.10.2005 - I R 34/04, BFH/NV 2006, 1099).

Der Bewertungsansatz bestimmt nicht nur über das Entstehen eines Übertragungsgewinns bei der übertragenden Körperschaft, sondern wirkt sich auch auf die Besteuerung der übernehmenden Personengesellschaft (Wertverknüpfung nach § 4 Abs. 1

UmwStG und Übernahmegewinn nach § 4 Abs. 4 UmwStG) und der Gesellschafter (Gewinnausschüttungen nach § 7 UmwStG) aus.

Eine nachträgliche Änderung der Wertansätze würde den im Zeitpunkt der Übertragung für die Bilanzierung maßgeblichen Sachverhalt, der sich auf die Besteuerung unterschiedlicher Rechtssubjekte auswirkt, rückwirkend verändern. Eine derartige rückwirkende Sachverhaltsgestaltung kann auch nicht als Bilanzänderung i. S. d. § 4 Abs. 2 Satz 2 EStG anerkannt werden. Denn eine Bilanzänderung kann sich nur auf die Bewertung einzelner Betriebsvermögensgegenstände beziehen, nicht aber auf die Frage, ob eine gewinnrealisierende Betriebsaufgabe oder eine gewinnneutrale Betriebsübertragung stattgefunden hat.

135 Ist die Bilanz hingegen fehlerhaft, weil sie einen nach § 3 Abs. 2 Satz 1 UmwStG unzulässigen Ansatz enthält, ist sie im Rahmen des § 4 Abs. 2 Satz 1 EStG zu berichtigen. Die **Berichtigung** führt zu entsprechenden Folgeänderungen bei der Übernehmerin und den Gesellschaftern. Eine Berichtigung ist z. B. insoweit vorzunehmen, als Wirtschaftsgüter unterhalb des gemeinen Wertes angesetzt wurden, obwohl die Voraussetzungen des § 3 Abs. 2 Satz 1 UmwStG – bezogen auf das Wirtschaftsgut oder/und einen Gesellschafter – am steuerlichen Übertragungsstichtag nicht vorgelegen haben.

Der Buch- oder Zwischenwertantrag kann sich in diesen Fällen nur auf die übrigen Wirtschaftsgüter oder – bei einem gesellschafterbezogenen Antragsausschluss – auf die Anteile der übrigen Gesellschafter an den übergehenden Wirtschaftsgütern beziehen. Ein gesellschafterbezogener Antragsausschluss kann beispielsweise vorliegen bei im Ausland belegenen Wirtschaftsgütern, soweit sie einem nicht unbeschränkt steuerpflichtigen Mitunternehmer der übernehmenden Personengesellschaft zuzurechnen sind (s. Rdn. 108 ff.).

2.1.5.3.2.3 Antrag für Zwischenwertansatz

136 Bei einem gewünschten Zwischenwert muss ein Antrag mit der ausdrücklichen Angabe der (absoluten oder prozentualen Höhe der) aufzudeckenden stillen Reserven abgegeben werden (Rdn. 03.29 UmwStE). Allein aus der Bilanzierung wird nicht ersichtlich, ob ein Minderwert oder ein Ansatz zum gemeinen Wert gewollt war.

137 Das Antragswahlrecht kann nur **einheitlich** ausgeübt werden. Das heißt, dass die in den Wirtschaftsgütern, Schulden und steuerfreien Rücklagen ruhenden stillen Reserven bzw. Lasten um einen einheitlichen Prozentsatz aufzulösen sind. Eine selektive Aufstockung einzelner Wirtschaftsgüter ist nicht möglich. Es ist festzustellen, in welchen Wirtschaftsgütern (einschließlich der von der übertragenden Körperschaft hergestellten immateriellen Wirtschaftsgüter und des geschaffenen Geschäftswertes) stille Reserven enthalten sind und wie viel sie insgesamt betragen. Diese stillen Reserven sind dann gleichmäßig um den Prozentsatz aufzulösen, der dem Verhältnis der vorgenommenen Werterhöhung zum Gesamtbetrag der vorhandenen stillen Reserven des übergehenden Betriebsvermögens entspricht (Rdn. 03.25 f. UmwStE).

BEISPIEL Die J-GmbH wird auf die XY-OHG verschmolzen. Es wird ein Antrag nach § 3 Abs. 2 UmwStG gestellt und die Aufdeckung von 60 000 € stillen Reserven erklärt. In der für die J-GmbH aufgestellten Schlussbilanz (Übertragungsbilanz) werden das Grundstück mit dem

Buchwert und das bewegliche Anlagevermögen mit dem gemeinen Wert angesetzt. Der bestehende originäre Geschäftswert wird nicht angesetzt.

Die Voraussetzungen des § 3 Abs. 2 Satz 1 UmwStG sind für alle übergehenden Wirtschaftsgüter und für alle beteiligten Gesellschafter erfüllt. Die auf den steuerlichen Übertragungsstichtag für die J-GmbH aufgestellte und beim Finanzamt abgegebene Schlussbilanz stellt sich (nach Ergänzung um die regulären Buchwerte und um die gemeinen Werte) wie folgt dar:

A 31.12. P

	regulärer BW wären	gemeiner Wert	Wertansatz in abgegebener SB		
Geschäftswert	—	100 000 €	—	gez. Kapital	50 000 €
Grund und Boden	80 000 €	140 000 €	80 000 €	Verlustvortrag	./. 60 000 €
Gebäude	320 000 €	500 000 €	320 000 €	Übertragungsgewinn	60 000 €
bewegl. AV	40 000 €	100 000 €	100 000 €	Verbindlichkeiten	450 000 €
			500 000 €		500 000 €

LÖSUNG Mit den Wertansätzen in der abgegebenen Schlussbilanz wurden stille Reserven in Höhe von 60 000 € aufgedeckt. Dabei wurde nur der Buchwert für das bewegliche Anlagevermögen bis zur Höhe des gemeinen Wertes aufgestockt und die übrigen Wirtschaftsgüter (Grund und Boden und Gebäude) mit den Buchwerten angesetzt. Das ist unzulässig.

Die aufgedeckten stillen Reserven (60 000 €) stehen zu dem Gesamtbetrag der vorhandenen stillen Reserven einschließlich des selbst geschaffenen Geschäftswertes (400 000 €) im Verhältnis wie 15 zu 100. Die in den Wirtschaftsgütern vorhandenen stillen Reserven sind gleichmäßig um 15 % aufzulösen und die Buchwerte entsprechend zu erhöhen. Danach ergibt sich folgende berichtigte Schlussbilanz:

A 31.12. P

Geschäftswert		15 000 €	gez. Kapital	50 000 €
Grund und Boden	80 000 €		Verlustvortrag	./. 60 000 €
+ 15 % von 60 000 €	9 000 €	89 000 €		
Gebäude	320 000 €		Übertragungsgewinn	60 000 €
+ 15 % von 180 000 €	27 000 €	347 000 €		
bewegl. AV	40 000 €		Verbindlichkeiten	450 000 €
+ 15 % von 60 000 €	9 000 €	49 000 €		
		500 000 €		500 000 €

Setzt die übertragende Körperschaft in ihrer steuerlichen Schlussbilanz die übergehenden Wirtschaftsgüter **einheitlich** mit einem Zwischenwert an, bleiben diese Wertansätze maßgebend, solange sie oberhalb des Buchwertes und unterhalb des gemeinen Wertes liegen, auch wenn spätere Ermittlungen zu einer Korrektur von Buchwerten oder gemeinen Werten führen. 138

2.1.5.3.2.4 Antragsberechtigter und zuständiges Finanzamt

139 Der Antrag i. S. d. § 3 Abs. 2 Satz 1 UmwStG kann nur **gesellschaftsbezogen**, d. h. einheitlich für die übertragende Körperschaft und nicht für den einzelnen Gesellschafter gestellt werden. Unabhängig davon sind die Voraussetzungen des § 3 Abs. 2 Satz 1 UmwStG hingegen gesellschafterbezogen zu prüfen.

140 Zuständig für die Antragstellung ist der **gesetzliche Vertreter** der übertragenden Körperschaft (§ 34 AO), der auch deren steuerliche Pflichten zu erfüllen hat, bei einer AG und Genossenschaft also der Vorstand (§ 78 Abs. 1 AktG, § 24 Abs. 1 GenG), bei einer GmbH der Geschäftsführer (§ 35 Abs. 1 GmbHG). Ist die Verschmelzung bereits im Handelsregister eingetragen und die Körperschaft dadurch erloschen (§ 20 Abs. 1 Nr. 2 UmwG), obliegt es – aufgrund der Gesamtrechtsnachfolge – dem zuständigen Organ der Übernehmerin (z. B. geschäftsführender Gesellschafter), den Antrag zu stellen.

141 Der Antrag ist bei dem für die **Ertragsbesteuerung** der **übertragenden Körperschaft** zuständigen Finanzamt zu stellen (§ 3 Abs. 2 Satz 2 UmwStG). Nach Eintragung der Verschmelzung in das Handelsregister ist dies grundsätzlich das für die Besteuerung (bzw. die gesonderte Feststellung) der Übernehmerin als Gesamtrechtsnachfolgerin zuständige Finanzamt. Die Möglichkeit, für bereits begonnene Verfahren eine Zuständigkeitsvereinbarung nach § 26 Satz 2 AO zu treffen und im Übrigen mit Zustimmung des Steuerpflichtigen eine Zuständigkeitsvereinbarung nach § 27 AO herbeizuführen, bleibt unberührt.

142 Bei der **Verschmelzung ausländischer Körperschaften** ist der Antrag i. S. d. § 3 Abs. 2 Satz 1 UmwStG bei dem inländischen Betriebsfinanzamt (§ 20 Abs. 4 AO bzw. § 18 Abs. 1 Nr. 2 AO) zu stellen. Unterhält die ausländische übertragende Körperschaft (und auch die übernehmende ausländische Personengesellschaft) keine inländische Betriebsstätte und ist die Verschmelzung nur für im Inland ansässige Gesellschafter – wegen der fiktiven Gewinnausschüttungen nach § 7 UmwStG – von steuerlicher Bedeutung, ist die steuerliche Übertragungsbilanz sowie der Antrag nach § 3 Abs. 2 Satz 1 UmwStG bei einem für die Ertragsbesteuerung eines dieser Gesellschafter zuständigen Finanzamt abzugeben (§ 18 Abs. 2 Satz 1 AO i. V. m. § 25 AO). Verwaltungsregelungen zur örtlichen Zuständigkeit sind für solche Fälle dem AEAO zu § 18 (AO) Nr. 6 zu entnehmen.

In diesen Fällen dürfte es auch nicht zu beanstanden sein, wenn der Antrag von den inländischen Gesellschaftern und nicht von den ausländischen Vertretungsorganen der übertragenden bzw. übernehmenden Rechtsträger gestellt wird (ebenso *Birkemeier* in Rödder/Herlinghaus/Graw/Heinemann, UmwStG, 4. Aufl. 2025, § 3 UmwStG Rdn. 278).

2.1.5.4 Einzelne Bilanzpositionen in der steuerlichen Übertragungsbilanz

143 ► **Ausstehende Einlagen**

Eingeforderte und noch nicht eingeforderte ausstehende Einlagen sind in der Übertragungsbilanz **nicht zu aktivieren**. Sie sind ein Wertberichtigungsposten zum Grund-

oder Stammkapital und daher mangels Verkehrsfähigkeit kein Wirtschaftsgut. Das Eigenkapital der übertragenden Körperschaft (Grund- oder Stammkapital) ist entsprechend zu vermindern (Rdn. 03.05 UmwStE). Dies hat aber keine Auswirkung auf den Gewinn der Überträgerin.

► **Beteiligung an einer Personengesellschaft** 144

Die Beteiligung an einer Personengesellschaft (Mitunternehmeranteil) ist nach der sog. **Spiegelbildmethode** mit dem Betrag zu bilanzieren, der dem steuerlichen Kapitalkonto (einschließlich Sonder- und Ergänzungsbilanz) der übertragenden Körperschaft (als Mitunternehmerin) bei der Personengesellschaft entspricht (Rdn. 03.10). Das gilt auch für eine Beteiligung an der übernehmenden Personengesellschaft.

Wird das übergehende Betriebsvermögen in der steuerlichen Übertragungsbilanz mit dem gemeinen Wert oder einem Zwischenwert angesetzt, sind die Aufstockungsbeträge der auf den Mitunternehmeranteil entfallenden stillen Reserven in einer Ergänzungsbilanz für die übertragende Körperschaft bei der Mitunternehmerschaft zu verbuchen. Aufgrund der spiegelbildlichen Bilanzierung erhöht sich dadurch auch der Ansatz des Mitunternehmeranteils in der steuerlichen Schlussbilanz der Überträgerin.

► **Eigene Anteile** 145

Eigene Anteile, die die übertragende Körperschaft am steuerlichen Übertragungsstichtag besitzt, sind in ihrer steuerlichen Schlussbilanz nicht mehr zu erfassen (Rdn. 03.05 UmwStE). Sie gehen mit der Verschmelzung unter. Der Wegfall der eigenen Anteile ist erfolgsneutral. Eine gewinnwirksame Ausbuchung ist außerbilanziell zu korrigieren.

► **Forderungen und Verbindlichkeiten gegenüber der Übernehmerin** 146

Forderungen und Verbindlichkeiten zwischen der übertragenden Körperschaft und der übernehmenden Personengesellschaft oder natürlichen Person sind nach den allgemeinen Grundsätzen in der steuerlichen Schlussbilanz auszuweisen. Sie erlöschen erst nach dem Wirksamwerden der Umwandlung durch Konfusion und sind bei der Übernehmerin auszubuchen. Wegen eines eventuell dadurch bei der Übernehmerin entstehenden Übernahmefolgegewinns wird auf § 6 UmwStG verwiesen.

► *Einstweilen frei* 147

► **Rückstellungen** 148

Wird kein Antrag zum Buch- oder Zwischenwertansatz gestellt, sind in der steuerlichen Schlussbilanz auch solche Rückstellungen mit ihrem gemeinen Wert zu passivieren, für die in der Jahresschlussbilanz i. S. d. §§ 4 Abs. 1, 5 EStG nach § 5 EStG ein Ansatzverbot besteht (z. B. für drohende Verluste aus schwebenden Geschäften oder Jubiläumsverpflichtungen). Die Ansatzverbote des § 5 EStG gelten nicht (Rdn. 03.06 UmwStE).

Eine Rückstellung für Grunderwerbsteuer, die aufgrund der Verschmelzung anfällt, kann nicht gebildet werden (Rdn. 03.05 UmwStE). 149

Einstweilen frei 150

2.1.5.5 Anrechnung fiktiver ausländischer Steuern nach § 3 Abs. 3 UmwStG

151 § 3 Abs. 3 UmwStG betrifft den Fall, dass mit der Verschmelzung einer unbeschränkt steuerpflichtigen Körperschaft auch eine ausländische Betriebsstätte (in einem EU-Mitgliedstaat) auf die Übernehmerin übergeht und die Gewinne aus dieser ausländischen Betriebsstätte – unter Anrechnung der ausländischen Steuern nach § 26 KStG – der deutschen Körperschaftsteuer zu unterwerfen waren (Vermeidung der Doppelbesteuerung durch die Anrechnungsmethode). Dann unterliegt auch der **Übertragungsgewinn**, der sich aus dem Ansatz des ausländischen Betriebsstättenvermögens mit dem gemeinen Wert in der steuerlichen Übertragungsbilanz ergibt, der deutschen Körperschaftsteuer.

Das **ausländische Betriebsstättenvermögen** ist gem. § 3 Abs. 2 Satz 1 Nr. 2 UmwStG im Umkehrschluss (zwingend) insoweit mit dem gemeinen Wert anzusetzen, als an der übernehmenden Personengesellschaft nicht unbeschränkt steuerpflichtige Gesellschafter beteiligt sind (s. Rdn. 108 ff.).

152 Hat der Betriebsstättenstaat den Verschmelzungsvorgang steuerneutral zu behandeln, **droht** eine **Doppelbesteuerung** der stillen Reserven, wenn die der ausländischen Betriebsstätte zuzuordnenden Wirtschaftsgüter später veräußert werden. Die durch die späteren Veräußerungsgewinne (bei den ausländischen Personengesellschaftern) entstehenden ausländischen Steuern können dann nämlich nicht mehr in Deutschland angerechnet werden.

153 Die Doppelbesteuerung der im Verschmelzungszeitpunkt vorhandenen stillen Reserven wird gem. § 3 Abs. 3 UmwStG dadurch vermieden, dass im Veranlagungszeitraum der Umwandlung auf die insoweit erhobene inländische Steuer eine fiktive ausländische Steuer angerechnet wird. Die Anrechnung erfolgt mit dem Betrag ausländischer Steuer, der nach den Rechtsvorschriften des anderen EU-Mitgliedstaats erhoben worden wäre, wenn das übertragene Vermögen zum Zeitpunkt der Übertragung veräußert worden wäre.

Hat der andere Mitgliedstaat bei einer in seinem Hoheitsgebiet gelegenen Betriebsstätte dem Steuerpflichtigen anlässlich des Verschmelzungsvorgangs ein Wahlrecht zur Aufdeckung der stillen Reserven eingeräumt, ist die tatsächlich erhobene Steuer nach den allgemeinen Vorschriften des § 26 KStG anzurechnen.

154

ABB. 4: Verschmelzung bzw. Auf-/Abspaltung einer Körperschaft:

Wertansatz der übergehenden Wirtschaftsgüter in der steuerlichen Schlussbilanz (Übertragungsbilanz) der übertragenden Körperschaft

Grundsatz:
Gemeiner Wert,
§ 3 Abs. 1, § 11 Abs. 1 UmwStG

↓

Steuerlicher Übertragungsgewinn
unterliegt als laufender Gewinn nach allgemeinen Grundsätzen der **Körperschaftsteuer** und **Gewerbesteuer**

Ermittlung des steuerlichen Übertragungsgewinns:

	Summe der aktiven Wirtschaftsgüter zu gemeinen Werten (einschließlich Rechnungsabgrenzungsposten)
-	passivierte Verbindlichkeiten einschließlich steuerfreier Rücklagen, die nicht zum Eigenkapital gehörig gelten (für Pensionsrückstellungen Wert nach § 6a EStG)
=	gemeiner Wert des übergehenden Betriebsvermögens
-	Umwandlungskosten
=	Übertragungsgewinn vor Steuern
-	Körperschaftsteuern und Gewerbesteuern auf den Übertragungsgewinn
=	Steuerlicher Übertragungsgewinn

Das übergehende Vermögen mindert sich um die entstehenden Steuerschulden.

auf Antrag:
Buchwert oder **Zwischenwert**

Voraussetzungen nach § 3 Abs. 2 Satz 1, § 11 Abs. 2 Satz 1 UmwStG :

1. Sicherstellung der Besteuerung bei der Übernehmerin

Wirtschaftsgüter müssen bei der Übernehmerin zum Betriebsvermögen gehören (bedeutsam bei Umwandlung auf ein Personenunternehmen); Übernehmerin darf keine steuerbefreite Körperschaft sein.

\+

2. kein Ausschluss und keine Beschränkung des deutschen Besteuerungsrechts

Das deutsche Besteuerungsrecht an dem Gewinn aus einer Veräußerung der übergehenden Wirtschaftsgüter darf sich durch die Umwandlung nicht verschlechtern.

\+

3. keine Gegenleistung neben den Gesellschaftsrechten

Soweit die Anteilseigner der übertragenden Körperschaft neben der Beteiligung an der übernehmenden Rechtsträgerin noch eine andere Gegenleistung (z. B. Ausgleichszahlung, Gutschrift auf einem Darlehenskonto) erhalten, ist von einer anteiligen Veräußerung der übergehenden Wirtschaftsgüter durch die übertragende Körperschaft auszugehen.

Inlandsverschmelzung
ohne Auslandsbezug (+)
mit Auslandsbezug:
- ausländisches Betriebsstättenvermögen (+)
- ausländischer Gesellschafter (+)
- bei § 3 UmwStG: ausländischer Gesellschafter und ausländisches Vermögen (+), wenn DBA und Freistellung, ansonsten (-)

Hinausverschmelzung
- für das im Inland verbleibende Vermögen (+)
- für das durch die Umwandlung dem ausländischen Stammhaus zuzuordnende Vermögen (insbesondere sog. ungebundenes Vermögen) (-)
- für ausländisches bisher nicht freigestelltes Betriebsstättenvermögen (-)

Hereinverschmelzung
(ausländische Körperschaft überträgt ihr Vermögen auf eine inländische Übernehmerin) (+)

Auslandsverschmelzung (+)

(+) = Voraussetzung des § 3 Abs. 2 Satz 1 Nr. 2, § 11 Abs. 2 Satz 1 Nr. 2 UmwStG ist erfüllt.
(-) = Voraussetzung des § 3 Abs. 2 Satz 1 Nr. 2, § 11 Abs. 2 Satz 1 Nr. 2 UmwStG ist nicht erfüllt.

2.1.6 Steuerliche Folgen für die übernehmende Rechtsträgerin und deren Gesellschafter

155 Für die übernehmende Rechtsträgerin steht die Ermittlung des **Übernahmegewinns** nach § 4 Abs. 4 Satz 1 UmwStG im Fokus der umwandlungssteuerrechtlichen Regelungen. Eine weitere wesentliche Folge ist die **Fiktion einer Vollausschüttung** nach § 7 UmwStG an die Anteilseigner der Überträgerin. Von steuersystematischer Bedeutung ist auch die strikte **Wertverknüpfung** mit der steuerlichen Schlussbilanz der übertragenden Körperschaft. Die drei genannten Folgen stehen in einer wechselseitigen Beziehung und sind abhängig von der für die übertragende Körperschaft erstellten Übertragungsbilanz.

Zum besseren Verständnis des Regelungswerkes folge man zunächst den Vorstellungen des Gesetzgebers. Der ging nämlich bei der Errichtung der zu besprechenden Normen von dem Fall einer Aufwärtsverschmelzung aus. Der Gewinn des übernehmenden Rechtsträgers betrifft die Ebene des Anteilsinhabers, der in dem Grundfall des Gesetzgebers zugleich der übernehmende Rechtsträger ist.

2.1.6.1 „Up-stream-merger" als Grundfall

156 Von einer hundertprozentigen Aufwärtsverschmelzung („up-stream-merger") spricht man, wenn die übernehmende Personengesellschaft oder natürliche Person – vor der Verschmelzung – zu 100 % an der übertragenden Körperschaft beteiligt war. Der Gesetzgeber geht in seinem angenommenen **Grundfall** (umwandlungsrechtlich) also von einer **Verschmelzung durch Aufnahme** aus.

157 Für die folgenden Darstellungen ist weiterhin davon auszugehen, dass die Übernehmerin eine betrieblich tätige Unternehmerin ist, die ihren Gewinn nach § 4 Abs. 1 EStG (evtl. i. V. m. § 5 EStG) durch den Betriebsvermögensvergleich ermittelt, und dass die Anteile an der übertragenden Körperschaft zu ihrem Betriebsvermögen gehören. Dabei spielt es keine Rolle, ob die betriebliche Tätigkeit ein land- und forstwirtschaftlicher Betrieb, ein Gewerbebetrieb oder eine selbständige Arbeit i. S. d. § 18 EStG ist. Unter diesen Vorgaben ist für die weiteren steuerlichen Folgen folgender „Fahrplan" einzuhalten:

- Ermittlung eines Beteiligungskorrekturgewinns nach § 4 Abs. 1 Satz 2 f. UmwStG
- Besteuerung offener Rücklagen nach § 7 UmwStG
- Ermittlung des Übernahmeergebnisses nach § 4 Abs. 4 und 5 UmwStG

158 Wenn die Übernehmerin **nicht zu 100 %** an der übertragenden Körperschaft **beteiligt** war, vielleicht noch gar nicht existierte (Verschmelzung durch Neugründung) oder die Anteile nicht zu ihrem Betriebsvermögen gehörten, kommt ggf. die Anschaffungs-, Einlage- oder Überführungsfiktion des § 5 UmwStG zur Anwendung. Ist die Übernehmerin keine betrieblich tätige Unternehmerin und wird sie dies mit der Umwandlung auch nicht, können die übergehenden Wirtschaftsgüter auch nicht in ihr Betriebsvermögen gelangen. In diesem Fall ist im Weiteren nach § 8 UmwStG zu verfahren.

2.1.6.2 Beteiligungskorrekturgewinn nach § 4 Abs. 1 Satz 2 UmwStG

Nach § 4 Abs. 1 Satz 2 UmwStG sind die Anteile an der übertragenden Körperschaft **bei der übernehmenden Rechtsträgerin** zum steuerlichen Übertragungsstichtag mit dem Buchwert, erhöht um (Teilwert-)Abschreibungen, die in früheren Jahren steuerwirksam vorgenommen worden sind, sowie um Abzüge nach § 6b EStG und ähnliche Abzüge, höchstens mit dem gemeinen Wert, anzusetzen. 159

Grammatikalisch erschließt sich aus dieser Norm die Vorstellung des Gesetzgebers von einem hundertprozentigen Mutter-Tochter-Verhältnis. Der Gesetzgeber geht also von dem Sachverhalt aus, dass die Anteile an der übertragenden Körperschaft am steuerlichen Übertragungsstichtag zu 100 % der übernehmenden Rechtsträgerin (Personengesellschaft oder natürliche Person) gehören und sich bei ihr im Betriebsvermögen befinden.

Ist der gemeine Wert der Anteile des übernehmenden Rechtsträgers an der übertragenden Körperschaft niedriger als deren Buchwert, ist zum steuerlichen Übertragungsstichtag eine Abstockung auf den gemeinen Wert vorzunehmen. Auf den sich daraus ergebenden **Beteiligungskorrekturverlust** ist ggf. § 8b Abs. 3 KStG bzw. § 3c Abs. 2 EStG anzuwenden (vgl. BFH v. 30.7.2014 - I R 58/12, BStBl 2015 II 199; Rdn. 04.05 UmwStE).

Die ggf. vorzunehmende (gewinnwirksame) Erhöhung des Beteiligungswertes muss eine logische Sekunde vor dem Vermögensübergang erfolgen, denn mit dem Vermögensübergang erlöschen die übertragende Körperschaft und damit auch die Anteile an ihr. 160

Sollten die Anteile an der übertragenden Körperschaft am steuerlichen Übertragungsstichtag (tatsächlich) nicht zum Betriebsvermögen der Übernehmerin gehören, kommt ggf. die **Überführungsfiktion** des § 5 Abs. 3 UmwStG zur Anwendung. Eine dem § 4 Abs. 1 Satz 2 UmwStG entsprechende Regelung enthält § 5 Abs. 3 Satz 1 UmwStG. Danach ist der sog. Beteiligungskorrekturgewinn – eine logische Sekunde vor der Vermögensübertragung – bei dem (jeweiligen) Anteilseigner der übertragenden Körperschaft zu ermitteln. 161

Ein Beteiligungskorrekturgewinn (Erhöhung des Buchwertes der Anteile) kann sich nur ergeben bei in früheren Jahren steuerwirksam vorgenommenen 162

- (Teilwert-)Abschreibungen,
- Abzügen nach § 6b EStG oder
- ähnlichen Abzügen

von den Anschaffungskosten für die Anteile an der übertragenden Körperschaft.

Teilwertabschreibungen auf Anteile an einer Kapitalgesellschaft werden regelmäßig durch Verluste der Kapitalgesellschaft ausgelöst. Diese Verluste haben eine steuermindernde Wirkung einerseits bei der Kapitalgesellschaft selbst und andererseits – über die Teilwertabschreibung – bei dem Anteilseigner. Die doppelte Steuerminderung ist spätestens in dem Moment rückgängig zu machen, in dem dem Anteilseigner das Vermögen der Kapitalgesellschaft unmittelbar übertragen wird und seine Anteile damit erlöschen. Die Rückgängigmachung der Teilwertabschreibung ist aber der Höhe nach 163 begrenzt. Die Anteile dürfen höchstens mit ihrem gemeinen Wert am steuerlichen Übertragungsstichtag angesetzt werden.

164 Durch das gem. § 6 Abs. 1 Nr. 2 Satz 3 i. V. m. Nr. 1 Satz 4 EStG bestehende und im Rahmen der allgemeinen Gewinnermittlung bereits zu beachtende Wertaufholungsgebot läuft die Regelung in § 4 Abs. 1 Satz 2 UmwStG – bei Teilwertabschreibungen – häufig ins Leere. Denn der Buchwert i. S. d. § 4 Abs. 1 Satz 2 UmwStG ist der nach Befolgung des Wertaufholungsgebots in § 6 Abs. 1 Nr. 2 Satz 3 EStG sich ergebende Wert (vgl. § 1 Abs. 5 Nr. 4 UmwStG), so dass regelmäßig kein Raum für eine weitergehende Rückgängigmachung der Teilwertabschreibung mehr vorhanden ist.

165 Eine weitergehende (über die Wertaufholung nach § 6 Abs. 1 Nr. 2 Satz 3 EStG hinausgehende) **Rückgängigmachung** der **Teilwertabschreibung** kann nur in Betracht kommen, wenn der gemeine Wert der Anteile am steuerlichen Übertragungsstichtag zwar niedriger ist als die Anschaffungskosten, aber höher als der anzusetzende Teilwert. Das ist jedoch recht unwahrscheinlich, denn ein die Anschaffungskosten unterschreitender Teilwert kann nur bei einer voraussichtlich dauernden Wertminderung angesetzt werden (§ 6 Abs. 1 Nr. 2 Satz 2 EStG), während es für die Bestimmung des (niedrigeren) gemeinen Wertes nur auf die Verhältnisse am steuerlichen Übertragungsstichtag ankommt.

166 Hat die übernehmende Rechtsträgerin auf den steuerlichen Übertragungsstichtag keine Steuerbilanz zu erstellen (weil der Geschäftsvorfall der Verschmelzung in ihr laufendes Wirtschaftsjahr fällt), ist gleichwohl zuerst eine Wertaufholung nach § 6 Abs. 1 Nr. 2 Satz 3 EStG vorzunehmen, denn der Buchwert i. S. d. § 4 Abs. 1 Satz 2 UmwStG ist der Wert, der sich nach den steuerrechtlichen Vorschriften über die Gewinnermittlung ergäbe, wenn für den steuerlichen Übertragungsstichtag eine Steuerbilanz aufzustellen wäre (s. § 1 Abs. 5 Nr. 4 UmwStG).

167 **Abzüge nach § 6b EStG** können durch die Übertragung von Gewinnen aus der Veräußerung von Anteilen an Kapitalgesellschaften nach § 6b Abs. 10 EStG vorgenommen worden sein. Fällt mit der Verschmelzung das Reinvestitionsobjekt (Anteil an der übertragenden Kapitalgesellschaft) weg, ist die Besteuerung des früher entstandenen Gewinns aus der Veräußerung des nach § 6b Abs. 10 Satz 1 EStG begünstigten Veräußerungsobjekts nachzuholen.

BEISPIEL Dem Einzelunternehmer K gehören 100 % Geschäftsanteile an der T-GmbH. K hat diese Anteile, die sich in seinem Betriebsvermögen befinden und einen Buchwert von 120 000 € haben, in 03 für 200 000 € angeschafft. Die Anschaffungskosten sind in 03 gem. § 6b Abs. 10 Satz 3 EStG durch Übertragung eines Gewinns aus Aktienverkäufen um 80 000 € gemindert worden. Die 80 000 € wären (ohne die Übertragung nach § 6b EStG) nach §§ 3 Nr. 40, 3c Abs. 2 EStG zu 40 % steuerbefreit gewesen.

Zum 31.12. wird die T-GmbH auf ihren alleinigen Gesellschafter K verschmolzen. Zu dieser Zeit beträgt der gemeine Wert der T-GmbH-Anteile 350 000 €.

LÖSUNG Im Einzelunternehmen K entsteht zum steuerlichen Übertragungsstichtag – eine logische Sekunde vor dem Vermögensübergang – ein Beteiligungskorrekturgewinn i. H. v. 80 000 €, weil der Buchwert der Anteile an der übertragenden T-GmbH gem. § 4 Abs. 1 Satz 2 UmwStG um den in 03 vorgenommenen Abzug nach § 6b Abs. 10 Satz 3 EStG (auf 200 000 €) zu erhöhen ist. Der die ursprünglichen Anschaffungskosten übersteigende gemeine Wert (350 000 €) spielt hier keine Rolle.

Der Beteiligungskorrekturgewinn ist ein laufender Gewinn und unterliegt den Regelungen für die Behandlung von Veräußerungsgewinnen aus Beteiligungen. Nach § 3 Nr. 40 Satz 1 Buchst. a Satz 1 EStG sind 40 % (32 000 €) steuerfrei. Steuerpflichtig sind also nur 48 000 €.

Gemäß § 4 Abs. 1 Satz 3 UmwStG ist zwar (auch) § 3 Nr. 40 Satz 1 Buchst. a Satz (2 und) 3 EStG anzuwenden. Danach gilt die Steuerbefreiung nicht für Abzüge nach § 6b EStG, die voll steuerwirksam vorgenommen worden sind. Da der Gewinn aus den Aktienverkäufen hier jedoch zu 40 % steuerfrei gewesen wäre, war der Abzug (von 80 000 €) in 03 nicht voll steuerwirksam. § 3 Nr. 40 Satz 1 Buchst. a Satz 3 EStG kommt hier nicht zur Anwendung.

Abwandlung

Die T-GmbH wird nicht auf ihren alleinigen Gesellschafter K, sondern auf die neu gegründete KL-KG verschmolzen (Verschmelzung durch Neugründung).

LÖSUNG ▸ Die dem K gehörenden Geschäftsanteile an der T-GmbH gelten gem. § 5 Abs. 3 Satz 1 UmwStG am steuerlichen Übertragungsstichtag als mit dem Buchwert, erhöht um Abschreibungen sowie um Abzüge nach § 6b EStG und ähnliche Abzüge, die in früheren Jahren steuerwirksam vorgenommen worden sind, höchstens mit dem gemeinen Wert, in das Betriebsvermögen der KL-KG überführt. Da die 100 % Geschäftsanteile an der T-GmbH folglich mit einem Wert von 200 000 € aus dem Einzelunternehmen ausscheiden, entsteht dort i. H. v. 80 000 € (Differenz zu dem Buchwert von 120 000 €) ein (Beteiligungskorrektur-)Gewinn, der – wie in der Lösung zum Ausgangssachverhalt – i. H. v. 48 000 € steuerpflichtig ist.

Ähnliche Abzüge sind z. B. Abzüge nach § 30 BergbauRatG oder nach R 6.5 EStR (Investitionszuschüsse) oder nach R 6.6 EStR (Entschädigungsleistungen). Anschaffungskostenminderungen durch Kapitalrückzahlungen aus dem steuerlichen Einlagekonto gehören jedoch nicht zu den ähnlichen Abzügen. 168

2.1.6.3 Besteuerung offener Rücklagen nach § 7 UmwStG

Gemäß § 7 UmwStG sind den Anteilseignern die offenen Rücklagen der übertragenden Körperschaft am steuerlichen Übertragungsstichtag als Einnahmen i. S. d. § 20 Abs. 1 Nr. 1 EStG zuzurechnen. Das gilt unabhängig davon, ob für den jeweiligen Anteilseigner ein Übernahmeergebnis nach § 4 oder § 5 UmwStG ermittelt wird oder nicht (§ 7 Satz 2 UmwStG). Der Gesetzgeber **fingiert** damit eine **Vollausschüttung** des **steuerlichen Eigenkapitals der übertragenden Körperschaft**. Ohne diese Fiktion würde sich womöglich eine Besteuerungslücke – insbesondere bei beschränkt steuerpflichtigen Anteilseignern – eröffnen. 169

Die offenen Rücklagen sind die nach den steuerrechtlichen Vorschriften bereits realisierten, aber noch nicht ausgeschütteten Gewinne. Diese sind zwar auf Körperschaftsebene schon versteuert worden, aber – wegen fehlender Ausschüttung aufgrund der Thesaurierung – noch nicht bei den Anteilseignern. 170

Die Ausschüttungsfiktion ist gerechtfertigt, denn mit der Verschmelzung bzw. dem Formwechsel (§ 9 UmwStG) geht die Verfügungsmacht an dem Vermögen der übertragenden Körperschaft unmittelbar auf die an der Umwandlung beteiligten Anteilseigner über. Damit stellt sich die Umwandlung für die Anteilseigner als Sachausschüttung bzw. liquidationsähnlicher Vorgang dar. 171

Der Höhe nach sind die den Anteilseignern zuzurechnenden Einnahmen abhängig von der auf den steuerlichen Übertragungsstichtag erstellten steuerlichen Schlussbilanz der übertragenden Körperschaft (§ 3 UmwStG). Wurden die übergehenden Wirtschaftsgüter 172 in der steuerlichen Übertragungsbilanz mit den gemeinen Werten angesetzt, dadurch also die stillen Reserven aufgedeckt und ein Übertragungsgewinn bei der übertragenden Körperschaft „produziert", bewirkt dies eine Erhöhung des Eigenkapitals und damit auch eine Erhöhung der bei den Anteilseignern zu besteuernden Einnahmen i. S. d. § 20 Abs. 1 Nr. 1 EStG i. V. m. § 7 UmwStG. Die Einnahmen ermitteln sich wie folgt:

	Eigenkapital lt. steuerlicher Übertragungsbilanz
./.	steuerliches Einlagekonto i. S. d. § 27 KStG (nach Anwendung des § 29 Abs. 1 KStG)
=	Einnahmen i. S. d. § 20 Abs. 1 Nr. 1 EStG

173 Nach § 29 Abs. 1 KStG gilt das Nennkapital der übertragenden Kapitalgesellschaft im Verschmelzungsfall als in vollem Umfang herabgesetzt. Der Betrag des (herabgesetzten) Nennkapitals wird – nach Verminderung um einen ggf. vorhandenen Sonderausweis i. S. d. § 28 Abs. 1 Satz 3 KStG – dem steuerlichen Einlagekonto gutgeschrieben, soweit die Einlage in das Nennkapital geleistet ist (§ 28 Abs. 2 Satz 1 KStG).

Zu einem Sonderausweis i. S. d. § 28 Abs. 1 Satz 3 KStG kommt es bei einer Nennkapitalerhöhung aus Gesellschaftsmitteln, soweit offene Gewinnrücklagen in Nennkapital umgewandelt worden sind. Im Ergebnis geht es darum, das gesamte in der steuerlichen Übertragungsbilanz ausgewiesene Eigenkapital, das nicht aus Einlagezahlungen der Gesellschafter stammt, als Einnahmen i. S. d. § 20 Abs. 1 Nr. 1 EStG zu erfassen. Dabei sind die am steuerlichen Übertragungsstichtag noch ausstehenden Einlagen auf das Nennkapital – unabhängig davon, ob sie eingefordert worden sind oder nicht – nicht als Eigenkapital anzusetzen (Rdn. 07.04 UmwStE).

BEISPIEL Die L-GmbH wird auf die MN-KG verschmolzen.

A Steuerliche Übertragungsbilanz der L-GmbH gem. § 3 UmwStG P

Summe Aktiva	500 000 €	gez. Kapital (davon Sonderausweis 50 000 €)	200 000 €
		Gewinnrücklagen	80 000 €
		Übertragungsgewinn	100 000 €
		Verbindlichkeiten	120 000 €
	500 000 €		500 000 €

Das steuerliche Einlagekonto i. S. d. § 27 KStG hat zum steuerlichen Übertragungsstichtag (vor der Nennkapitalherabsetzung) einen Bestand von 0 €.

LÖSUNG Gemäß § 7 Satz 1 UmwStG ermitteln sich die Einnahmen i. S. d. § 20 Abs. 1 Nr. 1 EStG wie folgt:

Eigenkapital lt. steuerlicher Übertragungsbilanz			380 000 €
Einlagekonto (vor Nennkapitalherabsetzung)		0 €	
Stammkapital	200 000 €		
Sonderausweis, § 28 Abs. 1 Satz 3 KStG	./. 50 000 €		
Gutschrift auf Einlagekonto	150 000 €	+ 150 000 €	
Steuerliches Einlagekonto (nach Anwendung des § 29 Abs. 1 KStG)		150 000 €	./. 150 000 €
Einnahmen i. S. d. § 20 Abs. 1 Nr. 1 EStG			230 000 €

Die nach § 7 UmwStG ermittelten Einnahmen sind auf alle an der Umwandlung beteiligten **Anteilseigner nach dem Verhältnis** ihrer Anteile zum Nennkapital der übertragenden Körperschaft aufzuteilen, und zwar ohne Berücksichtigung eigener Anteile der Körperschaft (Rdn. 07.05 UmwStE). 174

Für die Bestimmung der an der Umwandlung beteiligten Anteilseigner und des Verhältnisses ihrer Beteiligung ist auf den Zeitpunkt des Wirksamwerdens der Umwandlung, also auf den Zeitpunkt der Eintragung der Umwandlung in das maßgebende öffentliche Register, abzustellen. Der Gesellschafterbestand und die Beteiligungsverhältnisse im steuerlichen Übertragungszeitpunkt spielen insoweit keine Rolle. 175

Veräußert ein im steuerlichen Übertragungszeitpunkt noch beteiligter Anteilseigner seine gesamten Anteile an der übertragenden Körperschaft vor der maßgeblichen Registereintragung der Umwandlung, sind ihm keine Einnahmen mehr nach § 7 UmwStG i. V. m. § 20 Abs. 1 Nr. 1 EStG zuzurechnen. 176

Das gilt auch für Anteilseigner der übertragenden Körperschaft, die der Umwandlung widersprechen und gegen Barabfindung gem. §§ 29, 207 UmwG nach der Handelsregistereintragung (handelsrechtlich aus dem übernehmenden Rechtsträger) ausscheiden. Steuerlich sind diese Anteilseigner nämlich so zu behandeln, als ob sie noch aus dem übertragenden Rechtsträger ausgeschieden wären (Rdn. 02.18 UmwStE). Sie nehmen also aus steuerlicher Sicht ebenfalls nicht mehr an der Umwandlung teil.

FORTSETZUNG DES BEISPIELS An der L-GmbH waren M mit einem Geschäftsanteil im Nennwert von 120 000 € und N mit einem Geschäftsanteil im Nennwert von 80 000 € beteiligt.

Von den ermittelten Einnahmen i. S. d. § 20 Abs. 1 Nr. 1 EStG sind M 138 000 € (60 %) und N 92 000 € (40 %) zuzurechnen.

ABWANDLUNG DES BEISPIELS Die Verschmelzung der L-GmbH auf die MN-KG erfolgt mit steuerlicher Rückwirkung zum 1.1. Die Verschmelzung wird am 15.8. im Handelsregister eingetragen. N ist als Gesellschafter der L-GmbH zum 1.7. ausgeschieden. Seine Geschäftsanteile hat er an M abgetreten.

Von den ermittelten Einnahmen i. S. d. § 20 Abs. 1 Nr. 1 EStG sind M 200 000 € (100 %) und N 0 € (0 %) zuzurechnen.

Die **fiktiven Einnahmen** i. S. d. § 20 Abs. 1 Nr. 1 EStG i. V. m. § 7 Satz 1 UmwStG gelten den Anteilseignern mit Ablauf des steuerlichen Übertragungsstichtags (§ 2 Abs. 1 UmwStG) als **zugeflossen** (Rdn. 07.07 UmwStE). 177

Gemäß § 43 Abs. 1 Satz 1 Nr. 1 EStG unterliegen diese Einnahmen der **Kapitalertragsteuer**, wenn es sich um inländische Kapitalerträge handelt (Rdn. 07.08 UmwStE). Es sind inländische Kapitalerträge, wenn der Schuldner, also die übertragende Körperschaft, Geschäftsleitung oder Sitz im Inland hat (§ 43 Abs. 3 Satz 1 EStG). 178

Die Kapitalertragsteuer entsteht – entgegen § 44 Abs. 1 Satz 2 EStG – im Zeitpunkt des Wirksamwerdens der Umwandlung, also (erst) im Zeitpunkt der Eintragung in das Handelsregister (Rdn. 07.08 UmwStE). Das ändert aber nichts daran, dass sich die Höhe der Einnahmen und damit die Bemessungsgrundlage für die Kapitalertragsteuer aus dem Eigenkapital am steuerlichen Übertragungsstichtag ergeben und die Einnahmen mit Ablauf des steuerlichen Übertragungsstichtags als zugeflossen gelten. 179

Die Kapitalertragsteuer beträgt gem. § 43a Abs. 1 Satz 1 Nr. 1 EStG 25 % der Einnahmen, mit Solidaritätszuschlag effektiv 26,375 %. Im Fall der Kirchensteuerpflicht ermäßigt sich die Kapitalertragsteuer; sie ist sodann nach § 32d Abs. 1 Satz 4 und 5 EStG zu ermitteln (§ 43a Abs. 1 Satz 2 und 3 EStG). Die Anmelde- und Abführungsverpflichtung gegenüber dem Finanzamt geht im Rahmen der Gesamtrechtsnachfolge auf die übernehmende Personengesellschaft über. Buchungstechnisch ist die Kapitalertragsteuer dem Kapitalkonto des Gesellschafters zu belasten, dem die entsprechenden Einnahmen i. S. d. § 7 Satz 1 UmwStG zugerechnet werden.

180 Bei Anteilseignern, deren Anteile an der übertragenden Körperschaft zum Betriebsvermögen gehören oder gem. § 5 UmwStG als am steuerlichen Übertragungsstichtag in das Betriebsvermögen eingelegt gelten, sind die Einnahmen i. S. d. § 20 Abs. 1 Nr. 1 EStG i. V. m. § 7 Satz 1 UmwStG in **Betriebseinnahmen** umzuqualifizieren (§ 20 Abs. 8 EStG) und verfahrensrechtlich – bei der Umwandlung auf bzw. in eine Personengesellschaft – in die **einheitliche und gesonderte Gewinnfeststellung** einzubeziehen. In diesen Fällen ist – bei natürlichen Personen als Anteilseignern – die Einkommensteuer auf diese Einnahmen nicht durch die Kapitalertragsteuer abgegolten (§ 43 Abs. 5 Satz 2 EStG), und sie ist auch nicht nach dem gesonderten Steuertarif nach § 32d Abs. 1 EStG zu berechnen. Gemäß § 3 Nr. 40 Satz 1 Buchst. d i. V. m. Satz 2 EStG sind die als Betriebseinnahmen zu qualifizierenden Einnahmen i. S. d. § 7 Satz 1 UmwStG zu 40 % steuerfrei.

181 Die auf eine Körperschaft als Anteilseignerin entfallenden Einnahmen i. S. d. § 20 Abs. 1 Nr. 1 EStG i. V. m. § 7 Satz 1 UmwStG sind nach § 8b Abs. 1 Satz 1 KStG bei der Einkommensermittlung außer Ansatz zu lassen. In diesem Zusammenhang ist das pauschale Betriebsausgabenabzugsverbot in Höhe von 5 % nach § 8b Abs. 5 Satz 1 KStG zu beachten.

BEISPIEL ▸ Die T-GmbH wird auf die M-KG verschmolzen. Im Zeitpunkt der Handelsregistereintragung sind an der T-GmbH beteiligt:

- M-KG mit 40,0 %,
- A-GmbH mit 30,0 %,
- B (natürliche Person) mit 29,5 %,
- C (natürliche Person) mit 0,5 %.

An der M-KG sind die natürlichen Personen X und Y mit jeweils 50 % beteiligt.

Die Geschäftsanteile von B und C gehören zu ihrem jeweiligen Privatvermögen.

Für die T-GmbH wurde folgende steuerliche Übertragungsbilanz (§ 3 UmwStG) erstellt:

A	Steuerliche Übertragungsbilanz der T-GmbH gem. § 3 UmwStG		P
Summe Aktiva	1 200 000 €	gez. Kapital	100 000 €
		Gewinnrücklagen	400 000 €
		Verbindlichkeiten	700 000 €
	1 200 000 €		1 200 000 €

Das steuerliche Einlagekonto (§ 27 KStG) hat – vor Anwendung des § 29 Abs. 1 KStG – einen Bestand von 120 000 €.

LÖSUNG Gemäß § 7 Satz 1 UmwStG ermitteln sich die Einnahmen i. S. d. § 20 Abs. 1 Nr. 1 EStG wie folgt:

Eigenkapital lt. steuerlicher Übertragungsbilanz		500 000 €
Einlagekonto (vor Nennkapitalherabsetzung)	120 000 €	
zzgl. herabgesetztes Stammkapital (kein Sonderausweis vorhanden)	100 000 €	
Steuerliches Einlagekonto (nach Anwendung des § 29 Abs. 1 KStG)	220 000 €	./. 220 000 €
Einnahmen i. S. d. § 20 Abs. 1 Nr. 1 EStG		280 000 €

Diese Einnahmen unterliegen der Kapitalertragsteuer (§ 43 Abs. 1 Satz 1 Nr. 1 EStG). Die Summe aller bei den Anteilseignern entstandenen Kapitalertragsteuern beträgt 70 000 € (25 % gem. § 43a Abs. 1 Satz 1 Nr. 1 EStG). Eine ggf. bestehende Kirchensteuerpflicht bleibt aus Vereinfachungsgründen unberücksichtigt.

Von den Einnahmen sind zuzurechnen:

- der M-KG (40,0 %): 112 000 €
- der A-GmbH (30,0 %): 84 000 €
- dem B (29,5 %): 82 600 €
- dem C (0,5 %): 1 400 €

Die auf die **M-KG** entfallenden 112 000 € sind aufzuteilen und steuerlich ihren Mitunternehmern X und Y i. H. v. jeweils 56 000 € zuzurechnen. Sie gehen in ihre mitunternehmerschaftlichen Gewinnanteile i. S. d. § 15 Abs. 1 Nr. 2 EStG ein, bleiben bei Anwendung des Teileinkünfteverfahrens zu jeweils 40 % steuerfrei (§ 3 Nr. 40 Satz 1 Buchst. d i. V. m. Satz 2 EStG) und unterliegen – mit 60 % (= jeweils 33 600 €) – dem allgemeinen Steuertarif.

Die der **A-GmbH** zuzurechnenden 84 000 € sind bei ihr Betriebseinnahmen (§ 8 Abs. 1 und Abs. 2 KStG i. V. m. § 20 Abs. 8 und § 15 EStG). Sie sind verfahrensrechtlich in die einheitliche und gesonderte Gewinnfeststellung der M-KG einzubeziehen, weil der 30 %-Anteil an der T-GmbH gem. § 5 Abs. 3 Satz 1 UmwStG am steuerlichen Übertragungsstichtag als in das Betriebsvermögen der M-KG überführt gilt. Bei der Ermittlung des körperschaftsteuerlichen Einkommens der A-GmbH bleiben die 84 000 € außer Ansatz (§ 8b Abs. 1 Satz 1 KStG). Gemäß § 8b Abs. 5 Satz 1 KStG gelten 4 200 € (5 %) als nicht abzugsfähige Betriebsausgaben, die bei der Einkommensermittlung wieder hinzuzurechnen sind. Die von der M-KG als Rechtsnachfolgerin der T-GmbH abzuführende Kapitalertragsteuer i. H. v. 21 000 € (25 %) ist gem. § 31 Abs. 1 Satz 1 KStG i. V. m. § 36 Abs. 2 Nr. 2 EStG auf die Körperschaftsteuerschuld der A-GmbH anzurechnen.

Die dem **B** zuzurechnenden 82 600 € sind bei ihm ebenfalls Betriebseinnahmen (§ 20 Abs. 8 i. V. m. § 15 EStG) und verfahrensrechtlich in die einheitliche und gesonderte Gewinnfeststellung der M-KG einzubeziehen, weil sein 29,5 %-Anteil an der T-GmbH gem. § 5 Abs. 2 UmwStG i. V. m. § 17 EStG am steuerlichen Übertragungsstichtag als in das Betriebsvermögen der M-KG eingelegt gilt. Gemäß des Teileinkünfteverfahrens nach § 3 Nr. 40 Satz 1 Buchst. d i. V. m. Satz 2 EStG sind 33 040 € (40 %) steuerfrei. Gemäß § 36 Abs. 2 Nr. 2 EStG ist die Kapitalertragsteuer i. H. v. 20 650 € auf die Einkommensteuerschuld des B anzurechnen.

Bei **C** gehören die 1 400 € zu den Einkünften aus Kapitalvermögen (§ 20 Abs. 1 Nr. 1 EStG). Sie sind nicht in Betriebseinnahmen umzuqualifizieren und auch nicht in die einheitliche und gesonderte Gewinnfeststellung für die M-KG einzubeziehen. Mit vollständiger Erhebung der Kapitalertragsteuer i. H. v. 350 € ist die Einkommensteuer abgegolten (§ 43 Abs. 5 Satz 1 EStG), es sei denn, C beantragt gem. § 43 Abs. 5 Satz 3 EStG die Einbeziehung der Kapitalerträge in die besondere Besteuerung nach § 32d EStG. Das Teileinkünfteverfahren nach § 3 Nr. 40 EStG ist nicht anzuwenden (§ 3 Nr. 40 Satz 2 EStG).

Unterhält die übernehmende M-KG einen gewerbesteuerpflichtigen Gewerbebetrieb, unterliegen die in die einheitliche und gesonderte Gewinnfeststellung einbezogenen Einnahmen grundsätzlich auch der **Gewerbesteuer**. Im Zusammenhang mit den o. g. Einnahmen sind bei der Ermittlung des Gewerbeertrags der M-KG zu erfassen:

Der M-KG zuzurechnende Einnahmen	112 000 €	
Außer Ansatz bleiben (§ 7 Satz 4 GewStG i. V. m. § 3 Nr. 40 EStG)		
40 % von 56 000 € (Anteil X)	./. 22 400 €	
40 % von 56 000 € (Anteil Y)	./. 22 400 €	67 200 €
Der A-GmbH zuzurechnende Einnahmen (§ 18 Abs. 1 UmwStG)	84 000 €	
Außer Ansatz bleiben (§ 7 Satz 4 GewStG i. V. m. § 8b Abs. 1 KStG)	./. 84 000 €	0 €
Nicht abzugsfähige Betriebsausgaben (5 %); (§ 7 Satz 4 GewStG i. V. m. § 8b Abs. 5 KStG)		4 200 €
Dem B zuzurechnende Einnahmen sind nicht zu erfassen (§ 18 Abs. 2 Satz 2 UmwStG)		
Dem C zuzurechnende Einnahmen gehören von vornherein nicht zu dem einheitlich und gesondert festzustellenden Gewinn.		
Im Gewerbeertrag nach § 7 GewStG enthaltene Einnahmen		71 400 €
Kürzung gem. § 9 Nr. 2a GewStG		67 200 €
Beim gewerbesteuerpflichtigen Gewerbeertrag der M-KG zu erfassen:		4 200 €

182 § 7 UmwStG ist auch anzuwenden bei **Auslandsumwandlungen**, wenn ein im Inland unbeschränkt steuerpflichtiger Anteilseigner an der übertragenden ausländischen Kapitalgesellschaft beteiligt ist. Zur Ermittlung der Einnahmen nach § 7 Satz 1 UmwStG i. V. m. § 20 Abs. 1 Nr. 1 EStG ist für die übertragende ausländische Körperschaft eine Schlussbilanz nach § 3 UmwStG aufzustellen und der Bestand des steuerlichen Einlagekontos gem. § 27 Abs. 8 KStG unter entsprechender Anwendung der §§ 27 bis 29 KStG festzustellen.

2.1.6.4 Ermittlung und Besteuerung des Übernahmegewinns oder -verlusts

2.1.6.4.1 Ermittlung des Übernahmeergebnisses nach § 4 Abs. 4 und 5 UmwStG

183 Der Vermögensübergang führt bei der übernehmenden Personengesellschaft oder natürlichen Person zu einem Übernahmegewinn oder Übernahmeverlust (Übernahmeergebnis). Das Übernahmeergebnis ist gem. § 4 Abs. 4 Satz 1 UmwStG der Unterschiedsbetrag zwischen dem Wert, mit dem die übergegangenen Wirtschaftsgüter zu übernehmen sind, abzüglich der Kosten für den Vermögensübergang und dem Wert der Anteile an der übertragenden Körperschaft.

Zum besseren Verständnis stelle man sich auch hier zunächst ein hundertprozentiges Mutter-Tochter-Verhältnis vor, also den Sachverhalt, dass die Anteile an der übertragenden Körperschaft am steuerlichen Übertragungsstichtag zu 100 % der übernehmenden Rechtsträgerin (Personengesellschaft oder natürliche Person) gehören und sich bei ihr im Betriebsvermögen befinden. Mit der Verschmelzung fallen die Anteile – aus steuerrechtlicher Sicht – am steuerlichen Übertragungsstichtag weg. An ihre Stelle treten die übergegangenen Wirtschaftsgüter. Übersteigt nun der Wert der übergegangenen Wirtschaftsgüter den Wert der (wegfallenden) Anteile, entsteht ein Übernahmegewinn, anderenfalls ein Übernahmeverlust. Unter Beachtung der nach § 4 Abs. 5 UmwStG noch vorzunehmenden Erhöhungen oder Verminderungen ergibt sich folgendes Berechnungsschema für die Ermittlung des Übernahmeergebnisses (vgl. Rdn. 04.27 UmwStE):

	Übernahmewert der übergegangenen Wirtschaftsgüter (§ 4 Abs. 1 Satz 1 UmwStG)
+	Zuschlag für steuerfreies Auslandsvermögen (§ 4 Abs. 4 Satz 2 UmwStG)
./.	(korrigierter) Buchwert der Anteile an der übertragenden Körperschaft (§ 4 Abs. 1 Satz 2, § 5 Abs. 2 und 3 UmwStG)
./.	Umwandlungskosten
=	Übernahmeergebnis 1. Stufe (§ 4 Abs. 4 UmwStG)
./.	Bezüge nach § 7 UmwStG (§ 4 Abs. 5 UmwStG)
=	Übernahmegewinn/-verlust 2. Stufe (§ 4 Abs. 5 UmwStG)

BEISPIEL Die O-GmbH wird zum 1.1.02 auf ihre Alleingesellschafterin, die P-OHG, (durch Aufnahme) verschmolzen. Auf den 31.12.01 stellt sich die nach allgemeinen steuerrechtlichen Vorschriften über die Gewinnermittlung aufzustellende Schlussbilanz der O-GmbH (unter Fortführung der Buchwerte, ergänzt um die Angabe der gemeinen Werte) wie folgt dar:

A — Schlussbilanz der O-GmbH zum 31.12.01 — P

	Buchwert	(gem. Wert)		
Summe Aktiva	1 200 000 €	(1 500 000 €)	gez. Kapital	100 000 €
			Kapitalrücklage	200 000 €
			Gewinnrücklagen	175 000 €
			Jahresüberschuss	25 000 €
			Verbindlichkeiten	700 000 €
	1 200 000 €	(1 500 000 €)		1 200 000 €

Das steuerliche Einlagekonto (§ 27 KStG) hat am 31.12.01 – vor Anwendung des § 29 Abs. 1 KStG – einen Bestand von 200 000 €.

A — Bilanz der P-OHG zum 31.12.01 (vor Verschmelzung) — P

Beteiligung O-GmbH	300 000 €	Kapital X (nat. Person)	50 000 €
		Kapital Y (nat. Person)	50 000 €
		Verbindlichkeiten	200 000 €
	300 000 €		300 000 €

Fall a)

In der steuerlichen Übertragungsbilanz werden die übergehenden Wirtschaftsgüter auf Antrag gem. § 3 Abs. 2 UmwStG mit dem Buchwert angesetzt.

Fall b)

Die übergehenden Wirtschaftsgüter werden mit dem gemeinen Wert (§ 3 Abs. 1 UmwStG) angesetzt.

Fall c)

Die Anschaffungskosten der P-OHG für die 100 %-Beteiligung an der O-GmbH vor mehr als fünf Jahren betrugen 500 000 €. Sie wurden gem. § 6b Abs. 10 Satz 3 EStG durch die Übertragung eines Veräußerungsgewinns von 200 000 € auf 300 000 € gemindert.

Die O-GmbH hat keinen Antrag nach § 3 Abs. 2 UmwStG gestellt.

LÖSUNG ▸ Fall a)

Bei der O-GmbH entsteht wegen des Buchwertansatzes kein Übertragungsgewinn. Ihre steuerliche Übertragungsbilanz zum 31.12.01 entspricht ihrer auf diesen Stichtag nach den allgemeinen steuerrechtlichen Vorschriften erstellten Schlussbilanz.

Steuerliche Folgen für die P-OHG und deren Gesellschafter:

Ein Beteiligungskorrekturgewinn ist nicht zu ermitteln. Es liegen keine Anhaltspunkte für eine Höherbewertung der Beteiligung an der O-GmbH nach § 4 Abs. 1 Satz 2 UmwStG vor.

Gemäß § 7 Satz 1 UmwStG zu ermittelnde Einnahmen i. S. d. § 20 Abs. 1 Nr. 1 EStG:

Eigenkapital lt. steuerlicher Übertragungsbilanz		500 000 €
Einlagekonto (vor Nennkapitalherabsetzung)	200 000 €	
Stammkapital (Gutschrift auf Einlagekonto)	+ 100 000 €	
Steuerliches Einlagekonto (nach Anwendung des § 29 Abs. 1 KStG)	300 000 €	./. 300 000 €
Einnahmen i. S. d. § 20 Abs. 1 Nr. 1 EStG		200 000 €

Der Übernahmegewinn (§ 4 Abs. 4 Satz 1 UmwStG) ermittelt sich wie folgt:

	Übernahmewert der übergegangenen Wirtschaftsgüter		
	Summe Aktiva	1 200 000 €	
	Verbindlichkeiten	./. 700 000 €	
		500 000 €	500 000 €
./.	Buchwert Beteiligung O-GmbH		300 000 €
./.	Umwandlungskosten (keine Angaben)		—
	Übernahmegewinn 1. Stufe		200 000 €
./.	Bezüge nach § 7 UmwStG		200 000 €
	Übernahmegewinn 2. Stufe		0 €

Fall b)

Bei der O-GmbH entsteht durch den Ansatz der übergehenden Wirtschaftsgüter mit dem gemeinen Wert ein Übertragungsgewinn i. H. v. 210 525 €, der sich wie folgt ermittelt:

Übertragungsgewinn i. H. aufgedeckter stiller Reserven			300 000 €
Körperschaftsteuer 15 % (§ 23 Abs. 1 KStG)			45 000 €
Solidaritätszuschlag (5,5 % von 45 000 €, §§ 3 Abs. 1, 4 SolZG)			2 475 €
Gewerbesteuer	Messbetrag = 3,5 % (§ 11 Abs. 2 GewStG)	10 500 €	
	Hebesatz (Annahme = 400 %, § 16 GewStG)		42 000 €
Übertragungsgewinn (nach Abzug der Steuern)			210 525 €

A	Steuerliche Übertragungsbilanz der O-GmbH zum 31.12.01			P
Summe Aktiva	1 500 000 €	gez. Kapital		100 000 €
		Kapitalrücklage		200 000 €
		Gewinnrücklagen		175 000 €
		Jahresüberschuss	25 000 €	
			+ 210 525 €	235 525 €
		Verbindlichkeiten		700 000 €
		KSt-/SolZ-Rückstellung		47 475 €
		GewSt-Rückstellung		42 000 €
	1 500 000 €			1 500 000 €

Steuerliche Folgen für die P-OHG und deren Gesellschafter:

(1) Ein Beteiligungskorrekturgewinn nach § 4 Abs. 1 Satz 2 UmwStG ist nicht zu ermitteln.

(2) Gemäß § 7 Satz 1 UmwStG zu ermittelnde Einnahmen i. S. d. § 20 Abs. 1 Nr. 1 EStG:

Eigenkapital lt. steuerlicher Übertragungsbilanz		710 525 €
Einlagekonto (vor Nennkapitalherabsetzung)	200 000 €	
Stammkapital (Gutschrift auf Einlagekonto)	+ 100 000 €	
Steuerliches Einlagekonto (nach Anwendung des § 29 Abs. 1 KStG)	300 000 €	./. 300 000 €
Einnahmen i. S. d. § 20 Abs. 1 Nr. 1 EStG		410 525 €

(3) Der Übernahmegewinn (§ 4 Abs. 4 Satz 1 UmwStG) ermittelt sich wie folgt:

	Übernahmewert der übergegangenen Wirtschaftsgüter		
	Summe Aktiva	1 500 000 €	
	Verbindlichkeiten	./. 789 475 €	
		710 525 €	710 525 €
./.	Buchwert Beteiligung O-GmbH		300 000 €
./.	Umwandlungskosten (keine Angaben)		–
	Übernahmegewinn 1. Stufe		410 525 €
./.	Bezüge nach § 7 UmwStG		410 525 €
	Übernahmegewinn 2. Stufe		0 €

Fall c)

Bei der O-GmbH sind mangels eines vorliegenden Antrags i. S. d. § 3 Abs. 2 UmwStG die übergehenden Wirtschaftsgüter mit dem gemeinen Wert anzusetzen. Der dadurch entstehende Übertragungsgewinn beträgt 210 525 € (s. Fall b).

Steuerliche Folgen für die P-OHG und deren Gesellschafter:

(1) Bei der P-OHG entsteht gem. § 4 Abs. 1 Satz 2 UmwStG am 31.12.01 (steuerlicher Übertragungsstichtag) – eine logische Sekunde vor dem Vermögensübergang – ein Beteiligungskorrekturgewinn i. H. v. 200 000 €, weil der Buchwert der Beteiligung an der O-GmbH (300 000 €) um den nach § 6b Abs. 10 Satz 3 EStG vorgenommenen Abzug – auf 500 000 € – zu erhöhen ist. Der gemeine Wert der 100 %-Beteiligung an der O-GmbH ist damit noch nicht überschritten. Zur Besteuerung des Beteiligungskorrekturgewinns s. Rdn. 159 ff.

(2) Die gem. § 7 Satz 1 UmwStG zu ermittelnden Einnahmen i. S. d. § 20 Abs. 1 Nr. 1 EStG betragen – wie im Fall b – 410 525 €.

(3) Der Übernahmegewinn (§ 4 Abs. 4 Satz 1 UmwStG) ermittelt sich wie folgt:

	Übernahmewert der übergegangenen Wirtschaftsgüter (wie Fall b)	710 525 €
./.	(korrigierter) Buchwert Beteiligung O-GmbH	500 000 €
./.	Umwandlungskosten (keine Angaben)	–
	Übernahmegewinn 1. Stufe	210 525 €
./.	Bezüge nach § 7 UmwStG	410 525 €
	Übernahmegewinn 2. Stufe (Übernahmeverlust)	./. 200 000 €

Der Übernahmeverlust ist gem. § 4 Abs. 6 Satz 4 UmwStG in Höhe von 60 % steuerlich zu berücksichtigen, weil er (vollumfänglich) auf natürliche Personen als Mitunternehmer der P-OHG entfällt, die nach § 7 UmwStG ermittelten Einnahmen nicht überschreitet und die Anteile an der O-GmbH vor mehr als fünf Jahren entgeltlich erworben wurden (§ 4 Abs. 6 Satz 6 Alt. 2 UmwStG; Umkehrschluss).

Die (Übernahme-)Bilanz der P-OHG zum 31.12.01 nach der Verschmelzung stellt sich wie folgt dar:

A	Bilanz der P-OHG zum 31.12.01		P
Summe Aktiva	1 500 000 €	Kapital X (nat. Person)	255 263 €
		Kapital Y (nat. Person)	255 262 €
		Verbindlichkeiten	900 000 €
		KSt-/SolZ-Rückstellung	47 475 €
		GewSt-Rückstellung	42 000 €
	1 500 000 €		1 500 000 €

Die Kapitalkonten der mit je 50 % beteiligten Mitunternehmer X und Y entwickeln sich jeweils wie folgt:

Kapital 31.12.01 (vor Verschmelzung)	50 000 €
Beteiligungskorrekturgewinn (50 %)	+ 100 000 €
Einnahmen i. S. d. § 7 Satz 1 UmwStG (50 % aufgerundet)	+ 205 263 €
Übernahmeverlust (50 %)	./. 100 000 €
Kapital 31.12.01 nach Verschmelzung	255 263 €

Die für die Einnahmen i. S. d. § 7 Satz 1 UmwStG von der P-OHG als Gesamtrechtsnachfolgerin der O-GmbH abzuführende Kapitalertragsteuer entsteht erst im Zeitpunkt der Eintragung der Verschmelzung in das Handelsregister und ist sodann den Kapitalkonten der (anrechnungsberechtigten) Mitunternehmer X und Y zu belasten.

184 Das Beispiel zeigt, dass das Entstehen eines (endgültigen) Übernahmegewinns oder -verlustes abhängig ist von dem **Verhältnis** der **Anschaffungskosten** für die Anteile an der übertragenden Körperschaft zu deren einlagefinanziertem Eigenkapital. Übersteigen die Anschaffungskosten das einlagefinanzierte Eigenkapital, entsteht ein Übernahmeverlust, beim Unterschreiten der Anschaffungskosten ein Übernahmegewinn. Mit § 4 Abs. 4 und 5 UmwStG werden also nur die in der Vermögenssubstanz „Anteile an der übertragenden Körperschaft" eingetretenen Wertänderungen – losgelöst von den auf Körperschaftsebene erwirtschafteten Erträgen – ermittelt. Dabei bleiben auch die im Betriebsvermögen der übertragenden Körperschaft gebundenen stillen Reserven unberücksichtigt.

2.1.6.4.1.1 Übernahmewert der übergegangenen Wirtschaftsgüter

Die übergegangenen Wirtschaftsgüter sind mit dem in der steuerlichen Schlussbilanz 185
der übertragenden Körperschaft gem. § 3 UmwStG angesetzten Wert zu übernehmen. § 4 Abs. 1 Satz 1 UmwStG verknüpft den Übernahmewert bei der übernehmenden Personengesellschaft oder natürlichen Person mit dem steuerlichen Schlussbilanzwert der übertragenden Körperschaft. Die Übernehmerin ist an die Bewertung durch die Überträgerin gebunden (strikte **Wertverknüpfung**). Steuerlich hat die Übernehmerin – im Unterschied zum Handelsrecht (§ 24 UmwG) – kein Bewertungswahlrecht.

Bei der Übernehmerin sind (für die Ermittlung des Übernahmeergebnisses) zunächst 186
alle in der steuerlichen Übertragungsbilanz der Körperschaft ausgewiesenen Wirtschaftsgüter und sonstige Bilanzposten (z. B. Rechnungsabgrenzungsposten, Sammelposten nach § 6 Abs. 2a EStG) anzusetzen. Aufgrund besonderer Umstände kann es eine logische Sekunde nach der Übertragung zur Ausbuchung einzelner – oder im Fall des § 8 UmwStG aller – Wirtschaftsgüter kommen. So geht z. B. das von einem Gesellschafter unentgeltlich privat genutzte Wirtschaftsgut unmittelbar nach dem Vermögensübergang in das Privatvermögen über (vgl. Rdn. 97); Forderungen und Verbindlichkeiten zwischen der Überträgerin und der Übernehmerin erlöschen (durch Konfusion) erst im Anschluss an die Umwandlung.

Einer besonderen **Übernahmebilanz** bedarf es grundsätzlich nicht. Aus § 4 Abs. 1 187
UmwStG ergibt sich – anders als bei einem Formwechsel (vgl. § 9 S. 2 UmwStG) – für den übernehmenden Rechtsträger keine Pflicht, auf den steuerlichen Übertragungsstichtag eine Übernahmebilanz zu erstellen (so auch BFH v. 5.11.2015 - III R 12/13, BStBl 2016 II 420 und III R 13/13, BStBl 2016 II 468). Bei einer bereits bestehenden Personengesellschaft ist die Vermögensübertragung im Wege der Verschmelzung ein Geschäftsvorfall, der in der laufenden Buchführung – mit Wirkung zum steuerlichen Übertragungsstichtag (§ 2 Abs. 1 UmwStG) – zu erfassen ist. Bilanziell wirkt sich die Verschmelzung im nachfolgenden Jahresabschluss aus.

Entsteht durch die Verschmelzung bei der Übernehmerin erstmals ein abschlusspflichtiges Handelsgewerbe i. S. d. HGB (z. B. im Fall einer Verschmelzung durch Neugründung), muss der übernehmende Rechtsträger eine Übernahmebilanz in Form einer Eröffnungsbilanz nach § 242 Abs. 1 HGB aufstellen. Stichtag der handelsrechtlichen Eröffnungsbilanz ist allerdings nicht der steuerliche Übertragungsstichtag i. S. d. § 2 Abs. 1 UmwStG, sondern der Verschmelzungsstichtag i. S. d. § 5 Abs. 1 Nr. 6 UmwG. Das ist in der Regel der Tag, der dem steuerlichen Übertragungsstichtag folgt. Unabhängig davon ist aber das Übernahmeergebnis i. S. d. § 4 Abs. 4 UmwStG (und die Einnahmen i. S. d. § 7 UmwStG) auf den steuerlichen Übertragungsstichtag zu ermitteln.

Bei der übernehmenden Personengesellschaft können für die Abbildung der Übernah- 188
mewerte auch Ergänzungsbilanzen erstellt werden. So ist es bei einer Buchwertübernahme möglich, in der Gesamthandsbilanz die gemeinen Werte und in Ergänzungsbilanzen Minderwerte in Höhe der durch die Bewertung in der Gesamthandsbilanz aufgedeckten stillen Reserven anzusetzen.

2.1.6.4.1.2 Steuerfreies (neutrales) Auslandsvermögen

189 Bei der Verschmelzung einer Körperschaft geht auch deren steuerfreies Auslandsvermögen (neutrales Vermögen) im Wege der Gesamtrechtsnachfolge auf die Übernehmerin über. In der steuerlichen Übertragungsbilanz sind deshalb auch die nicht der deutschen Besteuerung unterliegenden Wirtschaftsgüter anzusetzen. Das können im Ausland gelegene Grundstücke oder die einer ausländischen Betriebsstätte zuzurechnenden Wirtschaftsgüter der inländischen Überträgerin sein, wenn mit dem jeweiligen Staat ein Doppelbesteuerungsabkommen besteht, nach dem der Veräußerungs- bzw. ausländische Betriebsstättengewinn von der deutschen Steuer freigestellt wird (Freistellungsmethode). Auch wenn für die ausländische Betriebsstätte eine eigenständige Buchführung eingerichtet wurde, ist das **Betriebsstättenvermögen** in einer **konsolidierten Übertragungsbilanz** auszuweisen.

190 Das nach § 3 Abs. 2 UmwStG bestehende Bewertungswahlrecht ist einheitlich für alle (dem In- und Ausland zuzurechnenden) Wirtschaftsgüter auszuüben. Das Wahlrecht besteht auch für die nicht der deutschen Besteuerung unterliegenden Wirtschaftsgüter. § 3 Abs. 2 Satz 1 Nr. 2 UmwStG steht dem nicht entgegen, denn wenn der Gewinn aus einer Veräußerung der dem Ausland zuzurechnenden Wirtschaftsgüter vor der Umwandlung im Inland nicht besteuert werden durfte, kann das deutsche Besteuerungsrecht für diese Wirtschaftsgüter durch die Verschmelzung auch nicht beschränkt werden.

Sollte sich die übertragende Körperschaft für den Ansatz der übergehenden Wirtschaftsgüter mit dem Buchwert entscheiden, sind auch die dem ausländischen Staat zuzurechnenden (von der deutschen Steuer befreiten) Wirtschaftsgüter mit dem Buchwert in der steuerlichen Übertragungsbilanz anzusetzen.

191 Lediglich für Zwecke des **Übernahmeergebnisses** ordnet § 4 Abs. 4 Satz 2 UmwStG den Ansatz dieser steuerbefreiten Wirtschaftsgüter mit dem gemeinen Wert an. Damit erhöhen die stillen Reserven in dem steuerfreien Auslandsvermögen den Übernahmegewinn. Das ist auch gerechtfertigt. Hätte der im Inland ansässige Anteilseigner der übertragenden Körperschaft seine Anteile „normal" veräußert, hätte er den Gewinn nach den allgemeinen ertragsteuerrechtlichen Vorschriften versteuern müssen. Da auch das der Körperschaft gehörende Auslandsvermögen den Wert der Anteile an der Körperschaft beeinflusst, erhöhen die in dem Auslandsvermögen gebundenen stillen Reserven den im Inland (teilweise) steuerpflichtigen Anteilsveräußerungsgewinn. Ohne die Regelung in § 4 Abs. 4 Satz 2 UmwStG würden diese Teile der in den mit der Verschmelzung oder dem Formwechsel untergehenden Anteilen entstandenen stillen Reserven unversteuert bleiben.

BEISPIEL ▸ Die R-GmbH wird auf ihre alleinige Anteilseignerin, die S-KG, verschmolzen. Zum Betriebsvermögen der Überträgerin gehört auch ein in Italien gelegenes Grundstück. Die um die gemeinen Werte ergänzte Schlussbilanz der R-GmbH stellt sich wie folgt dar:

A	Schlussbilanz der R-GmbH			P
	Buchwert	(gem. Wert)		
Grundstück in Italien	100 000 €	(400 000 €)	gez. Kapital	50 000 €
Sonstige Aktiva	200 000 €	(500 000 €)	Gewinnrücklage	20 000 €
			Verbindlichkeiten	230 000 €
	300 000 €	(900 000 €)		300 000 €

Das steuerliche Einlagekonto (§ 27 KStG) hat – vor Anwendung des § 29 Abs. 1 KStG – einen Bestand von 0 €.

Antragsgemäß werden sämtliche übergehenden Wirtschaftsgüter (einschließlich des Grundstücks in Italien) in der steuerlichen Übertragungsbilanz nach § 3 Abs. 2 UmwStG mit dem Buchwert angesetzt.

Bei der S-KG stehen die (100 %) Anteile an der R-GmbH mit 50 000 € zu Buche.

LÖSUNG ▸ Bei der R-GmbH entsteht wegen des Buchwertansatzes kein Übertragungsgewinn.

Die S-KG hat die auf sie übergegangenen Wirtschaftsgüter gem. § 4 Abs. 1 Satz 1 UmwStG – einschließlich des Grundstücks in Italien – mit dem Buchwert zu übernehmen.

Die ihr zuzurechnenden Einnahmen i. S. d. § 20 Abs. 1 Nr. 1 EStG sind nach § 7 Satz 1 UmwStG wie folgt zu ermitteln:

Eigenkapital lt. steuerlicher Übertragungsbilanz		70 000 €
Einlagekonto (vor Nennkapitalherabsetzung)	0 €	
Stammkapital (Gutschrift auf Einlagekonto)	+ 50 000 €	
Steuerliches Einlagekonto (nach Anwendung des § 29 Abs. 1 KStG)	50 000 €	./. 50 000 €
Einnahmen i. S. d. § 20 Abs. 1 Nr. 1 EstG		20 000 €

Der Übernahmegewinn ermittelt sich gem. § 4 Abs. 4 Satz 1 und 2 UmwStG wie folgt:

	Übernahmewert der übergegangenen Wirtschaftsgüter		
	Summe Aktiva	300 000 €	
	Verbindlichkeiten	./. 230 000 €	
		70 000 €	70 000 €
+	stille Reserven im steuerfreien Auslandsvermögen		300 000 €
./.	Buchwert Beteiligung R-GmbH		50 000 €
./.	Umwandlungskosten (keine Angaben)		–
	Übernahmegewinn 1. Stufe		320 000 €
./.	Bezüge nach § 7 UmwStG		20 000 €
	Übernahmegewinn 2. Stufe		300 000 €

Das in Italien gelegene Grundstück ist gem. § 4 Abs. 1 Satz 1 UmwStG zwingend mit dem in der steuerlichen Übertragungsbilanz angesetzten Buchwert von 100 000 € von der S-KG zu übernehmen. Der Wert der übergegangenen (aktiven und passiven) Wirtschaftsgüter beträgt deshalb insgesamt 70 000 €.

Lediglich für die Ermittlung des Übernahmegewinns ist das Grundstück in Italien gem. § 4 Abs. 4 Satz 2 UmwStG mit dem gemeinen Wert nach § 3 Abs. 1 UmwStG anzusetzen. In einem besonderen Rechenschritt werden dem Übernahmewert der übergegangenen Wirtschaftsgüter nur noch die stillen Reserven in diesem Grundstück (Differenzbetrag zwischen gemeinem Wert und Buchwert) hinzugerechnet, weil der Buchwert schon im Übernahmewert enthalten ist. Bei dem Grundstück handelt es sich um steuerfreies Auslandsvermögen (neutrales Vermögen), weil Deutschland gem. Art. 24 Abs. 3 Buchst. a i. V. m. Art. 13 Abs. 1 DBA Italien kein Recht zur Besteuerung des Gewinns aus dessen Veräußerung hat.

Hätte die R-GmbH die übergegangenen Wirtschaftsgüter gem. § 3 Abs. 1 UmwStG mit dem gemeinen Wert angesetzt, wäre ein um 300 000 € höherer Übertragungsgewinn zu ermitteln, wobei die 300 000 € auf der Ebene der Körperschaft steuerfrei bleiben müssen. Die 300 000 € hätten aber zu höheren Einnahmen i. S. d. § 20 Abs. 1 Nr. 1 EStG i. V. m. § 7 Satz 1 UmwStG geführt, die (ebenso) nach den allgemeinen Vorschriften in Deutschland hätten versteuert werden müssen.

192 § 4 Abs. 4 Satz 2 UmwStG ist ebenso bei der Verschmelzung oder dem Formwechsel einer **ausländischen Körperschaft** anzuwenden, soweit ein im Inland ansässiger Anteilseigner beteiligt ist.

193 Auch wenn ausschließlich ausländisches Vermögen übergeht, für welches Deutschland (auf Ebene der Körperschaft) kein Besteuerungsrecht hat, ist für die Besteuerung des im Inland ansässigen Anteilseigners, der mit mindestens 1 % an der Überträgerin beteiligt ist oder dessen Anteile zu seinem Betriebsvermögen gehören, das Übernahmeergebnis nach § 4 Abs. 4 Satz 1 und 2 i. V. m. § 5 UmwStG zu ermitteln.

Die ausländische übertragende Körperschaft, die in den Anwendungsbereich der §§ 3 bis 9 UmwStG fällt, kann zwar die übergehenden Wirtschaftsgüter in ihrer steuerlichen Schlussbilanz gem. § 3 Abs. 2 UmwStG mit dem Buchwert ansetzen und somit die Zurechnung von Einnahmen i. S. d. § 20 Abs. 1 Nr. 1 EStG i. V. m. § 7 Satz 1 UmwStG in Höhe ihrer stillen Reserven vermeiden, muss dann aber für die Ermittlung des Übernahmeergebnisses gem. § 4 Abs. 4 UmwStG diese stillen Reserven (doch) ermitteln und ansetzen.

194 Durch § 4 Abs. 4 Satz 2 UmwStG wird sichergestellt, dass das Vermögen einer ausländischen Körperschaft, die im Inland nicht oder nur beschränkt steuerpflichtig ist, im Übernahmeergebnis mit dem gemeinen Wert erfasst wird. Ohne diese Regelung gingen die stillen Reserven für die deutsche Besteuerung endgültig verloren, obwohl sie sich bei einer Veräußerung der Beteiligung auf den Kaufpreis auswirken und damit der deutschen Besteuerung unterliegen würden (BR-Drucks. 542/06 62).

195 Hinsichtlich der **Antragsberechtigung** für den Buch- oder Zwischenwertantrag nach § 3 Abs. 2 UmwStG sowie dem zuständigen Finanzamt wird auf Rdn. 142 verwiesen.

196 Weitere Beispiele zur Ermittlung des Übernahmeergebnisses bei vorhandenem ausländischen Betriebsvermögen – und teilweise ausländischen Anteilseignern – befinden sich in Rdn. 04.29 UmwStE.

2.1.6.4.1.3 Wert der Anteile an der übertragenden Körperschaft – Einlage- und Überführungsfiktion gem. § 5 Abs. 2 und 3 UmwStG

197 Der von dem Wert der übergegangenen Wirtschaftsgüter abzuziehende Wert der Anteile an der übertragenden Körperschaft ist der – ggf. nach § 4 Abs. 1 Satz 2 UmwStG korrigierte – Buchwert der Anteile, mit dem sie in der Steuerbilanz der übernehmenden Personengesellschaft unter Berücksichtigung von Ergänzungs- und Sonderbilanzen oder in der Steuerbilanz der übernehmenden natürlichen Person am steuerlichen Übertragungsstichtag anzusetzen sind. Fällt der steuerliche Übertragungsstichtag in den

Lauf eines Wirtschaftsjahres, ist der – ggfs. nach § 4 Abs. 1 Satz 2 UmwStG korrigierte – Buchwert der Anteile abzuziehen, der für diesen Stichtag in einer Steuerbilanz anzusetzen wäre (§ 1 Abs. 5 Nr. 4 UmwStG).

Grammatikalisch erschließt sich aus der Regelung in § 4 Abs. 4 Satz 1 UmwStG die Vorstellung des Gesetzgebers, dass die Anteile an der übertragenden Körperschaft am steuerlichen Übertragungsstichtag der übernehmenden Rechtsträgerin zu 100 % gehören (hundertprozentiges Mutter-Tochter-Verhältnis) und sich bei ihr im Betriebsvermögen befinden. In der Praxis ist jedoch die **übernehmende Personengesellschaft häufig** nicht (z. B. Verschmelzung durch Neugründung, Seitwärts- und Abwärtsverschmelzung oder Formwechsel) oder nicht zu 100 % an der übertragenden Körperschaft **beteiligt**, oder die Anteile gehören zum Privatvermögen der Anteilseigner. In diesen Fällen sind – nur für die Ermittlung des Übernahmeergebnisses – die Einlage- und Überführungsfiktionen des § 5 Abs. 2 und 3 UmwStG zu beachten.

§ 5 UmwStG verfolgt den Zweck, steuerverstrickte Anteile an der übertragenden Kör- 198
perschaft, die (noch) nicht zum Betriebsvermögen der Übernehmerin gehören, in die Ermittlung des Übernahmeergebnisses einzubeziehen. **Steuerverstrickte Anteile** sind Anteile, deren Veräußerung im Inland zu steuerpflichtigen (betrieblichen) Einkünften führt. Sie sind spätestens mit ihrem Erlöschen „steuerlich abzurechnen".

Ergibt sich die Steuerverstrickung der Anteile an der übertragenden Körperschaft aus 199
§ 17 EStG oder § 20 Abs. 2 Satz 1 Nr. 1 EStG, gelten sie gem. § 5 Abs. 2 UmwStG als am steuerlichen Übertragungsstichtag in das Betriebsvermögen der übernehmenden Rechtsträgerin mit den Anschaffungskosten eingelegt (**Einlagefiktion**). Anteile i. S. d. § 17 Abs. 1 EStG sind Anteile an einer Kapitalgesellschaft, an der der Anteilsinhaber – oder sein unentgeltlicher Rechtsvorgänger – innerhalb der letzten fünf Jahre vor der Eintragung der Umwandlung in das maßgebende öffentliche Register unmittelbar oder mittelbar zu mindestens 1 % beteiligt war und die beim Anteilsinhaber zum Privatvermögen gehören. Dasselbe gilt für Anteile an einer Genossenschaft (§ 17 Abs. 7 EStG). Anteile i. S. d. § 20 Abs. 2 Satz 1 Nr. 1 EStG sind Anteile an einer Kapitalgesellschaft, an der der Anteilsinhaber – oder sein unentgeltlicher Rechtsvorgänger – nicht i. S. d. § 17 Abs. 1 EStG, d. h. nicht zu mindestens 1 % innerhalb der letzten fünf Jahre, beteiligt ist.

Als Anteile i. S. d. § 17 Abs. 1 EStG gelten auch Anteile an Kapitalgesellschaften, an denen der Anteilseigner mit weniger als 1 % beteiligt ist, wenn diese Anteile aus einer Einbringung i. S. d. § 20 UmwStG oder aus einem qualifizierten Anteilstausch i. S. d. § 21 UmwStG jeweils unterhalb des gemeinen Wertes hervorgegangen sind (§ 17 Abs. 6 EStG). Bei einem qualifizierten Anteilstausch müssten die eingebrachten Anteile die Voraussetzungen des § 17 Abs. 1 Satz 1 EStG erfüllt haben (§ 17 Abs. 6 Nr. 2 EStG).

Folge der Einlagefiktion (des § 5 Abs. 2 UmwStG) ist, dass die nach den Grundsätzen 200
des § 17 EStG ermittelten Anschaffungskosten für die als in das Betriebsvermögen der Übernehmerin eingelegt geltenden Anteile an der übertragenden Körperschaft – außerhalb der Bilanz der Übernehmerin – von dem Wert der übergegangenen Wirtschaftsgüter abzuziehen sind. Die Anschaffungskosten des an der Umwandlung teilnehmenden Anteilseigners sind auch dann abzuziehen, wenn der Teilwert der Anteile niedriger ist.

201 *Einstweilen frei*

202 Sind die Anteile an der übertragenden Körperschaft wegen ihrer Zugehörigkeit zum **Betriebsvermögen** eines Anteilseigners steuerverstrickt, gelten sie nach § 5 Abs. 3 Satz 1 UmwStG als am steuerlichen Übertragungsstichtag in das Betriebsvermögen der übernehmenden Personengesellschaft mit ihrem Buchwert, erhöht um Abschreibungen sowie um Abzüge nach § 6b EStG und ähnliche Abzüge, die in früheren Jahren steuerwirksam vorgenommen worden sind, höchstens mit dem gemeinen Wert, überführt (**Überführungsfiktion**). Das Betriebsvermögen des Anteilseigners kann gewerblicher, land- und forstwirtschaftlicher oder selbständiger Art sein.

Ist eine Buchwerterhöhung wegen der in früheren Jahren steuerwirksam vorgenommenen (Teilwert-)Abschreibungen oder der Abzüge nach § 6b EStG oder ähnlicher Abzüge vorzunehmen, so ist der daraus sich ergebende Beteiligungskorrekturgewinn (s. auch Rdn. 159 ff.) zum steuerlichen Übertragungsstichtag in dem Betriebsvermögen zu besteuern, dem die Anteile vor der Anwendung der Überführungsfiktion zuzurechnen sind.

203 Die steuerverstrickten Anteile werden nicht tatsächlich in das Betriebsvermögen der Übernehmerin eingebucht. Die gesetzlichen Fiktionen sind nur bei der Ermittlung des **Übernahmeergebnisses** für die übernehmende Rechtsträgerin nach § 4 Abs. 4 Satz 1 UmwStG **außerhalb der Bilanz** zu berücksichtigen. Sie kommen für die Anteilseigner zur Anwendung, die Gesellschafter der übernehmenden Personengesellschaft sind oder durch die Umwandlung werden, sowie bei dem Alleingesellschafter der verschmelzenden Kapitalgesellschaft, deren Vermögen übertragen wird.

204 Die Einlagefiktion (§ 5 Abs. 2 UmwStG) gilt auch für solche Anteile an der übertragenden Körperschaft, die **nicht im Inland steuerverstrickt** sind (Rdn. 05.07 UmwStE). Das sind z. B. zum Privatvermögen gehörende Anteile eines ausländischen Anteilseigners, deren Veräußerung nach einem DBA im Inland nicht besteuert werden darf, oder zu einem ausländischen Betriebsvermögen gehörende Anteile, für die Deutschland a priori kein Besteuerungsrecht hat oder deren Veräußerung aufgrund eines DBA im Inland steuerfrei gestellt ist. Diese Anteile sind in die Ermittlung des Übernahmeergebnisses einzubeziehen. Das auf diese Anteile entfallende Übernahmeergebnis bleibt dann aber außer Ansatz, weil nur steuerpflichtige Einkünfte festzustellen sind.

Die Feststellung, ob und in welchem Umfang der für den Anteilseigner ermittelte Übernahmegewinn oder Übernahmeverlust in Deutschland steuerlich zu erfassen und eine Besteuerung der offenen Rücklagen vorzunehmen ist, ist im Rahmen der Ermittlung der Besteuerungsgrundlagen nach den §§ 4 und 7 UmwStG zu treffen (s. dazu Beispiele in Rdn. 04.27. UmwStE).

2.1.6.4.1.4 Gesellschafterbezogene Ermittlung

205 Geht das Vermögen der Körperschaft auf eine Personengesellschaft über, ist das **Übernahmeergebnis** wegen der unterschiedlichen Anschaffungskosten der Beteiligungen personenbezogen zu ermitteln (Rdn. 04.19 und 04.20 UmwStE). Dabei ist der Übernahmewert des übergegangenen Betriebsvermögens nach dem Beteiligungsverhältnis an der übertragenden Körperschaft auf die Anteilseigner und nunmehrigen Gesellschafter

der Personengesellschaft aufzuteilen. Eigene Anteile der übertragenden Körperschaft sind aus der Verhältnisrechnung auszunehmen.

Von dem auf den einzelnen Gesellschafter entfallenden Teil (des übergegangenen Betriebsvermögens) sind sodann seine individuellen Anschaffungskosten (oder der Buchwert) seines Anteils an der übertragenden Körperschaft abzuziehen. Dies kann bei einem Gesellschafter zu einem Übernahmegewinn und bei einem anderen Gesellschafter zu einem Übernahmeverlust führen. 206

Die für die einzelnen Gesellschafter ermittelten Übernahmeergebnisse sind zu einem Übernahmegewinn oder -verlust der übernehmenden Personengesellschaft zusammenzufassen und von dem für die Personengesellschaft zuständigen Finanzamt gem. § 179 Abs. 2 Satz 2 AO i. V. m. § 180 Abs. 1 Nr. 2 Buchst. a AO für das Kalenderjahr, in dem der steuerliche Übertragungsstichtag liegt, einheitlich und gesondert festzustellen. 207

Von der gesellschafterbezogenen Ermittlung des Übernahmeergebnisses kann nur dann abgesehen werden, wenn alle Gesellschafter der Personengesellschaft die Anteile an der übertragenden Körperschaft zum gleichen Preis erworben und keine nachträglichen Anschaffungskosten auf die Beteiligung geleistet haben sowie in den Fällen, in denen die Beteiligung an der Überträgerin zum Gesamthandsvermögen der übernehmenden Personengesellschaft gehört und keine Ergänzungsbilanzen erstellt worden sind. 208

Zwar ist das Gesamthandsvermögen von Personenhandelsgesellschaften und der Gesellschaft bürgerlichen Rechts durch das Gesetz zur Modernisierung des Personengesellschaftsrechts (MoPeG) zum 1.1.2024 abgeschafft worden, § 39 Abs. 2 Nr. 2 Satz 2 AO ordnet aber eine Fortgeltung der Gesamthandsbetrachtung für Zwecke des Ertragsteuerrechts an. 208a

Soweit der Wert der übergegangenen Wirtschaftsgüter auf Anteile an der übertragenden Körperschaft entfällt, die am steuerlichen Übertragungsstichtag nicht zum Betriebsvermögen der übernehmenden Rechtsträgerin gehören und die auch nicht nach § 5 Abs. 2 oder 3 UmwStG als in ihr Betriebsvermögen eingelegt oder überführt gelten, bleibt er bei der Ermittlung des Übernahmeergebnisses gem. § 4 Abs. 4 Satz 3 UmwStG außer Ansatz. Insoweit ist also kein Übernahmegewinn oder -verlust zu ermitteln. 209

BEISPIEL (anlehnend an das Beispiel unter Rdn. 181)

Die T-GmbH wird auf die M-KG verschmolzen. Im Zeitpunkt der Handelsregistereintragung sind an der T-GmbH beteiligt:

		Buchwert/Anschaffungskosten der Anteile
M-KG mit	40,0 %	80 000 €
A-GmbH mit	30,0 %	30 000 €
B (natürliche Person) mit	29,5 %	29 500 €
C (natürliche Person) mit	0,5 %	500 €

An der M-KG sind die natürlichen Personen X und Y mit jeweils 50 % beteiligt. Die Geschäftsanteile von B und C gehören zu ihrem jeweiligen Privatvermögen. Mit der Verschmelzung werden die A-GmbH sowie B und C zu weiteren Mitunternehmern der M-KG.

Für die T-GmbH wurde folgende steuerliche Übertragungsbilanz (§ 3 UmwStG) erstellt:

A	Steuerliche Schlussbilanz der T-GmbH gem. § 3 UmwStG		P
Summe Aktiva	1 200 000 €	gez. Kapital	100 000 €
		Gewinnrücklagen	400 000 €
		Verbindlichkeiten	700 000 €
	1 200 000 €		1 200 000 €

Das steuerliche Einlagekonto (§ 27 KStG) hat – vor Anwendung des § 29 Abs. 1 KStG – einen Bestand von 120 000 €.

A	Bilanz der M-KG (vor Verschmelzung)		P
Beteiligung T-GmbH	80 000 €	Kapital X (nat. Person)	50 000 €
sonstiges Aktivvermögen	120 000 €	Kapital Y (nat. Person)	50 000 €
		Verbindlichkeiten	100 000 €
	200 000 €		200 000 €

LÖSUNG Es ergeben sich keine Anhaltspunkte für einen Beteiligungskorrekturgewinn nach § 4 Abs. 1 Satz 2 UmwStG oder § 5 Abs. 3 Satz 1 UmwStG.

Ermittlung der Einnahmen i. S. d. § 20 Abs. 1 Nr. 1 EStG gem. § 7 Satz 1 UmwStG:

Eigenkapital lt. steuerlicher Übertragungsbilanz		500 000 €
Einlagekonto (vor Nennkapitalherabsetzung)	120 000 €	
zzgl. herabgesetztes Stammkapital	100 000 €	
(kein Sonderausweis vorhanden)	–	
Steuerliches Einlagekonto (nach Anwendung des § 29 Abs. 1 KStG)	220 000 €	./. 220 000 €
Einnahmen i. S. d. § 20 Abs. 1 Nr. 1 EstG		280 000 €

Diese Einnahmen sind den Gesellschaftern wie folgt zuzurechnen:

M-KG				
X	Y	A-GmbH	B	C
56 000 €	56 000 €	84 000 €	82 600 €	1 400 €

Im Weiteren s. Lösung unter Rdn. 181.

Ein Übernahmegewinn oder -verlust ist gem. § 4 Abs. 4 Satz 1 und Satz 3 UmwStG nur für die Gesellschafter zu ermitteln, deren Anteile an der übertragenden Körperschaft am steuerlichen Übertragungsstichtag zum Betriebsvermögen der übernehmenden Rechtsträgerin gehören. Der zum Privatvermögen des B gehörende Anteil gilt gem. § 5 Abs. 2 UmwStG als an diesem Stichtag in das Betriebsvermögen der M-KG mit den Anschaffungskosten eingelegt, weil es sich um einen Anteil i. S. d. § 17 Abs. 1 EStG handelt. Der zum Betriebsvermögen der A-GmbH gehörende Anteil gilt gem. § 5 Abs. 3 Satz 1 UmwStG als mit dem Buchwert in das Betriebsvermögen der M-KG überführt. Beide Anteile sind folglich in die Ermittlung des Übernahmeergebnisses einzubeziehen.

Für C ist – trotz seiner Mitunternehmerstellung in der M-KG – kein Übernahmeergebnis zu ermitteln.

Für X und Y kann das Übernahmeergebnis zusammengefasst ermittelt und entsprechend dem bisherigen Beteiligungsverhältnis an der M-KG aufgeteilt werden. Danach stellt sich die Ermittlung der Übernahmeergebnisse wie folgt dar:

Übernahmewert der übergegangenen Wirtschaftsgüter

Summe Aktiva 1 200 000 €

	Verbindlichkeiten				./. 700 000 €
					500 000 €
	davon entfallen auf:	M-KG	A-GmbH	B	C
		200 000 €	150 000 €	147 500 €	keine
./.	Wert der T-GmbH-Anteile	80 000 €	30 000 €	29 500 €	Ermittlung
./.	Umwandlungskosten	—	—	—	
	Übernahmegewinn 1. Stufe	120 000 €	120 000 €	118 000 €	
./.	Bezüge nach § 7 UmwStG	112 000 €	84 000 €	82 600 €	
	Übernahmegewinn 2. Stufe	8 000 €	36 000 €	35 400 €	

Der für die M-KG einheitlich und gesondert festzustellende Übernahmegewinn beträgt insgesamt 79 400 €. Dieser Gewinn ist bei der Gewerbesteuer nicht zu erfassen, § 18 Abs. 2 Satz 1 UmwStG.

	M-KG			
Aufteilung Übernahmegewinn:	X	Y	A-GmbH	B
	4 000 €	4 000 €	36 000 €	35 400 €
Steuerfrei bleiben, § 4 Abs. 7 UmwStG				
i. V. m. § 8b KStG				
95 % von 36 000 €			34 200 €	
i. V. m. §§ 3 Nr. 40, 3c EStG				
40 % von je 4 000 €	1 600 €	1 600 €		
40 % von 35 400 €				14 160 €
Steuerpflichtig	2 400 €	2 400 €	1 800 €	21 240 €

Die (Übernahme-)Bilanz der M-KG nach der Verschmelzung stellt sich wie folgt dar:

A	(Übernahme-)Bilanz der M-KG		P
Summe Aktiva (von T-GmbH)	1 200 000 €	Kapital X	110 000 €
sonstiges Aktivvermögen	120 000 €	Kapital Y	110 000 €
		Kapital A-GmbH	150 000 €
		Kapital B	147 500 €
		Kapital C	2 500 €
		Verbindlichkeiten	800 000 €
	1 320 000 €		1 320 000 €

Während die Übernahmegewinne der 1. Stufe für X und Y (jeweils 60 000 €) sich bereits innerhalb der Bilanz einstellen, lassen sie sich für die A-GmbH und für B nur außerhalb der Bilanz ermitteln. (Aus dem Stand der Kapitalkonten lässt sich kein Rückschluss auf die Beteiligungsverhältnisse in der M-KG nach der Verschmelzung ziehen. Die neuen Beteiligungsverhältnisse ergeben sich aus der Gesellschaftervereinbarung, dem Verschmelzungsvertrag.)

Für die Frage der Zugehörigkeit der Anteile an der übertragenden Körperschaft zum Betriebsvermögen der übernehmenden Rechtsträgerin kommt es auf die **Verhältnisse am steuerlichen Übertragungsstichtag** an. Steuerlich betrachtet, gehen nämlich die Wirtschaftsgüter der übertragenden Körperschaft an diesem Stichtag auf die Übernehmerin über, und damit erlöschen zugleich die Anteile an der Überträgerin. Der Übernahme- 210 gewinn oder -verlust ist folglich auf diesen Stichtag zu ermitteln (Rdn. 04.18 und 04.26 UmwStE).

211 Ein Übernahmeergebnis kann aber nur für die an der Umwandlung teilnehmenden Anteilseigner/Gesellschafter ermittelt werden. An der Umwandlung nehmen nur die Anteilseigner teil, die mit dem Wirksamwerden der Umwandlung Gesellschaftsrechte an der übernehmenden Personengesellschaft erwerben – soweit sie nicht bereits Gesellschafter der übernehmenden Personengesellschaft sind – oder auf die als alleinige Anteilseigner das Vermögen der Kapitalgesellschaft übertragen wird. Für die Bestimmung der an der Umwandlung beteiligten Anteilseigner und des Verhältnisses ihrer Beteiligung ist auf den Zeitpunkt der (konstitutiven) Eintragung der Umwandlung in das maßgebende öffentliche Register abzustellen. Der Gesellschafterbestand und die Beteiligungsverhältnisse im steuerlichen Übertragungszeitpunkt spielen insoweit keine Rolle.

212 Hat die übernehmende Personengesellschaft Anteile an der übertragenden Körperschaft erst nach dem steuerlichen Übertragungsstichtag angeschafft, gelten diese Anteile gem. § 5 Abs. 1 UmwStG als am steuerlichen Übertragungsstichtag angeschafft (**Rückwirkungsfiktion**). Eine Anschaffung durch die übernehmende Personengesellschaft liegt vor, wenn die Anteile entgeltlich in das Betriebsvermögen der Mitunternehmerschaft eingebracht werden.

213 § 5 Abs. 1 UmwStG ist entsprechend anzuwenden, wenn nicht die übernehmende Personengesellschaft, sondern ein anderer an der (später wirksam werdenden) Umwandlung beteiligter Anteilseigner seine Anteile an der übertragenden Körperschaft nach dem steuerlichen Übertragungsstichtag angeschafft hat. Hat er sie im Privatvermögen angeschafft und handelt es sich um Anteile i. S. d. § 17 EStG, kommt neben der Rückwirkungsfiktion des § 5 Abs. 1 UmwStG noch die Einlagefiktion des § 5 Abs. 2 UmwStG zur Anwendung. Erfolgt die Anschaffung in ein Betriebsvermögen, ist zusätzlich die Überführungsfiktion nach § 5 Abs. 3 UmwStG anzuwenden (Rdn. 05.04 UmwStE). Die für den entgeltlichen Erwerb dieser Anteile aufgewendeten Anschaffungskosten sind bei der Ermittlung des Übernahmeergebnisses von dem auf diese Anteile entfallenden Wert des übergegangenen Betriebsvermögens abzuziehen.

§ 5 Abs. 1 UmwStG ist – über seinen Wortlaut hinaus – auch auf Anteile anzuwenden, die ein im Zeitpunkt des zivilrechtlichen Wirksamwerdens der Umwandlung beteiligter Anteilseigner nach dem steuerlichen Übertragungsstichtag unentgeltlich erworben hat (Rdn. 05.01 Satz 2 UmwStE). In diesem Fall sind bei der Ermittlung des Übernahmeergebnisses die vom unentgeltlichen Rechtsvorgänger aufgewendeten Anschaffungskosten von dem auf diese Anteile entfallenden Wert des übergegangenen Betriebsvermögens abzuziehen.

214 Gemäß § 5 Abs. 1 Alt. 2 UmwStG ist die Rückwirkungsfiktion außerdem für **Barabfindungen** anzuwenden, die (nach der Verschmelzung) an Minderheitsgesellschafter gezahlt werden, die der Umwandlung widersprechen. Steuerlich ist der Vorgang so zu behandeln, als ob diese Minderheitsgesellschafter noch aus dem übertragenden Rechtsträger ausgeschieden wären (Rdn. 02.19 UmwStE).

2.1.6.4.1.5 Umwandlungskosten

Bei der Ermittlung des Übernahmeergebnisses 1. Stufe sind gem. § 4 Abs. 4 Satz 1 UmwStG die Kosten für den Vermögensübergang (Umwandlungskosten) von dem Übernahmewert der übergegangenen Wirtschaftsgüter abzuziehen. Das betrifft alle der übernehmenden Rechtsträgerin zuzuordnenden und durch die Umwandlung veranlassten Kosten. 215

Die Frage, welche umwandlungsbedingten Kosten der übernehmenden Rechtsträgerin zuzuordnen sind und welche Kosten noch auf die übertragende Körperschaft entfallen, richtet sich nach dem **objektiven Veranlassungsprinzip** und belässt den Beteiligten kein Zuordnungswahlrecht (BFH v. 22.4.1998 - I R 83/96, BStBl 1998 II 698). Ausschlaggebend für die Zuordnung ist, in wessen Sphäre sie entstehen. Es kann nicht darauf abgestellt werden, wer Schuldner der Kosten ist oder wer sie tatsächlich geleistet hat. Bei der übernehmenden Rechtsträgerin zu berücksichtigende Kosten sind z. B. die hälftigen Kosten für die Erstellung des Verschmelzungsvertrages und seine Beurkundung, die Kosten des Verschmelzungsbeschlusses der Übernehmerin und ihrer Gesellschafterversammlung, der Anmeldung und Eintragung des Beschlusses in dem für die Übernehmerin maßgeblichen Register. 216

Die dem übertragenden Rechtsträger zuzuordnenden Kosten sind nur dann bei (der Ermittlung des Übernahmeergebnisses) der Übernehmerin zu berücksichtigen, wenn sie nach dem steuerlichen Übertragungsstichtag entstanden sind (Rechtsnachfolgeprinzip). 217

Die umwandlungsbedingten Kosten sind unabhängig vom Zeitpunkt ihres Entstehens und ihrer Zahlung bei der Ermittlung des Übernahmeergebnisses auf den steuerlichen Übertragungsstichtag abzuziehen. Ergibt sich nach Anwendung des § 4 Abs. 5 UmwStG ein Übernahmeverlust (2. Stufe), so sind die Abzugsverbote in § 4 Abs. 6 UmwStG zu beachten. Bei einem Übernahmegewinn sind die in § 4 Abs. 7 UmwStG geregelten Steuerbefreiungen zu beachten. Die Umwandlungskosten wirken sich also größtenteils steuerlich nicht aus. Sie dürfen das laufende Betriebsergebnis der Übernehmerin nicht mindern. Sofern sie als laufender Aufwand bei der Übernehmerin berücksichtigt worden sind, hat eine entsprechende außerbilanzielle Korrektur zu erfolgen (Rdn. 04.34 UmwStE). 218

Von den laufenden Umwandlungskosten sind die **objektbezogenen Kosten** für den Erwerb einzelner übergehender Wirtschaftsgüter – z. B. die auf das übergehende Grundstück entfallende Grunderwerbsteuer – zu unterscheiden. Die objektbezogenen Kosten sind als Anschaffungsnebenkosten i. S. d. § 255 Abs. 1 HGB bei dem betreffenden Wirtschaftsgut zu aktivieren. Der Beurteilung des Vermögenserwerbs als Anschaffung und der Hinzuaktivierung von Anschaffungsnebenkosten steht nicht entgegen, dass der Vermögensübergang im Wege der Gesamtrechtsnachfolge erfolgt und dass die übernehmende Rechtsträgerin die auf sie übergegangenen Wirtschaftsgüter mit dem in der steuerlichen Schlussbilanz der übertragenden Körperschaft enthaltenen Wert gem. § 4 Abs. 1 Satz 1 UmwStG zu übernehmen hat (vgl. BMF v. 18.10.2010, BStBl 2010 I 70; BFH v. 17.9.2003 - I R 97/02, BStBl 2004 II 686 und BFH v. 23.1.2002 - XI R 48/99, BStBl 2002 II 875). 219

220 *Einstweilen frei*

2.1.6.4.1.6 Kürzung um Kapitaleinkünfte i. S. d. § 7 UmwStG

221 Gemäß § 4 Abs. 5 UmwStG sind von dem Übernahmeergebnis 1. Stufe die nach § 7 UmwStG ermittelten Einnahmen aus Kapitalvermögen i. S. d. § 20 Abs. 1 Nr. 1 EStG abzuziehen. Anderenfalls droht insoweit eine Doppelbesteuerung, denn die als Einnahmen i. S. d. § 20 Abs. 1 Nr. 1 EStG zu besteuernden offenen Rücklagen der übertragenden Körperschaft sind auch im Übernahmeergebnis 1. Stufe enthalten.

222 Das **Übernahmeergebnis** wird auf diese Weise in **zwei Bestandteile** zerlegt. Während die offenen Rücklagen – dem Gedanken einer Vollausschüttung folgend – als Kapitalerträge besteuert werden (Dividendenteil), verbleibt als Übernahmegewinn oder -verlust 2. Stufe nur noch die Differenz aus den Anschaffungskosten für die Anteile und dem einlagefinanzierten Eigenkapital der übertragenden Körperschaft (Veräußerungsteil). Diese Differenz wird nicht selten ein Verlust sein. Wurden nämlich die Anteile an der übertragenden Körperschaft nach deren Gründung angeschafft, sind auch deren offene Rücklagen (Ausschüttungspotential) sowie stille Reserven und künftige Gewinnerwartungen in den Erwerbspreis einbezogen worden, haben also die Anschaffungskosten erhöht. Systematisch ist § 4 Abs. 5 UmwStG vergleichbar mit § 17 Abs. 4 Satz 3 EStG.

223 Wegen der Ermittlung und Aufteilung der Einnahmen i. S. d. § 20 Abs. 1 Nr. 1 EStG wird auf Rdn. 169 ff. verwiesen.

2.1.6.4.1.7 Beteiligung an der übernehmenden Personengesellschaft („Down-stream-merger")

224 Ist die übertragende Körperschaft an der übernehmenden Personengesellschaft beteiligt, gehören zu den übergehenden Wirtschaftsgütern auch die der Überträgerin gehörenden Anteile an den Wirtschaftsgütern der Übernehmerin (Rdn. 04.02 UmwStE). Da andererseits die Übernehmerin bereits Eigentümerin dieser Wirtschaftsgüter ist, kann sie sich nicht selbst nachfolgen. Gleichwohl geht der Anteil an der Übernehmerin in die Ermittlung des Übernahmeergebnisses ein.

BEISPIEL Die A-GmbH wird abwärts auf die AB-OHG verschmolzen. Alleiniger Anteilseigner der A-GmbH ist X, der seinen 100 %-Geschäftsanteil im Privatvermögen für 25 000 € angeschafft hat.

A	Steuerliche Übertragungsbilanz der A-GmbH gem. § 3 UmwStG		P
Beteiligung an der A-B-OHG	10 000 €	gez. Kapital	25 000 €
übriges Betriebsvermögen	50 000 €	Gewinnrücklagen	35 000 €
	60 000 €		60 000 €

Das steuerliche Einlagekonto (§ 27 KStG) hat einen Bestand von 0 €.

A	Bilanz der AB-OHG (vor Verschmelzung)		P
Summe Aktivvermögen	120 000 €	Kapital A-GmbH	10 000 €
		Kapital B	10 000 €
		Verbindlichkeiten	100 000 €
	120 000 €		120 000 €

LÖSUNG Einnahmen gem. § 7 Satz 1 UmwStG:

Eigenkapital lt. steuerlicher Übertragungsbilanz		60 000 €
Einlagekonto (vor Nennkapitalherabsetzung)	0 €	
zzgl. herabgesetztes Stammkapital	25 000 €	
Steuerliches Einlagekonto (nach Anwendung des § 29 Abs. 1 KStG)	25 000 €	./. 25 000 €
Einnahmen i. S. d. § 20 Abs. 1 Nr. 1 EstG		35 000 €

Für Zwecke der Ermittlung des Übernahmegewinns gilt der 100 %-Geschäftsanteil des X an der A-GmbH als am steuerlichen Übertragungsstichtag in das Betriebsvermögen der AB-OHG mit den Anschaffungskosten eingelegt (§ 5 Abs. 2 UmwStG).

Der Übernahmegewinn ermittelt sich gem. § 4 Abs. 4 und 5 UmwStG wie folgt:

	Übernahmewert der übergegangenen Wirtschaftsgüter (einschl. der Beteiligung an der AB-OHG)	60 000 €
./.	Buchwert Beteiligung A-GmbH	25 000 €
	Übernahmegewinn 1. Stufe	35 000 €
./.	Bezüge nach § 7 UmwStG	35 000 €
	Übernahmegewinn 2. Stufe	0 €

X wird mit der Verschmelzung Mitunternehmer der AB-OHG.

Die (Übernahme-)Bilanz der AB-OHG nach der Verschmelzung stellt sich wie folgt dar:

A	(Übernahme-)Bilanz der AB-OHG		P
Summe Aktivvermögen	120 000 €	Kapital X	60 000 €
Betriebsvermögen von A-GmbH	50 000 €	Kapital B	10 000 €
		Verbindlichkeiten	100 000 €
	170 000 €		170 000 €

Das Kapitalkonto der A-GmbH wird gegen die übergehende Beteiligung an der AB-OHG ausgebucht.

Hinsichtlich der Beteiligungsverhältnisse von X und B könnte eine Aufteilung der Wertansätze auf Ergänzungsbilanzen erforderlich werden (s. hierzu Rdn. 266).

2.1.6.4.2 Besteuerung des Übernahmeergebnisses

2.1.6.4.2.1 Übernahmeverlust, § 4 Abs. 6 UmwStG

Bei einem auf der 2. Stufe, d. h. nach Anwendung des § 4 Abs. 5 UmwStG sich ergebenden Übernahmeverlust ist zu unterscheiden, ob er auf eine Körperschaft als Mitunternehmerin der übernehmenden Personengesellschaft entfällt oder auf eine natürliche Person. 225

Der auf eine Körperschaft entfallende Übernahmeverlust bleibt gem. § 4 Abs. 6 Satz 1 UmwStG vollständig außer Ansatz, darf also bei der Ermittlung des körperschaftsteuerlichen Einkommens nicht abgezogen werden und die Körperschaftsteuer nicht mindern. Ein auf eine natürliche Person („übriger Fall") entfallender Übernahmeverlust ist gem. § 4 Abs. 6 Satz 4 UmwStG in Höhe von 60 %, höchstens jedoch in Höhe von 60 % der Bezüge i. S. d. § 7 UmwStG zu berücksichtigen; ein danach verbleibender Übernahmeverlust bleibt außer Ansatz.

BEISPIEL Die U-GmbH wird auf ihre Alleingesellschafterin, die VW-KG (durch Aufnahme) verschmolzen. Der Verschmelzung liegt folgende Bilanz der U-GmbH zu Grunde:

A — Steuerliche Übertragungsbilanz der U-GmbH gem. § 3 UmwStG — P

Summe Aktiva	2 800 000 €	gez. Kapital	400 000 €
		Kapitalrücklage	20 000 €
		Gewinnrücklagen	140 000 €
		Jahresüberschuss	120 000 €
		Verbindlichkeiten	2 120 000 €
	2 800 000 €		2 800 000 €

Das steuerliche Einlagekonto (§ 27 KStG) hat – vor Anwendung des § 29 Abs. 1 KStG – einen Bestand von 20 000 €.

Die Bilanz der VW-KG (vor Verschmelzung) stellt sich wie folgt dar:

A — Bilanz der VW-KG — P

Beteiligung U-GmbH	500 000 €	Kapital V-GmbH	100 000 €
		Kapital W (nat. Person)	100 000 €
		Verbindlichkeiten	300 000 €
	500 000 €		500 000 €

An der VW-KG sind zu jeweils 50 % die V-GmbH und W beteiligt. Die Beteiligung an der U-GmbH ist vor mehr als fünf Jahren entgeltlich erworben und mit ihren Anschaffungskosten aktiviert worden. Es wurden weder Abschreibungen noch Abzüge nach § 6b EStG oder ähnliche Abzüge vorgenommen.

LÖSUNG Ein Beteiligungskorrekturgewinn nach § 4 Abs. 1 Satz 2 UmwStG ist nicht festzustellen.

Ermittlung der Einnahmen i. S. d. § 20 Abs. 1 Nr. 1 EStG gem. § 7 Satz 1 UmwStG:

Eigenkapital lt. steuerlicher Übertragungsbilanz der U-GmbH		680 000 €
Einlagekonto (vor Nennkapitalherabsetzung)	20 000 €	
zzgl. herabgesetztes Stammkapital (kein Sonderausweis vorhanden)	400 000 €	
Steuerliches Einlagekonto (nach Anwendung des § 29 Abs. 1 KStG)	420 000 €	./. 420 000 €
Einnahmen i. S. d. § 20 Abs. 1 Nr. 1 EstG		260 000 €

Davon sind zuzurechnen:	V-GmbH	W
Bezüge i. S. d. § 7 UmwStG	130 000 €	130 000 €
steuerfrei, § 8b Abs. 1 Satz 1 KStG	./. 130 000 €	
§ 3 Nr. 40 Satz 1 Buchst. d i. V. m. Satz 2 EstG		./. 52 000 €
nicht abzugsfähige Betriebsausgaben, § 8b Abs. 5 KStG	+ 6 500 €	
steuerpflichtig (5 % bzw. 60 % der Einnahmen)	6 500 €	78 000 €

Ermittlung des Übernahmeergebnisses gem. § 4 Abs. 4 und 5 UmwStG:

Übernahmewert der übergegangenen Wirtschaftsgüter			
	Summe Aktiva	2 800 000 €	
	Verbindlichkeiten	./. 2 120 000 €	
		680 000 €	680 000 €
./. Buchwert Beteiligung U-GmbH			500 000 €
./. Umwandlungskosten (keine Angaben)			–
Übernahmegewinn 1. Stufe			180 000 €

Davon entfallen auf	V-GmbH	Herrn W
	90 000 €	90 000 €
./. Bezüge i. S. d. § 7 UmwStG	130 000 €	130 000 €
Übernahmegewinn (-verlust) 2. Stufe	./. 40 000 €	./. 40 000 €
außer Ansatz bleiben		
gem. § 4 Abs. 6 Satz 1 UmwStG (100 % bei V-GmbH)	40 000 €	
gem. § 4 Abs. 6 Satz 4 UmwStG (40 % bei W)		16 000 €
zu berücksichtigen sind (bei W 60 %)	0 €	./. 24 000 €

Der bei Herrn W zu berücksichtigende Übernahmeverlust von 24 000 € (60 % von 40 000 €) übersteigt nicht 60 % der Bezüge i. S. d. § 7 UmwStG (= 78 000 €).

(Das Übernahmeergebnis 2. Stufe hätte infolge der einheitlichen Verhältnisse noch zusammengefasst ermittelt werden können. Im Anschluss daran wäre es entsprechend dem Beteiligungsverhältnis der Mitunternehmer aufzuteilen. Zur besseren Nachvollziehbarkeit der außer Ansatz bleibenden Verluste erfolgte hier die Ermittlung nach dem Übernahmegewinn 1. Stufe für die Mitunternehmer getrennt.)

Für die VW-KG sind gem. § 179 Abs. 2 Satz 2 i. V. m. § 180 Abs. 1 Nr. 2 Buchst. a AO einheitlich und gesondert festzustellen (Rdn. 04.22 UmwStE):

Bezüge i. S. d. § 7 UmwStG	260 000 €
Übernahmegewinn (-verlust)	./. 80 000 €

Unterhält die VW-KG einen gewerbesteuerpflichtigen Gewerbebetrieb, sind in den Gewerbeertrag einzubeziehen:

Bezüge i. S. d. § 7 UmwStG	260 000 €
Außer Ansatz bleiben (§ 7 Satz 4 GewStG i. V. m. § 8b Abs. 1 und 5 KStG)	
95 % von 130 000 € (Anteil V-GmbH)	./. 123 500 €
Außer Ansatz bleiben (§ 7 Satz 4 GewStG i. V. m. § 3 Nr. 40 EStG)	
40 % von 130 000 € (Anteil Herr W)	./. 52 000 €
Im Gewerbeertrag nach § 7 GewStG enthaltene Einnahmen	84 500 €
Kürzung gem. § 9 Nr. 2a GewStG	./. 78 000 €
Beim gewerbesteuerpflichtigen Gewerbeertrag der VW-KG zu erfassen:	6 500 €

Der Übernahmeverlust (80 000 €) ist gem. § 18 Abs. 2 Satz 1 UmwStG nicht zu erfassen.

ABWANDLUNG Der Buchwert der Beteiligung an der U-GmbH beträgt 1 000 000 €.

LÖSUNG Ermittlung des Übernahmeergebnisses gem. § 4 Abs. 4 und 5 UmwStG:

	Übernahmewert der übergegangenen Wirtschaftsgüter		680 000 €
./.	Buchwert Beteiligung U-GmbH		1 000 000 €
./.	Umwandlungskosten (keine Angaben)		–
Übernahmegewinn (-verlust) 1. Stufe			./. 320 000 €
./.	Bezüge i. S. d. § 7 UmwStG (keine Änderung)		260 000 €
Übernahmegewinn (-verlust) 2. Stufe			./. 580 000 €
Davon entfallen auf die V-GmbH (50 %)			./. 290 000 €
außer Ansatz bleiben gem. § 4 Abs. 6 Satz 1 UmwStG			290 000 €
Bei der Körperschaftsteuer zu berücksichtigen:			0 €

Unabhängig davon gelten 5 % der Bezüge i. S. d. § 7 UmwStG, also 6 500 € (5 % von 130 000 €) gem. § 8b Abs. 5 Satz 1 KStG als nicht abzugsfähige Betriebsausgaben bei der V-GmbH und erhöhen ihr körperschaftsteuerliches Einkommen. Eine Kompensation mit dem Übernahmeverlust ist nicht möglich.

Auf W entfallender Übernahmegewinn (-verlust) (50 %)		./. 290 000 €
berücksichtigt werden können 60 % =	./. 174 000 €	
höchstens 60 % von 130 000 € (Bezüge, § 7 UmwStG)	./. 78 000 €	
Übernahmeverlust W	290 000 €	
zu berücksichtigen gem. § 4 Abs. 6 Satz 4 UmwStG	./. 78 000 €	
außer Ansatz bleiben	212 000 €	212 000 €
Bei der Einkommensteuer zu berücksichtigen:		./. 78 000 €

Bei dem Mitunternehmer W beträgt die einkommensteuerliche Auswirkung im Ergebnis 0 €. Die ihm zuzurechnenden Bezüge i. S. d. § 7 UmwStG werden vollständig mit seinem Übernahmeverlust verrechnet. Darüber hinaus ist aber ein Verlustabzug – auch bei einer natürlichen Person als Mitunternehmer – ausgeschlossen.

Für die VW-KG sind gem. § 179 Abs. 2 Satz 2 i. V. m. § 180 Abs. 1 Nr. 2 Buchst. a AO einheitlich und gesondert festzustellen:

Bezüge i. S. d. § 7 UmwStG	260 000 €
Übernahmegewinn (-verlust)	./. 580 000 €

Im Übrigen ist die Lösung identisch (hinsichtlich der Einnahmen i. S. d. § 20 Abs. 1 Nr. 1 EStG i. V. m. § 7 UmwStG und des gewerbesteuerpflichtigen Gewerbeertrags) mit der zum Ausgangsbeispiel.

Sind bei der übertragenden Körperschaft am steuerlichen Übertragungsstichtag keine offenen Rücklagen i. S. d. § 7 UmwStG vorhanden, kommt es bei den Anteilseignern weder zur Besteuerung von Einnahmen i. S. d. § 20 Abs. 1 Nr. 1 EStG noch zu einer Korrektur des Übernahmeergebnisses nach § 4 Abs. 5 UmwStG. Ist in diesem Fall das nach § 4 Abs. 4 S. 1 UmwStG ermittelte Übernahmeergebnis negativ, bleibt es (auch bei natürlichen Personen) gem. § 4 Abs. 6 S. 4 UmwStG vollständig außer Ansatz.

Das Verlustabzugsverbot führt dazu, dass Anschaffungskosten für Anteile an der übertragenden Körperschaft – soweit sie den anteiligen Übernahmewert der übergegangenen Wirtschaftsgüter übersteigen – endgültig verloren gehen. Mit dieser Regelung soll eine „Einmalbesteuerung" der im Betriebsvermögen der übertragenden Körperschaft vorhandenen stillen Reserven sichergestellt werden. Der BFH betrachtet dieses – eine Durchbrechung des objektiven Nettoprinzips darstellende – Verlustabzugsverbot als verfassungsrechtlich gerechtfertigt (BFH v.22.10.2015 - IV R 37/13, BStBl 2016 II 919).

Handelt es sich bei der Umwandlung nicht um eine Aufwärtsverschmelzung einer hundertprozentigen Tochter-Körperschaft auf die Mutter-Personengesellschaft, muss die Ermittlung des Übernahmegewinns von Anfang an **gesellschafterbezogen** vorgenommen werden. Dabei kann sich für einen Gesellschafter ein Übernahmegewinn und für einen anderen Gesellschafter ein Übernahmeverlust ergeben. 226

BEISPIEL (Abwandlung des Beispiels unter Rdn. 225)

Die U-GmbH wird nach §§ 190 ff. UmwG in die U-KG formgewechselt.

A Steuerliche Übertragungsbilanz der U-GmbH gem. § 3 i. V. m. § 9 UmwStG P

Summe Aktiva	2 800 000 €	gez. Kapital	400 000 €
		Kapitalrücklage	20 000 €
		Gewinnrücklagen	140 000 €
		Jahresüberschuss	120 000 €
		Verbindlichkeiten	2 120 000 €
	2 800 000 €		2 800 000 €

Das steuerliche Einlagekonto (§ 27 KStG) hat – vor Anwendung des § 29 Abs. 1 KStG – einen Bestand von 20 000 €.

Gesellschafter der U-GmbH sind seit mehr als fünf Jahren zu jeweils 50 % die V-GmbH und W. Die Anschaffungskosten für die Anteile an der U-GmbH betrugen bei

- der V-GmbH 200 000 € (keine Abschreibungen oder Abzüge)
- W 250 000 € (Anteile befinden sich im Privatvermögen)

LÖSUNG Die §§ 3 bis 8 UmwStG sind auf den Formwechsel i. S. d. § 190 Abs. 1 UmwG entsprechend anzuwenden (§ 9 Satz 1 i. V. m. § 1 Abs. 1 Satz 1 Nr. 2 UmwStG).

Die von der U-KG gem. § 9 Satz 2 UmwStG aufzustellende Eröffnungsbilanz stellt sich unter Beachtung des § 4 Abs. 1 Satz 1 UmwStG wie folgt dar:

A Eröffnungsbilanz der U-KG P

Summe Aktiva	2 800 000 €	Kapital V-GmbH	340 000 €
		Kapital W (nat. Person)	340 000 €
		Verbindlichkeiten	2 120 000 €
	2 800 000 €		2 800 000 €

Die gem. § 7 Satz 1 UmwStG zu ermittelnden Einnahmen i. S. d. § 20 Abs. 1 Nr. 1 EStG betragen für die V-GmbH 130 000 € und für W 130 000 €.

(Zur Ermittlung und weiteren steuerlichen Behandlung s. Lösung zu dem Beispiel unter Rdn. 225.)

Ermittlung des Übernahmeergebnisses gem. § 9 Satz 1 i. V. m. § 4 Abs. 4 Satz 1 und Abs. 5 und i. V. m. § 5 UmwStG:

Der zum Privatvermögen des W gehörende Anteil gilt gem. § 5 Abs. 2 UmwStG als am steuerlichen Übertragungsstichtag in das Betriebsvermögen der U-KG mit den Anschaffungskosten eingelegt, weil es sich um einen Anteil i. S. d. § 17 Abs. 1 EStG handelt. Der zum Betriebsvermögen der V-GmbH gehörende Anteil gilt gem. § 5 Abs. 3 Satz 1 UmwStG als mit dem Buchwert in das Betriebsvermögen der U-KG überführt. Beide Anteile sind folglich in die Ermittlung des Übernahmeergebnisses einzubeziehen.

	Übernahmewert der übergegangenen Wirtschaftsgüter		680 000 €
	Davon entfallen auf	V-GmbH	W
		340 000 €	340 000 €
./.	Wert der Anteile an der U-GmbH	200 000 €	250 000 €
./.	Umwandlungskosten (keine Angaben)	—	—
	Übernahmegewinn 1. Stufe	140 000 €	90 000 €
./.	Bezüge nach § 7 UmwStG	130 000 €	130 000 €
	Übernahmegewinn (-verlust) 2. Stufe	10 000 €	./. 40 000 €

Der der V-GmbH zuzurechnende Gewinn bleibt gem. § 4 Abs. 7 Satz 1 UmwStG i. V. m. § 8b Abs. 2 Satz 1 KStG bei der Ermittlung des körperschaftsteuerlichen Einkommens außer Ansatz. Gemäß § 8b Abs. 3 Satz 1 KStG gelten aber 5 % des Gewinns (= 500 €) als nicht abzugsfähige Betriebsausgaben, die das körperschaftsteuerliche Einkommen erhöhen.

Von dem W zuzurechnenden Übernahmeverlust können gem. § 4 Abs. 6 Satz 4 UmwStG nur 60 % (= 24 000 €) bei seiner Einkünfteermittlung berücksichtigt werden.

Für die U-KG sind gem. § 179 Abs. 2 Satz 2 i. V. m. § 180 Abs. 1 Nr. 2 Buchst. a AO einheitlich und gesondert festzustellen:

Bezüge i. S. d. § 7 UmwStG	260 000 €
Übernahmegewinn (-verlust)	./. 30 000 €

ABWANDLUNG W ist beschränkt einkommensteuerpflichtig, und Deutschland hat nach dem DBA mit seinem Ansässigkeitsstaat kein Besteuerungsrecht hinsichtlich des Gewinns aus der Veräußerung seines Anteils an der U-GmbH.

LÖSUNG Der auf W entfallende Anteil am Übernahmeergebnis bleibt i. R. der einheitlichen und gesonderten Feststellung außer Ansatz, weil nur steuerpflichtige Einkünfte festzustellen sind.

Gleichwohl sind Herrn W die Bezüge i. S. d. § 7 UmwStG i. H. v. 130 000 € als inländische Einkünfte aus Gewerbebetrieb i. S. d. § 15 Abs. 1 Satz 1 Nr. 2 i. V. m. § 20 Abs. 1 Nr. 1 und Abs. 8 i. V. m. § 49 Abs. 1 Nr. 5 Buchst. a EStG zuzurechnen. Aufgrund des abkommensrechtlichen Quellensteuerrechts (vgl. Art. 10 OECD-MA) sind die Bezüge in die einheitliche und gesonderte Gewinnfeststellung für die U-KG einzubeziehen.

227 Gemäß § 4 Abs. 6 Sätze 2, 3 und 5 UmwStG ist ein **Übernahmeverlust**, der auf Anteile entfällt, die bei Banken und Finanzdienstleistern dem Handelsbestand zuzuordnen sind, bis zur Höhe der Bezüge i. S. d. § 7 UmwStG zu berücksichtigen. Das ist konsequent, weil die Beteiligungserträge aus diesen Anteilen weder nach § 8b KStG noch nach § 3 Nr. 40 EStG steuerfrei sind (s. § 8b Abs. 7 KStG und § 3 Nr. 40 Sätze 3 und 4 EStG). Dasselbe gilt für Übernahmeverluste, die auf ein Lebens- oder Krankenversicherungsunternehmen als an der Umwandlung beteiligter Gesellschafter entfallen, wenn die Anteile den Kapitalanlagen dieses Unternehmens zuzurechnen waren (§ 8b Abs. 8 Satz 1 KStG).

228 Ein Übernahmeverlust ist vollständig **vom Abzug ausgeschlossen**, soweit er auf Anteile i. S. d. § 17 Abs. 2 Satz 6 EStG entfällt (§ 4 Abs. 6 Satz 6 1. HS UmwStG). In diesen Fällen kommt auch ein Abzug bis zur Höhe der Bezüge i. S. d. § 7 UmwStG nicht in Betracht.

§ 4 Abs. 6 Satz 6 1. HS UmwStG ist als Fortsetzung der **Missbrauchsvermeidungsregelung** des § 17 Abs. 2 Satz 6 EStG zu betrachten. Es geht um Anteile an der übertragenden Körperschaft, die sich im Privatvermögen des Anteilseigners befinden und die Voraussetzungen des § 17 Abs. 1 Satz 1 EStG eigentlich nicht erfüllen, weil der Anteilsinhaber nicht mit mindestens 1 % an der Kapitalgesellschaft beteiligt ist. Mangels Steuerverstrickung wäre ein Gewinn aus der Veräußerung dieser Anteile nicht steuerbar.

Ein aus der Veräußerung sich ergebender Verlust ist konsequenterweise ebenfalls einkommensteuerrechtlich irrelevant, also nicht abziehbar. Diese Folge soll auch dann gelten, wenn aus nicht steuerverstrickten Anteilen vor der Veräußerung durch „künstliche" Sachverhaltsgestaltungen steuerverstrickte Anteile gemacht werden.

BEISPIEL A und B sind zu jeweils 0,5 % an der sich auf eine Personengesellschaft verschmelzenden X-GmbH beteiligt. Die Anteile befinden sich bei A und B in deren Privatvermögen. Vor der Verschmelzung

a) schenkt A dem B seinen 0,5 %-Anteil

b) veräußert A an B seinen 0,5 %-Anteil

LÖSUNG Die insgesamt 1 %-Beteiligung des B gilt gem. § 5 Abs. 2 UmwStG als am steuerlichen Übertragungsstichtag in das Betriebsvermögen der übernehmenden Rechtsträgerin mit den Anschaffungskosten eingelegt. Soweit B die Beteiligung unentgeltlich erworben hat, sind ihm die Anschaffungskosten des Rechtsvorgängers zuzurechnen (§ 17 Abs. 2 Satz 5 EStG). Für B ist also ein Übernahmegewinn oder -verlust gem. § 4 Abs. 4 Satz 1 und Abs. 5 UmwStG zu ermitteln.

Variante a)

Ein sich für B ergebender Übernahmeverlust bleibt gem. § 4 Abs. 6 Satz 6 1. HS UmwStG außer Ansatz, weil auch ein Verlust aus einer Veräußerung gem. § 17 Abs. 2 Satz 6 EStG nicht zu berücksichtigen wäre. Hinsichtlich des von A unentgeltlich erworbenen Anteils bliebe der Veräußerungsverlust gem. § 17 Abs. 2 Satz 6 Buchst. a EStG unberücksichtigt, weil auch A den Veräußerungsverlust nicht hätte geltend machen können.

Hinsichtlich des dem B schon vorher gehörenden 0,5 %-Anteils bliebe der Veräußerungsverlust gem. § 17 Abs. 2 Satz 6 Buchst. b EStG unberücksichtigt, weil dieser Anteil nicht innerhalb der gesamten letzten fünf Jahre zu einer mindestens 1 %-Beteiligung des B gehört hat. Die Rückausnahme des § 17 Abs. 2 Satz 6 Buchst. b Satz 2 EStG greift nicht, weil keine Anhaltspunkte dafür vorliegen, dass B diesen Anteil innerhalb der letzten fünf Jahre im Zuge der Begründung oder Erhöhung einer mindestens 1 %-Beteiligung an der X-GmbH erworben hat.

Variante b)

Ein sich für B ergebender Übernahmeverlust bleibt hinsichtlich des ihm schon vorher gehörenden 0,5 %-Anteils gem. § 4 Abs. 6 Satz 6 1. HS UmwStG außer Ansatz, weil auch bei der Veräußerung dieses Anteils ein Veräußerungsverlust nach § 17 Abs. 2 Satz 6 Buchst. b EStG nicht zu berücksichtigen wäre (Begründung wie bei Variante a).

Hinsichtlich des von A entgeltlich erworbenen 0,5 %-Anteils würde im Falle einer Veräußerung das Verlustabzugsverbot des § 17 Abs. 2 Satz 6 EStG nicht greifen, weil B mit dem Erwerb dieses Anteils eine 1 %-Beteiligung an der X-GmbH begründet hat (§ 17 Abs. 2 Satz 6 Buchst. b Satz 2 EStG). Ein auf diesen Anteil entfallender Übernahmeverlust fällt zwar nicht unter das Abzugsverbot des § 4 Abs. 4 Satz 6 1. HS UmwStG. Dennoch bleibt der Übernahmeverlust außer Ansatz – und zwar nach § 4 Abs. 4 Satz 6 2. HS UmwStG, weil B diesen Anteil innerhalb der letzten fünf Jahre vor dem steuerlichen Übertragungsstichtag entgeltlich erworben hat.

Wie das Beispiel zeigt, ist das Verlustabzugsverbot des § 4 Abs. 6 Satz 6 UmwStG **anteilsbezogen** anzuwenden. Die Fünfjahresfrist des § 17 Abs. 2 Satz 6 EStG ist vom Zeitpunkt des zivilrechtlichen Wirksamwerdens der Umwandlung (Eintragung im Handelsregister) aus zurückzurechnen. 229

230 § 4 Abs. 6 Satz 6 2. HS UmwStG enthält ein weiteres absolutes **Verlustabzugsverbot** für Übernahmeverluste, soweit sie auf Anteile an der übertragenden Körperschaft entfallen, die innerhalb der letzten fünf Jahre vor dem steuerlichen Übertragungsstichtag entgeltlich erworben wurden.

Damit wird sichergestellt, dass die über eine Kapitalgesellschaft erzielten Gewinne mindestens einmal besteuert werden. Kauft z. B. ein unbeschränkt Steuerpflichtiger kurze Zeit vor dem steuerlichen Übertragungsstichtag Anteile an der übertragenden Körperschaft mit hohen offenen Rücklagen zu einem dementsprechend hohen Anschaffungspreis von einem beschränkt steuerpflichtigen Anteilseigner, ist der bei dem Verkäufer entstehende Veräußerungsgewinn ggf. aufgrund eines anzuwendenden DBA in Deutschland steuerfrei.

Andererseits bewirken die hohen Anschaffungskosten beim Erwerber einen Übernahmeverlust, der ohne das Abzugsverbot die Besteuerung der nach § 7 UmwStG zu ermittelnden Bezüge verhindern würde. Hätte die übertragende Körperschaft ihre offenen Rücklagen noch vor der Anteilsveräußerung an den beschränkt steuerpflichtigen Anteilseigner ausgeschüttet, wären die Gewinnausschüttungen im Regelfall in Höhe des durch das DBA erlaubten Kapitalertragsteuersatzes im Inland endgültig steuerlich belastet worden. Der Preis für die anschließende Veräußerung der Anteile, der für den inländischen Erwerber zu seinen Anschaffungskosten gehört, fiele niedriger aus und hätte ein positiveres Übernahmeergebnis zur Folge.

231 Das Verlustabzugsverbot des § 4 Abs. 6 Satz 6 2. HS UmwStG ist ebenfalls anteilsbezogen anzuwenden. Es gilt unabhängig davon, ob die Anteile zum Privatvermögen, Betriebsvermögen oder Sonderbetriebsvermögen des Anteilseigners oder zum Gesamthandsvermögen der übernehmenden Personengesellschaft gehören. Es spielt auch keine Rolle, ob beim Veräußerer der Anteile der Veräußerungsgewinn steuerfrei oder steuerpflichtig war.

BEISPIEL A hat einen 70 %-Geschäftsanteil an der X-GmbH in 01 erworben. In 05 kauft er den verbleibenden 30 %-Geschäftsanteil an der X-GmbH. Ende 08 wird das Vermögen der X-GmbH im Wege der Verschmelzung auf A übertragen.

LÖSUNG Ergibt sich bei der Ermittlung des Übernahmeergebnisses nach § 4 Abs. 4 Satz 1 und Abs. 5 UmwStG ein Übernahmeverlust, ist dieser, soweit er auf den in 05 entgeltlich erworbenen 30 %-Geschäftsanteil entfällt, gem. § 4 Abs. 6 Satz 6 2. HS UmwStG vom Abzug ausgeschlossen. Der auf den 70 %-Geschäftsanteil entfallende Übernahmeverlust ist gem. § 4 Abs. 6 Satz 4 UmwStG in Höhe von 60 %, höchstens jedoch in Höhe von 60 % der Bezüge i. S. d. § 7 UmwStG, die auf diesen Geschäftsanteil entfallen, zu berücksichtigen.

Da das Übernahmeergebnis anteilsbezogen zu ermitteln ist, könnte sich für den 30 %-Geschäftsanteil ein Verlust ergeben, der außer Ansatz bleiben muss, und für den 70 %-Geschäftsanteil ein Übernahmegewinn, der nach den Regeln in § 4 Abs. 7 UmwStG zu besteuern ist.

232 Entscheidend für das Verlustabzugsverbot des § 4 Abs. 6 Satz 6 2. HS UmwStG ist der entgeltliche Erwerb der Anteile an der übertragenden Körperschaft **innerhalb der letzten fünf Jahre vor dem steuerlichen Übertragungsstichtag** i. S. d. § 2 Abs. 1 Satz 1 UmwStG. Wurden die Anteile unentgeltlich erworben, ist auf den Anschaffungszeitpunkt beim Rechtsvorgänger abzustellen. Ergibt sich bei der Ermittlung des Übernah-

meergebnisses ein Übernahmegewinn, ist dieser ungeachtet des bei einem Verlust geltenden Abzugsverbots nach den Regelungen in § 4 Abs. 7 UmwStG zu besteuern.

2.1.6.4.2.2 Übernahmegewinn, § 4 Abs. 7 UmwStG

Verbleibt bei der Ermittlung des Übernahmeergebnisses nach Abzug der Bezüge i. S. d. 233
§ 7 UmwStG noch ein Gewinn (Übernahmegewinn 2. Stufe), ist auch hier zu unterscheiden, ob er auf eine **Körperschaft** als eine an der Umwandlung beteiligte Gesellschafterin entfällt oder auf eine **natürliche Person**.

Soweit der Übernahmegewinn auf eine **Körperschaft** als (unmittelbare oder mittelbare) 234
Mitunternehmerin der Personengesellschaft entfällt, ist § 8b KStG anzuwenden (§ 4 Abs. 7 Satz 1 UmwStG). Nach § 8b Abs. 2 KStG bleibt der Übernahmegewinn bei der Körperschaftsteuer außer Ansatz. Es gelten aber gem. § 8b Abs. 3 KStG 5 % des Gewinns als nicht abzugsfähige Betriebsausgaben, die das körperschaftsteuerliche Einkommen erhöhen.

Auf den auf eine **natürliche Person** entfallenden Übernahmegewinn ist § 3 Nr. 40 sowie 235
§ 3c EStG anzuwenden (§ 4 Abs. 7 Satz 2 UmwStG). Entgegen der rechtlichen Vorgehensweise in § 3 Nr. 40 und § 3c EStG wird hier das Teileinkünfteverfahren nicht getrennt auf Vermögensmehrungen (§ 3 Nr. 40 EStG) und Vermögensminderungen (§ 3c Abs. 2 EStG) angewendet, sondern auf das saldierte Ergebnis. Das ist wegen der gesonderten Behandlung eines sich ergebenden Übernahmeverlustes durch § 4 Abs. 6 Satz 4 UmwStG erforderlich geworden. Es bleiben also von dem auf eine natürliche Person („übrige Fälle") entfallenden Übernahmegewinn 2. Stufe gem. § 4 Abs. 7 Satz 2 UmwStG i. V. m. § 3 Nr. 40 EStG und § 3c EStG 40 % steuerfrei.

Weil das Übernahmeergebnis **gesellschafter- und** (u. U.) **anteilsbezogen** zu ermitteln 236
ist, kann sich für denselben umwandlungsbeteiligten Rechtsträger einerseits ein Übernahmegewinn und zugleich auch ein Übernahmeverlust ergeben.

BEISPIEL Die Y-GmbH ist Betriebsgesellschaft im Rahmen einer Betriebsaufspaltung. Sie wird zum 31.12.08 auf ihre Alleingesellschafterin Y verschmolzen. Der Verschmelzung liegt folgende Bilanz der Y-GmbH zu Grunde:

A Steuerliche Übertragungsbilanz der Y-GmbH gem. § 3 UmwStG zum 31.12.08 P

Summe Aktiva	500 000 €	gez. Kapital	100 000 €
		Kapitalrücklage	20 000 €
		Bilanzgewinn	50 000 €
		Verbindlichkeiten	330 000 €
	500 000 €		500 000 €

Das steuerliche Einlagekonto (§ 27 KStG) hat – vor Anwendung des § 29 Abs. 1 KStG – einen Bestand von 20 000 €.

Y hatte als Gründungsgesellschafterin einen 70 %-Geschäftsanteil an der Y-GmbH in 01 für Anschaffungskosten von 70 000 € erworben. Es ist seither keine Änderung bei ihren Anschaffungskosten eingetreten. Den verbleibenden 30 %-Geschäftsanteil hat sie in 07 für 50 000 € angeschafft. Beide Geschäftsanteile gehören zum Betriebsvermögen ihres Besitzunternehmens und sind mit den Anschaffungskosten aktiviert.

LÖSUNG Ein Beteiligungskorrekturgewinn nach § 4 Abs. 1 Satz 2 UmwStG ist nicht festzustellen.

Ermittlung der Einnahmen i. S. d. § 20 Abs. 1 Nr. 1 EStG gem. § 7 Satz 1 UmwStG:

Eigenkapital lt. steuerlicher Übertragungsbilanz der Y-GmbH		170 000 €
Einlagekonto (vor Nennkapitalherabsetzung)	20 000 €	
zzgl. herabgesetztes Stammkapital	100 000 €	
(kein Sonderausweis vorhanden)		
Steuerliches Einlagekonto (nach Anwendung des § 29 Abs. 1 KStG)	120 000 €	./. 120 000 €
Einnahmen i. S. d. § 20 Abs. 1 Nr. 1 EstG		50 000 €

Diese Einnahmen sind gem. § 20 Abs. 8 EStG bei Y den Einkünften aus Gewerbebetrieb zuzurechnen. Gemäß § 3 Nr. 40 Satz 1 Buchst. d i. V. m. Satz 2 EStG bleiben 40 % (20 000 €) steuerfrei.

Ermittlung des Übernahmeergebnisses gem. § 4 Abs. 4 und 5 UmwStG:

Übernahmewert der übergegangenen Wirtschaftsgüter		
Summe Aktiva	500 000 €	
Verbindlichkeiten	./. 330 000 €	
	170 000 €	170 000 €

Davon entfallen auf	70 %-Anteil	30 %-Anteil
	119 000 €	51 000 €
./. Wert der Anteile an der Y-GmbH	70 000 €	50 000 €
./. Umwandlungskosten (keine Angaben)	—	—
Übernahmegewinn 1. Stufe	49 000 €	1 000 €
./. Bezüge i. S. d. § 7 UmwStG (70 : 30)	35 000 €	15 000 €
Übernahmegewinn (-verlust) 2. Stufe	14 000 €	./. 14 000 €

Der auf den 70 %-Geschäftsanteil entfallende Übernahmegewinn ist gem. § 4 Abs. 7 Satz 2 UmwStG i. V. m. § 3 Nr. 40 und § 3c EStG in Höhe von 5 600 € steuerfrei. Es werden also 8 400 € (60 %) als Einkünfte aus Gewerbebetrieb versteuert. Bei der Gewerbesteuer wird dieser Gewinn nicht erfasst (§ 18 Abs. 2 Satz 2 UmwStG).

Der auf den 30 %-Geschäftsanteil entfallende Übernahmeverlust bleibt gem. § 4 Abs. 6 Satz 6 2. HS UmwStG vollständig außer Ansatz, weil dieser Anteil innerhalb der letzten fünf Jahre vor dem steuerlichen Übertragungsstichtag entgeltlich erworben wurde. Insoweit ist auch ein Abzug i. H. v. 60 % oder i. H. v. 60 % der auf diesen Anteil entfallenden Einnahmen i. S. d. § 20 Abs. 1 Nr. 1 EStG ausgeschlossen.

237 *Einstweilen frei*

238 Zeitlich sind der Übernahmegewinn oder -verlust sowie die Bezüge i. S. d. § 7 UmwStG dem Kalenderjahr zuzurechnen, in dem der steuerliche Übertragungsstichtag (§ 2 Abs. 1 Satz 1 UmwStG) liegt. Der Übernahmegewinn oder -verlust und die Bezüge i. S. d. § 7 UmwStG entstehen mit Ablauf des steuerlichen Übertragungsstichtags.

239 Ist übernehmende Rechtsträgerin eine Personengesellschaft, sind der Übernahmegewinn oder -verlust und die Bezüge i. S. d. § 7 UmwStG, die auf die Anteile an der übertragenden Körperschaft entfallen, für die ein Übernahmeergebnis nach § 4 Abs. 4 und 5 UmwStG zu ermitteln ist, einheitlich und gesondert für das Kalenderjahr gem. § 179 Abs. 2 Satz 2 i. V. m. § 180 Abs. 1 Nr. 2 Buchst. a AO festzustellen, in dem der steuerliche Übertragungsstichtag liegt (Rdn. 02.04 UmwStE).

240

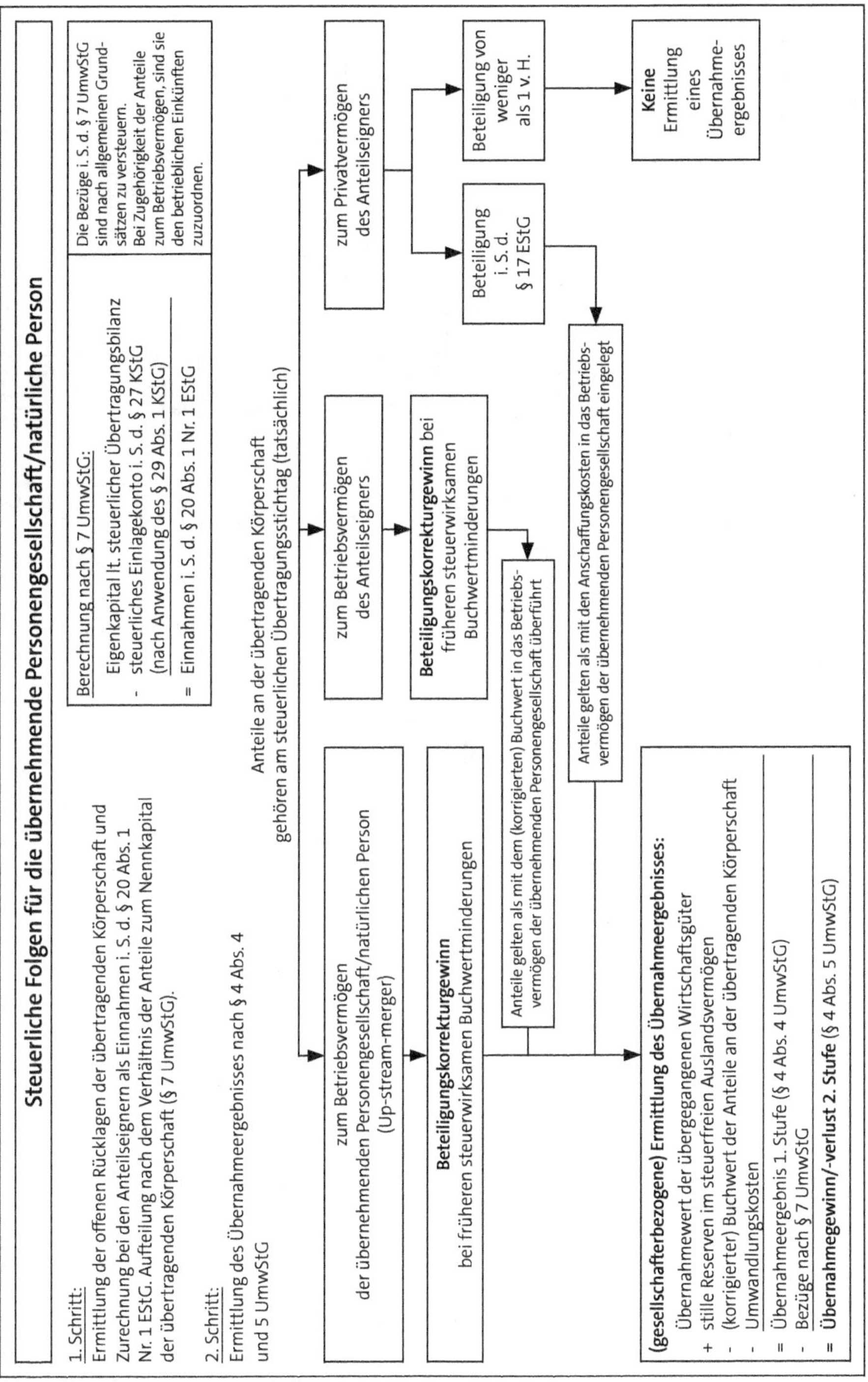

ABB. 5: Verschmelzung bzw. Auf-/Abspaltung einer Körperschaft auf ein Personenunternehmen

241

ABB. 6: Verschmelzung bzw. Auf-/Abspaltung einer Körperschaft auf ein Personenunternehmen:

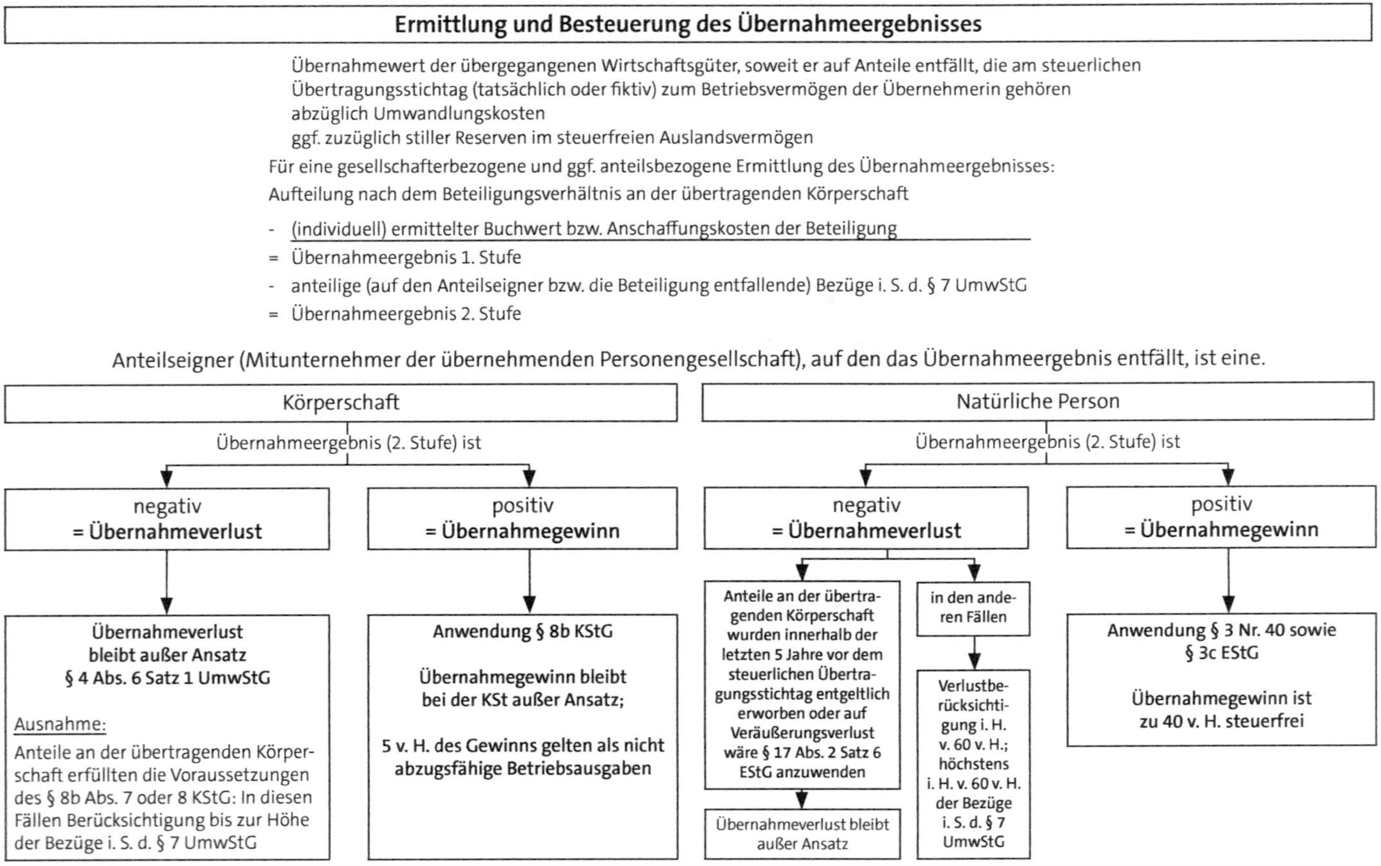

2.1.6.5 Übernahmefolgegewinn – steuermindernde Rücklage gemäß § 6 UmwStG

Ein nach der Verschmelzung bei der übernehmenden Rechtsträgerin entstehender, 242
durch den Vermögensübergang ausgelöster sog. Übernahmefolgegewinn unterliegt als laufender Gewinn der Einkommensteuer bzw. Körperschaftsteuer und grundsätzlich auch der Gewerbesteuer. Zur Abmilderung der ertragsteuerlichen Belastung räumt § 6 Abs. 1 UmwStG der Übernehmerin die Möglichkeit ein, eine den steuerlichen Gewinn mindernde Rücklage zu bilden, die in den folgenden drei Wirtschaftsjahren mit mindestens je einem Drittel wieder gewinnerhöhend aufzulösen ist.

Ein Übernahmefolgegewinn kann entstehen, wenn vor der Verschmelzung Forderun- 243
gen bzw. Verbindlichkeiten zwischen der übertragenden Körperschaft und der Übernehmerin bestehen, die mit der Verschmelzung erlöschen. Im Rahmen der Verschmelzung (Vermögensübertragung im Ganzen) gehen auch Forderungen der übertragenden Körperschaft gegen die Übernehmerin sowie Verbindlichkeiten der Überträgerin gegenüber der Übernehmerin auf die übernehmende Rechtsträgerin über. Bei der übernehmenden Rechtsträgerin (Personengesellschaft oder natürliche Person) erlöschen sodann (die nunmehr bei ein und demselben Rechtsträger sich gegenüberstehende) Forderung und Verbindlichkeit durch Vereinigung (Konfusion).

Ein Rechtsträger kann keine Forderung gegen sich selbst haben. Das Erlöschen der sich gegenüberstehenden Forderung und Verbindlichkeit ist eine Folge der Verschmelzung, tritt also erst eine **logische Sekunde nach** der Vermögensübertragung ein. Ein daraus sich ergebender (Übernahmefolge-)Gewinn ist aber noch dem Ermittlungszeitraum zuzurechnen, in dem der steuerliche Übertragungsstichtag (§ 2 Abs. 1 Satz 1 UmwStG) liegt. Zu einem Gewinn kann es jedoch nur kommen, wenn die sich gegenüberstehende und durch Konfusion erlöschende Forderung und Verbindlichkeit **unterschiedlich** hoch **bewertet** sind.

BEISPIEL Die Z-GmbH wird zum 31.12.01 (steuerlicher Übertragungsstichtag) auf die Z-KG verschmolzen. Am steuerlichen Übertragungsstichtag besteht seitens der Z-KG gegen die Z-GmbH eine Forderung i. H. v. 10 000 € aus einem laufenden Umsatzgeschäft sowie eine langfristige Darlehensforderung i. H. v. 100 000 €. Die Darlehensforderung hat die Z-KG zum 31.12.01 zulässigerweise auf 80 000 € teilwertberichtigt.

LÖSUNG Mit der Verschmelzung geht das Vermögen der Z-GmbH als Ganzes, also einschließlich ihrer Verbindlichkeiten, am 31.12.01 (aus steuerlicher Sicht, § 2 Abs. 1 Satz 1 UmwStG) auf die Z-KG über. Bei der Z-KG erlöschen die übergegangene Verbindlichkeit aus dem laufenden Umsatzgeschäft und die entsprechende Forderung sowie die übergegangene Darlehensschuld und ihre Darlehensforderung jeweils durch Konfusion eine logische Sekunde nach der Verschmelzung.

Das Erlöschen der Forderung und Verbindlichkeit aus dem laufenden Umsatzgeschäft hat keine Gewinnauswirkung, weil sie sich mit demselben Wert vereinigt haben.

Bei dem Erlöschen von Darlehensforderung und Darlehensschuld entsteht ein Ertrag i. H. v. 20 000 €, weil die wegfallende Schuld um diesen Betrag die erlöschende Forderung übersteigt. Dieser Gewinn entsteht auf Ebene der übernehmenden KG und entspricht der zuvor von ihr vorgenommenen Teilwertabschreibung auf die Darlehensforderung. Es handelt sich um einen laufenden – gem. § 18 Abs. 1 Satz 1 UmwStG auch der Gewerbesteuer unterliegenden – Gewinn, der zeitlich dem Jahr 01 zuzurechnen ist, weil in dieses Jahr der steuerliche Übertragungsstichtag fällt.

Gemäß § 6 Abs. 1 Satz 1 UmwStG darf die Z-KG für 01 eine den steuerlichen Gewinn mindernde Rücklage i. H. v. 20 000 € bilden. In den folgenden drei Wirtschaftsjahren (02 bis 04) muss sie diese Rücklage mit mindestens je einem Drittel gewinnerhöhend auflösen (§ 6 Abs. 1 Satz 2 UmwStG).

2.1.6.5.1 Verbindlichkeiten der übertragenden Körperschaft gegenüber der Übernehmerin

244 Bei Verbindlichkeiten der übertragenden Körperschaft gegenüber der Übernehmerin kann ein Übernahmefolgegewinn nur entstehen, wenn die Forderung (auf der Seite der Übernehmerin) geringer bewertet ist als die Verbindlichkeit. Gründe für die niedrigere Bewertung der Forderung können die rechtlich zulässige Wertberichtigung der Forderung oder der Erwerb der Forderung für einen unterhalb des Nennwerts liegenden Kaufpreis sein.

245 Auch in den Fällen, in denen die übertragende Körperschaft am steuerlichen Übertragungsstichtag eine ungewisse Verbindlichkeit gegenüber der Übernehmerin hat, für die eine steuerlich anzuerkennende **Rückstellung** (z. B. Garantierückstellung oder Rückstellung für Schadensersatzpflichten) passiviert wurde, kommt es zu einem Übernahmefolgegewinn, weil der wegfallenden (ungewissen) Verbindlichkeit wegen des Aktivierungsverbots ungewisser Forderungen (§ 252 Abs. 1 Nr. 4 HGB) beim Gläubiger grundsätzlich kein Aktivposten gegenübersteht.

246 **Verbindlichkeiten der übertragenden Körperschaft gegenüber ihrem Alleingesellschafter**, der mit der Verschmelzung das Vermögen der Kapitalgesellschaft als Ganzes übernimmt, erlöschen eine logische Sekunde nach der Vermögensübertragung durch Konfusion. Damit erlöschen auch die gegen die Körperschaft gerichteten Forderungen des Gesellschafters. Ob die Forderungen des Gesellschafters zu seinem Betriebsvermögen gehörten oder Privatvermögen waren, spielt insoweit keine Rolle.

247 Die zum Privatvermögen gehörenden Forderungen gelten zunächst als mit ihrem Teilwert in das Betriebsvermögen eingelegt. Im privaten Vermögensbereich gilt die Forderung damit als zugeflossen (in Höhe ihres Teilwertes). Bestand ein Zusammenhang mit steuerpflichtigen Einkünften (z. B. Gehaltsforderung, Mietforderung, Zinsforderung), gelten diese als am steuerlichen Übertragungsstichtag bezogen.

248 Bei der übernehmenden natürlichen Person kommt es zu einem Übernahmefolgegewinn i. S. d. § 6 Abs. 1 UmwStG, wenn der Teilwert der als eingelegt geltenden Forderung niedriger ist als der Wert, mit dem die (entsprechende) Verbindlichkeit der übertragenden Körperschaft nach § 4 Abs. 1 Satz 1 UmwStG zu übernehmen ist.

Soweit sich jedoch der Forderungsverlust bei der übernehmenden natürlichen Person im Falle der weiteren Zugehörigkeit der Forderung und der korrespondierenden Beteiligung an der übertragenden Körperschaft zum Privatvermögen bei der Verwirklichung eines Realisationstatbestands des § 17 EStG einkommensteuerrechtlich ausgewirkt hätte, ist als Einlagewert nicht der (niedrigere) Teilwert anzusetzen, sondern derjenige Wert, mit dem die Forderung bei der Ermittlung des Veräußerungsgewinns nach § 17 Abs. 2 Satz 1 i. V. m. Abs. 2a Satz 3 Nr. 2 und 3 EStG als nachträgliche Anschaffungskosten zu berücksichtigen wäre (BFH v. 9.4.2019 - X R 23/16, BStBl 2019 II 483). Die

Bewertung der Einlage von Forderungen erfolgt nach § 6 Abs. 1 Nr. 5 EStG. Nach höchstrichterlicher Rechtsprechung gilt § 6 Abs. 1 Nr. 5 Satz 1 Hs. 2 Buchst. b EStG nicht nur für die Bewertung der Einlage von Beteiligungen i. S. d. § 17 EStG, sondern auch für die Bewertung solcher wertgeminderter Gesellschafterdarlehensforderungen, deren Ausfall zu nachträglichen Anschaffungskosten auf die Beteiligung führen würde (BFH v. 29.11.2017 - X R 8/16, BStBl 2018 II 426). Bei der Verschmelzung der Körperschaft auf ihren Anteilseigner kommt es nicht zur Verwirklichung des § 17 EStG und damit auch nicht zur Einkommensminderung der sich nach § 17a Abs. 2 Satz 3 Nr. 2 und 3 EStG als nachträgliche Anschaffungskosten zu bestimmenden Forderungsverluste. Insoweit darf dann auch kein Konfusionsgewinn angesetzt werden.

2.1.6.5.2 Verbindlichkeiten gegenüber den Gesellschaftern der Übernehmerin

Besteht die Verbindlichkeit gegenüber einem Gesellschafter der übernehmenden Personengesellschaft, kommt es durch die Verschmelzung zu keiner Konfusion. Die Verbindlichkeit der übertragenden Körperschaft wird zu einer Verbindlichkeit der übernehmenden Personengesellschaft und ist von dieser zu erfüllen. Beim Gesellschafter und Mitunternehmer der übernehmenden Personengesellschaft entsteht im selben Moment Sonderbetriebsvermögen I (R 4.2 Abs. 2 Satz 2 EStR), da sich seine Forderung nunmehr gegen die Personengesellschaft richtet. Gehörte die Forderung zum Privatvermögen, erfolgt mit der Verschmelzung eine Einlage in das Sonderbetriebsvermögen, die gem. § 6 Abs. 1 Nr. 5 EStG grundsätzlich mit dem Teilwert zu bewerten ist. 249

Bestand ein Zusammenhang mit steuerpflichtigen Einkünften (z. B. Gehaltsforderung, Mietforderung, Zinsforderung), gelten diese in Höhe des eingebuchten Betrags (am steuerlichen Übertragungsstichtag) als zugeflossen.

Gehörte die Forderung zu einem Betriebsvermögen des Gesellschafters, ist sie am steuerlichen Übertragungsstichtag mit dem Buchwert (§ 6 Abs. 5 Satz 2 EStG) in das Sonderbetriebsvermögen bei der übernehmenden Personengesellschaft zu überführen.

Ist der im Sonderbetriebsvermögen eingebuchte Wert der Forderung niedriger als der in der Gesamthandsbilanz der Personengesellschaft zu übernehmende Wert der dieser Forderung gegenüberstehenden Verbindlichkeit, ist nach dem Prinzip der korrespondierenden Bilanzierung (Spiegelbildmethode) im Sonderbetriebsvermögen unmittelbar nach dem Forderungszugang eine Höherbewertung vorzunehmen. Das Imparitätsprinzip gilt nicht im Verhältnis des Sonderbetriebsvermögens zum Gesamthandsvermögen (BFH v. 23.8.2007 - IV R 14/06, BStBl 2007 II 942 und BFH v. 5.6.2003 - IV R 36/02, BStBl 2003 II 871 m. w. N.). 250

Bei dem durch die Höherbewertung im Sonderbetriebsvermögen entstehenden Gewinn handelt es sich um einen **Übernahmefolgegewinn** i. S. d. § 6 Abs. 2 UmwStG, für den gleichfalls die Verteilungsmöglichkeit des § 6 Abs. 1 UmwStG (durch Rücklagenbildung) auf bis zu drei Jahre in Anspruch genommen werden kann. Die Verteilungsmöglichkeit haben nur die Gesellschafter, die im Zeitpunkt der Eintragung des Umwandlungsbeschlusses in das öffentliche Register an der übernehmenden Personengesellschaft (noch) beteiligt sind (§ 6 Abs. 2 Satz 2 UmwStG).

2.1.6.5.3 Pensionsrückstellungen zugunsten der Gesellschafter

251 Auch Pensionsverpflichtungen der übertragenden Körperschaft gegenüber einem Mitunternehmer der übernehmenden Personengesellschaft gehen mit der Verschmelzung auf die Personengesellschaft über. Die für die Pensionszusage gebildete Rückstellung ist mit dem nach § 6a EStG ermittelten Wert in der steuerlichen Schlussbilanz der übertragenden Körperschaft (§ 3 Abs. 1 Satz 2 UmwStG) anzusetzen und folglich mit demselben Wert gem. § 4 Abs. 1 Satz 1 UmwStG von der Personengesellschaft zu übernehmen. Insoweit bleibt der Vorgang erfolgsneutral.

252 Die Personengesellschaft führt die Pensionsrückstellung in ihrer Gesamthandsbilanz fort und hat diese bei fortbestehendem Dienstverhältnis – nach Verwaltungsmeinung (Rdn. 06.05 UmwStE) – mit dem **Teilwert** nach § 6a Abs. 3 Satz 2 Nr. 1 EStG zu bewerten. Die Verwaltung hat sich damit gegen eine Bewertung nach § 6a Abs. 3 Satz 2 Nr. 2 EStG mit dem – regelmäßig niedrigeren – Anwartschaftsbarwert entschieden. Nach a. A. darf die Pensionsverpflichtung von der übernehmenden Personengesellschaft nach dem Vermögensübergang (nur noch) mit dem Anwartschaftsbarwert nach § 6a Abs. 3 Satz 2 Nr. 2 EStG und nicht mehr mit dem Teilwert gem. § 6a Abs. 3 Satz 2 Nr. 1 EStG angesetzt werden, weil das bisherige Dienstverhältnis aus steuerlicher Sicht endet (*Birkemeier* in Rödder/Herlinghaus/Graw/Heinemann, UmwStG, 4. Aufl. 2025, § 6 UmwStG Rdn. 42 f.; *Weber-Grellet* in Schmidt, EStG, 44. Aufl. 2025, § 6a EStG Rdn. 30; *Fuhrmann/Demuth*, KÖSDI 2006, 15082). Die aufgrund des zivilrechtlich fortbestehenden Dienstverhältnisses an den Gesellschafter (und Mitunternehmer) weiter gezahlten Bezüge sind gem. § 15 Abs. 1 Satz 1 Nr. 2 Satz 1 2. Hs. EStG in betriebliche Einkünfte umzuqualifizieren. In Höhe der Differenz zu dem höheren Teilwert käme es zu einer Herabsetzung des Rückstellungsbetrags noch am steuerlichen Übertragungsstichtag. Der daraus resultierende Gewinn wäre ein Übernahmefolgegewinn in der Gesamthandsbilanz der Personengesellschaft i. S. d. § 6 Abs. 1 Satz 1 UmwStG.

Es erfolgt keine Aktivierung im Sonderbetriebsvermögen des berechtigten Gesellschafters. Der Pensionsanspruch ist zunächst nur eine **bloße Anwartschaft** und noch kein Zufluss von Arbeitslohn. Ein Zufluss von Arbeitslohn läge vor, wenn der Gesellschafter/Arbeitnehmer noch vor dem steuerlichen Übertragungsstichtag gegenüber der Körperschaft auf seinen werthaltigen Pensionsanspruch verzichtet.

253 Nach dem steuerlichen Übertragungsstichtag erfolgte Zuführungen zur Pensionsrückstellung sind Sondervergütungen i. S. d. § 15 Abs. 1 Satz 1 Nr. 2 EStG. Zur bilanzsteuerlichen Behandlung sind die Grundsätze im BMF-Schreiben v. 29.1.2008, BStBl 2008 I 317 zu beachten.

Im Versorgungsfall erfolgt eine Aufteilung der Zahlungen an den begünstigten (ehemaligen) Gesellschafter in Einkünfte nach § 19 EStG und § 15 EStG i. V. m. § 24 Nr. 2 EStG.

254 Im Falle der **Verschmelzung** einer **Kapitalgesellschaft** auf ihren **Alleingesellschafter** ist die zugunsten dieses Alleingesellschafters gebildete Pensionsrückstellung von dem Übernehmer erfolgswirksam aufzulösen (Rdn. 06.07 UmwStE). Der Auflösungsgewinn ist ein Übernahmefolgegewinn i. S. d. § 6 Abs. 1 Satz 1 UmwStG, für den eine den steuerlichen Gewinn mindernde Rücklage gebildet werden darf, die in den folgenden drei Jahren mit mindestens je einem Drittel gewinnerhöhend aufzulösen ist.

Besteht eine **Rückdeckungsversicherung**, geht der Versicherungsanspruch mit der Verschmelzung zunächst auf die übernehmende Rechtsträgerin über. Wird die Versicherung durch den Gesellschafter fortgeführt, erfolgt eine Entnahme des Versicherungsanspruchs mit dem Teilwert, da es sich für ihn um einen privaten Versicherungsanspruch handelt (Rdn. 06.08 UmwStE). Eine Gewinnauswirkung kann hierdurch nur in Höhe eines Unterschiedsbetrags zwischen dem Bilanzansatz und dem Teilwert eintreten. 255

2.1.6.5.4 Forderungen der übertragenden Körperschaft gegen die Übernehmerin

Mit der Verschmelzung gehen auch die gegen die übernehmende Rechtsträgerin gerichteten Forderungen auf die Übernehmerin über. Die Vereinigung von Forderung und Verbindlichkeit findet bei der Übernehmerin statt. Ein evtl. entstehender Konfusionsgewinn (der Wert der übergehenden Forderung ist niedriger als der Wert der dieser Forderung gegenüberstehenden Verbindlichkeit bei der Übernehmerin) ist ein Übernahmefolgegewinn i. S. d. § 6 Abs. 1 UmwStG. 256

Besteht die Forderung der übertragenden Körperschaft gegen einen **Gesellschafter** der übernehmenden Personengesellschaft, findet keine Konfusion statt. Die Forderung bleibt bestehen. Nach der Verschmelzung ist es eine Forderung der Personengesellschaft gegen ihren Gesellschafter. Die ertragsteuerliche Beurteilung der Verbindlichkeit bei dem Gesellschafter richtet sich nach allgemeinen Kriterien. Entscheidend ist die tatsächliche Verwendung der dem Gesellschafter zur Verfügung gestellten Fremdmittel. 257

Bei der übernehmenden Personengesellschaft erfolgt eine logische Sekunde nach dem steuerlichen Vermögensübergang eine Entnahme der Forderung durch sämtliche Gesellschafter mit dem Teilwert (§ 6 Abs. 1 Nr. 4 EStG), wenn eine betriebliche Veranlassung für die Darlehensgewährung nicht gegeben ist (H 4.3 (2) – (4) „Personengesellschaften" EStH). Die Forderung gehört zwar noch zum Gesamthandsvermögen der Personengesellschaft, stellt aber nunmehr Privatvermögen der Gesellschafter dar.

2.1.6.5.5 Missbrauchsklausel, § 6 Abs. 3 UmwStG

§ 6 Abs. 3 UmwStG enthält eine Missbrauchsverhinderungsregelung. Danach ist die Bildung (und anschließende Auflösung) der den steuerlichen Gewinn mindernden Rücklage (rückwirkend) rückgängig zu machen, wenn die übernehmende Rechtsträgerin den auf sie übergegangenen (ganzen) Betrieb innerhalb von fünf Jahren nach dem steuerlichen Übertragungsstichtag in eine Kapitalgesellschaft einbringt oder ohne triftigen Grund veräußert oder aufgibt (§ 6 Abs. 3 Satz 1 UmwStG). 258

Der Gesetzgeber sieht in der Inanspruchnahme der angebotenen steuerlichen Erleichterungen einen Missbrauch, wenn das Unternehmen nach der Umwandlung unter der neuen Organisation den Betrieb der untergegangenen Körperschaft nicht einmal für die Dauer von fünf Jahren beibehält. Die Rechtfertigung für die Gewährung der Steuererleichterung entfällt, wenn die steuerlich begünstigte Organisation nicht bestehen bleibt bzw. wenn das übergegangene Betriebsvermögen nicht in der begünstigten Form fortgeführt wird (BFH v. 19.12.1984 - I R 275/81, BStBl 1985 II 324).

259 Es soll aber nicht jede Veräußerung des Betriebs zu einem Wegfall der steuerlichen Erleichterungen führen, sondern nur die (Rück-)Einbringung in eine Kapitalgesellschaft (s. §§ 20 Abs. 1, 25 UmwStG und § 1 Abs. 3 UmwStG) oder die **ohne triftigen Grund** erfolgte **Betriebsveräußerung** oder -aufgabe. Die Betriebsveräußerung oder -aufgabe erfolgt ohne triftigen Grund, wenn sie nicht steuerlich (Steuerersparnis oder Steuerstundung), sondern durch vernünftige wirtschaftliche Gründe motiviert ist (Rdn. 06.11 UmwStE). Beruht die Betriebsveräußerung oder -aufgabe auf einem triftigen Grund führt sie nicht zum rückwirkenden Wegfall der gebildeten Rücklage.

260 Kommt es zum rückwirkenden Wegfall der gebildeten Rücklage, enthält § 6 Abs. 3 Satz 2 UmwStG eine eigenständige verfahrensrechtliche Änderungsvorschrift, um bereits erteilte Steuerbescheide, Steuermessbescheide, Freistellungs- und Feststellungsbescheide anzupassen.

2.1.6.6 Steuerliche Rechtsnachfolge

261 Mit Ablauf des steuerlichen Übertragungsstichtags (§ 2 Abs. 1 UmwStG) tritt die übernehmende Personengesellschaft oder natürliche Person gem. § 4 Abs. 2 Satz 1 UmwStG in die steuerliche Rechtsstellung der übertragenden Körperschaft ein (sog. Fußstapfen-Gedanke). Das gilt unabhängig davon, ob die übergegangenen Wirtschaftsgüter mit dem Buchwert, einem Zwischenwert oder mit dem gemeinen Wert angesetzt worden sind. Der Eintritt in die steuerliche Rechtsstellung der übertragenden Körperschaft gilt insbesondere für die Bewertung der übernommenen Wirtschaftsgüter, für die historischen Anschaffungs- oder Herstellungskosten, für die Abschreibungen und für gewinnmindernde Rücklagen.

Ob der Vermögensübergang auf Ebene der übernehmenden Gesellschaft als „Anschaffung" bezeichnet werden darf, ist eine rein dogmatische Frage, die hier keiner Klärung bedarf. Der Eintritt in die Gesamtrechtsnachfolge und die Annahme eines Anschaffungsgeschäfts schließen sich gegenseitig nicht aus (BFH v. 17.9.2003 - I R 97/02, BStBl 2004 II 686). Lediglich für Zwecke des § 6b EStG und des § 7g EStG soll die Vermögensübernahme keine (begünstigte) Anschaffung darstellen. (Rdn. 04.14 UmwStE).

2.1.6.6.1 Bewertung

2.1.6.6.1.1 Bilanzansatz und Wertverknüpfung, § 4 Abs. 1 Satz 1 UmwStG

262 Gemäß § 4 Abs. 1 Satz 1 UmwStG hat die übernehmende Rechtsträgerin die auf sie übergegangenen Wirtschaftsgüter mit dem in der steuerlichen Schlussbilanz der übertragenden Körperschaft enthaltenen Wert i. S. d. § 3 UmwStG zu übernehmen (sog. Wertverknüpfung). Dieser Wert bildet nicht nur die Grundlage für die Ermittlung des Übernahmeergebnisses nach § 4 Abs. 4 Satz 1 UmwStG, sondern auch den Ausgangspunkt für die Ermittlung des steuerlichen Gewinns der Übernehmerin ab dem steuerlichen Übertragungsstichtag.

Die **strikte Wertverknüpfung** mit der steuerlichen Schlussbilanz der übertragenden Körperschaft dient der Sicherstellung der Besteuerung der von der Überträgerin nicht mehr versteuerten stillen Reserven in den übergegangenen Wirtschaftsgütern, wenn diese unterhalb des gemeinen Wertes angesetzt wurden. Es besteht keine Bindung an die Handelsbilanz. Das handelsrechtliche Bewertungswahlrecht nach § 24 UmwG gilt nicht für die Steuerbilanz.

Handelt es sich um eine **Verschmelzung durch Neugründung**, ist für die übernehmende Personenhandelsgesellschaft eine Übernahmebilanz in Form einer Eröffnungsbilanz aufzustellen (s. Rdn. 187). 263

Eine **Verschmelzung durch Aufnahme** ist für die (bereits bestehende) Übernehmerin ein laufender Geschäftsvorfall, der erst in ihrer nächsten Jahresbilanz in Erscheinung tritt (BFH v. 28.5.2008 - I R 98/06, BStBl 2008 II 916). Einer besonderen Übernahmebilanz bedarf es insoweit nicht. 264

Fallen der steuerliche Übertragungsstichtag und der reguläre Bilanzstichtag der Übernehmerin zusammen, ist der Vermögensübergang bereits in der auf diesen Stichtag aufzustellenden steuerlichen Jahresbilanz der Übernehmerin darzustellen, weil der Vermögensübergang dem Ende ihres Wirtschaftsjahres eine logische Sekunde vorausgeht.

Aus § 4 Abs. 1 UmwStG ergibt sich für die übernehmende Rechtsträgerin keine Verpflichtung, auf den steuerlichen Übertragungsstichtag eine Übernahmebilanz zu erstellen (BFH v. 5.11.2015 - III R 12/13, BStBl 2016 II 420). Hat die übernehmende Rechtsträgerin ihren Gewinn bisher nach § 4 Abs. 3 EStG durch Gegenüberstellung von Betriebseinnahmen und Betriebsausgaben ermittelt, muss sie eine Übernahmebilanz in Form einer Eröffnungsbilanz nach § 242 Abs. 1 HGB nur dann erstellen, wenn durch die Verschmelzung ein abschlusspflichtiges Handelsgewerbe bei ihr entsteht. Ist die übernehmende Rechtsträgerin eine Personenhandelsgesellschaft, ist sie regelmäßig nach § 242 Abs. 1 HGB abschlussverpflichtet. Stichtag der handelsrechtlichen Eröffnungsbilanz ist der Verschmelzungsstichtag i. S. d. § 5 Abs. 1 Nr. 6 UmwG. 265

2.1.6.6.1.2 Bilanzierungsmöglichkeiten in Gesamthandsbilanz und Ergänzungsbilanzen

Zum Zwecke einer zutreffenden Aufteilung der in den übergegangenen Wirtschaftsgütern enthaltenen stillen Reserven auf die an der übernehmenden Personengesellschaft beteiligten oder infolge der Verschmelzung zu beteiligenden Mitunternehmer kann es erforderlich sein, Ergänzungsbilanzen zu erstellen (vgl. Rdn. 24.13 ff. UmwStE). 266

BEISPIEL Die A-GmbH und die B-GmbH werden auf die AB-OHG verschmolzen (Verschmelzung durch Neugründung).

Das Betriebsvermögen der A-GmbH, deren Alleingesellschafter A ist, hat einen Buchwert von 300 000 € und einen gemeinen Wert von 500 000 €.

Das Betriebsvermögen der B-GmbH, deren Alleingesellschafter B ist, hat einen Buchwert von 400 000 € und einen gemeinen Wert von ebenfalls 500 000 €.

A und B sollen im selben Verhältnis an der entstehenden AB-OHG beteiligt sein. Die Verschmelzung erfolgt zulässigerweise zu Buchwerten.

LÖSUNG In der steuerlichen Eröffnungsbilanz der AB-OHG sind die auf sie übergegangenen Wirtschaftsgüter mit den in den steuerlichen Schlussbilanzen der übertragenden A-GmbH und der B-GmbH enthaltenen Werten i. S. d. § 3 UmwStG anzusetzen (§ 4 Abs. 1 Satz 1 UmwStG).

Ohne Ergänzungsbilanzen ergäbe sich folgende Übernahmebilanz für die AB-OHG:

A Übernahmebilanz der AB-OHG P

	Buchwert	(gem. Wert)		
Betriebsvermögen von A-GmbH	300 000 €	(500 000 €)	Kapital A	300 000 €
Betriebsvermögen von B-GmbH	400 000 €	(500 000 €)	Kapital B	400 000 €
	700 000 €	(1 000 000 €)		700 000 €

Diese Bilanz würde aber das Beteiligungsverhältnis von A und B (jeweils 50 %) nicht zutreffend widerspiegeln. Außerdem würde B auch mit den von der A-GmbH transferierten stillen Reserven steuerlich belastet werden, welche die durch ihn mit der B-GmbH übertragenen stillen Reserven um 100 000 € übersteigen.

Die richtige Zuordnung der stillen Reserven kann mit Hilfe von Ergänzungsbilanzen wie folgt vorgenommen werden:

1. Bilanzierungsmöglichkeit (sog. Bruttomethode):

A Übernahmebilanz der AB-OHG P

Betriebsvermögen von A-GmbH	400 000 €	Kapital A	400 000 €
Betriebsvermögen von B-GmbH	400 000 €	Kapital B	400 000 €
	800 000 €		800 000 €

zuzüglich

A Ergänzungsbilanz für A P

Minderkapital	100 000 €	Minderwert Betriebsvermögen von A-GmbH	100 000 €
	100 000 €		100 000 €

oder

2. Bilanzierungsmöglichkeit (sog. Nettomethode):

A Übernahmebilanz der AB-OHG P

Betriebsvermögen von A-GmbH	300 000 €	Kapital A	300 000 €
Betriebsvermögen von B-GmbH	300 000 €	Kapital B	300 000 €
	600 000 €		600 000 €

zuzüglich

A Ergänzungsbilanz für B P

Mehrwert Betriebsvermögen von B-GmbH	100 000 €	Mehrkapital	100 000 €
	100 000 €		100 000 €

oder

3. Bilanzierungsmöglichkeit:

A Übernahmebilanz der AB-OHG P

Betriebsvermögen von A-GmbH	500 000 €	Kapital A	500 000 €
Betriebsvermögen von B-GmbH	500 000 €	Kapital B	500 000 €
	1 000 000 €		1 000 000 €

zuzüglich

A	Ergänzungsbilanz für A		P
Minderkapital	200 000 €	Minderwert Betriebsvermögen von A-GmbH	200 000 €
	200 000 €		200 000 €

zuzüglich

A	Ergänzungsbilanz für B		P
Minderkapital	100 000 €	Minderwert Betriebsvermögen von B-GmbH	100 000 €
	100 000 €		100 000 €

Insbesondere in den Fällen der Verschmelzung durch Aufnahme auf eine bereits bestehende Personengesellschaft wird es häufig erforderlich sein, Ergänzungsbilanzen zu erstellen, um die Wertverhältnisse zwischen den Altgesellschaftern und den neu eintretenden Gesellschaftern zutreffend darzustellen und die stillen Reserven quantitativ richtig zuzuordnen. Nehmen die Gesellschafter aus privater oder gesellschaftlicher Veranlassung tatsächliche Wertverschiebungen hin, kann dies zu Schenkungsteuer oder zur Annahme einer verdeckten Gewinnausschüttung oder einer verdeckten Einlage führen.

Eine Ergänzungsbilanz darf aber nicht gebildet werden für die den Übernahmewert der übergegangenen Wirtschaftsgüter (§ 4 Abs. 1 Satz 1 i. V. m. § 3 UmwStG) übersteigenden Anschaffungskosten des Gesellschafters für die Beteiligung an der übertragenden Körperschaft (BFH v. 22.10.2015 - IV R 37/13, BStBl 2016 II 919). Hätte in dem vorstehenden Beispiel B für die Anschaffung seiner Beteiligung an der B-GmbH 500 000 € aufgewendet, dürften bei der im Sachverhalt vorgegebenen Buchwertverschmelzung die den Buchwert von 400 000 € übersteigenden 100 000 € nicht aktiviert werden.

2.1.6.6.2 Abschreibungen

2.1.6.6.2.1 Buchwertübernahme

Im Fall der Buchwertübernahme führt die übernehmende Rechtsträgerin die AfA der übertragenden Körperschaft in der bisherigen Weise fort. Sie übernimmt die AfA-Methode (linear oder degressiv) und die AfA-Bemessungsgrundlage der Überträgerin. Da die Übernehmerin kein Entgelt (Anschaffungskosten) für die übergegangenen Wirtschaftsgüter aufgewendet hat, kann § 6 Abs. 2 EStG (sofortiger Betriebsausgabenabzug für Wirtschaftsgüter mit Anschaffungskosten von nicht mehr als 800 €) nicht in Anspruch genommen und kein neuer Sammelposten nach § 6 Abs. 2a EStG gebildet werden. Das gilt übrigens auch dann, wenn die Wirtschaftsgüter mit dem gemeinen Wert anzusetzen sind. 267

2.1.6.6.2.2 Zwischenwertansatz oder Ansatz mit dem gemeinen Wert

Bei einem den Buchwert überschreitenden Wertansatz (gemeiner Wert oder Zwischenwert) differenziert § 4 Abs. 3 UmwStG für die weitere Berechnung der AfA zwischen der Abschreibung von Gebäuden (nach den gesetzlich vorgegebenen AfA-Sätzen) und den Abschreibungen von beweglichen abnutzbaren Wirtschaftsgütern sowie von Gebäuden mit einer individuell nach § 7 Abs. 4 Satz 2 EStG bestimmten Nutzungsdauer. 268

269 Bei der Abschreibung von Gebäuden nach § 7 Abs. 4 Satz 1 und Abs. 5 EStG ist die bisherige AfA-Bemessungsgrundlage um den Betrag zu erhöhen, um den der Buchwert des Gebäudes in der steuerlichen Übertragungsbilanz der Körperschaft aufgestockt worden ist. Der AfA-Satz bleibt gleich. Nur in dem Fall, in dem am steuerlichen Übertragungsstichtag feststeht, dass bei einem bisher linear abgeschriebenen Gebäude die volle Absetzung innerhalb der tatsächlichen Nutzungsdauer nicht erreicht wird, kann die AfA nach der Restnutzungsdauer des Gebäudes bemessen werden (Rdn. 04.10 1. Tiret UmwStE; H 7.4 „Nachträgliche Anschaffungs- oder Herstellungskosten" EStH).

270 Bei der Abschreibung aller übrigen abnutzbaren (insbesondere beweglichen) Wirtschaftsgüter bemisst sich die AfA nach dem Wert, mit dem die Körperschaft das Wirtschaftsgut in ihrer steuerlichen Übertragungsbilanz angesetzt hat. Dieser Betrag ist auf die von der übernehmenden Rechtsträgerin zu schätzende Restnutzungsdauer zu verteilen (Rdn. 04.10 2. Tiret UmwStE).

271 Ein in der steuerlichen Schlussbilanz der übertragenden Körperschaft angesetzter **Geschäfts- oder Firmenwert** ist nach § 7 Abs. 1 Satz 3 EStG – ab dem steuerlichen Übertragungsstichtag – auf 15 Jahre abzuschreiben. Das gilt auch für einen bereits von der übertragenden Körperschaft entgeltlich erworbenen Geschäfts- oder Firmenwert (Rdn. 04.10 3. Tiret UmwStE).

2.1.6.6.3 Weitere Folgen des Eintritts in die Rechtsstellung

272 ► **Anschaffungsnahe Herstellungskosten, § 6 Abs. 1 Nr. 1a EstG**

Hat die übertragende Körperschaft innerhalb der letzten drei Jahre ein Gebäude angeschafft, ist bei der Übernehmerin die Regelung des § 6 Abs. 1 Nr. 1a EStG zu den anschaffungsnahen Herstellungskosten zu beachten. Die Instandsetzungs- und Modernisierungsaufwendungen der Überträgerin und der Übernehmerin sind dabei zusammenzurechnen.

► **Gewinnmindernde Rücklagen**

273 In der Schlussbilanz der übertragenden Körperschaft ausgewiesene gewinnmindernde Rücklagen (z. B. § 6b Abs. 3 EStG, R 6.6 und R 6.5 EStR) sind zu übernehmen und in der Weise fortzuführen, wie sie von der übertragenden Körperschaft hätten fortgeführt werden können bzw. müssen.

► **Selbstgeschaffene immaterielle Wirtschaftsgüter**

274 Die steuerlichen Ansatzverbote des § 5 EStG gelten nicht für die steuerliche Schlussbilanz, wenn die Buchwerte nicht fortgeführt werden (s. Rdn 79; vgl. Rdn. 03.04 und Rdn. 03.06 UmwStE). Die in der steuerlichen Schlussbilanz nach § 3 Abs. 1 Satz 1 UmwStG anzusetzenden, nicht entgeltlich erworbenen und selbstgeschaffenen immateriellen Wirtschaftsgüter i. S. d. § 5 Abs. 2a EStG (z. B. originärer Geschäfts- oder Firmenwert, Kundenstamm) der übertragenden Körperschaft werden vom übernehmenden Rechtsträger aufgrund der Umwandlung angeschafft (vgl. Rdn. 00.02 UmwStE). Der übernehmende Rechtsträger hat eine vor oder im Zuge der Umwandlung begründete Aufwandsverteilung gem. § 4f EStG als Rechtsnachfolger entsprechend § 4f Abs. 1 Satz 7 EStG fortzuführen (Rdn. 03.05 und Rdn. 04.16 UmwStE).

► **Ungewisse Verpflichtungen**

Entgegen § 5 Abs. 4a EStG sind etwa Rückstellungen für drohende Verluste aus schwebenden Geschäften in der steuerlichen Schlussbilanz anzusetzen und beim übernehmenden Rechtsträger zunächst mit dem Wert zu übernehmen (s. Rdn 79; vgl. Rdn. 03.04 und Rdn. 03.06 UmwStE). Zu den folgenden Bilanzstichtagen gelten aber nach § 5 Abs. 7 Satz 1 EStG die Ansatzverbote, -beschränkungen und Bewertungsvorbehalte, d. h. die allgemeinen Grundsätze. Somit kann es zu einer ertragswirksamen Auflösung der übernommenen Rückstellung kommen. Für einen dadurch entstehenden Gewinn (Erwerbsfolgegewinn) kann die übernehmende Personengesellschaft nach § 5 Abs. 7 Satz 5 EStG in Höhe von 14 Fünfzehntel eine gewinnmindernde Rücklage bilden, die in den folgenden 14 Wirtschaftsjahren jeweils mit mindestens einem Vierzehntel gewinnerhöhend aufzulösen ist. 275

► **Wertaufholung, § 6 Abs. 1 Nr. 1 Satz 4 und Nr. 2 Satz 3 EStG**

Der Eintritt in die steuerliche Rechtsstellung der Überträgerin gilt auch für das Wertaufholungsgebot nach § 6 Abs. 1 Nr. 1 Satz 4 und Nr. 2 Satz 3 EStG. Die übernehmende Personengesellschaft oder natürliche Person ist also verpflichtet, vorangegangene Teilwertabschreibungen durch die übertragende Körperschaft rückgängig zu machen, wenn sie die voraussichtlich dauernde Wertminderung zu dem jeweils folgenden Bilanzstichtag nicht mehr nachweisen kann. Bei der Ermittlung der Wertaufholungsobergrenze sind die Abschreibungen sowohl der übertragenden Körperschaft (bis zum steuerlichen Übertragungsstichtag) als auch der Übernehmerin (ab dem steuerlichen Übertragungsstichtag) zu berücksichtigen. 276

Wurden die Wirtschaftsgüter mit einem höheren Wert (gemeinem Wert oder Zwischenwert) übernommen, ist dieser fortgeführte Wert die Bewertungsobergrenze (Rdn. 04.11 UmwStE).

2.1.6.6.4 Besitzzeitanrechnung

Gemäß § 4 Abs. 2 Satz 3 UmwStG ist die Dauer der Zugehörigkeit eines Wirtschaftsguts zum Betriebsvermögen bei der übertragenden Körperschaft der Übernehmerin anzurechnen, wenn dies für die Besteuerung von Bedeutung ist. Das betrifft Vorbesitzzeiten (z. B. § 6b Abs. 4 Satz 1 Nr. 2 EStG) und Behaltefristen, die durch die Umwandlung nicht unterbrochen werden. Nach Ansicht der Finanzverwaltung soll § 4 Abs. 2 Satz 3 UmwStG auf § 9 Nr. 2a und Nr. 7 GewStG nicht anwendbar sein, da diese Regelungen nicht auf einen Zeitraum, sondern auf die Verhältnisse zu einem Zeitpunkt abstellen. Die Gewährung des gewerbesteuerlichen Schachtelprivilegs nach § 9 Nr. 2a und Nr. 7 GewStG setze daher eine rückwirkende auf den Beginn des Erhebungszeitraums Umwandlung voraus (Rdn. 04.15 UmwStE unter Verweis auf BFH v. 16.4.2014 - I R 44/13, BStBl 2015 II 303 zum qualifizierten Anteilstausch). 277

2.1.6.6.5 Kein Übergang von Verlusten und Zinsvortrag

Von **dem Grundsatz** der **Gesamtrechtsnachfolge** werden durch § 4 Abs. 2 Satz 2 UmwStG der Verlustabzug, der Zinsvortrag und der EBITDA-Vortrag ausdrücklich **ausgenommen.** Verrechenbare Verluste, verbleibende Verlustvorträge, vom übertragenden 278

Rechtsträger nicht ausgeglichene negative Einkünfte, ein Zinsvortrag nach § 4h Abs. 1 Satz 5 EStG und ein EBITDA-Vortrag nach § 4h Abs. 1 Satz 3 EStG gehen nicht auf die Übernehmerin über.

Verrechenbare Verluste sind z. B. solche i. S. d. § 15a Abs. 4 EStG (bei Beteiligung der übertragenden Körperschaft z. B. als Kommanditist an einer KG) oder i. S. d. § 15b Abs. 4 EStG (Verluste im Zusammenhang mit Steuerstundungsmodellen). Verbleibende Verlustvorträge sind solche i. S. d. § 10d Abs. 4, § 2a Abs. 1 Satz 5, § 15 Abs. 4 EStG. Vom übertragenden Rechtsträger nicht ausgeglichene negative Einkünfte sind seine laufenden Verluste, die noch nicht in einen verbleibenden Verlustvortrag eingegangen sind (laufender Verlust des Übertragungsjahres).

2.1.6.6.6 Umwandlung einer Unterstützungskasse

279 Wird eine Unterstützungskasse als übertragende Körperschaft auf das Trägerunternehmen oder eine verbundene Gesellschaft verschmolzen, sind nach § 4 Abs. 2 Satz 4 UmwStG zur Vermeidung eines doppelten Betriebsausgabenabzugs die an die Unterstützungskasse geleisteten Zuwendungen nach § 4d EStG dem laufenden Gewinn der Übernehmerin hinzuzurechnen.

2.1.6.6.7 Vermögensübergang auf einen Rechtsträger ohne Betriebsvermögen, § 8 UmwStG

280 Wird das übergehende Vermögen bei der Verschmelzung einer Körperschaft auf ein Personenunternehmen oder bei dem Formwechsel einer Kapitalgesellschaft in eine Personengesellschaft nicht Betriebsvermögen der übernehmenden Rechtsträgerin, ist gleichwohl der zweite Teil des UmwStG (§§ 3 ff. UmwStG) anzuwenden. § 8 Abs. 1 Satz 2 UmwStG erklärt auch für die Übernehmerin die §§ 4, 5 und 7 UmwStG für entsprechend anwendbar.

281 Das übergehende Vermögen wird dann kein Betriebsvermögen bei der Übernehmerin, wenn bereits die **umwandelnde Körperschaft nur vermögensverwaltend** tätig war. Körperschaftsteuerrechtlich waren ihre Einkünfte aus der Vermögensverwaltung kraft Gesetzes als Einkünfte aus Gewerbebetrieb zu beurteilen (§ 8 Abs. 2 KStG). Diese rechtliche Regelung ist ab dem steuerlichen Übertragungsstichtag nicht mehr anzuwenden, weil das Einkommen (und damit auch die Einkünfte) und das Vermögen ab diesem Tag (bereits) bei der übernehmenden Rechtsträgerin (nach den für sie geltenden Vorschriften) so zu ermitteln sind, als ob das Vermögen der übertragenden Körperschaft mit Ablauf dieses Stichtags auf sie übergegangen wäre (§ 2 Abs. 2 Satz 1 UmwStG).

Bei der Übernehmerin gehören von Anfang an die Einkünfte zu den Einkünften aus bloßer Vermögensverwaltung (z. B. aus Kapitalvermögen nach § 20 EStG oder aus Vermietung und Verpachtung nach § 21 EStG) und die übergegangenen Wirtschaftsgüter zum Privatvermögen. Das betrifft auch im Handelsregister eingetragene Offene Handelsgesellschaften und Kommanditgesellschaften, wenn diese nur Vermögen verwalten (z. B. Kapitalbeteiligungen oder/und sonstige Kapitalanlagen halten oder Immobilien vermieten).

Etwas anderes gilt nur dann, wenn die **übernehmende Personengesellschaft gewerblich geprägt** ist i. S. d. § 15 Abs. 3 Nr. 2 EStG oder schon vorher eine originär gewerbliche Tätigkeit i. S. d. § 15 Abs. 1 Satz 1 Nr. 1 EStG ausgeübt hat. In dem letztgenannten Fall würde die gewerbliche Tätigkeit auch die Vermögensverwaltung gewerblich infizieren (§ 15 Abs. 3 Nr. 1 EStG). Gelangen die Wirtschaftsgüter der übertragenden Körperschaft am steuerlichen Übertragungsstichtag zunächst in das Betriebsvermögen der Übernehmerin und werden sie erst anschließend Privatvermögen, sind die Regelungen der §§ 4 ff. UmwStG für die Übernehmerin uneingeschränkt und nicht nur mittelbar über § 8 Abs. 1 Satz 2 UmwStG anzuwenden. 282

Die **Überführung** in das Privatvermögen **nach** dem Vermögensübergang ist ein neuer Sachverhalt, der bei dem Personenunternehmen als Entnahme (§ 4 Abs. 1 Satz 2 EStG) zu beurteilen ist. Bei der übertragenden Körperschaft steht das einer Bewertung der übergehenden Wirtschaftsgüter unterhalb des gemeinen Wertes gem. § 3 Abs. 2 Satz 1 UmwStG nicht entgegen.

Werden die Wirtschaftsgüter als unmittelbare Folge der Umwandlung Privatvermögen bei der Übernehmerin, müssen die stillen Reserven noch bei der übertragenden Körperschaft aufgelöst werden. Für die **übertragende Körperschaft** ergeben sich die Besteuerungsfolgen unmittelbar aus § 3 UmwStG. Sie hat auf den steuerlichen Übertragungsstichtag eine steuerliche Übertragungsbilanz aufzustellen. Die übergehenden Wirtschaftsgüter sind in dieser Bilanz gem. § 3 Abs. 1 UmwStG zwingend mit dem gemeinen Wert anzusetzen. Es sind alle stillen Reserven aufzulösen. Auch ein vorhandener originärer Geschäftswert ist anzusetzen. Der kann sich auch bei einem vermögensverwaltenden Unternehmen gebildet haben (guter Ruf, eingespielte Organisation etc.). Eine Bewertung unterhalb des gemeinen Wertes ist gem. § 3 Abs. 2 Satz 1 Nr. 1 UmwStG ausgeschlossen. 283

Bei der **übernehmenden Rechtsträgerin**, bei der die übergegangenen Wirtschaftsgüter von Anfang an zum Privatvermögen gehören, sind über § 8 Abs. 1 Satz 2 UmwStG die §§ 4, 5 und 7 UmwStG entsprechend anzuwenden. Es entfällt allerdings die Verpflichtung zur Erstellung einer Übernahmebilanz (§ 4 Abs. 1 Satz 1 UmwStG). Für Zwecke der Ermittlung eines Übernahmeergebnisses nach § 4 Abs. 4 und 5 UmwStG ist hinsichtlich des übernommenen Vermögens auf die steuerliche Übertragungsbilanz der Körperschaft abzustellen. Ein Beteiligungskorrekturgewinn nach § 4 Abs. 1 Satz 2 oder § 5 Abs. 3 Satz 1 UmwStG kommt bei Zugehörigkeit der Anteile an der Überträgerin zum Privatvermögen der Anteilseigner nicht in Betracht. 284

Den Anteilseignern sind die **offenen Rücklagen** der übertragenden Körperschaft gem. § 7 UmwStG als Einnahmen aus Kapitalvermögen nach § 20 Abs. 1 Nr. 1 EStG gemäß ihrem Beteiligungsverhältnis zuzurechnen. Sie gelten am steuerlichen Übertragungsstichtag als bezogen. Die von der Personengesellschaft als Gesamtrechtsnachfolgerin der übertragenden Körperschaft abzuführende Kapitalertragsteuer entsteht aber erst mit Wirksamwerden der Umwandlung, d. h. mit der Eintragung der Umwandlung in das Handelsregister. 285

Ein Übernahmeergebnis nach § 4 Abs. 4 und 5 UmwStG ist für alle am steuerlichen Übertragungsstichtag **steuerverstrickten Anteile** an der Überträgerin zu ermitteln. Die 286

Steuerverstrickung kann sich aus § 17 EStG oder § 20 Abs. 2 Satz 1 Nr. 1 EStG ergeben. Aus Sicht der Anteilseigner handelt es sich bei der Umwandlung um eine Veräußerung ihrer Anteile. Die Besonderheit bei der Ermittlung der Besteuerungsgrundlage besteht darin, dass der Veräußerungsgewinn oder -verlust nicht nach § 17 Abs. 2 Satz 1 EStG, § 20 Abs. 4 EStG oder nach § 16 Abs. 2 Satz 1 EStG, sondern nach § 4 Abs. 4 und 5 UmwStG ermittelt wird. Im Weiteren sind bei einem Veräußerungsverlust (Übernahmeverlust) § 4 Abs. 6 UmwStG und bei einem Veräußerungsgewinn (Übernahmegewinn) § 4 Abs. 7 UmwStG zu beachten. Ein Freibetrag nach § 17 Abs. 3 EStG kann nicht abgezogen werden (§ 8 Abs. 2 UmwStG).

287 Bei einer Personengesellschaft als übernehmender Rechtsträgerin, bei der das übernommene Vermögen von Anfang an **Privatvermögen** ist, sind das Übernahmeergebnis und die Einnahmen i. S. d. § 7 UmwStG i. V. m. § 20 Abs. 1 Nr. 1 EStG gem. § 8 Abs. 1 Satz 1 UmwStG bei den Gesellschaftern der Übernehmerin zu ermitteln. Es wird insoweit zwar eine einheitliche und gesonderte Feststellung vorgenommen. Diese hat jedoch keine Bindungswirkung für die beteiligten Gesellschafter (Rdn. 08.03 UmwStE).

2.1.7 Steuerliche Rückwirkung, § 2 UmwStG

2.1.7.1 Steuerlicher Übertragungsstichtag

288 Steuerlicher Übertragungsstichtag ist gem. § 2 Abs. 1 Satz 1 UmwStG der Stichtag der Bilanz, die dem Vermögensübergang zu Grunde liegt. Dieser Stichtag ist u. a. entscheidend für die zeitliche Zurechnung des Übertragungsgewinns bei der übertragenden Körperschaft sowie für die zeitliche Zurechnung des Beteiligungskorrekturgewinns (§ 4 Abs. 1 Satz 2 UmwStG), der Bezüge i. S. d. § 7 UmwStG, des Übernahmeergebnisses (§ 4 Abs. 4 und 5 UmwStG) und des Übernahmefolgegewinns bei der übernehmenden Rechtsträgerin bzw. den Gesellschaftern der übernehmenden Personengesellschaft (Rdn. 02.04 UmwStE).

Die bezeichneten Gewinne (oder Verluste) sind (zeitlich) dem Wirtschaftsjahr – und damit i. d. R. dem (wirtschaftsjahrgleichen) Kalenderjahr (Veranlagungszeitraum) – zuzurechnen, in das der steuerliche Übertragungsstichtag fällt. Ein Beispiel für den Fall, dass die übernehmende (schon vorher bestehende) Personengesellschaft ein vom Kalenderjahr abweichendes Wirtschaftsjahr hat und der steuerliche Übertragungsstichtag in den Lauf ihres Wirtschaftsjahres fällt und vor dem 31. 12. liegt, befindet sich in Rdn. 02.04 UmwStE.

289 Auch wenn die übernehmende Personengesellschaft durch die Umwandlung erst neu gegründet wird (z. B. bei einer Verschmelzung durch Neugründung), zivilrechtlich an dem (zurückbezogenen) steuerlichen Übertragungsstichtag also noch gar nicht bestand, ist sie steuerlich mit Ablauf des Übertragungsstichtags als existent zu behandeln, und die oben dargestellten Folgen sind bereits für dieses Jahr zu ziehen (Rdn. 02.11 UmwStE).

BEISPIEL Die A-GmbH und die B-GmbH werden auf der Basis ihrer Schlussbilanzen zum 31.12.01 auf die dadurch neu gegründete AB-OHG verschmolzen. Die Verschmelzungshandlungen (Verschmelzungsbeschlüsse, Verschmelzungsvertrag etc.) werden im Laufe des Jahres 02 vorgenommen. Am 30.10.02 wird die Verschmelzung in das für die AB-OHG zuständige Handelsregister eingetragen. Die AB-OHG hat ein kalenderjahrgleiches Wirtschaftsjahr.

LÖSUNG Die Körperschaftsteuerpflicht (und Gewerbesteuerpflicht) der A-GmbH und der B-GmbH endet jeweils mit Ablauf des 31.12.01. Eventuelle Übertragungsgewinne sind dem Jahr 01 zuzurechnen.

Für die AB-OHG ist für das Jahr 01 ein Übernahmeergebnis nach § 4 Abs. 4 und 5 UmwStG zu ermitteln und einheitlich und gesondert festzustellen. Dass die A-B-OHG erst mit der Eintragung in das Handelsregister wirksam wird und der Vermögensübergang ebenso erst am 30.10.02 zivilrechtlich wirksam erfolgt (§ 20 Abs. 1 Nr. 1 UmwG), steht der steuerrechtlichen Zurechnung zu dem Jahr 01 nicht entgegen. Auch die für die umwandlungsbeteiligten Gesellschafter zu ermittelnden Bezüge i. S. d. § 7 UmwStG sind dem Jahr 01 zuzurechnen (vgl. auch Rdn. 02.10. bis 02.12 UmwStE).

Der steuerliche Übertragungsstichtag wird durch die Vertretungsorgane der an der Ver- 290
schmelzung beteiligten Rechtsträger dadurch festgelegt, dass sie der **Anmeldung** der **Verschmelzung zur Eintragung** in das öffentliche Register (Handelsregister) eine auf einen bestimmten Stichtag erstellte (Handels-)Bilanz beifügen. Der Anmeldung zur Eintragung in das für die übertragende Körperschaft zuständige (Handels-)Register ist (zwingend) eine Schlussbilanz des übertragenden Rechtsträgers beizufügen (§ 17 Abs. 2 UmwG). Der Tag, auf den diese – der Registeranmeldung beigefügte handelsrechtliche – Schlussbilanz erstellt wurde, ist der steuerliche Übertragungsstichtag (BFH v. 24.4.2008 - IV R 69/05, BFH/NV 2008, 1550). Es wird häufig das reguläre Geschäftsjahresende (z. B. 31.12.) sein, weil dann ohnehin eine Schlussbilanz erstellt werden muss. Den Beteiligten bleibt es aber unbenommen, der Registeranmeldung eine auf einen beliebigen anderen Tag erstellte Bilanz beizufügen. Wird der Registeranmeldung z. B. eine auf den 1. 1. 0.04 Uhr erstellte Bilanz beigefügt, ist steuerlicher Übertragungsstichtag der 1. 1. Die Wahl eines anderen steuerlichen Übertragungsstichtags als den, auf den die der Registeranmeldung beigefügte Bilanz erstellt wurde, ist nicht möglich (Rdn. 02.03 UmwStE).

Unterschieden werden muss der steuerliche Übertragungsstichtag von dem **Umwand-** 291
lungsstichtag. Umwandlungsstichtag ist gem. § 5 Abs. 1 Nr. 6 UmwG der Tag, von dem an die Handlungen der übertragenden Körperschaft als für Rechnung der übernehmenden Rechtsträgerin vorgenommen gelten. Der Umwandlungsstichtag ist im Verschmelzungsvertrag zu bestimmen. Der Übertragungsstichtag geht dem Umwandlungsstichtag logischerweise voraus (Rdn. 02.02 UmwStE). Wird z. B. der 1.1. zum Umwandlungsstichtag bestimmt, ist der 31.12. des vorangegangenen Kalenderjahres der steuerliche Übertragungsstichtag.

Das **zivilrechtliche Eigentum** an den Wirtschaftsgütern der übertragenden Körperschaft 292
geht erst mit der Eintragung der Verschmelzung in das für die übernehmende Rechtsträgerin maßgebende (Handels-)Register über (§ 20 Abs. 1 Nr. 1 UmwG). Das ist zwar für die durch die Verschmelzung entstehende Grunderwerbsteuer (und wohl auch für die Erbschaftsteuer, Rdn. 01.01 UmwStE) von Bedeutung, nicht aber für die Ertragsteuern. Fällt mit der Vermögensübertragung auch Grunderwerbsteuer an, entsteht diese (erst) mit der Eintragung der Umwandlung im Handelsregister (BFH v. 29.9.2005 - II R 23/04, BStBl 2006 II 137).

293 Für die Ertragsteuern (Körperschaftsteuer, Einkommensteuer, Gewerbesteuer) hat der Übergang des zivilrechtlichen Eigentums ebenso wie – in dem besonderen Fall der Verschmelzung (ausnahmsweise) – der Zeitpunkt des Übergangs des wirtschaftlichen Eigentums keine Bedeutung. Die aus der Vermögensübertragung sich ergebenden ertragsteuerlichen Folgen sind auf den steuerlichen Übertragungsstichtag zu ziehen.

Ertragsteuerlich betrachtet, endet die Steuerpflicht der übertragenden Körperschaft mit Ablauf des steuerlichen Übertragungsstichtags. Zugleich beginnt die Steuerpflicht der übernehmenden Rechtsträgerin (Rdn. 02.10 und 02.11 UmwStE). Dass (zivil-)rechtlich die übertragende Körperschaft bis zur Eintragung in das Handelsregister noch fortbesteht und die übernehmende Personengesellschaft evtl. erst später gegründet wird, ändert an dieser ertragsteuerlichen Betrachtungsweise nichts.

294 Die ertragsteuerliche Rückwirkung der Vermögensübertragung gilt auch für umwandlungsbeteiligte Gesellschafter, die ihre Anteile an der übertragenden Körperschaft erst nach dem steuerlichen Übertragungsstichtag erwerben.

BEISPIEL A erwirbt am 10.5.02 einen 10 %-Geschäftsanteil an der X-GmbH im Privatvermögen. Die X-GmbH wird auf der Grundlage ihrer Schlussbilanz zum 31.12.01 auf die XY-OHG verschmolzen. Am 30.10.02 wird die Verschmelzung in dem für die XY-OHG maßgebenden Handelsregister eingetragen. Dadurch wird auch A Mitunternehmer der XY-OHG.

LÖSUNG Steuerlicher Übertragungsstichtag ist der 31.12.01, weil auf diesen Tag die der Registeranmeldung beigefügte Schlussbilanz erstellt wurde.

Das Vermögen der X-GmbH gilt gem. § 2 Abs. 1 Satz 1 UmwStG (für die Ertragsteuern) als mit Ablauf des 31.12.01 auf die XY-OHG übergegangen. Ein evtl. zu ermittelnder Übertragungsgewinn der X-GmbH ist für den Veranlagungszeitraum 01 der Körperschaftsteuer und der Gewerbesteuer (§ 2 Abs. 1 Satz 2 UmwStG) zu unterwerfen. Mit Ablauf des 31.12.01 endet die Steuerpflicht der X-GmbH.

Für die XY-OHG ist auf den 31.12.01 ein Übernahmegewinn gem. § 4 Abs. 4 und 5 UmwStG zu ermitteln und für 01 einheitlich und gesondert festzustellen. Das gilt auch dann, wenn die XY-OHG ansonsten in 01 noch keine Geschäftstätigkeit entwickelt hat. Der Übernahmegewinn ist grundsätzlich gesellschafterbezogen zu ermitteln.

Auch für A ist ein Übernahmegewinn auf den 31.12.01 zu ermitteln, weil er als Gesellschafter an der Umwandlung beteiligt ist, denn er ist mit der Eintragung der Verschmelzung in das Handelsregister Mitunternehmer der übernehmenden Personengesellschaft geworden. Die Rückwirkungsfiktion des § 2 Abs. 1 UmwStG gilt gem. § 2 Abs. 2 UmwStG auch für die an der übernehmenden Personengesellschaft beteiligten Gesellschafter. Seinen 10 %-Geschäftsanteil an der X-GmbH hat er zwar erst am 10.5.02, also nach dem steuerlichen Übertragungsstichtag und nach Beendigung der Steuerpflicht der X-GmbH in seinem Privatvermögen erworben. Gemäß § 5 Abs. 1 UmwStG gilt der Anteil aber als am 31.12.01 angeschafft und gem. § 5 Abs. 2 UmwStG als an diesem Stichtag in das Betriebsvermögen der XY-OHG mit den Anschaffungskosten eingelegt. Bei dem zum Privatvermögen des A gehörenden 10 %-Geschäftsanteil an der X-GmbH handelt es sich um einen Anteil i. S. d. § 17 Abs. 1 EStG.

Die auf diesen Anteil entfallenden und gem. § 7 UmwStG zu ermittelnden Einnahmen i. S. d. § 20 Abs. 1 Nr. 1 EStG sind A für den Veranlagungszeitraum 01 zuzurechnen. Sie werden in Betriebseinnahmen (gem. § 20 Abs. 8 EStG) umqualifiziert und sind in die einheitliche und gesonderte Feststellung für die XY-OHG für 01 einzubeziehen. Diese Einnahmen unterliegen auch dem Kapitalertragsteuerabzug nach § 43 Abs. 1 Nr. 1 EStG. Die Kapitalertragsteuer entsteht aber erst im Zeitpunkt des Wirksamwerdens der Umwandlung, d. h. mit der Eintragung im Handelsregister am 30.10.02 (Rdn. 07.08 UmwStE).

Der Veräußerer des 10 %-Geschäftsanteils an der X-GmbH nimmt insoweit an der Umwandlung nicht (mehr) teil (Rdn. 02.20 UmwStE). Deshalb kann für ihn – bezogen auf den 10 %-Geschäftsanteil – die Rückwirkungsfiktion des § 2 Abs. 1 und 2 UmwStG nicht greifen. Die Veräußerung am 10.5.02 ist die Veräußerung eines Anteils an einer Kapitalgesellschaft und nicht die Veräußerung eines Mitunternehmeranteils. Der Veräußerungsgewinn unterliegt den für die Veräußerung von Anteilen an Körperschaften geltenden steuerlichen Vorschriften (Rdn. 02.18 UmwStE).

Sind mehrere übertragende Körperschaften an der Umwandlung beteiligt, können verschiedene steuerliche Übertragungsstichtage vorliegen. 295

Für den **Formwechsel** einer **Kapitalgesellschaft** in eine **Personengesellschaft** enthält § 9 Satz 3 UmwStG eine eigenständige Regelung zu dem Übertragungsstichtag. Diese ist erforderlich, weil für die zivilrechtliche Wirksamkeit des Formwechsels keine Handelsbilanz erstellt und beim Handelsregister eingereicht werden muss. 296

Nach § 9 Satz 2 UmwStG hat die Kapitalgesellschaft für steuerliche Zwecke auf den Zeitpunkt, in dem der Formwechsel wirksam wird, eine Übertragungsbilanz und die Personengesellschaft eine Eröffnungsbilanz aufzustellen. Wirksam wird der Formwechsel mit der Eintragung im Handelsregister (§ 202 UmwG). Da die Registereintragung nicht im Machtbereich des formwechselnden Rechtsträgers liegt, bestimmt § 9 Satz 3 UmwStG (in Anlehnung an § 2 Abs. 1 UmwStG und § 17 Abs. 2 Satz 4 UmwG), dass die Übertragungs- und Eröffnungsbilanz auf einen Stichtag aufgestellt werden können, der höchstens acht Monate vor der Anmeldung des Formwechsels zur Eintragung in das Handelsregister liegt.

Der Stichtag, für den die Bilanzen aufgestellt worden sind, ist der steuerliche Übertragungsstichtag. Das Vermögen der formwechselnden Kapitalgesellschaft gilt – steuerlich betrachtet – als an diesem Stichtag auf die Personengesellschaft übergegangen. Im Weiteren sind dieselben Rechtsfolgen wie bei der Verschmelzung einer Körperschaft auf ein Personenunternehmen zu ziehen (§ 9 Satz 1 UmwStG).

Probleme aus den steuerlich rückwirkenden Übertragungsfiktionen können sich bei sog. **Kettenumwandlungen** ergeben. 297

BEISPIEL Am 31.3.02 überträgt der Einzelunternehmer E seinen ganzen Betrieb gegen Gewährung von Gesellschaftsrechten auf die X-GmbH. Im August 02 meldet die X-GmbH ihre Verschmelzung auf die XY-KG zur Eintragung in das Handelsregister unter Beifügung ihrer auf den 31.12.01 aufgestellten Schlussbilanz an. Am 2.10.02 wird die Verschmelzung in das für die XY-KG maßgebende Handelsregister eingetragen.

LÖSUNG Steuerlicher Übertragungsstichtag für die Verschmelzung der X-GmbH auf die XY-KG ist der 31.12.01. Gemäß § 2 Abs. 1 Satz 1 UmwStG gilt das Vermögen der X-GmbH als mit Ablauf des 31.12.01 auf die XY-KG übergegangen. Damit endet die Steuerpflicht der X-GmbH. Die Einbringung des Betriebs durch E am 31.3.02 kann deshalb steuerlich nicht mehr als Einbringung in eine Kapitalgesellschaft nach § 20 UmwStG, sondern nur noch als Einbringung in eine Personengesellschaft beurteilt werden, die den Regelungen des § 24 UmwStG unterliegt.

Kettenumwandlungen sind grundsätzlich in der **Reihenfolge** der **steuerlichen Übertragungsstichtage** zu beurteilen. Werden mehrere Umwandlungen auf den gleichen steuerlichen Übertragungsstichtag vorgenommen, ist der weitere Lösungsweg umstritten (vgl. zur Diskussion *Heinemann/Intrau* in Rödder/Herlinghaus/Graw/Heinemann, UmwStG, 4. Aufl. 2025, § 2 UmwStG Rdn. 41).

Wichtig ist, dass nach sämtlichen unterschiedlichen Lösungswegen eine Steuerung der Reihenfolge der steuerlichen Übertragungsstichtage möglich sein muss.

2.1.7.2 Steuerlicher Rückbezugszeitraum

298 Mit der (nur steuerlichen) Rückbeziehung der Vermögensübertragung knüpft das Steuerrecht an die im Handelsrecht gegebene Möglichkeit an, der Registeranmeldung eine auf einen höchstens acht Monate vor der Anmeldung liegenden Stichtag aufgestellte Bilanz beizufügen (§ 17 Abs. 2 Satz 4 UmwG). Maßgebend ist dabei der Eingang der Anmeldung bei dem für den übertragenden Rechtsträger zuständigen Registergericht. Geht die Anmeldung z. B. am 31.8.02 bei dem Registergericht ein, kann die Verschmelzung auf der Grundlage einer auf den 31.12.01 aufgestellten Bilanz eingetragen werden. Diese Achtmonatsfrist darf aber nicht mit dem steuerlichen Rückwirkungszeitraum verwechselt werden. Der steuerliche Rückwirkungszeitraum ist der **Zeitraum zwischen dem steuerlichen Übertragungsstichtag und dem Tag der Eintragung** der Verschmelzung **in das Handelsregister** (s. auch Rdn. 02.18 UmwStE).

2.1.7.2.1 Bilanzierung und Einkünftezurechnung

299 Das Einkommen und das Vermögen der übertragenden Körperschaft sowie der übernehmenden Rechtsträgerin sind gem. § 2 Abs. 1 UmwStG so zu ermitteln, als ob das Vermögen der Körperschaft mit Ablauf des steuerlichen Übertragungsstichtags auf die übernehmende Rechtsträgerin übergegangen wäre. Das gilt gem. § 2 Abs. 2 UmwStG auch für die an der übernehmenden Personengesellschaft beteiligten Gesellschafter.

Steuerrechtlich ist danach der übernehmenden Rechtsträgerin (Personengesellschaft oder natürliche Person) das gesamte Vermögen der übertragenden Körperschaft bereits mit Ablauf des steuerlichen Übertragungsstichtags zuzurechnen. Fallen der steuerliche Übertragungsstichtag und der reguläre Bilanzstichtag der Übernehmerin zusammen, ist das Vermögen bereits in der steuerlichen Jahresbilanz der Übernehmerin aufzuführen.

Andernfalls ist der Vermögensübergang bei der Übernehmerin als laufender Geschäftsvorfall zu beurteilen, der erst in ihrer nächsten Jahresbilanz in Erscheinung tritt (BFH v. 28.5.2008 - I R 98/06, BStBl 2008 II 916). In diesem Fall können der Übertragungsgewinn bei der übertragenden Körperschaft und bei der übernehmenden Rechtsträgerin der Übernahmegewinn, die Bezüge nach § 7 UmwStG sowie ein Übernahmefolgegewinn (§ 6 UmwStG) in zwei verschiedenen Veranlagungszeiträumen zu versteuern sein.

BEISPIEL Die K-GmbH wird auf Grundlage ihrer zum 31.12.01 aufgestellten Schlussbilanz auf die KL-OHG verschmolzen. Die KL-OHG erstellt ihre Jahresabschlüsse regelmäßig auf den 30.6.; ihr Wirtschaftsjahr währt also jeweils vom 1.7. bis zum 30.6. des folgenden Kalenderjahres.

LÖSUNG Steuerlicher Übertragungsstichtag ist der 31.12.01. Mit Ablauf dieses Stichtags, also mit Ablauf des Kalenderjahres 01, endet die Körperschaftsteuerpflicht der K-GmbH. Ein evtl. entstandener Übertragungsgewinn ist im Veranlagungszeitraum 01 der Körperschaftsteuer und der Gewerbesteuer zu unterwerfen.

Bei der KL-OHG stellt der Vermögensübergang (am 31.12.01) einen Geschäftsvorfall dar, der in der laufenden Buchführung zu erfassen ist. Bilanziell wirkt sich die Verschmelzung erst im nächsten Jahresabschluss (zum 30.6.02) aus. Das Übernahmeergebnis, die Bezüge i. S. d. § 7 UmwStG und ein Übernahmefolgegewinn sind im Veranlagungszeitraum 02 zu versteuern (§ 4a Abs. 2 Nr. 2 EStG).

Ab dem steuerlichen Übertragungsstichtag (24.00 Uhr) sind die laufenden Einkünfte der übertragenden Körperschaft bereits der Übernehmerin zuzurechnen. Handelt es sich bei der Übernehmerin um eine Personengesellschaft, sind die erzielten Einkünfte zugleich den mitunternehmerisch beteiligten Gesellschaftern gem. § 15 Abs. 1 Nr. 2 EStG als Gewinnanteile zuzurechnen. 300

2.1.7.2.2 Anteilsveräußerungen Gesellschafterwechsel

Veräußern Anteilseigner im steuerlichen Rückwirkungszeitraum Anteile an der übertragenden Körperschaft, nehmen sie insoweit an der Umwandlung nicht mehr teil. Für sie gilt die Rückwirkungsfiktion des § 2 Abs. 1 UmwStG nicht (Rdn. 02.18 UmwStE). Das ist die Konsequenz aus der bei den Erwerbern dieser Anteile geltenden Rückwirkungsfiktion des § 5 Abs. 1 UmwStG. Bei den Erwerbern gelten die Anteile als am steuerlichen Übertragungsstichtag angeschafft (Rdn. 02.21 UmwStE). Außerdem haben die Veräußerer in Höhe der veräußerten Beteiligung auch niemals Betriebsvermögen der übertragenden Körperschaft übernommen, so dass insoweit § 2 Abs. 1 UmwStG bereits seinem Wortlaut nach nicht erfüllt ist. Die Anteilsveräußerungen im Rückwirkungszeitraum unterliegen den allgemeinen Regeln über die Besteuerung der Veräußerung von Kapitalgesellschaftsanteilen (Rdn. 02.20 UmwStE). 301

Entsprechend ist zu verfahren, wenn ein Minderheitsgesellschafter, der gegen den Umwandlungsbeschluss der übertragenden Körperschaft Widerspruch eingelegt hat, gegen **Barabfindung gem. § 29 UmwG** aus der umgewandelten Rechtsträgerin ausscheidet. Zivilrechtlich scheidet er zwar erst nach der Eintragung im Handelsregister (aus der dann bereits vorhandenen Personengesellschaft) aus. Steuerlich wird er jedoch wie ein im Rückwirkungszeitraum aus der übertragenden Körperschaft ausscheidender Anteilseigner behandelt (Rdn. 02.19 UmwStE). 302

2.1.7.2.3 Gewinnausschüttungen

Für die steuerliche Beurteilung der nach dem steuerlichen Übertragungsstichtag erfolgten (offenen und verdeckten) Gewinnausschüttungen ist wie folgt zu differenzieren:

2.1.7.2.3.1 Vor dem Übertragungsstichtag begründete Ausschüttungsverbindlichkeiten

Offene Gewinnausschüttungen (für frühere Jahre und Vorabausschüttungen) sind vor dem steuerlichen Übertragungsstichtag begründet worden, wenn sie vor diesem Stichtag beschlossen worden sind. Verdeckte Gewinnausschüttungen sind vor dem steuerlichen Übertragungsstichtag begründet worden, wenn sie sich bei der übertragenden Körperschaft bereits auf die Höhe des Unterschiedsbetrags i. S. d. § 4 Abs. 1 Satz 1 EStG ausgewirkt haben und deswegen bei der Ermittlung des körperschaftsteuerlichen Einkommens gem. § 8 Abs. 3 Satz 2 KStG (außerbilanziell) hinzuzurechnen waren. 303

Übertragende Körperschaft:	►	Passivierung einer Ausschüttungsverbindlichkeit in der Übertragungsbilanz (Schuldposten)
	►	Für Zwecke des § 27 KStG fiktiver Abfluss am Übertragungsstichtag

Ausschüttungsempfänger:

an Umwandlung beteiligte Anteilseigner (Rückwirkung gilt)			im Rückwirkungszeitraum ausgeschiedene Anteilseigner (Rückwirkung gilt nicht)
Gewinnausschüttungen =			
► Einnahmen i. S. § 20 Abs. 1 Nr. 1 EStG			► Einnahmen i. S. § 20 Abs. 1 Nr. 1 EStG
► fiktiver Zufluss am Übertragungsstichtag			► mit (tatsächlichem) Zufluss, § 11 Abs. 1 Satz 1 EStG
Für die Besteuerung ist wie folgt zu unterscheiden:			
Für Anteilseigner wird nach § 4 Abs. 4 UmwStG ein Übernahmeergebnis			
ermittelt		nicht ermittelt	
Gewinnausschüttungen sind			
► als betriebliche Einkünfte zu versteuern, § 15 Abs. 1 Satz 1 Nr. 2 i. V. m. § 20 Abs. 1 Nr. 1 und Abs. 8 EStG	►	Einkünfte aus Kapitalvermögen	► Einkünfte aus Kapitalvermögen
► nach allgemeinem Tarif	►	grds. gesonderter Tarif, § 32d Abs. 1 EStG	► grds. gesonderter Tarif, § 32d Abs. 1 EStG
► (teilweise) Steuerbefreiung, § 3 Nr. 40 EStG oder § 8b KStG	►	KapSt nach § 43 Abs. 1 Satz 1 Nr. 1 EStG	► KapSt nach § 43 Abs. 1 Satz 1 Nr. 1 EStG
	►	Abgeltungswirkung, § 43 Abs. 5 EStG	► Abgeltungswirkung, § 43 Abs. 5 EStG

304 **Umwandlungsbeteiligte Anteilseigner**, die unter die Rückwirkungsfiktion des § 2 Abs. 2 UmwStG fallen, sind Anteilseigner, die bereits Gesellschafter der übernehmenden Personengesellschaft sind oder die mit der Eintragung der Verschmelzung in das Handelsregister Gesellschafter der Personengesellschaft werden. Dazu gehören auch Anteils-

eigner, die ihre Anteile an der übertragenden Körperschaft erst im Rückwirkungszeitraum erworben haben.

Die **Kapitalertragsteuer** entsteht im Zeitpunkt des tatsächlichen Zuflusses der Gewinn- 305
ausschüttungen bei den Empfängern (§ 44 Abs. 1 Satz 2 EStG). Wird für die Empfänger ein Übernahmeergebnis ermittelt, entsteht die Kapitalertragsteuer spätestens mit Eintritt der (zivilrechtlichen) Wirksamkeit der Umwandlung.

Die **übernehmende Personengesellschaft** hat als steuerliche Rechtsnachfolgerin der 306
übertragenden Körperschaft die Kapitalertragsteuer einzubehalten und abzuführen. Der Abfluss der Gewinnausschüttung stellt sich bei ihr als erfolgsneutrale Erfüllung einer Ausschüttungsverbindlichkeit dar.

Hat ein umwandlungsbeteiligter Gesellschafter im steuerlichen Rückwirkungszeitraum 307
von seiner gesamten Beteiligung an der übertragenden Körperschaft nur einen Teil veräußert, sind die Ausschüttungen nach dem Verhältnis des Nennwerts der veräußerten Anteile zum Nennwert der gesamten Beteiligung aufzuteilen und nach den vorstehenden Regelungen zu beurteilen (Rdn. 02.29 UmwStE).

2.1.7.2.3.2 Nach dem Übertragungsstichtag begründete Ausschüttungen

Ausschüttungen erfolgen an: 308

	umwandlungsbeteiligte Anteilseigner (Rückwirkung gilt)	im Rückwirkungszeitraum ausgeschiedene Anteilseigner (Rückwirkung gilt nicht)
Übertragende Körperschaft:	► kein Schuldposten/ keine Minderung des Eigenkapitals in der Übertragungsbilanz	► passiver Korrekturposten in der Übertragungsbilanz; Behandlung wie eine Ausschüttungsverbindlichkeit
Ausschüttungsempfänger:	► Entnahmen, § 4 Abs. 1 Satz 2 EStG, die in den offenen Rücklagen i. S. d. § 7 UmwStG enthalten sind und die den Empfängern bei der Verteilung der Einnahmen i. S. d. § 7 UmwStG vorweg zuzurechnen sind	► Einnahmen i. S. § 20 Abs. 1 Nr. 1 EStG
		► mit (tatsächlichem) Zufluss, § 11 Abs. 1 Satz 1 EStG
		► grds. gesonderter Tarif, § 32d Abs. 1 EStG

- KapSt nach § 43 Abs. 1 Satz 1 Nr. 1 EStG
- Abgeltungswirkung, § 43 Abs. 5 EStG

Auf ein Beispiel in Rdn. 02.33 UmwStE kann an dieser Stelle verwiesen werden.

309 Nach dem steuerlichen Übertragungsstichtag begründete und abgeflossene Ausschüttungen, die an umwandlungsbeteiligte Gesellschafter bewirkt worden sind, unterliegen der Rückwirkungsfiktion des § 2 Abs. 1 UmwStG. Sie sind steuerlich so zu behandeln, als seien sie bereits von der übernehmenden Rechtsträgerin geleistet worden. Da die übernehmende Rechtsträgerin ein Personenunternehmen ist, kann es sich für die empfangenden Gesellschafter nicht mehr um Einnahmen i. S. d. § 20 Abs. 1 Nr. 1 EStG handeln. Es sind Entnahmen (Rdn. 02.32 UmwStE).

310 Für die Ausschüttungen, die auf im Rückwirkungszeitraum veräußerte Anteile entfallen, ist in der Übertragungsbilanz ein Korrekturposten zu bilden. Dadurch mindern sich die offenen Rücklagen. Der steuerliche Gewinn der übertragenden Körperschaft darf sich jedoch nicht mindern (Rdn. 02.31 UmwStE). Die Personengesellschaft hat den passiven Korrekturposten zu übernehmen und mit den später abfließenden Ausschüttungen erfolgsneutral zu verrechnen.

2.1.7.2.4 Rechtsgeschäfte zwischen übertragender Körperschaft und Übernehmerin

311 Zivilrechtlich besteht die übertragende Körperschaft als rechtsfähige Person bis zur Eintragung im Handelsregister fort. Sie nimmt bis zur Registereintragung am Geschäftsleben teil und kann Rechtsgeschäfte jeder Art abschließen – so auch mit der übernehmenden Rechtsträgerin.

312 Ab dem Umwandlungsstichtag (§ 5 Abs. 1 Nr. 6 UmwG) gelten aber die Handlungen der übertragenden Körperschaft als für Rechnung der Übernehmerin vorgenommen. Die Rechtsgeschäfte und sonstigen Geschäftsvorfälle im Rückwirkungszeitraum werden auch steuerlich der übernehmenden Rechtsträgerin zugerechnet. Aus ertragsteuerlicher Sicht sind die übertragende Körperschaft und die übernehmende Rechtsträgerin nach dem steuerlichen Übertragungsstichtag eins. Sie können folglich keine Rechtsbeziehung mehr zueinander unterhalten oder neu begründen. Bestehende Rechtsbeziehungen (z. B. Miet- oder Darlehensverträge) erlöschen mit Ablauf des steuerlichen Übertragungsstichtags und können bei keinem der (zivilrechtlich) Beteiligten mehr zu Betriebseinnahmen oder Betriebsausgaben führen. Im steuerlichen Rückwirkungszeitraum abgeschlossene Verträge sind ertragsteuerlich unbeachtlich.

BEISPIEL Die X-GmbH wird zum 31.12.01 (steuerlicher Übertragungsstichtag) auf die Y-OHG verschmolzen. Die Eintragung der Verschmelzung in das Handelsregister der Y-GmbH erfolgt am 14.10.02. Am 1.6.02 verkauft die X-GmbH ein Grundstück umsatzsteuerpflichtig an die Y-OHG.

LÖSUNG Der Grundstückskaufvertrag kann ertragsteuerlich nicht anerkannt werden. Ein evtl. Veräußerungsgewinn ist zu neutralisieren. Aus ertragsteuerlicher Sicht ist die Y-OHG bereits mit Ablauf des 31.12.01 im Wege der Gesamtrechtsnachfolge Eigentümerin des Grundstücks geworden.

Gleichwohl ist unter den umsatzsteuerrechtlichen Voraussetzungen eine Umsatzsteuerschuld der (aus umsatzsteuerlicher Sicht noch existenten) X-GmbH entstanden (Rdn. 01.01 UmwStE). Der Grundstückskaufvertrag führt grundsätzlich auch zur Entstehung von Grunderwerbsteuer (§ 1 Abs. 1 Nr. 1 GrEStG). Der Grunderwerbsteueraufwand ist als (nachträgliche) Anschaffungskosten zu aktivieren.

2.1.7.2.5 Rechtsgeschäfte zwischen übertragender Körperschaft und den Gesellschaftern

Außerhalb des Gesellschaftsverhältnisses begründete Rechtsbeziehungen zwischen der übertragenden Körperschaft und ihren Anteilseignern (z. B. Dienstvertrag, Mietvertrag, Darlehensvertrag) bestehen auch nach der Umwandlung noch fort. Bei der Verschmelzung auf eine Personengesellschaft tritt diese in die rechtliche Stellung der Überträgerin. Die schuldrechtlichen Beziehungen zwischen der Gesellschaft und ihren Gesellschaftern sind nach dem steuerlichen Übertragungsstichtag im Hinblick auf § 15 Abs. 1 Nr. 2 EStG ertragsteuerlich neu zu beurteilen. 313

Gehaltszahlungen der Gesellschaft an einen Gesellschafter aufgrund eines (steuerlich anzuerkennenden) Dienstvertrages sind bei der Gesellschaft zwar weiterhin (bis zur Höhe der Angemessenheit) Betriebsausgaben. Die auf die Zeit nach Ablauf des steuerlichen Übertragungsstichtags entfallenden Gehälter sind aber bei der Ermittlung des Gesamtgewinns der Mitunternehmerschaft als **Sonderbetriebseinnahmen** des mitunternehmerischen Gesellschafters (auf der 2. Gewinnermittlungsstufe) wieder hinzuzurechnen. Dasselbe gilt für Mietzahlungen aufgrund eines Mietvertrages und für Zinszahlungen aufgrund eines Darlehensvertrages (§ 15 Abs. 1 Satz 1 Nr. 2 2. HS EStG; Rdn. 02.36 UmwStE). 314

Die von dem Mitunternehmer an die Gesellschaft überlassenen Wirtschaftsgüter werden mit Ablauf des steuerlichen Übertragungsstichtags **Sonderbetriebsvermögen**. Das gilt auch für die Altgesellschafter der übernehmenden Personengesellschaft, die der übertragenden Körperschaft Wirtschaftsgüter überlassen haben, ohne selbst Anteilseigner gewesen zu sein. 315

Unangemessene, nicht betrieblich, sondern durch das Gesellschaftsverhältnis veranlasste Zahlungen, die auf den Zeitraum nach dem steuerlichen Übertragungsstichtag entfallen, sind Entnahmen aus dem Gesamthandsvermögen. Nach dem Übertragungsstichtag können verdeckte Gewinnausschüttungen bei umwandlungsbeteiligten Gesellschaftern nicht mehr begründet werden. 316

Pensionsverpflichtungen der übertragenden Körperschaft gegenüber einem Mitunternehmer der übernehmenden Personengesellschaft gehen mit der Verschmelzung auf die Personengesellschaft über. Der in der Zeit vor dem steuerlichen Übertragungsstichtag erdiente Anwartschaftsteil der Pension ist aber nicht als Sonderbetriebsvermögen zu aktivieren (s. Rdn. 252). Eine Aktivierung als Sonderbetriebsvermögen in der Sonderbilanz des pensionsberechtigten Gesellschafters ist nur in Höhe der nach dem steuerlichen Übertragungsstichtag erfolgten Zuführungen zur Pensionsrückstellung in der Gesamthandsbilanz der Personengesellschaft vorzunehmen (BMF v. 29.1.2008, BStBl 2008 I 317). 317

Der Grundsatz der korrespondierenden Bilanzierung macht es erforderlich, in der Gesamthandsbilanz zu unterscheiden zwischen der bis zum steuerlichen Übertragungsstichtag entstandenen Pensionsverpflichtung und den danach entstehenden Ansprüchen des pensionsberechtigten Gesellschafters.

318 Für im Rückwirkungszeitraum **voll ausgeschiedene Anteilseigner** der übertragenden Körperschaft gilt die Rückwirkungsfiktion des § 2 Abs. 1 und 2 UmwStG nicht. Die an sie ausgezahlten, auf besonderen schuldrechtlichen Beziehungen beruhenden Vergütungen sind bis zur Höhe ihrer Angemessenheit Betriebsausgaben bei der übernehmenden Rechtsträgerin und bei den ausgeschiedenen Anteilseignern nach allgemeinen Regeln der Besteuerung zu unterwerfen (z. B. als Einkünfte aus nichtselbständiger Arbeit bei einem steuerlich anzuerkennenden Dienstvertrag). Soweit die Zahlungen unangemessen sind, sind die Grundsätze der verdeckten Gewinnausschüttung (§ 8 Abs. 3 Satz 2 KStG) zu beachten.

319 Ist ein Anteilseigner im Rückwirkungszeitraum nur **teilweise ausgeschieden** (er hat nur einen Teil seiner Beteiligung an der übertragenden Körperschaft veräußert), unterliegt er mit den außerhalb des Gesellschaftsverhältnisses begründeten Rechtsbeziehungen vollständig der Rückwirkungsfiktion des § 2 Abs. 1 und 2 UmwStG. Es ist also hinsichtlich der von ihm erzielten Vergütungen für besondere Leistungen keine Aufteilung vorzunehmen (Rdn. 02.36 UmwStE). Die Beurteilung als Sondervergütungen i. S. d. § 15 Abs. 1 Satz 1 Nr. 2 2. HS EStG erfolgt unabhängig von der (verbleibenden) Beteiligungsquote.

320

ABB. 7: Steuerliche Rückwirkungsfiktion, § 2 UmwStG

Steuerlicher Übertragungsstichtag
§ 2 Abs. 1 UmwStG

Stichtag, auf den die (Handels-)Bilanz für die übertragende Körperschaft aufgestellt worden ist, die dem Vermögensübergang zu Grunde liegt.

= Ende der Körperschaftsteuerpflicht der übertragenden Körperschaft (im Fall der Verschmelzung und der Aufspaltung)
= Realisationszeitpunkt für

- den Übertragungsgewinn der übertragenden Körperschaft
- den Beteiligungskorrekturgewinn nach § 4 Abs. 1 Satz 2 UmwStG
- die Bezüge i. S. d. § 7 UmwStG
- das Übernahmeergebnis i. S. d. § 4 Abs. 4 und 5 UmwStG
- den Übernahmefolgegewinn i. S. d. § 6 UmwStG

Steuerlicher Rückwirkungszeitraum
Das Vermögen der übertragenden Körperschaft gilt als mit Ablauf des steuerlichen Übertragungsstichtags auf die Übernehmerin übergegangen, § 2 Abs. 1 UmwStG

Im steuerlichen Rückwirkungszeitraum

- angeschaffte Anteile an der übertragenden Körperschaft gelten als am steuerlichen Übertragungsstichtag angeschafft, § 5 Abs. 1 UmwStG
(die Rückwirkungsfiktion gilt nicht für den Veräußerer der Anteile)
- durch die übertragende Körperschaft erzielte Einkünfte gelten als von der Übernehmerin erzielt (bei einem Verlust ist das Abzugsverbot des § 2 Abs. 4 Satz 2 UmwStG zu beachten)
- geleistete Gewinnausschüttungen an umwandlungsbeteiligte Anteilseigner
  - gelten als am steuerlichen Übertragungsstichtag ausgezahlt, soweit sie vor dem steuerlichen Übertragungsstichtag begründet worden sind.
  - sind steuerlich als Entnahmen zu behandeln, soweit sie nach dem Übertragungsstichtag begründet worden sind.

  (Ausschüttungen, die auf im Rückwirkungszeitraum veräußerte Anteile entfallen, unterliegen als Ausschüttungen der übertragenden Körperschaft noch den allgemeinen steuerlichen Regelungen)
- gelten schuldrechtliche Beziehungen zwischen der übertragenden Körperschaft und der Übernehmerin als nicht mehr existent
(Rechtsgeschäfte zwischen der übertragenden Körperschaft und den Gesellschaftern der übernehmenden Personengesellschaft bestehen fort. Die Übernehmerin tritt in die rechtliche Stellung der Übertragerin).

Tag der Eintragung der Umwandlung in das Handelsregister des übernehmenden Rechtsträgers

2.1.7.3 Umwandlung mit Auslandsbezug – Vermeidung „weißer Einkünfte“

321 Die Rückwirkungsfiktion des § 2 Abs. 1 und 2 UmwStG ist gem. § 2 Abs. 3 UmwStG nicht anzuwenden, soweit bei einer Umwandlung mit Auslandsbezug Einkünfte dadurch der Besteuerung entzogen werden, dass in dem anderen Staat ein (von der deutschen Regelung) abweichender Übertragungsstichtag angenommen wird. Mit § 2 Abs. 3 UmwStG will der Gesetzgeber das Entstehen weißer Einkünfte verhindern (BR-Drucks. 542/06 58).

Weiße Einkünfte sind solche, die weder in dem einen Staat noch in dem anderen Staat besteuert werden. Zur Entstehung weißer Einkünfte kann es z. B. im Fall einer Hinausverschmelzung kommen, wenn Deutschland in Folge der Verschmelzung das Besteuerungsrecht an bestimmten Einkünften – aus deutscher Sicht rückwirkend – verliert und der andere Staat erst einen späteren Zeitpunkt als maßgebenden Übertragungsstichtag annimmt.

BEISPIEL Eine deutsche GmbH wird auf eine ausländische Personengesellschaft im Hoheitsgebiet der EU verschmolzen. Zu den übergehenden Wirtschaftsgütern gehören als sog. ungebundenes Vermögen auch Patente, aus denen Lizenzeinnahmen erzielt werden, die bisher in Deutschland zu versteuern waren. In Folge der Verschmelzung sind die Patente dem ausländischen Stammhaus zuzuordnen. Steuerlicher Übertragungsstichtag ist nach deutschem Recht der 31.12.01. Die Verschmelzung wird zivilrechtlich im Juli 02 wirksam.

LÖSUNG Aus deutscher Sicht (§ 2 Abs. 1 UmwStG) sind die Patente bereits ab 31.12.01 dem ausländischen Stammhaus zuzuordnen und die Lizenzeinnahmen ab 02 nicht mehr in Deutschland zu versteuern. Nach der Regelung in § 2 Abs. 1 UmwStG ist die GmbH mit Ablauf des 31.12.01 als erloschen zu betrachten. Wenn der andere Staat (nach seinem Recht) die Lizenzeinnahmen erst ab Juli 02 besteuert, würden die auf den Zeitraum vom 1.1.02 bis Juli 02 entfallenden Einnahmen unversteuert bleiben. Insoweit greift nun § 2 Abs. 3 UmwStG mit der Folge, dass Deutschland diese Lizenzeinnahmen noch bei der GmbH versteuert.

§ 2 Abs. 3 UmwStG ist eine **Rückausnahme** von der Rückwirkungsregelung des § 2 Abs. 1 und 2 UmwStG und betrifft die Einkünfte, für die Deutschland als unmittelbare Folge aus der Umwandlung sein Besteuerungsrecht verliert. Die Rückausnahme greift aber nur in den Fällen, in denen der andere Staat mit dem nun ihm zustehenden Besteuerungsrecht nicht nahtlos an den deutschen steuerlichen Übertragungsstichtag anknüpft.

2.1.7.4 Verlustnutzungsausschluss

322 Nach § 2 Abs. 4 Satz 1 UmwStG kann die übertragende Körperschaft einen Übertragungsgewinn nur dann um ihre bisherigen Verluste kürzen, wenn ihr die Verlustnutzung auch ohne die Rückwirkungsfiktion des § 2 Abs. 1 und 2 UmwStG möglich gewesen wäre. Der Ausschluss der Verlustnutzung betrifft verrechenbare Verluste, verbleibende Verlustvorträge, nicht ausgeglichene negative Einkünfte, einen Zinsvortrag nach § 4h Abs. 1 Satz 5 EStG und einen EBITDA-Vortrag nach § 4h Abs. 1 Satz 3 EStG. **Zweck** dieser Regelung ist es, die Verlustnutzung insoweit auszuschließen, als ohne die Rückwirkung ein derartiger Verlust nach § 8c KStG untergegangen wäre. Es kann nicht sein,

dass ein bereits untergegangener Verlust mit Hilfe der Rückwirkungsfiktion wieder steuerwirksam wird.

BEISPIEL Die V-GmbH hat hohe Verlustvorträge und soll zum 31.12.01 (= steuerlicher Übertragungsstichtag) auf die M-KG verschmolzen werden. Der Verschmelzungsvertrag wird im Juli 02 geschlossen und die Anmeldung zur Eintragung der Umwandlung in das Handelsregister im August 02 abgegeben.

Die M-KG hat die Anteile an der V-GmbH (mehr als 50 %) erst im Mai 02 von X erworben.

LÖSUNG Gemäß § 8c Abs. 1 Satz 1 KStG ist der Erwerb der Anteile an der V-GmbH durch die M-KG im Mai 02 ein für die Verlustnutzung schädlicher Beteiligungserwerb.

Nach § 2 Abs. 1 Satz 1 UmwStG sind jedoch das Einkommen und Vermögen der V-GmbH und der M-KG so zu ermitteln, als ob das Vermögen der V-GmbH bereits mit Ablauf des 31.12.01 auf die M-KG übergegangen wäre. Die Steuerpflicht der V-GmbH endet mit Ablauf des 31.12.01. Auf diesen Stichtag hat die V-GmbH eine steuerliche Übertragungsbilanz aufzustellen. Ein daraus sich ergebender Übertragungsgewinn kann nach § 2 Abs. 4 Satz 1 UmwStG i. V. m. § 8c Abs. 1 Satz 1 KStG nicht mit dem laufenden Verlust des Jahres 01 und mit verbleibenden Verlustvorträgen ausgeglichen oder verrechnet werden (Verlustnutzungsausschluss), weil ohne die Rückwirkungsfiktion die Verlustnutzung ausgeschlossen wäre. Allerdings kommt ggf. auch § 8c Abs. 1 Satz 5, Abs. 1a oder § 8d KStG zur Anwendung. Unter den dort genannten Voraussetzungen kann der Übertragungsgewinn zum Ausgleich oder zur Verrechnung von Verlusten genutzt werden.

Nach § 2 Abs. 4 Satz 2 UmwStG gilt der Verlustnutzungsausschluss auch für negative 323
Einkünfte der übertragenden Rechtsträgerin im Rückwirkungszeitraum. Dieses Verlustausgleichsverbot betrifft bereits die übernehmende Rechtsträgerin. Einkünfte, die tatsächlich von der übertragenden Körperschaft nach Ablauf des steuerlichen Übertragungsstichtags noch erzielt werden, sind gem. § 2 Abs. 1 Satz 1 UmwStG der Übernehmerin zuzurechnen.

Sind diese Einkünfte negativ, dürfen sie bei der Übernehmerin bzw. bei deren Gesellschaftern nicht mit ihren eigenen positiven Einkünften ausgeglichen und auch nicht in einen eventuellen Verlustvortrag eingestellt werden. Das betrifft aber nur die negativen Einkünfte der übertragenden Körperschaft, die bis zu dem schädlichen Beteiligungserwerb i. S. d. § 8c Abs. 1 KStG entstanden sind.

Eine weitere Einschränkung der Verlustnutzung bei rückwirkenden Umwandlungen er- 323a
gibt sich aus § 2 Abs. 4 Sätze 3 bis 5 UmwStG. Hier geht es um verrechenbare **Verluste**, verbleibende Verlustvorträge, nicht ausgeglichene negative Einkünfte und einen Zinsvortrag nach § 4h Abs. 1 Satz 5 EStG **des übernehmenden Rechtsträgers**. Diese Verluste dürfen nicht mit positiven Einkünften des übertragenden Rechtsträgers, welche im Rückwirkungszeitraum erzielt wurden, ausgeglichen oder verrechnet werden. Bei einer Personengesellschaft als übernehmender Rechtsträger gilt die Verlustnutzungsbeschränkung auch für deren Gesellschafter (§ 2 Abs. 4 Satz 5 UmwStG).

Der übernehmende Rechtsträger bzw. bei einer Personengesellschaft als Übernehmerin deren Gesellschafter hat/haben in dem Veranlagungszeitraum in den der Rückwirkungszeitraum fällt, mindestens die von der übertragenden Körperschaft im Rückwirkungszeitraum erzielten positiven Einkünfte zu versteuern. Wurden von der Übernehmerin in dem Wirtschaftsjahr in den der Rückwirkungszeitraum fällt, eigene negative

Einkünfte erzielt, sind diese auf die folgenden Veranlagungszeiträume vorzutragen (zu weitergehenden Ausführungen sowie einem Beispiel s. Rdn. 469ff.).

2.1.8 Formwechsel, § 9 UmwStG

324 Der Formwechsel unterscheidet sich von der Verschmelzung dadurch, dass es zivilrechtlich zu **keiner Vermögensübertragung** kommt. Der sich umwandelnde Rechtsträger bleibt bestehen und behält seine rechtliche und wirtschaftliche Identität (§ 202 Abs. 1 Nr. 1 UmwG). Er unterwirft sich nur anderen rechtlichen Regeln. Die beteiligten Gesellschafter sind – nunmehr unter den Vorschriften der neuen Rechtsform – dieselben (**Beteiligungsidentität**).

325 Ein Formwechsel innerhalb der Körperschaftsteuersphäre (sog. homogener Formwechsel z. B. AG in GmbH oder umgekehrt) ist steuerrechtlich weitgehend bedeutungslos. Sobald aber ein Rechtsformwechsel von einer Kapitalgesellschaft in eine Personengesellschaft stattfindet oder umgekehrt von einer Personengesellschaft in eine Körperschaft, kommt es ertragsteuerlich zu einem durchgreifenden Systemwechsel. Das Problem wird gelöst, indem der Formwechsel (nur) aus ertragsteuerlicher Sicht wie eine Vermögensübertragung behandelt wird (BFH v. 19.10.2005 - I R 38/04, BStBl 2006 II 568).

326 Der Formwechsel von einer Personengesellschaft in eine Kapitalgesellschaft oder Genossenschaft wird der Einbringung (eines Betriebes) in eine Kapitalgesellschaft oder Genossenschaft gleichgestellt. § 25 UmwStG erklärt für diesen Fall die §§ 20 bis 23 UmwStG für entsprechend anwendbar.

Der Formwechsel von einer Kapitalgesellschaft in eine Personengesellschaft wird der Verschmelzung einer Körperschaft auf eine Personengesellschaft gleichgestellt. § 9 UmwStG erklärt die §§ 3 bis 8 UmwStG für entsprechend anwendbar. Das heißt:

Die **formwechselnde Kapitalgesellschaft** hat auf den steuerlichen Übertragungsstichtag eine steuerliche Übertragungsbilanz aufzustellen, in der die „übergehenden" Wirtschaftsgüter (einschließlich eines originären Geschäftswertes) grundsätzlich mit dem gemeinen Wert anzusetzen sind (§ 3 Abs. 1 UmwStG). Da es tatsächlich nicht zu einer Vermögensübertragung kommt und das Handelsrecht aus Anlass des Formwechsels keine Schlussbilanz fordert, musste der Gesetzgeber – eigens für steuerliche Zwecke – in § 9 UmwStG der formwechselnden Kapitalgesellschaft auferlegen, eine steuerliche Übertragungsbilanz aufzustellen (§ 9 Satz 2 UmwStG). Auf diese Übertragungsbilanz sind die Vorschriften des § 3 UmwStG anzuwenden, so dass unter den Voraussetzungen des § 3 Abs. 2 UmwStG die „übergehenden" Wirtschaftsgüter auch mit dem Buchwert oder einem Zwischenwert angesetzt werden können.

327 Die steuerliche Übertragungsbilanz ist grundsätzlich auf den Zeitpunkt aufzustellen, in dem der Formwechsel wirksam wird. Der Formwechsel wird aber erst mit der Eintragung in das Handelsregister wirksam (§ 202 Abs. 1 UmwG). Weil dieser Zeitpunkt von den an dem Formwechsel Beteiligten nicht exakt bestimmbar ist, räumt § 9 Satz 3 UmwStG dem formwechselnden Rechtsträger die Möglichkeit ein, den Übertragungsstichtag, auf den die Übertragungsbilanz aufzustellen ist, selbst zu wählen. Dieser

Stichtag darf aber höchstens acht Monate vor der Anmeldung des Formwechsels zur Eintragung in das Handelsregister liegen. Dadurch entsteht auch beim Formwechsel ein Rückwirkungszeitraum (= Zeitraum zwischen dem Bilanzstichtag und der Eintragung in das Handelsregister). Für den Rückwirkungszeitraum gelten dieselben Regelungen (§ 2 UmwStG) wie bei der Verschmelzung einer Körperschaft auf eine Personengesellschaft.

Die aus dem Formwechsel entstandene **„übernehmende" Personengesellschaft** hat auf 328 den steuerlichen Übertragungsstichtag eine Eröffnungsbilanz aufzustellen und dabei die Regelungen des § 4 UmwStG (Wertverknüpfung) zu beachten. Wie bei einer Verschmelzung durch Neugründung fingiert der Gesetzgeber, dass die „übernehmende" Personengesellschaft am steuerlichen Übertragungsstichtag bereits besteht und dass die Anteile an der „übertragenden" Körperschaft mit den Anschaffungskosten oder dem Buchwert von den Anteilseignern (und künftigen Mitunternehmern) in das Gesamthandsvermögen eingelegt oder überführt worden sind. Es ist u. U. ein Beteiligungskorrekturgewinn (§ 5 Abs. 3 Satz 1 UmwStG i. V. m. § 9 Satz 1 UmwStG) zu ermitteln. Sodann sind die offenen Rücklagen der „Überträgerin" gem. § 7 UmwStG als Einnahmen i. S. d. § 20 Abs. 1 Nr. 1 EStG festzustellen und ein Übernahmeergebnis nach § 4 Abs. 4 und 5 UmwStG zu errechnen. Beim Formwechsel einer Kapitalgesellschaft in eine Personengesellschaft, ist die Besteuerung der offenen Rücklagen der Kapitalgesellschaft nach § 7 Satz 1 UmwStG bei nach § 5 Abs. 2 UmwStG fiktiv als eingelegt behandelten Anteilen als Gewinn der Gesamthand und nicht als Sondergewinn des bisherigen Anteilseigners zu behandeln (vgl. BFH v. 11.4.2019 - IV R 1/17, BStBl 2019 II 501; _Rdn. 05.07a UmwStE).

Die Personengesellschaft tritt steuerlich in die Rechtsstellung der formwechselnden Kapitalgesellschaft ein. Verrechenbare Verluste, verbleibende Verlustvorträge, nicht ausgeglichene negative Einkünfte, ein Zinsvortrag und ein EBITDA-Vortrag sowie gewerbesteuerliche Fehlbeträge gehen mit dem Formwechsel unter (§ 9 Satz 1 UmwStG i. V. m. § 4 Abs. 2 Satz 2 UmwStG und § 18 Abs. 1 Satz 1 UmwStG).

2.1.9 Gewerbesteuer, § 18 UmwStG

Spezielle gewerbesteuerliche Folgen der Verschmelzung einer Körperschaft auf ein Per- 329 sonenunternehmen und eines Formwechsels einer Kapitalgesellschaft in eine Personengesellschaft ergeben sich aus § 18 UmwStG. Im Grundsatz werden die für die Körperschaftsteuer und für die Einkommensteuer geltenden Regelungen der §§ 3 bis 9 UmwStG übernommen (§ 18 Abs. 1 Satz 1 UmwStG).

Bei der **übertragenden Körperschaft** unterliegt der aus § 3 UmwStG sich ergebende 330 Übertragungsgewinn auch der Gewerbesteuer, soweit nicht das GewStG Steuerbefreiungen (z. B. § 3 GewStG) vorsieht und soweit der Übertragungsgewinn nicht auf ausländisches Betriebsstättenvermögen entfällt (§ 9 Nr. 3 GewStG).

Andererseits wird auch für Zwecke der Gewerbesteuer eine gewinnneutrale Buchwertübertragung zugelassen, wenn die Voraussetzungen des § 3 Abs. 2 UmwStG erfüllt sind. Ist das der Fall, spielt es keine Rolle, ob das übergegangene Betriebsvermögen bei der Übernehmerin gewerbliches Betriebsvermögen oder nicht der Gewerbesteuer unterliegendes land- und forstwirtschaftliches oder freiberufliches Betriebsvermögen wird.

331 Bei der **Übernehmerin** kommt es zunächst darauf an, ob sie selbst mit ihrer Tätigkeit der Gewerbesteuer unterliegt oder spätestens mit der Umwandlung gewerbesteuerpflichtig wird. Ist das der Fall, ist zu beachten, dass bei einer übernehmenden Personengesellschaft das Übernahmeergebnis und die **Einnahmen i. S. d. § 7 UmwStG** für Zwecke der Einkommensteuer und der Körperschaftsteuer gesellschafterbezogen und (u. U.) anteilsbezogen zu ermitteln sind, während bei der Gewerbesteuer die Personengesellschaft selbst Steuersubjekt ist (§ 5 Abs. 1 Satz 3 GewStG).

Für die Gewerbebesteuerung der Personengesellschaft sind die Einzelergebnisse der Gesellschafter, deren Anteile an der übertragenden Körperschaft gem. § 5 Abs. 2 und Abs. 3 UmwStG als in das Betriebsvermögen der Übernehmerin eingelegt oder überführt gelten, zusammenzufassen.

332 Die nach § 7 UmwStG ermittelten Einnahmen gelten zwar als Einnahmen i. S. d. § 20 Abs. 1 Nr. 1 EStG (aus Kapitalvermögen), sind aber gem. § 20 Abs. 8 EStG in Betriebseinnahmen umzuqualifizieren. Das gilt auch für die Einnahmen, die auf bisher zum Privatvermögen des Anteilseigners gehörende Anteile entfallen, wenn diese Anteile gem. § 5 Abs. 2 UmwStG als am steuerlichen Übertragungsstichtag in das Betriebsvermögen der übernehmenden Personengesellschaft eingelegt gelten. Diese (Betriebs-)Einnahmen sind in die einheitliche und gesonderte Feststellung (§ 179 Abs. 2 Satz 2 i. V. m. § 180 Abs. 1 Nr. 2 Buchst. a AO) mit einzubeziehen. Für Zwecke der Gewerbesteuer sind (aber gerade) diese Einnahmen gem. § 18 Abs. 2 Satz 2 UmwStG bei der Ermittlung des Gewerbeertrags wieder herauszurechnen.

Alle anderen Einnahmen i. S. d. § 7 UmwStG, die in den (gewerblichen) Gesamtgewinn der Personengesellschaft eingegangen sind, unterliegen in der weiteren Folge den allgemeinen gewerbesteuerlichen Grundsätzen. Das bedeutet, dass § 7 Satz 4 GewStG (und dadurch die §§ 3 Nr. 40 und 3c Abs. 2 EStG sowie § 8b KStG) sowie die Hinzurechnungsvorschrift in § 8 Nr. 5 GewStG und die Kürzungsregelung in § 9 Nr. 2a GewStG auf diese Einnahmen anzuwenden sind. Die **Schachtelbegünstigung** des § 9 Nr. 2a GewStG setzt allerdings voraus, dass die Beteiligung an der übertragenden Kapitalgesellschaft zu Beginn des Erhebungszeitraums mindestens 15 % des Grund- oder Stammkapitals beträgt. Eine Zusammenrechnung bisher nicht schachtelbegünstigter Beteiligungen (z. B. 10 % und 5 %) der verschmelzungsbeteiligten Mitunternehmer kommt nicht in Betracht.

333 Nicht bei der Gewerbesteuer zu erfassen ist das nach § 4 Abs. 4 und 5 UmwStG ermittelte Übernahmeergebnis 2. Stufe (§ 18 Abs. 2 Satz 1 UmwStG).

§ 18 Abs. 1 Satz 2 UmwStG enthält (klarstellend) ein absolutes **Verlustabzugsverbot**. Die Übernehmerin darf die im laufenden Erhebungszeitraum (Kalenderjahr) bis zum steuerlichen Übertragungsstichtag ermittelten Fehlbeträge der übertragenden Körperschaft sowie deren vortragsfähige Fehlbeträge i. S. d. § 10a GewStG nicht abziehen.

334 § 18 Abs. 3 UmwStG enthält eine spezielle **Missbrauchsverhinderungsregelung**. Danach unterliegt ein Gewinn aus der Aufgabe oder Veräußerung des Betriebs der überneh-

menden Personengesellschaft bzw. natürlichen Person oder aus der Aufgabe oder Veräußerung eines Teilbetriebs oder eines Mitunternehmeranteils an der übernehmenden Personengesellschaft der Gewerbesteuer, wenn die Aufgabe oder Veräußerung innerhalb von fünf Jahren nach dem steuerlichen Übertragungsstichtag erfolgt.

Der Regelung liegt die Überlegung zu Grunde, dass ein entsprechender Aufgabe- oder Veräußerungsgewinn nach § 7 Satz 2 GewStG gewerbesteuerpflichtig gewesen wäre, wenn die Aufgabe oder Veräußerung des (Teil-)Betriebs noch durch die übertragende Körperschaft erfolgt wäre. Es soll vermieden werden, dass die Umwandlung in ein Personenunternehmen nur zum Zwecke der Gewerbesteuerersparnis vorgenommen wird.

Die Rechtsfolge des § 18 Abs. 3 Satz 1 UmwStG wird aber unabhängig davon ausgelöst, mit welcher Absicht die Übernehmerin oder ein an ihr beteiligter Mitunternehmer (im Falle der Aufgabe oder Veräußerung eines Mitunternehmeranteils) den (Teil-)Betrieb oder Mitunternehmeranteil aufgibt oder veräußert. Entscheidend ist nur, dass die Aufgabe oder Veräußerung innerhalb von fünf Jahren – gerechnet ab dem steuerlichen Übertragungsstichtag – erfolgt. Es ist auch unerheblich (für die Rechtsfolge des § 18 Abs. 3 UmwStG), welcher betrieblichen Einkunftsart der Gewinn aus dem übertragenen Betrieb bei der Übernehmerin zuzurechnen ist (Rdn. 18.11 UmwStE). Durch das JStG 2024 ist in § 18 Abs. 3 Satz 3 UmwStG eine Vorschrift eingefügt worden, durch die eine Umgehung des § 18 Abs. 1 Satz 1 UmwStG mittels einer doppelstöckigen Personengesellschaft verhindert werden soll (s. dazu *Broemel/Westermann*, DStR 2024, 1521, 1524).

BEISPIEL In 01 wurde die Steuerberatungs-GmbH XYZ zu Buchwerten in die Steuerberatungssozietät (XYZ-GbR) formgewechselt. In 04 scheidet der Sozius Z gegen eine Abfindung (aus Altersgründen) aus der Sozietät aus. Die Sozietät (XYZ-GbR) wird mit den verbleibenden Gesellschaftern fortgeführt.

LÖSUNG Das Ausscheiden des Gesellschafters Z aus der XYZ-GbR gegen eine Abfindung ist die Veräußerung eines Mitunternehmeranteils an einer freiberuflich tätigen Personengesellschaft i. S. d. § 18 Abs. 3 EStG i. V. m. § 16 Abs. 1 Satz 1 Nr. 2 EStG (Rdn. 18.05 UmwStE). Der nach § 16 Abs. 2 EStG zu ermittelnde Veräußerungsgewinn unterliegt gem. § 18 Abs. 3 Satz 1 und 2 UmwStG der Gewerbesteuer, weil ein Anteil an der Personengesellschaft, welche bei dem Formwechsel die übernehmende Rechtsträgerin war, innerhalb von fünf Jahren nach dem Formwechsel veräußert worden ist. Unerheblich ist, aus welchem Grund die Veräußerung erfolgt. Unerheblich ist ferner, dass die Personengesellschaft mit ihrer freiberuflichen Tätigkeit Einkünfte aus selbständiger Arbeit i. S. d. § 18 Abs. 1 Nr. 1 EStG erzielt und gar keinen stehenden Gewerbebetrieb i. S. d. § 2 Abs. 1 GewStG betreibt (Rdn. 18.11 UmwStE). Schuldnerin der Gewerbesteuer ist die Personengesellschaft. Eine Ermäßigung nach § 35 EStG kommt nicht in Betracht (§ 18 Abs. 3 Satz 4 UmwStG).

ANMERKUNG Wären bei dem Formwechsel in 01 die gemeinen Werte in der steuerlichen Übertragungsbilanz der XYZ-GmbH angesetzt, also alle stillen Reserven (einschließlich eines Geschäftswertes) in dem Betriebsvermögen der übertragenden Körperschaft aufgedeckt worden, käme § 18 Abs. 3 UmwStG bei der Veräußerung des Mitunternehmeranteils in 04 – entgegen seinem Wortlaut – nicht zur Anwendung (teleologische Reduktion). Da der Zweck des § 18 Abs. 3 UmwStG nur darin besteht, die Ersparnis von Gewerbesteuern zu verhindern, entbehrt diese (belastende) Regelung jeglicher Begründung, wenn durch die Umwandlung gar keine Gewerbesteuer eingespart wurde (ebenso *Trossen* in Rödder/Herlinghaus/Graw/Heinemann, UmwStG, 4. Aufl. 2025, § 18 UmwStG Rdn. 56). Stille Reserven, die nach dem Umwandlungsstichtag entstanden sind, unterfallen § 18 Abs. 3 UmwStG nicht, da diese auch nicht nach § 7

Satz 2 GewStG gewerbesteuerpflichtig gewesen wären (BFH v. 14.3.2024 - IV R 20/21, FR 2024, 607; Rdn. 18.09 UmwStE).

335 Eine Veräußerung ist auch die **Einbringung** nach § 20 UmwStG oder § 24 UmwStG (Rdn. 18.07 UmwStE). Erfolgt die Einbringung eines Betriebs, Teilbetriebs oder Mitunternehmeranteils nach § 20 oder § 24 UmwStG zum Buch- oder Zwischenwert, tritt die übernehmende Gesellschaft in die Rechtsstellung des übertragenden Rechtsträgers und ist für den Rest der Fünfjahresfrist der Vorschrift des § 18 Abs. 3 UmwStG unterworfen (Rdn. 18.07 UmwStE). Bei Einbringungen im Wege der Gesamtrechtsnachfolge gilt das auch, wenn die Einbringung mit dem gemeinen Wert vorgenommen wurde – und zwar ungeachtet dessen, dass der Einbringungsgewinn bereits nach § 18 Abs. 3 UmwStG der Gewerbesteuer zu unterwerfen ist).

336 Der der **Gewerbesteuer** nach § 18 Abs. 3 Satz 1 UmwStG unterliegende Gewinn ist nach § 16 Abs. 2 EStG zu ermitteln. Er umfasst auch die stillen Reserven, die erst nach der Verschmelzung oder dem Formwechsel bei der übernehmenden Personengesellschaft oder natürlichen Person entstanden sind.

Bei einer Verschmelzung durch Aufnahme und einer darauf folgenden „schädlichen" Aufgabe oder Veräußerung sollen kraft ausdrücklicher gesetzlicher Regelung auch die stillen Reserven der Gewerbesteuer unterworfen werden, die bereits vor der Umwandlung im Betrieb der übernehmenden Rechtsträgerin entstanden sind (§ 18 Abs. 3 Satz 1 Hs. 2 UmwStG; Rdn. 18.09 UmwStE).

337 Die Gewerbebesteuerung des Veräußerungs- oder Aufgabegewinns erfolgt im Jahr der Veräußerung oder Aufgabe des (Teil-)Betriebs oder Mitunternehmeranteils bei der übernehmenden Rechtsträgerin.

338 Der auf den Aufgabe- oder Veräußerungsgewinn entfallende Gewerbesteuer-Messbetrag ist bei der Ermäßigung der Einkommensteuer nach § 35 EStG nicht zu berücksichtigen (§ 18 Abs. 3 Satz 4 UmwStG). Das ist konsequent. Hätte die übertragende Körperschaft die stillen Reserven noch gewerbeversteuert, hätte auch sie diese Ermäßigung nicht in Anspruch nehmen können.

ABB. 8: Gewerbesteuer (§§ 18, 19 UmwStG) bei der Verschmelzung, Auf- und Abspaltung von Körperschaften

Übertragende Körperschaft

- Die §§ 3 und 11 UmwStG gelten auch für die Ermittlung des Gewerbeertrags der übertragenden Körperschaft (§ 18 Abs. 1 Satz 1, § 19 Abs. 1 UmwStG). Unter den Voraussetzungen des § 3 Abs. 2 bzw. § 11 Abs. 2 UmwStG (Schaubild 4) ist eine Buch- oder Zwischenwertübertragung auch bei der Gewerbebesteuerung möglich.
- Ein aus der Anwendung der §§ 3 und 11 UmwStG sich ergebender Übertragungsgewinn unterliegt grundsätzlich auch der Gewerbesteuer. Allgemein geltende Steuerbefreiungen (z. B. nach § 3 GewStG) oder die Abrechnung für ausländisches Betriebsstättenvermögen (§ 9 Nr. 3 GewStG) sind zu beachten.

Übernehmende Rechtsträgerin =

Personenunternehmen (§ 18 UmwStG) (Personengesellschaft oder natürliche Person)

gewerbesteuerpflichtig

zum Gewerbeertrag gehören:
- Beteiligungskorrekturgewinn i. S. d. § 4 Abs. 1 Satz 2 UmwStG
- Einnahmen i. S. d. § 7 UmwStG soweit sie auf Anteile entfallen, die zum Betriebsvermögen gehören. §§ 3 Nr. 40, 3c Abs. 2 EStG, § 8b KStG sowie § 8 Nr. 5 GewStG und § 9 Nr. 2a GewStG sind anzuwenden
- Übernahmefolgegewinn i. S. d. § 6 UmwStG

zum Gewerbeertrag gehören **nicht**:
- Einnahmen i. S. d. § 7 UmwStG soweit sie auf Anteile entfallen, die zum Privatvermögen gehörten und lediglich nach § 5 Abs. 2 UmwStG als in das Betriebsvermögen eingelegt gelten
- Übernahmegewinn und Übernahmeverlust i. S. d. § 4 Abs. 4 und 5 UmwStG

nicht gewerbesteuerpflichtig (§ 13 oder § 18 EStG)

keine GewSt

Abzugsverbot für Fehlbeträge der übertragenden Körperschaft i. S. d. §10a GewStG und für Fehlbeträge (der übertragenden Körperschaft) des laufenden Erhebungszeitraums (§ 18 Abs. 1 Satz 2 UmwStG)

andere Körperschaft (§ 19 UmwStG)

zum Gewerbeertrag gehören:
- Beteiligungskorrekturgewinn i. S. d. § 12 Abs. 1 Satz 2 i. V. m. § 4 Abs. 1 Satz 2 UmwStG
- Übernahmefolgegewinn i. S. d. § 12 Abs. 4 i. V. m. § 6 UmwStG

Das Übernahmeergebnis bleibt außer Ansatz.
Aber Erhöhung des Gewerbeertrags um 5 % des Übernahmegewinns (§ 19 Abs. 1 i. V. m. § 12 Abs. 2 Satz 2 UmwStG i. V. m. § 8b Abs. 3 KStG)

Abzugsverbot für Fehlbeträge der übertragenden Körperschaft i. S. d. § 10a GewStG

Nach der Missbrauchsvermeidungsregelung des § 18 Abs. 3 UmwStG ist ein Gewinn aus
- der Veräußerung oder Aufgabe des (ganzen) Betriebs oder eines Teilbetriebs oder eines Mitunternehmeranteils
- innerhalb von 5 Jahren nach dem steuerlichen Übertragungsstichtag

der GewSt zu unterwerfen. (Das gilt auch im Falle der Einbringung i. S. d. §§ 20, 24 UmwStG.)

Die Missbrauchsvermeidungsregelung des § 18 Abs. 3 UmwStG ist nicht anzuwenden, wenn bei der Umwandlung in der steuerlichen Übertragungsbilanz die gemeinen Werte angesetzt wurden (teleologische Reduktion).

2.1.10 Zusammenfassendes Beispiel

340 Die Busch-GmbH (B-GmbH) soll zum 1.1.07 auf die Grimm-OHG (G-OHG) verschmolzen werden. Gegründet wurde die B-GmbH vor etlichen Jahren in Köln von den Gebrüdern Max (MA) und Moritz (MO). Von dem Stammkapital von 100 000 € übernahmen beide einen gleich großen Anteil und erfüllten auch sofort die Einlageforderung in Höhe des Nennbetrags. Die Anteile gehörten bei beiden Brüdern zu ihrem Privatvermögen. Vor vier Jahren verkaufte MO seinen Geschäftsanteil an Jacob Grimm (JG) zum Preis von 500 000 €. Am 2.5.07 verkauft MA die Hälfte seines Geschäftsanteils an Willhelm Grimm (WG) für einen Kaufpreis von 410 000 €. Danach stellen sich die Beteiligungsverhältnisse wie folgt dar:

Anteilseigner	Nennbetrag des Geschäftsanteils	Anschaffungskosten	Anschaffungsdatum
MA	25 000 €	25 000 €	00
JG	50 000 €	500 000 €	03
WG	25 000 €	410 000 €	2.5.07

Der Anteil von JG gehört zum Betriebsvermögen seines eigenen Gewerbebetriebs. Der Buchwert entspricht den Anschaffungskosten.

Der im Juli 07 abgegebenen Anmeldung zur Eintragung der Verschmelzung der B-GmbH auf die G-OHG in das Handelsregister wurde folgende, auf den 31.12.06 erstellte (um die Angabe der gemeinen Werte ergänzte) Schlussbilanz der B-GmbH beigefügt:

A	Schlussbilanz der B-GmbH zum 31.12.06			P
	Buchwert	(gem. Wert)		
Geschäftswert	– – –	(500 000 €)	gez. Kapital	100 000 €
Grund + Boden	200 000 €	(280 000 €)	Kapitalrücklagen	200 000 €
Gebäude	600 000 €	(760 000 €)	Gewinnrücklagen	380 000 €
Maschinen	900 000 €	(1 160 000 €)	Jahresüberschuss 06	120 000 €
sonstiges Anlagevermögen	300 000 €	(420 000 €)	Rückstellungen	270 000 €
Umlaufvermögen	520 000 €	(600 000 €)	Verbindlichkeiten	1 450 000 €
	2 520 000 €	(3 720 000 €)		2 520 000 €

Die Buchwerte entsprechen auch den steuerrechtlichen Gewinnermittlungsvorschriften.

Der Bestand des steuerlichen Einlagekontos i. S. d. § 27 KStG (vor der Nennkapitalherabsetzung) beträgt am 31.12.06 200 000 € (durch eine Einlage von MO).

Das Wirtschaftsjahr der B-GmbH stimmt mit dem Kalenderjahr überein. Mit ihrer Körperschaftsteuererklärung für das Kalenderjahr 06 hat die B-GmbH ihre Jahresschlussbilanz zum 31.12.06 bei dem für sie zuständigen Finanzamt abgegeben, darin die o. a.

Buchwerte ausgewiesen und (ausdrücklich) erklärt, dass diese Bilanz auch der steuerlichen Schlussbilanz entsprechen soll.

Aus Vereinfachungsgründen sollen Kosten der Umwandlung nicht angefallen sein.

Die aufnehmende G-OHG ist in Düsseldorf vor vielen Jahren gegründet worden und hat dort weiterhin ihre Geschäftsleitung und ihren Betriebssitz. Ihre Schlussbilanz zum 31.12.06 stellt sich wie folgt dar:

A	Bilanz der G-OHG zum 31.12.06 (vor Verschmelzung)		P
Summe Aktiva	4 100 000 €	Kapital I Hänsel	500 000 €
		Kapital I Gretel	500 000 €
		Kapital II Hänsel	400 000 €
		Kapital II Gretel	300 000 €
		Verbindlichkeiten	2 400 000 €
	4 100 000 €		4 100 000 €

Im Betriebsvermögen der OHG sind stille Reserven in Höhe von 300 000 € enthalten.

Die beiden Gesellschafter Hänsel (H) und Gretel (G) waren bisher mit je 50 % an der G-OHG beteiligt. Mit der Verschmelzung verdoppelt sich das Vermögen der G-OHG. Nach der Verschmelzung stellen sich die Beteiligungsverhältnisse wie folgt dar:

H	25,0 %
G	25,0 %
JG	25,0 %
MA	12,5 %
WG	12,5 %

Lösung

Auf die Verschmelzung der B-GmbH auf die G-OHG sind der zweite und der fünfte Teil des UmwStG anzuwenden, weil es sich um eine Verschmelzung i. S. d. § 2 UmwG einer Körperschaft auf eine Personengesellschaft handelt (§ 1 Abs. 1 Satz 1 Nr. 1 i. V. m. § 3 Abs. 1 Satz 1 UmwStG).Der steuerliche Übertragungsstichtag ist der 31.12.06, weil auf diesen Stichtag die dem Vermögensübergang zu Grunde liegende Bilanz aufgestellt worden ist (§ 2 Abs. 1 Satz 1 UmwStG). Das Einkommen und Vermögen der B-GmbH sowie der G-OHG und der beteiligten Gesellschafter sind so zu ermitteln, als ob das Vermögen der B-GmbH mit Ablauf des 31.12.06 auf die G-OHG übergegangen wäre (§ 2 Abs. 1 und 2 UmwStG).

Grundsätzlich hat die B-GmbH als übertragende Körperschaft die übergehenden Wirtschaftsgüter gem. § 3 Abs. 1 UmwStG in ihrer auf den steuerlichen Übertragungsstichtag aufzustellenden steuerlichen Schlussbilanz mit dem gemeinen Wert anzusetzen. Auf Antrag können die übergehenden Wirtschaftsgüter aber auch einheitlich mit dem Buchwert angesetzt werden, wenn sämtliche Voraussetzungen des § 3 Abs. 2 Satz 1 UmwStG erfüllt sind. Dem Sachverhalt ist nicht zu entnehmen, dass die in der Vorschrift aufgeführten Voraussetzungen nicht erfüllt sind. Es ergeben sich auch keine Anhaltspunkte für eine über die Gesellschaftsrechte hinausgehende Gegenleistung für die Vermögensübertragung (§ 3 Abs. 2 Satz 1 Nr. 3 UmwStG).

Mit der ausdrücklichen Erklärung, dass die Jahresschlussbilanz mit den darin ausgewiesenen Buchwerten der steuerlichen Schlussbilanz entsprechen soll, wurde der Antrag für einen Buchwertansatz konkludent gestellt (§ 3 Abs. 2 Satz 2 UmwStG). Der Antrag ist auch bei dem für die Besteuerung der B-GmbH zuständigen Finanzamt gestellt worden. Es entsteht folglich kein Übertragungsgewinn.

Die G-OHG hat die auf sie übergegangenen Wirtschaftsgüter mit den Buchwerten zu übernehmen (§ 4 Abs. 1 Satz 1 UmwStG).

Der 25 %-Geschäftsanteil von MA gilt gem. § 5 Abs. 2 UmwStG als am steuerlichen Übertragungsstichtag mit den Anschaffungskosten (25 000 €) in das Betriebsvermögen der G-OHG eingelegt, weil es sich um einen zum Privatvermögen gehörenden Anteil i. S. d. § 17 Abs. 1 EStG gehandelt hat.

Der 50 %-Geschäftsanteil des JG gilt gem. § 5 Abs. 3 Satz 1 UmwStG als am steuerlichen Übertragungsstichtag mit dem Buchwert (500 000 €) aus seinem Betriebsvermögen in das Betriebsvermögen der G-OHG überführt.

Der von WG am 2.5.07 angeschaffte 25 %-Geschäftsanteil gilt gem. § 5 Abs. 1 i. V. m. Abs. 2 UmwStG als am steuerlichen Übertragungsstichtag (31.12.06) angeschafft und mit den Anschaffungskosten (410 000 €) in das Betriebsvermögen der G-OHG eingelegt.

Den Anteilseignern der B-GmbH sind gem. § 7 UmwStG die offenen Rücklagen der B-GmbH als Einnahmen i. S. d. § 20 Abs. 1 Nr. 1 EStG wie folgt zu ermitteln und zuzurechnen:

Eigenkapital lt. Steuerlicher Übertragungsbilanz		800 000 €
Einlagekonto (vor Nennkapitalherabsetzung)	200 000 €	
zzgl. herabgesetztes Stammkapital	100 000 €	
(kein Sonderausweis vorhanden)		
Steuerliches Einlagekonto (nach Anwendung des § 29 Abs. 1 KStG)	300 000 €	./. 300 000 €
Einnahmen i. S. d. § 20 Abs. 1 Nr. 1 EStG		500 000 €

Diese Einnahmen sind den Gesellschaftern wie folgt zuzurechnen:

MA	125 000 €
JG	250 000 €
WG	125 000 €

Die Einnahmen sind gem. § 20 Abs. 8 EStG in Betriebseinnahmen im Rahmen der Einkünfte aus Gewerbebetrieb umzuqualifizieren, weil die Geschäftsanteile als dem Betriebsvermögen zugehörig gelten. Das Teileinkünfteverfahren ist anzuwenden; es bleiben also 40 % gem. § 3 Nr. 40 Buchst. d i. V. m. Satz 2 EStG steuerfrei. Die Einnahmen gelten als am 31.12.06 bezogen und gehören zu dem für die G-OHG für 06 einheitlich und gesondert festzustellenden Gesamtgewinn. Auf die Einnahmen entfallende Kapitalertragsteuer entsteht erst mit Wirksamwerden der Verschmelzung (Eintragung in das Handelsregister).

Bei der Gewerbesteuerfestsetzung für die G-OHG sind die auf MA und WG entfallenden Einnahmen nicht zu erfassen (§ 18 Abs. 2 Satz 2 UmwStG). Von den auf JG entfallenden Einnahmen sind zunächst zwar 60 % in den Gewerbeertrag einzubeziehen (§ 7 Satz 4 GewStG i. V. m. § 3 Nr. 40 EStG). Gemäß § 9 Nr. 2a GewStG werden sie dann aber wieder im Rahmen der Kürzungen abgezogen, so dass im Ergebnis auf diese Einnahmen keine Gewerbesteuer entsteht.

Gemäß § 4 Abs. 4 und 5 UmwStG sind die Übernahmeergebnisse wie folgt zu ermitteln:

Übernahmewert der übergegangenen Wirtschaftsgüter	
Summe Aktiva	2 520 000 €
Verbindlichkeiten (und Rückstelllungen)	./. 1 720 000 €
	800 000 €

	davon entfallen auf	MA	JG	WG
		200 000 €	400 000 €	200 000 €
./.	Wert der Anteile an der B-GmbH (Anschaffungskosten)	25 000 €	500 000 €	410 000 €
./.	Umwandlungskosten	—	—	—
	Übernahmegewinn 1. Stufe	175 000 €	./. 100 000 €	./. 210 000 €
./.	Bezüge nach § 7 UmwStG	125 000 €	250 000 €	125 000 €
	Übernahmegewinn 2. Stufe	50 000 €	./. 350 000 €	./. 335 400 €

Das zusammengefasste Übernahmeergebnis beträgt ./. 635 400 € und ist im Rahmen der einheitlichen und gesonderten Gewinnfeststellung für die G-OHG für 06 zu erfassen.

Der auf MA entfallende Übernahmegewinn bleibt zu 40 % steuerfrei (§ 4 Abs. 7 Satz 2 UmwStG i. V. m. § 3 Nr. 40 und § 3c EStG).

Der auf JG entfallende Übernahmeverlust bleibt gem. § 4 Abs. 6 Satz 6 2. HS UmwStG vollständig außer Ansatz, weil JG seinen Anteil an der B-GmbH innerhalb der letzten fünf Jahre vor dem steuerlichen Übertragungsstichtag entgeltlich erworben hat.

Dasselbe gilt für den auf WG entfallenden Übernahmeverlust. WG hat seinen Anteil an der B-GmbH zwar erst am 2.5.07 und somit „nach" dem steuerlichen Übertragungsstichtag (31.12.06) erworben. Für ihn gilt jedoch die Rückwirkungsfiktion des § 5 Abs. 1 UmwStG. Danach gelten seine Anteile als innerhalb von fünf Jahren „vor" dem steuerlichen Übertragungsstichtag erworben (Rdn. 02.22 UmwStE). Folge ist, dass auch für ihn das absolute Abzugsverbot des § 4 Abs. 6 Satz 6 Hs. 2 UmwStG anzuwenden ist.

Bei der Gewerbesteuer ist das gesamte Übernahmeergebnis nicht zu erfassen (§ 18 Abs. 2 Satz 1 UmwStG).

Die (Übernahme-)Bilanz der G-OHG nach der Verschmelzung stellt sich wie folgt dar:

A	(Übernahme-)Bilanz der G-OHG zum 31.12.06		P
Geschäftswert	375 000 €	Kapital I H	500 000 €
Grund + Boden	260 000 €	Kapital I Gl	500 000 €
Gebäude	720 000 €	Kapital I MA	250 000 €
Maschinen	1 095 000 €	Kapital I JG	500 000 €
sonstiges Anlagevermögen	390 000 €	Kapital I WG	250 000 €
Umlaufvermögen	580 000 €	Kapital II H	400 000 €
Summe Aktiva G-OHG	4 100 000 €	Kapital II G	300 000 €
		Kapital II MA	175 000 €
		Kapital II JG	350 000 €
		Kapital II WG	175 000 €
		Rückstellungen	270 000 €
		Verbindlichkeiten	3 850 000 €
	7 520 000 €		7 520 000 €

Erklärung

Vor der Verschmelzung betrugen

		B-GmbH	G-OHG
der gemeine Wert des Vermögens:			
B-GmbH:	3 720 000 € ./. 1 720 000 €	2 000 000 €	
G-OHG:	4 400 000 € ./. 2 400 000 €		2 000 000 €
der Buchwert des Vermögens:		800 000 €	1 700 000 €
Stille Reserven:		1 200 000 €	300 000 €

In der Gesamthandsbilanz wird ein dem bisherigen Buchwert (des OHG-Vermögens) entsprechend hoher Wert für das übernommene Vermögen eingebucht. Weil der Buchwert des übernommenen Vermögens nur 800 000 € beträgt, mussten 900 000 € stille Reserven aufgelöst werden. Das entspricht 75 % der in den übergegangenen Wirtschaftsgütern insgesamt vorhandenen stillen Reserven. Die stillen Reserven der einzelnen Wirtschaftsgüter werden prozentual gleichmäßig aufgestockt. Im Ergebnis verbleiben noch 300 000 € stille Reserven in dem übernommenen Vermögen. Das entspricht der Höhe nach den in dem bisherigen OHG-Vermögen enthaltenen stillen Reserven.

Die Gesellschafter partizipieren entsprechend ihrem Beteiligungsverhältnis an den stillen Reserven. Auf die Altgesellschafter der G-OHG entfallen – wie vor der Verschmelzung – insgesamt 300 000 €.

In der Gesamthandsbilanz erhalten die durch die Verschmelzung neu eintretenden Gesellschafter ein ihrem Beteiligungsverhältnis entsprechendes Kapitalkonto I.

In den wie folgt zu erstellenden Ergänzungsbilanzen werden die in der Gesamthandsbilanz aufgedeckten stillen Reserven wieder „verdeckt":

A	Ergänzungsbilanz für JG		P
Minderkapital	450 000 €	Geschäftswert	187 500 €
		Grund + Boden	30 000 €
		Gebäude	60 000 €
		Maschinen	97 500 €
		sonstiges Anlagevermögen	45 000 €
		Umlaufvermögen	30 000 €
	450 000 €		450 000 €

A	Ergänzungsbilanz für MA		P
Minderkapital	225 000 €	Geschäftswert	93 750 €
		Grund + Boden	15 000 €
		Gebäude	30 000 €
		Maschinen	48 750 €
		sonstiges Anlagevermögen	22 500 €
		Umlaufvermögen	15 000 €
	225 000 €		225 000 €

Eine mit dieser Bilanz identische Ergänzungsbilanz ist für WG zu erstellen.

Im Ergebnis ist das übergegangene Vermögen zutreffend gem. § 4 Abs. 1 Satz 1 UmwStG mit dem Schlussbilanzwert (Buchwert) der B-GmbH angesetzt worden.

2.2 Auf- und Abspaltung auf eine Personengesellschaft

Die Auf- oder Abspaltung einer Körperschaft auf eine Personengesellschaft ist in § 16 UmwStG geregelt. Soweit Vermögen einer Körperschaft durch Auf- oder Abspaltung auf eine Personengesellschaft übergeht, gelten die §§ 3 bis 6 und 15 UmwStG entsprechend. Des Weiteren sind die in § 15 UmwStG genannten Spaltungsvoraussetzungen zu erfüllen. 341

Durch den Verweis auf die §§ 3 bis 8 UmwStG wird die Auf- oder Abspaltung als Teilverschmelzung behandelt. Es treten dieselben Rechtsfolgen wie bei der Verschmelzung auf eine Personengesellschaft ein – lediglich bezogen auf den durch die Spaltung übertragenen Teilbetrieb. Die sich spaltende Körperschaft hat (für den übertragenen Teil- 342 betrieb) eine steuerliche Übertragungsbilanz nach den Regelungen in § 3 UmwStG aufzustellen. Die übernehmende Personengesellschaft hat den übergegangenen Teilbetrieb mit dem Wert anzusetzen, mit dem er in der Übertragungsbilanz angesetzt wurde.

Soweit die Anteile an der übertragenden Körperschaft am steuerlichen Übertragungsstichtag nicht zum Betriebsvermögen der übernehmenden Personengesellschaft gehören und von ihr auch nicht im Rückwirkungszeitraum angeschafft worden sind, gelten sie

- als grundsätzlich zu Buchwerten in das Betriebsvermögen der übernehmenden Personengesellschaft überführt, wenn es sich um Anteile im Betriebsvermögen eines Gesellschafters handelt (§ 5 Abs. 3 UmwStG);
- als mit den Anschaffungskosten in das Betriebsvermögen der übernehmenden Personengesellschaft eingelegt, wenn es sich um eine Beteiligung i. S. d. § 17 EStG oder § 20 Abs. 2 Satz 1 Nr. 1 EStG handelt.

Bei der übernehmenden Personengesellschaft ist nach Verschmelzungsgrundsätzen das Übernahmeergebnis zu ermitteln. Bei den Gesellschaftern sind die offenen Rücklagen der übertragenden Körperschaft nach § 7 UmwStG zu ermitteln und als Einnahmen i. S. d. § 20 EStG zu versteuern.

Zu beachten ist jeweils, dass sich die Ermittlung nur auf den entsprechenden Anteil erstreckt. Der Anteil bestimmt sich nach dem Verhältnis des gemeinen Wertes des übergehenden Teilbetriebsvermögens zum gemeinen Wert des Vermögens vor der Spaltung.

2.3 Kontrollfragen

FRAGEN

		Rdn.
1.	Wie ist die Verschmelzung einer Körperschaft auf eine Personengesellschaft nach allgemeinem Ertragsteuerrecht zu beurteilen? Stellen Sie die ertragsteuerlichen Folgen für die übertragende Körperschaft, die übernehmende Personengesellschaft und die Anteilseigner der übertragenden Körperschaft dar!	26 ff.
2.	Was bedeutet „Maßgeblichkeit des Gesellschaftsrechts"?	34
3.	Welche Umwandlungen bezeichnet man als ausländische Vorgänge und unter welchen sachlichen Voraussetzungen sind die §§ 3 – 8 UmwStG auf ausländische Umwandlungen anzuwenden?	36 ff.
4.	Wie ist bei der Vergleichbarkeitsprüfung vorzugehen?	39 ff.
5.	Ist der Umwandlungs- bzw. Verschmelzungsstichtag identisch mit dem steuerlichen Übertragungsstichtag?	64
6.	Worin unterscheidet sich die nach allgemeinen Gewinnermittlungsvorschriften zu erstellende steuerliche Schlussbilanz von der steuerlichen Schlussbilanz i. S. d. § 3 Abs. 1 UmwStG?	63 ff.

7.	Kann auf die Erstellung einer Schlussbilanz nach § 3 UmwStG verzichtet werden?	67
8.	In welchen Fällen ist bei der Verschmelzung einer ausländischen Körperschaft eine steuerliche Schlussbilanz nach § 3 UmwStG im Inland abzugeben?	69
9.	Wie wirken sich steuerfreie Rücklagen (z. B. nach § 6b EStG) in der Schlussbilanz i. S. d. § 3 UmwStG aus?	78
10.	Wie ermittelt sich der steuerliche Übertragungsgewinn (aufgrund eines Wertansatzes nach § 3 Abs. 1 UmwStG)?	80
11.	Wie ist die durch eine Verschmelzung entstehende Grunderwerbsteuer ertragsteuerlich zu behandeln?	83, 219
12.	In welchen Fällen wirkt sich der Ansatz des übergehenden Betriebsvermögens mit dem gemeinen Wert steuerlich vorteilhaft aus?	84
13.	Was ist unter der Einheitlichkeit bei dem Wertansatz der übergehenden Wirtschaftsgüter zu verstehen?	91
14.	Kann eine rein vermögensverwaltende GmbH zu Buchwerten in eine KG formgewechselt werden?	326, 96
15.	In welchen Fällen einer Inlandsverschmelzung (einer Körperschaft) mit Auslandsbezug verschlechtert sich das Besteuerungsrecht Deutschlands an den übergehenden Wirtschaftsgütern bei den Gesellschaftern der übernehmenden Personengesellschaft oder bei der natürlichen Person?	104 ff.
16.	Welche Art von Gegenleistung führt bei der verschmelzenden Körperschaft (zwingend) zur Aufdeckung von stillen Reserven?	118
17.	In welchen Fällen sind Zahlungen an ehemalige Anteilseigner im Zusammenhang mit der Verschmelzung einer Körperschaft keine „schädliche" Gegenleistung i. S. d. § 3 Abs. 2 S. 1 Nr. 3 UmwStG?	122 ff.
18.	In welcher Form ist ein Antrag auf Buch- oder Zwischenwertansatz zu stellen?	130 ff.
19.	Welche Bedeutung hat der Wertansatz in der Schlussbilanz der verschmelzenden oder formwechselnden Kapitalgesellschaft für die übernehmende Personengesellschaft und ihre Gesellschafter? (Stellen Sie die für die übernehmende Personengesellschaft/natürliche Person sich ergebenden (möglichen) steuerlichen Folgen in systematischer Reihenfolge dar!)	134, 155, 157
20.	Welche Anforderungen muss ein Antrag für einen Zwischenwertansatz erfüllen?	136 f.
21.	Welcher angenommene Sachverhalt liegt dem gesetzlichen Regelwerk zugrunde?	155 f., 159
22.	In welchen Fällen ist ein Beteiligungskorrekturgewinn zu ermitteln?	159 ff.
23.	Wie ermitteln sich die anlässlich der Verschmelzung einer Körperschaft auf ein Personenunternehmen zu versteuernden Einnahmen i. S. d. § 20 Abs. 1 Nr. 1 EStG?	172
24.	Inwieweit hat die auf die Einnahmen i. S. d. § 7 UmwStG zu erhebende Kapitalertragsteuer Abgeltungswirkung?	180 f.
25.	In welchem Umfang unterliegen die Einnahmen i. S. d. § 7 UmwStG der GewSt?	181
26.	Wie ermittelt sich das Übernahmeergebnis im Fall der Verschmelzung einer Körperschaft auf ein Personenunternehmen?	183
27	Wie wirkt sich bei einer Buchwertverschmelzung steuerfreies Auslandsvermögen auf das Übernahmeergebnis der übernehmenden Personengesellschaft aus?	189 ff.

28.	Sind die gemeinen Werte des ausländischen Vermögens einer EU-ausländischen Kapitalgesellschaft mit (mindestens) einem inländischen Anteilseigner für dessen inländische Besteuerung von Bedeutung, wenn die Kapitalgesellschaft in eine ausländische Personengesellschaft zu Buchwerten formgewechselt wird?	192
29.	Ist für alle Anteile an der übertragenden Körperschaft ein Übernahmegewinn zu ermitteln?	209
30.	Ist ein Übernahmeverlust mit positiven Einkünften verrechenbar und wenn ja in welcher Höhe?	225 ff.
31.	In welchen Fällen sind bei der Verschmelzung einer Körperschaft für einen Anteilsinhaber mehrere Ermittlungen des Übernahmeergebnisses vorzunehmen?	229, 236
32.	Beschreiben Sie 3 Beispiele für die Entstehung eines Übernahmefolgegewinns!	243 ff.
33.	Wie sind die Abschreibungen für die abnutzbaren Wirtschaftsgüter bei der Übernehmerin zu ermitteln?	267 ff.
34.	Welche Bedeutung hat der steuerliche Übertragungsstichtag?	288 f.
35.	Bestimmen Sie die Zeitspanne für den steuerlichen Rückwirkungszeitraum!	298
36.	Wie sind Anteilsveräußerungen (Veräußerung von Anteilen an der übertragenden Körperschaft) und Gewinnausschüttungen im Rückwirkungszeitraum ertragsteuerlich zu beurteilen?	301 ff.
37.	Wie sind Rechtsgeschäfte zwischen der übertragenden Körperschaft und der Übernehmerin im Rückwirkungszeitraum ertragsteuerlich zu beurteilen?	311 ff.
38.	Beschreiben Sie die umwandlungssteuerrechtlich geregelten Verlustnutzungsausschlüsse und -beschränkungen!	322 ff.
39.	Was unterscheidet den Formwechsel von einer Verschmelzung und wie ist der Formwechsel einer Kapitalgesellschaft in eine Personengesellschaft ertragsteuerlich zu beurteilen?	324 ff.
40.	Unterliegen der Übertragungsgewinn, die Einnahmen i. S. d. § 7 UmwStG und das Übernahmeergebnis der Gewerbesteuer?	330 ff.
41.	Unter welchen Voraussetzungen unterliegt ein Gewinn aus der Veräußerung eines Anteils an einer Steuerberatungs-GbR, die aus dem Formwechsel einer GmbH entstanden ist, der Gewerbesteuer?	334 f.

KAPITEL 3: UMWANDLUNG VON KÖRPERSCHAFTEN IN KÖRPERSCHAFTEN

Kapitel 3: Umwandlung von Körperschaften in Körperschaften

3.1 Verschmelzung oder Vermögensübertragung auf eine andere Körperschaft

343 Bei der **Verschmelzung** einer Körperschaft auf eine andere Körperschaft i. S. d. § 2 UmwG geht das Vermögen der einen Körperschaft (übertragende Körperschaft) als Ganzes (Gesamtrechtsnachfolge) auf eine andere Körperschaft (übernehmende Körperschaft) über. Bei der übernehmenden Körperschaft kann es sich um eine bereits bestehende Körperschaft handeln (Verschmelzung durch Aufnahme, § 2 Nr. 1 UmwG) oder um eine Körperschaft, die mit der Umwandlung neu gegründet wird (Verschmelzung durch Neugründung, § 2 Nr. 2 UmwG). In dem letztgenannten Fall (Verschmelzung durch Neugründung) müssen mindestens zwei übertragende Rechtsträger vorhanden sein, die miteinander verschmelzen.

Mit der Verschmelzung erlischt die übertragende Körperschaft, ohne abgewickelt zu werden. Das Erlöschen tritt mit der Eintragung der Verschmelzung in das für die übernehmende Körperschaft maßgebende öffentliche Register (Handelsregister) ein (§ 20 Abs. 1 Nr. 2 UmwG). Den Anteilsinhabern der übertragenden Körperschaft werden Anteile an der übernehmenden Körperschaft gewährt.

344 Bei der **Vermögensübertragung** i. S. d. § 174 UmwG (Vollübertragung) wird – wie bei einer Verschmelzung – das Vermögen einer Körperschaft als Ganzes auf eine andere Körperschaft übertragen. Im Unterschied zur Verschmelzung erhalten die Anteilsinhaber der übertragenden Körperschaft aber keine Anteilsrechte an der übernehmenden Körperschaft, sondern eine Gegenleistung anderer Art. Außerdem können übertragende und übernehmende Körperschaft nur ganz bestimmte, in § 175 UmwG abschließend aufgeführte Rechtsträger sein.

3.1.1 Ertragsteuerliche Folgen nach allgemeinen Vorschriften

3.1.1.1 Übertragende Körperschaft

345 Nach den allgemeinen Vorschriften ist die Verschmelzung für die übertragende Körperschaft ein steuerlich zwingend gewinnrealisierender Vorgang. Das ergibt sich bereits aus dem Subjektsteuerprinzip, nach dem die Steuerbelastung aus Vermögenszuwächsen bei der Person herzustellen ist, bei der sie entstanden ist. Das Subjektsteuerprinzip ist Bestandteil des Leistungsfähigkeitsprinzips, dem die Einkommensteuer und damit auch die Körperschaftsteuer unterliegen. Es müssten alle stillen Reserven aufgedeckt und die dadurch entstehende Steuerbelastung noch bei der übertragenden Körperschaft – die mit der Verschmelzung erlischt – hergestellt werden.

Rechtsgrundlage für eine solche **Schlussbesteuerung** ist § 11 KStG. Seinem Wortlaut nach ist dieser Tatbestand zwar nicht erfüllt, denn bei einer Verschmelzung wird die übertragende Körperschaft nicht abgewickelt (§ 2 UmwG). Die Vermögensübertragung ist jedoch entweder als liquidationsähnliche Sachauskehrung oder als ein veräußerungsähnlicher Vorgang zu betrachten.

Von einer liquidationsähnlichen Sachauskehrung ist auszugehen, wenn – bei der Aufwärtsverschmelzung auf die 100 %-Muttergesellschaft (up-stream-merger) – alle materiellen und immateriellen Wirtschaftsgüter (einschließlich eines Geschäftswertes) an die Gesellschafterin ausgekehrt werden (Sachausschüttung). In anderen Fällen der Verschmelzung ist die Vermögensübertragung als Veräußerung des gesamten Betriebsvermögens an die übernehmende Körperschaft mit anschließender Auskehrung der als Gegenleistung erhaltenen Gesellschaftsrechte an die Anteilseigner zu sehen.

Auch die Verwaltung betrachtet die Verschmelzung auf der Ebene des übertragenden 346
Rechtsträgers als Veräußerung des übertragenen Vermögens (Rdn. 00.02 UmwStE).

3.1.1.2 Übernehmende Körperschaft

Die übernehmende Körperschaft hätte nach den allgemeinen ertragsteuerrechtlichen 347
Vorschriften die auf sie übergehenden Wirtschaftsgüter mit ihren gemeinen Werten (oder Teilwerten) zu übernehmen. Soweit sie selbst an der übertragenden Körperschaft beteiligt war, stellt sich die Vermögensübertragung als **Sachausschüttung** aller materiellen und immateriellen Wirtschaftsgüter (einschließlich des Geschäftswertes) dar, die bei der Empfängerin mit dem gemeinen Wert zu bewerten ist.

Ist die übernehmende Körperschaft über gemeinsame Gesellschafter mit der übertragenden Körperschaft verbunden, ist die Vermögensübertragung als Sachausschüttung (zum gemeinen Wert) an die Gesellschafter und anschließende verdeckte Einlage oder offene Sacheinlage durch die Gesellschafter in die übernehmende Körperschaft (mit dem Teilwert oder dem gemeinen Wert) zu sehen. In jedem Fall wären – ohne die §§ 11 und 12 UmwStG – die Wirtschaftsgüter mit ihren Verkehrswerten auf die übernehmende Körperschaft zu übertragen.

Die Verwaltung sieht auf der Ebene des übernehmenden Rechtsträgers die Verschmel- 348
zung als Anschaffung des übergehenden Vermögens (Rdn. 00.02 UmwStE).

3.1.1.3 Anteilseigner der übertragenden Körperschaft

Bei den Anteilseignern kommt es durch die Verschmelzung zweier Körperschaften zu 349
einem **Tausch der Anteile** an der übertragenden Körperschaft gegen Anteile an der übernehmenden Körperschaft. Der Tausch ist ein voll entgeltlicher Vorgang. Die Anteile an der übertragenden Körperschaft werden veräußert (BFH v. 24.1.2018 - I R 48/15, BStBl 2019 II 45). Der Veräußerungspreis besteht in den Anteilen an der übernehmenden Körperschaft. Bewertungsmaßstab ist der gemeine Wert (§ 11 BewG).

Die Besteuerung des sich ergebenden Veräußerungsgewinns erfolgt entweder im Rahmen der betrieblichen Einkünfte (bei Zugehörigkeit der Anteile zum Betriebsvermögen oder bei Anwendung des § 17 EStG) oder im Rahmen der Einkünfte aus Kapitalvermögen (§ 20 Abs. 2 Satz 1 Nr. 1 EStG). Die Anteile an der übernehmenden Körperschaft werden entgeltlich erworben, also angeschafft (s. auch Rdn. 00.03 UmwStE). Als Anschaffungskosten ist der gemeine Wert der („hingegebenen") Anteile an der übertragenden Körperschaft anzusetzen (§ 6 Abs. 6 Satz 1 EStG für den Fall, dass die erworbenen Anteile zum Betriebsvermögen gehören).

3.1.2 Konzeption und Telos der §§ 11 bis 13 UmwStG

350 Entgegen dem Subjektsteuerprinzip wird mit den §§ 11 und 12 UmwStG ein interpersonaler **Transfer der stillen Reserven** von der übertragenden auf die übernehmende Körperschaft und damit eine **steuerneutrale Umwandlung** ermöglicht. Ziel dieser Vorschriften ist, betriebswirtschaftlich erwünschte Umstrukturierungen nicht durch steuerrechtliche Folgen zu behindern. Erreicht wird dieses Ziel durch die in § 11 Abs. 2 UmwStG geschaffene Möglichkeit, die durch die Verschmelzung übergehenden Wirtschaftsgüter – bei Vorliegen der weiteren, dort genannten Voraussetzungen – in der steuerlichen Schlussbilanz der übertragenden Körperschaft mit den Buchwerten anzusetzen. Die Wertansätze erfolgen unabhängig von den Ansätzen in der Handelsbilanz – der Grundsatz der Maßgeblichkeit der Handelsbilanz für die Steuerbilanz gilt insoweit nicht mehr (BR-Drucks. 542/06 55).

Die mit Hilfe dieser Regelung bei der übertragenden Körperschaft nicht mehr besteuerten stillen Reserven müssen mit ihrer späteren Realisierung durch die übernehmende Körperschaft der Besteuerung zugeführt werden. Um dies zu gewährleisten, ordnet § 12 UmwStG für die übernehmende Körperschaft eine strikte Wertverknüpfung mit der steuerlichen Schlussbilanz der übertragenden Körperschaft an. Die Übernehmerin tritt hinsichtlich des übertragenen Betriebsvermögens an die Stelle der Übertragerin.

351 Ihre **Rechtfertigung** findet die Regelung über die mögliche **Steuerneutralität** in der Überlegung, dass es bei den Vermögensübertragungen im Rahmen des UmwG nicht um die Realisierung von Markteinkommen geht, sondern um die Fortführung unternehmerischen Engagements unter verbesserten Bedingungen. Umwandlungen der Unternehmensträger dienen dem Erhalt und der Verbesserung der Erwerbsgrundlagen. Es kommt nicht zu einem Umsatzakt in dem Sinne, dass Wirtschaftsgüter aus dem Betriebsvermögen ausscheiden. Vielmehr bleiben sie als Ganzes durch Fortsetzung des unternehmerischen Engagements steuerverhaftet.

Unter der Prämisse, dass außer der Gewährung von Gesellschaftsrechten keine anderen Gegenleistungen für die Vermögensübertragung gewährt werden, wird ein Übergang von stillen Reserven im übertragenen Vermögen von einem auf das andere Steuersubjekt zu Buchwerten akzeptiert. Die Besteuerung der stillen Reserven wird nicht aufgehoben, sondern nur aufgeschoben.

352 Im Übrigen sollen die Regelungen der §§ 11 ff. UmwStG gemeinschaftsrechtlichen Vorgaben Rechnung tragen, indem sie nicht nur auf die Verschmelzung inländischer Körperschaften anzuwenden sind, sondern auch auf grenzüberschreitende Verschmelzungen von Körperschaften und Verschmelzungen ausländischer Körperschaften, soweit sie ihren Sitz und ihre Geschäftsleitung innerhalb der EU oder des EWR haben. Die gemeinschaftsrechtlichen Vorgaben sind die:

VERORDNUNG (EG) Nr. 2157/2001 des Rates vom 8.10.2001 über das Statut der Europäischen Gesellschaft (SE), ABl. EG Nr. L 294 S. 1, zuletzt geändert durch die Verordnung (EG) Nr. 1791/2006 des Rates vom 20.11.2006 (ABl EU Nr. L 363 S. 1),

VERORDNUNG (EG) Nr. 1435/2003 des Rates vom 22.7.2003 über das Statut der Europäischen Genossenschaft (SCE), ABl. EG Nr. L 207 S. 1,

RICHTLINIE 2009/133/EG des Rates vom 19.10.2009 über das gemeinsame Steuersystem für Fusionen, Spaltungen, die Einbringung von Unternehmensteilen und den Austausch von Anteilen, die Gesellschaften verschiedener Mitgliedstaaten betreffen, sowie für die Verlegung des Sitzes einer Europäischen Gesellschaft oder einer Europäischen Genossenschaft von einem Mitgliedstaat in einen anderen Mitgliedstaat (ABl L 310 vom 25.11.2009, S. 34), die zuletzt durch die Richtlinie 2013/13/EU (ABl L 141 vom 28.5.2013, S. 30) geändert worden ist (Fusionsrichtlinie) und

RICHTLINIE 2017/1132/EU des Europäischen Parlaments und des Rates vom 14. Juni 2017 über bestimmte Aspekte des Gesellschaftsrechts Nr. L, Ausgabe 169, 2017 Seite 46 (Gesellschaftsrechtsrichtlinie).

Die Möglichkeit, grenzüberschreitende Umwandlungen steuerneutral zu gestalten, 353 darf allerdings nicht dazu führen, dass das deutsche Steueraufkommen gefährdet wird. Deswegen sind zugleich Maßnahmen zur **Sicherung deutscher Besteuerungsrechte** getroffen worden.

Auf Ebene des Anteilseigners der übertragenden Körperschaft eröffnet § 13 Abs. 2 354 UmwStG schließlich die Möglichkeit, den durch die Verschmelzung eintretenden Anteilstausch nicht als Veräußerungs- und Anschaffungsgeschäft, sondern steuerneutral zu behandeln. Die erworbenen Anteile an der übernehmenden Körperschaft treten dann an die Stelle der Anteile an der übertragenden Körperschaft. Dies ist aber nur möglich, wenn das deutsche Besteuerungsrecht für Gewinne aus der Veräußerung der betroffenen Anteile nicht beschränkt wird.

§ 13 UmwStG ist nur insoweit relevant, als die übernehmende Körperschaft nicht selbst an der übertragenden Körperschaft beteiligt ist.

3.1.3 Sachlicher Anwendungsbereich – Umwandlungsformen

3.1.3.1 Verschmelzung einer Körperschaft auf eine andere Körperschaft

Der **sachliche Anwendungsbereich** der §§ 11 bis 13 UmwStG wird durch § 1 Abs. 1 355 UmwStG bestimmt. Gemäß § 1 Abs. 1 Satz 1 Nr. 1 UmwStG gilt der dritte Teil des UmwStG (§§ 11 bis 13 UmwStG) für die Verschmelzung einer Körperschaft auf eine andere Körperschaft. Dass für die Anwendung der §§ 11 bis 13 UmwStG auch die übernehmende Rechtsträgerin eine Körperschaft sein muss, ist dem Wortlaut des § 11 Abs. 1 Satz 1 UmwStG und des § 12 Abs. 1 Satz 1 UmwStG zu entnehmen (zu Auf- und Abspaltungen wird gesondert unter 3.2. eingegangen).

356 Anknüpfungspunkt für den sachlichen Anwendungsbereich ist der gesellschaftsrechtliche Umwandlungsvorgang. Es muss eine auf einer gesetzlichen Grundlage basierende zivilrechtlich wirksame Verschmelzung vorliegen (**Maßgeblichkeit des Gesellschaftsrechts**). In Betracht kommen:

Verschmelzung i. S. d. § 2 UmwG

Verschmelzungen i. S. d. § 2 UmwG sind gem. § 1 Abs. 1 UmwG möglich, wenn die beteiligten Rechtsträger ihren Sitz im Inland haben (inländische Verschmelzungen vgl. Rdn. 36).

Grenzüberschreitende Verschmelzung i. S. d. § 305 UmwG

Eine grenzüberschreitende Verschmelzung ist gem. § 305 Abs. 1 UmwG eine Verschmelzung, bei der mindestens eine der beteiligten Gesellschaften dem Recht eines anderen Mitgliedstaats der EU oder eines anderen EWR-Staats unterliegt. Bei Beteiligung einer (inländischen) Kapitalgesellschaft an der grenzüberschreitenden Verschmelzung sind gem. § 305 Abs. 2 UmwG die Vorschriften über die Inlandsverschmelzungen entsprechend anzuwenden, soweit sich aus den §§ 306 bis 319 UmwG nichts anderes ergibt.

Vergleichbare ausländische Vorgänge

Ein ausländischer Umwandlungsvorgang liegt vor, wenn das (deutsche) UmwG weder auf den übertragenden Rechtsträger noch auf den übernehmenden Rechtsträger Anwendung findet. Zur Vergleichbarkeitsprüfung s. Rdn. 40 ff.

Verschmelzung i. S. d. Art. 17 der Verordnung Nr. 2157/2001

Es handelt sich dabei um die Gründung einer Europäischen Gesellschaft (SE) durch Verschmelzung.

Verschmelzung i. S. d. Art. 19 der Verordnung Nr. 1435/2003

Es handelt sich um die Gründung einer Europäischen Genossenschaft (SCE) durch Verschmelzung.

357 Gemäß § 1 Abs. 1 Satz 1 Nr. 3 UmwStG gelten die §§ 11 bis 13 UmwStG auch für eine **Umwandlung i. S. d. § 1 Abs. 2 UmwG**, soweit sie einer Verschmelzung nach § 2 UmwG entspricht. In Betracht kommen nach Bundes- oder Landesrecht geregelte Verschmelzungen von Sparkassen oder von öffentlich-rechtlichen Versicherungsunternehmen oder die Zusammenführung von Betrieben gewerblicher Art. Diese rein nationalen, nicht im UmwG geregelten Umwandlungsvorgänge müssen allerdings dieselben Vergleichbarkeitskriterien wie die ausländischen Umwandlungen erfüllen (Rdn.01.07 i. V. m. 01.24 UmwStE).

3.1.3.2 Vermögensübertragung i. S. d. § 174 UmwG

358 In den Anwendungsbereich der §§ 11 bis 13 UmwStG fällt auch die Vermögensübertragung in Form der Vollübertragung i. S. d. § 174 UmwG (§ 1 Abs. 1 Satz 1 Nr. 4 UmwStG). Dabei wird wie bei einer Verschmelzung das Vermögen einer Körperschaft im Wege der Gesamtrechtsnachfolge unter Auflösung ohne Abwicklung auf eine ande-

re Körperschaft übertragen. Die Möglichkeiten einer solchen Vermögensübertragung bzw. die möglichen beteiligten Rechtsträger sind jedoch sehr begrenzt (s. § 175 UmwG).

3.1.4 Persönlicher Anwendungsbereich

Die §§ 11 bis 13 UmwStG kommen in den Fällen der Verschmelzung nur insoweit zur 359
Anwendung, als es sich bei der übertragenden und der übernehmenden Rechtsträgerin jeweils um eine Körperschaft handelt (s. § 11 Abs. 1 Satz 1, § 12 Abs. 1 Satz 1 UmwStG).

BEISPIEL ▸ Die A-GmbH und die B-KG werden nach § 2 UmwG auf die dadurch neu entstehende C-GmbH verschmolzen.

LÖSUNG ▸ Die §§ 11 bis 13 UmwStG gelten nur für die Verschmelzung der A-GmbH auf die C-GmbH. Für die Verschmelzung der B-KG auf die C-GmbH gelten die §§ 20, 22 und 23 UmwStG (sechster Teil des UmwStG), weil – steuerlich betrachtet – die Gesellschafter der B-KG den Betrieb der KG in die C-GmbH einbringen und dafür (als Gegenleistung) neue Anteile an der C-GmbH erhalten (§ 1 Abs. 3 Nr. 1 i. V. m. § 20 Abs. 1 UmwStG).

Körperschaften sind rechtsfähige Vereinigungen (juristische Personen), deren „Körper" 360
aus einzelnen natürlichen oder juristischen Personen besteht. Für die Inlandsverschmelzungen bestimmt § 3 Abs. 1 und 2 UmwG in einer abschließenden Aufzählung die folgenden **verschmelzungsfähigen** Körperschaften, die als übertragende und übernehmende Rechtsträger in Betracht kommen:

- Kapitalgesellschaften (AG, KGaA, GmbH),
- eingetragene Genossenschaften (e. G.) und
- eingetragene Vereine i. S. d. § 21 BGB,
- genossenschaftliche Prüfungsverbände,
- Versicherungsvereine auf Gegenseitigkeit sowie (nur) als übertragende Rechtsträger
- wirtschaftliche Vereine i. S. d. § 22 BGB.

Die Frage der **persönlichen Steuerpflicht** spielt für die Anwendung der §§ 11 bis 13 UmwStG keine Rolle.

An **grenzüberschreitenden Verschmelzungen** i. S. d. § 305Abs. 1 UmwG können gem. 361
§ 306 Abs. 1 Nr. 1 UmwG als übertragende und übernehmende Rechtsträger nur Kapitalgesellschaften im Sinne des Art. 119 Nr. 1 der Richtlinie 2017/1132/EU (Gesellschaftsrechtsrichtlinie) beteiligt sein, die nach dem Recht eines Mitgliedstaats der EU oder eines anderen EWR-Vertragsstaats gegründet worden sind und ihren satzungsmäßigen Sitz, ihre Hauptverwaltung oder ihre Hauptniederlassung in einem Mitgliedstaat der EU oder einem anderen EWR-Vertragsstaat haben. Als übernehmende oder neue Gesellschaften können gem. § 306 Abs. 1 Nr. 2 UmwG ferner Personenhandelsgesellschaften i. S. d. § 3 Abs. 1 Nr. 1 UmwG beteiligt sein, mit in der Regel nicht mehr als 500 Arbeitnehmern.

Ausdrücklich ausgenommen von der Beteiligtenfähigkeit an grenzüberschreitenden Verschmelzungen sind Genossenschaften sowie Gesellschaften, deren Zweck es ist, die vom Publikum bei ihnen eingelegten Gelder nach dem Grundsatz der Risikostreuung gemeinsam anzulegen und deren Anteile auf Verlangen der Anteilsinhaber unmittelbar oder mittelbar zulasten des Vermögens dieser Gesellschaft zurückgenommen oder ausgezahlt werden (§ 306 Abs. 2 UmwG).

362 Mit Wirkung zum 1.1.2022 wurde der § 1 Abs. 2 UmwStG ersatzlos gestrichen und somit der Zweite bis Fünfte Teil des UmwStG globalisiert. Auf einen **persönlichen Anwendungsbereich** (der §§ 11 bis 13 UmwStG) kommt es insoweit nicht mehr an.

3.1.5 Steuerliche Folgen für die übertragende Körperschaft, § 11 UmwStG

3.1.5.1 Pflicht zur Erstellung einer steuerlichen Übertragungsbilanz

363 Die übertragende Körperschaft hat auf den steuerlichen Übertragungsstichtag zunächst eine den allgemeinen Gewinnermittlungsgrundsätzen entsprechende Jahresabschlussbilanz und darüber hinaus gem. § 11 Abs. 1 Satz 1 UmwStG eine steuerliche Schlussbilanz (steuerliche Übertragungsbilanz) zu erstellen.

364 Die Ausführungen zu § 3 UmwStG, betreffend

- den steuerlichen Übertragungsstichtag i. S. d. § 2 Abs. 1 Satz 1 UmwStG (nicht zu verwechseln mit dem handelsrechtlichen Umwandlungsstichtag i. S. d. § 5 Abs. 1 Nr. 6 UmwG, der in der Regel dem steuerlichen Übertragungsstichtag folgt, Rdn. 02.01 und 02.02 UmwStE) (Rdn. 64),

,

- das Ende des letzten Wirtschaftsjahres der übertragenden Körperschaft am steuerlichen Übertragungsstichtag mit der Folge eines nach allgemeinen Gewinnermittlungsvorschriften zu erstellenden Jahresabschlusses i. S. d. §§ 4 Abs. 1, 5 EStG (Rdn. 65),
- die Pflicht zur Erstellung einer eigenständigen steuerlichen Schlussbilanz (Übertragungsbilanz) hier i. S. d. § 11 Abs. 1 UmwStG auf den steuerlichen Übertragungsstichtag und den Wegfall der Bindung der Steuerbilanz an die Handelsbilanz (Rdn. 66) und
- die auch für ausländische übertragende Körperschaften bestehende Pflicht zur Erstellung einer steuerlichen Schlussbilanz,

gelten entsprechend.

365 Die steuerliche Übertragungsbilanz ist für die inländische Besteuerung von Bedeutung, wenn

- die übertragende Körperschaft im Inland unbeschränkt oder beschränkt körperschaftsteuerpflichtig ist oder (bei fehlender persönlicher Steuerpflicht der Übertragerin) wenn
- die übernehmende Körperschaft unbeschränkt oder beschränkt körperschaftsteuerpflichtig ist. In diesem Fall wirkt sich der Wertansatz in der steuerlichen Übertra-

gungsbilanz auf den für die übernehmende Körperschaft zu ermittelnden Übernahmegewinn (§ 12 Abs. 1 und 2 UmwStG) aus.

Die steuerliche Übertragungsbilanz ist nach deutschen steuerlichen **Bilanzierungsgrundsätzen** aufzustellen. Das gilt auch in den Fällen, in denen eine ausländische Körperschaft auf eine andere ausländische Körperschaft verschmilzt, wenn die Übertragungsbilanz für inländische Besteuerungszwecke benötigt wird. Für die (inländische) steuerliche Übertragungsbilanz besteht weder eine Bindung an Wertansätze in der Handelsbilanz noch an ausländische Bilanzierungsvorschriften. 366

3.1.5.2 Gemeiner Wert als grundsätzlicher Bewertungsmaßstab

Die übergehenden Wirtschaftsgüter sind – mit Ausnahme der Pensionsrückstellungen – gem. § 11 Abs. 1 Satz 1 UmwStG in der steuerlichen Schlussbilanz der übertragenden Körperschaft grundsätzlich mit dem gemeinen Wert anzusetzen. Dies gilt auch für selbst geschaffene **immaterielle Wirtschaftsgüter einschließlich eines nicht entgeltlich erworbenen (originären)** Geschäfts- oder Firmenwertes – und zwar auch dann, wenn der Betrieb der übertragenden Körperschaft nicht fortgeführt wird (Rdn. 11.03 UmwStE). 367

Die Ausführungen zu § 3 UmwStG, betreffend 368

- die Wertfindung für die Gesamtheit der übergehenden aktiven und passiven Wirtschaftsgüter in Anlehnung an § 109 Abs. 1 Satz 2 i. V. m. § 11 Abs. 2 BewG (Rdn. 70 bis 74),
- die Bewertung der Pensionsrückstellungen (hier) nach § 11 Abs. 1 Satz 2 UmwStG mit dem Teilwert nach § 6a EStG (Rdn. 75),
- den Bewertungsstichtag (= steuerlicher Übertragungsstichtag),
- die steuerfreien Rücklagen (Rdn. 78) und
- die steuerlichen Ansatzverbote des § 5 EStG (Rdn. 79),

gelten entsprechend.

3.1.5.3 Ermittlung und Besteuerung des Übertragungsgewinns

Durch den Ansatz sämtlicher Wirtschaftsgüter (einschließlich des Firmenwertes) mit dem gemeinen Wert (für Pensionsrückstellungen: Teilwert nach § 6a EStG) kommt es zur Aufdeckung aller stillen Reserven. Der sich daraus ergebende Gewinn ist der steuerliche Übertragungsgewinn. Dieser Gewinn ist nach den allgemeinen Besteuerungsregeln der Körperschaftsteuer und der Gewerbesteuer zu unterwerfen. Soweit für einzelne in der Übertragungsbilanz enthaltene Wirtschaftsgüter Sonderregelungen gelten (z. B. § 8b Abs. 2 KStG, DBA-Freistellung, § 9 Nr. 3 GewStG etc.), sind diese anzuwenden (zur Anwendung des § 8b Abs. 2 KStG s. auch BMF v. 28.4.2003, BStBl 2003 I 292, Rdn. 23). 369

Die Ausführungen zu § 3 UmwStG, betreffend 370

- die Ermittlung des steuerlichen Übertragungsgewinns (Rdn. 80,81),

- die Umwandlungskosten (Rdn. 82) und
- durch die Verschmelzung anfallende Grunderwerbsteuer (Rdn. 83),

gelten entsprechend.

371 Der Übertragungsgewinn ist zeitlich dem Veranlagungszeitraum zuzurechnen, in den der steuerliche Übertragungsstichtag fällt.

372 Im Falle der Verschmelzung einer **ausländischen Körperschaft** ist ein Übertragungsgewinn nur insoweit in Deutschland zu versteuern, als er auf inländisches steuerverstricktes Betriebsvermögen entfällt.

373 Der steuerliche Übertragungsgewinn kann – unter Vorbehalt des § 2 Abs. 4 UmwStG (s. Rdn. 469) – zum Ausgleich oder zur Verrechnung mit verrechenbaren Verlusten, verbleibenden Verlustvorträgen oder nicht ausgeglichenen negativen Einkünften genutzt werden. Bei der übertragenden Körperschaft vorhandene verrechenbare Verluste, verbleibende Verlustvorträge oder nicht ausgeglichene negative Einkünfte (§§ 2a, 10d, 15 Abs. 4, 15a EStG) sowie Zins- und EBITDA-Vorträge (§ 4h Abs. 1 Satz 5 und § 4h Abs. 1 Satz 3 EStG) gehen nämlich mit der Verschmelzung unter. Sie gehen gem. § 12 Abs. 3 i. V. m. § 4 Abs. 2 Satz 2 UmwStG nicht auf die übernehmende Körperschaft über. Das gilt gem. § 19 Abs. 2 UmwStG auch für den Gewerbeverlust nach § 10a GewStG. Eine **Verlustverwertung** kann aber nur in den Grenzen der Mindestbesteuerung gem. § 10d Abs. 2 EStG und § 10a GewStG erfolgen. (Beispiel zur Ermittlung des steuerlichen Übertragungsgewinns im Zusammenhang mit einer Verlustnutzung: s. Rdn. 84 zu § 3 UmwStG.)

374 Handelt es sich bei der übertragenden Körperschaft um eine Organgesellschaft, ist der Übertragungsgewinn von der Organgesellschaft selbst zu versteuern; er unterliegt nicht der vertraglichen Gewinnabführungsverpflichtung (Rdn. Org. 27 UmwStE).

3.1.5.4 Buch- oder Zwischenwertansatz

375 Unter den Voraussetzungen des § 11 Abs. 2 Satz 1 UmwStG können die übergehenden Wirtschaftsgüter in der steuerlichen Übertragungsbilanz einheitlich – anstatt mit dem gemeinen Wert – mit dem Buchwert oder mit einem zwischen Buchwert und gemeinem Wert liegenden Wert (Zwischenwert) angesetzt werden. Damit wird das eigentliche Ziel des UmwStG, nämlich eine **steuerlich unbelastete Umstrukturierung** des Unternehmens, verfolgt.

Die vorgeschriebene **Einheitlichkeit** bei dem Wertansatz der übergehenden Wirtschaftsgüter bedeutet, dass alle Wirtschaftsgüter, die die Voraussetzungen des § 11 Abs. 2 Satz 1 UmwStG erfüllen, in der steuerlichen Übertragungsbilanz entweder mit dem Buchwert oder mit dem gemeinen Wert oder mit einem Zwischenwert anzusetzen sind. Eine Ausnahme bilden die Pensionsrückstellungen, die stets mit dem Teilwert nach § 6a EStG anzusetzen sind. Beim Zwischenwertansatz sind die stillen Reserven aller Wirtschaftsgüter einschließlich eines selbst geschaffenen Geschäfts- oder Firmenwertes um den **gleichen Prozentsatz** aufzulösen.

Für eine Bewertung unterhalb des gemeinen Wertes müssen aber die nachfolgenden Voraussetzungen erfüllt sein.

3.1.5.4.1 Sicherstellung der Besteuerung bei der übernehmenden Körperschaft

Eine **Minderbewertung** (Buch- oder Zwischenwertansatz) der übergehenden Wirtschaftsgüter ist gem. § 11 Abs. 2 Satz 1 Nr. 1 UmwStG nur insoweit möglich, als sichergestellt ist, dass sie später bei der übernehmenden Körperschaft der Besteuerung mit Körperschaftsteuer unterliegen. Es kommt nicht darauf an, ob die Erträge aus der Nutzung oder Veräußerung später tatsächlich besteuert werden. Erforderlich sind vielmehr eine **abstrakte Steuerpflicht** bzw. die fortbestehende Steuerverstrickung der Wirtschaftsgüter. Dabei sind die Verhältnisse am steuerlichen Übertragungsstichtag maßgebend. Sollten sich die Verhältnisse später ändern oder sollte der spätere Veräußerungsgewinn infolge eines Verlustausgleichs oder der Anwendung des § 8b KStG unversteuert bleiben, ist das unschädlich. 376

§ 11 Abs. 2 Satz 1 Nr. 1 UmwStG ist aber nicht erfüllt, soweit die Wirtschaftsgüter auf eine Körperschaft übergehen, die (auch für das auf sie übergehende Vermögen) steuerbefreit ist. Das ist z. B. bei einer nach § 5 Abs. 1 KStG steuerbefreiten Körperschaft der Fall, soweit die Wirtschaftsgüter bei ihr nicht zu einem steuerpflichtigen wirtschaftlichen Geschäftsbetrieb gehören (Rdn. 11.07 UmwStE).

3.1.5.4.2 Kein Ausschluss und keine Beschränkung des deutschen Besteuerungsrechts

Weiterhin dürfen die übergehenden Wirtschaftsgüter in der steuerlichen Schlussbilanz der übertragenden Körperschaft nach § 11 Abs. 2 Satz 1 Nr. 2 UmwStG nur insoweit unterhalb ihres gemeinen Wertes angesetzt werden, als das Recht Deutschlands hinsichtlich der Besteuerung des Gewinns aus deren Veräußerung bei der übernehmenden Körperschaft nicht ausgeschlossen oder beschränkt wird. Mit dieser Voraussetzung soll sichergestellt werden, dass ein vor der Umwandlung bestehendes deutsches Besteuerungsrecht an den übergehenden Wirtschaftsgütern sich durch die Umwandlung nicht verschlechtert. 377

Ein **Ausschluss des deutschen Besteuerungsrechts** liegt vor, wenn das vor der Verschmelzung noch bestehende 378

- uneingeschränkte Besteuerungsrecht oder das
- Besteuerungsrecht mit Anrechnungsverpflichtung

nach der Verschmelzung – z. B. infolge der im DBA angeordneten Freistellungsmethode – nicht mehr besteht.

Eine **Beschränkung des deutschen Besteuerungsrechts** liegt vor, wenn vor der Verschmelzung ein uneingeschränktes Besteuerungsrecht bestand und nach der Verschmelzung nur noch ein Besteuerungsrecht mit Anrechnungsverpflichtung besteht. 379

Es lassen sich folgende **Fallgruppen** unterscheiden:

3.1.5.4.2.1 Inlandsverschmelzung

380 Eine Inlandsverschmelzung liegt vor, wenn die übertragende und die übernehmende Körperschaft inländische Körperschaften sind. Bei einer **Inlandsverschmelzung ohne Auslandsbezug** ist die Voraussetzung des § 11 Abs. 2 Satz 1 Nr. 2 UmwStG erfüllt, weil es durch die Verschmelzung zu keiner Entstrickung eines Wirtschaftsguts kommt. Eine Inlandsverschmelzung ohne Auslandsbezug liegt vor, wenn die übertragende Körperschaft nur über inländisches Betriebsvermögen verfügt.

381 Wird mit der Verschmelzung auch ausländisches Vermögen (z. B. ausländisches Betriebsstättenvermögen) auf die inländische übernehmende Körperschaft übertragen (**Inlandsverschmelzung mit Auslandsbezug**), ist hinsichtlich der im Inland verbliebenen Wirtschaftsgüter die Voraussetzung des § 11 Abs. 2 Satz 1 Nr. 2 UmwStG erfüllt.

Diese Voraussetzung ist aber auch für die in der ausländischen Betriebsstätte verbliebenen Wirtschaftsgüter erfüllt, weil sich durch die Verschmelzung das deutsche Besteuerungsrecht nicht verschlechtert. Allein durch die Verschmelzung ändert sich nichts an der Betriebsstätteneigenschaft und an der Zugehörigkeit der Wirtschaftsgüter. Entweder hatte Deutschland schon vor der Verschmelzung – aufgrund der anzuwendenden Freistellungsmethode – kein Besteuerungsrecht hinsichtlich des Gewinns aus der Veräußerung der Wirtschaftsgüter im Ausland, oder Deutschland hatte ein Besteuerungsrecht mit Anrechnungsverpflichtung.

In dem letztgenannten Fall hat sich das Besteuerungsrecht durch den Rechtsträgerwechsel nicht verschlechtert, weil auch die übernehmende Körperschaft im Inland unbeschränkt körperschaftsteuerpflichtig ist und deshalb die Veräußerungsgewinne für diese Wirtschaftsgüter im Inland unter Anrechnung der im Ausland gezahlten Körperschaftsteuer besteuert werden können.

3.1.5.4.2.2 Hinausverschmelzung

382 Bei der Hinausverschmelzung wird eine inländische Körperschaft auf eine ausländische Körperschaft verschmolzen. In der Regel wird die übernehmende ausländische Körperschaft das bisher von der Übertragerin im Inland betriebene Gewerbe als **inländische Betriebsstätte** fortführen. Damit unterliegt auch die ausländische übernehmende Körperschaft der (beschränkten) inländischen Körperschaftsteuerpflicht. Deutschland behält sein uneingeschränktes Besteuerungsrecht an den weiterhin zur inländischen Betriebsstätte gehörenden Wirtschaftsgütern oder an inländischen Grundstücken. Insoweit ist die Voraussetzung des § 11 Abs. 2 Satz 1 Nr. 2 UmwStG erfüllt und eine – antragsgebundene – Minderbewertung (Bewertung unterhalb des gemeinen Wertes) möglich.

383 Der inländische Betrieb des übertragenden inländischen Unternehmens ist durch die Hinausverschmelzung aber nur noch inländische Betriebsstätte eines ausländischen Unternehmens. Dann ist zu prüfen, ob einzelne Vermögenswerte, also materielle oder immaterielle Wirtschaftsgüter oder Beteiligungen (§ 2 Abs. 6 BsGaV) verschmelzungsbedingt dem übrigen ausländischen Unternehmen – der ausländischen Geschäftsleitungsbetriebsstätte – zuzuordnen sind. Für die Beurteilung der Frage, ob eine Änderung

der Zuordnung vorliegt, ist für Zwecke des innerstaatlichen Rechts (beschränkte Steuerpflicht) und Nicht-DBA-Fälle auf § 1 Abs. 5 AStG, die Grundsätze der Betriebsstättengewinnaufteilungsverordnung (BsGaV) und die Verwaltungsgrundsätze Betriebsstättengewinnaufteilung (VWG BsGa, BMF v. 22.12.2016, BStBl 2017 I 182) abzustellen bzw. ggf. das jeweilige DBA maßgeblich (vgl. Rdn. 03.20 UmwStE). Daraus ergibt sich eine Zuordnung nach Maßstab der ausgeübten Personalfunktionen.

Mit der Zuordnung von Vermögenswerten zu dem übrigen ausländischen Unternehmen verliert Deutschland das Besteuerungsrecht an diesen Wirtschaftsgütern. Deshalb müssen diese Wirtschaftsgüter in der steuerlichen Übertragungsbilanz (zwingend) – unter Aufdeckung der stillen Reserven – mit dem gemeinen Wert angesetzt werden. In dem Fall kann in der steuerlichen Schlussbilanz auf Antrag ein Ausgleichsposten nach § 4g EStG gebildet werden (vgl. Rdn. 11.09 i. V. m. Rdn. 03.20a UmwStE).

Das gilt auch für diejenigen Wirtschaftsgüter, die schon vor der Verschmelzung einer **ausländischen Betriebsstätte** der übertragenden Körperschaft zugeordnet waren und bei denen Deutschland bisher ein Besteuerungsrecht mit Anrechnungsverpflichtung gehabt hat. Mit der Verschmelzung auf die ausländische Körperschaft wird das inländische Besteuerungsrecht an diesen Wirtschaftsgütern vollständig ausgeschlossen.

Eine Hinausverschmelzung kann also dazu führen, dass die übertragende Körperschaft 384
in ihrer steuerlichen Übertragungsbilanz einige (weiterhin der inländischen Betriebsstätte zuzuordnende) Wirtschaftsgüter – auf Antrag – mit dem Buchwert ansetzt und andere Wirtschaftsgüter, bei denen sich das Besteuerungsrecht Deutschlands verschlechtert, mit dem gemeinen Wert ansetzen muss.

3.1.5.4.2.3 Hereinverschmelzung

Bei einer Hereinverschmelzung einer ausländischen Körperschaft auf eine inländische 385
Körperschaft verschlechtert sich regelmäßig das deutsche Besteuerungsrecht nicht. Soweit mit der Verschmelzung Wirtschaftsgüter übergehen, die dem Ausland zugeordnet waren, hat Deutschland bisher kein Besteuerungsrecht gehabt. Hinsichtlich der Wirtschaftsgüter, die schon vor der Verschmelzung einer inländischen Betriebsstätte zugeordnet waren, behält Deutschland regelmäßig das uneingeschränkte Besteuerungsrecht. In der steuerlichen Übertragungsbilanz der ausländischen Körperschaft können somit – einheitlich – alle übergehenden Wirtschaftsgüter – auf Antrag – gem. § 11 Abs. 2 Satz 1 UmwStG mit dem Buchwert angesetzt werden.

Hinsichtlich der Wirtschaftsgüter, die in die deutsche Steuerpflicht hineinwachsen (**ver-** 386
schmelzungsbedingte Steuerverstrickung), ist es für die übernehmende Körperschaft steuerlich günstiger, wenn sie mit dem gemeinen Wert angesetzt werden. In dem Fall wird also ein Besteuerungsrecht Deutschlands hinsichtlich des Gewinns aus der Veräußerung einzelner Wirtschaftsgüter begründet. Der Ansatz zum gemeinen Wert setzt voraus, dass nicht aufgrund einer Besteuerung im anderen Staat nach § 6 Abs. 1 Nr. 5a EStG ein niedrigerer Wert anzusetzen ist (Rdn. 11.04 i. V. m. Rdn. 03.09a UmwStE; s. auch Rn. 112 mit Beispiel). Eine unterschiedliche Bewertung der übergehenden Wirtschaftsgüter, die sämtlich die Voraussetzungen des § 11 Abs. 2 Satz 1 UmwStG erfüllen, ist allerdings nicht möglich. Es müssen alle übergehenden Wirtschaftsgüter, d. h.

sowohl die bisher schon der inländischen Betriebsstätte zugeordneten als auch die mit der Verschmelzung erstmalig steuerverstrickten Wirtschaftsgüter „**einheitlich**" mit dem gemeinen Wert oder – bei Vorliegen der Voraussetzungen des § 11 Abs. 2 Satz 1 UmwStG – mit dem Buchwert oder einem Zwischenwert angesetzt werden (vgl. Rdn. 11.06 i. V. m. Rdn. 03.13).

3.1.5.4.2.4 Auslandsverschmelzung

387 Eine Auslandsverschmelzung ist die Verschmelzung einer ausländischen Körperschaft auf eine andere ausländische Körperschaft. Dabei müssen die Körperschaften nicht demselben ausländischen Staat angehören.

Eine steuerliche Übertragungsbilanz ist nur in den Fällen erforderlich, in denen sich die Verschmelzung auf die inländische Besteuerung auswirkt. Die Verschmelzung ist für die inländische Besteuerung von Bedeutung, wenn die übertragende Körperschaft über eine inländische Betriebsstätte oder über im Inland gelegenes unbewegliches Vermögen verfügt und dadurch beschränkt körperschaftsteuerpflichtig ist. Die Verschmelzung kann aber auch für die Besteuerung der (beschränkt steuerpflichtigen) Übernehmerin bedeutsam sein, wenn sie Anteile an der Überträgerin besitzt, die zu ihrem inländischen Betriebsstättenvermögen gehören oder wenn Wirtschaftsgüter der Überträgerin, die bisher zu ihrem ausländischen Betriebsvermögen gehörten, aufgrund der Verschmelzung der inländischen Betriebsstätte der Übernehmerin zuzuordnen sind.

388 Ein bestehendes deutsches Besteuerungsrecht an den mit der Verschmelzung übergehenden Wirtschaftsgütern verschlechtert sich in der Regel bei einer Auslandsumwandlung nicht. Entweder hatte Deutschland (an den dem Ausland zugeordneten Wirtschaftsgütern) schon vorher kein Besteuerungsrecht. Dann kann durch die Umwandlung auch keine Verschlechterung (Ausschluss oder Beschränkung) des Besteuerungsrechts eintreten. Oder das inländische Besteuerungsrecht an den dem Inland zuzuordnenden Wirtschaftsgütern setzt sich bei der Übernehmerin fort. Das Wahlrecht nach § 11 Abs. 2 Satz 1 UmwStG zum **Buch- oder Zwischenwertansatz** besteht also auch für diese Wirtschaftsgüter.

389 Überführt die Übernehmerin nach der Verschmelzung Wirtschaftsgüter aus der inländischen Betriebsstätte in das Ausland, ist das ein – unabhängig von der Verschmelzung – neu zu beurteilender Sachverhalt. In diesem Fall gelten die in das Ausland überführten Wirtschaftsgüter gem. § 12 Abs. 1 KStG als durch die Übernehmerin zum gemeinen Wert veräußert. Die steuerlichen Folgen (Aufdeckung der stillen Reserven) sind dann nur noch bei der Übernehmerin zu ziehen. Daneben ist § 1 Abs. 5 AStG anzuwenden, wenn die Anwendung des Fremdvergleichsgrundsatzes zu weitergehenden Berichtigungen führt (Rdn. 20 VWG BsGa). Dabei wird die (inländische) Betriebsstätte wie ein eigenständiges und unabhängiges Unternehmen behandelt (§ 1 Abs. 5 Satz 2 AStG).

3.1.5.4.3 Keine Gegenleistung neben den Gesellschaftsrechten

390 Eine Bewertung der übergehenden Wirtschaftsgüter unterhalb des gemeinen Wertes ist außerdem nach § 11 Abs. 2 Satz 1 Nr. 3 UmwStG nur insoweit möglich, soweit keine Gegenleistung gewährt wird oder die Gegenleistung nur in der Gewährung von Gesellschaftsrechten (an der übernehmenden Körperschaft) besteht. Für die Bestimmung der

Gegenleistung kommt es darauf an, ob die übernehmende Körperschaft etwas aufwendet und – wenn ja – was sie aufwendet, um die Wirtschaftsgüter der übertragenden Körperschaft zu erhalten.

3.1.5.4.3.1 Keine Gegenleistung

Im Fall der **Aufwärtsverschmelzung** (**up-stream-merger**) der hundertprozentigen Tochtergesellschaft auf ihre alleinige Anteilseignerin (Muttergesellschaft) erbringt die übernehmende Muttergesellschaft keinerlei Gegenleistung für die Übertragung der Wirtschaftsgüter. Die Beteiligung an der übertragenden Tochtergesellschaft fällt bei der Muttergesellschaft weg. Der Wegfall der Beteiligung ist keine Gegenleistung für den Übergang der Wirtschaftsgüter (Rdn. 11.10 i. V. m. Rdn. 03.21 UmwStE). 391

Nach § 54 Abs. 1 Satz 1 Nr. 1 UmwG bzw. nach § 68 Abs. 1 Satz 1 Nr. 1 UmwG darf die übernehmende (Mutter-)Gesellschaft zur Durchführung der Verschmelzung ihr Stamm- bzw. Grundkapital nicht erhöhen, soweit sie Anteile an der übertragenden (Tochter-)Gesellschaft innehat. Bei einer hundertprozentigen Beteiligung an der Übertragerin können bei der übernehmenden Körperschaft somit auch keine neuen Gesellschaftsanteile entstehen, die sie jemandem gewähren könnte. Bei einer weniger als hundertprozentigen Beteiligung kann es nur insoweit zu einer Gegenleistung kommen, als Anteile an der übertragenden Körperschaft nicht der Übernehmerin gehören.

Im Ergebnis bleibt festzuhalten: Soweit die übernehmende Körperschaft im Zeitpunkt des Wirksamwerdens der Verschmelzung (Eintragung in das maßgebende öffentliche Register) selbst an der übertragenden Körperschaft beteiligt ist, kommt es zu keinerlei Gegenleistung, so dass insoweit die Voraussetzung des § 11 Abs. 2 Satz 1 Nr. 3 UmwStG erfüllt ist.

Möglich ist auch der Fall der **Abwärtsverschmelzung** einer Muttergesellschaft auf ihre hundertprozentige Tochtergesellschaft (**down-stream-merger**). Zum Betriebsvermögen der Muttergesellschaft gehört die 100 %-Beteiligung an der übernehmenden Körperschaft (Tochtergesellschaft). Die unmittelbar auf den Gesellschafter der Überträgerin übergehende Beteiligung der Überträgerin an der Übernehmerin gehört zu den übergehenden Wirtschaftsgütern i. S. des § 11 Abs. 1 Satz 1 UmwStG (BFH v. 30.5.2018 - I R 31/16, BStBl 2019 II 136). Die Beteiligung an der Übernehmerin wird aber nicht auf diese übertragen, sondern eine logische Sekunde vor der Verschmelzung an die Anteilseigner der übertragenden Körperschaft ausgekehrt. Es findet kein Durchgangserwerb eigener Anteile in dem Sinne statt, dass die Anteile zunächst auf die übernehmende Körperschaft übergehen und dann von dieser an die Anteilseigner der übertragenden Körperschaft (als Gegenleistung für die übergehenden Wirtschaftsgüter) gewährt werden (Rdn. 11.01 und 11.18 UmwStE). Was die übertragende Körperschaft vor der Verschmelzung an ihre Anteilseigner ausgekehrt hat, kann keine Gegenleistung der Übernehmerin für den Übergang des (restlichen) Betriebsvermögens sein. 392

Nach § 54 Abs. 1 Satz 2 Nr. 2 UmwG bzw. § 68 Abs. 1 Satz 2 Nr. 2 UmwG braucht die übernehmende Körperschaft zur Durchführung der Verschmelzung ihr Nennkapital nicht zu erhöhen, soweit die übertragende Körperschaft Anteile an ihr innehat, auf welche die Einlagen in voller Höhe bewirkt sind. Soweit die übertragende Körperschaft Anteile an der Übernehmerin innehat, auf welche die Einlagen noch nicht in voller Höhe bewirkt sind, ist es der übernehmenden Gesellschaft verboten, ihr Nennkapital zu erhöhen (§ 54 Abs. 1 Satz 1 Nr. 3 UmwG bzw. § 68 Abs. 1 Satz 1 Nr. 3 UmwG). Wenn das Nennkapital nicht erhöht wird, kommt es auch nicht zur Entstehung von neuen Gesellschaftsrechten, so dass auch in diesem Fall keinerlei Gegenleistung für die Übertragung der Wirtschaftsgüter gewährt wird. Bei den Anteilseignern wird aus der bisherigen mittelbaren Beteiligung an der übernehmenden Gesellschaft eine unmittelbare. Für die Anwendung des § 11 Abs. 2 Satz 1 UmwStG (Ansatz der übergehenden Wirtschaftsgüter mit dem Buch- oder einem Zwischenwert) ist es aber auch unschädlich, wenn den Anteilseignern der übertragenden Körperschaft noch weitere Gesellschaftsrechte an der übernehmenden Körperschaft gewährt werden.

393 Die Seitwärtsverschmelzung (**side-stream-merger**) ist eine Verschmelzung zweier (oder mehrerer) Körperschaften (Schwestergesellschaften), an denen dieselben Anteilseigner beteiligt sind. Die übernehmende Gesellschaft darf gem. § 54 Abs. 1 Satz 3 UmwG bzw. § 68 Abs. 1 Satz 3 UmwG von der Gewährung von Gesellschaftsrechten absehen, wenn alle Anteilsinhaber der übertragenden Körperschaft darauf verzichten. In diesem Fall erhalten die Anteilseigner der übertragenden Körperschaft ebenfalls keinerlei Gegenleistung, so dass die Voraussetzung des § 11 Abs. 2 Satz 1 Nr. 3 UmwStG erfüllt ist.

3.1.5.4.3.2 Gesellschaftsrechte als (unschädliche) Gegenleistung

394 Soweit bei Verschmelzungen für die übernehmende Körperschaft kein Kapitalerhöhungsverbot besteht und soweit – bei Bestehen eines Wahlrechts – von einer Kapitalerhöhung auch nicht abgesehen wird, kommt es zur Gewährung von Gesellschaftsrechten an die Anteilseigner der übertragenden Körperschaft. Diese Gegenleistung ist für die Anwendung des § 11 Abs. 2 Satz 1 UmwStG unschädlich. Es muss sich (für die Unschädlichkeit) um **Gesellschaftsrechte an der übernehmenden Körperschaft** handeln, und die Gesellschaftsrechte müssen den Anteilseignern der übertragenden Körperschaft von der Übernehmerin gewährt werden. Dabei genügt es auch, wenn den Anteilseignern nicht neue, sondern bereits vorhandene eigene Anteile von der Übernehmerin gewährt werden.

3.1.5.4.3.3 Andere („schädliche") Gegenleistungen

395 Andere – als die in Gesellschaftsrechten i. S. der Rdn. 394 bestehenden – Gegenleistungen sind schädlich für den Buch- oder einen Zwischenwertansatz der übergehenden Wirtschaftsgüter. § 11 Abs. 2 UmwStG soll unter Durchbrechung des Subjektsteuerprinzips zwar den Transfer von stillen Reserven ermöglichen; soweit aber stille Reserven im Zusammenhang mit der Verschmelzung durch eine Veräußerung realisiert worden sind, müssen sie von der übertragenden Körperschaft versteuert werden.

396 Ein (gewinnrealisierender) Veräußerungsvorgang ist insoweit gegeben, als die übernehmende Körperschaft – außerhalb von Gesellschaftsrechten – etwas aufwendet, um die Wirtschaftsgüter der übertragenden Körperschaft zu erhalten. Aus Sicht der übernehmenden Körperschaft liegen insoweit Anschaffungskosten vor und aus Sicht der übertragenden Körperschaft ein Veräußerungspreis. Dabei spielt es keine Rolle, ob der Ver-

äußerungspreis (Entgelt für die Übertragung der Wirtschaftsgüter) an die übertragende Körperschaft oder (auf ihre Veranlassung) an die hinter ihr stehenden Anteilseigner geleistet wird. Veräußerer der übergehenden Wirtschaftsgüter ist die übertragende Körperschaft.

Die den Anteilseignern zufließende („schädliche") Gegenleistung ist aus ihrer Sicht Ver- 397
äußerungserlös für die Anteile an der übertragenden Körperschaft (Rdn. 13.02 i. V. m. Rdn. 11.10 und 03.21 UmwStE).

Als Beispiel für eine schädliche (nicht in Gesellschaftsrechten bestehende) Gegenleis- 398
tung wird in Rdn. 11.10 i. V. m. Rdn. 03.21 UmwStE die Gewährung von **baren Zuzahlungen** (Spitzenausgleich i. S. d. § 54 Abs. 4 UmwG) durch die übernehmende Körperschaft an die verbleibenden Anteilseigner der übertragenden Körperschaft angeführt.

Verbleibende Anteilseigner der übertragenden Körperschaft sind die an der Verschmelzung teilnehmenden Anteilseigner, also die Anteilseigner, die im Zeitpunkt des Wirksamwerdens der Verschmelzung (Eintragung im maßgebenden öffentlichen Register) noch Anteile an der übertragenden Körperschaft innehaben und zugleich Anteilseigner der übernehmenden Körperschaft sind oder durch die Verschmelzung Anteilseigner der Übernehmerin werden. Ein Ausgleich durch bare Zuzahlung kann nach § 15 UmwG einem verbleibenden Anteilseigner zu gewähren sein, wenn das Umtauschverhältnis der Anteile zu niedrig bemessen ist oder wenn der ihm gewährte Anteil an der übernehmenden Körperschaft kein ausreichender Gegenwert ist für den wegfallenden Anteil an der übertragenden Körperschaft.

Wird eine schädliche Gegenleistung gewährt, sind die übergegangenen Wirtschafts- 399
güter bei der übertragenden Körperschaft insoweit **mit** dem **Wert der Gegenleistung** (der dem gemeinen Wert der Wirtschaftsgüter entspricht) anzusetzen (Rdn. 11.10 i. V. m. Rdn. 03.23 UmwStE). Die Gegenleistung ist gleichmäßig auf alle übergegangenen Wirtschaftsgüter zu verteilen, wobei die Aufteilung im Verhältnis der gemeinen Werte der Wirtschaftsgüter einschließlich eines originären Geschäftswertes zu erfolgen hat. Die Übertragung der Wirtschaftsgüter ist in einen entgeltlichen und einen unentgeltlichen Teil aufzuteilen. Dabei bestimmt sich der entgeltlich und der unentgeltlich erworbene Teil der einzelnen Wirtschaftsgüter nach dem Verhältnis der gesamten schädlichen Gegenleistung zum gemeinen Wert des Betriebs.

BEISPIEL Die B-GmbH wird auf die A-GmbH verschmolzen (Verschmelzung durch Aufnahme). Anteilseigner der B-GmbH sind die A-GmbH zu 80 % und die natürliche Person X zu 20 %. Auf den steuerlichen Übertragungsstichtag ist hinsichtlich der übergehenden Wirtschaftsgüter der B-GmbH von folgenden Werten auszugehen:

A	Schlussbilanz der B-GmbH zum 31. 12.			P
	Buchwert	(gem. Wert)		
Geschäftswert	———	(100 000 €)	gez. Kapital	100 000 €
Grundstück	500 000 €	(700 000 €)	Kapitalrücklage	300 000 €
übriges Anlagevermögen	60 000 €	(100 000 €)	Verbindlichkeiten	200 000 €
Umlaufvermögen	40 000 €	(50 000 €)		
	600 000 €	(950 000 €)		600 000 €

Die auf denselben Stichtag erstellte Schlussbilanz der übernehmenden A-GmbH stellt sich (ergänzt um die gemeinen Werte) wie folgt dar:

A	Schlussbilanz der A-GmbH zum 31. 12.			P
	Buchwert	(gem. Wert)		
Geschäftswert	———	(150 000 €)	gez. Kapital	360 000 €
Beteiligung an B-GmbH	520 000 €	(600 000 €)	Kapitalrücklage	60 000 €
übriges Anlagevermögen	100 000 €	(250 000 €)	Verbindlichkeiten	250 000 €
Umlaufvermögen	50 000 €	(60 000 €)		
	670 000 €	(1 060 000 €)		670 000 €

Soweit die A-GmbH selbst an der B-GmbH beteiligt ist (80 %), darf ihr Stammkapital zur Durchführung der Verschmelzung nicht erhöht werden (§ 54 Abs. 1 Satz 1 Nr. 1 UmwG). Soweit aber die natürliche Person X an der übertragenden B-GmbH beteiligt ist, muss eine Erhöhung des Stammkapitals bei der übernehmenden A-GmbH vorgenommen werden, weil dem X zum Ausgleich für den Wegfall seines Anteils an der B-GmbH ein Geschäftsanteil an der A-GmbH zu gewähren ist (§ 2 UmwG).

Zur Durchführung der Verschmelzung wird deshalb das Nennkapital der A-GmbH um 40 000 € auf 400 000 € erhöht und der neue Geschäftsanteil dem X gewährt. Weil dieser neue Geschäftsanteil kein ausreichender Gegenwert für den wegfallenden Anteil an der B-GmbH ist, erhält X noch eine Zuzahlung von der A-GmbH i. H. v. 60 000 €.

Der 20 %-Geschäftsanteil des X an der B-GmbH hatte (vor der Verschmelzung unter Außerachtlassung der latenten Steuerlast auf die stillen Reserven) einen Wert von 20 % von (950 000 € ./. 200 000 €) = 150 000 €.

Der Wert des dem X gewährten neuen Geschäftsanteils an der A-GmbH (nach der Verschmelzung unter Außerachtlassung der latenten Steuerlast auf die stillen Reserven) ermittelt sich wie folgt:

Summe der aktiven Wirtschaftsgüter (einschl. Geschäftswert)	1 060 000 €
Verbindlichkeiten	./. 250 000 €
Wert des ganzen Betriebs vor der Verschmelzung	810 000 €
zzgl. Vermögen der B-GmbH (950 000 € ./. 200 000 €)	+ 750 000 €
abzgl. wegfallende Beteiligung an der B-GmbH	./. 600 000 €
	960 000 €
Zuzahlungsverpflichtung gegenüber X	./. 60 000 €
Wert des ganzen Betriebs nach der Verschmelzung	900 000 €
Auf den Anteil des B entfallen 40 000 € : 400 000 € =	90 000 €

ANMERKUNG Ein dem Wert des wegfallenden Anteils an der B-GmbH adäquater Anteil an der A-GmbH hätte einen Nennwert von 66 667 € haben müssen (Wert Geschäftsanteil X 150 000 €: (Wert Geschäftsanteil A-GmbH an B-GmbH 600 000 € + eigenes Vermögen A-GmbH 210 000 €) x bisheriges Nennkapital A-GmbH 360 000 €). Bei einer Erhöhung des Stammkapitals der A-GmbH auf 426 667 € hätte die Vereinbarung der Zuzahlung von 60 000 € im Verschmelzungsvertrag entfallen können, weil der Wert des dem X gewährten neuen A-GmbH-Anteils 960 000 € x 66 667/426 667 = 150 000 € betragen würde und damit dem Wert seines wegfallenden Anteils an der B-GmbH entsprochen hätte.

Die Verschmelzung soll – soweit möglich – zu Buchwerten erfolgen.

(Für die Berechnung der Gewerbesteuerschuld ist von einem Hebesatz von 400 % auszugehen).

LÖSUNG ▸ Die §§ 11 bis 13 UmwStG (Dritter Teil) sind auf die Verschmelzung der B-GmbH auf die A-GmbH anzuwenden, weil es sich um eine Verschmelzung i. S. d. § 2 UmwG einer Körperschaft auf eine andere Körperschaft handelt (§ 1 Abs. 1 Satz 1 Nr. 1 UmwStG).

Die übertragende B-GmbH hat auf den steuerlichen Übertragungsstichtag – neben der regulären Jahresschlussbilanz i. S. d. §§ 4 Abs. 1, 5 EStG – eine steuerliche Schlussbilanz (Übertragungsbilanz) nach § 11 Abs. 1 UmwStG aufzustellen. Die übergehenden Wirtschaftsgüter können in dieser Bilanz auf Antrag mit dem Buchwert angesetzt werden, soweit die Voraussetzungen des § 11 Abs. 2 Satz 1 UmwStG erfüllt sind.

Bei der Zuzahlung an X i. H. v. 60 000 € handelt es sich um eine „schädliche" (nicht in Gesellschaftsrechten bestehende) Gegenleistung. Insoweit ist die Möglichkeit des Buchwertansatzes ausgeschlossen (§ 11 Abs. 2 Satz 1 Nr. 3 UmwStG). Die übergegangenen Wirtschaftsgüter sind in der steuerlichen Übertragungsbilanz der B-GmbH insoweit mit dem Wert der Gegenleistung anzusetzen. Die Gegenleistung ist gleichmäßig auf alle übergegangenen Wirtschaftsgüter zu verteilen. Dabei ist die Aufteilung im Verhältnis der gemeinen Werte der Wirtschaftsgüter einschließlich des originären Geschäftswertes vorzunehmen. Bei der Berechnung der Zuzahlung von 60 000 € ist auch der Geschäftswert mit einbezogen worden, so dass ein Teil des Entgelts diesem Wirtschaftsgut zuzuordnen ist. Der Geschäftswert wurde mit der baren Zuzahlung teilweise realisiert. Die Übertragung der Wirtschaftsgüter ist in einen entgeltlichen und einen unentgeltlichen Teil aufzuteilen. Dabei bestimmt sich der entgeltlich und der unentgeltlich erworbene Teil der einzelnen Wirtschaftsgüter nach dem Verhältnis der gesamten schädlichen Gegenleistung zum gemeinen Wert des Betriebs.

Gemeiner Wert des insgesamt übergehenden Betriebsvermögens:

Aktiva	950 000 €
Verbindlichkeiten	./. 200 000 €
	750 000 €

Das Verhältnis der nicht in Gesellschaftsrechten bestehenden Gegenleistung von 60 000 € zum gemeinen Wert des übergehenden Vermögens entspricht 8 %.

Zu 8 % sind die übergehenden Wirtschaftsgüter zwingend mit dem gemeinen Wert anzusetzen. Zu 92 % kann gem. § 11 Abs. 2 UmwStG der Buchwert angesetzt werden. Mit dieser Vorgabe ermittelt sich folgender Übertragungsgewinn:

Übertragungsgewinn i. H. aufgedeckter stiller Reserven (8 % von 350 000 €)			28 000 €
Körperschaftsteuer 15 % (§ 23 Abs. 1 KStG)			4 200 €
Solidaritätszuschlag (5,5 % von 4 200 €, §§ 3 Abs. 1, 4 SolZG) =			231 €
Gewerbesteuer	Messbetrag = 3,5 % (§ 11 Abs. 2 GewStG)	980 €	
	Hebesatz (Annahme = 400 %, § 16 GewStG)		3 920 €
Übertragungsgewinn (nach Abzug der Steuern)			19 649 €

A	Übertragungsbilanz der B-GmbH zum 31. 12.				P
Geschäftswert	8 %		8 000 €	gez. Kapital	100 000 €
Grundstück	8 %	56 000 €		Kapitalrücklage	300 000 €
	+ 92 %	460 000 €	516 000 €	Übertragungsgewinn	19 649 €
übriges Anlagevermögen	8 %	8 000 €		Steuerverbindlichkeiten	8 351 €
	+ 92 %	55 200 €	63 200 €		
Umlaufvermögen	8 %	4 000 €		Verbindlichkeiten	200 000 €
	+ 92 %	36 800 €	40 800 €		
			628 000 €		628 000 €

Der steuerliche Übertragungsgewinn lässt sich nach dem Schema unter Rdn. 80 wie folgt ermitteln:

	Wert der übergegangenen aktiven Wirtschaftsgüter in der steuerlichen Übertragungsbilanz	628 000 €
./.	passivierte Verbindlichkeiten	200 000 €
=	Wert des übergegangenen Betriebsvermögens insgesamt	428 000 €
./.	auf den Übertragungsstichtag fortgeschriebener Buchwert	400 000 €
./.	Verschmelzungskosten (keine Angaben)	—
=	Übertragungsgewinn vor Steuern	28 000 €
./.	Körperschaftsteuer, Solidaritätszuschlag und Gewerbesteuer auf den Übertragungsgewinn	8 351 €
=	Steuerlicher Übertragungsgewinn	19 649 €

Der Übertragungsgewinn entsteht mit Ablauf des steuerlichen Übertragungsstichtags (Rdn. 02.04 UmwStE).

400 Von den Fällen der („schädlichen“) Gegenleistung (für die übergehenden Wirtschaftsgüter) an die übertragende Körperschaft oder deren verbleibende Anteilseigner sind die **Zahlungen an ausscheidende Anteilseigner** zu unterscheiden.

Veräußert ein Anteilseigner seine Anteile nach dem steuerlichen Übertragungsstichtag an die übernehmende Rechtsträgerin, so ist deren (Übernahme-)Gewinn so zu ermitteln, als hätte sie die Anteile an diesem Stichtag angeschafft (§ 12 Abs. 2 Satz 3 i. V. m. § 5 Abs. 1 UmwStG). Der Veräußerungspreis, den die Übernehmerin in diesem Fall an den ausscheidenden Anteilseigner zahlt, ist keine Gegenleistung für den Übergang der Wirtschaftsgüter der Übertragerin, sondern das Entgelt für den Erwerb des Anteils an der übertragenden Körperschaft.

Bei der übernehmenden Körperschaft schlägt sich die Zahlung in den Anschaffungskosten für den Anteil an der übertragenden Körperschaft nieder. Bei dem ausscheidenden Anteilseigner ist der Vorgang nach den allgemeinen ertragsteuerlichen Grundsätzen als Veräußerung eines Anteils an einer Kapitalgesellschaft zu beurteilen. Für die übertragende Körperschaft hat dieser Vorgang keine Relevanz. Das gilt auch in dem Fall der

Anteilsveräußerung durch einen nur teilweise ausscheidenden Anteilseigner für den veräußerten (Teil-)Anteil.

Nach dem ausdrücklichen Wortlaut des § 5 Abs. 1 UmwStG (i. V. m. § 12 Abs. 2 Satz 3 UmwStG) gelten vorstehende Ausführungen auch für Anteilseigner, die aus dem umgewandelten Rechtsträger gegen Barabfindung gem. §§ 29, 125 und 207 UmwG ausscheiden (Rdn. 02.24 i. V. m. Rdn. 03.22 und 11.10 UmwStE). Es handelt sich um die dem Umwandlungsbeschluss der übertragenden Rechtsträgerin widersprechende Anteilseigner, denen gegen eine angemessene Barabfindung der Erwerb ihrer Anteile anzubieten ist. Der abgefundene Anteilseigner scheidet (zivilrechtlich) erst nach der Handelsregistereintragung und damit aus der übernehmenden Körperschaft aus. Steuerlich ist er jedoch so zu behandeln, als ob er aus der übertragenden Körperschaft ausgeschieden wäre. 401

Zahlungen durch die übertragende Körperschaft an ausscheidende oder verbleibende Anteilseigner sind von der Verschmelzung zu trennende Vorgänge und unterliegen bei den Beteiligten den allgemeinen ertragsteuerlichen Regelungen. Solche Zahlungen stellen keine Gegenleistung i. S. d. § 11 Abs. 2 Satz 1 Nr. 3 UmwStG dar. Für den empfangenden Anteilseigner kann es sich um den Veräußerungspreis für seinen Anteil an der Übertragerin oder um eine Ausschüttung i. S. d. § 20 Abs. 1 Nr. 1 oder Nr. 2 EStG handeln. Für die übertragende Körperschaft kann dieser Vorgang als Erwerb eigener Anteile zu beurteilen sein, der wie eine Kapitalherabsetzung zu behandeln ist (*Hohage*, DB 2009, 1033; vgl. auch BMF v. 27.11.2013, BStBl 2013 I 1615). Auf Ebene der Körperschaft darf der Erwerb eigener Anteile zum Zwecke der Einziehung keine Auswirkung auf das körperschaftsteuerliche Einkommen haben, weil der Erwerb regelmäßig gesellschaftlich veranlasst ist (BFH v. 6.12.1995 - I R 51/95, BStBl 1998 II 781). 402

Zahlungen durch die Gesellschafter der übernehmenden oder übertragenden Körperschaft an ausscheidende Anteilseigner sind ebenfalls keine Gegenleistung i. S. d. § 11 Abs. 2 Satz 1 Nr. 3 UmwStG. Solche Zahlungen sind nach allgemeinen ertragsteuerlichen Grundsätzen zu beurteilen. Beim Empfänger handelt es sich um einen Veräußerungserlös für seine Anteile an der übertragenden Körperschaft und beim leistenden Gesellschafter um Anschaffungskosten. Das gilt auch in dem Fall der Anteilsveräußerung durch einen nur teilweise ausscheidenden Anteilseigner für den veräußerten (Teil-)Anteil. 403

3.1.5.4.4 Beteiligungskorrekturgewinn bei der Abwärtsverschmelzung

Soweit die übertragende Körperschaft an der übernehmenden Körperschaft beteiligt ist (sog. down-stream-merger), sind die Anteile an der übernehmenden Tochtergesellschaft in der Schlussbilanz der übertragenden Muttergesellschaft gem. § 11 Abs. 2 Satz 2 UmwStG mindestens mit dem Buchwert, erhöht um Abschreibungen sowie um Abzüge nach § 6b EStG und ähnliche Abzüge, die in früheren Jahren steuerwirksam vorgenommen worden sind, höchstens mit dem gemeinen Wert anzusetzen. 404

Dieses Wertaufholungsgebot dürfte inzwischen über nur noch eine geringe praktische Bedeutung haben. Zum einen konnten Teilwertabschreibungen auf Anteile an Kapitalgesellschaften steuerwirksam nur bis zur Einführung des § 8b Abs. 3 KStG durch die

Unternehmenssteuerreform 2001 vorgenommen werden. Zum anderen ist seit 1999 im Rahmen der allgemeinen Gewinnermittlung ohnehin zu jedem Bilanzstichtag das Wertaufholungsgebot des § 6 Abs. 1 Nr. 2 Satz 3 i. V. m. Nr. 1 Satz 4 EStG zu beachten. „Ähnliche" Abzüge sind z. B. Abzüge nach R 6.6 EStR.

405 Sollte es aus Anlass der Verschmelzung zu einer Zuschreibung nach § 11 Abs. 2 Satz 2 UmwStG – z. B. wegen eines früher vorgenommenen steuerwirksamen Abzugs eines Veräußerungsgewinns von den Anschaffungskosten für die Anteile an der Übernehmerin nach § 6b EStG – kommen, ist der dabei entstehende Gewinn von der übertragenden Körperschaft als laufender Gewinn zu versteuern und unterliegt als solcher den Regelungen für die Behandlung von Veräußerungsgewinnen aus Beteiligungen. Dabei finden gem. § 11 Abs. 2 Satz 3 UmwStG die Regelungen des § 8b Abs. 2 Satz 4 und 5 KStG Anwendung, d. h., der Beteiligungskorrekturgewinn ist voll steuerpflichtig, sowohl bei der Körperschaftsteuer als auch bei der Gewerbesteuer.

3.1.5.4.5 Antrag

406 Der Buch- oder Zwischenwertansatz für die übergehenden Wirtschaftsgüter in der steuerlichen Schlussbilanz der übertragenden Körperschaft ist gem. § 11 Abs. 2 Satz 1 UmwStG nur auf Antrag möglich. Der Antrag ist spätestens bis zur erstmaligen Abgabe der steuerlichen Schlussbilanz bei dem für die Besteuerung der übertragenden Körperschaft zuständigen Finanzamt zu stellen (§ 11 Abs. 3 i. V. m. § 3 Abs. 2 Satz 2 UmwStG). Die Abgabe der steuerlichen Schlussbilanz richtet sich nach § 11 Abs. 3 i. V. m. § 3 Abs. 2a UmwStG und ist dem zuständigen Finanzamt spätestens bis zum Ablauf der Frist nach § 149 AO zur Abgabe der Körperschaftsteuererklärung für den Besteuerungszeitraum, in den der steuerliche Übertragungsstichtag fällt, elektronisch zu übermitteln. Ein verspäteter Buchwertantrag ist demnach unzulässig.

407 Die Ausführungen zu § 3 UmwStG, betreffend

- die einheitliche Wahlrechtsausübung für alle übergehenden Wirtschaftsgüter (Rdn. 129),
- den Antrag mit Einreichen der steuerlichen Schlussbilanz (Rdn. 131),
- die Unabhängigkeit von den Wertansätzen in der Handelsbilanz (Rdn. 132),
- die Folgen eines verspäteten oder unwirksamen Antrags (Rdn. 133),
- die Bedingungsfeindlichkeit und Unwiderruflichkeit des Antrags (Rdn. 134),
- die Nichtänderbarkeit des Antrags (Rdn. 134),
- die Berichtigung falscher Bilanzansätze nach § 4 Abs. 2 Satz 1 EStG (Rdn. 135),
- die Voraussetzungen und die Durchführung eines Zwischenwertansatzes (Rdn. 136 bis 138),
- den Antragsberechtigten und das zuständige Finanzamt (Rdn. 139 bis 142),

gelten bei § 11 UmwStG entsprechend.

408 Gehört auch ein **Mitunternehmeranteil** zum Betriebsvermögen der übertragenden Körperschaft und sollen die übergehenden Wirtschaftsgüter mit einem über dem Buchwert liegenden Wert (Zwischenwert oder gemeiner Wert) angesetzt werden, muss die Wertaufstockung bei den der Körperschaft gehörenden Anteilen an den Wirtschafts-

gütern der Personengesellschaft in einer Ergänzungsbilanz bei der Mitunternehmerschaft in demselben (prozentualen) Umfang vorgenommen werden wie bei den übrigen Wirtschaftsgütern der Übertragerin.

3.1.5.5 Einzelne Bilanzpositionen

Anteile an der übernehmenden Körperschaft (down-stream-merger)

Bei einer Verschmelzung geht einerseits das Vermögen der übertragenden Körperschaft als Ganzes auf einen übernehmenden Rechtsträger über. Zugleich erwerben andererseits die Anteilsinhaber der übertragenden Körperschaft Anteile an dem übernehmenden Rechtsträger (§§ 2, 20 Abs. 1 Nr. 1 und 3 UmwG). Gehören die Anteile an der übernehmenden Gesellschaft (ganz oder teilweise) zum Betriebsvermögen der übertragenden Körperschaft (Muttergesellschaft), werden diese Anteile nicht eigene Anteile der übernehmenden Gesellschaft (Tochtergesellschaft); sie gehen unmittelbar auf die Gesellschafter der übertragenden Muttergesellschaft über (Rdn. 11.18 UmwStE, BFH vom 28.10.2009 - I R 4/09, BStBl 2009 II 315). 409

In der steuerlichen Schlussbilanz der übertragenden Körperschaft sind auch diese Anteile (an der übernehmenden Gesellschaft) als übergehende Wirtschaftsgüter nach § 11 Abs. 1 UmwStG grundsätzlich mit dem gemeinen Wert anzusetzen. Nach § 11 Abs. 2 Satz 1 UmwStG können sie – bei Vorliegen der übrigen Voraussetzungen – (einheitlich mit den übrigen Wirtschaftsgütern) auf Antrag mit ihrem Buchwert oder einem Zwischenwert angesetzt werden. Dabei ist allerdings das Wertaufholungsgebot des § 11 Abs. 2 Satz 2 UmwStG zu beachten, wenn auf diese Anteile in früheren Jahren steuerwirksame Abschreibungen oder Abzüge vorgenommen worden sind. Damit wird – ebenso wie mit § 12 Abs. 2 Satz 2 i. V. m. § 4 Abs. 1 Satz 2 UmwStG – die Rückgängigmachung von (u. U. doppelten) Steuerminderungen bei Wegfall einer Besteuerungsebene bewirkt.

Das Wertaufholungsgebot des § 11 Abs. 2 Satz 2 UmwStG ist keine den § 11 Abs. 2 Satz 1 UmwStG ersetzende, sondern eine ergänzende Bewertungsvorschrift. Endet durch die Verschmelzung die (inländische) Steuerverstrickung der Anteile an der übernehmenden Körperschaft (weil sie z. B. auf einen im Ausland ansässigen Anteilseigner der Muttergesellschaft übergehen), sind diese Anteile in der steuerlichen Schlussbilanz der übertragenden Körperschaft zwingend mit dem gemeinen Wert (nach § 11 Abs. 1 UmwStG) anzusetzen (BFH v. 30.5.2018 - I R 31/16, BStBl 2019 II 136). Dies betrifft grundsätzlich alle Fälle, in denen an der übertragenden Muttergesellschaft ausländische Anteilseigener beteiligt sind, die unter den Schutz eines DBA fallen. Denn in der Regel weist das DBA dem Ansässigkeitsstaat das Besteuerungsrecht an den Anteilen zu (vgl. Art. 13 Abs. 5 OECD-MA; *Rickli/Westermann*, Ubg 2025, 132).

BEISPIEL Die M-GmbH wird auf die T-GmbH verschmolzen. Alleinige Anteilseignerin der T-GmbH ist die M-GmbH. Gesellschafter der M-GmbH ist zu 100 % die natürliche Person X. Die Schlussbilanz der M-GmbH auf den steuerlichen Übertragungsstichtag stellt sich wie folgt dar:

A	Schlussbilanz der M-GmbH zum 31. 12.			P
	Buchwert	(gem. Wert)		
Beteiligung an der T-GmbH	50 000 €	(100 000 €)	gez. Kapital	100 000 €
Umlaufvermögen	200 000 €	(200 000 €)	Kapitalrücklage	150 000 €
	250 000 €	(300 000 €)		250 000 €

Die historischen Anschaffungskosten für die 100 %-Beteiligung an der T-GmbH betrugen 70 000 €. Davon sind steuerwirksam nach § 6b EStG 20 000 € abgezogen worden. Die Beteiligung an der T-GmbH geht unmittelbar auf den Gesellschafter X über.

Auf denselben Stichtag wurde für die übernehmende T-GmbH folgende (um die gemeinen Werte ergänzte) Schlussbilanz erstellt:

A	Schlussbilanz der T-GmbH zum 31.12.			P
	Buchwert	(gem. Wert)		
Geschäftswert	———	(40 000 €)	gez. Kapital	25 000 €
Summe Aktivvermögen	350 000 €	(360 000 €)	Bilanzgewinn	25 000 €
			Verbindlichkeiten	300 000 €
	350 000 €	(400 000 €)		350 000 €

LÖSUNG Für die übertragende M-GmbH entsteht ein Beteiligungskorrekturgewinn i. H. v. 20 000 € (vor Steuern), weil der Buchwert der Beteiligung an der T-GmbH gem. § 11 Abs. 2 Satz 2 UmwStG (zwingend) um den in früheren Jahren steuerwirksam vorgenommenen Abzug nach § 6b EStG zu erhöhen ist. Die Obergrenze für die Buchwerterhöhung ist der gemeine Wert von 100 000 € und wird hier nicht überschritten. Auf den Beteiligungskorrekturgewinn entstehen:

Körperschaftsteuer 15 % (§ 23 Abs. 1 KStG)			3 000 €
Solidaritätszuschlag (5,5 % von 3 000 €, §§ 3 Abs. 1, 4 SolZG) =			165 €
Gewerbesteuer	Messbetrag = 3,5 % (§ 11 Abs. 2 GewStG)	700 €	
	Hebesatz (Annahme = 400 %, § 16 GewStG)		2 800 €

Die „berichtigte" Schlussbilanz der M-GmbH stellt sich wie folgt dar:

A	Schlussbilanz der M-GmbH zum 31.12.		P
Beteiligung an der T-GmbH	70 000 €	gez. Kapital	100 000 €
Umlaufvermögen	200 000 €	Kapitalrücklage	150 000 €
		Gewinn	14 035 €
		KSt-/SolZ-Rückstellung	3 165 €
		GewSt-Rückstellung	2 800 €
	270 000 €		270 000 €

Dem Grundsatz des § 11 Abs. 1 UmwStG folgend, müssen in der steuerlichen Übertragungsbilanz der M-GmbH alle „übergehenden Wirtschaftsgüter" mit dem gemeinen Wert angesetzt werden. Das hätte hier eine weitere (nach § 8b KStG zu besteuernde) Gewinnerhöhung von 30 000 € zur Folge. § 11 Abs. 1 UmwStG schränkt den Begriff der übergehenden Wirtschaftsgüter nicht ein auf die auf die übernehmende Körperschaft übergehenden Wirtschaftsgüter. Zu den „übergehenden Wirtschaftsgütern" gehört auch die auf den Gesellschafter X übergehende Beteiligung an der T-GmbH (BFH v. 30.5.2018 - I R 31/16, BStBl 2019 II 136).

Für einen Buch- oder Zwischenwertansatz des T-GmbH-Anteils (Mindestwert hier nach Anwendung des § 11 Abs. 2 Satz 2 UmwStG = 70 000 €) müssen die Voraussetzungen des § 11 Abs. 2

Satz 1 UmwStG erfüllt sein. Die Voraussetzungen des § 11 Abs. 2 Satz 1 UmwStG sind aber z. B. nicht erfüllt, wenn X ein Steuerausländer ist und die Besteuerung der stillen Reserven des auf ihn übergegangenen T-GmbH-Anteils in Deutschland nicht mehr sichergestellt ist.

Auslandsvermögen

In der steuerlichen Schlussbilanz der übertragenden Körperschaft ist auch ihr ausländisches Vermögen anzusetzen. Das gilt auch für die einer ausländischen Betriebsstätte zuzuordnenden Wirtschaftsgüter, für die Deutschland kein Besteuerungsrecht hat. Bei der Ausübung des Bewertungswahlrechts nach § 11 Abs. 2 Satz 1 UmwStG sind auch diese Wirtschaftsgüter einzubeziehen. Ein durch den Ansatz eines den Buchwert überschreitenden Wertes sich ergebender Übertragungsgewinn unterliegt nicht der inländischen Besteuerung, wenn nach dem DBA die Freistellungsmethode anzuwenden ist. Der Wertansatz wirkt sich aber auf den für die übernehmende Körperschaft nach § 12 Abs. 2 Satz 1 UmwStG zu ermittelnden Übernahmegewinn aus. 410

Auf die Ausführungen zu § 3 UmwStG, betreffend 411

- Ausstehende Einlagen (Rdn. 143),
- Beteiligung an einer Personengesellschaft (Rdn. 144),
- Eigene Anteile (Rdn. 145),
- Forderungen und Verbindlichkeiten gegenüber der Übernehmerin (Rdn. 146),
- Rückstellungen (Rdn. 148),

gelten entsprechend bei § 11 UmwStG.

3.1.5.6 Anrechnung fiktiver ausländischer Steuern, § 11 Abs. 3 und § 3 Abs. 3 UmwStG

Im Fall einer **Hinausverschmelzung** kommt es hinsichtlich des ausländischen Betriebsstättenvermögens zu einem Übertragungsgewinn, wenn Deutschland bei der übertragenden Körperschaft hierfür noch ein Besteuerungsrecht mit Anrechnungsverpflichtung hatte (s. Rdn. 383). Weil ihr Besteuerungsrecht mit dem Übergang auf die ausländische übernehmende Körperschaft ausgeschlossen wird, ist das Auslandsvermögen in der steuerlichen Übertragungsbilanz zwingend mit dem gemeinen Wert anzusetzen (§ 11 Abs. 2 Satz 2 Nr. 2 UmwStG (Umkehrschluss). Die Körperschaftsteuer, die auf den daraus sich ergebenden Gewinn entfällt, ist nach § 11 Abs. 3 i. V. m. § 3 Abs. 3 UmwStG nach Maßgabe des § 26 KStG um die ausländische Steuer zu ermäßigen, die nach den Rechtsvorschriften des ausländischen Betriebsstättenstaats erhoben worden wäre, wenn das übertragene Vermögen zum Zeitpunkt der Übertragung veräußert worden wäre. 412

Mit der Regelung in § 11 Abs. 3 i. V. m. § 3 Abs. 3 UmwStG wird die Doppelbesteuerung vermieden, die eintreten würde, wenn der ausländische Betriebsstättenstaat den Übergang des Auslandsvermögens auf die ausländische übernehmende Körperschaft mit dem Buchwert akzeptiert und die darin enthaltenen stillen Reserven erst mit der späteren Veräußerung bei der Übernehmerin versteuert. Diese später von der Übernehmerin geforderte Steuer kann in Deutschland nicht mehr angerechnet werden.

Wenn der ausländische Betriebsstättenstaat die stillen Reserven in dem übergehenden Auslandsvermögen jedoch noch bei der Übertragerin in dem Jahr, in das der steuerliche Übertragungsstichtag fällt, versteuert, ist nicht eine fiktive ausländische Steuer, sondern die tatsächlich festgesetzte und gezahlte Steuer nach § 26 KStG anzurechnen.

3.1.5.7 Vermögensübertragung i. S. d. § 174 UmwG

413 Bei einer Vermögensübertragung i. S. d. § 174 UmwG können per definitionem die Voraussetzungen des § 11 Abs. 2 Satz 1 UmwStG für einen Buch- oder Zwischenwertansatz in der steuerlichen Übertragungsbilanz nicht erfüllt sein, weil die Vermögensübertragung nur gegen Gewährung einer Gegenleistung an die Anteilsinhaber des übertragenden Rechtsträgers erfolgen kann, die nicht in Anteilen oder Mitgliedschaften besteht. Das widerspricht dem Gegenleistungsverbot des § 11 Abs. 2 Satz 1 Nr. 3 UmwStG. Folglich sind bei den Vermögensübertragungen i. S. d. § 174 UmwG grundsätzlich alle übergehenden Wirtschaftsgüter mit dem **gemeinen Wert** anzusetzen (Rdn. 11.14 UmwStE).

414 Geht aber das Vermögen auf den alleinigen Anteilseigner über (z. B. eine 100 %-Tochter-GmbH wird auf eine Gemeinde als deren Alleininhaber übertragen), ist ein **Buchwertansatz** möglich, weil in diesem Fall keine Gegenleistung vorliegt. Allerdings muss das übergehende Betriebsvermögen in einen Betrieb gewerblicher Art gelangen, weil andernfalls § 11 Abs. 2 Satz 1 Nr. 1 UmwStG eine Minderbewertung ausschließt (Rdn. 11.15 UmwStE).

3.1.6 Steuerliche Folgen für die übernehmende Körperschaft, § 12 UmwStG

415 Im Fall der Verschmelzung einer Körperschaft auf eine andere Körperschaft ergeben sich für die übernehmende Körperschaft besondere ertragsteuerliche Folgen aus § 12 UmwStG. Aus dem Wortlaut des § 12 Abs. 2 Satz 1 UmwStG erschließt sich die Vorstellung des Gesetzgebers von einer Aufwärtsverschmelzung (up-stream-merger) einer Tochtergesellschaft auf ihre Muttergesellschaft (Verschmelzung durch Aufnahme) als Grundfall. Auf Grundlage dieser angenommenen Sachverhaltskonstellation erklärt sich die Regelung zur Ermittlung des Übernahmeergebnisses.

416 Im Unterschied zu den unter §§ 3 bis 10 UmwStG zu subsumierenden Vorgängen wird bei der Verschmelzung zweier Körperschaften die Körperschaftsteuersphäre nicht verlassen. Aus diesem Grund sind auch die Besteuerungsfolgen für die übernehmende Körperschaft und für die umwandlungsbeteiligten Anteilseigner unabhängig voneinander zu ziehen (Rdn. 13.08 UmwStE).

417 Es ist nicht von einer Vollausschüttung der offenen Rücklagen auszugehen. Die übernehmende Körperschaft führt sowohl die offenen Rücklagen als auch von der Übertragerin nicht mehr realisierte Gewinne fort. § 12 Abs. 1 Satz 1 UmwStG bildet dabei mit der Anordnung, die übergegangenen Wirtschaftsgüter mit dem in der steuerlichen Schlussbilanz der übertragenden Körperschaft enthaltenen Wert i. S. d. § 11 UmwStG

zu übernehmen, das notwendige Pendant zu der mit § 11 Abs. 2 UmwStG geschaffenen Möglichkeit einer steuerneutralen Umwandlung.

Für die Besteuerungsfolgen bei der übernehmenden Körperschaft ist nach folgendem Plan vorzugehen: 418

- Ermittlung des Beteiligungskorrekturgewinns
- Ermittlung des Übernahmeergebnisses
- Eigenkapitalveränderungen (siehe Rdn. 474 ff.)

3.1.6.1 Beteiligungskorrekturgewinn bei der Aufwärtsverschmelzung

Nach § 12 Abs. 1 Satz 2 UmwStG i. V. m. § 4 Abs. 1 Satz 2 UmwStG sind in früheren Jahren steuerwirksam vorgenommene Wertminderungen (Teilwertabschreibungen) und Abzüge (z. B. § 6b EStG) von den Anschaffungskosten der Anteile an der übertragenden Körperschaft rückgängig zu machen. Obergrenze für die Wertaufholung ist der gemeine Wert der Anteile an der übertragenden Körperschaft. 419

Anwendungsvoraussetzung für dieses **Wertaufholungsgebot** ist, dass die übernehmende Körperschaft am steuerlichen Übertragungsstichtag (§ 2 Abs. 1 UmwStG) Anteilseignerin der übertragenden Körperschaft war. Außerdem müsste sie in früheren Jahren (Teilwert-)Abschreibungen oder Abzüge von den Anschaffungskosten für diese Anteile nach § 6b EStG oder ähnliche Abzüge (z. B. Abzüge nach R 6.6 EStR) steuerwirksam vorgenommen haben. Sind diese Voraussetzungen erfüllt, kommt es zu dem Beteiligungskorrekturgewinn. Damit wird steuerlich nachgeholt, was sich die übernehmende Körperschaft in früheren Jahren erspart hat. 420

Der Beteiligungskorrekturgewinn ist ein laufender, voll steuerpflichtiger Gewinn, der sowohl der Körperschaftsteuer als auch der Gewerbesteuer unterliegt. Er entsteht am steuerlichen Übertragungsstichtag – und zwar eine logische Sekunde vor der Vermögensübertragung. Mit der Vermögensübertragung fallen nämlich die Anteile an der Übertragerin weg, so dass dann keine Wertkorrektur mehr vorgenommen werden kann. Der korrigierte Buchwert der Anteile bildet sodann die Grundlage für die Ermittlung des Übernahmeergebnisses nach § 12 Abs. 2 Satz 1 UmwStG. 421

Die Bedeutung dieses Wertaufholungsgebots hat in den vergangenen Jahren stark abgenommen und wird sich in den nächsten Jahren weiter verflüchtigen. Teilwertabschreibungen auf Anteile an Kapitalgesellschaften konnten steuerwirksam nur bis zur Einführung des § 8b Abs. 3 KStG durch die Unternehmensteuerreform 2001 vorgenommen werden. Darüber hinaus besteht seit 1999 mit § 6 Abs. 1 Nr. 2 Satz 3 EStG i. V. m. Nr. 1 Satz 4 EStG ein allgemeines, ohnehin zu jedem Bilanzstichtag zu beachtendes Wertaufholungsgebot. Der Unterschied zu § 12 Abs. 1 Satz 2 UmwStG i. V. m. § 4 Abs. 1 Satz 2 UmwStG besteht darin, dass nach § 6 Abs. 1 Nr. 1 Satz 4 EStG eine Wertzuschreibung bis zur Höhe des Teilwertes und nach § 4 Abs. 1 Satz 2 UmwStG eine Zuschreibung bis zur Höhe des gemeinen Wertes zu erfolgen hat. 422

Nur für den Fall, dass der gemeine Wert den Teilwert überschreitet, geht das Wertaufholungsgebot des § 4 Abs. 1 Satz 2 UmwStG über das des § 6 Abs. 1 Nr. 1 Satz 4 EStG hinaus. Das ist jedoch recht unwahrscheinlich, denn ein die Anschaffungskosten unterschreitender Teilwert kann nur bei einer voraussichtlich dauernden Wertminderung angesetzt werden (§ 6 Abs. 1 Nr. 2 Satz 2 EStG), während es für die Bestimmung des (niedrigeren) gemeinen Wertes nur auf die Verhältnisse am steuerlichen Übertragungsstichtag ankommt.

423 Steuerwirksame Abzüge nach § 6b EStG konnten durch Kapitalgesellschaften nur bis 1998 vorgenommen werden. Die Anteile an der übertragenden Tochter-Kapitalgesellschaft müssten für einen steuerwirksamen Abzug nach § 6b EStG also vor dem 1.1.1999 angeschafft worden sein. Der Abzug nach § 6b EStG erfolgte in Höhe eines Veräußerungsgewinns von den Anschaffungskosten für die erworbenen Kapitalgesellschaftsanteile. Damit ist ein eigentlich steuerpflichtiger Veräußerungsgewinn durch die Reinvestition unversteuert geblieben. Weil mit der Verschmelzung das Reinvestitionsobjekt (Anteile an der Tochter-Kapitalgesellschaft) wegfällt, soll mit dem Wertaufholungsgebot des § 12 Abs. 1 Satz 2 UmwStG die damals unterbliebene Besteuerung eines Veräußerungsgewinns nachgeholt werden.

Anschaffungskostenminderungen durch Kapitalrückzahlungen aus dem steuerlichen Einlagekonto gehören nicht zu den ähnlichen Abzügen i. S. d. § 4 Abs. 1 Satz 2 UmwStG. Es sind keine steuerwirksamen Buchwertminderungen. Insoweit besteht kein Grund für eine gewinnwirksame Buchwerterhöhung nach § 12 Abs. 1 Satz 2 UmwStG.

3.1.6.2 Ermittlung und Besteuerung des Übernahmeergebnisses

424 Mit der Übernahme der von der übertragenden Körperschaft übergehenden Wirtschaftsgüter entsteht bei der übernehmenden Körperschaft ein Übernahmegewinn oder -verlust (Übernahmeergebnis) in Höhe des Unterschiedsbetrags zwischen dem Wert, mit dem die Wirtschaftsgüter zu übernehmen sind und dem – ggf. nach § 12 Abs. 1 Satz 2 UmwStG korrigierten – Beteiligungsbuchwert der Anteile an der Übertragerin. Durch die Verschmelzung veranlasste Kosten sind von dem Unterschiedsbetrag noch abzuziehen.

Berechnungsschema für die Ermittlung des Übernahmeergebnisses:

	Übernahmewert der übergegangenen Wirtschaftsgüter (§ 12 Abs. 1 Satz 1 UmwStG)
./.	(korrigierter) Buchwert der Anteile an der übertragenden Körperschaft (§ 12 Abs. 1 Satz 2, § 4 Abs. 1 Satz 2 UmwStG)
./.	Umwandlungskosten
=	Übernahmeergebnis (das außer Ansatz bleibt)

Idealerweise geht man dabei von einer 100 %-Beteiligung der übernehmenden Körperschaft an der Übertragerin aus.

Soweit die übernehmende Körperschaft an der übertragenden Körperschaft beteiligt ist, entspricht der Übernahmegewinn einem Gewinn aus der Veräußerung des Anteils.

425 Die Ermittlung des Übernahmegewinns oder -verlusts gem. § 12 Abs. 2 Satz 1 UmwStG ist aber unabhängig von der Beteiligungsquote an der übertragenden Körperschaft

(Rdn. 12.05 UmwStE). Das Übernahmeergebnis ist also auch dann nach obenstehendem Berechnungsschema zu ermitteln, wenn die übernehmende Körperschaft gar nicht an der übertragenden Körperschaft beteiligt war (BFH v. 9.1.2013 - I R 24/12, BFH/NV 2013 881). In diesem Fall entspricht der Übernahmewert der übergegangenen Wirtschaftsgüter nach Abzug der Umwandlungskosten dem Übernahmegewinn.

Gemäß § 12 Abs. 2 Satz 1 UmwStG bleibt bei der übernehmenden Körperschaft ein aus der Übernahme der Wirtschaftsgüter entstehender Gewinn oder Verlust außer Ansatz. 426

3.1.6.2.1 Übernahmewert der übergegangenen Wirtschaftsgüter

Übernahmewert der übergegangenen Wirtschaftsgüter ist der Wert i. S. d. § 11 UmwStG, mit dem die übertragende Körperschaft die Wirtschaftsgüter in ihrer steuerlichen Übertragungsbilanz angesetzt hat (§ 12 Abs. 1 Satz 1 UmwStG). § 12 Abs. 1 Satz 1 UmwStG verknüpft den Übernahmewert bei der übernehmenden Körperschaft mit dem steuerlichen Schlussbilanzwert der übertragenden Körperschaft. Die Übernehmerin ist an die Bewertung durch die Übertragerin gebunden (strikte **Wertverknüpfung**). Steuerlich hat die Übernehmerin – im Unterschied zum Handelsrecht (§ 24 UmwG) – kein Bewertungswahlrecht. 427

Der Übernahmewert umfasst auch evtl. vorhandenes **Auslandsvermögen** der Übertragerin, und zwar unabhängig davon, ob die Wirtschaftsgüter in Deutschland steuerverstrickt sind oder Deutschland kein Besteuerungsrecht an den stillen Reserven aus diesen Wirtschaftsgütern hat. Es geht bei der Ermittlung des Übernahmegewinns nicht um die Ermittlung und Besteuerung der stillen Reserven in den übergegangenen Wirtschaftsgütern, sondern um die Ermittlung des Gewinns aus der „Veräußerung" der Anteile an der übertragenden Körperschaft. Dabei ist das Auslandsvermögen als wertbeeinflussender Faktor zu berücksichtigen. 428

Einer besonderen **Übernahmebilanz** bedarf es grundsätzlich nicht. Bei einer bereits bestehenden übernehmenden Körperschaft ist die Vermögensübertragung im Wege der Verschmelzung ein Geschäftsvorfall, der in der laufenden Buchführung – mit Wirkung zum steuerlichen Übertragungsstichtag (§ 2 Abs. 1 UmwStG) – zu erfassen ist. Bilanziell wirkt sich die Verschmelzung im nachfolgenden Jahresabschluss aus. Nur im Fall einer Verschmelzung durch Neugründung ist auf den steuerlichen Übertragungsstichtag eine steuerliche Eröffnungsbilanz (Übernahmebilanz) zu erstellen. 429

3.1.6.2.2 Buchwert der Anteile an der übertragenden Körperschaft

Der von dem Wert der übergegangenen Wirtschaftsgüter abzuziehende Wert der Anteile an der übertragenden Körperschaft ist der – ggf. nach § 12 Abs. 1 Satz 2 i. V. m. § 4 Abs. 1 Satz 2 UmwStG korrigierte – Buchwert der Anteile, der sich nach den steuerrechtlichen Vorschriften über die Gewinnermittlung in einer für den steuerlichen Übertragungsstichtag aufzustellenden Steuerbilanz ergibt oder ergäbe (§ 1 Abs. 5 Nr. 4 UmwStG). 430

Hat die übernehmende Körperschaft Anteile an der übertragenden Körperschaft erst nach dem steuerlichen Übertragungsstichtag angeschafft, gelten diese Anteile gem. § 12 Abs. 2 Satz 3 i. V. m. § 5 Abs. 1 UmwStG als am steuerlichen Übertragungsstichtag 431 angeschafft (**Rückwirkungsfiktion**). Gemäß § 5 Abs. 1 Alt. 2 UmwStG ist die Rückwirkungsfiktion auch für Barabfindungen anzuwenden, die (nach der Verschmelzung) an Gesellschafter gezahlt werden, die der Umwandlung widersprechen. Steuerlich ist der Vorgang so zu behandeln, als ob diese Gesellschafter noch aus dem übertragenden Rechtsträger ausgeschieden wären (Rdn. 02.19 UmwStE). Für die übernehmende Körperschaft stellen diese Barabfindungen Anschaffungskosten für (weitere) Anteile an der Übertragerin dar und erhöhen (rückwirkend auf den steuerlichen Übertragungsstichtag) den Buchwert der Anteile.

3.1.6.2.3 Umwandlungskosten

432 Gemäß § 12 Abs. 2 Satz 1 UmwStG ist der Übernahmegewinn oder -verlust der Unterschied zwischen dem Buchwert der Anteile an der übertragenden Körperschaft und dem Wert, mit dem die übergegangenen Wirtschaftsgüter zu übernehmen sind, abzüglich der Kosten für den Vermögensübergang (Umwandlungskosten). Der Satz ist wohl so zu verstehen, dass von dem Unterschiedsbetrag zwischen dem Buchwert der Anteile und dem Wert des übergegangenen Vermögens die Umwandlungskosten noch abzuziehen sind.

Das verbleibende Ergebnis (Übernahmeergebnis) bleibt bei der Körperschaftsteuerermittlung für die Übernehmerin außer Ansatz. Die Umwandlungskosten wirken sich damit – vorbehaltlich der Regelung in § 12 Abs. 2 Satz 2 UmwStG – nicht steuermindernd aus. Das außer Ansatz bleibende Übernahmeergebnis ist in dem Jahr, in das der steuerliche Übertragungsstichtag (§ 2 Abs. 1 UmwStG) fällt, außerbilanziell zu korrigieren. Die Umwandlungskosten sind unabhängig vom Zeitpunkt ihrer Entstehung oder ihrer Zahlung bei der Ermittlung des Übernahmeergebnisses zu berücksichtigen.

433 Umwandlungskosten sind alle der übernehmenden Rechtsträgerin zuzuordnenden und durch die Verschmelzung veranlassten Kosten. Die der übertragenden Körperschaft zuzuordnenden Kosten des Vermögensübergangs sind ebenfalls als Umwandlungskosten bei der Übernehmerin (als Rechtsnachfolgerin) zu berücksichtigen, soweit sie nach dem steuerlichen Übertragungsstichtag entstanden sind (Rdn. 12.05 i. V. m. Rdn. 04.34 UmwStE). Im Übrigen gelten die Ausführungen unter Rdn. 216 bis 218 entsprechend.

434 Von den laufenden Umwandlungskosten sind die **objektbezogenen Kosten** für den Erwerb einzelner übergehender Wirtschaftsgüter – z. B. die auf das übergehende Grundstück entfallende GrESt – zu unterscheiden. Die objektbezogenen Kosten sind als Anschaffungsnebenkosten i. S. d. § 255 Abs. 1 HGB bei dem betreffenden Wirtschaftsgut zu aktivieren. Der Beurteilung des Vermögenserwerbs als Anschaffung und der Hinzuaktivierung von Anschaffungsnebenkosten steht nicht entgegen, dass der Vermögensübergang im Wege der Gesamtrechtsnachfolge erfolgt und dass die übernehmende Rechtsträgerin die auf sie übergegangenen Wirtschaftsgüter mit dem in der steuerlichen Schlussbilanz der übertragenden Körperschaft enthaltenen Wert gem. § 4 Abs. 1 Satz 1 UmwStG zu übernehmen hat (vgl. BMF v. 18.1.2010, BStBl 2010 I 70; BFH v. 17.9.2003 - I R 97/02, BStBl 2004 II 686 und BFH v. 23.1.2002 - XI R 48/99, BStBl 2002 II 875).

3.1.6.2.4 Anwendung des § 8b KStG

Auf den nach Abzug der Umwandlungskosten verbleibenden Übernahmegewinn (nicht auch auf einen Übernahmeverlust) ist § 8b KStG anzuwenden. Die Anwendung des § 8b KStG erfolgt aber nur in dem Umfang, in dem die übernehmende Muttergesellschaft an der übertragenden Tochtergesellschaft beteiligt ist (§ 12 Abs. 2 Satz 2 UmwStG). Nach § 8b Abs. 3 Satz 1 KStG gelten 5 % des Gewinns als Ausgaben, die nicht als Betriebsausgaben abgezogen werden dürfen. Im Ergebnis bleiben also nur 95 % des (anteiligen) Übernahmegewinns steuerfrei. 435

BEISPIEL Anteilseigner der F-GmbH sind die E-GmbH mit 25 % und G mit 75 %.

Die F-GmbH wird auf die E-GmbH verschmolzen, die dafür ihr Stammkapital um 50 000 € erhöht.

Der Beteiligungsbuchwert des 25 %-F-GmbH-Anteils (bei der E-GmbH) beträgt 25 000 €. Der Wert des übergehenden Vermögens beträgt 80 000 €. Umwandlungskosten sollen nicht angefallen sein.

LÖSUNG Das Übernahmeergebnis i. S. d. § 12 Abs. 2 Satz 1 UmwStG ist für die E-GmbH wie folgt zu ermitteln:

	Übernahmewert der übergegangenen Wirtschaftsgüter	80 000 €
./.	Buchwert Beteiligung F-GmbH	25 000 €
./.	Umwandlungskosten	–
	Übernahmegewinn	55 000 €
	Anwendung des § 8b KStG auf (25 % von 55 000 €)	13 750 €
	führt zu nicht abzugsfähigen Betriebsausgaben i. H. v. (5 %)	687 €

Der innerhalb der Bilanz der E-GmbH sich ergebende Übernahmegewinn von 55 000 € ist außerhalb der Bilanz um 54 313 € (55 000 € ./. 687 €) zu korrigieren.

Soweit die übernehmende E-GmbH an der Übertragerin (F-GmbH) beteiligt war, darf zur Durchführung der Verschmelzung ihr Stammkapital nicht erhöht werden (§ 54 Abs. 1 Satz 1 Nr. 1 UmwG). Soweit jedoch G durch die Verschmelzung als weiterer Gesellschafter der E-GmbH beitritt, muss eine Kapitalerhöhung vorgenommen werden (soweit nicht die Voraussetzungen des § 54 Abs. 1 Satz 2 UmwG vorliegen); der neue Anteil ist dem G zu gewähren. Die Einlageverpflichtung des G auf den neuen Geschäftsanteil im Nennwert von 50 000 € wird durch die Übertragung seines 75 %-Anteils am Betriebsvermögen der F-GmbH erfüllt (75 % von 80 000 € = 60 000 €). Der Unterschiedsbetrag von 10 000 € ist das Gesellschafteragio. Sowohl das Gesellschafteragio als auch der Nennbetrag des neuen Geschäftsanteils sind im Übernahmegewinn enthalten.

3.1.6.3 Übernahmefolgegewinn – steuermindernde Rücklage gem. § 6 UmwStG

Nach § 12 Abs. 4 i. V. m. § 6 Abs. 1 UmwStG darf die übernehmende Körperschaft für einen durch den Vermögensübergang entstandenen Gewinn aus der Vereinigung von Forderungen und Verbindlichkeiten (Übernahmefolgegewinn) eine ihren steuerlichen Gewinn mindernde Rücklage bilden. Die Möglichkeit der Rücklagenbildung ist allerdings auf den Teil des Übernahmefolgegewinns begrenzt, der der Beteiligung der übernehmenden Körperschaft am Grund- oder Stammkapital der übertragenden Körper- 436 schaft entspricht. Die Rücklage ist in den folgenden drei Wirtschaftsjahren mit mindestens je einem Drittel wieder gewinnerhöhend aufzulösen.

437 Ein Übernahmefolgegewinn kann entstehen, wenn zwischen der übertragenden und der übernehmenden Körperschaft Forderungen bzw. Verbindlichkeiten bestehen, die mit der Verschmelzung erlöschen. Im Rahmen der Verschmelzung (Vermögensübertragung im Ganzen) gehen auch Forderungen der übertragenden Körperschaft gegen die Übernehmerin sowie Verbindlichkeiten der Übertragerin gegenüber der Übernehmerin auf die übernehmende Körperschaft über. Bei der übernehmenden Körperschaft erlöschen sodann (die nunmehr bei ein und demselben Rechtsträger sich gegenüberstehende) Forderung und Verbindlichkeit durch Vereinigung (Konfusion). Ein Rechtsträger kann keine Forderung gegen sich selbst haben.

Zu einem Gewinn kann es jedoch nur kommen, wenn die sich gegenüberstehende und durch Konfusion erlöschende Forderung und Verbindlichkeit **unterschiedlich hoch bewertet** sind.

438 Ein Konfusionsgewinn ergibt sich auch im Fall der **Rückstellungsauflösung** aus Rechtsverhältnissen zwischen den beteiligten Körperschaften.

BEISPIEL Anteilseigner der X-GmbH sind die Y-GmbH mit 30 % und Z mit 70 %.

Für ihren Betrieb hat die X-GmbH auf einem von der Y-GmbH gepachteten Grundstück eine Anlage errichtet. In ihrer Schlussbilanz zum 31.12.01 passiviert die X-GmbH eine gegenüber der Y-GmbH bestehende Pachtzinsverbindlichkeit i. H. v. 10 000 € sowie eine Rückstellung für eine aus dem Pachtverhältnis sich ergebende Entfernungs- und Abbruchverpflichtung i. H. v. 200 000 €, die dem Grunde und der Höhe nach anzuerkennen ist.

Zum 1.1.02 wird die X-GmbH auf die Y-GmbH verschmolzen. Der Verschmelzung liegt die handelsrechtliche Schlussbilanz zum 31.12.01 zu Grunde.

LÖSUNG Mit der Verschmelzung geht das Vermögen der X-GmbH als Ganzes, also einschließlich ihrer Verbindlichkeiten, am 31.12.01 auf die Y-GmbH über. Der 31.12.01 ist der steuerliche Übertragungsstichtag, weil auf diesen Stichtag die Bilanz aufgestellt worden ist, die dem Vermögensübergang zu Grunde liegt (§ 2 Abs. 1 Satz 1 UmwStG).

Bei der Y-GmbH erlöschen die übergegangene Pachtzinsverbindlichkeit und die entsprechende Forderung sowie die übergegangene Entfernungs- und Abbruchverpflichtung jeweils durch Konfusion eine logische Sekunde nach dem Vermögensübergang. Das Erlöschen der Forderung und Verbindlichkeit in Höhe des Pachtzinses (10 000 €) hat keine Gewinnauswirkung, weil sie sich mit demselben Wert vereinigt haben.

Bei dem Erlöschen der Entfernungs- und Abbruchverpflichtung entsteht ein Ertrag i. H. v. 200 000 €, weil der wegfallenden Schuld keine Forderung gegenübersteht. Die Entfernungs- und Abbruchverpflichtung bestand zwar gegenüber der Y-GmbH. Diese hatte aber keine Forderung zu aktivieren, weil es sich bei ihr nicht um einen erwirtschafteten Ertrag (kein Entgelt für die Nutzungsüberlassung des Grundstücks) und auch nicht um einen Aufwendungsersatz handelt.

Der Gewinn entsteht auf Ebene der übernehmenden Y-GmbH. Es handelt sich um einen laufenden – gem. § 19 Abs. 1 UmwStG auch der Gewerbesteuer unterliegenden – Gewinn, der zeitlich dem Jahr 01 zuzurechnen ist, weil in dieses Jahr der steuerliche Übertragungsstichtag fällt. Gemäß § 12 Abs. 4 i. V. m. § 6 Abs. 1 Satz 1 UmwStG darf die Y-GmbH für 01 eine den steuerlichen Gewinn mindernde Rücklage in Höhe ihres Beteiligungsverhältnisses an der X-GmbH (30 %), also i. H. v. 60 000 € bilden. In den folgenden drei Wirtschaftsjahren (02 bis 04) muss sie diese Rücklage mit mindestens je einem Drittel gewinnerhöhend auflösen (§ 12 Abs. 4 i. V. m. § 6 Abs. 1 Satz 2 UmwStG).

Der Übernahmefolgegewinn gehört **nicht** zu dem **Übernahmeergebnis** i. S. d. § 12 Abs. 2 UmwStG. Er ist ein laufender Gewinn, der bei der übernehmenden Körperschaft sowohl der Körperschaftsteuer als auch der Gewerbesteuer unterliegt (§ 19 Abs. 1 UmwStG). 439

Das Erlöschen der sich gegenüberstehenden Forderung und Verbindlichkeit ist eine Folge der Verschmelzung, die erst eine logische Sekunde nach der Vermögensübertragung eintritt. Ein daraus sich ergebender (Übernahmefolge-)Gewinn ist aber noch dem Ermittlungszeitraum zuzurechnen, in dem der steuerliche Übertragungsstichtag (§ 2 Abs. 1 Satz 1 UmwStG) liegt (Rdn. 06.01 UmwStE). 440

§ 12 Abs. 4 UmwStG verweist auf den ganzen § 6 UmwStG. Damit ist auch die Missbrauchsvermeidungsvorschrift des § 6 Abs. 3 UmwStG anzuwenden (s. dazu Rdn. 258 bis 260). 441

3.1.6.4 Steuerliche Rechtsnachfolge

Gemäß § 12 Abs. 3 UmwStG tritt die übernehmende Körperschaft in die steuerliche Rechtsstellung der übertragenden Körperschaft ein. Die Übernehmerin ist Gesamtrechtsnachfolgerin der übertragenden Körperschaft. Das gilt unabhängig davon, ob die übergegangenen Wirtschaftsgüter mit dem Buchwert, einem Zwischenwert oder mit dem gemeinen Wert angesetzt worden sind. 442

Für Zwecke des § 6b EStG und des § 7g EStG stellt die Vermögensübernahme keine (begünstigte) Anschaffung dar (Rdn. 12.04 i. V. m. Rdn. 04.14 UmwStE).

Der Eintritt in die steuerliche Rechtsstellung bedeutet zunächst die Übernahme der Wirtschaftsgüter mit dem in der steuerlichen Schlussbilanz der übertragenden Körperschaft angesetzten Wert (§ 12 Abs. 1 Satz 1 UmwStG, **strikte Wertverknüpfung**, s. auch Rdn. 262 bis 264). 443

Hinsichtlich der abnutzbaren Wirtschaftsgüter des Anlagevermögens hat die übernehmende Körperschaft die **AfA** in der bisherigen Weise fortzuführen. Sind die Wirtschaftsgüter mit einem oberhalb des Buchwertes liegenden Wert (gemeiner Wert oder Zwischenwert) angesetzt worden, ist bei Gebäuden, die bisher nach § 7 Abs. 4 Satz 1 oder § 7 Abs. 5 EStG abgeschrieben worden sind, die bisherige AfA-Bemessungsgrundlage um den Aufstockungsbetrag zu erhöhen. Auf diese neue Bemessungsgrundlage ist der bisherige (gesetzliche) AfA-Satz weiter anzuwenden. Bei entsprechender Glaubhaftmachung ist es auch zulässig, die AfA nach § 7 Abs. 4 Satz 2 EStG nach der tatsächlichen Restnutzungsdauer des Gebäudes zu bemessen, wenn mit den gesetzlichen AfA-Sätzen nach § 7 Abs. 4 Satz 1 EStG die volle Absetzung innerhalb der tatsächlichen Nutzungsdauer nicht erreicht werden kann. 444

In allen anderen Fällen, also insbesondere bei beweglichen Wirtschaftsgütern, bemisst sich die weitere AfA nach dem Wertansatz in der Übertragungsbilanz und der Restnutzungsdauer des Wirtschaftsguts, die nach den Verhältnissen am steuerlichen Übertragungsstichtag neu zu schätzen ist (§ 12 Abs. 3 i. V. m. § 4 Abs. 3 UmwStG). Siehe im Übrigen auch Rdn. 267 bis 271.

445 Zu weiteren Folgen aus der steuerlichen Rechtsnachfolge gelten die Ausführungen, betreffend

- anschaffungsnahe Herstellungskosten (Rdn. 272),
- die Übernahme gewinnmindernder Rücklagen (Rdn. 273),
- ungewisse Verpflichtungen (Rdn. 275),
- den Eintritt in das Wertaufholungsgebot nach § 6 Abs. 1 Nr. 1 Satz 4 sowie § 6 Abs. 1 Nr. 2 Satz 3 EStG (Rdn. 276),
- die Anrechnung von Besitzzeiten (§ 12 Abs. 3 i. V. m. § 4 Abs. 2 Satz 3 UmwStG; Rdn. 277),

entsprechend.

446 Bei einer bestehenden Organschaft und der Verschmelzung des Organträgers auf ein anderes Unternehmen tritt der übernehmende Rechtsträger grundsätzlich in den Gewinnabführungsvertrag ein (Rdn. Org.01 UmwStE).

Wird ein anderes Unternehmen auf den Organträger oder auf die Organgesellschaft verschmolzen, hat das keinen Einfluss auf den Fortbestand der Organschaft, vorausgesetzt, die finanzielle Eingliederung ist noch gegeben (Rdn. Org.20 und Org.29 UmwStE.)

Ist bei der Verschmelzung aber die Organgesellschaft die übertragende Rechtsträgerin, endet die Organschaft (Rdn. Org.21 UmwStE).

447 Zur Verschmelzung einer Unterstützungskasse auf das Trägerunternehmen s. Rdn. 279.

3.1.6.5 Kein Übergang von Verlusten und Zinsvortrag

448 Nach § 12 Abs. 3 2. HS UmwStG gilt § 4 Abs. 2 und 3 UmwStG bei der Verschmelzung einer Körperschaft auf eine andere Körperschaft entsprechend. Damit ist auch das Verlustabzugsverbot des § 4 Abs. 2 Satz 2 UmwStG anzuwenden. Verrechenbare Verluste, verbleibende Verlustvorträge, von der übertragenden Körperschaft nicht ausgeglichene negative Einkünfte, ein Zinsvortrag nach § 4h Abs. 1 Satz 5 EStG und ein EBITDA-Vortrag nach § 4h Abs 1 Satz 3 EStG gehen nicht auf die übernehmende Körperschaft über.

Verrechenbare Verluste sind z. B. solche i. S. d. § 15a Abs. 4 EStG (bei Beteiligung der übertragenden Körperschaft z. B. als Kommanditist an einer KG) oder i. S. d. § 15b Abs. 4 EStG (Verluste im Zusammenhang mit Steuerstundungsmodellen). Verbleibende Verlustvorträge sind solche i. S. d. § 10d Abs. 4, § 2a Abs. 1 Satz 5, § 15 Abs. 4 EStG. Von der übertragenden Körperschaft nicht ausgeglichene negative Einkünfte sind ihre laufenden Verluste, die noch nicht in einen verbleibenden Verlustvortrag eingegangen sind (laufender Verlust des Übertragungsjahres).

449 Hat die übernehmende Körperschaft eigene nicht ausgeglichene oder abgezogene negative Einkünfte, kann die Verschmelzung bei ihr ein Verlustabzugsverbot nach § 8c KStG auslösen. Das ist der Fall, wenn innerhalb von fünf Jahren mittelbar oder unmittelbar mehr als 50 % des gezeichneten Kapitals an einen Erwerber übertragen werden

und § 8d KStG nicht greift. Eine (zur Durchführung der Verschmelzung) vorgenommene Kapitalerhöhung steht der Übertragung des gezeichneten Kapitals gleich, soweit sie zu einer Veränderung der Beteiligungsquoten am Kapital der Körperschaft führt (§ 8c Abs. 1 Satz 3 KStG). Die Abzugsmöglichkeit ihrer eigenen Verluste geht der übernehmenden Körperschaft also verloren, wenn im Rahmen der Verschmelzung die Gesellschafter der übertragenden Körperschaft zu mehr als 50 % Gesellschafter der übernehmenden Körperschaft werden und weder § 8c Abs. 1 Sätze 5 ff. oder Abs. 1a noch § 8d KStG zur Anwendung kommt.

3.1.6.6 Ausschüttungsfiktion bei Verschmelzung auf nicht steuerpflichtige oder steuerfreie Körperschaft

Nach § 12 Abs. 5 UmwStG gilt im Falle des Vermögensübergangs in den nicht steuer- 450
pflichtigen oder steuerbefreiten Bereich der übernehmenden Körperschaft der am steuerlichen Übertragungsstichtag vorhandene ausschüttbare Gewinn bei der übernehmenden Körperschaft als Einnahme i. S. d. § 20 Abs. 1 Nr. 1 EStG. Diese Regelung betrifft z. B. den Fall des Vermögensübergangs auf eine gemeinnützige Körperschaft oder auf eine juristische Person des öffentlichen Rechts. Folge ist u. a. die Einbehaltung und Abführung von Kapitalertragsteuer (§ 43 Abs. 1 Satz 1 Nr. 1, § 43a Abs. 1 Satz 1 Nr. 1 EStG).

3.1.7 Steuerliche Rückwirkung, § 2 UmwStG

Das **Einkommen** und das **Vermögen** der übertragenden sowie der übernehmenden Kör- 451
perschaft sind nach § 2 Abs. 1 Satz 1 UmwStG so zu ermitteln, als ob das Vermögen mit Ablauf des Stichtags der Bilanz, die dem Vermögensübergang zu Grunde liegt, auf die übernehmende Körperschaft übergegangen wäre. Das gilt auch für die Ermittlung der Bemessungsgrundlagen bei der Gewerbesteuer (§ 2 Abs. 1 Satz 2 UmwStG).

Die dem Vermögensübergang zu Grunde liegende Bilanz ist die Handelsbilanz, die der 452
Anmeldung zur Eintragung der Verschmelzung in das Handelsregister der übertragenden Körperschaft gem. § 17 Abs. 2 UmwG beizufügen ist. Nach § 17 Abs. 2 Satz 4 UmwG darf das Registergericht die Verschmelzung nur eintragen, wenn die Bilanz auf einen **höchstens acht Monate** vor der Anmeldung liegenden Stichtag aufgestellt worden ist.

Der Stichtag, auf den diese Bilanz aufgestellt worden ist, ist der **steuerliche Übertragungsstichtag** (auf die weitergehenden Ausführungen zur Bestimmung und der steuerlichen Folgen aus der Bestimmung des steuerlichen Übertragungsstichtags unter Rdn. 288 ff. zu §§ 3 bis 10 UmwStG wird verwiesen).

Steuerrechtlich gilt das Vermögen der übertragenden Körperschaft als mit Ablauf des 453
Übertragungsstichtags auf die übernehmende Körperschaft übergegangen (**Rückwirkungsfiktion**). Der übertragenden Körperschaft werden kein Einkommen und kein Vermögen mehr zugerechnet (Rdn. 02.10 UmwStE). Die aus dem Vermögensübergang sich ergebenden ertragsteuerlichen Folgen (Übertragungsgewinn der übertragenden Kör-

perschaft, Übernahmegewinn und Übernahmefolgegewinn der übernehmenden Körperschaft) sind zeitlich dem Ermittlungszeitraum zuzurechnen, in den der Übertragungsstichtag fällt. Insoweit ist der Abschluss des Verschmelzungsvertrages, der Übergang des wirtschaftlichen Eigentums oder die Eintragung der Verschmelzung in das Handelsregister steuerlich irrelevant.

454 Zivilrechtlich geht das Vermögen erst mit der Eintragung der Verschmelzung in das für die übernehmende Körperschaft zuständige Handelsregister auf die übernehmende Körperschaft über (§ 20 Abs. 1 Nr. 1 UmwG). Die übertragende Körperschaft erlischt (zivilrechtlich) erst mit der Eintragung der Verschmelzung in das Register des Sitzes der übernehmenden Körperschaft (§ 20 Abs. 1 Nr. 2 UmwG).

In praxi wird diese Eintragung regelmäßig einige Zeit nach Ablauf des steuerlichen Übertragungsstichtags erfolgen. Der Zeitraum zwischen dem steuerlichen Übertragungsstichtag und der Eintragung in das Handelsregister der übernehmenden Körperschaft ist der **steuerliche Rückwirkungszeitraum**. In dem Rückwirkungszeitraum wird das Gewerbe zivilrechtlich noch von der übertragenden Körperschaft betrieben. Steuerlich sind aber alle Handlungen und Geschäftsvorfälle bereits der übernehmenden Körperschaft zuzurechnen (s. auch Rdn. 299 f. zu §§ 3 bis 9 UmwStG).

Fraglich ist, wie sich die Rückbeziehung des Vermögensübergangs auf Anteilsübertragungen und auf Gewinnausschüttungen auswirkt, die im Rückwirkungszeitraum erfolgen.

3.1.7.1 Anteilsübertragungen im Rückwirkungszeitraum

455 Zivil- und steuerrechtlich sind die Anteilseigner getrennt von der Körperschaft zu beurteilen, an der sie beteiligt sind. Die Besteuerung der Anteilseigner erfolgt grundsätzlich unabhängig von der Besteuerung der Körperschaft. Veräußern Anteilsinhaber ihre Anteile ganz oder teilweise, hat dies für die Besteuerung der Körperschaft keine Relevanz. Die Veräußerung ist für die Veräußerer nach allgemeinen ertragsteuerrechtlichen Grundsätzen zu beurteilen (Rdn. 02.23 UmwStE).

456 Für die steuerliche Beurteilung des **Erwerbers** kommt es darauf an, ob der Erwerber zugleich der übernehmende Rechtsträger ist. Ist er das nicht, gelten für ihn die Regelungen des § 13 UmwStG.

457 Handelt es sich bei dem Erwerber der Anteile um die übernehmende Körperschaft, ist im Weiteren nach § 12 UmwStG zu verfahren. In diesem Fall gelten die Anteile nach § 12 Abs. 2 Satz 3 i. V. m. § 5 Abs. 1 UmwStG als am steuerlichen Übertragungsstichtag angeschafft. Das wirkt sich auf das für die Übernehmerin zu ermittelnde Übernahmeergebnis i. S. d. § 12 Abs. 2 UmwStG aus.

BEISPIEL Die T-GmbH wird auf die S-GmbH verschmolzen. Steuerlicher Übertragungsstichtag ist der 31.12.01. Die S-GmbH hatte in 01 einen 50 %-Anteil an der T-GmbH für 120 000 € und am 25.6.02 (im Rückwirkungszeitraum) einen 30 %-Anteil an der T-GmbH für 60 000 € erworben.

Das Vermögen der T-GmbH geht – durch die Verschmelzung – mit einem Wert (i. S. d. § 11 Abs. 2 UmwStG) von insgesamt 200 000 € auf die S-GmbH über.

LÖSUNG Die Anschaffung des 30 %-Geschäftsanteils am 25.6.02 wird nach § 12 Abs. 2 Satz 3 i. V. m. § 5 Abs. 1 UmwStG auf den 31.12.01 zurückbezogen. Danach ermittelt sich das Übernahmeergebnis i. S. d. § 12 Abs. 2 UmwStG für die S-GmbH auf diesen Stichtag wie folgt:

	Übernahmewert der übergegangenen Wirtschaftsgüter	200 000 €
./.	Buchwert Beteiligung T-GmbH (120 000 € + 60 000 €)	180 000 €
./.	Umwandlungskosten (keine Angaben)	–
	Übernahmeergebnis	20 000 €

Der Gewinn i. S. d. § 12 Abs. 2 Satz 2 UmwStG beträgt (80 % von 20 000 € =) 16 000 €. Nach § 8b Abs. 3 Satz 1 KStG gelten 5 % (von 16 000 € = 800 €) als nicht abziehbare Betriebsausgaben.

Die Ermittlung des Übernahmeergebnisses ist nicht anteilsbezogen vorzunehmen. Das ergibt sich aus dem Wortlaut des § 12 Abs. 2 Satz 1 UmwStG (... des Unterschieds zwischen „dem Buchwert" der Anteile ...).

Der Veräußerer des 30 %-Geschäftsanteils unterliegt mit der Veräußerung den allgemeinen steuerlichen Grundsätzen (z. B. § 17 EStG bei Zugehörigkeit der Anteile zu seinem Privatvermögen). § 13 UmwStG ist auf den Veräußerer insoweit nicht anzuwenden.

In anderen Fällen des Anteilserwerbs im Rückwirkungszeitraum (Erwerber der Anteile 458
ist nicht identisch mit der übernehmenden Körperschaft) hat die Anteilsübertragung nur Bedeutung für die Frage, auf wen die Vorschrift des § 13 UmwStG anzuwenden ist. § 13 UmwStG ist auf die Anteilseigner anzuwenden, die im Zeitpunkt des Wirksamwerdens der Umwandlung, also im Zeitpunkt der Eintragung der Verschmelzung in das Handelsregister des Sitzes der übernehmenden Körperschaft Anteile an der übertragenden Körperschaft innehaben, diese Anteile durch die Eintragung verlieren und dafür Anteile an der übernehmenden Körperschaft erhalten. Auf Anteilsübertragungen vor der Registereintragung finden die allgemeinen steuerlichen Vorschriften Anwendung.

Die Rückwirkungsfiktion des § 2 Abs. 1 UmwStG gilt nicht für die Anteilseigner der um- 459
wandlungsbeteiligten Körperschaften. Sie gilt nur für die übertragende und die übernehmende Körperschaft. Veräußert ein Anteilseigner der übertragenden Körperschaft im Rückwirkungszeitraum seinen Anteil, wird diese Übertragung nicht zurückbezogen. In der steuerlichen Beurteilung des Anteilseigners geht es um die Veräußerung seines Anteils an der übertragenden Körperschaft und nicht um die Veräußerung eines Anteils an der übernehmenden Körperschaft. Dass der übertragenden Körperschaft ab dem steuerlichen Übertragungsstichtag kein Einkommen und kein Vermögen mehr zugerechnet wird, spielt dabei keine Rolle.

Entsprechend ist zu verfahren, wenn ein Anteilsinhaber, der gegen den Umwandlungs- 460
beschluss der übertragenden Körperschaft Widerspruch eingelegt hat, gegen Barabfindung gem. § 29 UmwG aus der umgewandelten Rechtsträgerin ausscheidet. Zivilrechtlich scheidet er zwar erst nach der Eintragung im Handelsregister (aus der dann bereits vorhandenen übernehmenden Körperschaft) aus. Steuerlich wird er jedoch wie ein im Rückwirkungszeitraum aus der übertragenden Körperschaft ausscheidender Anteilseigner behandelt (Rdn. 02.19 UmwStE).

3.1.7.2 Gewinnausschüttungen

461 Am steuerlichen Übertragungsstichtag bereits beschlossene, aber noch nicht verwirklichte Gewinnausschüttungen sind als Schuldposten (Ausschüttungsverbindlichkeit) in der steuerlichen Übertragungsbilanz zu passivieren (Rdn. 02.27 UmwStE). Gleiches gilt für vor dem Übertragungsstichtag begründete verdeckte Gewinnausschüttungen, die erst im Rückwirkungszeitraum oder später abfließen.

462 Für Ausschüttungen, die im Rückwirkungszeitraum erst beschlossen worden sind, und für verdeckte Gewinnausschüttungen, die in diesem Zeitraum begründet worden sind, ist in der steuerlichen Übertragungsbilanz ein **Korrekturposten** zu passivieren, der wie ein Schuldposten (Ausschüttungsverbindlichkeit) behandelt wird. Das gilt aber nur für Ausschüttungen, die nicht auf die übernehmende Körperschaft entfallen.

Der Korrekturposten darf den steuerlichen Gewinn der übertragenden Körperschaft nicht mindern. Eine innerhalb der Bilanz eintretende Gewinnminderung ist außerhalb der Steuerbilanz rückgängig zu machen. Der passive Korrekturposten wird auch in der Steuerbilanz der übernehmenden Körperschaft ausgewiesen. Die später abfließenden Ausschüttungen sind mit dem passiven Korrekturposten zu verrechnen.

463 Bei der übertragenden Körperschaft gelten die Ausschüttungen, für die ein Schuldposten oder ein passiver Korrekturposten gebildet worden ist, für Zwecke des § 27 KStG spätestens im Zeitpunkt der zivilrechtlichen Wirksamkeit der Umwandlung (Eintragung im Handelsregister) als abgeflossen. Sie sind in der letzten gesonderten Feststellung des steuerlichen Einlagekontos auf den steuerlichen Übertragungsstichtag zu berücksichtigen (Rdn. 02.34 und K.04 UmwStE).

464 Aus Vereinfachungsgründen können die im Rückwirkungszeitraum erfolgten Ausschüttungen auch so behandelt werden, als hätte sie die übernehmende Körperschaft vorgenommen (Rdn. 02.34 UmwStE).

465 Die Auszahlungen sind bei der übernehmenden Körperschaft ein erfolgsneutraler Vorgang. Bei den Anteilseignern gelten für den Zufluss und die Besteuerung der Ausschüttungen die allgemeinen Grundsätze.

466 **Gewinnausschüttungen im Rückwirkungszeitraum an die übernehmende Körperschaft** unterliegen der Rückwirkungsfiktion des § 2 Abs. 1 UmwStG. Es handelt sich um steuerlich unbeachtliche Vorwegübertragungen von Vermögen an die Muttergesellschaft (Rdn. 02.35 UmwStE).

3.1.7.3 Rechtsbeziehungen zwischen übertragender und übernehmender Körperschaft

467 Rechtsbeziehungen zwischen übertragender und übernehmender Körperschaft erlöschen mit Ablauf des steuerlichen Übertragungsstichtags. Im Rückwirkungszeitraum begründete Rechtsbeziehungen sind steuerlich von Anfang an unwirksam (s. auch Rdn. 311 f. zu §§ 3 bis 9 UmwStG).

3.1.7.4 Vermeidung der Nichtbesteuerung

Gemäß § 2 Abs. 3 UmwStG ist die Rückwirkungsfiktion des § 2 Abs. 1 UmwStG nicht anzuwenden, soweit bei einer Umwandlung mit Auslandsbezug Einkünfte dadurch der Besteuerung entzogen werden, dass in dem anderen Staat ein (von der deutschen Regelung) abweichender Übertragungsstichtag angenommen wird. Dieses Rückwirkungsverbot (Rückausnahme von der Rückwirkungsregelung) dient der **Vermeidung „weißer Einkünfte“** (s. dazu oben Rdn. 321). 468

3.1.7.5 Beschränkung der Verlustnutzung

Bei rückwirkenden Umwandlungen gelten nach § 2 Abs. 4 UmwStG verschiedene Verlustnutzungsausschlüsse und -beschränkungen. 469

3.1.7.5.1 Verluste des übertragenden Rechtsträgers

Das Ausgleichs- und Verrechnungsverbot in § 2 Abs. 4 Satz 1 UmwStG betrifft verrechenbare Verluste, verbleibende Verlustvorträge, nicht ausgeglichene negative Einkünfte (s. auch Rdn. 278), einen Zinsvortrag nach § 4h Abs. 1 Satz 5 EStG und einen EBITDA-Vortrag nach § 4h Abs. 1 Satz 3 EStG und ist (allein) auf Ebene der übertragenden Körperschaft zu beachten. Ein Ausgleich oder eine Verrechnung der **bis zum steuerlichen Übertragungsstichtag entstandenen Verluste** mit einem Übertragungsgewinn (des übertragenden Rechtsträgers) darf nicht erfolgen, wenn ohne die (steuerliche) Rückwirkung der Vermögensübertragung ein Ausgleich oder eine Verrechnung nicht möglich gewesen wäre (s. dazu oben Rdn. 322 mit Beispiel).

Das Ausgleichverbot in § 2 Abs. 4 Satz 2 UmwStG betrifft die **negativen Einkünfte des übertragenden Rechtsträgers im Rückwirkungszeitraum** und ist beim übernehmenden Rechtsträger zu beachten. Es handelt sich um die von dem übertragenden Rechtsträger **nach dem steuerlichen Übertragungsstichtag** erzielten (negativen) Einkünfte. Diese Einkünfte sind aufgrund der Rückwirkungsfiktion in § 2 Abs. 1 Satz 1 UmwStG bereits dem übernehmenden Rechtsträger zuzurechnen. Sind diese Einkünfte negativ, dürfen sie nicht mit positiven Einkünften des übernehmenden Rechtsträgers ausgeglichen werden, wenn ohne die (steuerliche) Rückwirkung der Vermögensübertragung ein Ausgleich (beim übertragenden Rechtsträger) – nach § 8c KStG – nicht möglich gewesen wäre (s. hierzu auch Rdn. 323).

3.1.7.5.2 Verluste des übernehmenden Rechtsträgers

Das in § 2 Abs. 4 Sätze 3 ff. UmwStG geregelte Ausgleichs- und Verrechnungsverbot betrifft die verrechenbaren Verluste, verbleibenden Verlustvorträge, nicht ausgeglichene negative Einkünfte und einen Zinsvortrag nach § 4h Abs. 1 Satz 5 EStG des übernehmenden Rechtsträgers. Dessen Verluste dürfen nicht mit positiven Einkünften des übertragenden Rechtsträgers, die dieser noch im Rückwirkungszeitraum erzielt hat, ausgeglichen oder verrechnet werden, obwohl die positiven Einkünfte bereits dem übernehmenden Rechtsträger zuzurechnen sind. 469a

Die Verluste des übernehmenden Rechtsträgers gehen nicht endgültig verloren. Sie sind vielmehr auf künftige Veranlagungszeiträume vorzutragen.

Es handelt sich um eine spezielle Missbrauchsvermeidungsvorschrift,. Nach der Gesetzesbegründung sollen besondere Sachverhaltsgestaltungen bei denen Gewinne des übertragenden Rechtsträgers unversteuert bleiben und die damit zu massiven Steuerausfällen führen, vermieden werden (BR-Drucks. 139/13 178 f.).

In den einschlägigen Sachverhalten werden Gewinngesellschaften mit hohen stillen Reserven auf Verlustgesellschaften verschmolzen. Die Gewinngesellschaft realisiert noch vor dem zivilrechtlichen Wirksamwerden der Verschmelzung, aber nach dem steuerlichen Übertragungsstichtag – also im Rückwirkungszeitraum – die stillen Reserven durch entsprechende Veräußerungen.

BEISPIEL Die G-GmbH wird auf die V-GmbH verschmolzen. Steuerlicher Übertragungsstichtag ist der 31.12.01. Die Verschmelzung wird aufgrund der Anmeldung vom 30.8.02 am 20.9.02 in das für die übernehmende V-GmbH maßgebende Handelsregister eingetragen. Beide Gesellschaften haben ein mit dem Kalenderjahr übereinstimmendes Wirtschaftsjahr. Die G-GmbH hat in der Zeit vom 1.1.02 bis 20.9.02 – insbesondere durch Veräußerungsgeschäfte – einen Gewinn von 100 erzielt. Die V-GmbH hat im selben Zeitraum einen (eigenen) Verlust i. H. v. 60 und im Zeitraum vom 21. 9. bis 31.12.02 – also nach der zivilrechtlich wirksamen Verschmelzung mit der G-GmbH – einen Gewinn i. H. v. 40. Zum 31.12.01 wurde für die V-GmbH ein Verlustvortrag von 300 festgestellt.

LÖSUNG Nach § 2 Abs. 4 Satz 3 UmwStG dürfen die positiven Einkünfte der G-GmbH im Rückwirkungszeitraum nicht um die Verluste der V-GmbH vermindert bzw. nicht mit den Verlusten verrechnet werden. Die V-GmbH hat für den Veranlagungszeitraum 02 (mindestens) den von der G-GmbH im Rückwirkungszeitraum erzielten Gewinn von 100 zu versteuern. Ihre negativen Einkünfte im Veranlagungszeitraum 02 i. H. v. 20 (Verlust von 60 im Rückwirkungszeitraum und Gewinn von 40 im Zeitraum nach Ende des Rückwirkungszeitraums bis zum Ende des Wirtschaftsjahres) erhöhen den verbleibenden Verlustvortrag zum 31.12.02 auf 320.

Ist übernehmender Rechtsträger eine Organgesellschaft ist das Ausgleichs- und Verrechnungsverbot auch beim Organträger zu beachten (§ 2 Abs. 4 Satz 4 UmwStG).

Sind übertragender und übernehmender Rechtsträger vor Ablauf des steuerlichen Übertragungsstichtags verbundene Unternehmen i. S. d. § 271 HGB kommt nach § 2 Abs. 4 Satz 6 UmwStG die Verlustverrechnungsbeschränkung hingegen nicht zur Anwendung (Konzernprivileg).

469b Mit der Spezialregelung in § 2 Abs. 4 Sätze 3 ff. UmwStG wird die Verlustnutzung durch die Verschmelzung einer Gewinngesellschaft auf eine Verlustgesellschaft nicht generell unterbunden. Die Verluste der Verlustgesellschaft gehen – abgesehen von den Fällen des § 8c KStG – auch nicht unter. Sie können nach Maßgabe des § 10d EStG (i. V. m. § 8 Abs. 1 Satz 1 KStG) von den Gewinnen abgezogen werden, die in künftigen Wirtschaftsjahren (Wirtschaftsjahre, die nach dem Jahr, in dem der Rückwirkungszeitraum endet, beginnen) erzielt werden.

Die steuerliche Anerkennung einer solchen Sachverhaltsgestaltung (Verschmelzung einer Gewinngesellschaft auf eine Verlustgesellschaft) kann auch nicht unter Hinweis auf § 42 AO abgelehnt werden. Der BFH hat in seinem Urteil vom 18.12.2013 - I R 25/12 (BFH/NV 2014 904) in einem Fall, in dem eine Gewinngesellschaft auf eine verlustführende Schwestergesellschaft verschmolzen wurde, § 42 AO ausdrücklich für nicht anwendbar erklärt – und das, obwohl die übernehmende Verlustgesellschaft ihren Betrieb bereits abgemeldet hatte und nach der Verschmelzung die Firmenbezeichnung der übertragenden Gesellschaft angenommen hat.

3.1.8 Gewerbesteuer, § 19 UmwStG

Nach § 19 Abs. 1 UmwStG gelten die §§ 11 bis 15 UmwStG auch für die Ermittlung des Gewerbeertrags. 470

Bei der **übertragenden Körperschaft** unterliegt der aus § 11 UmwStG sich ergebende Übertragungsgewinn (durch einen den Buchwert übersteigenden Wertansatz) auch der Gewerbesteuer, soweit nicht das GewStG Steuerbefreiungen (z. B. § 3 GewStG) vorsieht und soweit der Übertragungsgewinn nicht auf ausländisches Betriebsstättenvermögen entfällt (§ 9 Nr. 3 GewStG). Andererseits wird auch für Zwecke der Gewerbesteuer eine gewinnneutrale Buchwertübertragung zugelassen, wenn die Voraussetzungen des § 11 Abs. 2 UmwStG erfüllt sind. 471

Bei der **übernehmenden Körperschaft** ist ein Beteiligungskorrekturgewinn (§ 12 Abs. 1 Satz 2 i. V. m. § 4 Abs. 1 Satz 2 UmwStG) grundsätzlich der Gewerbesteuer zu unterwerfen. Gleiches gilt für einen Übernahmefolgegewinn (§ 12 Abs. 4 i. V. m. § 6 UmwStG).

Das Übernahmeergebnis als Unterschied zwischen dem Buchwert der Anteile an der übertragenden Körperschaft und dem Wert, mit dem die übergegangenen Wirtschaftsgüter zu übernehmen sind, abzüglich der Umwandlungskosten bleibt außer Ansatz (§ 12 Abs. 2 Satz 1 UmwStG). Allerdings müssen 5 % des Übernahmegewinns auch bei der Ermittlung des Gewerbeertrags nach § 19 Abs. 1 i. V. m. § 12 Abs. 2 Satz 2 UmwStG i. V. m. § 8b Abs. 3 KStG hinzugerechnet werden, soweit die Übernehmerin an der Übertragerin beteiligt war.

Fehlbeträge der übertragenden Körperschaft i. S. d. § 10a GewStG können bereits nach § 10a Satz 8 i. V. m. § 2 Abs. 5 GewStG von der übernehmenden Körperschaft nicht abgezogen werden, weil ein Betriebsübergang im Ganzen auf einen anderen Unternehmer vorliegt. § 19 Abs. 2 UmwStG bestätigt dieses Abzugsverbot noch einmal. 472

473

ABB. 9: Verschmelzung einer Körperschaft auf eine andere Körperschaft

Steuerliche Folgen für die übernehmende Körperschaft (§ 12 UmwStG)

1. Beteiligungskorrekturgewinn:

Übernehmende Körperschaft hält Anteile an der übertragenden Körperschaft und hat in früheren Jahren steuerwirksam Abschreibungen auf oder Abzüge (z. B. nach § 6b EStG) von den Anschaffungskosten dieser Anteile vorgenommen.

➪ gewinnerhöhende Rückgängigmachung dieser Wertminderungen bis höchstens zum gemeinen Wert der Anteile eine logische Sekunde vor dem steuerlichen Vermögensübergang

2. Ermittlung des:

Übernahmeergebnisses

Übernahmewert der übergegangenen Wirtschaftsgüter, § 12 Abs. 1 UmwStG
\- (korrigierter) Buchwert der Anteile an der übertragenden Körperschaft
\- Umwandlungskosten
= Übernahmeergebnis

Aufteilung

Anteil, der der Beteiligungsquote der übertragenden Körperschaft an der übernehmenden Körperschaft entspricht (Übernahmegewinn i. S. d. § 12 Abs. 2 Satz 2 UmwStG)	„Restlicher" Übernahmegewinn nach § 12 Abs. 2 Satz 1 UmwStG)
→ Übernahmegewinn ist nach § 8b Abs. 2 Satz 1 KStG steuerfrei → 5 % des Übernahmegewinns gelten als nicht abzugsfähige Betriebsausgaben, § 12 Abs. 2 Satz 2 UmwStG i. V. m. § 8b Abs. 3 Satz 1 KStG → außerbilanzielle Korrektur	Übernahmeergebnis bleibt außer Ansatz, § 12 Abs. 2 Satz 1 UmwStG → außerbilanzielle Korrektur

3. Übernahmefolgegewinn:

aus der durch die Verschmelzung eingetretenen Vereinigung (Konfusion) von Forderungen und Verbindlichkeiten (in verschiedener Höhe), § 12 Abs. 4, § 6 UmwStG

4. Eintritt in die steuerliche Rechtsstellung der übertragenden Körperschaft (§ 12 Abs. 3 UmwStG)

Aber: Kein Übergang von Verlusten, Zinsvortrag und EBITDA-Vortrag, § 12 Abs. 3 2. HS i. V. m. § 4 Abs. 2 Satz 2 UmwStG

3.1.9 Veränderungen des steuerlichen Eigenkapitals, § 29 KStG

Folge der Umwandlung von Körperschaften ist regelmäßig auch eine Veränderung ihres Eigenkapitals. Bei der Verschmelzung von Körperschaften geht mit dem Erlöschen der übertragenden Körperschaft deren Eigenkapital unter. Die Einlagen ihrer Gesellschafter gehen grundsätzlich auf die übernehmende Körperschaft über. Bei der übernehmenden Körperschaft findet – abgesehen von dem Fall der Aufwärtsverschmelzung einer 100 %-Tochtergesellschaft auf ihre Muttergesellschaft – in der Regel eine Erhöhung ihres Nennkapitals statt. 474

Steuerrechtliche Regelungen zu den Veränderungen des Eigenkapitals durch eine Umwandlung enthält das Körperschaftsteuergesetz. Durch § 29 KStG wird sichergestellt, dass die ausschüttbaren Gewinne von den steuerrechtlich der Vermögenssphäre zuzurechnenden Einlagen der Gesellschafter getrennt bleiben und nicht verfälscht werden. 475

Ausschüttbarer Gewinn ist gem. § 27 Abs. 1 Satz 5 KStG das um das gezeichnete Kapital geminderte, in der Steuerbilanz ausgewiesene Eigenkapital abzüglich des Bestands des steuerlichen Einlagekontos. Die Auszahlung eines ausschüttbaren Gewinns führt bei den Anteilseignern zu Dividendeneinnahmen i. S. d. § 20 Abs. 1 Nr. 1, 9 oder 10 EStG. Werden dagegen (Gesellschafter-)Einlagen an die Anteilseigner zurückgezahlt, ist das ein Vorgang auf der Vermögensebene und bewirkt bei den Anteilseignern nur eine Minderung der Anschaffungskosten ihrer Anteile. 476

Die auf Ebene der Gesellschafter vorzunehmende steuerliche Beurteilung von Leistungen einer Körperschaft an ihre Anteilseigner macht es erforderlich, das Eigenkapital einer Körperschaft zu trennen in 477

- Nennkapital,
- Gesellschaftereinlagen und
- übriges (ausschüttbares) Eigenkapital.

Nennkapital (auch als nominelles Kapital bezeichnet) ist bei einer GmbH das Stammkapital und bei einer AG das Grundkapital. In der Bilanz wird es als gezeichnetes Kapital ausgewiesen (§ 266 Abs. 3 und § 272 Abs. 1 HGB). 478

Die über die Erbringung des Nennkapitals hinausgehenden Gesellschaftereinlagen muss jede unbeschränkt steuerpflichtige Körperschaft, die Ausschüttungen i. S. d. § 20 Abs. 1 Nr. 1, 9 oder 10 EStG vornehmen kann, auf einem besonderen, außerhalb der Bilanz zu führenden Konto (steuerliches Einlagekonto) ausweisen (§ 27 Abs. 1 Satz 1 KStG). Der Bestand des steuerlichen Einlagekontos wird nach Maßgabe des § 27 Abs. 2 KStG auf den Schluss eines jeden Wirtschaftsjahres gesondert festgestellt. 479

Die **Verschmelzung** einer Körperschaft auf eine andere Körperschaft wird steuerlich nicht als Gewinnausschüttung behandelt. Der ausschüttbare Gewinn der übertragenden Körperschaft geht auf die übernehmende Körperschaft über. Die **Eigenkapitalveränderungen** vollziehen sich in folgenden drei Schritten: 480

1. Herabsetzung des Nennkapitals der übertragenden Körperschaft auf 0 und Gutschrift auf dem Einlagekonto (Rdn. K.04 – K.08 UmwStE)

2. Übergang der Gesellschaftereinlagen auf die übernehmende Körperschaft und Kürzung im Umfang der wechselseitigen Beteiligung (Rdn. K09 – K.14 UmwStE)
3. Anpassung des Nennkapitals der übernehmenden Körperschaft (Rdn. K.13 – K.16 UmwStE)

481 Für die Anwendung des § 29 KStG muss zunächst der Begriff des „Sonderausweises" i. S. d. § 28 Abs. 1 Satz 3 KStG erklärt werden. **Sonderausweis** bedeutet, dass in einem förmlichen Verfahren ein Teilbetrag des Nennkapitals – in einem Verwaltungsakt (Feststellungsbescheid) – gesondert ausgewiesen wird. Es handelt sich um den Teil des Nennkapitals, der aus von der Körperschaft erwirtschafteten Gewinnen stammt, also eigentlich einen ausschüttbaren Gewinn darstellt. Dieser ausschüttbare Gewinn ist nur zur Durchführung einer Nennkapitalerhöhung durch eine Umwandlung von Kapital- oder/und Gewinnrücklagen in das Nennkapital gelangt (Kapitalerhöhung aus Gesellschaftsmitteln nach §§ 57c ff. GmbHG).

BEISPIEL Die Anteilseigner einer seit vielen Jahren existierenden GmbH mit einem – für ihre wirtschaftlichen Verhältnisse – sehr niedrigen Stammkapital, aber hohen Gewinnrücklagen beschließen eine Erhöhung des Stammkapitals aus Gesellschaftsmitteln von 50 000 € auf 200 000 €. Das steuerliche Einlagekonto (§ 27 KStG) weist keinen positiven Bestand aus. Die Erhöhung wird deshalb durch eine Umbuchung aus der Gewinnrücklage vollzogen.

Die Erhöhung des gezeichneten Kapitals um 150 000 € bewirkt zugleich eine Verminderung des ausschüttbaren Gewinns i. S. d. § 27 Abs. 1 Satz 5 KStG um denselben Betrag. Zum Schluss des Wirtschaftsjahres der Rücklagenumwandlung ist dieser Teil des Nennkapitals (150 000 €) nach § 28 Abs. 1 Satz 3 KStG getrennt auszuweisen und gesondert festzustellen (Sonderausweis). Wenn die GmbH später aufgelöst oder ihr Nennkapital wieder herabgesetzt wird, fällt der Sonderausweis (insoweit) weg. Wird der dem Sonderausweis entsprechende Betrag sodann an die Gesellschafter ausgezahlt, führt dies bei den Anteilseignern – Gewinnausschüttungen vergleichbar – zu Bezügen i. S. d. § 20 Abs. 1 Nr. 2 EStG (§ 28 Abs. 2 Satz 2 KStG).

482 Im Fall der Verschmelzung einer Kapitalgesellschaft gilt das Nennkapital der übertragenden Kapitalgesellschaft nach § 29 Abs. 1 KStG als in vollem Umfang herabgesetzt. Die Fiktion der **Nennkapitalherabsetzung** gilt über § 29 Abs. 5 KStG sinngemäß auch für andere unbeschränkt steuerpflichtige Körperschaften, die Ausschüttungen und ausschüttungsgleiche Leistungen i. S. d. § 20 Abs. 1 Nr. 1, 9 und 10 EStG gewähren können (z. B. Genossenschaften).

Bei der Herabsetzung des Nennkapitals wird nach § 28 Abs. 2 Satz 1 KStG zunächst der Sonderausweis gemindert; ein übersteigender Betrag ist dem steuerlichen Einlagekonto gutzuschreiben, soweit die Einlage in das Nennkapital geleistet ist.

Für das weitere Vorgehen wird nach folgenden Fallgruppen unterschieden:

3.1.9.1 Aufwärtsverschmelzung auf die zu 100 % beteiligte Muttergesellschaft

483 Bei der Aufwärtsverschmelzung auf eine zu 100 % beteiligte Muttergesellschaft entfällt die Anpassung des Nennkapitals bei der übernehmenden Kapitalgesellschaft, weil diese ihr Nennkapital zur Durchführung der Verschmelzung nicht erhöhen darf (§ 54 Abs. 1 Satz 1 Nr. 1 und § 68 Abs. 1 Satz 1 Nr. 1 UmwG). Außerdem unterbleibt gem.

§ 29 Abs. 2 Satz 2 KStG die Hinzurechnung des Bestands des steuerlichen Einlagekontos der Übertragerin bei der übernehmenden Körperschaft, weil die Übernehmerin zu 100 % an der Übertragerin beteiligt ist. Einlagen der Körperschaft in sich selbst sind nicht denkbar.

BEISPIEL Die I-GmbH wird auf ihre Alleingesellschafterin (H-GmbH) verschmolzen. Auf den steuerlichen Übertragungsstichtag ist hinsichtlich der übergehenden Wirtschaftsgüter der I-GmbH von folgenden Werten auszugehen:

A Schlussbilanz der I-GmbH zum 31.12. P

	Buchwert	(gem. Wert)		
Summe Aktiva	300 000 €	(450 000 €)	gez. Kapital	100 000 €
			Kapitalrücklage	150 000 €
			Jahresüberschuss	50 000 €
	300 000 €	(450 000 €)		300 000 €

Auf Antrag werden die übergehenden Wirtschaftsgüter in der steuerlichen Übertragungsbilanz gem. § 11 Abs. 2 Satz 1 UmwStG zulässigerweise mit dem Buchwert angesetzt.

Am steuerlichen Übertragungsstichtag beträgt der Sonderausweis 40 000 €.

Auf dem steuerlichen Einlagekonto ist kein Bestand vorhanden.

Die Schlussbilanz der übernehmenden H-GmbH unmittelbar vor der Verschmelzung stellt sich wie folgt dar:

A Schlussbilanz der H-GmbH zum 31.12. (vor der Verschmelzung) P

Beteiligung an der I-GmbH	60 000 €	gez. Kapital	400 000 €
sonstiges Aktivvermögen	700 000 €	Kapitalrücklage	200 000 €
		Jahresüberschuss	160 000 €
	760 000 €		760 000 €

Das steuerliche Einlagekonto hat einen Bestand von 150 000 €.

LÖSUNG Bei der I-GmbH entsteht wegen des Buchwertansatzes kein Übertragungsgewinn.

Der Übernahmegewinn der H-GmbH (§ 12 Abs. 2 Satz 1 UmwStG) ermittelt sich wie folgt:

	Übernahmewert der übergegangenen Wirtschaftsgüter	300 000 €
./.	Buchwert Beteiligung D-GmbH	60 000 €
./.	Umwandlungskosten (keine Angaben)	–
	Übernahmegewinn	240 000 €

Die H-GmbH darf zur Durchführung der Verschmelzung ihr Stammkapital nicht erhöhen, weil sie sämtliche Anteile an der I-GmbH innehat (§ 54 Abs. 1 Satz 1 Nr. 1 UmwG). An die Stelle der Beteiligung an der I-GmbH treten bei ihr die von der I-GmbH übergegangenen Wirtschaftsgüter. Die Wirtschaftsgüter sind mit den Schlussbilanzwerten der I-GmbH zu übernehmen (§ 12 Abs. 1 Satz 1 UmwStG). Danach ergibt sich für die H-GmbH folgende Bilanz:

A Schlussbilanz der H-GmbH zum 31. 12. (nach der Verschmelzung) P

Summe Aktiva von I-GmbH	300 000 €	gez. Kapital	400 000 €
sonstiges Aktivvermögen	700 000 €	Kapitalrücklage	200 000 €
		Jahresüberschuss	160 000 €
		Übernahmegewinn	240 000 €
	1 000 000 €		1 000 000 €

Der Übernahmegewinn bleibt gem. § 12 Abs. 2 Satz 1 UmwStG außer Ansatz. Nach § 12 Abs. 2 Satz 2 UmwStG ist § 8b KStG anzuwenden. Danach sind außerhalb der Bilanz (95 % von 240 000 € =) 228 000 € bei der Ermittlung des körperschaftsteuerlichen Einkommens vom bilanziellen Gewinn abzuziehen.

Die Kapitalveränderungen stellen sich wie folgt dar:

	Vorspalte	Einlagekonto	Sonderausweis
Bestand I-GmbH		0 €	40 000 €
Betrag der fiktiven Nennkapitalherabsetzung	100 000 €		
Verringerung des Sonderausweises	./. 40 000 €		./. 40 000 €
Rest Zugang zum steuerlichen Einlagekonto	60 000 €	+ 60 000 €	
Zwischenergebnis		60 000 €	0 €
Kürzung nach § 29 Abs. 2 Satz 2 KStG (100 %)		./. 60 000 €	
Zwischenergebnis (Übergang auf H-GmbH)		0 €	0 €
Anfangsbestand H-GmbH		150 000 €	
Schlussbestand H-GmbH		150 000 €	

Die Kürzungsregelung des § 29 Abs. 2 Satz 2 KStG ist auch anzuwenden, wenn die übernehmende Körperschaft nur mittelbar, z. B. über eine andere Körperschaft (Tochtergesellschaft), an der übertragenden Körperschaft (Enkelgesellschaft) beteiligt ist (Rdn. K.11 UmwStE).

3.1.9.2 Aufwärtsverschmelzung auf eine weniger als 100 % beteiligte Körperschaft

484 Ist die übernehmende Körperschaft mit weniger als 100 % an der Übertragerin beteiligt, wird ihr der Bestand des steuerlichen Einlagekontos der Übertragerin in dem Verhältnis hinzugerechnet, in dem noch weitere Anteilseigner beteiligt sind. Die übernehmende Kapitalgesellschaft hat zum Zwecke der Gewährung neuer Anteile an die Anteilseigner der übertragenden Kapitalgesellschaft ihr Nennkapital zu erhöhen.

BEISPIEL Anteilseigner der K-GmbH sind die M-GmbH mit 60 % und L mit 40 %.

Die K-GmbH wird auf die M-GmbH verschmolzen, die dafür ihr Stammkapital um 30 000 € erhöht. Auf den steuerlichen Übertragungsstichtag ist hinsichtlich der übergehenden Wirtschaftsgüter der K-GmbH von folgenden Werten auszugehen:

A Schlussbilanz der K-GmbH zum 31.12. P

	Buchwert	(gem. Wert)		
Summe Aktiva	160 000 €	(300 000 €)	gez. Kapital	50 000 €
			Kapitalrücklagen	40 000 €
			Bilanzgewinn	70 000 €
	160 000 €	(300 000 €)		160 000 €

Auf Antrag werden die übergehenden Wirtschaftsgüter in der steuerlichen Übertragungsbilanz gem. § 11 Abs. 2 Satz 1 UmwStG zulässigerweise mit dem Buchwert angesetzt.

Ein Sonderausweis ist nicht vorhanden. Das steuerliche Einlagekonto hat einen Bestand von 40 000 €.

Die Schlussbilanz der übernehmenden M-GmbH unmittelbar vor der Verschmelzung stellt sich wie folgt dar:

A	Schlussbilanz der M-GmbH zum 31.12.			P
	Buchwert	(gem. Wert)		
60 %-Beteiligung an K-GmbH	60 000 €	(180 000 €)	gez. Kapital	200 000 €
Sonstige Aktiva	500 000 €	(720 000 €)	Kapitalrücklagen	50 000 €
			Gewinnrücklagen	210 000 €
			Verbindlichkeiten	100 000 €
	560 000 €	(900 000 €)		560 000 €

Das steuerliche Einlagekonto hat einen Bestand von 50 000 €.

LÖSUNG Bei der K-GmbH entsteht wegen des Buchwertansatzes kein Übertragungsgewinn.

Der Übernahmegewinn der M-GmbH (§ 12 Abs. 2 Satz 1 UmwStG) ermittelt sich wie folgt:

	Übernahmewert der übergegangenen Wirtschaftsgüter	160 000 €
./.	Buchwert Beteiligung K-GmbH	60 000 €
./.	Umwandlungskosten (keine Angaben)	–
	Übernahmegewinn	100 000 €

Zur Durchführung der Verschmelzung muss dem Anteilseigner L ein dem Wert seines wegfallenden Anteils an der K-GmbH adäquater neuer Geschäftsanteil an der M-GmbH gewährt werden. Für einen vollständigen Wertausgleich bedarf es eines neuen Geschäftsanteils im Nennwert von:

$$\frac{\text{gemeiner Wert 40 \%-Anteil an K-GmbH}}{\text{gemeiner Wert 60 \%-Anteil K-GmbH + eigenes Vermögen M-GmbH}} \times \text{Nennkapital M-GmbH alt}$$

$$= \frac{120\,000\text{ €}}{180\,000\text{ €} + 620\,000\text{ €}} \times 200\,000\text{ €} = 30\,000\text{ €}$$

Soweit die M-GmbH Anteile an der Übertragerin innehat, darf ihr Stammkapital nicht erhöht werden (§ 54 Abs. 1 Satz 1 Nr. 1 UmwG). An die Stelle der Beteiligung an der K-GmbH treten bei ihr die von der K-GmbH übergegangenen Wirtschaftsgüter mit dem in deren Schlussbilanz ausgewiesenen (Buch-)Wert. Danach ergibt sich für die M-GmbH folgende Bilanz:

A	Schlussbilanz der M-GmbH zum 31. 12. (nach der Verschmelzung)		P
Summe Aktiva von K-GmbH	160 000 €	gez. Kapital	230 000 €
sonstige Aktiva	500 000 €	Kapitalrücklagen	20 000 €
		Gewinnrücklagen	210 000 €
		Übernahmegewinn	100 000 €
		Verbindlichkeiten	100 000 €
	660 000 €		660 000 €

Der Übernahmegewinn bleibt gem. § 12 Abs. 2 Satz 1 UmwStG außer Ansatz. Der Gewinn i. S. d. § 12 Abs. 2 Satz 2 UmwStG beträgt 60 000 €, weil die M-GmbH nur zu 60 % an der K-GmbH beteiligt war. Auf diesen Betrag ist § 8b KStG anzuwenden. Nach § 8b Abs. 2 Satz 1 KStG sind 60 000 € steuerfrei. Es gelten nach § 8b Abs. 3 Satz 1 KStG 5 % von 60 000 € (= 3 000 €) als nicht abziehbare Betriebsausgaben. Nach Anwendung des § 8b KStG sind außerhalb der Bilanz (100 000 € ./. 3 000 € =) 97 000 € bei der Ermittlung des körperschaftsteuerlichen Einkommens vom bilanziellen Gewinn abzuziehen.

Die Kapitalveränderungen stellen sich wie folgt dar:

	Vorspalte	Einlagekonto
Bestand K-GmbH		40 000 €
Betrag der fiktiven Nennkapitalherabsetzung	50 000 €	
Mangels Sonderausweises Zugang zum steuerlichen Einlagekonto	./. 50 000 €	+ 50 000 €
Zwischenergebnis		90 000 €
Kürzung nach § 29 Abs. 2 Satz 2 KStG (60 %)		./. 54 000 €
Zwischenergebnis (Übergang auf M-GmbH)		36 000 €
Anfangsbestand M-GmbH (vor Umwandlung)		50 000 €
Zwischenergebnis		86 000 €
Erhöhung Nennkapital bei M-GmbH	30 000 €	
Vorrangige Verwendung Einlagekonto, § 29 Abs. 4 i. V. m. § 28 Abs. 1 KStG	./. 30 000 €	./. 30 000 €
Schlussbestand M-GmbH		56 000 €

Die übernehmende Kapitalgesellschaft kann auf die Erhöhung ihres Nennkapitals verzichten, wenn sie eigene Anteile innehat, die sie dem (durch die Verschmelzung) beitretenden Anteilseigner der übertragenden Körperschaft gewährt (§ 54 Abs. 1 Satz 2 Nr. 1 und § 68 Abs. 1 Satz 2 Nr. 1 UmwG).

Kommt es aber durch die Verschmelzung zu einer Erhöhung des Nennkapitals durch Umwandlung von Rücklagen, gilt dafür der positive Bestand des steuerlichen Einlagekontos als vorrangig verwendet (§ 29 Abs. 4 i. V. m. § 28 Abs. 1 Satz 1 KStG).

485 Der Bestand des steuerlichen Einlagekontos ist bei der übertragenden Körperschaft letztmalig auf den steuerlichen Übertragungsstichtag gesondert festzustellen, denn mit Ablauf dieses Stichtags endet das letzte Wirtschaftsjahr der Übertragerin. Dabei ist der Bestand vor Anwendung des § 29 KStG, also vor dem Vermögensübergang auf die Übernehmerin, anzusetzen (Rdn. K.04 UmwStE).

486 Bei der übernehmenden Körperschaft ist der Zugang des Einlagekontos der Übertragerin zum Schluss des Wirtschaftsjahres zu erfassen, in das der steuerliche Übertragungsstichtag fällt (Rdn. K.09 UmwStE). Fallen bei der Übernehmerin der Schluss ihres Wirtschaftsjahres und der steuerliche Übertragungsstichtag zusammen, ist das übergehende Einlageguthaben bereits auf diesen Zeitpunkt bei ihr zu berücksichtigen. Bei einer Verschmelzung durch Neugründung ist der zum Zeitpunkt des Eintritts in die Steuerpflicht vorhandene Bestand der nicht in das Nennkapital geleisteten Einlagen gesondert festzustellen (§ 27 Abs. 2 Satz 3 KStG).

3.1.9.3 Seitwärtsverschmelzung

487 Bei der Seitwärtsverschmelzung werden zwei gesellschaftsrechtlich nicht (unmittelbar) miteinander verbundene Körperschaften verschmolzen. Damit entfällt eine Kürzung des Einlageguthabens der übertragenden Körperschaft nach § 29 Abs. 2 Satz 2 KStG.

BEISPIEL Die P-GmbH wird auf die – ihr nicht verbundene – O-GmbH verschmolzen. Auf den steuerlichen Übertragungsstichtag (31.12.01) ist hinsichtlich der übergehenden Wirtschaftsgüter von folgenden Werten auszugehen:

A	Schlussbilanz der P-GmbH zum 31.12.01			P
	Buchwert	(gem. Wert)		
Summe Aktiva	120 000 €	(200 000 €)	gez. Kapital	50 000 €
			Bilanzgewinn	70 000 €
	120 000 €	(200 000 €)		120 000 €

Auf Antrag werden die übergehenden Wirtschaftsgüter in der steuerlichen Übertragungsbilanz gem. § 11 Abs. 2 Satz 1 UmwStG zulässigerweise mit dem Buchwert angesetzt.

Es existiert kein Sonderausweis i. S. d. § 28 Abs. 1 Satz 3 KStG.

Auf dem steuerlichen Einlagekonto ist kein Bestand vorhanden.

Die Schlussbilanz der übernehmenden O-GmbH unmittelbar vor der Verschmelzung stellt sich wie folgt dar:

A	Schlussbilanz der O-GmbH zum 31.12.01			P
	Buchwert	(gem. Wert)		
Summe Aktiva	250 000 €	(500 000 €)	gez. Kapital	100 000 €
			Gewinnrücklagen	150 000 €
	250 000 €	(500 000 €)		250 000 €

Auch die O-GmbH hat weder einen Sonderausweis i. S. d. § 28 Abs. 1 Satz 3 KStG noch einen Bestand auf dem steuerlichen Einlagekonto.

Zur Durchführung der Verschmelzung wird das Nennkapital der O-GmbH erhöht. Die aus der Kapitalerhöhung entstandenen jungen Anteile werden den bisherigen Gesellschaftern der P-GmbH als Gegenleistung für die untergehenden Anteile gewährt. Für einen vollständigen Wertausgleich ist das Nennkapital der O-GmbH den Wertverhältnissen entsprechend um 40 000 € zu erhöhen.

$$\frac{\text{Vermögen der P-GmbH}}{\text{Vermögen der O-GmbH}} \text{ x bisheriges Nennkapital O-GmbH}$$

$$= \frac{200\,000\text{ €}}{500\,000\text{ €}} \text{ x } 100\,000\text{ €} = 40\,000\text{ €}$$

LÖSUNG Bei der P-GmbH entsteht wegen des Buchwertansatzes kein Übertragungsgewinn.

Für die O-GmbH ermittelt sich nach § 12 Abs. 2 Satz 1 UmwStG folgender Übernahmegewinn:

	Übernahmewert der übergegangenen Wirtschaftsgüter	120 000 €
./.	Buchwert Beteiligung P-GmbH	0 €
./.	Umwandlungskosten (keine Angaben)	–
	Übernahmegewinn	120 000 €

Der Übernahmegewinn bleibt gem. § 12 Abs. 2 Satz 1 UmwStG außer Ansatz. § 12 Abs. 2 Satz 2 UmwStG i. V. m. § 8b KStG greift hier nicht, weil die übernehmende O-GmbH selbst nicht an der übertragenden P-GmbH beteiligt war.

Die Schlussbilanz der O-GmbH nach der Verschmelzung stellt sich wie folgt dar:

A	Schlussbilanz der O-GmbH zum 31.12.01 (nach der Verschmelzung)		P
Summe Aktiva von P-GmbH	120 000 €	gez. Kapital	140 000 €
Summe (eigene) Aktiva	250 000 €	Gewinnrücklagen	110 000 €
		Übernahmegewinn	120 000 €
	370 000 €		370 000 €

Die Kapitalveränderungen stellen sich wie folgt dar:

	Vorspalte	Einlagekonto
Bestand P-GmbH		0 €
Betrag der fiktiven Nennkapitalherabsetzung	50 000 €	
Mangels Sonderausweises Zugang zum steuerlichen Einlagekonto	./. 50 000 €	+ 50 000 €
Zwischenergebnis (Übergang auf O-GmbH)		50 000 €
Anfangsbestand O-GmbH (vor Umwandlung)		0 €
Zwischenergebnis		50 000 €
Erhöhung Nennkapital bei O-GmbH	40 000 €	
Vorrangige Verwendung Einlagekonto, § 29 Abs. 4 i. V. m. § 28 Abs. 1 KStG	./. 40 000 €	./. 40 000 €
Schlussbestand O-GmbH		10 000 €

Die fiktive Kapitalherabsetzung (Nullstellung des Nennkapitals) bei der P-GmbH erfolgt zum steuerlichen Übertragungsstichtag (Rdn. K.03 UmwStE).

Zu der gesonderten Feststellung des Bestands des steuerlichen Einlagekontos s. Rdn. 485.

Die Summe der ausschüttbaren Gewinne der beiden Gesellschaften vor der Verschmelzung (P-GmbH 70 000 € + O-GmbH 150 000 € = 220 000 €) ist erhalten geblieben. Der ausschüttbare Gewinn der O-GmbH nach der Verschmelzung ermittelt sich nach § 27 Abs. 1 Satz 5 KStG wie folgt:

	Eigenkapital laut Steuerbilanz	370 000 €
./.	gezeichnetes Kapital	140 000 €
./.	(positiver) Bestand des steuerlichen Einlagekontos	10 000 €
	ausschüttbarer Gewinn	220 000 €

3.1.9.4 Abwärtsverschmelzung

488 Bei der Abwärtsverschmelzung (Verschmelzung der Muttergesellschaft auf ihre Tochtergesellschaft) ist nach § 29 Abs. 1 Variante 2 KStG die Besonderheit zu beachten, dass nicht nur das Nennkapital der übertragenden Muttergesellschaft, sondern zusätzlich das Nennkapital der übernehmenden Tochtergesellschaft als in vollem Umfang herabgesetzt gilt. Der danach sich ergebende Bestand des Einlagekontos der übernehmenden Tochtergesellschaft verringert sich anteilig in dem Verhältnis der Beteiligung der Muttergesellschaft an der Tochtergesellschaft (§ 29 Abs. 2 Satz 3 KStG).

BEISPIEL Die M-GmbH wird auf ihre 100 %-Tochtergesellschaft T-GmbH verschmolzen. Die steuerliche Übertragungsbilanz der M-GmbH stellt sich wie folgt dar:

A	Schlussbilanz der M-GmbH zum 31. 12.		P
Beteiligung an T-GmbH	120 000 €	gez. Kapital	100 000 €
sonstiges Aktivvermögen	80 000 €	Kapitalrücklagen	20 000 €
		Gewinnrücklagen	80 000 €
	200 000 €		200 000 €

Der auf den steuerlichen Übertragungsstichtag (vor Anwendung des § 29 KStG) gesondert festgestellte Bestand des steuerlichen Einlagekontos beträgt 20 000 €.

Die Beteiligung an der T-GmbH soll unmittelbar auf die Gesellschafter der M-GmbH übertragen werden. Zugleich wird das Nennkapital der T-GmbH um 50 000 € auf 100 000 € erhöht. Die dadurch entstehenden jungen Geschäftsanteile werden den Gesellschaftern der M-GmbH zusätzlich gewährt.

Die auf den steuerlichen Übertragungsstichtag aufgestellte Bilanz der T-GmbH zeigt folgendes Bild:

A	Schlussbilanz der T-GmbH zum 31. 12. vor der Verschmelzung		P
Summe Aktiva	400 000 €	gez. Kapital	50 000 €
		Kapitalrücklagen	40 000 €
		Gewinnrücklagen	310 000 €
	400 000 €		400 000 €

Das steuerliche Einlagekonto hat einen positiven Bestand von 40 000 €.

LÖSUNG Für die T-GmbH ermittelt sich nach § 12 Abs. 2 Satz 1 UmwStG folgender Übernahmegewinn:

	Übernahmewert der übergegangenen Wirtschaftsgüter	80 000 €
./.	Buchwert Beteiligung M-GmbH	0 €
./.	Umwandlungskosten (keine Angaben)	–
	Übernahmegewinn	80 000 €

Die Beteiligung an der T-GmbH ist nicht auf die T-GmbH übergegangen, sondern direkt an die Anteilseigner der M-GmbH ausgekehrt worden

Der Übernahmegewinn bleibt gem. § 12 Abs. 2 Satz 1 UmwStG außer Ansatz. § 12 Abs. 2 Satz 2 UmwStG i. V. m. § 8b KStG greift hier nicht, weil die übernehmende T-GmbH selbst nicht an der übertragenden M-GmbH beteiligt war. Somit sind die gesamten 80 000 € außerhalb der Bilanz bei der Ermittlung des körperschaftsteuerlichen Einkommens vom bilanziellen Gewinn abzuziehen.

Die Kapitalveränderungen stellen sich wie folgt dar:

	Vorspalte	Einlagekonto
Bestand T-GmbH		40 000 €
Betrag der fiktiven Nennkapitalherabsetzung	50 000 €	
Mangels Sonderausweises Zugang zum steuerlichen Einlagekonto	./. 50 000 €	+ 50 000 €
Zwischenergebnis		90 000 €
Verringerung in Höhe der Beteiligung M an T		./. 90 000 €
Zwischenergebnis Bestand T-GmbH		0 €
Bestand M-GmbH		+ 20 000 €
Betrag der fiktiven Nennkapitalherabsetzung	100 000 €	
Mangels Sonderausweises Zugang zum steuerlichen Einlagekonto	./. 100 000 €	+ 100 000 €
Zwischenergebnis (Übergang auf T-GmbH)		120 000 €
Erhöhung Nennkapital bei T-GmbH	50 000 €	
Vorrangige Verwendung Einlagekonto, § 29 Abs. 4 i. V. m. § 28 Abs. 1 KStG	./. 50 000 €	./. 50 000 €
Schlussbestand T-GmbH		70 000 €

Der Schlussbestand des steuerlichen Einlagekontos der T-GmbH in Höhe von 70 000 € ist auf den Schluss ihres Wirtschaftsjahres, der hier mit dem steuerlichen Übertragungsstichtag übereinstimmt, gesondert festzustellen.

Die Schlussbilanz der T-GmbH nach der Verschmelzung stellt sich wie folgt dar:

A Schlussbilanz der T-GmbH zum 31. 12. (nach der Verschmelzung) P

Summe Aktiva	400 000 €	gez. Kapital	100 000 €
Sonstiges Aktivvermögen	80 000 €	Gewinnrücklagen	300 000 €
		Übernahmegewinn	80 000 €
	480 000 €		480 000 €

ABB. 10: Veränderungen des steuerlichen Eigenkapitals, § 29 KStG bei Verschmelzung, Auf- und Abspaltung einer Körperschaft

Übertragende Körperschaft:

	Steuerliches Einlagekonto = ...€	
Herabsetzung Nennkapital auf 0		Nennkapital = ... €
Minderung um einen festgestellten Sonderausweis		- .... €
Gutschrift auf steuerlichem Einlagekonto	+ .... €	.... €
Steuerliches Einlagekonto nach Kapitalherabsetzung*	.... €	

Das Nennkapital ist auch im Fall einer Abspaltung vollständig (auf 0) herabzusetzen.

Verschmelzung auf ein Personenunternehmen

fiktive Vollausschüttung:

Eigenkapital der übertragenden Körperschaft insgesamt =	.... €
steuerliches Einlagekonto	- ....€
Einnahmen i. S. d. § 7 UmwStG	.......€

Verschmelzung auf eine andere Körperschaft

Steuerliches Einlagekonto übertragende Körperschaft =	.... €
Minderung in dem Verhältnis in dem die Übernehmerin an der Übertragerin beteiligt ist, § 29 Abs. 2 Satz 2 KStG	- ....€
Zwischenergebnis/ Übergang auf übernehmende Körperschaft =	.... €

* Bei einer Auf- oder Abspaltung ist der Bestand des steuerlichen Einlagekontos der übertragenden Körperschaft der (den) übernehmenden Körperschaft(en) im Verhältnis der übergehenden Vermögensteile zu dem bei der übertragenden Körperschaft vor dem Übergang bestehenden Vermögen zuzuordnen. Das Verhältnis bestimmt sich nach den Angaben zum Umtauschverhältnis der Anteile im Spaltungs- und Übernahmevertrag. Kommt es zu keinem Umtausch von Anteilen oder entspricht das Umtauschverhältnis der Anteile nicht dem Verhältnis der übergehenden Vermögensteile so ist das Verhältnis der gemeinen Werte der übergehenden Vermögensteile zu dem vor der Spaltung vorhandenen Vermögen maßgebend.

Übernehmende Körperschaft:

übertragende Körperschaft war <u>nicht</u> an der übernehmenden Körperschaft beteiligt

steuerliches Einlagekonto vor Umwandlung	.......€
Hinzurechnung von Übertragerin	.......€
Zwischenergebnis	.......€
Verwendung für Erhöhung Nennkapital	- ....€
Bestand steuerliches Einlagekonto nach Umwandlung	.......€

übertragende Körperschaft war an der übernehmenden Körperschaft beteiligt

	steuerliches Einlagekonto .....€	
Herabsetzung Nennkapital auf 0		Nennkapital ......€
Minderung um Sonderausweis		- ......€
Zugang Einlagekonto	+ ......€	......€
Zwischenergebnis	......€	
Minderung in dem Verhältnis der Beteiligung an Übernehmerin	- ......€	
Zwischenergebnis	......€	
Hinzurechnung von Übertragerin	......€	
Zwischenergebnis	......€	
Erhöhung Nennkapital	- ......€	+ ......€
Bestand steuerliches Einlagekonto nach Umwandlung	......€	

3.1.10 Besteuerung der Anteilseigner der übertragenden Körperschaft, § 13 UmwStG

490 Die Anteilseigner der übertragenden Körperschaft verlieren mit der Verschmelzung ihre Anteile an der übertragenden Körperschaft. Dafür erhalten sie als Gegenleistung Anteile an der übernehmenden Körperschaft. Aus Sicht der Anteilseigner handelt es sich um einen Tausch und damit um einen entgeltlichen Vorgang (BFH v. 24.1.2018 - I R 48/15, BStBl 2019 II 45). Hinsichtlich des Wegfalls der Anteile an der übertragenden Körperschaft liegt eine Veräußerung und hinsichtlich des Erwerbs der Anteile an der übernehmenden Körperschaft eine Anschaffung vor. Der Verschmelzungsvorgang ist für den beteiligten Anteilseigner zugleich Veräußerung und Anschaffung (s. auch Rdn. 00.03 UmwStE). Diese Erkenntnisse ergeben sich bereits aus allgemeinen Grundsätzen und bedürfen keiner besonderen Regelung.

491 Besondere Regelungen enthält § 13 UmwStG insofern, dass

- in Absatz 1 der Veräußerungspreis für die Anteile an der übertragenden Körperschaft und die Kosten der Anschaffung für die Anteile an der übernehmenden Körperschaft fingiert werden und
- in Absatz 2 den Anteilseignern die Möglichkeit eingeräumt wird, den Tausch der Anteile steuerneutral zu Buchwerten bzw. Anschaffungskosten abzuwickeln, wenn die weiteren im Gesetz genannten Voraussetzungen erfüllt sind. In diesem Fall ist der Tausch nicht als Veräußerungs- und Anschaffungsgeschäft zu behandeln.

3.1.10.1 Anwendungsbereich des § 13 UmwStG

492 Der Anwendungsbereich des § 13 UmwStG erstreckt sich – vorbehaltlich der Fälle des § 20 Abs. 4a EStG – auf jeden durch eine Verschmelzung erzeugten Tausch von Anteilen an Körperschaften, soweit der Tausch für die inländische Besteuerung bedeutsam ist. § 13 UmwStG begründet keinen neuen Besteuerungstatbestand. Es handelt sich nur um eine spezielle Bewertungsregelung. Sie kommt zur Anwendung bei der Veräußerung (Tausch) von zum Betriebsvermögen gehörenden Anteilen und von Anteilen i. S. d. § 17 EStG im Privatvermögen. § 13 UmwStG greift nicht, wenn § 20 Abs. 4a EStG anzuwenden ist, d. h. in Fällen, in denen die Anteile „nur" nach § 20 Abs. 2 Satz 1 Nr. 1 EStG steuerverstrickt sind (s. § 20 Abs. 4a Satz 1 und Abs. 8 Satz 2 EStG).

493 Die Anwendung des § 13 UmwStG setzt voraus, dass der Tausch der Anteile **durch** die **Verschmelzung ausgelöst** worden ist. Das ist der Fall, wenn die zu beurteilenden Anteile an der übertragenden Körperschaft als unmittelbare Folge der Eintragung der Verschmelzung in das für die Übernehmerin maßgebende öffentliche Register untergehen und der Anteilsinhaber, dem die Anteile in diesem Zeitpunkt steuerlich zuzurechnen waren, als Gegenleistung Anteile an der übernehmenden Körperschaft erhält.

Die als Gegenleistung gewährten Anteile an der übernehmenden Körperschaft müssen nicht neu sein in dem Sinne, dass die übernehmende Körperschaft durch den Verschmelzungsvorgang überhaupt erst entsteht (Verschmelzung durch Neugründung) oder ihr Nennkapital zur Durchführung der Verschmelzung erhöht und den Erhöhungsbetrag als neue Anteile ausgibt. Es genügt auch die Übertragung von vorhandenen eigenen (Alt-)Anteilen der übernehmenden Körperschaft an die Anteilseigner der übertragenden Körperschaft.

§ 13 UmwStG ist auch im Fall der Abwärtsverschmelzung einer Muttergesellschaft auf ihre Tochtergesellschaft (down-stream-merger) anzuwenden. In diesem Fall erwerben die Anteilseigner der Muttergesellschaft die Anteile an der Tochtergesellschaft direkt von der Muttergesellschaft im Wege der Auskehrung (Rdn. 11.19 UmwStE, BFH v. 30.5.2018 - I R 31/16, BStBl 2019 II 136). 494

Die den Tausch von Anteilen an Körperschaften auslösende Verschmelzung kann eine solche nach § 2 UmwG (inländische Verschmelzung), nach § 305 UmwG (grenzüberschreitende Verschmelzung) oder nach einer vergleichbaren ausländischen Regelung sein. Somit ist § 13 UmwStG bei einem im Inland unbeschränkt steuerpflichtigen Anteilseigner auch in dem Fall anzuwenden, in dem zwei ausländische Körperschaften i. S. d. § 1 Abs. 2 Satz 1 Nr. 1 UmwStG durch einen Vorgang i. S. d. § 1 Abs. 1 Satz 1 Nr. 1 UmwStG verschmelzen (**Auslandsverschmelzung**). Dass für die übertragende und die übernehmende Körperschaft § 11 und § 12 UmwStG ggf. – mangels inländischer Steuerpflicht – nicht zur Anwendung kommen, steht der Anwendung des § 13 UmwStG auf Ebene des Anteilseigners der übertragenden Körperschaft nicht entgegen. 495

Über § 12 Abs. 2 Satz 2 KStG gilt § 13 UmwStG auch für die Besteuerung der Anteilseigner der übertragenden Körperschaft bei einer Verschmelzung in einem Drittstaat, wenn es sich bei der Übertragerin um eine in Deutschland nicht unbeschränkt steuerpflichtige Körperschaft handelt. 496

Nicht unter § 13 UmwStG fällt ein Tausch von Anteilen an Körperschaften, der losgelöst von einer Verschmelzung vorgenommen wird. 497

BEISPIEL F ist seit Jahren mit 50 % an der V-AG beteiligt. Die V-AG wiederum hält 80 % der Aktien der C-AG. Am 5.11.01 vereinbaren F und die V-AG, dass F aus der V-AG gegen eine Abfindung ausscheidet. Die Abfindung besteht in Aktien an der C-AG (30 %-Anteil). Zum 31.12.01 wird die V-AG auf die C-AG verschmolzen.

LÖSUNG F hat seine 50 % - Beteiligung an der V-AG gegen die 30 %-Anteile an der C-AG getauscht. Er hat damit die Anteile an der V-AG i. S. d. § 17 Abs. 1 Satz 1 EStG veräußert und im Gegenzug die Aktien an der C-AG angeschafft. Bei Zugehörigkeit der V-AG-Beteiligung zum Privatvermögen muss F den Veräußerungsgewinn nach § 17 EStG versteuern. Veräußerungspreis ist der gemeine Wert der als Gegenleistung erhaltenen Aktien an der C-AG. Anschaffungspreis für die Aktien an der C-AG ist der gemeine Wert der Anteile an der V-AG.

§ 13 UmwStG ist nicht anzuwenden. Auch wenn das Besteuerungsrecht Deutschlands hinsichtlich eines Gewinns aus der Veräußerung der Aktien an der C-AG nicht ausgeschlossen oder beschränkt wird, besteht für F nicht die Möglichkeit, nach § 13 Abs. 2 UmwStG die Anteile an der C-AG mit den Anschaffungskosten der V-AG-Beteiligung anzusetzen. Der Tausch der Anteile wurde nicht durch die spätere Verschmelzung ausgelöst.

§ 13 UmwStG gilt ebenfalls nicht für die an der Verschmelzung beteiligte „übernehmende" Körperschaft. Deren Anteile an der übertragenden Körperschaft gehen mit der Verschmelzung unter. Für die Übernehmerin gelten ausschließlich die Regelungen in § 12 UmwStG. 498

Zahlungen an die Anteilseigner (Ausgleichzahlungen, Barabfindungen, Zuzahlungen) sind – unabhängig davon, ob sie von der übernehmenden Körperschaft oder von ande- 499 ren Anteilseignern – geleistet werden, bei den Empfängern als – § 13 UmwStG ausschließende – Veräußerungserlöse ihrer Beteiligung oder eines Teils ihrer Beteiligung zu sehen.

Erhält ein Anteilseigner im Zuge der Verschmelzung neben Anteilen an der übernehmenden Körperschaft eine weitere Gegenleistung (z. B. Spitzenausgleich), ist der Vorgang in einen § 13 UmwStG unterfallenden Tausch und eine den allgemeinen Besteuerungsregeln unterliegende Veräußerung aufzuteilen.

500 Eine Aufteilung ist auch vorzunehmen, wenn es aufgrund der Verschmelzung zu einer Wertverschiebung zwischen den Anteilen der beteiligten Anteilseigner kommt (nichtverhältniswahrende Umwandlung; s. auch Rdn. 13.03 UmwStE). Erhält eine an der übertragenden Körperschaft beteiligte Kapitalgesellschaft zugunsten eines ihrer Anteilseigner einen geringerwertigen Anteil an der übernehmenden Körperschaft, kann darin eine verdeckte Gewinnausschüttung – im Umkehrfall eine verdeckte Einlage – liegen. Bei Wertverschiebungen im Verhältnis zwischen natürlichen Personen können freigebige Zuwendungen vorliegen.

501 Kommt § 13 UmwStG zur Anwendung, erfolgt dies unabhängig von der steuerlichen Behandlung der übertragenden und der übernehmenden Körperschaft (Rdn. 13.08 UmwStE). Es ist unerheblich für die Anwendung des § 13 UmwStG, ob der Vermögensübergang von der übertragenden auf die übernehmende Körperschaft zum Buchwert, zum gemeinen Wert oder zu einem Zwischenwert erfolgt. Somit ist es möglich, dass der Vermögensübergang mit dem gemeinen Wert vorgenommen wird (weil z. B. die Voraussetzungen des § 11 Abs. 2 UmwStG nicht erfüllt sind oder ein Antrag zum Minderwertansatz nicht gestellt wurde) und der Tausch der Anteile nach § 13 Abs. 2 UmwStG zum Buchwert bzw. zu den Anschaffungskosten. Bei Drittstaatenverschmelzungen sind die §§ 11 und 12 UmwStG gar nicht anzuwenden; es könnte aber unter den Voraussetzungen des § 12 Abs. 2 Satz 2 KStG auf der Ebene des Anteilseigners § 13 UmwStG zur Anwendung kommen.

3.1.10.2 Tausch zum gemeinen Wert als Grundsatz

502 § 13 Abs. 1 UmwStG fingiert nicht den Verschmelzungsvorgang als Veräußerung und als Anschaffung, sondern allein den Preis für die Veräußerung der Anteile an der übertragenden Körperschaft und die Kosten für die Anschaffung der Anteile an der übernehmenden Körperschaft. Der Tausch von Anteilen ist bereits nach allgemeinen steuerrechtlichen Grundsätzen eine Veräußerung, also ein gewinnrealisierender Vorgang und führt bei Anteilen an Ausschüttungskörperschaften grundsätzlich zur Versteuerung der aufgedeckten stillen Reserven. § 13 UmwStG geht als lex specialis der Tauschbewertung nach § 6 Abs. 6 EStG vor.

Der Besteuerungstatbestand ist dem Grunde nach nicht § 13 UmwStG, sondern § 4 Abs. 1 EStG bei Zugehörigkeit der veräußerten Anteile zum Betriebsvermögen oder § 17 EStG bei Zugehörigkeit der Anteile zum Privatvermögen. § 13 Abs. 1 UmwStG regelt nur den bei der Ermittlung des Gewinns aus der Veräußerung anzusetzenden Veräußerungspreis. Alle weiteren Besteuerungsfolgen (z. B. § 3 Nr. 40 EStG, § 8b KStG) ergeben sich aus den allgemeinen einkommensteuerlichen und körperschaftsteuerlichen Vorschriften.

Als **Veräußerungspreis** (für die Anteile an der übertragenden Körperschaft) gilt der gemeine Wert der Anteile an der übertragenden Körperschaft und nicht – wie nach allgemeinen Grundsätzen üblich – der Wert der Gegenleistung, die hier in der Ausgabe von Anteilen an der übernehmenden Körperschaft besteht. 503

Der gemeine Wert bestimmt sich nach § 9 Abs. 2 BewG. Bei Anteilen an Kapitalgesellschaften gilt § 11 BewG. Für nicht börslich notierte Anteile an Kapitalgesellschaften ist der gemeine Wert nach § 11 Abs. 2 BewG zu ermitteln. Die gleich lautenden Erlasse der obersten Finanzbehörden der Länder zur Anwendung der §§ 11, 95 bis 109 und 199 ff. BewG i. d. F. des ErbStRG vom 17.5.2011 (BStBl 2011 I 606) gelten entsprechend für ertragsteuerliche Zwecke (BMF v. 22.9.2011, BStBl 2011 I 569). Danach ist der gemeine Wert in erster Linie aus Verkäufen unter fremden Dritten abzuleiten. Ist das nicht möglich, ist er anhand eines allgemein anerkannten ertragswert- oder zahlungsstromorientierten Verfahrens zu ermitteln, welches ein gedachter Erwerber bei der Bemessung des Kaufpreises zu Grunde legen würde. 504

Durch den Ansatz der Anteile an der übertragenden Körperschaft mit ihrem gemeinen Wert wird erreicht, dass die darin enthaltenen stillen Reserven vollständig aufgedeckt werden. Der gemeine Wert der Anteile an der übertragenden Körperschaft gilt zugleich als Anschaffungskosten für die erhaltenen Anteile an der übernehmenden Körperschaft.

Gehörten die **Anteile** an der übertragenden Körperschaft zu einem **Betriebsvermögen** des **Anteilseigners**, ist unter Berücksichtigung des fiktiven Veräußerungspreises ein Gewinn oder Verlust aus der Veräußerung (dem Tausch) der Anteile nach allgemeinen Gewinnermittlungsgrundsätzen zu errechnen. § 3 Nr. 40 i. V. m. § 3c Abs. 2 EStG oder § 8b KStG (wenn es sich bei der Anteilseignerin um eine Körperschaft handelt) ist anzuwenden. 505

Bei einem gewerblichen Betriebsvermögen ist der Veräußerungsgewinn oder -verlust nach Maßgabe der allgemeinen Vorschriften auch bei der Ermittlung des Gewerbeertrags zu erfassen (§ 19 Abs. 1 UmwStG).

Gehörten die Anteile an der übertragenden Körperschaft zum Privatvermögen des Anteilseigners, ist unter Berücksichtigung des fiktiven Veräußerungspreises der Veräußerungsgewinn oder -verlust nach § 17 Abs. 2 EStG zu ermitteln und sodann nach allgemeinen Grundsätzen zu besteuern. 506

Veräußerungszeitpunkt ist der Zeitpunkt der Eintragung der Verschmelzung in das für die übernehmende Körperschaft maßgebende öffentliche Register (Rdn. 13.06 UmwStE). Die Anteile an der übertragenden Körperschaft erlöschen erst mit der Registereintragung (§ 20 Abs. 1 Nr. 2 UmwG). Bis zu diesem Zeitpunkt sind die Anteile noch dem bisherigen Anteilseigner zivilrechtlich und wirtschaftlich zuzurechnen (§ 39 AO). Die Veräußerung verwirklicht sich in dem Zeitpunkt, in dem die Anteile dem Veräußerer nicht mehr zuzurechnen sind (BFH v. 28.10.2008 - IX R 96/07 -, BStBl 2009 II 45). Sie wird nicht auf den steuerlichen Übertragungsstichtag zurückbezogen. § 2 UmwStG gilt nicht für die Anteilseigner der übertragenden Körperschaft. 507

508 Handelt es sich bei den Anteilen an der übertragenden Körperschaft um Aktien, ist der Veräußerungsgewinn grundsätzlich auch kapitalertragsteuerpflichtig (§ 43 Abs. 1 Satz 1 Nr. 9 i. V. m. § 20 Abs. 2 Satz 1 Nr. 1 EStG).

In den Fällen des § 20 Abs. 4a Satz 1 EStG treten die Anteile an der übernehmenden Körperschaft (abweichend von § 13 UmwStG) an die Stelle der Anteile an der übertragenden Körperschaft. Insoweit ist also keine Veräußerung anzunehmen und damit entsteht auch keine Kapitalertragsteuer. Zum Vorrangcharakter des § 20 Abs. 4a Satz 1 EStG gegenüber § 13 UmwStG s. auch Rdn. 492,

3.1.10.3 Ansatz mit Buchwert bzw. Anschaffungskosten

509 Nach § 13 Abs. 2 UmwStG kann der Anteilseigner der übertragenden Körperschaft den durch die Verschmelzung ausgelösten Tausch der Anteile auch als steuerneutrale Surrogation behandeln.

Gehören die Anteile an der übertragenden Körperschaft bei dem Anteilseigner zu seinem Betriebsvermögen, sind – unter den weiteren Voraussetzungen des § 13 Abs. 2 UmwStG – die Anteile an der übernehmenden Körperschaft auf seinen Antrag mit dem Buchwert der Anteile an der übertragenden Körperschaft anzusetzen. Dadurch bleibt der Tausch der Anteile für den Anteilseigner gewinnneutral. Gehören die Anteile an der übertragenden Körperschaft zum Privatvermögen des Anteilseigners, treten die Anschaffungskosten an die Stelle des Buchwertes (§ 13 Abs. 2 Satz 3 UmwStG).

510 Bleibt der Tausch der Anteile nach dieser Regelung gewinnneutral, treten die Anteile an der übernehmenden Körperschaft steuerlich an die Stelle der Anteile an der übertragenden Körperschaft (§ 13 Abs. 2 Satz 2 UmwStG). Das bedeutet, dass die den Anteilen an der übertragenden Körperschaft anhaftenden steuerlichen Merkmale auf die Anteile an der übernehmenden Körperschaft überspringen (Flohtheorie). Zu den steuerlichen Merkmalen gehören u. a.:

- Anschaffungskosten
- Anschaffungszeitpunkt
- Zugehörigkeit zum Betriebsvermögen (BFH v. 28.5.2020 - IV R 17/17, BStBl 2023 II 607)
- Teilwertabschreibungen bei Zugehörigkeit der Anteile zum Betriebsvermögen
- Sperrfristenverhaftung i. S. d. § 22 UmwStG, wenn die Umwandlung unter den Voraussetzungen der Rdn. 22.23 UmwStE ohne Verletzung der laufenden Sperrfrist durchgeführt worden ist
- Eigenschaft als einbringungsgeborene Anteile i. S. d. § 21 UmwStG in der bis 12.12.2006 geltenden Fassung
- Steuerverstrickung nach § 17 EStG
- (s. im Weiteren auch Rdn. 13.11 UmwStE).

511 Der Tausch der Anteile wird steuerlich nicht als Veräußerung und Anschaffung behandelt. War die zum Privatvermögen des Anteilseigners gehörende Beteiligung an der übertragenden Körperschaft eine solche i. S. d. § 17 Abs. 1 Satz 1 EStG und liegt nach

der Verschmelzung an der übernehmenden Körperschaft keine Beteiligung i. S. d. § 17 Abs. 1 Satz 1 EStG vor (Unterschreiten der 1 %-Beteiligungsgrenze), gelten bei einer späteren Veräußerung der Anteile die Grundsätze des § 17 EStG (verschmelzungsgeborene Anteile).

Voraussetzungen für den Eintritt der Anteile an der übernehmenden Körperschaft in 512 die „Rechtsstellung" der Anteile an der übertragenden Körperschaft (steuerneutrale Surrogation) sind ein entsprechender Antrag und dass das deutsche Besteuerungsrecht an dem Gewinn aus der Veräußerung der Anteile an der übernehmenden Körperschaft nicht ausgeschlossen oder beschränkt wird oder die Mitgliedstaaten der EU Art. 8 der Fusionsrichtlinie 2009/133/EG anzuwenden haben.

Ein Ansatz mit einem Zwischenwert ist nicht möglich. 513

3.1.10.3.1 Keine Beschränkung des deutschen Besteuerungsrechts

Das Recht Deutschlands hinsichtlich der Besteuerung des Gewinns aus der Veräuße- 514 rung der Anteile an der übernehmenden Körperschaft darf nicht ausgeschlossen oder beschränkt sein. Es geht dabei um einen Vergleich des deutschen Besteuerungsrechts an dem Gewinn aus der Veräußerung der Anteile an der übertragenden Körperschaft mit dem Besteuerungsrecht an dem Gewinn aus der Veräußerung der Anteile an der übernehmenden Körperschaft. Verschlechtert sich das Besteuerungsrecht an dem Veräußerungsgewinn aus den Anteilen an der übernehmenden Körperschaft gegenüber dem Besteuerungsrecht an dem Veräußerungsgewinn aus den Anteilen an der übertragenden Körperschaft, ist die Voraussetzung des § 13 Abs. 2 Satz 1 Nr. 1 UmwStG nicht erfüllt.

BEISPIEL Die unbeschränkt einkommensteuerpflichtige natürliche Person A war bisher an der polnischen X-SA (spólka akcyjna, eine der deutschen AG entsprechende Kapitalgesellschaft, BMF v. 24.12.1999, BStBl 1999 I 1076, Anhang Tabelle 2), einer polnischen Kapitalgesellschaft, die der deutschen Aktiengesellschaft entspricht, beteiligt. Die Anteile gehören bei A zu seinem Privatvermögen. In 01 wird die X-SA auf die – ebenfalls in Polen ansässige – Y-SA verschmolzen. Dadurch verliert A seine Anteile an der X-SA, erhält aber im Gegenzug Anteile an der Y-SA. Weder die X-SA noch die Y-SA haben in Deutschland Betriebsvermögen. Im Unterschied zur X-SA besteht das Aktivvermögen der Y-SA überwiegend aus in Polen belegenem unbeweglichem Vermögen.

Die Verschmelzung der X-SA auf die Y-SA hat für die deutsche Besteuerung auf Ebene der Körperschaften keine Bedeutung, weil weder die übertragende noch die übernehmende Körperschaft in Deutschland steuerpflichtig ist.

Für den in Deutschland unbeschränkt einkommensteuerpflichtigen Anteilseigner A ist jedoch § 13 UmwStG anzuwenden, denn es handelt sich bei der Verschmelzung nach polnischem Recht um einen einer Verschmelzung i. S. d. § 2 UmwG vergleichbaren Vorgang (Unterstellung), § 1 Abs. 1 Satz 1 Nr. 1 UmwStG. Es wird eine Körperschaft auf eine andere Körperschaft verschmolzen, und die beiden Körperschaften sind nach polnischem Recht gegründete Gesellschaften i. S. d. Art. 54 AEUV, deren Sitz und Geschäftsleitung sich innerhalb Polens befinden (§ 1 Abs. 2 Satz 1 Nr. 1 UmwStG). Polen gehört zur EU.

Die Voraussetzungen des § 13 Abs. 2 Satz 1 Nr. 1 UmwStG sind jedoch nicht erfüllt, weil sich das deutsche Besteuerungsrecht an dem Veräußerungsgewinn aus den Anteilen an der übernehmenden Y-SA gegenüber dem Besteuerungsrecht an dem Veräußerungsgewinn aus den Anteilen an der übertragenden X-SA verschlechtert. Hinsichtlich des Gewinns aus der Veräußerung der Anteile an der X-SA hatte Deutschland nach Art. 13 Abs. 5 DBA Polen das ausschließliche Besteuerungsrecht. Hinsichtlich des Gewinns aus der Veräußerung der Anteile an der Y-SA hat Deutschland zwar auch noch das Besteuerungsrecht, muss aber die in Polen gezahlte polnische Einkommensteuer auf die deutsche Einkommensteuer anrechnen (Art. 24 Abs. 1 Buchst. b DBA Polen). Den Gewinn aus der Veräußerung der Anteile an der Y-SA kann auch Polen besteuern, weil das Aktivvermögen der Y-SA überwiegend aus in Polen belegenem unbeweglichem Vermögen besteht (Art. 13 Abs. 2 DBA Polen).

ANMERKUNG Würde das Aktivvermögen der Y-SA nicht überwiegend aus in Polen belegenem Grundvermögen bestehen, hätte Deutschland als Ansässigkeitsstaat des Anteilseigners A auch hinsichtlich des Gewinns aus der Veräußerung der Anteile an der Y-SA das ausschließliche Besteuerungsrecht. Auf einen entsprechenden Antrag des A sind dann die Anteile an der Y-SA mit den Anschaffungskosten der X-SA anzusetzen.

Eine **steuerneutrale Surrogation** kann auch nach der Alternative des § 13 Abs. 2 Satz 1 Nr. 2 UmwStG in Betracht kommen.

3.1.10.3.2 Anwendung des Art. 8 der Fusionsrichtlinie 2009/133/EG

515 Nach § 13 Abs. 2 Satz 1 Nr. 2 UmwStG sind auf Antrag die Anteile an der übernehmenden Körperschaft – trotz Verschlechterung des deutschen Besteuerungsrechts – mit dem Buchwert bzw. den Anschaffungskosten der Anteile an der übertragenden Körperschaft anzusetzen, wenn die Mitgliedstaaten der EU bei der Verschmelzung Art. 8 der Fusionsrichtlinie 2009/133/EG anzuwenden haben. Nach Art. 8 Abs. 1 der Fusionsrichtlinie darf die Zuteilung von Anteilen am Gesellschaftskapital der übernehmenden Gesellschaft aufgrund einer Fusion für sich allein keine Besteuerung des Veräußerungsgewinns des Gesellschafters auslösen. Die Fusionsrichtlinie ist von allen Mitgliedstaaten der EU zu beachten. Sie gilt u. a. für Fusionen (Verschmelzungen), wenn daran Gesellschaften aus zwei oder mehr Mitgliedstaaten beteiligt sind (Art. 1 Buchst. a der Fusionsrichtlinie). Gesellschaften im Sinne der Richtlinie sind Gesellschaften, die eine der im Anhang zu Art. 3 der Richtlinie aufgeführten Formen aufweisen.

Zum Ausgleich für die Nichtbesteuerung des Veräußerungsgewinns beim Anteilseigner erlaubt Art. 8 Abs. 6 der Fusionsrichtlinie dem Ansässigkeitsstaat des Anteilseigners, den Gewinn aus einer späteren Veräußerung der erhaltenen Anteile – ungeachtet der Bestimmungen eines DBA – in der gleichen Weise zu besteuern wie den Gewinn aus der Veräußerung der Anteile an der übertragenden Körperschaft. Von dieser Ermächtigung hat Deutschland mit § 13 Abs. 2 Satz 1 Nr. 2 UmwStG Gebrauch gemacht.

BEISPIEL (Abwandlung des Beispiels unter Rdn. 514)

Die polnische Kapitalgesellschaft X-SA wird auf die tschechische Y-AS (akciová spolecnost, eine der deutschen AG entsprechende Kapitalgesellschaft, BMF v. 24.12.1999, BStBl 1999 I 1076, Anhang Tabelle 2)verschmolzen.

Wenn weder die (übertragende) polnische X-SA noch die (übernehmende) tschechische Y-AS in Deutschland Betriebsvermögen besitzt und demzufolge in Deutschland nicht steuerpflichtig ist, kommen die §§ 11 und 12 UmwStG auf Körperschaftsebene nicht zur Anwendung (§ 1 Abs. 1 Satz 1 Nr. 1 UmwStG).

Gleichwohl ist § 13 UmwStG auf den in Deutschland ansässigen Anteilseigner anzuwenden, wenn es sich bei der Umwandlung um eine mit § 122a UmwG vergleichbare Verschmelzung handelt.

Die Voraussetzungen des § 13 Abs. 2 Satz 1 Nr. 1 UmwStG sind jedoch nicht erfüllt, weil sich das deutsche Besteuerungsrecht an dem Veräußerungsgewinn aus den Anteilen an der übernehmenden tschechischen Y-AS gegenüber dem Besteuerungsrecht an dem Veräußerungsgewinn aus den Anteilen an der übertragenden X-SA verschlechtert. Hinsichtlich des Gewinns aus der Veräußerung der Anteile an der X-SA hatte Deutschland nach Art. 13 Abs. 5 DBA Polen das ausschließliche Besteuerungsrecht. Hinsichtlich des Gewinns aus der Veräußerung der Anteile an der Y-AS hat Deutschland zwar auch das Besteuerungsrecht. Nach Art. 13 Abs. 3 DBA Tschechoslowakei kann aber auch Tschechien den Gewinn besteuern. Die in Tschechien bezahlte Einkommensteuer muss auf die in Deutschland zu erhebende Einkommensteuer angerechnet werden (Art. 23 Abs. 1 Buchst. b DBA Tschechoslowakei).

Dennoch sind auf Antrag des im Inland ansässigen Anteilseigners die Anteile an der tschechischen Y-AS mit dem Buchwert bzw. den Anschaffungskosten der Anteile an der X-SA anzusetzen, weil Polen, Tschechien und Deutschland als Mitgliedstaaten der EU bei der Verschmelzung der beiden Kapitalgesellschaften, bei denen es sich um Gesellschaften i. S. d. Fusionsrichtlinie handelt, Art. 8 der Fusionsrichtlinie anzuwenden haben. Damit hat Deutschland aber auch das Recht, den Gewinn aus einer späteren Veräußerung der Anteile an der übernehmenden Y-AS in gleicher Weise zu besteuern wie den Gewinn aus einer Veräußerung der vor dem Erwerb vorhandenen Anteile an der polnischen X-SA (Art. 8 Abs. 6 der Fusionsrichtlinie). Deutschland unterliegt folglich entgegen Art. 23 Abs. 1 Buchst. b DBA Tschechoslowakei bei der späteren Veräußerungsgewinnbesteuerung keiner Anrechnungsverpflichtung.

Nach § 13 Abs. 2 Satz 1 Nr. 2 Satz 2 UmwStG ist § 15 Abs. 1a Satz 2 EStG entsprechend 516
anzuwenden. Danach sind die auf die Anteile an der übernehmenden Körperschaft übertragenen stillen Reserven auch ohne Veräußerung zu besteuern, wenn die Anteile verdeckt in eine Kapitalgesellschaft eingelegt werden oder wenn die übernehmende Körperschaft aufgelöst wird oder wenn ihr Kapital herabgesetzt und zurückgezahlt wird oder wenn Beträge aus dem steuerlichen Einlagekonto i. S. d. § 27 KStG ausgeschüttet und zurückgezahlt werden.

3.1.10.3.3 Antrag

Die steuerneutrale Surrogation (Ansatz der Anteile an der übernehmenden Körper- 517
schaft mit dem Buchwert bzw. den Anschaffungskosten der Anteile an der übertragenden Körperschaft) erfordert einen entsprechenden Antrag des Anteilseigners. Den Antrag muss der Anteilseigner bei dem für seine Besteuerung zuständigen Finanzamt stellen. Es gibt keine Formvorschriften. Also kann der Antrag mit Einreichung der Bilanz (bei Zugehörigkeit der Anteile zum Betriebsvermögen) oder mit Abgabe der Einkommensteuererklärung (bei Zugehörigkeit zum Privatvermögen) gestellt werden. Eine Änderung des einmal gestellten Antrags ist nicht möglich.

518

ABB. 11: Verschmelzung einer Körperschaft auf eine andere Körperschaft

Besteuerung der Anteilseigner der übertragenden Körperschaft (§ 13 UmwStG)

Anwendung:
- § 13 UmwStG ist auf jeden durch eine Verschmelzung nach dem UmwG oder nach einer vergleichbaren ausländischen Regelung eines Mitgliedsstaats ausgelösten Tausch von Anteilen an Körperschaften anzuwenden.
- § 13 UmwStG ist für den Anteilseigner unabhängig von der steuerlichen Behandlung der übertragenden und der übernehmenden Körperschaft (nach §§ 11, 12 UmwStG) anzuwenden.
  - § 13 UmwStG gilt nicht in den Fällen des § 20 Abs. 4a EStG

Der durch eine Verschmelzung ausgelöste Tausch von Anteilen an Körperschaften bedeutet für den Anteilseigner nach allgemeinen Regeln:
- **Veräußerung** des Anteils an der übertragenden Körperschaft und
- **Anschaffung** des Anteils an der übernehmenden Körperschaft

Aus § 13 UmwStG folgt:

Grundsatz: (§ 13 Abs. 1 UmwStG)	
Gemeiner Wert der Anteile an der übertragenden Körperschaft	= Veräußerungspreis für die Anteile an der übertragenden Körperschaft
	= Anschaffungskosten für die Anteile an der übernehmenden Körperschaft

- Der Besteuerungstatbestand (dem Grunde nach) ist den allgemeinen gesetzlichen Regelungen zu entnehmen. Für die Besteuerung des Veräußerungsgewinns gelten die allgemeinen Grundsätze
- Veräußerungszeitpunkt ist der Zeitpunkt der Eintragung der Verschmelzung in das für die übernehmende Körperschaft maßgebende Register (§ 2 UmwStG gilt nicht)

auf Antrag: (§ 13 Abs. 2 UmwStG)	
Anteile an der übernehmenden Körperschaft treten steuerlich an die Stelle der Anteile an der übertragenden Körperschaft (steuerneutrale Surrogation) - Übergang der steuerlichen Merkmale der Anteile an der übertragenden Körperschaft (Anschaffungskosten, Anschaffungszeitpunkt, Teilwertabschreibung, Steuerverstrickung nach § 17 EStG) auf die Anteile an der übernehmenden Körperschaft	
Voraussetzungen:	Kein Ausschluss und keine Beschränkung des deutschen Besteuerungsrechts hinsichtlich des Gewinns aus der Veräußerung der Anteile an der übernehmenden Körperschaft
	oder die Mitgliedsstaaten der EU haben Art. 8 der Fusionsrichtlinie 2009/133/EG anzuwenden

Zusätzlich an den Anteilseigner entrichtete Gegenleistungen sind Veräußerungserlös, der zur Besteuerung eines Gewinns führt.

3.1.11 Zusammenfassendes Beispiel

Sachverhalt 519

Die Faust-GmbH (F-GmbH) war vor Jahren in Weimar von Heinrich (H) und Gretchen (G) mit einem Stammkapital von 100 000 € in bar gegründet worden. H und G übernahmen jeweils einen Geschäftsanteil im Nennwert von 50 000 € in ihr Privatvermögen. Ihre Anschaffungskosten entsprachen dem Nennwert der Anteile. Am 6.2.02 veräußern beide Gesellschafter jeweils einen 3/5-Teil ihres Geschäftsanteils zum Preis von jeweils 120 000 € an die Tell-AG (T-AG).

Am 10.6.02 schließen die F-GmbH und die T-AG einen Verschmelzungsvertrag. Danach soll die F-GmbH zum 1.1.02 auf die T-AG verschmolzen werden. Der Anmeldung vom 20.6.02 zur Eintragung der Verschmelzung in das für die F-GmbH maßgebende Handelsregister wird folgende Schlussbilanz der F-GmbH beigefügt:

A	Schlussbilanz der F-GmbH zum 31.12.01			P
	Buchwert	(gem. Wert)		
Konzessionen + ähnliche Rechte	10 000 €	(1 000 000 €)	gez. Kapital	100 000 €
sonstiges Anlagevermögen	40 000 €	(70 000 €)	Verlustvortrag	./. 525 000 €
Umlaufvermögen	50 000 €	(50 000 €)	Jahresfehlbetrag	./. 75 000 €
			Verbindlichkeiten	600 000 €
	100 000 €	(1 120 000 €)		100 000 €

Die Buchwerte entsprechen auch den steuerrechtlichen Gewinnermittlungsvorschriften.

Das steuerliche Einlagekonto hat am 31.12.01 – vor Anwendung des § 29 KStG – einen Bestand von 0 €. Ein Sonderausweis ist nicht vorhanden.

Auf den 31.12.00 wurde ein verbleibender Verlustvortrag (§ 8 Abs. 1 KStG i. V. m. § 10d Abs. 2 EStG) i. H. v. 550 000 € gesondert festgestellt. Bei der Gewerbesteuer soll ein ebenso hoher vortragsfähiger Fehlbetrag nach § 10a GewStG bestehen.

Es wird für die F-GmbH kein Antrag nach § 11 Abs. 2 UmwStG gestellt.

H und G sollen für ihre untergehenden Anteile an der F-GmbH wertadäquate neue Anteile an der T-AG im Nennbetrag von jeweils 15 000 € erhalten. Dafür wird das Grundkapital der T-AG um 30 000 € auf 130 000 € erhöht. Die Eintragung der Verschmelzung in das für die T-AG maßgebende Handelsregister erfolgt am 1.8.02.

Die T-AG ist vor vielen Jahren mit einem Grundkapital von 100 000 € in Jena gegründet worden. Ihre auf den 31.12.01 aufgestellte Schlussbilanz stellt sich (unter Berücksichtigung der Rückwirkungsfiktion des § 12 Abs. 2 Satz 3 i. V. m. § 5 Abs. 1 UmwStG hinsichtlich der am 6.2.02. erworbenen Beteiligung an der F-GmbH) wie folgt dar:

A	Schlussbilanz der T-AG zum 31.12.01 (vor Verschmelzung)		P
3/5-Beteiligung Faust-GmbH	240 000 €	gez. Kapital	100 000 €
Anlagevermögen	500 000 €	Kapitalrücklagen	160 000 €
Umlaufvermögen	270 000 €	Gewinnrücklagen	150 000 €
		Jahresüberschuss	130 000 €
		Verbindlichkeiten	470 000 €
	1 010 000 €		1 010 000 €

Stille Reserven sind nur in der Beteiligung an der F-GmbH vorhanden. Darüber hinaus gibt es keine stillen Reserven und keine stillen Lasten.

Das steuerliche Einlagekonto hat am 31.12.01 – vor Berücksichtigung der Eigenkapitalveränderungen durch die Verschmelzung – einen Bestand von 160 000 €.

Auf Umwandlungskosten soll aus Vereinfachungsgründen nicht eingegangen werden.

Für Zwecke der Berechnung von Gewerbesteuern ist von einem Hebesatz von 400 % auszugehen.

LÖSUNG Auf die Verschmelzung der F-GmbH auf die T-AG sind der dritte und der fünfte Teil des UmwStG anzuwenden, weil es sich um eine Verschmelzung i. S. d. § 2 UmwG einer Körperschaft auf eine andere Körperschaft handelt (§ 1 Abs. 1 Satz 1 Nr. 1 i. V. m. § 11 Abs. 1 Satz 1 UmwStG).

Der steuerliche Übertragungsstichtag ist der 31.12.01, weil auf diesen Stichtag die dem Vermögensübergang zu Grunde liegende Bilanz aufgestellt worden ist (§ 2 Abs. 1 Satz 1 UmwStG). Das Einkommen und Vermögen der F-GmbH sowie der T-AG sind so zu ermitteln, als ob das Vermögen der F-GmbH mit Ablauf des 31.12.01 auf die T-AG übergegangen wäre (§ 2 Abs. 1 UmwStG).

Steuerliche Folgen für die übertragende F-GmbH

Gemäß § 11 Abs. 1 Satz 1 UmwStG ist für die übertragende F-GmbH auf den 31.12.01 eine steuerliche Schlussbilanz (steuerliche Übertragungsbilanz) aufzustellen. Die übergehenden Wirtschaftsgüter sind einschließlich nicht entgeltlich erworbener oder selbst geschaffener immaterieller Wirtschaftsgüter mit dem gemeinen Wert anzusetzen. Ein abweichender Antrag nach § 11 Abs. 2 UmwStG wurde nicht gestellt. Durch den Ansatz der übergehenden Wirtschaftsgüter mit dem gemeinen Wert entsteht ein Übertragungsgewinn in Höhe des Unterschiedsbetrags zwischen dem nach den allgemeinen Gewinnermittlungsvorschriften auf den Übertragungsstichtag sich ergebenden Buchwert und dem gemeinen Wert. Auf Umwandlungskosten soll nicht eingegangen werden. Der Übertragungsgewinn ermittelt sich wie folgt:

	Wert der übergegangenen aktiven Wirtschaftsgüter in der steuerlichen Übertragungsbilanz	1 120 000 €
./.	passivierte Verbindlichkeiten	600 000 €
=	Wert des übergegangenen Betriebsvermögens insgesamt	520 000 €
./.	auf den Übertragungsstichtag fortgeschriebener Buchwert	./. 500 000 €
./.	Verschmelzungskosten (keine Angaben)	—
=	Übertragungsgewinn vor Steuern	1 020 000 €
./.	Körperschaftsteuer, Solidaritätszuschlag und Gewerbesteuer auf den Übertragungsgewinn (Berechnung s. unten)	117 808 €
=	Steuerlicher Übertragungsgewinn	902 192 €

Berechnung der Steuern auf den Übertragungsgewinn: Übertragungsgewinn i. H. aufgedeckter stiller Reserven =			1 020 000 €
Jahresfehlbetrag			./. 75 000 €
Verlustabzug, § 10d EStG i. V. m. § 8 Abs. 1 KStG			./. 550 000 €
Einkommen 01			395 000 €
Körperschaftsteuer 15 % (§ 23 Abs. 1 KStG)			59 250 €
Solidaritätszuschlag (5,5 % von 59 250 €, §§ 3 Abs. 1, 4 SolZG)			3 258 €
Gewerbesteuer	Messbetrag = 3,5 % (§ 11 Abs. 2 GewStG)	13 825 €	
	Hebesatz (Annahme = 400 %, § 16 GewStG)		55 300 €
Summe Steuern			117 808 €

Die Veräußerung von 3/5 der Geschäftsanteile am 6.2.02 an die T-AG ist zwar ein schädlicher Beteiligungserwerb gem. § 8c Abs. 1 Satz 1 KStG, weil mehr als 50 % des gezeichneten Kapitals an einen Erwerber übertragen wurden. Danach wären der Jahresfehlbetrag aus 01 und der Verlustvortrag (nach § 10d EStG) nicht mehr abziehbar. Abweichend von § 8c Abs. 1 Satz 1 KStG kann hier der (bisher) nicht genutzte Verlust gem. § 8c Abs. 1 Satz 5 KStG dennoch abgezogen werden, weil er die zum Zeitpunkt des schädlichen Beteiligungserwerbs vorhandenen steuerpflichtigen stillen Reserven des Betriebsvermögens der F-GmbH nicht übersteigt („Stille-Reserven-Klausel"). Nach § 2 Abs. 4 Satz 1 UmwStG ist der Ausgleich oder die Verrechnung des Übertragungsgewinns mit dem Verlust zulässig, weil der F-GmbH die Verlustnutzung auch ohne die Rückwirkung (auf den 31.12.01) – über den Zeitpunkt des schädlichen Beteiligungserwerbs (6.2.02) nach § 8c Abs. 1 Satz 5 KStG – möglich gewesen wäre. Das gilt auch für die Gewerbesteuer (§ 10a Satz 10 GewStG).

Der Übertragungsgewinn entsteht mit Ablauf des steuerlichen Übertragungsstichtags, also noch am 31.12.01 (Rdn. 02.04 UmwStE). Er unterliegt als laufender Gewinn der Körperschaftsteuer und der Gewerbesteuer (§ 19 Abs. 1 GewStG).

Unter Berücksichtigung der durch den Übertragungsgewinn entstandenen Steuerschulden ist folgende Übertragungsbilanz auf den 31.12.01 aufzustellen:

A	Schlussbilanz der F-GmbH zum 31.12.01		P
Konzessionen + ähnliche Rechte	1 000 000 €	gez. Kapital	100 000 €
sonstiges Anlagevermögen	70 000 €	Verlustvortrag	./. 525 000 €
Umlaufvermögen	50 000 €	Jahresfehlbetrag	./. 75 000 €
		Übertragungsgewinn	902 192 €
		KSt-/SolZ-Rückstellung	62 508 €
		GewSt-Rückstellung	55 300 €
		Verbindlichkeiten	600 000 €
	1 120 000 €		1 120 000 €

Steuerliche Folgen für die übernehmende T-AG

Die T-AG hat die auf sie übergegangenen Wirtschaftsgüter mit dem in der steuerlichen Schlussbilanz der F-GmbH enthaltenen Wert zu übernehmen (§ 12 Abs. 1 Satz 1 UmwStG).

Das Übernahmeergebnis i. S. d. § 12 Abs. 2 Satz 1 UmwStG ist auf den 31.12.01 so zu ermitteln, als hätte die T-AG die Anteile an der F-GmbH bereits am 31.12.01 angeschafft (§ 12 Abs. 2 Satz 3 i. V. m. § 5 Abs. 1 UmwStG).

	Übernahmewert der übergegangenen Wirtschaftsgüter		
	Summe Aktiva	1 120 000 €	
	Verbindlichkeiten	./. 717 808 €	
		402 192 €	402 192 €
./.	Buchwert 3/5-Beteiligung F-GmbH		240 000 €
./.	Umwandlungskosten (keine Angaben)		–
	Übernahmeergebnis		+ 162 192 €

Das Übernahmeergebnis entsteht mit Ablauf des steuerlichen Übertragungsstichtags (§ 2 Abs. 1 UmwStG).

Soweit die übernehmende T-AG an der Übertragerin (F-GmbH) beteiligt war, darf zur Durchführung der Verschmelzung ihr Grundkapital nicht erhöht werden (§ 68 Abs. 1 Satz 1 Nr. 1 UmwG). Soweit jedoch H und G durch die Verschmelzung als weitere Gesellschafter der T-AG beitreten, muss eine Kapitalerhöhung vorgenommen werden; die neuen Anteile sind den beitretenden Aktionären H und G zu gewähren (§ 2 UmwG). Die T-AG besitzt keine eigenen Aktien, die sie den beitretenden Gesellschaftern gewähren könnte (§ 68 Abs. 1 Satz 2 UmwG). Erhöht die übernehmende Gesellschaft zur Durchführung der Verschmelzung ihr Grundkapital, so darf die Verschmelzung erst eingetragen werden, nachdem die Erhöhung im Register eingetragen worden ist (§ 66 UmwG).

Die Erhöhung des Grundkapitals muss verhältniswahrend vorgenommen werden, so dass die neu beitretenden Aktionäre H und G einen ihren untergehenden Anteilen an der F-GmbH adäquaten Gegenwert erhalten. Übersteigt der Wert der untergehenden

Anteile an der übertragenden GmbH den Wert der gewährten Aktien, sind bare Zuzahlungen der übernehmenden Gesellschaft bis zu 10 % des auf die neuen Aktien anteilig entfallenden Betrags des Grundkapitals erlaubt (§ 68 Abs. 3 UmwG). Solche Zuzahlungen stellen bei den Empfängern Veräußerungserlöse (für ihre Anteile an der übertragenden Körperschaft) dar.

Im vorliegenden Sachverhalt waren solche Zuzahlungen nicht erforderlich, weil H und G ihren GmbH-Anteilen wertmäßig entsprechende Aktien an der TAG erhalten haben. Vermögensverschiebungen sind nicht feststellbar.

Berechnung:

$$\frac{\text{gemeiner Wert 2/5-Anteil an F-GmbH}}{\text{gemeiner Wert 3/5-Anteil F-GmbH + eigenes Vermögen T-AG}} \times \begin{matrix}\text{Nennkapital}\\ \text{T-AG (alt)}\end{matrix}$$

$$= \frac{160\,000\text{ € (gerundet)}}{240\,000\text{ €} + 300\,000\text{ €}} \times 100\,000\text{ €} = \text{(rund) } 30\,000\text{ €}$$

H und G übernehmen neue Aktien im Nennwert von jeweils 15 000 €. Ihre Einlageverpflichtungen auf die neuen Anteile werden durch die Übertragung ihrer 2/5-Anteile am Betriebsvermögen der F-GmbH erfüllt.

Die Schlussbilanz der T-AG zum 31.12.01 nach der Verschmelzung stellt sich wie folgt dar:

A	Schlussbilanz der T-AG zum 31.12.01 (nach Verschmelzung)		P
Konzessionen + ähnliche Rechte	1 000 000 €	gez. Kapital	130 000 €
Anlagevermögen	500 000 €	Kapitalrücklagen	130 000 €
sonstiges Anlagevermögen	70 000 €	Gewinnrücklagen	150 000 €
Umlaufvermögen	320 000 €	Jahresüberschuss	130 000 €
		Übernahmeergebnis	162 192 €
		KSt-/SolZ-Rückstellung	62 508 €
		GewSt-Rückstellung	55 300 €
		Verbindlichkeiten	1 070 000 €
	1 890 000 €		1 890 000 €

Nach § 12 Abs. 2 Satz 1 UmwStG bleibt das Übernahmeergebnis bei der Ermittlung des zu versteuernden Einkommens der übernehmenden Körperschaft außer Ansatz.

Der Gewinn i. S. d. § 12 Abs. 2 Satz 2 UmwStG beträgt 97 315 € (60 % von 162 192 €), denn die T-AG war zu 60 % an der F-GmbH beteiligt. Nach § 12 Abs. 2 Satz 1 UmwStG sind die 97 315 € steuerfrei. Es gelten aber nach § 8b Abs. 3 Satz 1 KStG 5 % von 97 315 € (= 4 865 €) als nicht abziehbare Betriebsausgaben. Nach Anwendung des § 8b Abs. 3 Satz 1 KStG sind außerhalb der Bilanz (162 192 € ./. 4 865 € =) 157 327 € bei der Ermittlung des körperschaftsteuerlichen Einkommens vom bilanziellen Gewinn abzuziehen.

Das gilt auch für die Ermittlung des Gewerbeertrags (§ 19 Abs. 1 UmwStG).

Die übernehmende T-AG tritt hinsichtlich der übergegangenen Wirtschaftsgüter in die steuerliche Rechtsstellung der übertragenden F-GmbH (§ 12 Abs. 3 UmwStG i. V. m. § 4 Abs. 2 und 3 UmwStG). Der Vermögensübergang erfolgt im Wege der Gesamtrechtsnachfolge. Auch aus steuerlicher Sicht ist von einer Gesamtrechtsnachfolge auszugehen.

Die T-AG führt bei den abnutzbaren Wirtschaftsgütern die Abschreibungen in der bisherigen Weise fort. Gehören zu dem übergegangenen Vermögen auch Gebäude, die bisher nach § 7 Abs. 4 Satz 1 und Abs. 5 EStG abgeschrieben wurden, erhöht sich die bisherige AfA-Bemessungsgrundlage um den Unterschiedsbetrag zwischen dem regulären Buchwert am 31.12.01 und dem in der Übertragungsbilanz angesetzten gemeinen Wert. Der bisherige (gesetzliche) AfA-Satz ist weiterhin anzuwenden. Bei den anderen abnutzbaren Wirtschaftsgütern ist der in der Übertragungsbilanz angesetzte Wert auf die am steuerlichen Übertragungsstichtag neu zu schätzende Restnutzungsdauer zu verteilen.

Nach § 29 Abs. 1 KStG gilt das Nennkapital der F-GmbH durch die Verschmelzung als in vollem Umfang herabgesetzt. Die in das Nennkapital geleistete Einlage wird dem steuerlichen Einlagekonto der F-GmbH gutgeschrieben (§ 28 Abs. 2 Satz 1 KStG); ein Sonderausweis, der vorrangig zu mindern wäre, ist nicht vorhanden. Der sich danach ergebende Bestand des Einlagekontos ist nach einer Kürzung im Verhältnis des Anteils der übernehmenden T-AG an der übertragenden F-GmbH dem steuerlichen Einlagekonto der übernehmenden T-AG hinzuzurechnen (§ 29 Abs. 2 Satz 1 und 2 KStG).

Die T-AG hat zur Durchführung der Verschmelzung ihr Nennkapital um 30 000 € erhöht. Dafür gilt nach § 29 Abs. 4 i. V. m. § 28 Abs. 1 KStG vorrangig der positive Bestand des steuerlichen Einlagekontos als umgewandelt.

Die Kapitalveränderungen stellen sich wie folgt dar:

	Vorspalte	Einlagekonto
Bestand F-GmbH		0 €
Betrag der fiktiven Nennkapitalherabsetzung	100 000 €	
Mangels Sonderausweises Zugang zum steuerlichen Einlagekonto	./. 100 000 €	+ 100 000 €
Zwischenergebnis		100 000 €
Kürzung nach § 29 Abs. 2 Satz 2 KStG (3/5-Beteiligung)		./. 60 000 €
Zwischenergebnis (Übergang auf T-AG)		40 000 €
Anfangsbestand T-AG (vor Umwandlung)		160 000 €
Zwischenergebnis		200 000 €
Erhöhung Nennkapital bei T-AG	30 000 €	
Vorrangige Verwendung Einlagekonto, § 29 Abs. 4 i. V. m. § 28 Abs. 1 KStG	./. 30 000 €	./. 30 000 €
Schlussbestand T-AG		170 000 €

Der Bestand des steuerlichen Einlagekontos ist bei der übertragenden Körperschaft (F-GmbH) letztmalig auf den steuerlichen Übertragungsstichtag gesondert festzustellen, denn mit Ablauf dieses Stichtags endet ihr letztes Wirtschaftsjahr. Dabei ist der Bestand vor Anwendung des § 29 KStG, also vor dem Vermögensübergang auf die Übernehmerin, anzusetzen (Rdn. K.04 UmwStE). Der gesondert festzustellende Bestand des steuerlichen Einlagekontos der F-GmbH auf den 31.12.01 beträgt 0 €.

Bei der übernehmenden Körperschaft (T-AG) ist der Zugang des Einlagekontos der Übertragerin zum Schluss des Wirtschaftsjahres zu erfassen, in das der steuerliche Übertragungsstichtag fällt. Der gesondert festzustellende Bestand des steuerlichen Einlagekontos der T-AG auf den 31.12.01 beträgt 170 000 €.

Steuerliche Folgen für die Anteilseigner H und G

Für H und G handelt es sich bei dem durch die Verschmelzung ausgelösten Tausch ihrer GmbH-Anteile gegen die neuen Anteile an der T-AG um eine Veräußerung (der F-GmbH-Anteile) und eine Anschaffung (der T-AG-Aktien).

Mit der Veräußerung der GmbH-Anteile erzielen sie nach allgemeinen einkommensteuerlichen Vorschriften Einkünfte aus Gewerbebetrieb i. S. d. § 17 Abs. 1 Satz 1 und 3 EStG, weil sie ihre zum Privatvermögen gehörenden Anteile an der F-GmbH, an der sie mit mindestens 1 % (seit 6.2.02 mit jeweils 20 %, vorher mit jeweils 50 %) beteiligt waren, im Wege des Tausches entgeltlich übertragen haben. Die Besteuerung des Veräußerungsgewinns nach § 17 EStG hat Vorrang vor der Besteuerung im Rahmen der Einkünfte aus Kapitalvermögen nach § 20 Abs. 2 Satz 1 Nr. 1 EStG (§ 20 Abs. 8 EStG).

Der Veräußerungsgewinn ermittelt sich nach § 17 Abs. 2 Satz 1 EStG aus dem Unterschiedsbetrag zwischen dem Veräußerungspreis einerseits und den Anschaffungskosten sowie den Veräußerungskosten andererseits.

Auf den Tausch der Anteile ist auch § 13 UmwStG anzuwenden. Die Anwendung erfolgt unabhängig von der steuerlichen Behandlung der übertragenden und der übernehmenden Körperschaft.

Nach § 13 Abs. 1 UmwStG gelten die Anteile an der übertragenden F-GmbH als zu ihrem gemeinen Wert veräußert (Grundsatzregelung). Der gemeine Wert der Anteile an der F-GmbH wird für die weitere Berechnung gleichgesetzt mit dem Anteil am gemeinen Wert des übergegangenen Vermögens. Danach ermittelt sich der Veräußerungsgewinn nach § 17 Abs. 2 Satz 1 EStG i. V. m. § 13 Abs. 1 UmwStG – jeweils für H und G – wie folgt:

Veräußerungspreis für 1/5-Anteil an der F-GmbH:

= gemeiner Wert des GmbH-Anteils (gemeiner Wert des übergegangenen Vermögens = 402 192 € x 1/5 =)		80 438 €
steuerfrei nach § 3 Nr. 40 Buchst. c EStG (40 %)	(aufgerundet)	32 176 €
Steuerpflichtig		48 262 €

Anschaffungskosten (2/5 von 50 000 €) (H und G waren mit jeweils 50 % an der F-GmbH beteiligt. Davon haben sie am 6.2.02 jeweils 3/5 an die T-AG veräußert, so dass nur 2/5 ihrer jeweiligen Anschaffungskosten verbleiben.) 20 000 €	
nach § 3c Abs. 2 Satz 1 EStG dürfen davon abgezogen werden 60 % =	./. 12 000 €
Veräußerungskosten (keine Angaben)	—
Veräußerungsgewinn	36 262 €

Der mögliche Freibetrag nach § 17 Abs. 3 EStG i. H. v. (1/5 von 9 060 € =) 1 812 € reduziert sich auf 0 €, weil der Veräußerungsgewinn den anteiligen Grenzbetrag von (1/5 von 36 100 € =) 7 220 € (§ 17 Abs. 3 Satz 2 EStG) um 29 042 € übersteigt.

Der Veräußerungsgewinn entsteht mit Wirksamwerden der Verschmelzung am 1.8.02, weil an diesem Tag die Umwandlung in das Handelsregister des Sitzes der übernehmenden T-AG eingetragen wurde. Mit der Eintragung erlöschen die Anteile an der F-GmbH (§ 20 Abs. 1 Nr. 2 UmwG) und können steuerlich den Anteilseignern (H und G) nicht mehr zugerechnet werden. Der Veräußerungsgewinn ist im Rahmen der Einkommensteuerveranlagung für den Veranlagungszeitraum 02 zu versteuern. Die Veräußerung wird nicht auf den steuerlichen Übertragungsstichtag (31.12.01) zurückbezogen; § 2 Abs. 1 UmwStG ist bei der Ermittlung des Einkommens der Anteilseigner nicht anzuwenden.

Die neuen Aktien an der T-AG gelten gem. § 13 Abs. 1 UmwStG als mit dem gemeinen Wert der untergegangenen Anteile an der F-GmbH angeschafft. Danach sind für H und G als Anschaffungskosten für ihre neuen Aktien im Nennwert von jeweils 15 000 € jeweils 80 438 € anzusetzen.

Nach § 13 Abs. 2 UmwStG können H und G – unabhängig voneinander – den Tausch der Anteile auch als steuerneutrale Surrogation behandeln. Auf einen entsprechenden Antrag sind dann die erworbenen neuen Aktien an der T-AG im Nennwert von 15 000 € mit den Anschaffungskosten für den untergegangenen Anteil an der F-GmbH i. H. v. 20 000 € anzusetzen. Das ist möglich, weil sich das deutsche Besteuerungsrecht an dem Veräußerungsgewinn aus den Aktien an der T-AG gegenüber dem Besteuerungsrecht an dem Veräußerungsgewinn aus dem Geschäftsanteil an der F-GmbH nicht verschlechtert hat (§ 13 Abs. 2 Satz 1 Nr. 1 UmwStG). In diesem Fall treten die erworbenen Aktien an der T-AG steuerlich an die Stelle des Geschäftsanteils an der F-GmbH. Der Geschäftsanteil an der F-GmbH gilt damit als nicht veräußert und die Aktien von der T-AG gelten als in dem Zeitpunkt angeschafft, in dem der Anteil an der F-GmbH angeschafft worden ist.

§ 13 UmwStG findet keine Anwendung auf die Veräußerung der 3/5-Teile der Beteiligungen von H und G an der F-GmbH am 6.2.02 an die T-AG (für jeweils 120 000 €). Diese Veräußerungen unterliegen ausschließlich den allgemeinen einkommensteuerlichen Vorschriften.

3.2 Auf- oder Abspaltung auf eine andere Körperschaft

Für die Auf- und Abspaltung einer Körperschaft auf andere Körperschaften sowie für die Teilübertragung i. S. d. § 174 Abs. 2 UmwG (auf andere Körperschaften) gelten die §§ 11 bis 13 UmwStG entsprechend (§ 15 Abs. 1 Satz 1 UmwStG). 520

Mit der **Aufspaltung** erlischt der übertragende Rechtsträger (Auflösung ohne Abwicklung). Das auf mindestens zwei Teile aufgespaltene Vermögen geht jeweils als Gesamtheit – einschließlich der Verbindlichkeiten – auf andere (übernehmende) Rechtsträger über (§ 123 Abs. 1 UmwG). Dabei kann es sich bei dem jeweiligen übernehmenden Rechtsträger um eine schon bestehende Körperschaft (Aufspaltung zur Aufnahme) oder um eine durch die Spaltung gegründete neue Körperschaft (Aufspaltung zur Neugründung) handeln. Den Anteilsinhabern des übertragenden Rechtsträgers werden Anteile an den übernehmenden Rechtsträgern gewährt. 521

Bei der **Abspaltung** überträgt ein Rechtsträger (übertragender Rechtsträger) von seinem Vermögen nur einen Teil oder mehrere Teile jeweils als Gesamtheit auf einen oder mehrere bestehende Rechtsträger (Abspaltung zur Aufnahme) oder auf einen dadurch gegründeten neuen oder auf mehrere dadurch gegründete neue Rechtsträger (Abspaltung zur Neugründung). Der übertragende Rechtsträger besteht in reduziertem Umfang fort. Den Anteilsinhabern des übertragenden Rechtsträgers werden Anteile an dem bzw. den übernehmenden Rechtsträger(n) gewährt (§ 123 Abs. 2 UmwG). 522

Bei der Vermögensübertragung i. S. d. § 174 Abs. 2 UmwG (**Teilübertragung**) werden – wie bei einer Spaltung – Teile des Vermögens einer Körperschaft auf eine andere Körperschaft übertragen. Im Unterschied zur Spaltung erhalten die Anteilsinhaber der übertragenden Körperschaft aber keine Anteilsrechte an den übernehmenden Körperschaften, sondern eine Gegenleistung anderer Art. Außerdem können übertragende und übernehmende Körperschaften nur ganz bestimmte, in § 175 UmwG abschließend aufgeführte Rechtsträger sein. 523

§ 15 UmwStG (i. V. m. §§ 11 bis 13 UmwStG) gilt nicht für **Ausgliederungen** i. S. d. § 123 Abs. 3 UmwG (§ 1 Abs. 1 Satz 2 UmwStG). 524

3.2.1 Ertragsteuerliche Folgen nach allgemeinen Grundsätzen

Nach allgemeinen ertragsteuerlichen Grundsätzen wäre die Aufspaltung einer Körperschaft als liquidationsähnlicher Vorgang mit nachfolgenden Einlagen in die übernehmenden Körperschaften zu behandeln, der zwingend zur Auflösung sämtlicher stillen Reserven führt. Die Abspaltung wäre als Sachausschüttung (offene oder verdeckte Gewinnausschüttung) zu beurteilen, die wegen des anzusetzenden gemeinen Wertes ebenfalls zur Aufdeckung sämtlicher stillen Reserven in dem abgespaltenen Vermögen führt. Die Anteilseigner hätten ihrerseits die Liquidationsauskehrungen bzw. die Sachausschüttungen mit dem gemeinen Wert zu versteuern. 525

§ 15 UmwStG geht jedoch den allgemeinen Regelungen vor. Durch entsprechende Anwendung der §§ 11 bis 13 UmwStG kann eine Gewinnrealisierung sowohl auf Ebene 526 der übertragenden Körperschaft als auch auf Ebene der Anteilseigner vermieden werden, wenn die spezialgesetzlichen Voraussetzungen dafür erfüllt sind.

3.2.2 Anwendungsbereich des § 15 UmwStG

527 § 15 UmwStG ist eine Vorschrift aus dem vierten Teil des UmwStG. Sie gilt nach § 1 Abs. 1 Satz 1 Nr. 1 i. V. m. § 15 Abs. 1 Satz 1 UmwStG nur für die **Aufspaltung und Abspaltung i. S. d. § 123 Abs. 1 und 2 UmwG** einer Körperschaft auf andere Körperschaften sowie für die Vermögensübertragung i. S. d. § 174 Abs. 2 UmwG, soweit diese in Form einer Teilübertragung auf andere Körperschaften erfolgt (§ 1 Abs. 1 Satz 1 Nr. 4 i. V. m. § 15 Abs. 1 Satz 1 UmwStG).

528 Nach deutschem Umwandlungsrecht ist eine Auf- oder Abspaltung zwischen inländischen Körperschaften (Sitz im Inland) möglich (s. § 1 Abs. 1 UmwG). Eine grenzüberschreitende Spaltung sieht das deutsche UmwG in § 320 Abs. 1 UmwG für Umwandlungen vor, bei denen mindestens eine der beteiligten Gesellschaften dem Recht eines anderen EU-Mitgliedstaats oder eines anderen EWR-Staats unterliegt, für Spaltungen zur Neugründung i. S. d. § 123 Abs. 1 Nr. 2 UmwG (Abspaltung), § 123 Abs. 2 Nr. 2 UmwG (Aufspaltung) und § 123 Abs. 3 Nr. 2 UmwG (Ausgliederung) vor.

Grenzüberschreitende Spaltungen zur Aufnahme i. S. d. § 123 Abs. 1 Nr. 1 UmwG (Abspaltung), § 123 Abs. 2 Nr. 1 (Aufspaltung) und § 123 Abs. 3 Nr. 1 UmwG (Ausgliederung) sind gem. § 320 Abs. 1 Nr. 2 UmwG nur nach Maßgabe des § 332 UmwG zulässig für beteiligte Gesellschaften mit bis zu 400 Arbeitnehmern (§ 322 Nr. 1 UmwG) bzw. im Fall der Aufnahme durch eine inländische Gesellschaft weniger als vier Fünftel der Zahl der Arbeitnehmer, die für eine Mitbestimmung nach dem Recht des Staates maßgeblich sind, dem die übertragende Gesellschaft unterliegt (§ 322 Nr. 2 UmwG).

529 Nach § 1 Abs. 1 Satz 1 Nr. 1 UmwStG gilt § 15 UmwStG aber auch für **vergleichbare ausländische Vorgänge**, d. h. dem Grunde nach auch für Fälle mit Berührung zu Drittstaaten.

Ein ausländischer Umwandlungsvorgang liegt vor, wenn das (deutsche) UmwG auf den übertragenden Rechtsträger oder auf den übernehmenden Rechtsträger nicht anzuwenden ist. Die Umwandlung muss nach ausländischem Gesellschaftsrecht zulässig und wirksam sein (Maßgeblichkeit des Gesellschaftsrechts).

530 Der ausländische Vorgang ist mit einer Auf- oder Abspaltung nach deutschem Umwandlungsrecht vergleichbar, wenn die beteiligten Rechtsträger spaltungsfähig sind i. S. d. § 124 UmwG, die Strukturmerkmale einer Spaltung vorliegen und auch die sonstigen Vergleichskriterien (z. B. die Begrenzung vertraglich vereinbarter Zuzahlungen nach § 54 Abs. 4 UmwG) erfüllt sind. Zur Vergleichbarkeitsprüfung s. Rdn. 40 ff.

Strukturmerkmale einer Aufspaltung i. S. d. § 123 Abs. 1 UmwG sind (Rdn. 01.33 UmwStE):

- die Übertragung des gesamten Aktiv- und Passivvermögens eines Rechtsträgers auf mindestens zwei übernehmende Rechtsträger,
- aufgrund eines Rechtsgeschäfts (Spaltungs- und Übernahmevertrag),

- (kraft Gesetzes),
- gegen Gewährung von Anteilen an den übernehmenden Körperschaften an die Anteilseigner der übertragenden Körperschaft und
- unter **Auflösung** ohne Abwicklung der übertragenden Körperschaft.

Der Spaltungs- und Übernahmevertrag und die Rechtswirkungen der Aufspaltung müssen mindestens den Vorgaben der Richtlinie 2017/1132/EU, ABl. Nr. L 169/46 entsprechen.

Strukturmerkmale einer Abspaltung i. S. d. § 123 Abs. 2 UmwG sind (Rdn. 01.36 UmwStE):

- die Übertragung eines Teils oder mehrerer Teile eines Rechtsträgers auf einen oder mehrere übernehmende Rechtsträger,
- aufgrund eines Rechtsgeschäfts (Spaltungs- und Übernahmevertrag),
- (kraft Gesetzes),
- gegen Gewährung von Anteilen am übernehmenden Rechtsträger an die Anteilseigner der übertragenden Körperschaft und
- **ohne** Auflösung der übertragenden Körperschaft.

Eine nach ausländischem Recht erfolgte Auf- oder Abspaltung einer Körperschaft auf 531
andere Körperschaften ist für die inländische Besteuerung von Bedeutung, wenn dabei inländisches Betriebsstättenvermögen oder inländisches unbewegliches Vermögen übertragen wird oder wenn im Inland unbeschränkt steuerpflichtige Anteilseigner an der (ausländischen) übertragenden Körperschaft beteiligt sind.

Das Strukturmerkmal „kraft Gesetzes" ist bei Spaltungen, auf die das UmwG keine Anwendung findet, unbeachtlich, wenn der ausländische Staat keine partielle Gesamtrechtsnachfolge vorsieht und die Vermögensübertragung in einem einheitlichen zeitlichen und sachlichen Zusammenhang mit der und gegen die Übertragung von Anteilen an dem übernehmenden Rechtsträger an die Anteilseigner des übertragenden Rechtsträgers erfolgt (Rdn. 01.38 UmwStE).

Mit dem Gesetz zur Modernisierung des Körperschaftsteuerrechts vom 25.6.2021, BGBl 532
I S. 2050 (KöMoG), ist § 1 Abs. 2 UmwStG mit den darin enthaltenen Beschränkungen auf EU-Mitgliedstaaten und EWR-Staaten für steuerliche Übertragungsstichtage nach dem 31.12.2021 aufgehoben worden (Rdn. 01.02 UmwStE). Die Folge ist, dass neben den Begrenzungen des persönlichen Anwendungsbereichs des UmwStG durch die Regelungen zur Steuerpflicht (§ 1 EStG, §§ 1 bis 4 KStG sowie § 2 GewStG) seit dem 1.1.2022 keine Begrenzungen des persönlichen Anwendungsbereichs fortgelten

Dies schließt auch juristische Personen des öffentlichen Rechts mit ihren Betrieben ge- 533
werblicher Art ein, denn sie erfüllen insoweit einen Erwerbszweck (vgl. Rdn. 15.26 UmwStE). Der jeweilige Betrieb gewerblicher Art ist insofern als Gesellschaft anzusehen und kann i. S. d. § 123 UmwG auf- oder abgespalten werden.

§ 15 UmwStG gilt nicht für Ausgliederungen i. S. d. § 123 Abs. 3 UmwG (§ 1 Abs. 1 534
Satz 2 UmwStG). Ausgliederungen unterscheiden sich in der steuerrechtlichen Betrachtung grundlegend von den Fällen der Verschmelzung sowie der Auf- und Abspaltung.

Während die Vermögensübertragung im Wege der Verschmelzung sowie der Auf- oder Abspaltung steuerlich unter dem Gesichtspunkt der (unentgeltlichen) Gesamtrechtsnachfolge beurteilt wird, sieht man in der Ausgliederung ein Veräußerungsgeschäft (Leistungsaustausch). Eine Ausgliederung erfüllt den steuerrechtlichen Begriff der Einbringung und ist unter § 20 oder § 21 UmwStG zu subsumieren. (Bei einer Ausgliederung auf eine Personengesellschaft kommt § 24 UmwStG zur Anwendung).

BEISPIEL Die M-GmbH überträgt einen Teil ihres Vermögens (Teilbetrieb) auf die dadurch gegründete neue T-GmbH gegen Gewährung von Anteilen an der T-GmbH.

Es handelt sich (zivilrechtlich) bei der Übertragung um eine Ausgliederung i. S. d. § 123 Abs. 3 UmwG. Steuerrechtlich liegt die Veräußerung eines Teilbetriebs i. S. d. § 16 Abs. 1 Satz 1 Nr. 1 EStG vor. Auf die Ausgliederung ist nach § 1 Abs. 3 Nr. 2 UmwStG der sechste Teil des UmwStG anzuwenden. Hier handelt es sich um einen Fall des § 20 UmwStG, weil ein Teilbetrieb in eine Kapitalgesellschaft eingebracht wird und der Einbringende (M-GmbH) dafür neue Anteile an der Gesellschaft (T-GmbH) erhält. Der bei der Ermittlung des Veräußerungsgewinns nach § 16 Abs. 2 Satz 1 EStG anzusetzende Veräußerungspreis bestimmt sich nach der lex specialis Regelung des § 20 Abs. 3 Satz 1 UmwStG.

3.2.3 Entsprechende Anwendung der §§ 11 bis 13 UmwStG

535 Nach § 15 Abs. 1 Satz 1 UmwStG gelten die §§ 11 bis 13 UmwStG entsprechend, wenn Vermögen einer Körperschaft durch Aufspaltung oder Abspaltung auf eine andere Körperschaft übergeht. Die Aufspaltung und die Abspaltung werden damit umwandlungssteuerrechtlich als **Teilverschmelzung** behandelt. Das gilt für alle in den Anwendungsbereich des § 15 UmwStG fallenden Auf- und Abspaltungen.

Der in § 15 Abs. 1 Satz 1 UmwStG aufgenommene Vorbehalt (… „vorbehaltlich des Satzes 2“ …) und die in dem anschließenden Satz 2 (des § 15 Abs. 1 UmwStG) geregelte Teilbetriebsvoraussetzung betrifft nur die Anwendung des § 11 Abs. 2 und des § 13 Abs. 2 UmwStG, also die Möglichkeit, auf Antrag einen unterhalb des gemeinen Wertes liegenden Wert für die übergehenden Wirtschaftsgüter und die gewährten Anteile an der übernehmenden Körperschaft anzusetzen.

Die Grundsatzregelung des §§ 11 Abs. 1 UmwStG, nach der bei der übertragenden Körperschaft die übergehenden Wirtschaftsgüter mit dem gemeinen Wert anzusetzen sind, gilt für alle unter § 15 UmwStG fallenden Auf- und Abspaltungen. Dabei ist die Besonderheit zu beachten, dass nicht das gesamte Vermögen, sondern jeweils nur ein Teil des Vermögens übertragen wird. Die Rechtsfolgen der §§ 11 bis 13 UmwStG sind jeweils nur anteilig zu ziehen. Sie treten immer nur insoweit ein, als Vermögen übertragen wird und Anteile gewährt werden. Bei den Anteilseignern sind die untergegangenen (Teil-)Anteile an der übertragenden Körperschaft und die gewährten Anteile an der übernehmenden Körperschaft grundsätzlich mit dem gemeinen Wert anzusetzen (§ 13 Abs. 1 UmwStG).

Der weitere in § 15 Abs. 1 Satz 1 UmwStG aufgenommene Vorbehalt des § 16 UmwStG hat keine materielle Bedeutung (*Schumacher* in *Rödder/Herlinghaus/Graw/Heinemann,*

UmwStG, 4. Aufl. 2025, § 15 UmwStG Rdn. 57). § 16 UmwStG regelt einen anderen Sachverhalt, nämlich den der Aufspaltung oder Abspaltung auf eine Personengesellschaft.

3.2.3.1 Anwendung des § 11 Abs. 1 UmwStG auf die übertragende Körperschaft

Die übertragende Körperschaft hat nach § 15 Abs. 1 Satz 1 UmwStG i. V. m. § 11 Abs. 1 Satz 1 UmwStG auf den steuerlichen Übertragungsstichtag eine steuerliche Schlussbilanz (Übertragungsbilanz) aufzustellen, in der die übergehenden Wirtschaftsgüter einschließlich nicht entgeltlich erworbener oder selbst geschaffener immaterieller Wirtschaftsgüter (grundsätzlich) mit dem gemeinen Wert anzusetzen sind. Der steuerliche Übertragungsstichtag ist der Stichtag der (Handels-)Bilanz, die dem Vermögensübergang zu Grunde liegt (§ 2 Abs. 1 Satz 1 UmwStG). Es wird in der Regel der dem Spaltungsstichtag i. S. d. § 126 Abs. 1 Nr. 6 UmwG unmittelbar vorausgehende Kalendertag sein. 536

Bei einer **Aufspaltung** endet für die übertragende Körperschaft ihr letztes Wirtschaftsjahr mit Ablauf des steuerlichen Übertragungsstichtags. Sie hat auf diesen Stichtag zum einen eine Jahresabschlussbilanz i. S. d. §§ 4 Abs. 1, 5 EStG und zum anderen eine steuerliche Schlussbilanz (Übertragungsbilanz) nach Maßgabe des § 11 Abs. 1 UmwStG aufzustellen. 537

Im Fall einer **Abspaltung** sind in der steuerlichen Übertragungsbilanz nur die auf die übernehmende(n) Körperschaft(en) übergehenden Wirtschaftsgüter (grundsätzlich) mit dem gemeinen Wert anzusetzen. Das betrifft auch übergehende immaterielle Wirtschaftsgüter (z. B. geschäftswertbildende Faktoren wie Kundenkreis, Organisation etc.). Das der übertragenden Körperschaft verbleibende Vermögen ist zwingend mit dem Buchwert fortzuführen. 538

Erfolgt die Abspaltung (steuerlicher Übertragungsstichtag) im laufenden Wirtschaftsjahr der übertragenden Körperschaft, ist auf den steuerlichen Übertragungsstichtag eine steuerliche Schlussbilanz nur für den Teil des Vermögens nach Maßgabe des § 11 UmwStG aufzustellen, der durch die Abspaltung übertragen wird.

Im Hinblick auf die weiteren Rechtsfolgen (bei den übernehmenden Körperschaften und den Anteilseignern) ist die Aufstellung von Teilschlussbilanzen empfehlenswert, wenn der steuerliche Übertragungsstichtag und das Ende des Wirtschaftsjahres der übertragenden Körperschaft zusammenfallen.

Hinsichtlich ihrer spaltungsbedingten **Eigenkapitalveränderungen** gelten für die übertragende Kapitalgesellschaft folgende Regelungen: 539

- Fiktive Herabsetzung des gesamten Nennkapitals gem. § 29 Abs. 1 KStG auf Null. Das gilt auch bei einer Abspaltung – obwohl die übertragende Kapitalgesellschaft noch fortbesteht.
- Der herabgesetzte Betrag wird nach der Verminderung um einen ggf. vorhandenen Sonderausweis dem steuerlichen Einlagekonto gutgeschrieben, soweit die Einlage in das Nennkapital geleistet ist (§ 28 Abs. 2 Satz 1 KStG).

- Der Bestand des steuerlichen Einlagekontos ist sodann der (den) übernehmenden Körperschaft(en) im Verhältnis der übergehenden Vermögensteile zu dem bei der übertragenden Körperschaft vor dem Übergang bestehenden Vermögen zuzuordnen (§ 29 Abs. 3 Satz 1 KStG). Die Ermittlung dieses Verhältnisses sollte vorrangig den Angaben zum Umtauschverhältnis der Anteile im Spaltungs- und Übernahmevertrag oder im Spaltungsplan folgen. Kommt es zu keinem Umtausch von Anteilen oder entspricht das Umtauschverhältnis der Anteile nicht dem Verhältnis der übergehenden Vermögensteile, so ist das Verhältnis der gemeinen Werte der übergehenden Vermögensteile zu dem vor der Spaltung vorhandenen Vermögen maßgebend (§ 29 Abs. 3 Satz 2 KStG).
- Bei einer Abspaltung ist anschließend eine fiktive Kapitalerhöhung auf das nunmehr geltende (neue) Nennkapital der übertragenden Kapitalgesellschaft vorzunehmen. Dabei gilt zunächst der positive Bestand des steuerlichen Einlagekontos als umgewandelt (§ 29 Abs. 4 i. V. m. § 28 Abs. 1 Satz 1 KStG). Ein das steuerliche Einlagekonto übersteigender Betrag ist als Zugang beim Sonderausweis festzustellen (§ 28 Abs. 1 Satz 3 KStG).

3.2.3.2 Anwendung des § 12 UmwStG auf die übernehmende Körperschaft

540 Die übernehmende Körperschaft hat die auf sie übergegangenen Wirtschaftsgüter mit dem in der steuerlichen Übertragungsbilanz der übertragenden Körperschaft angesetzten Wert zu übernehmen (§ 15 Abs. 1 Satz 1 i. V. m., § 12 Abs. 1 Satz 1 UmwStG).

541 Gem. § 15 Abs. 1 Satz 1 i. V. m. § 12 Abs. 2 Satz 1 UmwStG ist für die übernehmende Körperschaft ein Übernahmeergebnis zu ermitteln, das – ggf. unter Beachtung des § 8b KStG – außer Ansatz bleibt. Das Übernahmeergebnis ist der Unterschiedsbetrag zwischen dem Buchwert der Anteile an der übertragenden Körperschaft und dem Wert, mit dem die übergegangenen Wirtschaftsgüter zu übernehmen sind, abzüglich der Spaltungskosten. Die Besonderheit gegenüber der Verschmelzung besteht bei der Spaltung darin, dass

- die übernehmende Körperschaft nicht das gesamte Vermögen der übertragenden Körperschaft übernimmt und
- im Fall der Aufspaltung ein Teil des Vermögens der übertragenden Körperschaft auf noch mindestens eine weitere Körperschaft übergeht und dadurch – bei einer verhältniswahrenden Aufspaltung – an die Stelle der Anteile an der übertragenden Körperschaft Anteile an der weiteren übernehmenden Körperschaft treten und
- im Fall einer Abspaltung die übertragende Körperschaft und damit auch ein Teil der Anteile an der übertragenden Körperschaft noch bestehen bleibt.

Die entsprechende Anwendung des § 12 Abs. 2 UmwStG erfordert deshalb bei einer Auf- und Abspaltung eine **anteilige Betrachtung**. Dazu ist der gemeine Wert des auf die übernehmende Körperschaft übergegangenen Vermögens zu ermitteln und in ein Verhältnis zum gemeinen Wert des gesamten Vermögens der übertragenden Körperschaft vor der Spaltung zu setzen. In diesem Verhältnis ist sodann der Buchwert der Anteile an der übertragenden Körperschaft aufzuteilen.

542 Das **Übernahmeergebnis** nach § 12 Abs. 2 UmwStG ist die Differenz zwischen dem Teil des Buchwertes der Anteile an der übertragenden Körperschaft, der dem Verhältnis des gemeinen Wertes des übernommenen Vermögens zum gesamten Vermögen der übertragenden Körperschaft (zum gemeinen Wert) entspricht, und dem Übernahmewert der übernommenen Wirtschaftsgüter, abzüglich der Spaltungskosten.

BEISPIEL Die T-GmbH ist eine hundertprozentige Tochtergesellschaft der M-AG.

In ihrer Schlussbilanz zum 31.12.01 weist die T-GmbH folgende Vermögenswerte aus:

A	Schlussbilanz der T-GmbH zum 31.12.01 (vor Spaltung)			P
	Buchwert	(gem. Wert)		
Teilbetrieb I	700 000 €	(1 000 000 €)	gez. Kapital	100 000 €
			Kapitalrücklagen	200 000 €
Teilbetrieb II	300 000 €	(500 000 €)	Jahresüberschuss	100 000 €
			Verbindlichkeiten	600 000 €
	1 000 000 €	(1 500 000 €)		1 000 000 €

Im Mai 02 wird die Abspaltung des Teilbetriebs II auf die M-AG beschlossen. Die Verbindlichkeiten von 600 000 € sollen im Verhältnis der Verkehrswerte der Teilbetriebe I und II auf die T-GmbH und die M-AG aufgeteilt werden. Der Anmeldung der Spaltung zur Eintragung in das Handelsregister wird die Bilanz zum 31.12.01 der T-GmbH beigefügt.

Es wird kein Antrag nach § 11 Abs. 2 UmwStG gestellt.

(Für die Ermittlung einer entstehenden Gewerbesteuerschuld ist von einem Hebesatz von 400 % auszugehen.)

Bei der T-GmbH ist am 31.12.01 weder ein Sonderausweis i. S. d. § 28 Abs. 1 Satz 3 KStG (s. Rdn. 481) noch ein positiver Bestand des steuerlichen Einlagekontos i. S. d. § 27 KStG vorhanden.

Die Schlussbilanz der übernehmenden M-AG unmittelbar vor der Abspaltung stellt sich wie folgt dar:

A	Schlussbilanz der M-AG zum 31.12.01 (vor der Abspaltung)		P
Beteiligung an der T-GmbH	100 000 €	gez. Kapital	500 000 €
sonstige Aktiva	2 000 000 €	Kapitalrücklage	250 000 €
		Jahresüberschuss	150 000 €
		Verbindlichkeiten	1 200 000 €
	2 100 000 €		2 100 000 €

LÖSUNG **Übertragende T-GmbH**

Die übertragende T-GmbH hat nach § 15 Abs. 1 Satz 1 i. V. m. § 11 Abs. 1 Satz 1 UmwStG auf den steuerlichen Übertragungsstichtag eine steuerliche Schlussbilanz (Übertragungsbilanz) aufzustellen, in der die übergehenden Wirtschaftsgüter mit dem gemeinen Wert anzusetzen sind. Da kein Antrag nach § 11 Abs. 2 UmwStG gestellt wird, bleibt es bei dem Grundsatz der Bewertung mit dem gemeinen Wert. Es sind aber nur die übergehenden Wirtschaftsgüter mit dem gemeinen Wert anzusetzen. Die bei der T-GmbH verbleibenden Wirtschaftsgüter sind zwingend mit ihrem Buchwert fortzuführen.

Der steuerliche Übertragungsstichtag ist der 31.12.01, weil auf diesen Stichtag die Bilanz aufgestellt wurde, die dem Vermögensübergang zu Grunde liegt (§ 2 Abs. 1 Satz 1 UmwStG). Das Einkommen und das Vermögen der übertragenden und der übernehmenden Körperschaft sind so zu ermitteln, als ob der Teilbetrieb II mit Ablauf des 31.12.01 auf die M-GmbH übergegangen wäre.

Durch den Übergang der zu dem Teilbetrieb II gehörenden Wirtschaftsgüter mit dem gemeinen Wert entsteht bei der T-GmbH ein Übertragungsgewinn, der zeitlich dem Wirtschaftsjahr zuzurechnen ist, in das der steuerliche Übertragungsstichtag fällt (hier: 01). Die aufgrund dieses Übertragungsgewinns entstehenden Steuern belasten noch die übertragende T-GmbH (AEAO zu § 122, Nr. 2.15) und sind in ihrer steuerlichen Schlussbilanz auf den 31.12.01 zu passivieren. Sie ermitteln sich wie folgt:

Übertragungsgewinn i. H. aufgedeckter stiller Reserven im Teilbetrieb II			200 000 €
Körperschaftsteuer 15 % (§ 23 Abs. 1 KStG)			30 000 €
Solidaritätszuschlag (5,5 % von 30 000 €, §§ 3 Abs. 1, 4 SolZG) =			1 650 €
Gewerbesteuer	Messbetrag = 3,5 % (§ 11 Abs. 2 GewStG)	7 000 €	
	Hebesatz (Annahme = 400 %, § 16 GewStG)		28 000 €
Übertragungsgewinn (nach Abzug der Steuern)			140 350 €

Ein (anteiliger) Übergang dieser Steuerschulden auf die M-AG wurde nicht beantragt.

Nach Erhöhung der Werte der übergehenden Wirtschaftsgüter auf den gemeinen Wert und Einbuchung der zusätzlichen Steuerschulden stellt sich die Schlussbilanz der T-GmbH auf den steuerlichen Übertragungsstichtag wie folgt dar:

A		Steuerliche Schlussbilanz der T-GmbH zum 31.12.01		P
Teilbetrieb I	700 000 €	gez. Kapital		100 000 €
		Kapitalrücklagen		200 000 €
		Jahresüberschuss	100 000 €	
Teilbetrieb II	500 000 €		+ 140 350 €	240 350 €
		Verbindlichkeiten		600 000 €
		KSt-/SolZ-Rückstellung		31 650 €
		GewSt-Rückstellung		28 000 €
	1 200 000 €			1 200 000 €

Eine Kapitalherabsetzung ist bei der T-GmbH trotz des Vermögensabgangs (Teilbetrieb II) nicht erforderlich, weil ihre Rücklagen (einschließlich des Jahresüberschusses) noch ausreichen, um den Abgang von Nettovermögen durch die Spaltung zu kompensieren.

Berechnung:

	Gemeiner Wert Teilbetrieb II	500 000 €
./.	anteilige Verbindlichkeiten (nach dem Verhältnis der Verkehrswerte = 1/3 von 600 000 € =)	200 000 €
=	übergehendes Nettovermögen	300 000 €

Hinsichtlich des Eigenkapitals ergeben sich bei der T-GmbH folgende Veränderungen:

	Vorspalte	Einlagekonto	Sonderausweis
Anfangsbestand		0 €	0 €
Betrag der fiktiven Nennkapitalherabsetzung	100 000 €		
Verringerung des Sonderausweises (nicht vorhanden)	0 €		
Zugang zum steuerlichen Einlagekonto	100 000 €	+ 100 000 €	
Zwischenergebnis		100 000 €	0 €
Abgang steuerliches Einlagekonto zu 1/3		./. 33 333 €	
Zwischenergebnis		66 667 €	0 €
Betrag der fiktiven Kapitalerhöhung	100 000 €		
Verringerung des steuerlichen Einlagekontos	./. 66 667 €	./. 66 667 €	
Rest Zugang beim Sonderausweis	33 333 €	—	+ 33 333 €
Bestände T-GmbH nach Abspaltung		0 €	33 333 €

Die Bilanz der T-GmbH nach der Spaltung zeigt folgendes Bild:

A Steuerliche Schlussbilanz der T-GmbH zum 31.12.01 P

Teilbetrieb I	700 000 €	gez. Kapital	100 000 €
		Jahresüberschuss	140 350 €
		Verbindlichkeiten	400 000 €
		KSt-/SolZ-Rückstellung	31 650 €
		GewSt-Rückstellung	28 000 €
	700 000 €		700 000 €

Übernehmende M-AG

Die M-AG hat die auf sie übergegangenen Wirtschaftsgüter mit dem in der steuerlichen Übertragungsbilanz der T-GmbH angesetzten Wert zu übernehmen (§ 15 Abs. 1 Satz 1 i. V. m., § 12 Abs. 1 Satz 1 UmwStG).

Bei der Ermittlung des Übernahmeergebnisses im Sinne von § 12 Abs. 2 Satz 1 UmwStG ist dem Wert der übergegangenen Wirtschaftsgüter der Teil des Buchwertes der Anteile an der T-GmbH gegenüberzustellen, der dem Verhältnis des übergegangenen Vermögens zu dem vor der Spaltung vorhandenen Vermögen der T-GmbH – bezogen auf die gemeinen Werte – entspricht. Bezogen auf die gemeinen Werte – unter Berücksichtigung der Verbindlichkeiten – ist von dem Vermögen der T-GmbH vor der Spaltung (= 900 000 €) ein Drittel (= 300 000 €) auf die M-AG übergegangen. Danach ermittelt sich das Übernahmeergebnis wie folgt:

	Übernahmewert der übergegangenen Wirtschaftsgüter	300 000 €
./.	Buchwert Beteiligung T-GmbH (1/3 von 100 000 €)	33 333 €
./.	Umwandlungskosten (keine Angaben)	—
	Übernahmegewinn	266 667 €

Mangels Kapitalherabsetzung bei der T-GmbH sind zwar durch die Spaltung keine Anteile untergegangen. Die Anteile an der T-GmbH haben aber an Wert verloren. Für Zwecke der Ermittlung des richtigen Übernahmeergebnisses bei der M-AG ist ein wertmäßiger Abgang von Anteilen an der übertragenden T-GmbH anzunehmen.

Die M-AG darf zur Durchführung der Spaltung ihr Grundkapital nicht erhöhen, weil sie sämtliche Anteile an der T-GmbH innehat (§ 125 i. V. m. § 68 Abs. 1 Satz 1 Nr. 1 UmwG).

Die Bilanz der M-AG nach der Verschmelzung stellt sich wie folgt dar:

A	Schlussbilanz der M-AG zum 31.12.01 (nach der Spaltung)		P
Beteiligung an der T-GmbH	66 667 €	gez. Kapital	500 000 €
sonstige Aktiva	2 000 000 €	Kapitalrücklage	250 000 €
Teilbetrieb II	500 000 €	Jahresüberschuss	150 000 €
		Übernahmegewinn	266 667 €
		Verbindlichkeiten	1 400 000 €
	2 566 667 €		2 566 667 €

Der Übernahmegewinn bleibt gem. § 12 Abs. 2 Satz 1 UmwStG außer Ansatz. Nach § 12 Abs. 2 Satz 2 UmwStG ist § 8b Abs. 3 Satz 1 KStG anzuwenden. Danach sind außerhalb der Bilanz effektiv (95 % von 266 667 € =) 253 334 € bei der Ermittlung des körperschaftsteuerlichen Einkommens vom bilanziellen Gewinn abzuziehen.

543 Hinsichtlich der übergegangenen Wirtschaftsgüter tritt die übernehmende Körperschaft in die steuerliche Rechtsstellung der übertragenden Körperschaft (§ 15 Abs. 1 Satz 1 i. V. m. § 12 Abs. 3 i. V. m. § 4 Abs. 2 und 3 UmwStG). Das gilt unabhängig davon, ob die übernommenen Wirtschaftsgüter einen Teilbetrieb darstellen und deshalb nach § 15 Abs. 1 Satz 2 UmwStG mit dem Buchwert übernommen werden können oder ob die (einzelnen) Wirtschaftsgüter mit dem gemeinen Wert anzusetzen sind.

544 Verrechenbare Verluste, ein verbleibender Verlustvortrag und nicht ausgeglichene negative Einkünfte, ein verbleibender Zinsvortrag und ein EBITDA-Vortrag gehen nicht über.

545 Wenn mit dem übertragenen Vermögen auch Forderungen oder/und Verbindlichkeiten gegenüber der übernehmenden Körperschaft übergehen, kann es zu einem Übernahmefolgegewinn i. S. d. § 6 UmwStG kommen.

3.2.3.3 Anwendung des § 13 Abs. 1 UmwStG auf die Anteilseigner

546 Die entsprechende Anwendung des § 13 UmwStG auf die Anteilseigner der übertragenden Körperschaft bedeutet, dass deren Anteile an der übertragenden Körperschaft grundsätzlich als zum gemeinen Wert veräußert gelten.

547 Bei einer **Aufspaltung** gehen die Anteile an der übertragenden Körperschaft unter. Dafür erhalten die Anteilseigner Anteile an zwei oder mehreren übernehmenden Körperschaften. Der Wert, der als Veräußerungspreis für die Anteile an der übertragenden Körperschaft angesetzt worden ist, gilt als Anschaffungskosten für die aufgrund der Spaltung gewährten Anteile an den übernehmenden Körperschaften. Die Aufteilung erfolgt nach dem Verhältnis des gemeinen Wertes des auf die jeweilige Körperschaft übergehenden Vermögens zum gemeinen Wert des gesamten Vermögens der übertragenden Körperschaft vor der Spaltung.

548 Bei einer **Abspaltung** gehen die Anteile an der übertragenden Körperschaft nicht vollständig unter. Wird das Nennkapital der übertragenden Körperschaft nicht herabgesetzt, kommt es auch nicht zur Verminderung der Anteile bzw. des Nennbetrags der Anteile beim Anteilseigner. Allerdings mindert sich der Wert der Anteile. Steuerlich wird diese Wertminderung als „wertmäßiger Abgang“ von Anteilen an der übertragen-

den Körperschaft betrachtet und als teilweise Veräußerung behandelt. Bei Ansatz mit dem gemeinen Wert entsteht ein Gewinn in Höhe des Unterschiedsbetrags zwischen dem anteiligen gemeinen Wert des Anteils und dem Teil des Buchwertes bzw. der Anschaffungskosten der Anteile, der dem Verhältnis des gemeinen Wertes des auf die jeweilige Körperschaft übergehenden Vermögens zum gemeinen Wert des gesamten Vermögens der übertragenden Körperschaft vor der Spaltung entspricht.

Kommt es durch die Auf- oder Abspaltung zu einer Wertverschiebung zwischen den 549
Anteilseignern, kann dies als verdeckte Gewinnausschüttung, verdeckte Einlage oder als freigebige Zuwendung zu beurteilen sein (vgl. auch Rdn. 500).

3.2.4 Voraussetzungen für einen Buch- oder Zwischenwertansatz

Durch den Verweis in § 15 Abs. 1 Satz 1 UmwStG, dass die §§ 11 bis 13 UmwStG ent- 550
sprechend gelten, müssen für den Ansatz der übergehenden Wirtschaftsgüter unter dem gemeinen Wert die in § 11 Abs. 2 UmwStG geregelten Voraussetzungen vollständig erfüllt sein.

Bei den Anteilseignern der übertragenden Körperschaft kommt eine Anwendung des § 13 Abs. 2 UmwStG (steuerneutrale Surrogation der Anteile an der übertragenden Körperschaft durch die Anteile an der bzw. den übernehmenden Körperschaft(en) nur unter den dort genannten Voraussetzungen in Betracht.

Sowohl die Anwendung des § 11 Abs. 2 UmwStG bei der übertragenden Körperschaft 551
als auch die Anwendung des § 13 Abs. 2 UmwStG bei den Anteilseignern wird im Falle einer Auf- oder Abspaltung zusätzlich davon abhängig gemacht, dass auf die übernehmenden Körperschaften jeweils ein **Teilbetrieb** übertragen wird. Im Falle der Abspaltung muss bei der übertragenden Körperschaft auch noch ein Teilbetrieb verbleiben. Das Teilbetriebserfordernis ist eine rein steuerrechtliche Voraussetzung. Handelsrechtlich können auch einzelne Vermögensgegenstände, die keinen Teilbetrieb bilden, durch eine Auf- oder Abspaltung übertragen werden. Die Übertragung einzelner Wirtschaftsgüter ist aber steuerrechtlich ausdrücklich von den begünstigenden Regelungen des UmwStG ausgenommen worden (BT-Drucks. 12/6885 22).

Ziel des UmwStG ist es, betriebswirtschaftlich zweckmäßige Umstrukturierungen nicht durch steuerliche Folgen zu behindern. Dabei ist der Blick stets auf wirtschaftlich tätige Einheiten gerichtet. Bei Spaltungen müssen für eine steuerneutrale Vermögensübertragung die zur Fortführung des unternehmerischen Engagements erforderlichen sachlichen Mittel vereint bleiben (sachliche Kontinuität). Ist die Teilbetriebsvoraussetzung für das jeweilige Teilvermögen nicht erfüllt, kommen § 11 Abs. 2 UmwStG und § 13 Abs. 2 UmwStG von vornherein nicht zur Anwendung. Dann bleibt es bei der grundsätzlichen Rechtsfolge des § 11 Abs. 1 UmwStG für die übertragende Körperschaft und des § 13 Abs. 1 UmwStG für die Anteilseigner der übertragenden Körperschaft.

3.2.4.1 Teilbetrieb

3.2.4.1.1 Begriff

552 Für den Begriff „Teilbetrieb" gibt es im UmwStG keine Definition. Die Verwaltung übernimmt die Definition aus Art. 2 Buchst. j der Richtlinie 2009/133/EG (Fusionsrichtlinie) und beschreibt den Teilbetrieb i. S. d. § 15 UmwStG als die Gesamtheit der in einem Unternehmensteil einer Gesellschaft vorhandenen aktiven und passiven Wirtschaftsgüter, die in organisatorischer Hinsicht einen selbständigen Betrieb, d. h. eine aus eigenen Mitteln funktionsfähige Einheit, darstellen (Rdn. 15.02 UmwStE). Weiter heißt es, dass zu einem Teilbetrieb sowohl **alle funktional wesentlichen Betriebsgrundlagen** als auch diesem Teilbetrieb **nach wirtschaftlichen Zusammenhängen zuordenbaren Wirtschaftsgüter** gehören.

553 Nach (bisheriger) ständiger Rechtsprechung (zu § 16 EStG) definiert der BFH den Teilbetrieb als einen organisatorisch geschlossenen, mit einer gewissen Selbständigkeit ausgestatteten Teil eines Gesamtbetriebs, der – für sich betrachtet – alle Merkmale eines Betriebs im Sinne des EStG aufweist und als solcher **funktions- bzw. lebensfähig** ist (vgl. u. a. BFH v. 22.6.2010 - I R 77/09, BFH/NV 2011, 10 m. w. N.; R 16 Abs. 3 Satz 1 EStR).

554 Gemeinsam ist beiden Definitionen die **funktionale Betrachtungsweise**. Der Teilbetrieb müsste als selbständiges Unternehmen funktionsfähig sein.

Die Selbständigkeit des Unternehmensteils in organisatorischer Hinsicht (organisatorisch geschlossener Teil eines Gesamtbetriebs) bedeutet, dass mehrere Wirtschaftsgüter nach örtlichen und fachlichen Gesichtspunkten separiert und funktional eigenständig genutzt werden, wie das z. B. bei Filialen und Zweigniederlassungen der Fall sein kann (vgl. BFH v. 18.6.1998 - IV R 56/97, BStBl 1998 II 735). Nicht erforderlich ist eine völlig selbständige Organisation mit eigener Buchführung.

Eine gewisse (sachliche) Selbständigkeit erfordert, dass die separierten Wirtschaftsgüter in ihrer Zusammenfassung einer Tätigkeit dienen, die sich von der übrigen betrieblichen Betätigung abhebt und unterscheidet. Eine solche Abgrenzung kann sich auch aus der räumlichen Trennung eines Betriebsteils von dem übrigen Betriebsteil ergeben. Ob ein Betriebsteil die für die Annahme eines Teilbetriebs erforderliche Selbständigkeit besitzt, ist nach dem Gesamtbild der Verhältnisse – bei der übertragenden Körperschaft – zu entscheiden (vgl. z. B. BFH-Urteil v.15.3.1984 - IV R 189/81, BStBl 1984 II 486). Eine bloße innerbetriebliche Organisationseinheit, die nicht selbst am Markt durch Leistungsangebote tätig wird, ist kein Teilbetrieb (BFH v. 22.12.1993 - I R 62/93, BStBl 1994 II 352).

Den Abgrenzungsmerkmalen – z. B. räumliche Trennung vom Hauptbetrieb, gesonderte Buchführung, eigenes Personal, eigene Verwaltung, selbständige Organisation, eigenes Anlagevermögen, ungleichartige betriebliche Tätigkeit, eigener Kundenstamm – kommt je nachdem, ob es sich um einen Fertigungs-, Handels- oder Dienstleistungsbetrieb handelt, unterschiedliches Gewicht zu.

Der Teil des Gesamtbetriebs muss (für einen Teilbetrieb) alle Merkmale eines Betriebs erfüllen und als solcher lebensfähig sein. Er ist lebensfähig, wenn von ihm nach seiner

Struktur eine eigenständige betriebliche Tätigkeit unter Marktteilnahme (eigene Kunden- und Lieferantenbeziehungen) ausgeübt wird.

Diese **Teilbetriebsvoraussetzungen** müssen **zum steuerlichen Übertragungsstichtag** bereits **beim übertragenden Rechtsträger** vorgelegen haben (Rdn. 15.03 UmwStE). Dass die Übernehmerin mit dem erworbenen Vermögen anschließend einen eigenen Betrieb oder Teilbetrieb führt, ist irrelevant. Ein sog. Teilbetrieb im Aufbau stellt keinen Teilbetrieb i. S. d. § 15 UmwStG dar. Es ist unschädlich, wenn beim übertragenden Rechtsträger mehrere Teilbetriebe zurückbehalten werden. Bleiben aber nicht zuordnungsfähige, neutrale Wirtschaftsgüter zurück, steht dies nach Auffassung der Finanzverwaltung einer steuerneutralen Spaltung entgegen (Rdn. 15.01 UmwStE). 555

BEISPIEL Mit Beschluss vom 23.8.02 wird Vermögen von der A-GmbH auf die X-GmbH nach § 123 UmwG abgespalten. Spaltungsstichtag ist der 1.1.02. Von den Gegenständen des Aktiv- und Passivvermögens, darunter auch eine § 6b-Rücklage, soll jeweils die Hälfte zu Buchwerten auf die X-GmbH übertragen werden. Darunter befinden sich auch im Bau befindliche Gebäude. Fertig gestellte Gebäude gab es am Spaltungsstichtag noch nicht. Gegenstand des abgespaltenen Unternehmens ist die Verwaltung eigenen Immobilienvermögens. Unternehmensgegenstand der A-GmbH ist die Verwaltung eigenen Grund- und Immobilienvermögens.

LÖSUNG Es mag zwar eine zivilrechtlich wirksame Abspaltung nach § 123 UmwG vorliegen. Dennoch wurde kein Teilbetrieb auf die X-GmbH übertragen. Die A-GmbH übte am Übertragungsstichtag eine einheitliche Tätigkeit aus. Ein für sich funktions- oder lebensfähiger Teilbetrieb, der auf die X-GmbH hätte übertragen werden können, lag nicht vor. Die immobilienverwaltende Tätigkeit war nicht in organisatorisch oder funktional verselbständigte Bereiche geschieden. Darüber hinaus befand sich die von der X-GmbH zu übernehmende Tätigkeit noch in der Vorbereitungsphase.

Da das übertragene Vermögen keinen Teilbetrieb darstellt (das bei der übertragenden Körperschaft zurückbleibende Vermögen erfüllt im Übrigen auch nicht die Voraussetzungen eines Teilbetriebs), kommt § 15 Abs. 1 Satz 2 UmwStG nicht zum Zuge. Eine Buchwertfortführung (für das übertragene Vermögen) nach § 11 Abs. 2 UmwStG auf Ebene der übertragenden Körperschaft und nach § 13 Abs. 2 UmwStG auf Ebene des Anteilseigners der übertragenden Körperschaft ist ausgeschlossen. Damit kommen die §§ 11 Abs. 1 und 13 Abs. 1 UmwStG zur Anwendung. Das übergehende Vermögen muss mit dem gemeinen Wert angesetzt werden. Beim Anteilseigner gelten die Anteile an der übertragenden Körperschaft – anteilig – als zum gemeinen Wert veräußert und die an ihre Stelle tretenden Anteile an der übernehmenden Körperschaft als mit diesem Wert angeschafft. Etwas anderes gilt für den nicht i. S. d. § 17 EStG beteiligten Anteilseigner mit Anteilen i. S. d. § 20 Abs. 2 Satz 1 Nr. 1 EStG; hier kommt § 20 Abs. 4a Satz 7 EStG zur Anwendung (Rdn. 15.12 UmwStE).

Die § 6b-Rücklage ist mangels Abspaltung eines Teilbetriebs nicht auf die X-GmbH übergegangen, sondern bei der A-GmbH verblieben. Die Rücklage ist kein übertragungsfähiges Wirtschaftsgut. Sie kann nur insoweit auf die übernehmende Körperschaft übergehen, als bei der übertragenden Gesellschaft eine Rücklage nach § 6b EStG für ein veräußertes Wirtschaftsgut gebildet wurde, das dem übertragenen Teilbetrieb zuzurechnen war.

Nach § 15 Abs. 1 Satz 3 UmwStG gelten als Teilbetrieb auch ein Mitunternehmeranteil oder ein Teil eines Mitunternehmeranteils (Rdn. 15.04 UmwStE) sowie eine 100 %-Beteiligung an einer Kapitalgesellschaft (fiktive Teilbetriebe). Die 100 %-Beteiligung an einer Kapitalgesellschaft ist allerdings dann nicht als fiktiver Teilbetrieb anzuerkennen, wenn sie selbst funktional wesentliche Betriebsgrundlage eines (tatsächlichen) Teilbetriebs ist (Rdn. 15.05 und 15.06 UmwStE). 556

3.2.4.1.2 Übertragung eines „ganzen" Teilbetriebs

557 Ein „ganzer" Teilbetrieb wird nur übertragen, wenn sämtliche zum Teilbetrieb gehörenden funktional wesentlichen Betriebsgrundlagen sowie die nach wirtschaftlichen Zusammenhängen zuordenbaren Wirtschaftsgüter auf den Erwerber übergehen und die Übertragerin die in diesem Teilbetrieb entfaltete betriebliche Tätigkeit endgültig einstellt.

558 **Funktional wesentliche Betriebsgrundlagen** sind alle Wirtschaftsgüter, die für den Betriebsablauf ein besonderes wirtschaftliches Gewicht haben, mithin für die Fortführung des (Teil-)Betriebs notwendig sind oder dem Betrieb das Gepräge geben (BFH v. 7.4.2010 - I R 96/08, BStBl 2011 II 467).

559 **Nach wirtschaftlichen Zusammenhängen zuordenbare Wirtschaftsgüter** sind z. B. die in dem Teilbetrieb entstandenen Kundenforderungen. Gleiches gilt für Verbindlichkeiten. Verbleibt z. B. der Betrag eines von der übertragenden Gesellschaft aufgenommenen Darlehens in erheblicher Höhe bei dieser und wird die entsprechende Verbindlichkeit auf die übernehmende Gesellschaft übertragen, so bewirkt dies eine Trennung dieser Wirtschaftsgüter mit der Folge, dass weder ein Teilbetrieb übertragen noch ein Teilbetrieb bei der übertragenden Gesellschaft verblieben ist.

560 Der übertragene Unternehmensteil muss (für die Anerkennung als Teilbetrieb) als selbständiges Unternehmen funktionsfähig sein, ohne dass er hierfür zusätzliche Investitionen oder Einbringungen bedarf (EuGH v. 15.1.2002 - C-43/00, EuGHE 2002 I-00379).

561 Für die Teilbetriebsübertragung muss das Eigentum – mindestens das wirtschaftliche Eigentum – auf die übernehmende Gesellschaft übergehen. Eine bloße Nutzungsüberlassung reicht nicht aus (Rdn. 15.07 UmwStE).

Wird eine funktional wesentliche Betriebsgrundlage von mehreren Teilbetrieben eines Unternehmens genutzt, kann eine steuerneutrale Spaltung nicht erfolgen (Spaltungshindernis). Handelt es sich dabei um ein Grundstück, muss dieses – für die Anwendung des § 15 Abs. 1 Satz 2 UmwStG – zivilrechtlich real bis zum Zeitpunkt des Spaltungsbeschlusses aufgeteilt werden. Nur wenn das für die übertragende Körperschaft unzumutbar ist, lässt die Verwaltung auch eine ideelle Teilung (Bruchteilseigentum) im Verhältnis der tatsächlichen Nutzung ausreichen. Ein nach wirtschaftlichen Zusammenhängen zuordenbares Wirtschaftsgut, das von mehreren Teilbetrieben genutzt und nicht aufgeteilt wird, ist einheitlich dem Teilbetrieb zuzuordnen, in dem es überwiegend genutzt wird, sog. Dominanzprinzip (Rdn. 15.08 UmwStE).

562 Wirtschaftsgüter, die keine funktional wesentlichen Betriebsgrundlagen darstellen und die auch nicht zu den nach wirtschaftlichen Zusammenhängen zuordenbaren Wirtschaftsgütern gehören, können jedem der Teilbetriebe zugeordnet werden (Rdn. 15.09 UmwStE).

563 Den fiktiven Teilbetrieben (Mitunternehmeranteil und 100 %-Beteiligung an einer Kapitalgesellschaft) dürfen nur die Wirtschaftsgüter einschließlich der Schulden zugeordnet werden, die in unmittelbarem wirtschaftlichen Zusammenhang mit dem Mitunternehmeranteil oder der Beteiligung stehen (Rdn. 15.11 UmwStE). Bei Mitunternehmerschaf-

ten ist das funktional wesentliche Sonderbetriebsvermögen „anteilig im selben Verhältnis" mit zu übertragen (Rdn. 15.04 UmwStE).

Im Falle einer Abspaltung müssen von der übertragenden Körperschaft auch alle zu dem bei ihr verbliebenen Teilbetrieb gehörenden funktional wesentlichen Betriebsgrundlagen sowie die nach wirtschaftlichen Zusammenhängen zuordenbaren Wirtschaftsgüter zurückbehalten worden sein. 564

3.2.4.2 Missbrauchsregelungen des § 15 Abs. 2 UmwStG

Durch § 15 Abs. 2 UmwStG wird der übertragenden Körperschaft die Möglichkeit des Ansatzes der übergehenden Wirtschaftsgüter unter dem gemeinen Wert – trotz Vorliegens von Teilbetrieben – bei bestimmten Sachverhalten versagt. § 15 Abs. 2 UmwStG dient der Vermeidung einer missbräuchlichen Inanspruchnahme der Übertragungsmöglichkeit von stillen Reserven. Die Missbrauchsvermeidungsregelungen haben nur Bedeutung für die übertragende Körperschaft. Ist ein Tatbestand des § 15 Abs. 2 UmwStG erfüllt, darf § 11 Abs. 2 UmwStG (Bewertung unter dem gemeinen Wert) nicht angewendet werden. Die Anteilseigner der übertragenden Körperschaft sind dadurch nicht betroffen. Die Anwendung des § 13 Abs. 2 UmwStG wird durch § 15 Abs. 2 UmwStG nicht eingeschränkt. 565

§ 15 Abs. 2 UmwStG greift die folgenden **drei Missbrauchsfälle** auf: 566

- Erwerb und Aufstockung von fiktiven Teilbetrieben
- Spaltung zur Veräußerung an Außenstehende
- Trennung von Gesellschafterstämmen ohne personelle Kontinuität

3.2.4.2.1 Erwerb und Aufstockung von fiktiven Teilbetrieben

Nach § 15 Abs. 2 Satz 1 UmwStG sind Mitunternehmeranteile und 100 %-Beteiligungen an Kapitalgesellschaften von der Begünstigung des § 11 Abs. 2 UmwStG ausgeschlossen, wenn sie innerhalb eines Zeitraums von drei Jahren vor der Spaltung durch Übertragung von Wirtschaftsgütern, die kein Teilbetrieb sind, erworben oder aufgestockt worden sind. Mitunternehmeranteile und 100 %-Beteiligungen an Kapitalgesellschaften gelten (nur) als Teilbetriebe (§ 15 Abs. 1 Satz 3 UmwStG) mit der Folge, dass ihre Übertragung im Rahmen einer Spaltung steuerneutral durchgeführt werden kann. Dagegen ist die Übertragung einzelner Wirtschaftsgüter nicht durch § 15 UmwStG begünstigt. Überträgt eine Körperschaft im Rahmen einer Spaltung einzelne Wirtschaftsgüter, sind die stillen Reserven aufzulösen und von der Übertragerin zu versteuern. Diese Steuerfolgen sollen nicht dadurch umgangen werden können, dass die Körperschaft die einzelnen Wirtschaftsgüter zunächst mit dem Buchwert in eine Personengesellschaft oder eine Kapitalgesellschaft einbringt und anschließend den Mitunternehmeranteil oder die 100 %-Beteiligung an der Kapitalgesellschaft (mitsamt den eingebrachten Einzelwirtschaftsgütern) steuerneutral im Wege der Spaltung auf einen anderen Rechtsträger überträgt. 567

BEISPIEL Die A-GmbH ist Eigentümerin eines einzelnen Wirtschaftsguts mit einem Buchwert von 10 und einem gemeinen Wert von 1 000, welches sie auf die B-GmbH übertragen möchte.

Die A-GmbH ist zugleich Mitunternehmerin der AB-KG. In 01 überträgt die A-GmbH das Wirtschaftsgut in das Gesamthandsvermögen der AB-KG. Die Übertragung erfolgt nach § 6 Abs. 5 Satz. 3 Nr. 1 EStG mit dem Buchwert von 10. In 03 überträgt die A-GmbH den Mitunternehmeranteil an der AB-KG im Wege der Abspaltung nach § 123 Abs. 2 UmwG auf die B-GmbH.

LÖSUNG ▸ Der Mitunternehmeranteil an der AB-KG gilt zwar nach § 15 Abs. 1 Satz 3 UmwStG als Teilbetrieb. Gleichwohl kann die Übertragung des Mitunternehmeranteils nicht nach § 11 Abs. 2 UmwStG mit dem Buchwert vorgenommen werden, weil der Mitunternehmeranteil innerhalb von drei Jahren vor dem steuerlichen Übertragungsstichtag durch die Übertragung eines einzelnen, keinen Teilbetrieb darstellenden Wirtschaftsguts aufgestockt worden ist (§ 15 Abs. 2 Satz 1 UmwStG). Der Mitunternehmeranteil an der AB-KG ist bei der Übertragung auf die B-GmbH nach § 11 Abs. 1 UmwStG vollständig mit dem gemeinen Wert anzusetzen. Für diese Rechtsfolge (des § 15 Abs. 2 Satz 1 UmwStG) spielt es letztlich keine Rolle, ob die Übertragung des einzelnen Wirtschaftsguts in das Gesamthandsvermögen der AB-KG in 01 gegen Gewährung von Gesellschaftsrechten oder unentgeltlich erfolgte. In beiden Fällen ist unter den Voraussetzungen des § 6 Abs. 5 EStG (s. auch BMF v. 8.12.2011, BStBl 2011 I 1279 ff.) der Buchwert anzusetzen, und es kommt zur Aufstockung der Beteiligung an der AB-KG. Das ist ein schädlicher Vorgang i. S. d. § 15 Abs. 2 Satz 1 UmwStG.

ANMERKUNG ▸ Gleiches würde gelten, wenn die A-GmbH das Wirtschaftsgut lediglich in das Sonderbetriebsvermögen der AB-KG überführt hätte.

568 Wurde der Mitunternehmeranteil oder die 100 %-Beteiligung an einer Kapitalgesellschaft durch Übertragung von Wirtschaftsgütern aufgestockt, die keine stillen Reserven enthalten, oder wurden die stillen Reserven aufgedeckt, kommt § 15 Abs. 2 Satz 1 UmwStG nicht zur Anwendung (teleologische Auslegung; s. auch Rdn. 15.16 UmwStE).

569 Bei einer Abspaltung ist auch der durch die Buchwertübertragung von Wirtschaftsgütern erfolgte Erwerb oder die Aufstockung eines bei der übertragenden Körperschaft zurückbleibenden Mitunternehmeranteils oder einer 100 %-Beteiligung schädlich i. S. d. § 15 Abs. 2 Satz 1 UmwStG. Das bedeutet, dass auch in diesem Fall der abgespaltene Teilbetrieb nur mit dem gemeinen Wert übertragen werden kann.

570 Das bei der abspaltenden Körperschaft **verbleibende Vermögen** ist dagegen (zwingend) mit dem Buchwert fortzuführen (Rdn. 15.21 UmwStE).

571 Kein („schädlicher") Fall des § 15 Abs. 2 Satz 1 UmwStG ist der unentgeltliche Erwerb oder die unentgeltliche Aufstockung eines Mitunternehmeranteils oder einer Beteiligung an einer Kapitalgesellschaft. Auch der gewinnrealisierende entgeltliche Erwerb bzw. die Aufstockung von Mitunternehmeranteilen oder Anteilen an Kapitalgesellschaften fällt nicht unter die Missbrauchsregelung des § 15 Abs. 2 Satz 1 UmwStG (Rdn. 15.20 UmwStE).

3.2.4.2.2 Spaltung zur Veräußerung an Außenstehende

572 Soll ein Teil des Vermögens einer Körperschaft veräußert werden und wird zu diesem Zweck das Vermögen vorher im Wege der Spaltung auf eine andere Körperschaft – unter dem gemeinen Wert – übertragen, um sodann die Anteile an der Körperschaft zu veräußern, ist das eine missbräuchliche Ausnutzung der durch § 15 Abs. 1 Satz 2 UmwStG i. V. m. § 11 Abs. 2 UmwStG gegebenen Möglichkeit der steuerneutralen Spaltung. Die Veräußerung von Vermögen ist nach allgemeinen ertragsteuerlichen Rege-

lungen zu beurteilen. Dadurch aufgedeckte stille Reserven unterliegen regulär der Körperschaftsteuer sowie der Gewerbesteuer.

Dagegen ist der Gewinn aus der Veräußerung von Anteilen an Körperschaften nach § 8b Abs. 2 KStG steuerfrei, wenn der Veräußerer selbst eine Körperschaft ist und nicht ein Ausnahmefall des § 8b Abs. 7 oder 8 KStG vorliegt. Ist der Veräußerer der Anteile ein Steuerausländer (im Ausland ansässige natürliche Person oder Körperschaft), kann sich die Steuerfreiheit des Gewinns aus der Veräußerung der Anteile auch aus dem anzuwendenden DBA ergeben.

Zur Vermeidung einer missbräuchlichen Ausnutzung der durch das UmwStG geschaffenen Möglichkeit der steuerneutralen Spaltung regelt § 15 Abs. 2 Satz 2 UmwStG, dass 573 § 11 Abs. 2 UmwStG nicht anzuwenden ist, wenn durch die Spaltung die Veräußerung an außenstehende Personen vollzogen wird. In diesen Fällen sind also die durch die Spaltung übergehenden Wirtschaftsgüter bei der übertragenden Körperschaft nach § 11 Abs. 1 UmwStG zwingend mit dem gemeinen Wert anzusetzen. Als **außenstehende Personen** gelten Personen, die nicht ununterbrochen fünf Jahre vor der Spaltung an der übertragenden Körperschaft beteiligt waren (§ 15 Abs. 2 Satz 3 UmwStG). Das gleiche gilt, wenn durch die Spaltung die Voraussetzungen für eine Veräußerung geschaffen werden (§ 15 Abs. 2 Satz 4 UmwStG). § 15 Abs. 2 Satz 5 UmwStG enthält schließlich eine unwiderlegbare Vermutung dafür, dass mit der Spaltung die Voraussetzungen für eine Veräußerung geschaffen werden sollten, wenn innerhalb von fünf Jahren nach dem steuerlichen Übertragungsstichtag Anteile an einer spaltungsbeteiligten Körperschaft von mehr als 20 % der vor der Spaltung bestehenden Anteile veräußert werden.

Die durch die Spaltung vollzogene Veräußerung an außenstehende Personen ist nach 574 § 15 Abs. 2 Satz 2 UmwStG schädlich für den Ansatz der übergehenden Wirtschaftsgüter unter dem gemeinen Wert. Das schädliche Ereignis ist die **Veräußerung von Anteilen an einer spaltungsbeteiligten Körperschaft**, also die Veräußerung von Anteilen an einer übernehmenden Körperschaft oder von Anteilen an der übertragenden Körperschaft (Fall der Abspaltung). Das ergibt sich einerseits aus der Konkretisierung in § 15 Abs. 2 Satz 4 UmwStG und andererseits aus dem systematischen Zusammenhang.

Durch die Spaltung kann es nicht zur (unmittelbaren) Veräußerung des dem Teilbetrieb dienenden Vermögens kommen, denn die Auf- oder Abspaltung besteht ja gerade darin, dass dieses Vermögen im Wege der partiellen Gesamtrechtsnachfolge (unentgeltlich) auf die übernehmende(n) Körperschaft(en) übergeht. Es geht bei der schädlichen Veräußerung somit auch nicht um evtl. zu dem übertragenen Vermögen gehörende Anteile an Körperschaften. Sind an der übertragenden und an der übernehmenden Körperschaft wiederum Körperschaften als Anteilseigner beteiligt, sind die Anteile an diesen Anteilseignern für die Frage der schädlichen Veräußerung ebenfalls irrelevant.

Einstweilen frei 575

Die Sachverhalte, in denen die Veräußerung an außenstehende Personen durch die 576 Spaltung selbst vollzogen wird, führen gem. § 15 Abs. 2 Satz 2 UmwStG ebenfalls zur Nichtanwendbarkeit des § 11 Abs. 2 UmwStG. Die Anteilseigner der übertragenden Körperschaft erhalten durch die Auf- oder Abspaltung Anteile an der (den) übernehmenden Körperschaft(en). Stellen diese Anteile einen adäquaten Ersatz für den

(Wert-)Abgang der Anteile an der übertragenden Körperschaft dar, liegt keine Veräußerung vor. Sind an einer vorher schon bestehenden übernehmenden Körperschaft auch andere („außenstehende") Anteilseigner beteiligt, und stellen die den Anteilseignern der übertragenden Körperschaft gewährten Anteile an der übernehmenden Körperschaft keinen ausreichenden Gegenwert dar, ist eine schädliche Veräußerung an die außenstehenden Anteilseigner anzunehmen, wenn die Anteilseigner der übertragenden Körperschaft eine Ausgleichzahlung erhalten. Dabei ist zu beachten, dass unabhängig von der Höhe der Ausgleichszahlung jede Veräußerung nach § 15 Abs. 2 Satz 2 UmwStG zu einem vollständigen (nicht nur quotalen) Ausschluss der Anwendung des § 11 Abs. 2 UmwStG führt.

Disquotale/**nichtverhältniswahrende Abspaltungen** auf nicht außenstehende Personen (im Extremfall auch eine „Spaltung zu Null") sind gem. § 15 Abs. 1 Satz 8 UmwStG unter § 11 Abs. 2 UmwStG zu fassen, wenn sie der Trennung von Gesellschafterstämmen dient und die Beteiligungen an der übertragenden Körperschaft mindestens fünf Jahre vor dem steuerlichen Übertragungsstichtag bestanden haben (Rdn. 01.15 UmwStE).

577 § 11 Abs. 2 UmwStG ist gem. § 15 Abs. 2 Satz 4 UmwStG (ebenfalls) nicht anzuwenden, wenn durch die Spaltung die **Voraussetzungen** für eine **Veräußerung** geschaffen werden. Davon ist gem. § 15 Abs. 2 Satz 5 UmwStG auszugehen, wenn innerhalb von fünf Jahren nach dem steuerlichen Übertragungsstichtag Anteile an einer spaltungsbeteiligten Körperschaft, die mehr als 20 % der vor Wirksamwerden der Spaltung an der Körperschaft bestehenden Anteile ausmachen, veräußert werden. Die beiden Sätze (§ 15 Abs. 2 Sätze 4 und 5 UmwStG) sind als einheitliche Regelung dahingehend zu verstehen, dass Anteilsveräußerungen nur unter den konkreten Voraussetzungen des Satzes 5 schädlich sind. Die Sätze 4 und 5 (des § 15 Abs. 2 UmwStG) haben einen einheitlichen Anwendungsbereich (BFH v. 3.8.2005 - I R 62/04, BStBl 2006 II 391).

578 Die „Veräußerung" von Anteilen an einer spaltungsbeteiligten Körperschaft ist die entgeltliche Übertragung des wirtschaftlichen Eigentums (auf eine außenstehende Person). Unentgeltliche Anteilsübertragungen wie z. B. Schenkungen, Erbfolgen, Realteilungen ohne Ausgleichsleistung sind keine schädlichen Veräußerungen (Rdn. 15.24 UmwStE, s. ausführlich unter Rdn. 584 ff.).

579 Nach Rdn. 15.24 UmwStE ist eine schädliche Veräußerung jedoch beim Übergang von Anteilen im Rahmen einer Verschmelzung, Spaltung oder Einbringung anzunehmen.

580 Von einer schädlichen Veräußerung von Anteilen an einer spaltungsbeteiligten Körperschaft ist auch auszugehen, wenn ein neuer Gesellschafter im Wege einer Kapitalerhöhung in die Kapitalgesellschaft aufgenommen wird und dieser Vorgang für die Altgesellschafter wirtschaftlich als Veräußerung von Anteilen zu werten ist. Das ist z. B. der Fall, wenn der neue Gesellschafter ein angemessenes Aufgeld einzahlt, das innerhalb von fünf Jahren an die bisherigen Anteilseigner wieder ausgekehrt wird (Rdn. 15.25 UmwStE).

581 Die Veräußerung von Anteilen an einer übernehmenden Körperschaft oder/und der übertragenden Körperschaft (im Fall der Abspaltung) ist nur dann schädlich im Sinne von § 15 Abs. 2 Satz 5 UmwStG, wenn innerhalb von fünf Jahren nach dem steuerlichen Übertragungsstichtag mehr als 20 % der vor Wirksamwerden der Spaltung an der

Körperschaft bestehenden Anteile veräußert werden. Die Quote von 20 % bezieht sich auf die Anteile an der übertragenden Körperschaft vor der Spaltung (Rdn. 15.29 UmwStE). Ausgehend vom gemeinen Wert des gesamten Vermögens der übertragenden Körperschaft vor der Spaltung ist zu ermitteln, wie viel Prozent innerhalb von fünf Jahren nach dem steuerlichen Übertragungsstichtag in Form von – dieses Vermögen repräsentierenden – Anteilen an den spaltungsbeteiligten Körperschaften an außenstehende Personen veräußert wurden.

BEISPIEL Die X-AG mit einem Gesamtvermögen im gemeinen Wert von 1 000 000 € und einem Grundkapital im Nennwert von 200 000 € wird aufgespalten. Teilbetrieb I mit einem gemeinen Wert von 700 000 € wird auf die Y-AG und Teilbetrieb II mit einem gemeinen Wert von 300 000 € auf die Z-AG übertragen.

Bei der Y-AG werden zur Durchführung der Spaltung Anteile im Nennwert von 300 000 € und bei Z-AG Anteile im Nennwert von 100 000 € ausgegeben. Steuerlicher Übertragungsstichtag ist der 31.12.01.

In den Jahren 02 bis 06 werden von den Anteilseignern der Z-AG Anteile im Nennwert von insgesamt 65 000 € an außenstehende Personen veräußert.

LÖSUNG Durch die Veräußerungen der Anteile an der Z-AG ist die Quote von 20 % der Anteile an der X-AG vor der Spaltung noch nicht überschritten.

Der gemeine Wert des Vermögens des X-AG vor der Spaltung betrug 1 000 000 €.

Die Veräußerung von dieses Vermögen repräsentierenden Anteilen ist bis zu 20 % unschädlich.

	Y-AG	Z-AG
Auf die übernehmenden Körperschaften übergegangenes Vermögen in %	70	30
Unschädliche Quote, bezogen auf das übernommene Vermögen der jeweils übernehmenden Körperschaft in Prozent	28,57	66,67

Bei der Prüfung der 20 %-Grenze sind die Veräußerungen von Anteilen an beiden übernehmenden Gesellschaften zu betrachten. Mit jeder Anteilsveräußerung reduziert sich die verbleibende unschädliche Quote bei jeder Körperschaft.

Weil nur 65 % der Anteile an der Z-AG innerhalb von fünf Jahren nach dem steuerlichen Übertragungsstichtag veräußert wurden, ist die Quote von 66,67 % der Anteile an der Z-AG und dementsprechend von 20 % der Anteile an der X-AG vor Wirksamwerden der Spaltung nicht überschritten. Die veräußerten 65 % Anteile an der Z-AG entsprechen 19,5 % des gesamten Vermögens der X-AG vor der Spaltung. Sollten bis zum 31.12.06 noch mehr als 0,5 % des das Vermögen der X-AG am 31.12.01 repräsentierenden Anteile (z. B. an der Y-AG) veräußert werden, entfällt rückwirkend die Möglichkeit, das übergehende Vermögen am 31.12.01 unterhalb des gemeinen Wertes anzusetzen. Durch die Veräußerungen der Anteile an der Z-AG reduziert sich die unschädliche Quote für die Anteile an der Y-AG – bezogen auf das mit dem Teilbetrieb I übernommene Vermögen – auf 0,714 %.

Der Nennbetrag der Anteile an den Kapitalgesellschaften sowie die Wertentwicklung der Beteiligungen nach dem steuerlichen Übertragungsstichtag sind irrelevant (Rdn. 15.29 UmwStE).

Bei einer **Spaltung zur Aufnahme**, bei der ein Teilbetrieb auf eine bereits bestehende 582
Körperschaft übertragen wird, stellt sich bei der Veräußerung von Anteilen an dieser Körperschaft innerhalb der nächsten fünf Jahre die Frage, aus welchem Bestand die veräußerten Anteile stammen. Die Veräußerung der bereits vor der Spaltung bestehenden Anteile an der übernehmenden Körperschaft fällt grundsätzlich nicht unter die Regelung des § 15 Abs. 2 Satz 5 UmwStG. Etwas anderes gilt nur, wenn durch die Vermögensübertragung eine Wertverschiebung in dem Sinne eingetreten ist, dass allein

durch die Spaltung die Altanteile einen Wertzuwachs erhalten haben. Insoweit sind dann auch die Altanteile „verstrickt" und anteilig bei der 20 %-Grenze zu berücksichtigen.

583 Sobald bei einer Zusammenrechnung sämtlicher Veräußerungen von Anteilen an den spaltungsbeteiligten Körperschaften innerhalb des Fünfjahreszeitraums die 20 %-Grenze des § 15 Abs. 2 Satz 5 UmwStG überschritten wird, ist das gesamte, durch die Spaltung übertragene Vermögen rückwirkend auf den steuerlichen Übertragungsstichtag mit dem gemeinen Wert anzusetzen. Die zur Überschreitung der 20 %-Grenze führende Veräußerung stellt ein rückwirkendes Ereignis dar, das zur Änderung der Steuerbescheide der beteiligten Körperschaften nach § 175 Abs. 1 Satz 1 Nr. 2 AO führt (Rdn. 15.33 bis 15.35 UmwStE).

3.2.4.2.3 Trennung von Gesellschafterstämmen ohne personelle Kontinuität

584 Gemäß § 15 Abs. 2 Satz 8 UmwStG setzt die Anwendung des § 11 Abs. 2 UmwStG, also die Bewertung der übergehenden Teilbetriebe mit einem unterhalb des gemeinen Wertes liegenden Wert, in dem Fall der Trennung von Gesellschafterstämmen voraus, dass die Beteiligungen an der übertragenden Körperschaft mindestens fünf Jahre vor dem steuerlichen Übertragungsstichtag bestanden haben. Durch diese Regelung soll verhindert werden, dass der Gewinn aus der beabsichtigten Veräußerung eines Teilbetriebs über den Umweg einer Spaltung unversteuert bleibt. Das wäre nämlich ohne die Missbrauchsvermeidungsregelung möglich, indem der Erwerber des Teilbetriebs sich zunächst mittels einer Kapitalerhöhung an der übertragenden Körperschaft beteiligt und im Rahmen einer nachfolgenden nichtverhältniswahrenden Spaltung zu Null die Anteile an der diesen Teilbetrieb übernehmenden Körperschaft erhält.

585 Das UmwG (§§ 126, 128) ermöglicht **nichtverhältniswahrende Spaltungen**. Das heißt, dass die Gesellschafter der übertragenden Körperschaft nicht in demselben Verhältnis an einer übernehmenden Körperschaft beteiligt werden, wie sie an der übertragenden Körperschaft beteiligt waren (Verschiebung der Beteiligungsverhältnisse). Dabei ist es auch möglich, dass ein Gesellschafter der übertragenden Körperschaft an einer übernehmenden Körperschaft gar nicht mehr beteiligt wird (Spaltung zu Null). Dies ermöglicht es, Gesellschaftergruppen bzw. Gesellschafterstämme voneinander zu trennen. Es können Gesellschafter vollständig aus der übertragenden Körperschaft ausscheiden und 100 % der Anteile an einer übernehmenden Körperschaft erhalten. Die übrigen Gesellschafter erhalten dafür die kompletten Anteile an der (bei einer Abspaltung noch fortbestehenden) übertragenden Körperschaft.

Steuerrechtlich ist in diesem Fall § 15 Abs. 2 Satz 8 UmwStG zu beachten. In dieser Norm kommt die für eine steuerneutrale Spaltung geforderte personelle Kontinuität (Fortsetzung des unternehmerischen Engagements) zum Ausdruck. Bei der Trennung von Gesellschafterstämmen kann das übergehende Teilbetriebsvermögen nur dann mit einem unterhalb des gemeinen Wertes liegenden Wert angesetzt werden, wenn die Beteiligungen an der übertragenden Körperschaft mindestens fünf Jahre vor dem steuerlichen Übertragungsstichtag bestanden haben.

§ 15 Abs. 2 Satz 8 UmwStG greift nur bei einer Trennung von Gesellschafterstämmen durch eine nichtverhältniswahrende Spaltung zu Null. Die Gesellschafterstämme müssen sich hinsichtlich aller an der Spaltung beteiligten Körperschaften vollständig getrennt haben. Hält ein Gesellschafterstamm an der jeweils anderen spaltungsbeteiligten Körperschaft noch einen Restanteil, liegt kein Fall des § 15 Abs. 2 Satz 8 UmwStG vor (Rdn. 15.37 UmwStE). 586

Ein Gesellschafterstamm ist eine Gruppe von Gesellschaftern, die in einem gewissen Zugehörigkeitsverhältnis (z. B. Familie, Konzern) zueinanderstehen. Ein Gesellschafterstamm kann auch aus nur einer Person bestehen. 587

Waren die Gesellschafterstämme während des Zeitraums von mindestens fünf Jahren vor dem steuerlichen Übertragungsstichtag ununterbrochen an der übertragenden Körperschaft beteiligt, ist die Trennung unschädlich. 588

Hat die übertragende Körperschaft noch keine fünf Jahre bestanden, ist eine steuerneutrale Trennung von Gesellschafterstämmen durch eine Spaltung nicht möglich (Rdn. 15.38 UmwStE). 589

3.2.5 Minderung von Verlustvorträgen bei einer Abspaltung

Nach § 15 Abs. 3 UmwStG mindern sich im Fall einer Abspaltung die verrechenbaren Verluste, verbleibenden Verlustvorträge, nicht ausgeglichenen negativen Einkünfte, ein Zinsvortrag nach § 4h Abs. 1 Satz 5 EStG und ein EBITDA-Vortrag nach § 4h Abs. 1 Satz 3 EStG bei der übertragenden Körperschaft. Die Minderung tritt in dem Verhältnis ein, in dem – bezogen auf den gemeinen Wert – Vermögen auf eine andere Körperschaft übergeht. Es spielt keine Rolle, durch welchen Teilbetrieb oder durch welche Einkunftsquelle die Verluste entstanden sind. Die Verlustminderung ist unabhängig davon vorzunehmen, ob die Teilbetriebsvoraussetzung erfüllt ist. 590

591

ABB. 12: Übertragende Körperschaft

Ansatz der übergehenden Wirtschaftsgüter in der steuerlichen Übertragungsbilanz:

Grundsatz:
Gemeiner Wert
§ 15 Abs. 1 Satz 1 i. V. m.
§ 11 Abs. 1 Satz 1 UmwStG
§ 16 Satz 1 i. V. m.
§ 3 Abs. 1 Satz 1 UmwStG

↓

Steuerlicher Übertragungsgewinn

Bei Abspaltung: Nur für das übergehende Teilvermögen

auf Antrag: **Buchwert** oder **Zwischenwert**

Voraussetzungen:

1. **Übergehende Wirtschaftsgüter bilden einen Teilbetrieb (bei einer Abspaltung verbleibt der übertragenden Körperschaft auch ein Teilbetrieb)**
   Als Teilbetrieb gelten (auch): - Mitunternehmeranteil
   - 100 % - Anteil an einer Körperschaft
2. **Voraussetzungen des § 11 Abs. 2 UmwStG (§ 3 Abs. 2 UmwStG) sind erfüllt (s. o.).**
3. **Kein Missbrauchsfall nach § 15 Abs. 2 UmwStG**
   Missbrauchsfälle nach § 15 Abs. 2 UmwStG sind:
   a) Erwerb oder Aufstockung eines fiktiven Teilbetriebs durch Übertragung von Wirtschaftsgütern
   b) Spaltung zur Veräußerung an Außenstehende (§15 Abs. 2 Satz 2 - 4 UmwStG)
   c) Trennung von Gesellschafterstämmen ohne personelle Kontinuität (§ 15 Abs. 2 Satz 5 UmwStG)

bei einer Abspaltung: Minderung der verrechenbaren Verluste, verbleibenden Verlustvorträge in dem Verhältnis, in dem (nach dem gemeinen Wert) Vermögen auf die Übernehmerin übergeht.

Übernehmende Rechtsträgerin

Anteilige Ermittlung des Übernahmeergebnisses. Der Anteil bestimmt sich nach dem Verhältnis des gemeinen Werts des übergehenden Teilvermögens zum gemeinen Wert des Vermögens der übertragenden Körperschaft vor der Spaltung.

Anteilseigner (Spaltung auf eine andere Körperschaft)

Grundsatz:
Anteile (Teilanteile) an der übertragenden Körperschaft: gelten als zum gemeinen Wert veräußert

auf Antrag: Anteile an der übernehmenden Körperschaft treten steuerlich an die Stelle der Anteile an der übertragenden Körperschaft (mit dem Buchwert/Anschaffungskosten).

Voraussetzungen:
1. Übergehende Wirtschaftsgüter bilden einen Teilbetrieb (fiktiven Teilbetrieb) (s. o.)
2. Die Voraussetzungen des § 13 Abs. 2 UmwStG sind erfüllt.

3.3 Kontrollfragen

FRAGEN

		Rdn.
1.	Wie ist die Verschmelzung zweier Körperschaften nach allgemeinem Ertragssteuerrecht für die übertragende und die übernehmende Körperschaft sowie die Anteilseigner der übertragenden Körperschaft zu beurteilen?	345 ff., 490
2.	Ist § 13 UmwStG bei allen Anteilseignern der übertragenden Körperschaft einschlägig?	354, 492 ff.
3.	Beschreiben Sie zwei Fälle, in denen die übertragende Körperschaft Wirtschaftsgüter wegen Verschlechterung des deutschen Besteuerungsrechts in der steuerlichen Schlussbilanz mit dem gemeinen Wert anzusetzen hat!	383
4.	Durch welche Gegenleistungen wird in welchem Umfang ein Übertragungsgewinn ausgelöst?	395 ff.
5.	Sind Zahlungen durch die übertragende Körperschaft an ihre Anteilseigner oder durch andere Gesellschafter an ausscheidende Anteilseigner übertragungsgewinnauslösende Gegenleistungen?	402 f.
6.	Wie sind im Fall der Verschmelzung der Muttergesellschaft auf ihre Tochtergesellschaft (down-stream-merger) die Anteile an der übernehmenden Tochtergesellschaft in der Schlussbilanz der übertragenden Muttergesellschaft zu bewerten?	409
7.	Ist für die übernehmende Körperschaft ein Übernahmegewinn auch dann zu ermitteln, wenn sie selbst nicht an der übertragenden Körperschaft beteiligt war?	425, 435
8.	Ist auch steuerfreies Auslandsvermögen der übertragenden Körperschaft für die Ermittlung des Übernahmeergebnisses von Bedeutung?	428
9.	Wann entsteht ein Übernahmefolgegewinn?	440
10.	Wie ist die AfA für die übergehenden abnutzbaren Wirtschaftsgüter bei der übernehmenden Körperschaft zu ermitteln?	444 f.
11.	In welchen Fällen können bei der Verschmelzung zweier Körperschaften eigene Verluste der übernehmenden Körperschaft nicht mehr abgezogen werden?	440
12.	Wie ist die Veräußerung von Anteilen an der übertragenden Körperschaft im Rückwirkungszeitraum für den Veräußerer und den Erwerber zu beurteilen?	455 ff.
13.	Beschreiben Sie die Eigenkapitalveränderungen im Fall der Verschmelzung zweier Körperschaften	480
14.	Ist in allen Verschmelzungsfällen das Nennkapital der übernehmenden Körperschaft zu erhöhen?	483
15.	Welches Eigenkapital gilt vorrangig für eine Nennkapitalerhöhung als verwendet?	484
16.	In welchem Jahr ist ein unter Anwendung des § 13 UmwStG zu ermittelnder Gewinn zu versteuern?	507
17.	Welche umwandlungssteuerrechtlichen Regelungen gelten für die Ausgliederung eines Teilbetriebs aus einer Körperschaft auf eine Kapitalgesellschaft?	534
18.	Wie sind die der übertragenden Körperschaft verbleibenden Wirtschaftsgüter im Fall einer Abspaltung zu bewerten?	538

19.	Welche Eigenkapitalveränderungen ergeben sich durch eine Abspaltung bei der übertragenden Kapitalgesellschaft?	539
20.	Wie ist im Fall einer Abspaltung der Übernahmegewinn bei der übernehmenden Körperschaft zu ermitteln?	542
21.	Ist bei einer Abspaltung einzelner Wirtschaftsgüter für die Anteilseigner der übertragenden Körperschaft ein Veräußerungsgewinn auch dann zu ermitteln, wenn das Nennkapital nicht herabgesetzt wird?	548, 551
22.	Können auch einzelne Wirtschaftsgüter zum Buchwert durch eine Abspaltung auf eine andere Körperschaft übertragen werden?	551
23.	Welche Missbrauchsregelungen sind bei der Abspaltung von fiktiven Teilbetrieben zu beachten?	565 ff.

KAPITEL 4: EINBRINGUNG IN EINE KAPITALGESELLSCHAFT, §§ 20, 22 UND 23 UMWSTG

Kapitel 4: Einbringung in eine Kapitalgesellschaft, §§ 20, 22 und 23 UmwStG

4.1 Lex specialis zu § 16 EStG

4.1.1 Begriff der Einbringung

592 Die Einbringung ist aus ertragsteuerlicher Sicht ein entgeltliches (tauschähnliches) Geschäft – Übertragung/Erwerb des Sachwertes gegen Erlangung/Begebung neuer Gesellschaftsanteile (BFH v. 19.5.2010 - I R 70/09, BFH/NV 2010 2072 m. w. N.). Bei der Einbringung i. S. d. § 20 UmwStG besteht die Leistung der einen Seite (des Einbringenden) in der Übertragung eines Betriebs, eines Teilbetriebs oder eines Mitunternehmeranteils in eine Kapitalgesellschaft oder Genossenschaft (Rechtsträgerwechsel) und die Gegenleistung (der übernehmenden Gesellschaft) in der Gewährung neuer Gesellschaftsanteile (Rdn. 20.01 UmwStE). Es handelt sich um Veräußerungs- und Anschaffungsvorgänge auf der Basis eines synallagmatischen Vertrages. Der Wert des übertragenen (Teil-)Betriebs oder Mitunternehmeranteils spiegelt sich im Wert des „dafür" erhaltenen neuen Gesellschaftsanteils wider. § 20 Abs. 1 UmwStG verwendet hierfür den Begriff der „Sacheinlage", der damit im umwandlungssteuerrechtlichen Sinne seine Bestimmung erhält. Zum näheren Verständnis der Grundstruktur des § 20 UmwStG sollte man sich zunächst folgenden Sachverhalt vorstellen:

BEISPIEL Die natürliche Person A möchte als alleiniger Gesellschafter eine GmbH (A-GmbH) gründen, und zwar im Wege der Sachgründung gem. § 5 Abs. 4 GmbHG. Als Sacheinlage überträgt A seinen bisher als Einzelunternehmen geführten Gewerbebetrieb. Der Unternehmenswert des gesamten Betriebs beträgt 400 000 € (entspricht dem gemeinen Wert) und der Buchwert (Kapitalkonto) im Zeitpunkt der Übertragung 50 000 €.

Nach dieser Sacheinlage ist die A-GmbH Inhaberin des Unternehmens im Wert von 400 000 €. Weiteres Vermögen hat die GmbH (noch) nicht; folglich ist die 100 %-Beteiligung an der A-GmbH zu diesem Zeitpunkt 400 000 € wert.

A hat also für die Übertragung (Veräußerung) seines Betriebs eine (ausgewogene) Gegenleistung in Form des GmbH-Anteils mit einem gemeinen Wert von 400 000 € erhalten.

4.1.2 Ertragsteuerliche Folgen nach allgemeinen Vorschriften

593 Nach allgemeinen ertragsteuerlichen Grundsätzen bewirkt die Veräußerung von Betriebsvermögen die Aufdeckung und Versteuerung der darin enthaltenen stillen Reserven, die sich aus der Differenz zwischen dem Veräußerungspreis und dem Buchwert des übertragenen Vermögens ermitteln. Der **Veräußerungspreis** – das sind hier die neuen Gesellschaftsanteile – ist dabei, dem allgemeinen Bewertungsmaßstab (§ 9 BewG) folgend, mit dem gemeinen Wert anzusetzen. Bei dem bisherigen Inhaber des Betriebs, Teilbetriebs oder Mitunternehmeranteils entsteht ein – grundsätzlich – steuerpflichtiger Veräußerungsgewinn, der – soweit es sich bei dem Veräußerer um eine natürliche Person handelt – nach §§ 16, 34 EStG steuerbegünstigt ist.

594 Auf der anderen Seite hat die **übernehmende Rechtsträgerin** (eine Kapitalgesellschaft oder eine Genossenschaft) einen Betrieb, Teilbetrieb oder Mitunternehmeranteil ange-

schafft (vgl. Rdn. 00.02 UmwStE). Sie hat das übernommene Betriebsvermögen mit ihren Anschaffungskosten zu bilanzieren.

4.1.3 Der Telos des § 20 UmwStG

Unter den (noch zu erörternden) Voraussetzungen des § 20 UmwStG kann auf die Aufdeckung der stillen Reserven verzichtet und der Einbringungsvorgang gewinn- und steuerneutral gestaltet werden. Das ist die erklärte Zielsetzung des Gesetzgebers noch zum UmwStG 1995 (BT-Drucks. 12/6885). Betriebswirtschaftlich erwünschte und handelsrechtlich mögliche Umstrukturierungen sollen – soweit dem nicht spezifische steuerliche Belange entgegenstehen – nicht durch steuerliche Folgen behindert werden, die ohne die besonderen Regelungen des Umwandlungssteuerrechts eintreten würden. 595

Bezogen auf § 20 UmwStG, wird dieses Ziel erreicht, indem nicht ein völlig von § 16 EStG losgelöster Tatbestand, sondern eine in den Veräußerungstatbestand des § 16 EStG eingebettete Regelung geschaffen wurde. So gibt § 20 UmwStG bei einer unter seinen Abs. 1 fallenden Betriebsveräußerung im Ganzen den Beteiligten die Möglichkeit, bei der Ermittlung des Veräußerungsgewinns nach § 16 Abs. 2 EStG als Veräußerungspreis unter besonderen Voraussetzungen den Buchwert des eingebrachten Betriebsvermögens anstelle des gemeinen Wertes der gewährten Gesellschaftsanteile anzusetzen. Rechnerisch ermittelt sich dann ein Veräußerungsgewinn von 0 €. 596

Berechnung zu oben stehendem Sachverhalt:

	Veräußerungspreis = GmbH-Anteil; Wert = Buchwert =	50 000 €
./.	Buchwert	50 000 €
./.	Veräußerungskosten	–
	Veräußerungsgewinn	0 €

Es kommt somit nicht zur Auflösung der in dem übertragenen Vermögen enthaltenen stillen Reserven. Diese wurden vielmehr auf die A-GmbH übertragen und durch die Regelung in § 20 Abs. 3 Satz 1 UmwStG zugleich auf den gewährten GmbH-Anteil verlagert.

Die **stillen Reserven** setzen sich in dem ausgegebenen GmbH-Anteil fort. Als Anschaffungskosten für diesen GmbH-Anteil gilt nämlich nur der Buchwert des übertragenen Vermögens. Im obenstehenden Sachverhalt sind das nur 50 000 € – und das, obwohl der Einbringende einen GmbH-Anteil im gemeinen Wert von 400 000 € gegen entsprechend hohe (Sach-)Aufwendungen angeschafft hat. Das hat zunächst keine steuerliche Relevanz. 597

Bedeutung erhalten die Anschaffungskosten des GmbH-Anteils erst bei dessen Veräußerung. Von dem dabei erzielten – dem reellen Wert des Anteils entsprechenden – Veräußerungspreis werden nur die (niedrigen) Anschaffungskosten abgezogen, so dass es nunmehr zur Auflösung der stillen Reserven kommt. Der Gesetzgeber verzichtet also durch Ermöglichung der Buchwertübertragung eines (Teil-)Betriebs (oder Mitunternehmeranteils) nicht endgültig auf die Besteuerung der stillen Reserven. Die Besteuerung wird nur auf einen späteren Zeitpunkt verschoben.

598 Der Anwendungsbereich des § 20 UmwStG erstreckt sich auch auf grenzüberschreitende Einbringungsvorgänge unter Beteiligung von Rechtsträgern aus anderen EU- oder EWR-Mitgliedstaaten (vgl. § 1 Abs. 4 UmwStG), die unter den besonderen Voraussetzungen des § 20 Abs. 2 Satz 2 UmwStG steuerneutral durchgeführt werden. Die übernehmende Gesellschaft muss nicht mehr unbeschränkt körperschaftsteuerpflichtig sein (vgl. auch Rdn. 01.53 UmwStE).

599 Parallel zu dieser Erweiterung soll aber (weiterhin) sichergestellt werden, dass das Besteuerungsrecht Deutschlands an den im Zeitpunkt der Betriebseinbringung aufgelaufenen stillen Reserven erhalten bleibt. So erklärt sich die nunmehr zum Grundsatz erhobene Bewertungsvorgabe mit dem gemeinen Wert (§ 20 Abs. 2 Satz 1 UmwStG). Das bedeutet, dass im Falle einer Einbringung eines (Teil-)Betriebs oder Mitunternehmeranteils in eine Kapitalgesellschaft (oder Genossenschaft) gegen Gewährung neuer Anteile i. S. d. § 20 Abs. 1 UmwStG grundsätzlich die im übertragenen Vermögen enthaltenen stillen Reserven aufzulösen und vom Einbringenden zu versteuern sind. Nur wenn sichergestellt ist, dass Deutschland das Besteuerungsrecht an diesen stillen Reserven nicht verloren geht, kann – auf Antrag – als Veräußerungspreis noch der Buchwert (oder ein Zwischenwert) angesetzt werden.

4.2 Voraussetzungen des § 20 Abs. 1 UmwStG

600 Nach § 20 Abs. 1 UmwStG muss ein Betrieb, Teilbetrieb oder Mitunternehmeranteil in eine Kapitalgesellschaft oder Genossenschaft eingebracht werden und der Einbringende dafür neue Anteile an der Gesellschaft erhalten. Im Folgenden wird aus Vereinfachungsgründen nur von „Kapitalgesellschaften" gesprochen.

4.2.1 Gegenstand der Einbringung

601 Mit § 20 UmwStG wird die Einbringung bestimmter Sachgesamtheiten steuerlich privilegiert. Es muss sich um einen **Betrieb, Teilbetrieb oder Mitunternehmeranteil** (qualifizierte Sachgesamtheiten) handeln.

602 Der sachliche Anwendungsbereich des § 20 UmwStG beschränkt sich dabei nicht nur auf Gewerbebetriebe. Auch land- und forstwirtschaftliche (Teil-)Betriebe und (Teil-)Betriebe, die einer selbständigen Arbeit i. S. d. § 18 Abs. 1 EStG dienen, sowie Mitunternehmeranteile an solchen Betrieben fallen darunter.

603 Unerheblich ist die Art der Gewinnermittlung für den einzubringenden Betrieb. Sie kann bisher durch Betriebsvermögensvergleich nach §§ 4 Abs. 1, 5 EStG, durch eine Gegenüberstellung von Betriebseinnahmen und Betriebsausgaben nach § 4 Abs. 3 EStG oder nach Durchschnittssätzen gem. § 13a EStG erfolgt sein. Zu beachten ist jedoch, dass der Wert des eingebrachten Betriebsvermögens für den Zeitpunkt der Einbringung zwingend nach § 4 Abs. 1 oder § 5 EStG ermittelt werden muss, unabhängig davon, ob

die Einbringung zu Buch-, Zwischen- oder gemeinen Werten vorgenommen wird (§ 16 Abs. 2 Satz 2 EStG, R 4.5 Abs. 6 Satz 2 EStR).

Hat der Einbringende seinen Gewinn bisher nach § 4 Abs. 3 EStG ermittelt, kommt es folglich zum Wechsel der Gewinnermittlungsart. Ein sich daraus ergebender Übergangsgewinn oder -verlust gehört nicht zum Einbringungsgewinn, sondern stellt einen laufenden Gewinn dar (H 4.5 Abs. 6 „Übergangsgewinn" EStH).

4.2.1.1 Betrieb

4.2.1.1.1 Allgemeines

Ein Betrieb ist ein selbständiger Organismus des Wirtschaftslebens, in dem eine be- 604
triebliche Tätigkeit entfaltet werden kann, die zu Einkünften i. S. d. § 13, 15 oder 18 EStG führt (BFH v. 7.11.1991 - IV R 50/90, BStBl 1992 II 380). Unerheblich ist, ob der Einbringende mit den eingebrachten wesentlichen Betriebsgrundlagen tatsächlich bereits eine betriebliche Tätigkeit ausgeübt hat. Auch ein im Aufbau befindlicher Betrieb kann, wenn alle für den **lebensfähigen Organismus** erforderlichen wesentlichen Betriebsgrundlagen bereits vorhanden sind, Gegenstand einer Einbringung i. S. d. § 20 UmwStG sein. Entscheidend ist, dass mit den eingebrachten wesentlichen Betriebsgrundlagen ein Betrieb tatsächlich geführt werden könnte.

Liegt im Zeitpunkt der Einbringung kein funktionsfähiger Betrieb mehr vor, weil die we- 605
sentlichen Betriebsgrundlagen z. B. verfallen sind oder durch einen Brand zerstört wurden, kommt § 20 UmwStG für die Übertragung der verbliebenen Wirtschaftsgüter nicht zur Anwendung. Die Gesellschaft erwirbt in diesem Fall keinen geschäftlichen Organismus, den sie fortführen kann.

Auf die weitere Verwendung des eingebrachten Betriebsvermögens durch die überneh- 606
mende Gesellschaft kommt es nicht an. Entscheidend ist nur, ob aus der Sicht des Einbringenden im Zeitpunkt der Einbringung ein **funktionierender Betrieb** vorlag. Ist dies der Fall, kann die übernehmende Gesellschaft den eingebrachten Betrieb so in ihren eigenen Betrieb integrieren, dass dessen wirtschaftliche Identität verloren geht oder ihn allmählich einstellen.

Auch eine Veräußerung des eingebrachten Betriebs durch die übernehmende Gesellschaft (unmittelbar) im Anschluss an die Einbringung steht der vorhergehenden Anwendung des § 20 UmwStG nicht entgegen und hat grundsätzlich für den Einbringenden auch keine Konsequenzen. Die ihm zuzurechnenden stillen Reserven seines Betriebs setzen sich im Falle der Buch- oder Zwischenwerteinbringung in der ihm gewährten Beteiligung an der übernehmenden Gesellschaft fort.

Nur wenn zu dem eingebrachten Betrieb auch eine Beteiligung an einer (anderen) Kapi- 607
talgesellschaft gehörte, kann die Veräußerung dieser Beteiligung (Anteile) durch die übernehmende Gesellschaft innerhalb von sieben Jahren nach der Einbringung gem. § 22 Abs. 2 Satz 1 UmwStG zur Entstehung und – rückwirkenden – Versteuerung des sog. Einbringungsgewinns II beim Einbringenden führen (s. Rdn. 1011, 1013).

4.2.1.1.2 Sachlich selbständiger Betrieb oder unselbständiger Betriebsteil

608 Unterhält eine natürliche Person mehrere sachlich selbständige Betriebe, so kann jeder Betrieb für sich Gegenstand einer Einbringung i. S. d. § 20 UmwStG sein. Handelt es sich bei den verschiedenartigen und/oder an verschiedenen Orten ausgeübten Tätigkeiten jedoch um einen einheitlichen Betrieb und wird nur das Betriebsvermögen eines bestimmten (unselbständigen) Betriebszweiges eingebracht, untersteht diese Einbringung nicht dem § 20 UmwStG. Etwas anderes gilt nur, wenn der eingebrachte Teil die Anforderungen für das Vorliegen eines Teilbetriebs (s. dazu Rdn. 629 ff.) erfüllt.

609 Ob mehrere (sachlich selbständige) Betriebe oder eine wirtschaftliche Einheit (einheitlicher Betrieb) vorliegen, entscheidet sich nach den individuellen Betriebsverhältnissen und der Verkehrsauffassung. Bei einem engen sachlichen, insbesondere finanziellen, wirtschaftlichen und organisatorischen Zusammenhang mehrerer Tätigkeitsbereiche ist ein **einheitlicher Betrieb** anzunehmen.

Ein finanzieller Zusammenhang liegt z. B. vor bei gemeinsamer Finanzierung, gemeinsamen Aufzeichnungen (nur eine Buchführung), gemeinsamen Bankkonten und gemeinsamen Kassenabrechnungen. Von einem wirtschaftlichen Zusammenhang ist auszugehen, wenn die Unternehmensbereiche sich gegenseitig stützen und ergänzen, sie wirtschaftlich aufeinander abgestimmt sind und nur miteinander betrieben werden können. Ein organisatorischer Zusammenhang ist z. B. gegeben bei einem einheitlichen Geschäftslokal, dem Einsatz derselben Arbeitskräfte und/oder dem gemeinsamen Einkauf von Waren- oder Betriebsmitteln sowie der gemeinsamen Bezahlung.

Im Übrigen kann zu der Frage, ob eine **Mehrheit von Betrieben** oder eine wirtschaftliche Einheit vorliegt, auch auf die Regelungen in R 2.4 GewStR (und H 2.4 GewStH) zurückgegriffen werden.

4.2.1.1.3 Gewerbebetrieb kraft Rechtsform

610 Bei unbeschränkt körperschaftsteuerpflichtigen Körperschaften i. S. d. § 1 Abs. 1 Nr. 1 bis 3 KStG ist deren gesamte Tätigkeit gem. § 8 Abs. 2 KStG und § 2 Abs. 2 Satz 1 GewStG als ein Gewerbebetrieb zu behandeln (Gewerbebetrieb kraft Rechtsform). Dies gilt unabhängig davon, ob tatsächlich ein Gewerbe i. S. d. § 15 Abs. 2 Satz 1 EStG, eine Land- und Forstwirtschaft oder ein freier Beruf betrieben oder nur eine bloße vermögensverwaltende Tätigkeit ausgeübt wird.

Da auch eine Körperschaft ihren Betrieb in eine Kapitalgesellschaft oder Genossenschaft gegen Gewährung neuer Anteile an dem übernehmenden Rechtsträger einbringen kann, muss § 20 UmwStG u. E. auch auf die Einbringung des gesamten Vermögens einer lediglich vermögensverwaltenden Körperschaft anzuwenden sein. Das UmwStG enthält nämlich keine vom allgemeinen Ertragsteuerrecht abweichende Begriffsbestimmung für den Betrieb. Im Übrigen dürfen nach der Zielsetzung des UmwStG, wirtschaftlich gebotene Umstrukturierungen von Unternehmen nicht mit Ertragsteuern zu belasten, auch vermögensverwaltende Körperschaften, die ohne § 20 UmwStG bei der Übertragung ihres Betriebsvermögens stets mit Körperschaft- und Gewerbesteuer belastet wären, nicht von der Begünstigung ausgeschlossen werden (ebenso *Kontny* in Rödder/Herlinghaus/Graw/Heinemann, UmwStG, 4. Aufl. 2025, § 20

UmwStG Rdn. 68; *Patt/Bernhagen* in Dötsch/Pung/Möhlenbrock, Die Körperschaftsteuer, 118. Erg. Lfg. (5/2025), § 20 UmwStG Rdn. 28; *Schmitt* in Schmitt/Hörtnagl, UmwG/UmwStG, 10. Aufl. 2024, § 20 UmwStG Rdn. 16; a. A. *Widmann* in Widmann/Mayer, Umwandlungsrecht, 190. Erg. Lfg. (3/2021), § 20 UmwStG Rdn. 5).

4.2.1.1.4 Ruhender Betrieb

Auch ein ruhender Betrieb – z. B. bei einer **Betriebsverpachtung im Ganzen** i. S. d. § 16 611
Abs. 3b EStG (H 16 Abs. 5 EStH), bei der das Verpächterwahlrecht noch nicht zugunsten der Betriebsaufgabe ausgeübt wurde – kann Gegenstand einer Einbringung nach § 20 UmwStG sein. Der Einbringungsvorgang ist allein ohne das Hinzutreten weiterer Umstände nicht als Betriebsaufgabeerklärung für das Verpachtungsunternehmen zu werten. Wesentlicher Aspekt bei der Betriebsverpachtung – wie auch bei der Betriebseinbringung i. S. d. UmwStG – ist der Erhalt eines lebensfähigen wirtschaftlichen Organismus. Beiden Instituten ist gemeinsam, dass alle aus funktionaler Sicht wesentlichen Betriebsgrundlagen „zusammenbleiben" müssen, so dass die Fortsetzung der wirtschaftlichen Tätigkeit zumindest möglich ist.

4.2.1.1.5 Wesentliche Betriebsgrundlagen

Für die Einbringung eines Betriebs müssen nicht ausnahmslos alle dem Betrieb dienen- 612
den Wirtschaftsgüter, aber doch zumindest alle wesentlichen Betriebsgrundlagen auf die Kapitalgesellschaft übertragen werden. Es stellt sich die Frage, was unter dem Begriff der wesentlichen Betriebsgrundlage zu verstehen ist. Die Wesentlichkeit eines Wirtschaftsguts kann sich einerseits aus seiner Funktion in dem konkreten Betrieb (**funktionale Betrachtungsweise**) und andererseits aus der Höhe der enthaltenen stillen Reserven (**quantitative Betrachtungsweise**) ergeben.

Der Begriff der wesentlichen Betriebsgrundlage ist auch im Zusammenhang mit ande- 613
ren Tatbeständen von Bedeutung.

So ist für die sachliche Verflechtung bei einer Betriebsaufspaltung die Überlassung einer wesentlichen Betriebsgrundlage an das Betriebsunternehmen erforderlich (ständige Rechtsprechung, s. statt vieler BFH v. 13.7.2006 - IV 25/05, BStBl 2006 II 804). Bei der Betriebsverpachtung im Ganzen wird für das Verpächterwahlrecht vorausgesetzt, dass alle wesentlichen Betriebsgrundlagen zur Nutzung überlassen werden (BFH v. 7.11.2013 - X R 21/11, BFH/NV 2014, 676). Die unentgeltliche Betriebsübertragung nach § 6 Abs. 3 EStG ist nur bei Übergang aller wesentlichen Betriebsgrundlagen auf den Rechtsnachfolger gegeben. Schließlich setzt eine Betriebsveräußerung nach § 16 Abs. 1 Satz 1 Nr. 1 EStG voraus, dass alle wesentlichen Betriebsgrundlagen veräußert oder bei einer Betriebsaufgabe i. S. d. § 16 Abs. 3 EStG in das Privatvermögen überführt oder teilweise veräußert und teilweise in das Privatvermögen überführt werden.

Die Auslegung des Begriffs der wesentlichen Betriebsgrundlage erfolgt je nach Zielrichtung der anzuwendenden Rechtsnorm (sog. normspezifische Auslegung). Im Zusammenhang mit einer Betriebsveräußerung ist der Begriff im Sinne einer kombinierten funktional-quantitativen Betrachtungsweise auszulegen. Danach gehören zu den wesentlichen Betriebsgrundlagen die Wirtschaftsgüter, die nach der Art des Betriebs und ihrer Funktion im Betrieb für diesen wesentlich sind, und auch die Wirtschaftsgüter, die funktional unwesentlich sind, aber erhebliche stille Reserven enthalten (BFH v. 14.2.2007 XI R 30/05, BStBl 2007 II 524).

614 Die Betriebseinbringung i. S. d. § 20 UmwStG ist zwar als tauschähnlicher Vorgang mit einer Veräußerung nach § 16 Abs. 1 Satz 1 Nr. 1 EStG vergleichbar. Die Zielrichtungen der beiden Rechtsnormen sind jedoch sehr verschieden. Während es in § 16 i. V. m. § 34 EStG vorrangig darum geht, eine zusammengeballte Realisierung der über die Zeit entstandenen, gesammelten stillen Reserven nicht dem progressiven Einkommensteuertarif zu unterwerfen (BFH v. 5.6.2003 - IV R 18/02, BStBl 2003 II 838, m. w. N.), will das UmwStG eine Möglichkeit schaffen, wirtschaftlich sinnvolle Umstrukturierungen steuerneutral durchzuführen. Die Möglichkeit einer Fortführung des wirtschaftlichen Organismus durch die übernehmende Kapitalgesellschaft oder Genossenschaft steht hier im Fokus. Bei dieser Zielsetzung spielt die Höhe der im übertragenen Vermögen enthaltenen stillen Reserven keine Rolle.

615 Eine Buch- oder Zwischenwertübertragung ist deshalb nach § 20 UmwStG dann schon möglich, wenn **alle nur funktional wesentlichen Wirtschaftsgüter** mit eingebracht werden (Rdn. 20.06 UmwStE sowie BFH v. 29.11.2017 - I R 7/16, BStBl 2019 II 738). Die Zurückbehaltung von Wirtschaftsgütern, die funktional unwesentlich sind, ist auch dann (für eine Buch- oder Zwischenwerteinbringung) unschädlich, wenn sie erhebliche stille Reserven enthalten.

616 Wird jedoch von der möglichen Minderbewertung nach § 20 Abs. 2 Satz 2 UmwStG kein Gebrauch gemacht und das eingebrachte Betriebsvermögen folglich mit dem gemeinen Wert angesetzt, müssen für die Anwendung des § 16 Abs. 4 und des § 34 Abs. 1 und 3 EStG auch die stillen Reserven in den nur quantitativ wesentlichen Wirtschaftsgütern aufgelöst werden (s. BMF v. 16.8.2000, BStBl 2000 I 1253). Es ist nämlich keinesfalls Sinn und Zweck des § 20 UmwStG, den Freibetrag nach § 16 Abs. 4 EStG und die Tarifbegünstigung des § 34 EStG auf weitere, über die in § 16 EStG geregelten Fälle hinaus auszudehnen.

BEISPIEL Der bisherige Einzelunternehmer E gründet als alleiniger Gesellschafter die E-GmbH im Wege der Sachgründung gem. § 5 Abs. 4 GmbHG. Als Sacheinlage überträgt E seinen Gewerbebetrieb mit Ausnahme eines zum gewillkürten Betriebsvermögen gehörenden Grundstücks. Das Grundstück, das zwar funktional unwesentlich ist, aber erhebliche stille Reserven enthält, wird im zeitlichen und sachlichen Zusammenhang mit der GmbH-Gründung zum Buchwert gem. § 6 Abs. 5 Satz 2 EStG in das Sonderbetriebsvermögen des E bei einer KG überführt.

LÖSUNG Die E-GmbH kann bei Vorliegen der besonderen Voraussetzungen des § 20 Abs. 2 Satz 2 UmwStG – auf Antrag – das eingebrachte Betriebsvermögen mit dem Buchwert oder einem Zwischenwert ansetzen. Macht sie von diesem Wahlrecht keinen Gebrauch, ist – dem Grundsatz folgend – gem. § 20 Abs. 2 Satz 1 UmwStG der gemeine Wert anzusetzen. Die dadurch aufgedeckten stillen Reserven (Einbringungsgewinn des E) sind nicht nach § 16 Abs. 4 und § 34 EStG begünstigt, weil nicht alle stillen Reserven in allen wesentlichen Betriebsgrundlagen aufgelöst wurden. Für Zwecke der Anwendung der §§ 16, 34 EStG ist nämlich auch das (zwingend gem. § 6 Abs. 5 Satz 2 EStG) mit seinem Buchwert in das Sonderbetriebsvermögen überführte Grundstück nach der quantitativen Betrachtungsweise als wesentliche Betriebsgrundlage zu beurteilen.

4.2.1.1.6 Funktional wesentliche Betriebsgrundlage

Im funktionalen Sinn ist ein Wirtschaftsgut wesentlich, wenn es für den konkreten Betrieb nach seinen individuellen Verhältnissen wirtschaftlich von nicht nur geringer Bedeutung ist. So werden zu den wesentlichen Grundlagen eines Betriebs diejenigen Wirtschaftsgüter gezählt, die für den Betriebsablauf ein erhebliches Gewicht haben und mithin für die Fortführung des Betriebs notwendig sind oder dem Betrieb das Gepräge geben (BFH v. 29.11.2017 - I R 7/16, BStBl 2019 II 738, m. w. N.). Das ist vor allem für Wirtschaftsgüter des Anlagevermögens anzunehmen, die für den Betriebsablauf unerlässlich sind, so dass der Betrieb nur mit ihrer Hilfe in der bisherigen Form fortgeführt werden kann; sie werden benötigt, um den Betrieb als intakte Wirtschafts- und Organisationseinheit zu erhalten. 617

Können die Wirtschaftsgüter jedoch – im Falle ihres Abgangs – kurzfristig wiederbeschafft werden, oder werden sie oft ausgetauscht, sind sie für den Betriebsinhaber wirtschaftlich nicht besonders bedeutsam und deshalb funktional keine wesentliche Betriebsgrundlage. So hat der BFH in seinem Urteil v. 5.6.2003 - IV R 18/02 (BStBl 2003 II 838) dem Schulungsfahrzeug einer Fahrschule kein besonderes wirtschaftliches Gewicht beigemessen, weil ein solches Fahrzeug sehr häufig beansprucht wird und deshalb schon nach kurzer Zeit hohe Abnutzungserscheinungen aufweist, so dass es oft ersetzt werden muss. Die Umrüstung eines normalen – kurzfristig beschaffbaren – Pkw zu einem Schulungsfahrzeug sei innerhalb kurzer Zeit zu einem geringstmöglichen Kostenaufwand möglich.

Beispiele für funktional wesentliche Betriebsgrundlagen: 618

- Ein **Grundstück** oder **Grundstücksteil** ist eine wesentliche Betriebsgrundlage, wenn es die räumliche und funktionale Grundlage für die Geschäftstätigkeit des Betriebs bildet und dem Unternehmen damit die Möglichkeit gibt, seinen Geschäftsbetrieb aufzunehmen und auszuüben (BFH v. 13.7.2006 - IV R 25/05, BStBl 2006 II 804). So ist ein nicht besonders hergerichteter Teil eines Einfamilienhauses (zwei Zimmer mit einer Bürofläche von 24 qm) eine wesentliche Betriebsgrundlage, wenn es sich um das einzige Büro der Geschäftsführung handelt. Unerheblich ist, ob ein vergleichbares Büro jederzeit von einem Dritten angemietet oder dieser Gebäudeteil auch von anderen Unternehmen oder vom Stpfl. ohne weiteres für ganz andere Zwecke (z. B. Wohnzwecke) genutzt werden könnte.
- **Bewegliche Wirtschaftsgüter** sind wesentliche Betriebsgrundlagen, wenn sie für den Betriebsablauf unerlässlich und nicht jederzeit ersetzbar sind. Häufig werden es Gegenstände des Anlagevermögens (z. B. technische Anlagen, Maschinen, Lkw, Betriebsausstattung; s. BFH v. 24.8.1989 - IV R 135/86, BStBl 1989 II 1014), in besonderen Fällen aber auch des Umlaufvermögens (z. B. Warenbestand eines Antiquitäten- oder Kunsthändlers) sein.
- Sowohl nicht bilanzierungsfähige (§ 5 Abs. 2 EStG) selbst geschaffene als auch entgeltlich erworbene **immaterielle Wirtschaftsgüter** können wesentliche Betriebsgrundlagen sein, wenn sie zur Erreichung des Betriebszwecks erforderlich sind (z. B. Patente und Erfindungen, BFH v. 20.7.2005 - X R 22/02, BStBl 2006 II 457; Firmenwert z. B. in Gestalt eines Kundenstamms, BFH v. 13.12.2005 - XI R 45/04, BFH/NV 2006, 1453; Schutzrechte, BFH v. 20.9.1973 - IV R 41/69, BStBl 1973 II 869).

- **Beteiligungen an Kapitalgesellschaften** sind wesentliche Betriebsgrundlagen, wenn sie die betriebliche Betätigung entscheidend fördern und somit ein wesentliches wirtschaftliches Gewicht für die Betriebsführung besitzen. Dies kann bei engen geschäftlichen Beziehungen zwischen dem Betrieb des Einbringenden und der Kapitalgesellschaft, an der die Beteiligung gehalten wird, der Fall sein (z. B. wenn die Kapitalgesellschaft der alleinige oder mit Abstand bedeutendste Kunde oder Lieferant des Betriebs ist).

4.2.1.1.7 Zu einem Betrieb gehörender Anteil an einer Kapitalgesellschaft

619 Wird ein Betrieb mit zum Betriebsvermögen gehörenden Anteilen an einer Kapitalgesellschaft in eine (andere) Kapitalgesellschaft oder Genossenschaft gegen Gewährung neuer Anteile eingebracht, ist von einem **einheitlich zu beurteilenden Einbringungsvorgang** i. S. d. § 20 Abs. 1 UmwStG auszugehen. Dies gilt auch, wenn es sich um eine Mehrheitsbeteiligung oder gar um eine 100 %-Beteiligung an einer Kapitalgesellschaft handelt. Letztere gilt nicht als Teilbetrieb i. S. d. § 20 Abs. 1 UmwStG (Rdn. 20.06 UmwStE; BR-Drucks. 542/06 68).

Eine Aufteilung der Betriebseinbringung in einen nach § 20 und einen nach § 21 UmwStG zu beurteilenden Vorgang kommt nicht in Betracht. Die von § 20 UmwStG zu unterscheidenden (spezielleren) Regelungen des § 21 UmwStG (qualifizierter Anteilstausch) greifen nur, wenn die dort beschriebenen Anteile isoliert, also ohne einen Betrieb, Teilbetrieb oder Mitunternehmeranteil eingebracht werden (Rdn. 21.01 UmwStE).

620 Sind die zu dem Sacheinlagegegenstand „Betrieb" gehörenden Anteile an der Kapitalgesellschaft funktional wesentliche Betriebsgrundlagen (s. o.), dürfen sie für eine Anwendung des § 20 UmwStG nicht zurückbehalten oder anderweitig übertragen werden (Rdn. 20.06 UmwStE).

621 Handelt es sich bei den zum Betriebsvermögen des einzubringenden Betriebs (oder Teilbetriebs) gehörenden Anteilen um **Anteile an der übernehmenden** Gesellschaft, werden sie im Falle der Einbringung zu sog. **eigenen Anteilen** der Kapitalgesellschaft. Die übernehmende Kapitalgesellschaft müsste dem Einbringenden dafür als Gegenleistung wieder neue Anteile an ihrem Nennkapital gewähren.

In diesem Fall ist es aus Vereinfachungsgründen nicht zu beanstanden, wenn die Anteile an der übernehmenden Gesellschaft nicht mit eingebracht werden. Voraussetzungen dafür sind ein unwiderruflicher Antrag bei dem für die Besteuerung der übernehmenden Gesellschaft zuständigen Finanzamt und eine Einverständniserklärung des Einbringenden, dass die zurückbehaltenen Anteile an der übernehmenden Gesellschaft künftig als (erhaltene) Anteile behandelt werden, die durch die Sacheinlage erworben worden sind (Rdn. 20.09 UmwStE).

Die Einbringung des übrigen Betriebsvermögens kann unter den weiteren Voraussetzungen des § 20 Abs. 2 Satz 2 UmwStG erfolgsneutral gestaltet werden. Die zurückbehaltenen Anteile sind sodann als aus einer Sacheinlage zum Buchwert erworbene (steuerverstrickte) Anteile i. S. d. § 22 Abs. 1 UmwStG zu behandeln. Als Anschaffungskosten der erhaltenen Anteile (Neu- und Altanteile) gilt der Wertansatz des eingebrachten Vermögens zuzüglich des Buchwertes der zurückbehaltenen Anteile.

4.2.1.1.8 Zu einem Betrieb gehörender Mitunternehmeranteil

Gehört zu dem Betrieb auch ein Mitunternehmeranteil (Beteiligung an einer betriebliche Einkünfte erzielenden Personengesellschaft), liegen unabhängig von der Höhe der Beteiligung sachlich eigenständig zu beurteilende Einbringungsgegenstände vor – und zwar auch dann, wenn die Beteiligung zusammen mit dem Betrieb in die Kapitalgesellschaft oder Genossenschaft eingebracht wird. Bei mehreren Mitunternehmeranteilen ist jede Beteiligung als selbständige Sacheinlage zu behandeln (Rdn. 20.12 UmwStE). 622

4.2.1.1.9 Besitzunternehmen bei einer Betriebsaufspaltung

Auch das Besitzunternehmen bei einer Betriebsaufspaltung ist ein einbringungsfähiger Gewerbebetrieb. Für eine Anwendung des § 20 UmwStG müssen sämtliche zu dem Besitzunternehmen gehörenden funktional wesentlichen Betriebsgrundlagen eingebracht werden und das Besitzunternehmen als Gewerbebetrieb im Zeitpunkt der Einbringung noch bestehen. Wesentliche Betriebsgrundlagen in diesem Sinne sind einerseits die die **sachliche Verflechtung** begründenden, der Betriebskapitalgesellschaft zur Nutzung überlassenen Wirtschaftsgüter und andererseits auch die die **personelle Verflechtung** begründende Beteiligung an der Betriebskapitalgesellschaft (BFH v. 4.7.2007 - X R 49/06, m. w. N., DB 2007, 1952). 623

§ 20 UmwStG kann nicht mehr angewendet werden, wenn vor der Einbringung des Besitzunternehmens die Voraussetzungen der Betriebsaufspaltung infolge personeller oder sachlicher Entflechtung weggefallen sind und das eingebrachte Vermögen auch aus anderen Gründen nicht mehr als Betriebsvermögen eines Betriebs qualifiziert werden kann. Der Wegfall der Voraussetzungen der Betriebsaufspaltung führt in der Regel zu einer Betriebsaufgabe des Besitzunternehmens mit der Folge, dass dessen Betriebsvermögen grundsätzlich – unter Aufdeckung der stillen Reserven – in das Privatvermögen des bisherigen Besitzunternehmers übergeht (BFH v. 5.2.2014 - X R 22/12, BStBl 2014 II 388, m. w. N.). Diese Rechtsfolge tritt **ausnahmsweise** dann nicht ein, wenn im Zeitpunkt der Beendigung der Betriebsaufspaltung die Voraussetzungen einer Betriebsverpachtung im Ganzen (§ 16 Abs. 3b EStG) vorgelegen haben oder der Besitzunternehmer neben der Nutzungsüberlassung von wesentlichen Betriebsgrundlagen an die Betriebsgesellschaft noch eine weitere gewerbliche Tätigkeit ausgeübt hat (BFH v. 24.10.2000 - VIII R 25/98, BStBl 2001 II 321). 624

BEISPIEL Die natürliche Person B vermietete bisher ein ihr gehörendes Grundstück an die B-GmbH, deren Alleingesellschafter sie ist. Für den Betrieb der GmbH stellte das Grundstück eine von mehreren wesentlichen Betriebsgrundlagen dar. Rückwirkend zum 1. 1. werden die B-GmbH auf die A-AG verschmolzen und (anschließend) das bisherige Betriebsvermögen des Besitzunternehmers B – bestehend aus dem an die B-GmbH vermieteten Grundstück – ohne die Beteiligung an der B-GmbH gegen Gewährung von neuen Aktien in die A-AG eingebracht. Danach war B am Grundkapital der A-AG mit insgesamt 14 % beteiligt.

LÖSUNG § 20 UmwStG kann auf die Einbringung nicht angewendet werden.

Mit der Verschmelzung der B-GmbH auf die A-AG ist die bisher eine Betriebsaufspaltung begründende personelle Verflechtung entfallen. Die Beendigung der Betriebsaufspaltung führt zur Aufgabe des Besitzunternehmens nach § 16 Abs. 3 EStG mit der Folge, dass dessen Betriebsvermögen – vermietetes Grundstück und die 100 %-Beteiligung an der B-GmbH – in das Privatvermögen des B übergehen. Dabei spielt es keine Rolle, ob der Gegenstand der Entnahme noch die Beteiligung an der B-GmbH oder bereits die an deren Stelle tretenden neuen Aktien der A-AG sind. Auch wenn die Aktien zunächst gem. § 13 Abs. 2 UmwStG mit dem Buchwert (des GmbH-Anteils) angesetzt werden, sind sie wegen der unmittelbar folgenden Betriebsaufgabe des Besitzunternehmens gewinnwirksam zu entnehmen. Anhaltspunkte für ein – unabhängig von der Betriebsaufspaltung – noch mögliches Fortbestehen des Gewerbetriebs des Einzelunternehmers B sind dem Sachverhalt nicht zu entnehmen. Nach der Beendigung der Betriebsaufspaltung gibt es keinen Betrieb mehr, der nach § 20 Abs. 1 UmwStG eingebracht werden könnte.

Auch eine Umkehr der zeitlichen Reihenfolge der Übertragungsvorgänge (Verschmelzung erst im Anschluss an die Einbringung) führt nicht zur Anwendung des § 20 UmwStG, weil nicht alle wesentlichen Betriebsgrundlagen des Besitzunternehmens eingebracht wurden. Die Beteiligung an der B-GmbH war eine funktional wesentliche Betriebsgrundlage. Sie wurde nicht auf die A-AG übertragen.

Gestaltungshinweis: Die Anwendung des § 20 UmwStG auf die Einbringung und damit die Vermeidung der Versteuerung stiller Reserven hätte durch eine andere Gestaltung der Schrittfolge gesichert werden können: Zunächst hätte das gesamte Betriebsvermögen des Besitzunternehmens (vermietetes Grundstück und 100 %-Beteiligung an der B-GmbH) gegen Gewährung neuer Anteile in die A-AG eingebracht und anschließend die B-GmbH auf die A-AG verschmolzen („up-stream-merger") werden müssen.

625 Wird der Betrieb des Besitzunternehmens in die Betriebskapitalgesellschaft eingebracht, müssten die zum Betriebsvermögen des Besitzunternehmens gehörenden Anteile an der Betriebskapitalgesellschaft ebenfalls übertragen werden (BFH v. 24.10.2000 - VIII R 25/98, BStBl 2001 II 321). In diesem Fall kann der Einbringende auf unwiderruflichen Antrag die Anteile an der Betriebskapitalgesellschaft zurückbehalten und sich damit einverstanden erklären, diese künftig als erhaltene Anteile i. S. d. § 22 Abs. 1 UmwStG zu behandeln (s. Rdn. 621).

4.2.1.1.10 Zurückbehaltung von funktional wesentlichen Betriebsgrundlagen

626 Bei Zurückbehaltung funktional wesentlicher Betriebsgrundlagen im Zusammenhang mit der Einbringung von Betriebsvermögen geht kein ganzer Betrieb auf die Kapitalgesellschaft über. Wenn es sich bei dem eingebrachten Betriebsvermögen auch nicht um einen Teilbetrieb oder einen Mitunternehmeranteil handelt, liegt (nur) eine Übertragung von Einzelwirtschaftsgütern gegen Erwerb einer Beteiligung an der aufnehmenden Kapitalgesellschaft vor. Sind die zurückbehaltenen wesentlichen Wirtschaftsgüter nicht (ausnahmsweise) Anteile an der übernehmenden Kapitalgesellschaft (s. Rdn. 625), findet § 20 UmwStG keine Anwendung. Dabei spielt es keine Rolle, dass die Kapitalgesellschaft mit dem erworbenen Betriebsvermögen ggf. die betriebliche Tätigkeit fortsetzen kann. Nach allgemeinen Tauschgrundsätzen (vgl. § 6 Abs. 6 Satz 1 EStG) führt die Einbringung des „Rest-Betriebsvermögens" zur Aufdeckung der stillen Reserven (Rdn. 20.07 UmwStE).

627 Die Zurückbehaltung eines wesentlichen Wirtschaftsguts liegt vor, wenn weder das zivilrechtliche noch das wirtschaftliche Eigentum (§ 39 Abs. 2 Nr. 1 AO) auf die Kapitalgesellschaft übergeht. Bei einem Auseinanderfallen von zivilrechtlichem und wirtschaftlichem Eigentum genügt für eine Sacheinbringung die Verschaffung des **wirtschaftlichen Eigentums** (Rdn. 20.06 i. V. m. 15.07 UmwStE). Eine bloße Nutzungsüberlassung ist jedoch keine Eigentumsübertragung, sodass es nicht ausreichend ist, der Kapitalge-

sellschaft die funktional wesentlichen Betriebsgrundlagen nur zur Nutzung zu überlassen (Rdn. 20.06 UmwStE).

Für die Frage, ob alle funktional wesentlichen Betriebsgrundlagen auf die Kapitalgesellschaft übertragen wurden, ist auf die Situation aus Sicht des Einbringenden im Zeitpunkt der Einbringung abzustellen (BFH v. 29.11.2017 - I R 7/16, BStBl 2019 II 738). **Maßgeblicher Zeitpunkt für die Beurteilung eines Wirtschaftsguts als funktional wesentliche Betriebsgrundlage** ist der Zeitpunkt, zu dem das wirtschaftliche Eigentum übergeht bzw. der Abschluss des dinglichen Einbringungsvertrags (BFH v. 9.11.2011 - X R 60/09, BStBl 2012 II 638). 628

Werden im Vorfeld der Einbringung – vormals – wesentliche Betriebsgrundlagen „ausgelagert" ist das unschädlich für die Anwendung des § 20 UmwStG, wenn die „Auslagerung" auf Dauer erfolgt und deshalb andere wirtschaftliche Folgen auslöst als die Einbeziehung des betreffenden Wirtschaftsguts in den Einbringungsvorgang (BFH v. 25.11.2009 - I R 72/08, BStBl 2010 II 471). Die „Auslagerung" eines Wirtschaftsguts (und Änderung seiner funktionalen Bedeutung) kann als Folge einer Änderung der betrieblichen Struktur, der Organisation, des Betriebsumfangs oder -gegenstandes durch eine Entnahme (ins Privatvermögen), eine Veräußerung oder eine Buchwertübertragung (z. B. nach § 6 Abs. 5 EStG auf eine Mitunternehmerschaft) erfolgen. Von einer missbräuchlichen Gestaltung i. S. d. § 42 AO kann nur ausgegangen werden, wenn die „Auslagerung" alsbald rückgängig gemacht wird und sich deshalb als nur vorgeschoben erweist.

BEISPIEL Der bisherige Einzelunternehmer A überträgt zum 1. 1. sein gesamtes Betriebsvermögen – jedoch ohne das funktional wesentliche Grundstück – auf eine von ihm im Wege der Sachgründung errichtete A-GmbH gegen Gewährung neuer Anteile. Das Grundstück wird

Variante a)	langfristig an die A-GmbH vermietet,
Variante b)	bereits im Dezember des vorangegangenen Jahres mit seinem Buchwert in das betriebliche Gesamthandsvermögen einer KG übertragen, weil es infolge einer Änderung der betrieblichen Struktur im Einzelunternehmen nicht mehr benötigt wird.

LÖSUNG In dem **Fall a)** ist keine Einbringung i. S. d. § 20 Abs. 1 UmwStG gegeben, weil kein ganzer Betrieb (Teilbetrieb oder Mitunternehmeranteil) eingebracht wurde. Es wurden nicht alle funktional wesentlichen Betriebsgrundlagen auf die A-GmbH übertragen. Das funktional wesentliche Grundstück ist zurückbehalten worden.

Die bloße Vermietung oder Verpachtung des Grundstücks an die aufnehmende Kapitalgesellschaft kann die Übertragung nicht ersetzen (BFH v. 16.2.1996 - I R 183/94, BStBl 1996 II 342).

Die Übertragung des „Rest-Betriebsvermögens" (einzelne Wirtschaftsgüter) auf die A-GmbH gegen Gewährung neuer GmbH-Anteile ist ein tauschähnlicher (Veräußerungs-)Vorgang, der nach allgemeinen Grundsätzen zur Aufdeckung von stillen Reserven führt. Veräußerungspreis für die übertragenen Wirtschaftsgüter ist der gemeine Wert des erworbenen GmbH-Anteils, dessen Anschaffungskosten wiederum dem gemeinen Wert der hingegebenen Wirtschaftsgüter entsprechen.

Der Gewinn aus der Einbringung des „Rest-Betriebsvermögens" ist ein laufender, auch der Gewerbesteuer unterliegender Gewinn. Die Steuervergünstigungen der §§ 16, 34 EStG greifen nicht, weil weder eine Betriebsveräußerung im Ganzen (§ 16 Abs. 1 Nr. 1 EStG) noch eine Betriebsaufgabe nach § 16 Abs. 3 EStG gegeben ist. Das Grundstück wird als wesentliche Betriebsgrundlage mit seinem Buchwert im Besitzunternehmen des A als Betriebsvermögen fortgeführt. Mit der Vermietung des Grundstücks an die von A beherrschte A-GmbH liegt eine Betriebsaufspaltung vor.

Wären bei der Variante a) die Voraussetzungen einer Betriebsaufspaltung nicht erfüllt (weil A z. B. nur mit 50 % an der A-GmbH beteiligt ist), wäre das Grundstück mit Beginn der Vermietung Privatvermögen (§ 14 Satz 3 AO). Die Entnahme würde mit der Veräußerung (Einbringung) des „Rest-Betriebsvermögens" zur Betriebsaufgabe nach § 16 Abs. 3 EStG führen. Der zu ermittelnde Aufgabegewinn wäre nach §§ 16, 34 EStG begünstigt und unterläge nicht der Gewerbesteuer.

Im **Fall b)** ist von der Einbringung eines (ganzen) Betriebs i. S. d. § 20 Abs. 1 UmwStG auszugehen, da im Zeitpunkt der Einbringung das – vormals wesentliche – Grundstück nicht mehr zum Betrieb des A gehört. Am 1.1. wurden sämtliche – zu diesem Zeitpunkt – funktional wesentlichen Grundlagen des (umstrukturierten) Betriebs in die A-GmbH eingebracht. Etwas anderes gilt nur, wenn die Übertragung des Grundstücks in das Gesamthandsvermögen der KG alsbald rückgängig gemacht wird und sich deshalb als nur vorgeschoben erweist.

Wird das eingebrachte Betriebsvermögen – dem Grundsatz folgend – mit dem gemeinen Wert angesetzt, ist der dadurch beim Einbringenden A entstehende Einbringungsgewinn dennoch nicht nach §§ 16, 34 EStG begünstigt, weil nicht alle stillen Reserven in allen wesentlichen Betriebsgrundlagen aufgedeckt wurden. Nach der im Zusammenhang mit §§ 16, 34 EStG anzuwendenden Gesamtplanrechtsprechung ist die Tarifbegünstigung nicht zu gewähren, wenn aufgrund einheitlicher Planung und in engem zeitlichem Zusammenhang mit der Einbringung/Veräußerung des Betriebs wesentliche Betriebsgrundlagen zum Buchwert „ausgelagert" werden (zuletzt BFH v. 5.2.2014 - X R 22/12, BStBl 2014 II 388). Die kurz vor der Einbringung des Betriebs vorgenommene Buchwertübertragung des Grundstücks in die KG führt zur Versagung der Steuerbegünstigung der §§ 16, 34 EStG.

Der Verweis in Rdn. 20.07 UmwStE auf die Gesamtplanrechtsprechung ist nicht zielführend. Die Gesamtplanrechtsprechung mit der anzustellenden zeitraumbezogenen Betrachtung bezieht sich auf die Anwendung der §§ 16, 34 EStG, die eine von § 20 UmwStG zu unterscheidende Zielrichtung verfolgen (s. Rdn. 614; zur Kritik an der Auffassung der Finanzverwaltung hinsichtlich der Anwendung der Gesamtplanrechtsprechung *Herlinghaus*, FR 2014, 441, 452; *Menner* in Haritz/Menner/Bilitewski, UmwStG, 6. Aufl. 2024, § 20 UmwStG Rdn. 165 m. w. N.).

4.2.1.2 Teilbetrieb

629 Die Verwaltung übernimmt für den Begriff „Teilbetrieb" i. S. d. §§ 15, 20 und 24 UmwStG die Definition aus Art. 2 Buchst. j der Richtlinie 2009/133/EG (Fusionsrichtlinie) (Rdn. 15.02 UmwStE). Danach ist ein Teilbetrieb die Gesamtheit der in einem Unternehmensteil vorhandenen aktiven und passiven Wirtschaftsgüter, die in organisatorischer Hinsicht einen selbständigen Betrieb, d. h. eine aus eigenen Mitteln funktionsfähige Einheit, darstellen.

630 Wegen der Übereinstimmung mit dem Begriff „Teilbetrieb" i. S. d. § 15 UmwStG wird an dieser Stelle auf die Ausführungen zu § 15 UmwStG verwiesen. Im Unterschied zu § 15 Abs. 1 Satz 2 UmwStG kommt es nicht darauf an, ob der zurückbehaltene „Restbetrieb" ebenfalls die Voraussetzungen eines Teilbetriebs erfüllt. Bei den Einbringungen i. S. d. §§ 20, 24 UmwStG ist nur darauf abzustellen, ob der Gegenstand der Einbringung ein Teilbetrieb ist.

BEISPIEL 1 B (Zahnarzt) betreibt eine Zahnarztpraxis mit angeschlossenem zahntechnischen Labor in angemieteten Räumen. Das Labor ist nur für die Praxis des B tätig, nicht auch für fremde Zahnärzte; es hat keinen eigenständigen Kundenkreis. Zum 1.1. bringt B das zahntechnische Labor – unter Fortführung seiner Zahnarztpraxis – in die B-GmbH ein.

LÖSUNG § 20 UmwStG ist auf die Einbringung nicht anwendbar, weil kein Teilbetrieb in die B-GmbH eingebracht wurde. B hat bisher nur eine einzige betriebliche Tätigkeit (zahnärztliche Heilbehandlung) ausgeübt, die die erforderliche Laborarbeit miteinschloss. Die Zahnarztpraxis war ein Betrieb, der nicht in Teilbetriebe aufteilbar ist. Das zahntechnische Labor war mangels eigener Marktteilnahme nur eine unselbständige innerbetriebliche Organisationseinheit, die in ihrer Funktion von der Zahnarztpraxis abhing. Die Einbringung des Labors in die B-GmbH (gegen Gewährung von neuen Anteilen) stellt einen veräußerungsähnlichen Vorgang dar, der (zwingend) zur Aufdeckung aller darin enthaltenen stillen Reserven führt.

BEISPIEL 2 Die C-GmbH betreibt einen Groß- und Einzelhandel mit Sportausrüstungen. Zum 1.1. bringt sie ihren Einzelhandel in die X-GmbH ein. Im Jahr zuvor hatte die C-GmbH noch ein Darlehen i. H. v. 1 000 000 € aufgenommen, welches sie für Investitionen im Einzelhandel benötigte. Die diesem Betrag entsprechende Geldschuld wurde bei der Einbringung des Einzelhandels in die X-GmbH von der C-GmbH zurückbehalten.

LÖSUNG Der Einzelhandel mag bisher einen Teilbetrieb dargestellt haben. Dennoch liegt nach Auffassung der Finanzverwaltung keine Einbringung eines (ganzen) Teilbetriebs i. S. d. § 20 UmwStG vor, weil die Finanzverwaltung auf den europäischen Teilbetriebsbegriff i. S. d. Fusionsrichtlinie abstellt und nicht alle diesem Teilbetrieb nach wirtschaftlichen Zusammenhängen zuordenbaren (passiven) Wirtschaftsgüter auf die übernehmende Gesellschaft übertragen wurden. Die zurückbehaltene Darlehensschuld steht in einem wirtschaftlichen Zusammenhang mit den in dem Teilbetrieb „Einzelhandel" vorgenommenen Investitionen. Mit der Trennung des Wirtschaftsguts „Darlehensschuld" von dem Einzelhandel wurde nicht die Gesamtheit der in einem Unternehmensteil vorhandenen aktiven und passiven Wirtschaftsgüter übertragen. Die in dem eingebrachten Vermögen ruhenden stillen Reserven sind vollständig aufzudecken und zu versteuern. Legt man hingegen das nationale Verständnis des Teilbetriebsbegriffs zugrunde, gehören Verbindlichkeiten regelmäßig nicht zu den wesentlichen Betriebsgrundlagen eines Teilbetriebs (*Menner* in Haritz/Menner/Bilitewski, UmwStG, 6. Aufl. 2024, § 20 UmwStG Rdn. 106, 75), sodass in diesem Fall die Einbringung eines ganzen Teilbetriebs i. S. d. § 20 UmwStG vorläge.

Die Teilbetriebsvoraussetzungen müssen zum steuerlichen Übertragungsstichtag beim Einbringenden vorgelegen haben (Rdn. 20.06 i. V. m. 15.07 UmwStE). 631

Die steuerneutrale Einbringung ist nur dann möglich, wenn sämtliche funktional wesentlichen Betriebsgrundlagen sowie die diesem Teilbetrieb nach wirtschaftlichen Zusammenhängen zuordenbaren (aktiven und passiven) Wirtschaftsgüter auf die übernehmende Gesellschaft übertragen werden. Sind diese Voraussetzungen nicht erfüllt, handelt es sich nur um die Einbringung von Einzelwirtschaftsgütern, die grundsätzlich die Aufdeckung der darin enthaltenen stillen Reserven zur Folge hat. 632

Einstweilen frei 633

Wird eine funktional wesentliche Betriebsgrundlage (z. B. Grundstück, Betriebsvorrichtung) von mehreren Teilbetrieben eines Unternehmens gemeinsam genutzt und deshalb (vollständig) von der Einbringung ausgenommen, liegt nach Auffassung der Finanzverwaltung keine Sacheinlage i. S. d. § 20 UmwStG vor (Rdn. 20.06 i. V. m. 15.08 UmwStE). 634

BEISPIEL Die natürliche Person X ist Eigentümer eines mit mehreren Gebäuden bebauten Grundstücks. Einen Teil des Grundstücks (mit einem Gebäude) verpachtet er an die von ihm beherrschte X-GmbH, die darauf eine Kfz-Vermietung betreibt, und den restlichen Grundstücksteil (mit zwei weiteren Gebäuden) an die – ebenfalls von ihm beherrschte – Y-GmbH, die eine Kfz-Werkstatt betreibt. Es wurden jeweils gesonderte Pachtverträge abgeschlossen.

Zum 1. 1. bringt X seinen Anteil an der Y-GmbH gegen Gewährung neuer Anteile in die Z-AG ein.

LÖSUNG Mit der Verpachtung des Grundstücks an die X-GmbH und – bis zum 1.1. – an die Y-GmbH betreibt X ein Gewerbe i. S. d. § 15 Abs. 2 Satz 1 EStG, weil die Voraussetzungen einer Betriebsaufspaltung erfüllt sind. Dem Besitzunternehmen des X stehen zwei Betriebsgesellschaften gegenüber.

Die Grundstücksverpachtungen an die X-GmbH und an die Y-GmbH stellen jeweils Teilbetriebe dar, weil jede für sich gesehen die Voraussetzungen eines Gewerbebetriebs erfüllt und es sich bei den Grundstücksteilen um voneinander abgrenzbare Verwaltungskomplexe handelt. Die räumlich abgrenzbaren Grundstücksteile wurden durch gesonderten Vertrag nur der jeweiligen GmbH als Pächterin überlassen. Zu den funktional wesentlichen Betriebsgrundlagen des jeweiligen Teilbetriebs gehören der jeweilige GmbH-Anteil und der jeweils der X-GmbH bzw. der Y-GmbH zuzuordnende Grundstücksteil.

Mit der Einbringung des Anteils an der Y-GmbH in die Z-AG ist mangels gleichzeitiger Übertragung des der Y-GmbH zuzuordnenden Grundstücksteils kein ganzer Teilbetrieb i. S. d. § 20 Abs. 1 UmwStG eingebracht worden, weshalb diese Vorschrift nicht angewendet werden kann.

Im vorliegenden Beispiel sind aber die Voraussetzungen des § 21 Abs. 1 UmwStG (qualifizierter Anteilstausch) erfüllt. Unter den dort genannten weiteren Voraussetzungen kann der Y-GmbH-Anteil mit seinem Buchwert in die Z-AG eingebracht werden. Wird davon Gebrauch gemacht, müssen die aus einer eventuellen Entnahme des verpachteten Grundstücksteils aufzulösenden stillen Reserven als laufender Gewinn versteuert werden. X könnte diesen Grundstücksteil – trotz Beendigung der Betriebsaufspaltung im Verhältnis zu Y-GmbH – aber auch als (geduldetes) Betriebsvermögen in seinem Besitzunternehmen (im Rahmen der Betriebsaufspaltung mit der X-GmbH) mit dem Buchwert fortführen.

Wird der Veräußerungspreis (für den Y-GmbH-Anteil) nach § 21 Abs. 2 Satz 1 UmwStG mit dem gemeinen Wert angesetzt und zugleich der der Y-GmbH zuzuordnende Grundstücksteil – ebenfalls mit dem gemeinen Wert gem. § 16 Abs. 3 Satz 8 EStG – entnommen, handelt es sich um eine nach §§ 16, 34 EStG begünstigte Teilbetriebsaufgabe.

Gestaltungshinweis: Hätte X das gemischt genutzte Grundstück zivilrechtlich geteilt und dann das an die Y-GmbH verpachtete Grundstück ebenfalls (im zeitlichen und sachlichen Zusammenhang mit dem GmbH-Anteil) in die Z-AG eingebracht, läge insgesamt eine Teilbetriebseinbringung i. S. d. § 20 Abs. 1 UmwStG vor. In diesem Fall wäre auch die Einbringung des Y-GmbH-Anteils den Regelungen des § 20 UmwStG unterworfen, weil es sich um eine Einbringung eines ganzen Teilbetriebs handelt.

635 Eine zu einem Betriebsvermögen gehörende **100 %-Beteiligung an einer Kapitalgesellschaft** gilt (im Unterschied zu § 15 und § 24 UmwStG) nicht als Teilbetrieb i. S. d. § 20 Abs. 1 UmwStG (Rdn. 20.06 UmwStE; BR-Drucks. 542/06 69).

4.2.1.3 Mitunternehmeranteil

4.2.1.3.1 Allgemeines

636 Gegenstand einer Sacheinlage gem. § 20 Abs. 1 UmwStG kann auch ein Mitunternehmeranteil sein. Ein Mitunternehmeranteil ist eine gesellschaftsrechtliche Beteiligung

an einer, betriebliche Einkünfte erzielenden, Personengesellschaft, bei der der Gesellschafter als Mitunternehmer anzusehen ist. Es kann sich dabei um eine Beteiligung an allen als Personengesellschaft einzustufenden Personenzusammenschlüssen handeln.

In Betracht kommen die Beteiligung an einer GbR, OHG, KG, Partnerschaftsgesellschaft, 637
als persönlich haftender Gesellschafter an einer KGaA, an einer atypisch stillen Gesellschaft, einer atypischen Untergesellschaft (Unterbeteiligung) und an einer ausländischen Gesellschaft, die nach inländischen Maßstäben als Personengesellschaft zu beurteilen ist. Der Beteiligte muss in seiner Gesellschafterstellung mitunternehmerische **Initiative** entfalten können und mitunternehmerisches **Risiko** tragen.

4.2.1.3.2 Sonderbetriebsvermögen

Die Einbringung i. S. d. § 20 UmwStG erfordert, dass mindestens alle zu dem Mitunter- 638
nehmeranteil gehörenden (funktional) wesentlichen Betriebsgrundlagen gegen Gewährung neuer Anteile auf die Kapitalgesellschaft oder Genossenschaft übergehen. Dabei ist zu beachten, dass der Begriff des Mitunternehmeranteils i. S. d. § 15 Abs. 1 Satz 1 Nr. 2 EStG (ggf. i. V. m. § 13 Abs. 7 oder § 18 Abs. 4 Satz 2 EStG) nicht nur den Anteil des Mitunternehmers am Vermögen der Gesellschaft (Gesamthandsvermögen), sondern – zum Zweck einer möglichst weitgehenden Annäherung der Besteuerung von Einzel- und Mitunternehmern – auch etwaiges Sonderbetriebsvermögen des Gesellschafters umfasst (ständige Rechtsprechung s. BFH v. 6.12.2000 - VIII R 21/00, BStBl 2003 II 194). Sind Wirtschaftsgüter des Sonderbetriebsvermögens als wesentliche Betriebsgrundlage zu qualifizieren, müssen auch sie – zusammen mit der zivilrechtlichen Beteiligung an der Personengesellschaft – in die Kapitalgesellschaft (oder Genossenschaft) eingebracht werden (Rdn. 20.06 UmwStE).

BEISPIEL An der AB-KG sind A als Komplementär mit 60 % und B als Kommanditist mit 40 % beteiligt. Mit Wirkung zum 31.12. überträgt A seinen 60 %-Anteil an der AB-KG (inkl. seiner Komplementärstellung) auf die neu gegründete A-GmbH gegen Gewährung neuer Anteile an der übernehmenden Gesellschaft, an der er mit 50 % beteiligt ist. Die (fortbestehende) AB-KG betreibt ihr Gewerbe weiterhin auf einem vom Eigentümer A angemieteten Grundstück.

LÖSUNG § 20 UmwStG findet keine Anwendung, weil nicht ein ganzer Mitunternehmeranteil in die GmbH eingebracht wird. Zum Mitunternehmeranteil des A gehört auch das Grundstück, auf dem die KG ihr Gewerbe betrieben hat. Dieses Grundstück ist notwendiges Sonderbetriebsvermögen I (s. R 4.2 Abs. 2 Satz 2 EStR) und eine funktional wesentliche Betriebsgrundlage, die nicht auf die A-GmbH übergeht.

Die Nichtanwendbarkeit des § 20 UmwStG hat zur Folge, dass die stillen Reserven in den 60 %-Anteilen an den Wirtschaftsgütern des Gesamthandsvermögens nach allgemeinen Tauschgrundsätzen aufzudecken sind.

Das (zurückbehaltene) Grundstück ist mit dem Ausscheiden des A aus der AB-KG und der weiteren Vermietung (an die AB-KG) entnommen worden (s. auch Rdn. 20.08 UmwStE). Die Vermietung ist nunmehr bloße private Vermögensverwaltung i. S. d. § 14 Satz 3 AO. Die Voraussetzungen einer Betriebsaufspaltung sind mangels personeller Verflechtung nicht erfüllt.

Der Gewinn aus der Veräußerung des KG-Anteils und der Entnahme des Grundstücks ist ein nach §§ 16, 34 EStG begünstigter Gewinn (Aufgabe eines Mitunternehmeranteils).

Abwandlung

A behält die Komplementärstellung in der AB-KG, jedoch bringt B seinen 40 %-Kommanditanteil gegen Gewährung neuer Anteile an der übernehmenden A-GmbH in die A-GmbH ein.

LÖSUNG § 20 Abs. 1 UmwStG ist hinsichtlich des von B verwirklichten Tauschgeschäfts erfüllt. Sein Mitunternehmeranteil an der AB-KG stimmt – mangels vorhandenem Sonderbetriebsvermögen – mit seinem (zivilrechtlichen) Gesellschaftsanteil überein.

Unter den weiteren Voraussetzungen des § 20 Abs. 2 Satz 2 UmwStG kann der Mitunternehmeranteil des B steuerneutral mit dem Buchwert eingebracht werden. Will die übernehmende Gesellschaft (A-GmbH) den eingebrachten Mitunternehmeranteil mit dem gemeinen Wert oder einem Zwischenwert ansetzen, sind diese Werte mit den die Buchwerte überteigenden Beträgen i. R. einer entsprechenden Ergänzungsbilanz für die übernehmende Gesellschaft bei der steuerlichen Gewinnermittlung der AB-KG zu berücksichtigen (Rdn. 20.22 UmwStE).

Auch Wirtschaftsgüter des **Sonderbetriebsvermögens II** können funktional wesentliche Betriebsgrundlagen sein. Das gilt z. B. für Anteile der Mitunternehmer einer Organträger-Personengesellschaft an der Organgesellschaft, wenn diese nahezu ausschließlich für die Organträgerin tätig ist (BFH v. 28.8.2003 IV R 46/02, BStBl 2004 II 216), für die Anteile der Besitz-Personengesellschafter an der Betriebs-Kapitalgesellschaft bei einer Betriebsaufspaltung (vgl. BFH v. 4.7.2007 - X R 49/06, DStRE 2007, 1229) und u. U. für die Anteile der Kommanditisten einer GmbH & Co. KG an der Komplementär-GmbH (H 4.2 Abs. 2 „Anteile an Kapitalgesellschaften" 7. Tiret EStH sowie OFD Frankfurt v. 3.12.2015 - S 2134 A – 14 St 213).

639 Die Einbringung eines Mitunternehmeranteils mitsamt dem dazu gehörenden „wesentlichen" Anteil an einer Kapitalgesellschaft ist ein einheitlich nach § 20 UmwStG zu beurteilender Vorgang. Es erfolgt keine Aufteilung in eine nach § 20 UmwStG und eine nach § 21 UmwStG zu beurteilende Einbringung.

640 Wird ein Mitunternehmeranteil in die Kapitalgesellschaft eingebracht, deren Anteile zu dem Mitunternehmeranteil gehören und die dafür funktional wesentlich sind (z. B. Einbringung eines Kommanditanteils in die Komplementär-GmbH bei einer GmbH & Co. KG, an der die Komplementär-GmbH auch vermögens- und erfolgsmäßig beteiligt ist, vgl. aber BFH v. 1.2.2024 - IV R 9/20, BStBl 2025 II 309 zu § 24 UmwStG), kann die Beteiligung an der übernehmenden Kapitalgesellschaft zurückbehalten werden. In diesem Fall müsste – für eine Anwendung des § 20 UmwStG – der Einbringende allerdings einen unwiderruflichen Antrag stellen und sich damit einverstanden erklären, die zurückbehaltenen Anteile künftig als erhaltene Anteile zu behandeln (s. Rdn. 20.09 und 20.10 UmwStE). Wird das eingebrachte Betriebsvermögen nach § 20 Abs. 2 Satz 2 UmwStG mit dem Buchwert angesetzt, gelten (auch) die zurückbehaltenen Anteile an der übernehmenden Kapitalgesellschaft als steuerverstrickte Anteile i. S. d. § 22 Abs. 1 UmwStG.

4.2.1.3.3 Bruchteil eines Mitunternehmeranteils

641 Die Einbringung eines **Bruchteils eines Mitunternehmeranteils** kann ebenfalls nach § 20 UmwStG begünstigt sein (Rdn. 20.11 UmwStE). Bei Vorhandensein von Sonderbetriebsvermögen muss ein quotal gleich hoher Anteil – zumindest an den zum Sonderbetriebsvermögen gehörenden wesentlichen Betriebsgrundlagen – mit übertragen werden.

BEISPIEL Gesellschafter der X-GmbH & Co. KG sind die X-GmbH als Komplementärin (ohne eigenen Geschäftsbetrieb) sowie Y und Z als Kommanditisten. Die X-GmbH war bisher mit 10 % am Vermögen sowie am Gewinn und Verlust der X-GmbH & Co. KG beteiligt und Y und Z mit jeweils 45 %. Die Anteile an der X-GmbH werden zu jeweils 50 % von Y und Z gehalten. Ihr Gewerbe betreibt die X-GmbH & Co. KG in einem vom Eigentümer Y angemieteten Grundstück mit aufstehendem Fabrik- und Bürogebäude.

Mit Wirkung zum 1.1. wird das Stammkapital der X-GmbH gegen die Begründung einer Sacheinlageverpflichtung erhöht. Die neuen GmbH-Anteile werden von Y und Z gegen Übertragung jeweils eines Drittels ihrer Beteiligung an der X-GmbH & Co. KG erworben. Fortan sind die X-GmbH mit 40 % sowie Y und Z mit jeweils 30 % an der X-GmbH & Co. KG beteiligt. Das Grundstück steht weiterhin im Alleineigentum des Y.

LÖSUNG Auf die Einbringung des Anteils von einem Drittel der Beteiligung des Z an der X-GmbH & Co. KG kann § 20 UmwStG angewendet werden. Zwar gehört der 50 %-Anteil an der X-GmbH als notwendiges Sonderbetriebsvermögen II ebenfalls zu dem Mitunternehmeranteil und ist als funktional wesentlich zu beurteilen (s. OFD Rheinland vom 23.3.2011 unter III., FR 2011, 489). Die Zurückbehaltung seines „ganzen" 50 %-Anteils an der X-GmbH steht der Anwendung des § 20 UmwStG aber nicht entgegen, wenn Z einen unwiderruflichen Antrag gestellt und sich damit einverstanden erklärt hat, diesen Anteil als erhaltenen Anteil zu behandeln. Setzt die GmbH den eingebrachten Teil des Mitunternehmeranteils mit einem den gemeinen Wert unterschreitenden Wert an, gelten auch die Altanteile des Z an der X-GmbH als steuerverstrickt i. S. d. § 22 Abs. 1 UmwStG.

Keine Anwendung findet § 20 UmwStG auf die Einbringung des Teilanteils von einem Drittel der KG-Beteiligung des Y. Zu dem Mitunternehmeranteil des Y gehört nämlich auch das für den Betrieb funktional wesentliche Grundstück mit aufstehendem Fabrik- und Bürogebäude. Die Einbringung eines Teils seines Mitunternehmeranteils liegt nur dann vor, wenn ein entsprechend hoher Bruchteil seines Sonderbetriebsvermögens mitübertragen wird. Auf die Übertragung eines Teils seiner Beteiligung an der GmbH kann zwar verzichtet werden (s. o.), nicht jedoch auf die Einbringung eines quotal gleich hohen Miteigentumsanteils an dem zum notwendigen Sonderbetriebsvermögen I gehörenden Grundstück.

Wenn schon bei der Einbringung eines ganzen Mitunternehmeranteils die gleichzeitige Übertragung der im Sonderbetriebsvermögen stehenden Wirtschaftsgüter gefordert wird, muss dies erst recht bei der Einbringung nur eines Teils eines Mitunternehmeranteils gelten. Rein praktische Erwägungen etwa dergestalt, dass es sich bei dem Wirtschaftsgut des Sonderbetriebsvermögens um ein nicht teilbares Wirtschaftsgut handelt, lässt der BFH nicht gelten. Er weist darauf hin, dass an jedem Wirtschaftsgut einem anderen (der aufnehmenden Kapitalgesellschaft) Bruchteilseigentum eingeräumt oder zumindest wirtschaftliches Miteigentum übertragen werden kann (BFH v. 24.8.2000 - IV R 51/98, BStBl 2005 II 173). Das ist im vorliegenden Beispiel nicht geschehen.

Folglich wurden von Y nur Miteigentumsanteile an einzelnen (zum Gesamthandsvermögen der X-GmbH & Co. KG gehörenden) Wirtschaftsgütern, nicht jedoch eine qualifizierte Sachgesamtheit eingebracht. Die Übertragung der Miteigentumsanteile führt zwingend (nach allgemeinen Tauschgrundsätzen) zur Aufdeckung der stillen Reserven. Der entstehende Gewinn ist ein laufender, nicht nach §§ 16, 34 EStG begünstigter Gewinn, der auch der Gewerbesteuer unterliegt. Es handelt sich um einen laufenden Gewinn, weil nicht sämtliche stillen Reserven in allen wesentlichen Betriebsgrundlagen des Mitunternehmeranteils aufgelöst werden, denn die Wirtschaftsgüter des Sonderbetriebsvermögens dienen weiterhin der (verbleibenden) mitunternehmerischen Betätigung des Y und bleiben durch die Fortführung mit den Buchwerten steuerverstrickt. Im Übrigen wäre auch die Veräußerung bzw. Einbringung eines kompletten Teilanteils gem. § 16 Abs. 1 Satz 2 EStG bzw. § 20 Abs. 4 UmwStG nicht nach §§ 16, 34 EStG begünstigt. Der Gewinn unterliegt der Gewerbesteuer, weil es nicht zur Beendigung der mitunternehmerischen Tätigkeit des Y kommt.

ANMERKUNG Würde Y im Zusammenhang mit der Übertragung seines Teilanteils an der X-GmbH & Co. KG auch das (ganze) Grundstück mit aufstehendem Fabrik- und Bürogebäude in die X-GmbH einbringen, läge die Einbringung eines Mitunternehmerteilanteils (qualifizierte Sachgesamtheit) vor. Von der Grundstückseinbringung würde aber nur ein dem Teilanteil an der X-GmbH & Co. KG quotal entsprechender Teil (hier: ein Drittel) § 20 UmwStG unterstehen. Für zwei Drittel des Grundstücks müssen nach wohl herrschender Auffassung (vgl. *Menner* in Haritz/Menner/Bilitewski, UmwStG, 6. Aufl. 2024, § 20 UmwStG Rdn. 168; a. A. Flick Gocke Schaumburg/Bundesverband der Deutschen Industrie, Der Umwandlungssteuer-Erlass 2011, zu Rdn. 20.11 UmwStE) die stillen Reserven (zwingend) aufgelöst werden.

Würde nur ein geringerer Anteil an dem Grundstück übertragen, als es der Quote am Gesamthandsvermögen entspricht (unterquotale Übertragung), läge eine nach § 20 UmwStG begünstigte Sacheinlage vor, soweit sich der Anteil am Gesellschaftsvermögen und am Sonderbetriebsvermögen decken. Für den übersteigenden Anteil am Gesellschaftsvermögen müssen zwingend die stillen Reserven aufgelöst werden.

4.2.1.4 Einbringung von Betriebsvermögen einer Personengesellschaft

642 Auch bei der Einbringung von Betriebsvermögen einer Personengesellschaft in eine Kapitalgesellschaft oder Genossenschaft kommt § 20 UmwStG nur zur Anwendung, wenn ein Betrieb, Teilbetrieb oder Mitunternehmeranteil (begünstigte Sachgesamtheit) übertragen wird.

643 Das Betriebsvermögen einer Personengesellschaft umfasst sowohl die Wirtschaftsgüter, die zum Gesamthandsvermögen gehören, als auch diejenigen Wirtschaftsgüter, die sich im Sonderbetriebsvermögen befinden (R 4.2 Abs. 2 Satz 1 EStR). Soll ein „ganzer" Betrieb eingebracht werden, müssen sämtliche – also auch die zum Sonderbetriebsvermögen gehörenden – funktional wesentlichen Betriebsgrundlagen des Betriebs auf die übernehmende Gesellschaft übergehen. Entsprechendes gilt für die Einbringung eines Teilbetriebs. In diesem Fall müssen zudem auch die dem Teilbetrieb nach wirtschaftlichen Zusammenhängen zuordenbaren Wirtschaftsgüter übertragen werden (Rdn. 20.06 UmwStE).

644 Der Gegenstand der Einbringung bestimmt sich nach dem zu Grunde liegenden Rechtsgeschäft. Bei der Verschmelzung einer Personengesellschaft ist Einbringungsgegenstand der Betrieb (Rdn. 20.05 UmwStE).

BEISPIEL An der AB-KG sind A als Komplementär mit 60 % und B als Kommanditist mit 40 % beteiligt. Mit Wirkung zum 31.12. überträgt die AB-KG ihr gesamtes Vermögen – unter gleichzeitiger Auflösung – im Wege der Verschmelzung auf die AB-GmbH, deren Stammkapital – einschließlich der zur Durchführung der Verschmelzung vorgenommenen Kapitalerhöhung – im selben Verhältnis wie bei der AB-KG von A und B gehalten wird. Die AB-KG hat ihr Gewerbe auf einem vom Eigentümer A angemieteten Grundstück betrieben, welches dieser nach der Verschmelzung der AB-GmbH zur Nutzung überlässt.

LÖSUNG § 20 UmwStG findet auf diese Verschmelzung – insgesamt – keine Anwendung, weil nicht ein ganzer Betrieb in die AB-GmbH eingebracht wird. Zum Betrieb der AB-KG gehört auch das Grundstück, auf dem die AB-KG ihr Gewerbe betrieben hat. Das Grundstück ist notwendiges Sonderbetriebsvermögen I (s. R 4.2 Abs. 2 Satz 2 EStR) und eine funktional wesentliche Betriebsgrundlage, die nicht auf die AB-GmbH übergeht. Durch die Verschmelzung wird „nur" das Gesamthandsvermögen der AB-KG auf die AB-GmbH übertragen. Die bloße Vermietung des Grundstücks an die AB-GmbH kann dessen Übertragung nicht ersetzen. Unerheblich ist, dass der übergegangene Betrieb als lebender Organismus auch ohne Eigentumserwerb an dem Grundstück fortgesetzt werden kann (BFH v. 16.2.1996 - I R 183/94, BStBl 1996 II 342).

Die Nichtanwendbarkeit des § 20 UmwStG hat zur Folge, dass die stillen Reserven in den Wirtschaftsgütern des Gesamthandsvermögens nach allgemeinen Tauschgrundsätzen aufzudecken sind. Der dabei entstehende Gewinn ist – soweit er auf A entfällt – kein nach §§ 16, 34 EStG begünstigter Gewinn, weil nicht alle stillen Reserven in allen zu seinem Mitunternehmeranteil gehörenden wesentlichen Betriebsgrundlagen aufgelöst werden. Das zurückbehaltene wesentliche Grundstück wird nämlich weder veräußert noch entnommen. Mit der Überlassung des Grundstücks als wesentliche Betriebsgrundlage durch den beherrschenden Gesellschafter A an die AB-GmbH sind die Voraussetzungen einer Betriebsaufspaltung erfüllt. Das Grundstück wechselt – zwingend – mit seinem Buchwert (§ 6 Abs. 5 Satz 2 EStG) aus dem Sonderbetriebsvermögen in das Betriebsvermögen des Besitzeinzelunternehmers A.

Der dem B zuzurechnende Gewinn (aus der Aufgabe seines Mitunternehmeranteils) ist nach §§ 16, 34 EStG begünstigt, denn sein Mitunternehmeranteil besteht – mangels vorhandenem Sonderbetriebsvermögen – nur aus seinem Anteil am Gesamthandsvermögen. Sämtliche darin enthaltenen stillen Reserven sind mit der Einbringung aufzulösen.

Der aus der Einbringung insgesamt entstandene Gewinn rechnet grundsätzlich nicht zum Gewerbeertrag nach § 7 Abs. 1 GewStG. Bei der Übertragung des Gesamthandsvermögens auf die AB-GmbH handelt es sich für die AB–KG um einen betriebsbeendenden – und damit nicht mehr dem werbenden Betrieb zuzurechnenden – Vorgang (vgl. BFH v. 17.2.1994 - VIII R 13/94, BStBl 1994 II 809). Soweit der Gewinn aus der Aufdeckung der stillen Reserven jedoch auf eine andere als eine natürliche Person als unmittelbar beteiligte Mitunternehmerin entfällt, ist er nach § 7 Satz 2 GewStG als Gewerbeertrag zu erfassen.

Der obenstehenden Lösung steht nicht entgegen, dass nicht die AB-KG, sondern die bisherigen Mitunternehmer als Einbringende anzusehen sind (vgl. Rdn. 20.03 UmwStE). Die AB-KG wird infolge der Einbringung (Verschmelzung) aufgelöst. Die – als Gegenleistung für die Übertragung des Betriebsvermögens gewährten – Anteile an der übernehmenden AB-GmbH stehen zivilrechtlich den Mitunternehmern zu.

Anmerkung

Für eine Anwendung des § 20 UmwStG müsste A das Grundstück im Wege der Einzelrechtsnachfolge – zusätzlich zur Verschmelzung – auf die AB-GmbH oder vor der Verschmelzung unter Buchwertfortführung nach § 6 Abs. 5 Satz 3 EStG auf die AB-KG übertragen. Im letztgenannten Fall liegen jedoch zwei grunderwerbsteuerbare Vorgänge vor.

Im Falle einer Auf- oder Abspaltung oder einer Ausgliederung aus dem Betriebsver- 645
mögen einer Personengesellschaft muss – für die Anwendung des § 20 UmwStG – (ebenfalls) ein „ganzer" Betrieb oder ein „ganzer" Teilbetrieb oder ein Mitunternehmeranteil (an einer Untergesellschaft) übertragen werden. Die Übertragung eines ganzen Betriebs ist auch bei einer noch fortbestehenden Personengesellschaft denkbar. Eine gewerblich tätige oder geprägte Personengesellschaft kann mehrere sachlich selbständige Betriebe – zwar nicht zeitgleich (vgl. R 2.4 Abs. 3 Satz 1 GewStR), aber – nacheinander betreiben (BFH v. 17.3.2010 - IV R 41/07, BStBl 2010 II 977).

4.2.2 Gewährung neuer Anteile

4.2.2.1 Neue Anteile an der übernehmenden Gesellschaft

Weitere Voraussetzung für die Anwendung des § 20 UmwStG ist, dass als Gegenleis- 646
tung für die Einbringung einer qualifizierten Sachgesamtheit neue Anteile an der auf-

nehmenden Kapitalgesellschaft oder Genossenschaft gewährt werden. Es muss ein (unmittelbarer) kausalitätsbegründender Zusammenhang zwischen der Ausgabe der neuen Anteile und der Übertragung des begünstigten Vermögens bestehen, denn der Einbringende muss „dafür" neue Anteile erhalten.

647 Neue Anteile entstehen entweder durch die **Gründung einer Kapitalgesellschaft** oder durch die **Erhöhung des Nennkapitals** einer bereits bestehenden Kapitalgesellschaft.

Für die Anwendung des § 20 UmwStG reicht es aus, wenn nach der Einlagevereinbarung der Einbringende die qualifizierte Sachgesamtheit nur als Aufgeld (Sachagio) neben der vereinbarten Bareinlage zu übertragen hat. Es muss sich also nicht zwingend um eine Sachgründung oder Sachkapitalerhöhung im gesellschaftsrechtlichen Sinne (§§ 27 Abs. 1, 183 Abs. 1 AktG, §§ 5 Abs. 4, 56 Abs. 1 GmbHG, § 7a Abs. 3 GenG) handeln. Der Tatbestand des § 20 UmwStG ist auch erfüllt, wenn eine Bargründung oder Barkapitalerhöhung vereinbart wurde und der (Teil-)Betrieb oder Mitunternehmeranteil nach dieser Vereinbarung als Aufgeld für den Erwerb der neuen Anteile zu übertragen ist (Rdn. 01.44 und E 20.09 UmwStE).

Folgende Vorgänge fallen **nicht** unter § 20 UmwStG (Rdn. E 20.10 UmwStE):

648 ► Die Gewährung **eigener Anteile**. Das sind Anteile an der übernehmenden Gesellschaft, die schon vor der Sacheinlage durch andere Vorgänge begründet und später von der übernehmenden Gesellschaft selbst erworben worden sind. Auch wenn die Weiterveräußerung dieser Anteile wie eine Erhöhung des Nennkapitals zu behandeln ist (s. BMF v. 27.11.2013, BStBl 2013 I 1615, Rdn. 13), sind sie nicht mehr „neu".

649 ► Die Sacheinlage im Wege der **verdeckten Einlage**. Durch eine verdeckte Einlage erhöht sich zwar das Vermögen (Eigenkapital) der aufnehmenden Gesellschaft. Es werden aber keine neuen Anteile ausgegeben (keine Nennkapitalerhöhung). Die durch die Vermögenszuwendung eintretende Werterhöhung der bereits vorhandenen Anteile ist nur eine Reflexwirkung der verdeckten Einlage und keine Gegenleistung im Sinne eines Veräußerungspreises (BFH v. 20.7.2005 - X R 22/02, BStBl 2006 II 457).

650 ► Die **verschleierte Sachgründung** oder Sachkapitalerhöhung. Eine verschleierte Sachgründung wird im Allgemeinen angenommen bei Bargründung einer Kapitalgesellschaft und zeitnaher anschließender Übertragung eines (Teil-)Betriebs auf die neu gegründete Kapitalgesellschaft, wobei die aus der schuldrechtlichen Übertragung des (Teil-)Betriebs für den Einbringenden resultierende Forderung entweder mit der Forderung der Kapitalgesellschaft auf Bareinlage verrechnet bzw. aus der im zeitlichen Zusammenhang der Kapitalgesellschaft zugeflossenen Bareinlage getilgt wird oder durch den Kaufvertrag dem Einbringenden erst die Begleichung seiner Einlageforderung ermöglicht wird (BFH-Urteil v. 1.7.1992 - I R 5/92, BStBl 1993 II 131).

Bei einer solchen Gestaltung soll die Gesellschaft zwar einerseits einen Sachwert erhalten, andererseits werden jedoch die gesetzlichen Regeln für (offene) Sacheinlagen objektiv dadurch unterlaufen, dass eine Bareinlage vereinbart wird (BGH v. 7.9.2007 - II ZR 62/06, DB 2007, 2025). Zivil- und steuerrechtlich ist eine rechtswirksame Bareinlageverpflichtung anzunehmen. Bei den Vereinbarungen zur Übertragung des (Teil-)Betriebs (verdeckte Einlage) geht der BGH hingegen von der Nichtigkeit sowohl des Verpflichtungs- als auch des Erfüllungsgeschäfts aus (BGH v. 7.7.2003 - II ZR 235/01, GmbHR 2003, 1051).

Der BFH lehnt auch eine analoge Anwendung des § 20 UmwStG ab (BFH v. 1.7.1992 - I R 5/92, BStBl 1993 II 131). Die analoge Gesetzesanwendung setzt eine Gesetzeslücke, d. h. eine planwidrige mit dem Gesetzeszweck nicht zu vereinbarende Unvollständigkeit des Gesetzes voraus (vgl. z. B. BFH v. 9.8.1989 - X R 30/86, BStBl 1989 II 891 m. w. N.). Eine solche Unvollständigkeit besteht für die verschleierte Sachgründung nicht. Bargründungen und Sachgründungen sind jeweils abschließend steuergesetzlich geregelt. Die unterschiedliche steuerliche Behandlung ist auch nicht planwidrig. § 20 UmwStG liegt die Vorstellung der das eingebrachte Betriebsvermögen repräsentierenden Gesellschaftsanteile zu Grunde. Dieser Vorstellung entspricht die „Sacheinlage" bei der verschleierten Sachgründung nicht.

- Eine **Verschmelzung** oder **Spaltung ohne Kapitalerhöhung**. Das UmwG enthält in den §§ 54 und 68 ggf. i. V. m. § 125 Kapitalerhöhungsverbote. So darf z. B. bei einer Aufwärtsverschmelzung (up-stream-merger), bei der eine 100 %-Tochtergesellschaft auf ihre Muttergesellschaft umgewandelt wird, die übernehmende Gesellschaft ihr Kapital nicht erhöhen. Eine solche Situation ist z. B. gegeben, wenn die M-GmbH als einzige Kommanditistin mit 100 % an der T-GmbH & Co. KG und zugleich mit 100 % an der Komplementärin (T-GmbH) beteiligt ist und die T-GmbH & Co. KG mit ihrem Betrieb auf die M-GmbH verschmolzen wird. 651

  Bei einer Abwärtsverschmelzung (down-stream-merger) – z. B. wird die AB-OHG, zu deren Gesamthandsvermögen eine 100 %-Beteiligung an der T-GmbH gehört, auf Letztgenannte verschmolzen – braucht die übernehmende Gesellschaft ihr Nennkapital nicht zu erhöhen, wenn die Einlagen auf ihre Anteile voll bewirkt sind (§ 54 Abs. 1 Satz 2 Nr. 2, § 68 Abs. 1 Satz 2 Nr. 2 UmwG). Macht sie von dieser Möglichkeit Gebrauch, ist ebenfalls die Anwendung des § 20 UmwStG mangels Ausgabe neuer Anteile ausgeschlossen.

4.2.2.2 Gewährung neuer Anteile und weiterer Wirtschaftsgüter

Die Gegenleistung für die Einbringung einer qualifizierten Sachgesamtheit muss nicht ausschließlich in der Gewährung neuer Anteile bestehen. Der Regelung in § 20 Abs. 2 Satz 2 Nr. 4 und Satz 4 UmwStG ist zu entnehmen, dass dem Einbringenden neben den neuen Anteilen auch noch sonstige Gegenleistungen gewährt werden können. Es reicht aus, dass überhaupt neue Gesellschaftsanteile gewährt werden. So können dem Einbringenden neben den neuen Anteilen Geld oder Sachwerte übertragen, zu seinen Gunsten ein Gesellschafterdarlehen ausgewiesen oder eine private Schuld übernommen werden. Auch die Beteiligungshöhe ist unerheblich. 652

BEISPIEL Die komprimierte – um die Angabe des gemeinen Wertes ergänzte – Schlussbilanz des Einzelgewerbetreibenden A zum 31.12. stellt sich wie folgt dar:

A 31.12. P

	Buchwert	(gemeiner Wert)		
Summe Aktiva	200 000 €	(520 000 €)	Kapital	80 000 €
			Verbindlichkeiten	120 000 €
	200 000 €	(520 000 €)		200 000 €

A möchte als alleiniger Gesellschafter die A-GmbH im Wege der Sachgründung gem. § 5 Abs. 4 GmbHG errichten. Als Sacheinlage überträgt A seinen ganzen Gewerbebetrieb.

Die (noch darzustellenden) besonderen Voraussetzungen für eine Buchwertübertragung nach § 20 Abs. 2 Satz 2 UmwStG sind erfüllt. Im Gesellschaftsvertrag der A-GmbH wird festgelegt, dass die Stammeinlage, auf die sich die Sacheinlage bezieht und die hier mit dem gesamten Stammkapital der A-GmbH übereinstimmt,

a) 80 000 €

b) 50 000 € unter gleichzeitigem Ausweis einer Kapitalrücklage von 30 000 €

c) 60 000 € betragen und zugunsten des A eine Darlehensverbindlichkeit i. H. v. 20 000 € ausgewiesen werden soll.

(Komprimierte) Eröffnungsbilanz der A-GmbH für die jeweilige Fallvariante:

a) Das Stammkapital beträgt 80 000 €.

A	Eröffnungsbilanz der A-GmbH		P
Summe Aktiva	200 000 €	gez. Kapital	80 000 €
		Verbindlichkeiten	120 000 €
	200 000 €		200 000 €

Da ein Betrieb gegen Gewährung neuer Anteile in eine Kapitalgesellschaft eingebracht wurde, sind die Voraussetzungen des § 20 Abs. 1 UmwStG erfüllt. Die A-GmbH hat von der in § 20 Abs. 2 Satz 2 UmwStG eingeräumten Möglichkeit des Buchwertansatzes Gebrauch gemacht. Die in dem eingebrachten Betrieb aufgelaufenen stillen Reserven (320 000 €) sind von der A-GmbH übernommen worden. Steuerlich sind die stillen Reserven nach wie vor dem Einbringenden A zuzurechnen; sie setzen sich in dem GmbH-Anteil fort, der nunmehr das eingebrachte Betriebsvermögen repräsentiert. Gemäß § 20 Abs. 3 Satz 1 UmwStG gelten die 80 000 € für den Einbringenden A als Veräußerungspreis für seinen Betrieb und als Anschaffungskosten des erhaltenen GmbH-Anteils, dessen gemeiner Wert 400 000 € beträgt.

Es wird keine weitere Gegenleistung neben dem gewährten Geschäftsanteil erbracht. Die betrieblichen Verbindlichkeiten sind unselbständiger Bestandteil des Sacheinlagegegenstands „Betrieb".

b) Das Stammkapital beträgt 50 000 € und Ausweis einer Kapitalrücklage von 30 000 €.

A	Eröffnungsbilanz der A-GmbH		P
Summe Aktiva	200 000 €	gez. Kapital	50 000 €
		Kapitalrücklage	30 000 €
		Verbindlichkeiten	120 000 €
	200 000 €		200 000 €

Auch hier liegt eine Buchwertübertragung und damit eine gewinnneutrale Betriebseinbringung vor. Die stillen Reserven aus dem Betrieb werden vollständig in den GmbH-Anteil verlagert. Der Nennwert des ausgegebenen GmbH-Anteils beträgt 50 000 €, und als Anschaffungskosten sind 80 000 € anzusetzen. Da auch bei dieser Variante neben dem neuen Anteil keine weitere Gegenleistung gewährt wird, wird der gemeine Wert des Anteils durch den Wert aller eingebrachten Wirtschaftsgüter des Betriebs (400 000 €) bestimmt.

Im Unterschied zu der Variante a) ist das Eigenkapital der A-GmbH in gezeichnetes Kapital und eine Kapitalrücklage aufgeteilt worden. Der in die Kapitalrücklage eingebuchte Betrag ist als Zugang zum steuerlichen Einlagekonto gem. § 27 KStG zu erfassen.

c) Das Stammkapital beträgt 60 000 € und Ausweis einer Darlehensverbindlichkeit zugunsten des Einbringenden A von 20 000 €.

A	Eröffnungsbilanz der A-GmbH		P
Summe Aktiva	200 000 €	gez. Kapital	60 000 €
		Darlehen A	20 000 €
		Verbindlichkeiten	120 000 €
	200 000 €		200 000 €

Gegenleistung für die Übertragung des Betriebs sind einerseits der neue Geschäftsanteil an der A-GmbH und andererseits die dem Einbringenden A gewährte Darlehensforderung von 20 000 €. Die Einbringung ist dennoch vollständig eine solche i. S. d. § 20 Abs. 1 UmwStG und kann nach § 20 Abs. 2 Satz 2 UmwStG steuerneutral zu Buchwerten vorgenommen werden. Die sonstige nicht in Gesellschaftsrechten bestehende Gegenleistung überschreitet auch nicht die Grenzen in § 20 Abs. 2 Satz 2 Nr. 4 UmwStG. Es erfolgt keine Aufteilung in eine nach § 20 UmwStG steuerneutral gestaltbare Einbringung und eine – hinsichtlich des Veräußerungspreises von 20 000 € – zwingend zur Aufdeckung der stillen Reserven führende Veräußerung. Die in dem Betrieb enthaltenen stillen Reserven werden sämtlich in den GmbH-Anteil verlagert.

Das Betriebsvermögen der A-GmbH hat sich zwar durch den zusätzlichen Ausweis der Darlehensschuld um 20 000 € verringert. Entsprechend vermindert sich auch der gemeine Wert des GmbH-Anteils auf 380 000 €. Zugleich verringern sich aber auch die Anschaffungskosten für den neuen Geschäftsanteil auf 60 000 €.

Gemäß § 20 Abs. 3 Satz 1 und 3 UmwStG stellt sich die rechnerische Ermittlung des Veräußerungspreises für den Betrieb und der Anschaffungskosten für den GmbH-Anteil wie folgt dar:

Wertansatz des vom Einzelgewerbetreibenden A eingebrachten Betriebsvermögens in der Eröffnungsbilanz der A-GmbH:

Summe Aktiva	200 000 €	
Verbindlichkeiten	./. 120 000 €	
	80 000 €	
Veräußerungspreis für den Einbringenden A = (§ 20 Abs. 3 Satz 1 UmwStG)		80 000 €
abzgl. gemeiner Wert der dem A gewährten Darlehensforderung (§ 20 Abs. 3 Satz 3 UmwStG)		20 000 €
Anschaffungskosten des neuen Gesellschaftsanteils		60 000 €

Bei dem neuen Gesellschaftsanteil handelt es sich – in allen drei Fallvarianten – um einen nach § 22 Abs. 1 UmwStG **steuerverstrickten Anteil**, weil er durch eine Sacheinlage unter dem gemeinen Wert erworben wurde und weil hierdurch stille Reserven in ein günstigeres Steuerregime verlagert wurden, sog. Statusverbesserung (vgl. *Westermann/Schulz*, JURA 2024, 154, 164) – Teileinkünfteverfahren statt persönlicher transparenter Besteuerung.

Zu den die Möglichkeit einer Buchwerteinbringung einschränkenden Bewertungsregelungen bei – neben neuen Anteilen – zusätzlich gewährten sonstigen Gegenleistungen s. Rdn. 713a und 724ff.

4.2.2.3 Überspringen von stillen Reserven auf andere Anteile

Eine Buchwerteinbringung nach § 20 Abs. 2 Satz 2 UmwStG ist auch dann möglich, 653
wenn die als Gegenleistung gewährten neuen Anteile – ggf. noch zzgl. anderer Wirtschaftsgüter – den Wert des eingebrachten Betriebsvermögens nicht widerspiegeln. Ein solches Resultat – die erhaltenen Anteile sind weniger wert als das eingebrachte Vermögen – entsteht beim sog. **Überspringen von stillen Reserven,** z. B. bei einer nichtverhältniswahrenden Einbringung einer qualifizierten Sachgesamtheit im Rahmen ei-

ner Sachkapitalerhöhung. Wird beispielsweise das Nennkapital von bisher 100 einer in bar gegründeten Kapitalgesellschaft, deren gemeiner Wert inzwischen mit 500 anzusetzen ist, um 100 auf 200 erhöht, und ist die Einlage durch Übertragung eines Betriebs mit einem Buchwert von 100 und einem gemeinen Wert von 1 000 zu erbringen, so stehen sich die gemeinen Werte der nennbetragsgleichen (alten und neuen) Anteile nach der Erhöhung im Verhältnis 500:1 000 gegenüber. Da die stillen Reserven nicht einzelnen Anteilen zugeordnet werden können – im Falle einer Veräußerung würden sowohl für die Altanteile als auch für die neuen Anteile jeweils 750 gezahlt werden –, gehen bei der Buchwertübertragung stille Reserven – hier in Höhe von 250 – auf die Altanteile über. Der Wertverlust bei den im Wege der Sacheinlage erhaltenen Anteilen (1 000 ./. 750 = 250) entspricht dem Wertzuwachs bei den Altanteilen. Insoweit – also zu einem Drittel (250/750) – gelten die Altanteile gem. § 22 Abs. 7 UmwStG als aus einer Sacheinlage erhaltene Anteile i. S. d. § 22 Abs. 1 UmwStG (**Mitverstrickung von Anteilen**). Die Anschaffungskosten für den neuen Anteil (die dem Buchwert des eingebrachten Betriebs von 100 entsprechen) werden durch diese Verlagerung zu 25 % (250/1 000) dem Altanteil hinzugerechnet.

654 Zu einer Mitverstrickung in diesem Sinne kann es auch bei einer Barkapitalerhöhung kommen, wenn die Altanteile durch eine Sacheinlage unterhalb des gemeinen Wertes erworben wurden. In einem solchen Fall können stille Reserven von den Altanteilen auf die neuen Anteile übergehen. Bei der Verlagerung stiller Reserven auf die Anteile Dritter – entweder aufgrund einer Gesellschaftsgründung oder einer Kapitalerhöhung – gelten auch diese Anteile der Dritten insoweit als steuerverstrickt i. S. d. § 22 Abs. 1 UmwStG. Der Übergang stiller Reserven auf die anderen Anteile hat noch keine steuerrealisierende Wirkung (BFH v. 8.4.1992 - I R 128/88, BStBl 1992 II 761; Rdn. 22.43 UmwStE).

BEISPIEL Die AB-GmbH wurde in 01 mit einem Stammkapital von 25 000 € in bar gegründet. Gesellschafter sind A und B mit einem Geschäftsanteil von jeweils 12 500 €. In 03 wurde eine Kapitalerhöhung um 25 000 € (auf 50 000 €) gegen Sacheinlagen beschlossen. Die Sacheinlage bestand in der Übertragung des Betriebs der AB-OHG, an der A und B ebenfalls mit jeweils 50 % beteiligt waren. Sie erfolgte gem. § 20 Abs. 2 Satz 2 UmwStG mit dem Buchwert, der für A und B jeweils 12 500 € (entspricht ihrem Kapitalkonto) betrug. In 05 beschließt die Gesellschafterversammlung eine weitere Kapitalerhöhung um 150 000 € (auf 200 000 €), die in bar zum Nominalwert zu leisten ist und allein von B übernommen wird. B hat keinerlei Ausgleich an A zu leisten.

Im Zeitpunkt der jeweiligen Vermögensübertragung ist von folgenden Werten auszugehen:

	Gemeiner Wert der Sacheinlage (Betrieb der AB-OHG)	Gemeiner Wert der (ganzen) AB-GmbH vor Kapitalerhöhung	Gemeiner Wert der (ganzen) AB-GmbH nach Kapitalerhöhung
Bargründung in 01			25 000 €
Kapitalerhöhung in 03	400 000 €	100 000 €	500 000 €
Kapitalerhöhung in 05		850 000 €	1 000 000 €

LÖSUNG Im Rahmen der Kapitalerhöhung in 03 gehen stille Reserven einschließlich steuerlicher Anschaffungskosten von den im Wege der Sacheinlage (Betrieb der AB-OHG) erhaltenen Anteilen i. H. v. 150 000 € auf die anderen in 01 begründeten „Alt"-Anteile an der -B-GmbH über. A und B haben einen Betrieb mit einem Gesamtwert (gemeiner Wert) von 400 000 €

nach § 20 Abs. 1 UmwStG eingebracht und dafür neue Anteile an der AB-GmbH von nominal (insgesamt) 25 000 € erhalten. Der gemeine Wert der neuen GmbH-Anteile beträgt aber letztlich nur 250 000 € (500 000 € x 25 000 €/50 000 €). Die neuen Anteile spiegeln also den Wert der Sacheinlage nicht (vollständig) wider.

Von den in der Sacheinlage enthaltenen stillen Reserven werden 150 000 € auf die Altanteile an der AB-GmbH verlagert. Durch diesen Übergang von stillen Reserven tritt keine Gewinnverwirklichung ein (Rdn. 22.43 UmwStE). Die Einbringung kann insgesamt gem. § 20 Abs. 2 Satz 2 UmwStG – bei Vorliegen auch der übrigen Voraussetzungen – steuerneutral erfolgen. Allerdings gelten die Altanteile zu 60 % (150 000 €/250 000 €) als mitverstrickt (§ 22 Abs. 7 UmwStG i. V. m. § 22 Abs. 1 UmwStG). Werden diese Anteile innerhalb eines Zeitraums von sieben Jahren nach dem Einbringungszeitpunkt veräußert, treten insoweit die Rechtsfolgen des § 22 Abs. 1 UmwStG ein.

Auch die zweite Kapitalerhöhung in 05 führt nicht zur Gewinnrealisierung. Durch diese Kapitalerhöhung geht ein Teil des Wertes der bisherigen Anteile und damit auch ein Teil der in der Sacheinlage aus 03 enthaltenen stillen Reserven auf den neuen GmbH-Anteil des B (von nominal 150 000 €) über. Der Übergang erfolgt insgesamt unentgeltlich, denn B war zu keinerlei Gegenleistung verpflichtet. Infolge der Unentgeltlichkeit liegt keine (schädliche) Veräußerung i. S. d. § 22 Abs. 1 Satz 1 UmwStG vor, denn unter einer Veräußerung ist die entgeltliche Übertragung auf einen anderen Rechtsträger zu verstehen (s. BFH v. 27.6.2006 - IX R 47/04, BStBl 2007 II 162 m. w. N.). Ebenso wenig sind die Voraussetzungen eines Ersatztatbestandes des § 22 Abs. 1 Satz 6 UmwStG erfüllt.

Durch die Bareinlage in 05 steigt der gemeine Wert der ganzen AB-GmbH auf 1 000 000 €. Davon entfallen 75 % = 750 000 € auf den neuen GmbH-Anteil des B, der jedoch nur 150 000 € für seinen Anteil aufgewendet hat. Die Wertverschiebung ist darauf zurückzuführen, dass von den (durch die Sacheinlage) in 03 entstandenen Anteilen und den zu 60 % mitverstrickten Anteilen aus 01 stille Reserven i. H. v. 480 000 € (600 000 € x (25 000 €/50 000 € + 0,6 x 25 000 €/50 000 €)) unentgeltlich auf den neuen GmbH-Anteil des B übergegangen sind. Dementsprechend ist der neue GmbH-Anteil des B zu 64 % (480 000 €/750 000 €) ebenfalls gem. § 22 Abs. 7 i. V. m. Abs. 1 UmwStG steuerverstrickt. Wird dieser Anteil innerhalb eines Zeitraums von sieben Jahren nach dem Einbringungszeitpunkt in 03 veräußert, treten insoweit die Rechtsfolgen des § 22 Abs. 1 UmwStG ein.

4.3 Einbringungsvorgänge (Sachlicher Anwendungsbereich)

In § 1 Abs. 3 UmwStG werden die Einbringungsvorgänge abschließend aufgezählt, für 655
die der sechste bis achte Teil des UmwStG – und damit auch die §§ 20 bis 23 UmwStG – gelten sollen. Es geht um die Frage, auf welchem Wege die qualifizierten Sachgesamtheiten gegen Gewährung neuer Anteile an der aufnehmenden Kapitalgesellschaft oder Genossenschaft übertragen werden müssen, um die Regelungen der §§ 20 ff. UmwStG anwenden zu können. Mit § 1 Abs. 3 UmwStG wird also der sachliche Anwendungsbereich der §§ 20 ff. UmwStG abgesteckt. Dieser umfasst nicht nur Übertragungen mittels Gesamtrechtsnachfolge nach dem UmwG, sondern auch solche im Wege der Einzelrechtsnachfolge. Im Einzelnen gehören dazu:

4.3.1 Einbringungen im Wege der Gesamtrechtsnachfolge

656 Gemäß § 1 Abs. 3 Nr. 1 UmwStG erstreckt sich der sachliche Anwendungsbereich der §§ 20 ff. UmwStG auf die **Verschmelzung, Aufspaltung** und **Abspaltung** i. S. der §§ 2 und 123 Abs. 1 und 2 UmwG von Personengesellschaften (OHG, KG, eGbR und Partnerschaftsgesellschaften). Die Umwandlung muss zivilrechtlich zulässig und wirksam sein (Maßgeblichkeit des Gesellschaftsrechts).

657 Auch **vergleichbare ausländische Vorgänge** unterliegen den Regelungen der §§ 20 ff. UmwStG. Die Vergleichbarkeit eines ausländischen Vorgangs erfordert einerseits, dass der übertragende ausländische Rechtsträger nach dem **Rechtstypenvergleich** mit einer deutschen Personengesellschaft sowie der übernehmende Rechtsträger mit einer deutschen Kapitalgesellschaft vergleichbar ist und andererseits, dass die Umwandlung nach ausländischem Gesellschaftsrecht den Grundprinzipien einer Verschmelzung, Aufspaltung oder Abspaltung i. S. der §§ 2, 123 Abs. 1 und 2 UmwG entspricht. Es müssen zur Vergleichbarkeit mit einer Verschmelzung die Strukturmerkmale einer Verschmelzung i. S. d. § 2 UmwG (vgl. Rdn. 42) und zur Vergleichbarkeit mit einer Auf- oder Abspaltung die Strukturmerkmale i. S. d. § 123 Abs. 1 oder 2 UmwG (vgl. Rdn. 530) vorliegen.

658 Nach § 1 Abs. 3 Nr. 2 UmwStG gelten die §§ 20 ff. UmwStG auch für die **Ausgliederung** von Vermögensteilen i. S. d. § 123 Abs. 3 UmwG oder **vergleichbare ausländische Vorgänge**. Eine nach ausländischem Recht erfolgte Vermögensübertragung ist mit der Ausgliederung nach § 123 Abs. 3 UmwG vergleichbar, wenn der Vermögensteil aufgrund eines Rechtsgeschäfts (Spaltungs- und Übernahmevertrag) kraft Gesetzes durch Gesamtrechtsnachfolge oder partielle Gesamtrechtsnachfolge mit Eintragung in ein öffentliches Register auf einen anderen Rechtsträger übergeht und der übertragende Rechtsträger dadurch eine mitgliedschaftliche Beteiligung an dem übernehmenden Rechtsträger erwirbt.

4.3.2 Einbringungen im Wege der Einzelrechtsnachfolge

659 Im Unterschied zu den §§ 3 bis 19 UmwStG sind die §§ 20, 21 und 24 UmwStG gem. § 1 Abs. 3 Nr. 4 UmwStG auch auf die Vermögensübertragungen (Einbringungen) im Wege der Einzelrechtsnachfolge anzuwenden. Dabei werden die Wirtschaftsgüter einzeln, nach den für die jeweiligen Gegenstände geltenden Vorschriften des Zivilrechts (z. B. §§ 398 ff., 413, 873, 925, 929 ff. BGB) übertragen. Nach einer ausländischen Rechtsordnung vorgenommene Einzelrechtsübertragungen gehören – auch ohne ausdrückliche Erwähnung – ebenfalls zum Anwendungsbereich der §§ 20 ff. UmwStG.

660 Beim Auseinanderfallen von zivilrechtlichem und wirtschaftlichem Eigentum reicht es aus, dass der aufnehmenden Kapitalgesellschaft (oder Genossenschaft) das **wirtschaftliche Eigentum** verschafft wird (Rdn. 01.43 UmwStE). Eine bloße Nutzungsüberlassung genügt nicht.

661 Die Einzelübertragungen – zumindest aller funktional wesentlichen Betriebsgrundlagen des (Teil-)Betriebs oder Mitunternehmeranteils, im Falle der Einbringung eines Teilbetriebs auch der nach wirtschaftlichen Zusammenhängen zuordenbaren Wirt-

schaftsgüter – müssen **in einem einheitlichen Vorgang** erfolgen. Davon ist auszugehen, wenn sie auf einem einheitlichen Willensentschluss (Einbringungsvertrag, Sachgründungsbericht etc.) beruhen und zwischen den einzelnen Übertragungsvorgängen ein zeitlicher und sachlicher Zusammenhang besteht. Dabei kann auf die zu §§ 6 Abs. 3 und 16 EStG entwickelten Grundsätze zurückgegriffen werden.

Die Übertragung von Mitunternehmeranteilen im Rahmen einer sog. **erweiterten Anwachsung** gegen Gewährung neuer Anteile unterfällt ebenfalls § 20 UmwStG. Ein solcher Fall ist beispielsweise gegeben, wenn bei einer GmbH & Co. KG alle Kommanditisten ausscheiden, die Komplementär-GmbH ihr Stammkapital erhöht (Sachkapitalerhöhung) und die Kommanditisten neue Anteile aus der Kapitalerhöhung – als Gegenleistung für ihr Ausscheiden aus der GmbH & Co. KG – erhalten. 662

Zivilrechtlich handelt es sich – mangels Übertragung von einzelnen Wirtschaftsgütern oder von Anteilen an Wirtschaftsgütern – um eine Gesamtrechtsnachfolge (BFH v. 10.3.1998 - VIII R 76/96, BStBl 1999 II 269). Ertragsteuerlich wird die Anwachsung i. S. d. § 712a BGB (i. V. m. § 105 Abs. 3 und § 161 Abs. 2 HGB) als Unterfall einer Einzelrechtsnachfolge behandelt und dem Anwendungsbereich des § 20 UmwStG zugeordnet (Rdn. 01.44 UmwStE).

4.3.3 Formwechsel, § 25 UmwStG

Gemäß § 1 Abs. 3 Nr. 3 UmwStG gilt der sechste bis achte Teil des UmwStG auch für den Formwechsel einer Personengesellschaft in eine Kapitalgesellschaft oder Genossenschaft i. S. d. § 190 Abs. 1 UmwG oder vergleichbare ausländische Vorgänge. Der Achte Teil des UmwStG besteht nur aus dem (einen) § 25, nach dem in den Fällen des Formwechsels einer Personengesellschaft in eine Kapitalgesellschaft oder Genossenschaft die §§ 20 bis 23 UmwStG entsprechend gelten sollen. 663

Der Formwechsel ist ein **identitätswahrender Vorgang**. Es wird (handelsrechtlich) kein Vermögen auf einen anderen Rechtsträger übertragen. Der umzuwandelnde Rechtsträger behält seine wirtschaftliche und rechtliche Identität; er erhält – unter Beibehaltung des Gesellschaftsvermögens – nur ein „neues rechtliches Kleid" (s. § 202 Abs. 1 Nr. 1 UmwG). Es sind nach wie vor dieselben Anteilsinhaber in demselben Verhältnis an ihm beteiligt (§ 202 Abs. 1 Nr. 2 UmwG). 664

Ertragsteuerlich kann nicht an die handelsrechtliche Identität des Rechtsträgers angeknüpft werden, wenn der formwechselnde Rechtsträger eine Personengesellschaft und der Rechtsträger neuer Rechtsform eine Kapitalgesellschaft ist. Bei der Personengesellschaft wird der Gewinn im Wege der transparenten Besteuerung bei den einzelnen Gesellschaftern der Einkommensteuer unterworfen, wohingegen die Kapitalgesellschaft als selbständiges Steuersubjekt der Körperschaftsteuer unterliegt.

Der Wechsel des Vermögensbestandes vom Gesamthandseigentum in Alleineigentum einer Kapitalgesellschaft bewirkt ertragsteuerlich den Übergang von Betriebsvermögen zwischen verschiedenen Steuersubjekten und führt grundsätzlich zur Aufdeckung und Versteuerung sämtlicher stillen Reserven bei den bisherigen vermögensinnehabenden Steuersubjekten – also bei den Gesellschaftern der sich umwandelnden Personengesellschaft. Wirtschaftlich betrachtet, ist der Vorgang vergleichbar mit der Verschmelzung einer Personengesellschaft auf eine Kapitalgesellschaft.

665 Durch § 25 UmwStG wird eine ertragsteuerliche Gleichbehandlung der – zivilrechtlich verschiedenartigen, aber – wirtschaftlich vergleichbaren Vorgänge erreicht. Nach der Regelungskonzeption des UmwStG wird dieser Formwechsel als tauschähnlicher entgeltlicher Rechtsträgerwechsel behandelt (BFH v. 19.10.2005 - I R 38/04, BStBl 2006 II 568; Rdn. 25.01 UmwStE). § 25 Satz 1 UmwStG übernimmt für den Fall des Formwechsels den gesamten sechsten Teil des Gesetzes (§§ 20 bis 23 UmwStG) und ist somit nicht nur als Rechtsfolgenverweis, sondern als Rechtsgrund- oder Tatbestandsverweisung zu verstehen (h. M.; statt vieler *Patt/Oster* in Dötsch/Pung/Möhlenbrock, Die Körperschaftsteuer, 120. Erg. Lfg. (10/2025), § 25 UmwStG Rdn. 15 m. w. N.; a. A. *Boorberg/Boorberg*, DB 2007, 1777, 1780 f.).

Es gelten beim Formwechsel einer Personengesellschaft in eine Kapitalgesellschaft also nur die Merkmale des „Einbringens" und der „Gewährung neuer Anteile" an der übernehmenden Gesellschaft als gegeben. Im Übrigen muss die in § 20 Abs. 1 UmwStG geforderte Tatbestandsvoraussetzung einer qualifizierten Sachgesamtheit (Betrieb, Teilbetrieb oder Mitunternehmeranteil) noch erfüllt werden.

666 Da bei einem Formwechsel einer Personengesellschaft in eine Kapitalgesellschaft gem. § 25 Satz 1 UmwStG die §§ 20 bis 23 UmwStG entsprechend gelten sollen, ist der Formwechsel wie eine Sacheinlage (sämtlicher) Anteile an der Mitunternehmerschaft in eine Kapitalgesellschaft gegen Gewährung neuer Anteile an dieser Kapitalgesellschaft zu behandeln (BFH v. 11.07.2019 - I R 26/18, BStBl 2022 II 93). Dies wiederum setzt voraus, dass sämtliche – also auch die zum Sonderbetriebsvermögen gehörenden – funktional wesentlichen Betriebsgrundlagen des Betriebs auf die übernehmende Gesellschaft übergehen.

BEISPIEL ▶ An der ABC-KG sind A mit 60 % sowie B und C mit jeweils 20 % beteiligt. Die ABC-KG betreibt ihr Gewerbe auf einem A gehörenden und von ihm angemieteten Grundstück. B ist zudem Alleingesellschafter der B-GmbH. Er hält diese Beteiligung in erster Linie im geschäftlichen Interesse der ABC-KG, bei der die B-GmbH wie eine unselbständige Betriebsabteilung - betriebsnotwendig – tätig wird. Mit Wirkung zum 1.1. wird die ABC-KG formwechselnd in die ABC-GmbH umgewandelt.

LÖSUNG ▶ Durch den Formwechsel wird das bisherige Gesamthandsvermögen der ABC-KG Alleineigentum der ABC-GmbH, ohne dass (handelsrechtlich) eine Vermögensübertragung stattfindet. Der Vermögensinhaber nach der Umwandlung (ABC-GmbH) ist identisch mit dem Vermögensinhaber vor der Umwandlung (ABC-KG). Es hat sich lediglich der Namenszusatz „KG" in „GmbH" geändert. Außerdem unterliegt dieser eine Rechtsträger nach der Umwandlung einem anderen Normensystem (Gesetz und Satzung). Das den Gesellschaftern gehörende Vermögen bleibt in deren Eigentum.

Das Steuerrecht kann dieser handelsrechtlichen Beurteilung nicht folgen. Die Gesellschaft war vor dem Formwechsel eine Personengesellschaft, die mit ihrem Einkommen nicht selbst einkommensteuerpflichtig ist; ihr Gewinn wird unmittelbar den Gesellschaftern zugerechnet und bei ihnen der Einkommensteuer oder Körperschaftsteuer unterworfen. Nach dem Formwechsel ist die Gesellschaft eine Kapitalgesellschaft, die mit ihrem Einkommen der Körperschaftsteuer unterliegt. Gesellschaft und Gesellschafter sind jeweils selbständige Steuersubjekte, deren Einkommen und Vermögen steuerrechtlich voneinander zu trennen sind.

Die vor der Umwandlung zum Sonderbetriebsvermögen gehörenden Wirtschaftsgüter (Grundstück des A und Beteiligung des B an der B-GmbH) sind nach der Umwandlung kein Sonderbetriebsvermögen mehr, weil es keine Mitunternehmerschaft i. S. d. § 15 Abs. 1 Satz 1 Nr. 2 EStG mehr gibt, bei der Sonderbetriebsvermögen bestehen könnte. Nach der allgemeinen Einkommensteuersystematik müsste bei den Mitunternehmern eine „Abschlussbesteuerung" erfolgen, bei der – grundsätzlich – alle stillen Reserven aufzudecken sind.

Der vorrangige § 25 Satz 1 UmwStG bestimmt, dass die §§ 20 bis 23 UmwStG entsprechend gelten. Die h. M. sieht in dieser Regelung eine Rechtsgrund- oder Tatbestandsverweisung. Das bedeutet, dass bei einem Formwechsel zwar die Merkmale des „Einbringens" – also der Vermögensübertragung – und der „Gewährung neuer Anteile" an der übernehmenden Gesellschaft als gegeben gelten, die übrigen Voraussetzungen der Norm – hier die qualifizierte Sachgesamtheit „Betrieb" oder „Mitunternehmeranteil"– aber noch zu prüfen sind. Als Einbringende sind die einzelnen Mitunternehmer (A, B und C) anzusehen, weil die formgewechselte ABC-KG beendet wird und die ehemaligen Mitunternehmer nunmehr die Anteile an der ABC-GmbH erhalten.

Hinsichtlich der KG-Beteiligung des A und des B sind die Voraussetzungen des § 20 Abs. 1 UmwStG nicht erfüllt, weil A und B nicht jeweils ihren ganzen Mitunternehmeranteil einbringen. Bei dem an die ABC-KG vermieteten Grundstück des A und der Beteiligung an der B-GmbH des B handelte es sich jeweils um funktional wesentliche Betriebsgrundlagen, die zum jeweiligen Sonderbetriebsvermögen gehörten und nicht miteingebracht werden.

Der (ehemalige) Mitunternehmer C hatte kein Sonderbetriebsvermögen. Sein Mitunternehmeranteil umfasst lediglich seine Beteiligung an der ABC-KG, die in die ABC-GmbH „eingebracht" wird. Insoweit sind die Voraussetzungen des § 25 Satz 1 i. V. m. § 20 Abs. 1 UmwStG erfüllt, sodass bei Vorliegen auch der Voraussetzungen des § 20 Abs. 2 Satz 2 UmwStG auf die Aufdeckung der stillen Reserven verzichtet werden kann.

Für B handelt es sich um die Aufgabe seines Mitunternehmeranteils i. S. der §§ 16 Abs. 3 Satz 1, 34 EStG, weil seine (ehemals) zum Sonderbetriebsvermögen gehörende Beteiligung an der B-GmbH in sein Privatvermögen übergeht und seine 20 %-Beteiligung am (ehemaligen) Gesamthandsvermögen nach Tauschgrundsätzen gegen Gewährung eines neuen Geschäftsanteils auf die ABC-GmbH „übertragen" wird. Es kommt bei ihm also zur vollständigen Aufdeckung aller in seinem Mitunternehmeranteil entstandenen stillen Reserven.

Bei A sind die stillen Reserven aus seiner 60 %-Beteiligung an der ABC-KG aufzulösen. Das (ehemals) zum Sonderbetriebsvermögen gehörende Grundstück wird jedoch (zwingend) mit dem Buchwert (§ 6 Abs. 5 Satz 2 EStG) in sein Besitzeinzelunternehmen überführt. Mit dem Formwechsel sind die Voraussetzungen einer Betriebsaufspaltung erfüllt, weil sowohl die personelle (Mehrheitsbeteiligung des A) als auch die sachliche Verflechtung (Überlassung einer wesentlichen Betriebsgrundlage) vorliegen. Folglich werden nicht alle stillen Reserven in allen wesentlichen Betriebsgrundlagen seines (ehemaligen) Mitunternehmeranteils aufgedeckt. Deshalb sind für A die Voraussetzungen der §§ 16, 34 EStG nicht erfüllt. Der Gewinn aus der Auflösung der in seiner 60 %-Beteiligung an der ABC-KG entstandenen stillen Reserven ist ein einkommensteuerlich nicht begünstigter laufender Gewinn. Er unterliegt aber nicht der Gewerbesteuer, weil es zur Vollbeendigung der ABC-KG kommt.

ANMERKUNG ▸ Eine die Anwendung des § 25 Satz 1 i. V. m. § 20 UmwStG ausschließende (schädliche) Zurückbehaltung von Sonderbetriebsvermögen ist auch dann gegeben, wenn die wesentliche Betriebsgrundlage in einem zeitlichen und sachlichen Zusammenhang mit dem Formwechsel in ein anderes (Sonder-)Betriebsvermögen des Mitunternehmers überführt wird.

Die §§ 20 bis 23 UmwStG gelten auch für dem Formwechsel i. S. d. § 190 UmwG **vergleichbare ausländische Vorgänge** (§ 1 Abs. 3 Nr. 3 und § 25 Satz 1 Alternative 2 UmwStG). Das setzt zunächst voraus, dass nach dem Rechtstypenvergleich der umzuwandelnde ausländische Rechtsträger einer Personengesellschaft und der Rechtsträger neuer Rechtsform einer Kapitalgesellschaft entspricht. Außerdem muss die Umwand- 667 lung nach ausländischem Handelsrecht ohne Vermögensübertragung erfolgen – keine Auflösung des alten und keine Neugründung eines neuen Rechtsträgers – und es muss zur Wirksamkeit eine Eintragung in ein öffentliches Register vorgenommen werden.

Für die inländische Besteuerung wird ein ausländischer Formwechsel bedeutsam, wenn der umwandelnde Rechtsträger über inländisches Betriebsvermögen – z. B. eine inländische Betriebsstätte – verfügt oder im Inland wohnende Gesellschafter beteiligt sind.

4.3.4 Kombinierte Einbringungsvorgänge

668 Für eine Einbringung i. S. d. § 20 UmwStG können auch eine Einzel- mit einer Gesamtrechtsnachfolge oder eine Einzelrechtsnachfolge mit einem Formwechsel kombiniert werden. Das kommt z. B. in Betracht, wenn die zum Sonderbetriebsvermögen eines oder mehrerer Gesellschafter gehörenden funktional wesentlichen Betriebsgrundlagen im Zusammenhang mit einer Verschmelzung oder einem Formwechsel der Personengesellschaft mit in die übernehmende Kapitalgesellschaft eingebracht werden sollen. Während die Personengesellschaft mit ihrem Gesamthandsvermögen im Wege der Verschmelzung, Aufspaltung oder einem Formwechsel in die Kapitalgesellschaft umgewandelt werden kann, muss im zeitlichen und sachlichen Zusammenhang damit die wesentliche Betriebsgrundlage des Sonderbetriebsvermögens (entgeltlich oder unentgeltlich) durch Einzelrechtsnachfolge nach den Vorschriften des BGB auf die Kapitalgesellschaft übertragen werden.

Die Gewährung neuer Anteile an der aufnehmenden Gesellschaft ist nicht mehr erforderlich, denn neue Anteile werden bereits durch die handelsrechtliche Umwandlung der Personengesellschaft begründet. Der Übergang des Eigentums an dem Wirtschaftsgut des Sonderbetriebsvermögens muss an dem Tag erfolgen, der für die Umwandlung der Personengesellschaft als steuerlicher Übertragungsstichtag gilt.

Die Verknüpfung der Einzelrechtsübertragung mit der Verschmelzung, Spaltung oder dem Formwechsel kann durch einen Hinweis im Umwandlungsbeschluss dokumentiert werden. Entsteht die Kapitalgesellschaft erst mit der Eintragung der Umwandlung in das Handelsregister – wie bei der Verschmelzung oder Spaltung zur Neugründung –, muss die Übertragung des Sonderbetriebsvermögens zum Zwecke eines einheitlichen Einbringungsvorgangs in einem zeitlichen und sachlichen Zusammenhang mit dem Umwandlungsbeschluss auf die (noch) umzuwandelnde Personengesellschaft erfolgen. § 6 Abs. 5 Satz 3 ff. EStG sind in diesem Fall nicht anzuwenden, weil es nicht um die Übertragung einzelner Wirtschaftsgüter, sondern einer Sachgesamtheit geht, die nach der lex specialis des UmwStG beurteilt werden muss.

4.4 Persönlicher Anwendungsbereich

669 In persönlicher Hinsicht ergibt sich aus einer Gesamtbetrachtung von § 20 Abs. 1 UmwStG und § 1 Abs. 4 UmwStG, wer bei einer Einbringung übernehmender Rechtsträger (§ 1 Abs. 4 Satz 1 Nr. 1 UmwStG) und wer Einbringender (§ 1 Abs. 4 Satz 1 Nr. 2 UmwStG) sein kann.

4.4.1 Übernehmende Gesellschaft

Übernehmender Rechtsträger kann nur eine Kapitalgesellschaft oder eine Genossenschaft sein. Das ergibt sich unmittelbar aus dem Wortlaut des § 20 Abs. 1 UmwStG: „Wird ein Betrieb oder ... **in eine Kapitalgesellschaft oder eine Genossenschaft** (übernehmende Gesellschaft) eingebracht und ...". 670

Kapitalgesellschaften (nach deutschem Recht) sind die in § 1 Abs. 1 Nr. 1 KStG genannte Aktiengesellschaft (AG), Kommanditgesellschaft auf Aktien (KGaA), Gesellschaft mit beschränkter Haftung (GmbH) sowie Europäische Gesellschaft (SE). Durch das Wort „insbesondere" wird klargestellt, dass dies keine abschließende Aufzählung von Gesellschaftsformen ist (BT-Drucks. 16/2710 30). Auch nach ausländischem Recht gegründete Gesellschaften sind Kapitalgesellschaften, wenn sie nach einem Rechtstypenvergleich einer deutschen Kapitalgesellschaft entsprechen. 671

Der Rechtstypenvergleich wird in zwei Schritten durchgeführt (sog. **zweistufiger Rechtstypenvergleich**). Im ersten Schritt gilt es festzustellen, ob die Gesellschaft nach dem ausländischen Privatrecht Rechtsfähigkeit besitzt oder ohne eigene Rechtspersönlichkeit nach ihrer wirtschaftlichen Stellung und ihrem rechtlichen Aufbau wie ein rechtsfähiges Gebilde behandelt wird (vgl. BFH v. 17.7.1968 - I 121/64, BStBl 1968 II 695). Ist diese Voraussetzung erfüllt, erfolgt in einem zweiten Schritt ein Vergleich mit einer (konkreten) Kapitalgesellschaft inländischen Rechts. Die ausländische Gesellschaft muss – nach ihrem gesetzlichen Leitbild – die typischen Wesensmerkmale einer deutschen Kapitalgesellschaft (zentralisierte Geschäftsführung und Vertretung, beschränkte Haftung, freie Übertragbarkeit der Anteile, Gewinnzuteilung nach Ausschüttungsbeschluss etc.) aufweisen (s. auch BMF v. 19.3.2004, BStBl 2004 I 411 sowie zur Vergleichbarkeit der Rechtsformen internationaler Unternehmen mit deutschen Gesellschaften BMF v. 24.12.1999, BStBl 1999 I 1076, Anhang Tabelle 1 und 2).

Entsprechendes gilt für Genossenschaften. Bestehen im ausländischen Recht umfassende Dispositionsmöglichkeiten, die eine Zuordnung anhand des gesetzlich vorgegebenen Leitbildes unmöglich machen, ist der Rechtstypenvergleich anhand der konkreten rechtlichen Gegebenheiten des Einzelfalles vorzunehmen.

Keine Bedeutung hat die Frage der persönlichen Steuerpflicht. Die übernehmende Kapitalgesellschaft kann persönlich unbeschränkt körperschaftsteuerpflichtig oder beschränkt körperschaftsteuerpflichtig oder gar nicht körperschaftsteuerpflichtig sein. 672

Begrenzt wird der persönliche Anwendungsbereich der §§ 20 ff. UmwStG durch § 1 Abs. 4 Satz 1 Nr. 1 i. V. m. Abs. 2 Satz 1 Nr. 1 UmwStG auf **Gesellschaften i. S. d. Art. 54 AEUV und Art. 34 EWR-Abkommen**, die nach den Rechtsvorschriften eines Mitgliedstaats der EU oder des EWR gegründet worden sind oder mit der Umwandlung gegründet werden und die ihren Sitz und den Ort ihrer Geschäftsleitung in dem Hoheitsgebiet eines dieser Staaten haben. Zu den EWR-Staaten gehören neben den 27 Mitgliedstaaten der EU noch Island, Liechtenstein und Norwegen. 673

Von den in Art. 54 AEUV und Art. 34 EWR-Abkommen beschriebenen Gesellschaften – zu denen auch Personengesellschaften gehören – kommen als übernehmende Rechtsträger bei § 20 UmwStG nur die Kapitalgesellschaften in Betracht. Auch bei den im Anhang zu Art. 3 Buchst. a der Richtlinie 2009/133/EG (§ 1 Abs. 5 Nr. 1 UmwStG) aufgelisteten Gesellschaften ist nach dem oben beschriebenen Rechtstypenvergleich festzustellen, ob es sich um eine Kapitalgesellschaft handelt. Wenn danach eine übernehmende Gesellschaft in ihrem Sitzstaat zwar wie eine Körperschaft behandelt wird, nach deutschem Verständnis aber mit einer Personengesellschaft vergleichbar ist, wird der Einbringungsvorgang nicht nach §§ 20, 21 UmwStG, sondern nach § 24 UmwStG beurteilt.

674 Die aufnehmende Kapitalgesellschaft oder Genossenschaft muss ihren statutarischen Sitz (§ 11 AO) und den Ort ihrer Geschäftsleitung (§ 10 AO) in einem EU- oder EWR-Staat haben bzw. nehmen (Voraussetzung der doppelten Ansässigkeit). **Sitz** und **Geschäftsleitung** müssen sich nicht in demselben Staat befinden. Auch der Gründungsstaat muss nicht mit dem Staat des aktuellen Sitzes oder des Ortes der Geschäftsleitung identisch sein. Es muss lediglich beachtet werden, dass der übernehmende Rechtsträger (aufgrund von DBA mit Drittstaaten) nicht außerhalb der EU oder des Hoheitsgebietes eines EWR-Staats ansässig ist.

675 Als übernehmende Rechtsträger kommen stets auch eine Europäische Gesellschaft (SE) i. S. der Verordnung (EG) Nr. 2157/2001 (§ 1 Abs. 5 Nr. 2 UmwStG) und eine Europäische Genossenschaft (SCE) i. S. der Verordnung (EG) Nr. 1435/2003 (§ 1 Abs. 5 Nr. 3 UmwStG) in Betracht, denn sie gelten als nach den Rechtsvorschriften desjenigen Staats gegründet, in dessen Hoheitsgebiet sich ihr Sitz befindet.

4.4.2 Übertragender Rechtsträger/Einbringender

676 Übertragender Rechtsträger kann eine natürliche Person, eine juristische Person und auch eine Personengesellschaft sein. In § 1 Abs. 4 Satz 1 UmwStG werden bestimmte Anforderungen aufgestellt, die für eine Anwendung der Einbringungsvorschriften der §§ 20, 21 UmwStG erfüllt sein müssen.

4.4.2.1 Natürliche Person

677 Die natürliche Person (Inhaber eines Betriebs oder Mitunternehmer i. S. d. § 15 Abs. 1 Satz 1 Nr. 2 EStG) muss ihren Wohnsitz (§ 8 AO) oder ihren gewöhnlichen Aufenthalt (§ 9 AO) innerhalb der EU bzw. des EWR haben, und sie darf nicht aufgrund der Regelungen in einem DBA mit einem Drittstaat (Tie-breaker-rule) als in dem Drittstaat ansässig gelten (§ 1 Abs. 4 Satz 1 Nr. 2 Buchst. a Doppelbuchst. bb i. V. m. Abs. 2 Satz 1 Nr. 2 UmwStG). Auf die Frage der persönlichen Einkommensteuerpflicht kommt es nicht an.

678 Sind die vorstehenden Kriterien – z. B. bei Ansässigkeit des Einbringenden in einem Drittstaat – nicht erfüllt, ist § 20 UmwStG dennoch anzuwenden, wenn das inländische Besteuerungsrecht hinsichtlich des Gewinns aus der Veräußerung der erhaltenen Anteile weder ausgeschlossen noch beschränkt ist (§ 1 Abs. 4 Satz 1 Nr. 2 Buchst. b UmwStG).

BEISPIEL ▸ Der in der Schweiz ansässige C betreibt als Einzelkaufmann in Deutschland ein Gewerbe. Zum 31.12. überträgt er im Wege der Ausgliederung zur Neugründung einen Teilbetrieb auf die C-GmbH mit Sitz und Geschäftsleitung im Inland. Der durch diese Einbringung erhaltene GmbH-Anteil ist (abkommensrechtlich) der im Inland verbliebenen Betriebsstätte des Einzelkaufmanns zuzurechnen.

LÖSUNG ▸ Auf die Einbringung des Teilbetriebs in die in Deutschland gegründete und ansässige C-GmbH ist § 20 UmwStG anzuwenden. Der Einbringende C ist eine natürliche Person, die zwar nicht in der EU bzw. des EWR ansässig ist. Jedoch ist das deutsche Besteuerungsrecht hinsichtlich der Besteuerung des Gewinns aus der Veräußerung des erhaltenen Anteils an der C-GmbH weder ausgeschlossen noch beschränkt. C unterliegt mit seinen Gewinnen aus der inländischen Betriebsstätte nach § 1 Abs. 4 EStG i. V. m. § 49 Abs. 1 Nr. 2 Buchst. a EStG der deutschen Einkommensteuer im Rahmen der beschränkten Steuerpflicht.

Deutschland hat auch gem. Art. 13 Abs. 2 DBA Schweiz das Besteuerungsrecht für den Gewinn aus der Veräußerung des zur inländischen Betriebsstätte gehörenden Anteils an der C-GmbH. Für die Zurechnung des GmbH-Anteils zu der inländischen Betriebsstätte muss es einen funktionalen Zusammenhang zwischen der Beteiligung und der Betriebsstätte geben, der im Beispiel vorliegen soll. Damit gehört der Anteil abkommensrechtlich zum „beweglichen" Vermögen, das Betriebsvermögen einer inländischen Betriebsstätte darstellt, denn es ist kein unbewegliches Vermögen (*Joisten/Kempelmann* in Schönfeld/Ditz, DBA, 3. Aufl. 2025, Art 13 OECD-MA Rdn. 47). Gemäß Art. 13 Abs. 2 Satz 1 DBA Schweiz hat Deutschland folglich das unbeschränkte Besteuerungsrecht hinsichtlich des Gewinns aus der Veräußerung dieses GmbH-Anteils.

ANMERKUNG ▸ Wäre der GmbH-Anteil Privatvermögen des C oder würde er zu seinem ausländischen Betriebsvermögen gehören, hätte Deutschland kein Besteuerungsrecht hinsichtlich des Gewinns aus der Veräußerung des GmbH-Anteils. In diesem Fall wäre § 20 UmwStG auf die Einbringung des Teilbetriebs nicht anwendbar. Die Teilbetriebseinbringung würde nach allgemeinen einkommensteuerlichen Regelungen (zwingend) zur Vollaufdeckung der stillen Reserven führen.

Bei der Prüfung, ob das deutsche Besteuerungsrecht ausgeschlossen oder beschränkt 679
ist, ist auf den Einbringungszeitpunkt (§ 20 Abs. 6 UmwStG) abzustellen. Geht das Besteuerungsrecht erst nach dem Einbringungszeitpunkt verloren oder wird es danach beschränkt, greifen die Rechtsfolgen des § 22 Abs. 1 Satz 6 Nr. 6 UmwStG, wenn die Einbringung unterhalb des gemeinen Werts erfolgte.

Eine Beschränkung des inländischen Besteuerungsrechts ist gegeben, wenn der Gewinn 680
aus der Veräußerung des Anteils bei der Ermittlung der inländischen Einkommen- und Körperschaftsteuer angesetzt wird und die im Ausland auf diesen Gewinn geleistete Einkommensteuer auf die deutsche Einkommen- und Körperschaftsteuer – zur Vermeidung der Doppelbesteuerung – angerechnet werden muss.

4.4.2.2 Juristische Person

Eine juristische Person als Einbringende muss gem. § 1 Abs. 4 Satz 1 Nr. 2 Buchst. a 681
Doppelbuchst. aa i. V. m. Abs. 2 Satz 1 Nr. 1 UmwStG eine Gesellschaft i. S. d. Art 54 AEUV oder Art. 34 EWR-Abkommen sein, die nach den Rechtsvorschriften eines Mitgliedstaats der EU oder des EWR gegründet worden ist und die ihren Sitz und den Ort ihrer Geschäftsleitung in dem Hoheitsgebiet eines dieser Staaten hat. Unerheblich ist die Frage der persönlichen Körperschaftsteuerpflicht.

BEISPIEL Die nach französischem Recht gegründete und in Frankreich (mit Sitz und Geschäftsleitung) ansässige F-SA (Société anonyme, eine der deutschen AG entsprechende Kapitalgesellschaft, BMF v. 24.12.1999, BStBl 1999 I 1076, Anhang Tabelle 1) unterhält in Deutschland eine Betriebsstätte, die zugleich einen Teilbetrieb darstellt. Zum 31. 12. wird von der F-SA die in Deutschland ansässige F-GmbH im Wege der Sachgründung nach § 5 Abs. 4 GmbHG errichtet. Die Sacheinlage wird durch die Übertragung des gesamten Teilbetriebs – im Wege der Einzelrechtsnachfolge – geleistet.

LÖSUNG Bei der Übertragung des Teilbetriebs auf die F-GmbH gegen Gewährung eines neuen Geschäftsanteils handelt es sich um eine Einbringung, auf die § 20 UmwStG anzuwenden ist. Die einbringende F-SA ist eine nach französischem Recht gegründete Gesellschaft i. S. d. Art. 54 AEUV, die ihren Sitz und ihre Geschäftsleitung in Frankreich und damit innerhalb der EU hat. Es spielt dabei keine Rolle, dass Deutschlandnach Art. 7 Abs. 5 DBA Frankreich hinsichtlich der in dem – durch die Einbringung – erworbenen GmbH-Anteil enthaltenen stillen Reserven kein Besteuerungsrecht hat.

ANMERKUNG Dieselbe Lösung gilt, wenn der Teilbetrieb (inländische Betriebsstätte) als Sacheinlage gegen Gewährung neuer Anteile in eine französische Tochterkapitalgesellschaft oder in eine in einem anderen EU- oder EWR-Staat ansässige, nach dortigen Rechtsvorschriften gegründete Kapitalgesellschaft eingebracht wird.

Dieselbe Lösung (Anwendung des § 20 UmwStG) gilt auch, wenn der Einbringende eine in Frankreich ansässige natürliche Person ist und der erworbene neue Anteil zu seinem Privatvermögen gehört.

682 Auch juristische Personen des öffentlichen Rechts sind mit ihren Betrieben gewerblicher Art Gesellschaften i. S. d. Art. 54 AEUV bzw. Art. 34 EWR-Abkommen, da sie insoweit einen Erwerbszweck verfolgen. Bei der Einbringung eines Betriebs gewerblicher Art in eine Kapitalgesellschaft oder Genossenschaft ist die juristische Person des öffentlichen Rechts der Einbringende.

683 Ist die einbringende juristische Person eine in einem Drittstaat ansässige oder nach den Rechtsvorschriften eines Drittstaats gegründete Gesellschaft, kommt § 20 UmwStG – bei Vorliegen auch der übrigen Voraussetzungen – nur zur Anwendung, wenn das deutsche Besteuerungsrecht hinsichtlich des Gewinns aus der Veräußerung der erhaltenen Anteile nicht ausgeschlossen oder beschränkt ist (§ 1 Abs. 4 Satz 1 Nr. 2 Buchst. b UmwStG). Diese Frage kann nur anhand der Regelungen des jeweiligen DBA beantwortet werden. Die Regelung in § 8b Abs. 2 KStG, nach der bei der Ermittlung des körperschaftsteuerlichen Einkommens Gewinne aus der Veräußerung von Anteilen an einer Körperschaft außer Ansatz bleiben, ist indes keine Beschränkung des deutschen Besteuerungsrechts.

684 **Nichtrechtsfähige Vereine** und **nichtrechtsfähige Stiftungen** sind keine Gesellschaften i. S. d. Art. 54 AEUV oder Art. 34 EWR-Abkommen. Als Gesellschaften im Sinne dieser Rechtsnormen „gelten die Gesellschaften des bürgerlichen Rechts und des Handelsrechts einschließlich der Genossenschaften und die sonstigen juristischen Personen des öffentlichen und privaten Rechts mit Ausnahme derjenigen, die keinen Erwerbszweck verfolgen".

Hat der (inländische) nichtrechtsfähige Verein (oder die nichtrechtsfähige Stiftung) einen **wirtschaftlichen Geschäftsbetrieb**, der nach § 20 UmwStG in eine Kapitalgesellschaft eingebracht werden soll, kann dies nur über die Regelung in § 1 Abs. 4 Satz 1 Nr. 2 Buchst. b UmwStG erfolgen. Ein wirtschaftlicher Geschäftsbetrieb ist – ebenso wie ein Betrieb gewerblicher Art – ein „Betrieb“ und kann damit Gegenstand einer Einbringung i. S. d. § 20 UmwStG sein (s. BFH v. 7.8.2002 - I R 84/01, BFH/NV 2003 S. 277).

Dafür muss Deutschland aber ein unbeschränktes Besteuerungsrecht an dem Gewinn aus der Veräußerung der erhaltenen Anteile haben. Allein das Halten einer Beteiligung an einer Kapitalgesellschaft oder Genossenschaft ist im Regelfall bloße Vermögensverwaltung, die bei einem steuerbefreiten (gemeinnützigen) Verein (oder einer steuerbefreiten Stiftung) nicht steuerpflichtig oder steuerbar ist. Durch die Sonderregelung in § 22 Abs. 4 Nr. 2 UmwStG gilt jedoch der Gewinn aus der Veräußerung der durch die Einbringung erhaltenen Anteile als in einem wirtschaftlichen Geschäftsbetrieb entstanden. Daraus folgt ein inländisches unbeschränktes Besteuerungsrecht i. S. d. § 1 Abs. 4 Satz 1 Nr. 2 Buchst. b UmwStG. Somit kann auch ein steuerbefreiter nichtrechtsfähiger Verein (oder eine Stiftung) seinen (ihren) wirtschaftlichen Geschäftsbetrieb nach § 20 Abs. 2 Satz 2 UmwStG mit dem Buchwert in eine Kapitalgesellschaft einbringen.

4.4.2.3 Personengesellschaft

Eine Personengesellschaft kann ebenfalls einbringender Rechtsträger sein. Bei der Frage 685
nach dem einbringenden Rechtsträger kommt es darauf an, wem die Gegenleistung (in Form von neuen Anteilen) für die Übertragung der qualifizierten Sachgesamtheit zusteht. Überträgt die Personengesellschaft einen Betrieb, Teilbetrieb oder Mitunternehmeranteil auf eine Kapitalgesellschaft und erhält sie (die übertragende Personengesellschaft) dafür neue Anteile an der übernehmenden Gesellschaft, dann ist die übertragende (noch fortbestehende) Personengesellschaft die Einbringende. Das ist bei der Ausgliederung (§ 123 Abs. 3 UmwG) der Fall und kann bei einer Übertragung im Wege der Einzelrechtsnachfolge gegeben sein.

Wird die Personengesellschaft infolge der Einbringung aufgelöst (bei der Verschmel- 686
zung, Aufspaltung oder dem Formwechsel), sind die (unmittelbaren) Mitunternehmer der Personengesellschaft die Einbringenden. Auch bei einer Abspaltung (§ 123 Abs. 2 UmwG) sind die Mitunternehmer der abspaltenden Personengesellschaft als Einbringende anzusehen. Übertragender Rechtsträger (im zivilrechtlichen Sinne) ist zwar die Personengesellschaft. Die neuen Anteile an der übernehmenden Gesellschaft erhalten aber die Gesellschafter der übertragenden Personengesellschaft (Rdn. 20.03 UmwStE).

Ist eine Personengesellschaft übertragender Rechtsträger, muss einerseits die Per- 687
sonengesellschaft selbst nach § 1 Abs. 4 Satz 1 Nr. 2 Buchst. a Doppelbuchst. bb UmwStG die in § 1 Abs. 4 Satz 1 Nr. 1 UmwStG aufgestellten Anforderungen erfüllen. Andererseits müssen auch die hinter ihr stehenden Gesellschafter die Anforderungen des § 1 Abs. 4 Satz 1 Nr. 2 Buchst. a UmwStG erfüllen. Dasselbe gilt beim Formwechsel einer Personengesellschaft in eine Kapitalgesellschaft.

Die übertragende oder formwechselnde Personengesellschaft muss also eine nach den Rechtsvorschriften eines Mitgliedstaats der EU oder des EWR gegründete Gesellschaft i. S. d. Art 54 AEUV oder Art. 34 EWR-Abkommen sein und sowohl ihren Sitz als auch ihre Geschäftsleitung (doppelte Ansässigkeit) innerhalb der EU oder des EWR haben.

Erfüllt die Personengesellschaft sämtliche in § 1 Abs. 4 Satz 1 Nr. 2 Buchst. a Doppelbuchst. bb i. V. m. Abs. 4 Satz 1 Nr. 1 UmwStG genannten Kriterien, ist darüber hinaus zu prüfen, ob auch die unmittelbar oder – über eine oder mehrere andere Personengesellschaften – mittelbar hinter ihr stehenden Gesellschafter ebenfalls die Voraussetzungen des § 1 Abs. 4 Satz 1 Nr. 2 Buchst. a Doppelbuchst. aa UmwStG (gilt für natürliche Personen) oder des § 1 Abs. 4 Satz 1 Nr. 2 Buchst. a Doppelbuchst. bb UmwStG (gilt für juristische Personen) erfüllen (**gesellschafterbezogene Sichtweise**). Nur **soweit** auch das der Fall ist, kommt § 20 UmwStG zur Anwendung.

688 Ist eines der vorgenannten Merkmale nicht erfüllt (weil z. B. die übertragende Personengesellschaft eine Drittstaatengesellschaft ist oder ein Gesellschafter der übertragenden Personengesellschaft nicht im EU-/EWR-Gebiet ansässig ist, kommt gleichwohl § 20 UmwStG zur Anwendung, soweit das deutsche Besteuerungsrecht an den Gewinnen aus der Veräußerung der erhaltenen Anteile weder ausgeschlossen noch beschränkt ist (§ 1 Abs. 4 Satz 1 Nr. 2 Buchst. b UmwStG).

BEISPIEL An der inländischen SCK-OHG sind im selben Verhältnis beteiligt der Gesellschafter S (natürliche Person; ansässig in Saudi-Arabien), der Gesellschafter C (natürliche Person; ansässig in der Schweiz) und die inländische FU-KG. Gesellschafter der FU-KG sind die F-SA (juristische Person; ansässig in Frankreich) und U (natürliche Person; ansässig in den USA).

Die SCK-OHG wird im Wege des Formwechsels in die SCK-GmbH umgewandelt.

LÖSUNG Für den Formwechsel der Personengesellschaft in die Kapitalgesellschaft nach § 190 UmwG gelten gem. §§ 1 Abs. 3 Nr. 3, 25 Satz 1 UmwStG die Regelungen über die Einbringung entsprechend. §§ 20 bis 23 UmwStG kommen aber nur zur Anwendung, wenn bzw. soweit auch die Voraussetzungen des § 1 Abs. 4 Satz 1 UmwStG erfüllt sind.

Der formwechselnde Rechtsträger – die SCK-OHG – ist eine Gesellschaft deutschen Rechts i. S. d. Art. 54 AEUV, die die Voraussetzung der doppelten Ansässigkeit innerhalb der EU erfüllt.

Der unmittelbar beteiligte Gesellschafter S ist in einem Drittstaat (Saudi-Arabien) ansässig und erfüllt somit nicht die Voraussetzungen des § 1 Abs. 4 Satz 1 Nr. 2 Buchst. a Doppelbuchst. aa i. V. m. Abs. 4 Satz 1 Nr. 1UmwStG. Dennoch kommt für ihn § 20 UmwStG zur Anwendung, weil Deutschland ein unbeschränktes Besteuerungsrecht an dem Gewinn aus der Veräußerung des ihm gewährten Anteils an der SCK-GmbH hat (§ 1 Abs. 4 Satz 1 Nr. 2 Buchst. b UmwStG). Die Veräußerung dieses Anteils ist gem. § 49 Abs. 1 Nr. 2 Buchst. e EStG steuerpflichtig, und da es mit Saudi-Arabien kein DBA gibt, wird das deutsche Besteuerungsrecht auch nicht ausgeschlossen oder beschränkt. Insoweit (Anteil des S am eingebrachten Betriebsvermögen) kann also unter den Voraussetzungen des § 20 Abs. 2 Satz 2 UmwStG der Buchwert übernommen werden.

Auch der Gesellschafter C ist in einem Drittstaat (Schweiz) ansässig und erfüllt deshalb nicht die Voraussetzungen des § 1 Abs. 4 Satz 1 Nr. 2 Buchst. a Doppelbuchst. aa i. V. m. Abs. 4 Satz 1 Nr. 1 UmwStG. Da nach Art. 13 Abs. 3 DBA Schweiz die Schweiz als Ansässigkeitsstaat das ausschließliche Besteuerungsrecht für den Gewinn aus der Veräußerung des erhaltenen zum Privatvermögen gehörenden GmbH-Anteils hat, ist auch § 1 Abs. 4 Satz 1 Nr. 2 Buchst. b UmwStG nicht erfüllt. In Höhe des dem C zuzurechnenden Anteils am eingebrachten Betriebsvermögen kann § 20 UmwStG folglich nicht angewendet werden. Insoweit sind durch den Formwechsel die stillen Reserven zwingend aufzudecken. Sein Mitunternehmeranteil gilt als aufgegeben i. S. d. § 16 Abs. 3 Satz 1 i. V. m. Abs. 1 Satz 1 Nr. 2 EStG.

Bei dem dritten Gesellschafter – der FU-KG – kommt es auf die Verhältnisse der an ihr beteiligten Personen an. Die F-SA erfüllt die Voraussetzungen des § 1 Abs. 4 Satz 1 Nr. 2 Buchst. a Doppelbuchst. bb i. V. m. Abs. 4 Satz 1 Nr. 1 UmwStG. Deshalb spielt die Frage nach dem Besteuerungsrecht an dem Gewinn aus der Veräußerung des – mittelbar erhaltenen – GmbH-Anteils i. S. d. § 1 Abs. 4 Satz 1 Nr. 2 Buchst. b UmwStG keine Rolle.

Der mittelbar über die FU-KG an der SCK-OHG beteiligte Gesellschafter U ist außerhalb der EU und des EWR – in den USA – ansässig. Deutschland hat jedoch hinsichtlich des Gewinns aus der Veräußerung des ihm – mittelbar – zuzurechnenden Anteils an der SCK-GmbH gem. Art. 13 Abs. 3 DBA USA das unbeschränkte Besteuerungsrecht, denn dieser Anteil gehört zum Betriebsvermögen einer Betriebsstätte – der FU-KG – in Deutschland. U ist Mitunternehmer der FU-KG, und deshalb ist die Betriebsstätte der FU-KG auch (anteilig) seine Betriebsstätte. Er erzielt also inländische Einkünfte aus Gewerbebetrieb gem. § 49 Abs. 1 Nr. 2 Buchst. a EStG. Insoweit ist die Voraussetzung des § 1 Abs. 4 Satz 1 Nr. 2 Buchst. b UmwStG erfüllt. Im Ergebnis kann somit auch der gesamte Anteil der FU-KG an dem Betrieb der SCK-OHG unter den Voraussetzungen des § 20 Abs. 2 Satz 2 UmwStG mit dem Buchwert in die SCK-GmbH eingebracht werden.

4.4.3 Persönliche Anwendungsvoraussetzungen im Einbringungszeitpunkt

Die vorbeschriebenen persönlichen Anwendungsvoraussetzungen müssen (beim übertragenden und übernehmenden Rechtsträger) bereits am steuerlichen Übertragungsstichtag (Einbringungszeitpunkt) vorgelegen haben. Wurde ein an der Einbringung beteiligter Rechtsträger im steuerlichen Rückbezugszeitraum neu gegründet, müssen für diesen Rechtsträger die Anwendungsvoraussetzungen im Zeitpunkt der zivilrechtlich wirksamen Gründung erfüllt sein. Bei einer Umwandlung zur Neugründung ist der Zeitpunkt der zivilrechtlich wirksamen Umwandlung maßgebend (Rdn. 01.55 und 01.52 UmwStE). 689

4.5 Ansatz mit dem gemeinen Wert als Grundsatz

Sind alle Voraussetzungen des § 20 Abs. 1 UmwStG einschließlich der Anwendungsvoraussetzungen des § 1 Abs. 3 und Abs. 4 UmwStG erfüllt, gelten besondere Bewertungsregeln für das eingebrachte Betriebsvermögen und die neuen Gesellschaftsanteile. Zunächst wird in § 20 Abs. 2 UmwStG die Bewertung bei der übernehmenden Gesellschaft geregelt. Aus Sicht der übernehmenden Gesellschaft liegt – unabhängig von der Art des Einbringungsvorgangs – ein Anschaffungsgeschäft vor (BFH v. 17.9.2003 - I R 97/02, BStBl 2004 II 686). 690

Nach § 20 Abs. 2 Satz 1 1. HS UmwStG – lex specialis im Verhältnis zu § 6 Abs. 1 Nr. 7 EStG – hat die übernehmende Gesellschaft das eingebrachte Betriebsvermögen grundsätzlich mit dem gemeinen Wert anzusetzen. Dadurch soll das Besteuerungsrecht Deutschlands gewährleistet bleiben (BT-Drucks. 16/2710 42). Diese Aussage in der Regierungsbegründung erklärt sich, wenn man die steuerlichen Folgen beim Einbringenden in die Betrachtung mit einbezieht. Gemäß § 20 Abs. 3 Satz 1 UmwStG gilt nämlich der Wert, mit dem die übernehmende Gesellschaft das eingebrachte Betriebsvermögen ansetzt, für den Einbringenden als Veräußerungspreis. Dadurch werden die stillen Reserven in Höhe des Unterschiedsbetrags zwischen dem gemeinen Wert und dem Buchwert (§ 1 Abs. 5 Nr. 4 UmwStG) vollständig aufgedeckt und der Besteuerung zugeführt. 691

Der **gemeine Wert** bezieht sich auf die Gesamtheit der eingebrachten aktiven und passiven Wirtschaftsgüter, denn nach § 20 Abs. 2 Satz 1 1. HS UmwStG hat die überneh- 692 mende Gesellschaft „das eingebrachte Betriebsvermögen" mit dem gemeinen Wert anzusetzen. Bei der Wertfindung ist danach zu fragen, was ein gedachter Erwerber des Betriebs, Teilbetriebs oder Mitunternehmeranteils für die Sachgesamtheit zu zahlen bereit wäre. Es genügt nicht, nur die möglichen Einzelveräußerungspreise für jedes einzelne übergehende Wirtschaftsgut zu bestimmen. Der gemeine Wert des Betriebsvermögens ist der Saldo der aus einer Gesamtbetrachtung sich ergebenden gemeinen Werte der aktiven und passiven Wirtschaftsgüter (Rdn. 23.17 UmwStE). Dabei sind auch selbst geschaffene immaterielle Wirtschaftsgüter (z. B. originärer Firmenwert; s. BT-Drucks. 16/2710 43) einzubeziehen.

693 In Rdn. 20.17 UmwStE wird zur Ermittlung des gemeinen Wertes auf Rdn. 03.07-03.09a UmwStE verwiesen. Rdn. 03.07 UmwStE nimmt Bezug auf § 109 Abs. 1 Satz 2 und § 11 Abs. 2 BewG und erklärt, dass zur Bewertung nach § 11 Abs. 2 BewG die gleich lautenden Erlasse der obersten Finanzbehörden der Länder zur Anwendung der §§ 11, 95, 109 und 199 ff. BewG in der Fassung des ErbStRG vom 17.5.2011 (BStBl 2011 I 606 ff.) für ertragsteuerliche Zwecke entsprechend gelten. Danach ist der gemeine Wert der Sachgesamtheit – wenn er nicht aus Verkäufen abgeleitet werden kann – anhand eines allgemein anerkannten ertragswert- oder zahlungsstromorientierten Verfahrens zu ermitteln, welches ein gedachter Erwerber des Betriebs bei der Bemessung des Kaufpreises zu Grunde legen würde. In diesem Fall ist der Substanzwert als Mindestwert anzusetzen (§ 11 Abs. 2 Satz 3 BewG).

694 In die Ermittlung des gemeinen Wertes sind alle im übergehenden Betriebsvermögen enthaltenen aktiven und passiven Wirtschaftsgüter einzubeziehen, und zwar unabhängig davon, ob diese Wirtschaftsgüter bisher bilanziert worden sind oder ob für sie ein Aktivierungs- oder Passivierungsverbot bestand. Das heißt, dass neben den

- selbst geschaffenen immateriellen Wirtschaftsgütern auf der Aktivseite (z. B. originärer Geschäfts- oder Firmenwert) auch
- handelsrechtlich gebotene Rückstellungen (z. B. Drohverlustrückstellungen), die steuerlich nicht passiviert werden dürfen (§ 5 Abs. 4a EStG),
- auf der Passivseite anzusetzen sind (Rdn. 20.20 UmwStE).

695 **Steuerfreie Rücklagen** (z. B. nach § 6b EStG oder Rücklagen für Ersatzbeschaffung nach R 6.6 Abs. 4 EStR) sind – bei Ansatz des gemeinen Wertes – aufzulösen (Rdn. 23.17 UmwStE). Sie dürfen den gemeinen Wert des eingebrachten Betriebsvermögens nicht mindern und sind von der übernehmenden Gesellschaft nicht mehr anzusetzen. Das gilt auch bei einer Einbringung im Wege der Gesamtrechtsnachfolge. Etwas anderes gilt nur bei einer Buch- oder Zwischenwertübernahme.

696 Eine Ausnahme von dem Grundsatz des gemeinen Wert-Ansatzes macht das Gesetz für die **Pensionsrückstellungen**. Für deren Bewertung gilt weiterhin § 6a EStG, also der Ansatz mit dem Teilwert (§ 20 Abs. 2 Satz 1 2. HS UmwStG). Der Wert nach § 6a EStG wird regelmäßig den tatsächlichen Wert der Pensionsverpflichtung unterschreiten (vgl. auch BFH v. 15.10.1997 - I R 58/93, BStBl 1998 II 305). Somit kommt es zur Entstehung von stillen Lasten. Diese stillen Lasten sollen bei der Ermittlung des gemeinen Wertes der Sachgesamtheit unberücksichtigt bleiben (Rdn. 03.08 UmwStE). Sie dürfen auch bei der Ermittlung des Firmenwertes nicht mindernd berücksichtigt werden.

Maßgebend für die Bewertung ist der **Einbringungszeitpunkt** (steuerlicher Übertragungsstichtag gem. § 20 Abs. 5 und 6 UmwStG). 697

Werden in der auf den Einbringungszeitpunkt erstellten Steuerbilanz der übernehmenden Gesellschaft die bereits (beim Einbringenden) bilanzierten Wirtschaftsgüter mit dem gemeinen Wert angesetzt, ein (vorhandener) originärer Firmenwert aber nicht ausgewiesen, liegt im Ergebnis ein Zwischenwertansatz vor, für den es eines ausdrücklichen Antrags bedarf. Das hat weitere zu beachtende Konsequenzen sowohl für die übernehmende Gesellschaft (s. § 23 Abs. 3 UmwStG) als auch für den Einbringenden (s. § 20 Abs. 4 UmwStG). Wegen der in diesem Fall vorzunehmenden gleichmäßigen Buchwertaufstockung – auch des Firmenwerts – s. Rdn. 827 ff. 698

4.6 Einbringung zum Buch- oder Zwischenwert

Seine eigentliche Bedeutung erlangt der sechste Teil des UmwStG mit der Regelung in § 20 Abs. 2 Satz 2 (i. V. m. Abs. 3 Satz 1). Sie ist die zentrale Norm in diesem Teil. § 20 Abs. 2 Satz 2 (i. V. m. Abs. 3 Satz 1) UmwStG ist der Kernsatz in dem sechsten Teil, um den herum ein – noch zu besprechendes – Regelwerk gebaut werden musste. Er macht es möglich, Betriebsvermögen steuerneutral auf die übernehmende Gesellschaft zu übertragen. Durch den Ansatz des Buchwertes gehen die von dem Einbringenden in seinem (Teil-)Betrieb oder Mitunternehmeranteil entstandenen Gewinne in Form der stillen Reserven – unversteuert – auf die übernehmende Gesellschaft über. 699

Der Buchwert ist nach § 1 Abs. 5 Nr. 4 UmwStG der Wert, der sich nach den steuerrechtlichen Vorschriften über die Gewinnermittlung in einer für den steuerlichen Übertragungsstichtag aufzustellenden **Steuerbilanz** ergibt oder ergäbe. Zwischenwert ist jeder zwischen dem Buchwert und dem gemeinen Wert liegende Wert. 700

Ist der gemeine Wert der Sachgesamtheit geringer als der Buchwert (z. B. infolge bisher nicht passivierungsfähiger Verbindlichkeiten), ist ein Ansatz zum Buchwert nach Ansicht der Finanzverwaltung ausgeschlossen (Rdn. 20.18 i. V. m. 03.12 UmwStE; vgl. aber FG Hessen, Urt. v. 24.6.2025 - 7 K 1188/21, NWB 2025, 2446). 701

4.6.1 Voraussetzungen für den Buch- oder Zwischenwertansatz im Einzelnen

Das übernommene Betriebsvermögen kann nur insoweit mit einem den gemeinen Wert unterschreitenden Wert (Buch- oder Zwischenwert) von der übernehmenden Gesellschaft angesetzt werden, als die folgenden Voraussetzungen (kumulativ) erfüllt sind.

4.6.1.1 Körperschaftsteuerpflicht der übernehmenden Gesellschaft

Gemäß § 20 Abs. 2 Satz 2 Nr. 1 UmwStG muss sichergestellt sein, dass das übernommene Betriebsvermögen später bei der übernehmenden Körperschaft der Besteuerung mit Körperschaftsteuer unterliegt. Dadurch soll die Einbringung in eine steuerbefreite 702

Gesellschaft von der Begünstigung ausgeschlossen werden (BT-Drucks. 16/3369 25). Steuerbefreite Gesellschaften sind z. B. gemeinnützige Körperschaften i. S. d. § 5 Abs. 1 Nr. 9 KStG oder REIT-Aktiengesellschaften (§ 16 Abs. 1 REITG). Entsteht jedoch mit der Einbringung bei der steuerbefreiten Körperschaft ein wirtschaftlicher Geschäftsbetrieb (§ 14 AO), wird die Gesellschaft insoweit steuerpflichtig (partielle Steuerpflicht). Die stillen Reserven im eingebrachten Betriebsvermögen bleiben dann weiter steuerverstrickt, so dass das Bewertungswahlrecht nach § 20 Abs. 2 Satz 2 UmwStG gegeben ist.

4.6.1.2 Kein negatives Eigenkapital

703 Nach § 20 Abs. 2 Satz 2 Nr. 2 UmwStG kann der Buchwert oder ein Zwischenwert angesetzt werden, soweit die Passivposten des eingebrachten Betriebsvermögens die Aktivposten nicht übersteigen. Dabei ist das Eigenkapital nicht zu berücksichtigen. Übersteigen die Passivposten die Aktivposten, sind stille Reserven mindestens in Höhe des Unterschiedsbetrags aufzulösen, so dass sich ein Eigenkapital von mindestens 0 € ergibt. Sind in diesem Fall noch weitere stille Reserven vorhanden, die unaufgedeckt bleiben, liegt eine Zwischenwerteinbringung vor. Für den Einbringenden entsteht ein Einbringungsgewinn i. H. seines negativen Eigenkapitals. Seine Anschaffungskosten für die erhaltenen Anteile betragen 0 € (§ 20 Abs. 3 Satz 1 UmwStG).

704 Zu den Passivposten, die zu einem negativen (steuerlichen) Eigenkapital führen können, rechnen auch steuerfreie Rücklagen z. B. nach § 6b EStG (*Patt/Bernhagen* in Dötsch/Pung/Möhlenbrock, Die Körperschaftsteuer, 118. Erg. Lfg. (5/2025), § 20 UmwStG Rdn. 216). Eine eventuell durch die Einbringung entstehende Gewerbesteuerschuld ist als weitere Betriebsvermögensminderung in Form einer Gewerbesteuerrückstellung und damit als Erhöhung des negativen Eigenkapitals zu berücksichtigen.

705 Auch bei der Einbringung eines (Teil-)Betriebs oder Mitunternehmeranteils mit einem steuerlichen Eigenkapital von 0 €, muss die übernehmende Gesellschaft für eine Anwendung des § 20 UmwStG einen neuen Anteil gewähren (s. Rdn. 646). Der Nennbetrag des neuen Anteils ist in der Eröffnungsbilanz der Gesellschaft als gezeichnetes Kapital zu passivieren. Die dadurch auf der Aktivseite auftretende Lücke ist durch einen **Ausgleichsposten** (sog. „Luftposten") zu füllen (Rdn. 20.20 UmwStE).

BEISPIEL Der Einzelunternehmer A hat zum 31.12. folgende komprimierte – um die Angabe der gemeinen Werte ergänzte – Schlussbilanz erstellt:

A		31.12.		P
	Buchwert	(gemeiner Wert)		
Anlagevermögen	200 000 €	(400 000 €)	Verbindlichkeiten	400 000 €
Umlaufvermögen	140 000 €	(240 000 €)		
Kapital	60 000 €			
	400 000 €	(640 000 €)		400 000 €

A möchte als alleiniger Gesellschafter die A-GmbH im Wege der Sachgründung gem. § 5 Abs. 4 GmbHG mit einem Stammkapital von 50 000 € errichten. Als Sacheinlage überträgt A seinen ganzen Gewerbebetrieb. Die Einbringung soll mit dem niedrigst möglichen Wert erfolgen.

Von der A-GmbH wird folgende Eröffnungsbilanz erstellt:

A	Eröffnungsbilanz der A-GmbH		P
Anlagevermögen	240 000 €	gez. Kapital	50 000 €
Umlaufvermögen	160 000 €	Verbindlichkeiten	400 000 €
Ausgleichsposten	50 000 €		
	450 000 €		450 000 €

Der niedrigst mögliche Übernahmewert für das eingebrachte Betriebsvermögen beträgt 0 €, denn die Passivposten dürfen die Aktivposten nicht übersteigen (§ 20 Abs. 2 Satz 2 Nr. 2 UmwStG). Um die Aktivposten mit den Passivposten auszugleichen, muss eine Wertaufstockung um 60 000 € erfolgen. Dafür sind die in den Wirtschaftsgütern ruhenden stillen Reserven, um einen einheitlichen Vomhundertsatz aufzulösen. Die stillen Reserven betragen insgesamt 300 000 €. Davon werden 60 000 € aufgedeckt. Das entspricht einem Vomhundertsatz von 20. Es sind also 20 % der im Anlagevermögen und 20 % der im Umlaufvermögen enthaltenen stillen Reserven aufzulösen (Rdn. 23.14 i. V. m. 03.25 UmwStE).

Für A entsteht ein Einbringungsgewinn von 60 000 €, der sich nach § 16 Abs. 2 Satz 1 EStG i. V. m. § 20 Abs. 3 Satz 1 UmwStG wie folgt ermittelt:

	Veräußerungspreis = Übernahmewert bei der A-GmbH	0 €
./.	Buchwert	./. 60 000 €
	Veräußerungsgewinn	60 000 €

Die Anschaffungskosten für den GmbH-Anteil im Nennwert von 50 000 € betragen 0 € (§ 20 Abs. 3 Satz 1 UmwStG).

Die A-GmbH muss in ihrer Handelsbilanz das Haftkapital (50 000 €) als gezeichnetes Kapital passivieren (§ 266 Abs. 3 A. I. i. V. m. § 272 Abs. 1 Satz 1 HGB). Es handelt sich um einen handelsrechtlichen Grundsatz ordnungsmäßiger Buchführung, der auch für die Steuerbilanz zu beachten ist (§ 5 Abs. 1 Satz 1 EStG). Eine weitere Wertaufstockung des Betriebsvermögens in der Steuerbilanz ist aber nicht erforderlich. Der in der Handelsbilanz gewählte höhere Wertansatz muss nicht in die Steuerbilanz übernommen werden. Die Steuerbilanz ist insoweit nicht an die Handelsbilanz gebunden (BT-Drucks. 16/2710 43).

In der Steuerbilanz kann das auf der Passivseite auszuweisende gezeichnete Kapital durch den Ansatz eines Ausgleichspostens („Luftposten") auf der Aktivseite kompensiert werden. Dieser Ausgleichsposten ist kein Bestandteil des Betriebsvermögens; er nimmt am Betriebsvermögensvergleich gem. § 4 Abs. 1 Satz 1 EStG nicht teil. Er ist kein Wirtschaftsgut und kann nicht abgeschrieben werden. Er hat keinen Einfluss auf die spätere Auflösung und Versteuerung der im eingebrachten Betriebsvermögen enthaltenen stillen Reserven und wird unabhängig davon in der Steuerbilanz (fort-)geführt. Es handelt sich lediglich um eine Korrektur des auf der Passivseite ausgewiesenen Eigenkapitals.

Bildet sich bei der übernehmenden Gesellschaft in den folgenden Jahresabschlüssen positives Eigenkapital, insbesondere durch Aufdeckung stiller Reserven, fällt der Ausgleichsposten in entsprechender Höhe erfolgsneutral weg. Weder die Bildung noch der spätere Wegfall des Ausgleichspostens haben eine Gewinnauswirkung. Er wirkt sich auch nicht auf die Höhe der Anschaffungskosten der erhaltenen Anteile aus.

Die Frage des Ausgleichs von Passiv- und Aktivposten ist für jeden einzelnen Sacheinlagegenstand gesondert zu prüfen. 706

Wird **Betriebsvermögen einer Personengesellschaft** eingebracht und erlischt die Mitunternehmerschaft mit der Einbringung, können Einbringende nur die Gesellschafter der Personengesellschaft sein, die – wie z. B. im Fall der Verschmelzung einer Personenhandelsgesellschaft auf eine Kapitalgesellschaft – die Gegenleistung in Form der neuen Anteile erhalten. In diesem Fall sind die Voraussetzungen des § 20 Abs. 2 Satz 2 Nr. 2 707

UmwStG auch für jeden Gesellschafter gesondert zu prüfen (BFH v. 13.1.2018 - I R 19/18, BStBl 2019 II 385). Für die Frage des Ausgleichs von Passiv- und Aktivposten ist also für jeden einzelnen Gesellschafter auf sein Kapitalkonto abzustellen. Das Eigenkapital eines Mitunternehmers ist die Summe aus seinen Kapitalkonten in der Gesamthandsbilanz (Festkapital und variables Kapital), der (positiven oder negativen) Ergänzungsbilanz und der Sonderbilanz (Rdn. 20.18 i. V. m. 03.10 UmwStE).

BEISPIEL Die AB-OHG wird auf die AB-GmbH, an der A mit 2/3 und B mit 1/3 beteiligt ist, verschmolzen. Das Stammkapital der AB-GmbH wird um 90 000 € erhöht. A erhält einen neuen Anteil im Nennwert von 60 000 € und B einen neuen Anteil im Nennwert von 30 000 €. Zum 31.12. werden für die (bisherige) Mitunternehmerschaft folgende – um die gemeinen Werte ergänzten – Bilanzen erstellt:

A AB-OHG Gesamthandsvermögen P

	Buchwert	(gemeiner Wert)		
Anlagevermögen	300 000 €	(420 000 €)	Kapital A	40 000 €
Umlaufvermögen	180 000 €	(240 000 €)	Kapital B	40 000 €
			Darlehen B	100 000 €
			sonstige Verbindl.	300 000 €
	480 000 €	(660 000 €)		480 000 €

A Ergänzungsbilanz für A P

Kapital A	70 000 €	Minderwert Anlagevermögen	70 000 €
	70 000 €		70 000 €

A Ergänzungsbilanz für B P

Mehrwert Anlagevermögen	60 000 €	Kapital B	60 000 €
	60 000 €		60 000 €

A Sonderbilanz für A P

	Buchwert	(gemeiner Wert)		
Grundstück	20 000 €	(80 000 €)	Kapital A	20 000 €
	20 000 €	(80 000 €)		20 000 €

Im zeitlichen und sachlichen Zusammenhang mit der Verschmelzung wird das Grundstück aus dem Sonderbetriebsvermögen in die AB-GmbH eingebracht. Das eingebrachte Betriebsvermögen soll gem. § 20 Abs. 1 und Abs. 2 Satz 2 UmwStG mit dem niedrigst möglichen Wert in der Eröffnungsbilanz der AB-GmbH angesetzt werden.

Die Darlehensforderung des B gegen die AB-OHG (100 000 €) ist ebenfalls Sonderbetriebsvermögen. Sie soll aber keine wesentliche Betriebsgrundlage sein und nicht in die AB-GmbH eingebracht werden.

LÖSUNG Eine vollständige Buchwerteinbringung ist nicht möglich – auch wenn das steuerliche Eigenkapital der Mitunternehmerschaft insgesamt positiv ist (40 000 € + 40 000 € ./. 70 000 € + 60 000 € + 20 000 € = 90 000 €). Die Darlehensschuld gegenüber B ist ein nicht zum Eigenkapital gehörender, das eingebrachte Betriebsvermögen vermindernder Schuldposten.

Beim Mitunternehmeranteil des A übersteigen die Passivposten die Aktivposten um 10 000 € (40 000 € ./. 70 000 € + 20 000 €). In dieser Höhe sind stille Reserven – prozentual gleichmäßig – aufzudecken.

Der Mitunternehmeranteil des A enthält folgende stillen Reserven:

Stille Reserven in der Gesamthandsbilanz:

Anlagevermögen: 120 000 € x 2/3 (Anteil des A) =	80 000 €	
Umlaufvermögen: 60 000 € x 2/3 (Anteil des A) =	40 000 €	120 000 €
zzgl. stille Reserven in der Ergänzungsbilanz (für Anlagevermögen)		70 000 €
Sonderbilanz		60 000 €
		250 000 €

Davon sind 10 000 € aufzudecken – das entspricht 4 %.

Der niedrigst mögliche Wertansatz (Übernahmewert) bei der AB-GmbH beträgt für das positive Vermögen:

für das Anlagevermögen:	300 000 €	
	./. 70 000 €	
	+ 60 000 €	
bisheriger Buchwert =	290 000 €	
zzgl. aufgedeckte stille Reserven: 4 % von 80 000 €	3 200 €	
+ 4 % von 70 000 €	2 800 €	296 000 €
für das Umlaufvermögen: bisheriger Buchwert =	180 000 €	
+ 4 % von 40 000 €	1 600 €	181 600 €
für das Grundstück aus dem Sonderbetriebsvermögen	20 000 €	
+ 4 % von 60 000 €	2 400 €	22 400 €

Der von A zu versteuernde Einbringungsgewinn beträgt 10 000 €. Seine Anschaffungskosten für den erhaltenen Geschäftsanteil betragen 0 €.

Für B entsteht kein Einbringungsgewinn, weil für ihn die Voraussetzungen des § 20 Abs. 2 Satz 2 Nr. 2 EStG – ohne Buchwertaufstockung – erfüllt waren, denn sein Kapitalkonto belief sich auf insgesamt 100 000 € (40 000 € + 60 000 €). Seine Anschaffungskosten für den neuen Geschäftsanteil betragen 100 000 €.

Die dem A und dem B gewährten neuen Geschäftsanteile an der GmbH sind steuerverstrickt i. S. d. § 22 Abs. 1 UmwStG.

Das eingebrachte Betriebsvermögen i. S. d. § 20 Abs. 2 Satz 2 Nr. 2 UmwStG ist nach § 20 Abs. 2 Satz 5 UmwStG unter Berücksichtigung der Entnahmen und Einlagen i. S. d. § 20 Abs. 5 Satz 2 UmwStG (s. Rdn. 782 ff.) zu ermitteln. Dies bedeutet, dass durch Einlagen im Rückbezugszeitraum der Buchwertansatz sichergestellt werden kann, andererseits können Entnahmen im Rückbezugszeitraum dazu führen, dass stille Reserven aufzudecken sind, wenn hierdurch die Passivposten des eingebrachten Betriebsvermögens die Aktivposten übersteigen (*Nitzschke* in Brandis/Heuermann, Ertragsteuerrecht, 178. Erg. Lfg. (8/2025), § 20 UmwStG Rdn. 82d). 707a

4.6.1.3 Keine Einschränkung des Besteuerungsrechts

708 Die Übernahme des Betriebsvermögens unterhalb des gemeinen Wertes setzt weiterhin voraus, dass das Recht Deutschlands hinsichtlich der Besteuerung des Gewinns aus der Veräußerung des eingebrachten Betriebsvermögens bei der übernehmenden Gesellschaft nicht ausgeschlossen oder beschränkt wird (§ 20 Abs. 2 Satz 2 Nr. 3 UmwStG). Es geht um das deutsche Recht der (Körperschafts-)Besteuerung der stillen Reserven des übertragenen Betriebsvermögens bei der übernehmenden Gesellschaft. Die Frage des Besteuerungsrechts hinsichtlich der erhaltenen Anteile an der übernehmenden Gesellschaft spielt hier keine Rolle.

4.6.1.3.1 Einbringung des inländischen (Teil-)Betriebs in ausländische Kapitalgesellschaft

709 Das deutsche Besteuerungsrecht an dem vor der Einbringung zum Inland gehörenden Betriebsvermögen geht beispielsweise verloren, wenn und soweit die Wirtschaftsgüter nach der Einbringung einer ausländischen Betriebsstätte zuzuordnen sind und Deutschland entweder wegen fehlender persönlicher Steuerpflicht des Vermögensübernehmers kein Besteuerungsrecht mehr hat oder die Doppelbesteuerung hinsichtlich des ausländischen Betriebsstättenvermögens durch Anwendung der Freistellungsmethode vermeiden muss.

Verbleibt mit der Einbringung eines inländischen Betriebs oder Teilbetriebs in eine ausländische Kapitalgesellschaft keine Betriebsstätte mehr in Deutschland und sind auch die sonstigen Voraussetzungen des § 49 Abs. 1 EStG nicht erfüllt, kommt es zum völligen **Ausschluss des deutschen Besteuerungsrechts**.

710 In der Regel wird aber die übernehmende ausländische Gesellschaft den eingebrachten inländischen Betrieb oder Teilbetrieb als inländische Betriebsstätte fortführen und damit gem. § 2 Nr. 1 KStG i. V. m. § 49 Abs. 1 Nr. 2 Buchst. a EStG der (beschränkten) Körperschaftsteuerpflicht unterliegen.

711 Allerdings könnten in diesem Fall nach den Regelungen der BsGaV (§§ 5 ff.) infolge einer Neubestimmung der maßgebenden Personalfunktionen einzelne Vermögenswerte, also materielle oder immaterielle Wirtschaftsgüter oder Beteiligungen (§ 2 Abs. 6 BsGaV) als Folge der Einbringung dem übrigen ausländischen Unternehmen – der ausländischen Geschäftsleitungsbetriebsstätte – zuzuordnen sein. Eine Zuordnungsänderung kann sich auch aus den VWG Betriebsstätten (BMF v. 24.12.1999, BStBl 1999 I 1076, Tz. 2.4) ergeben. Die VWG Betriebsstätten sind allerdings gegenüber § 1 Abs. 5 AStG und den Regelungen der BsGaV subsidiär (BMF v. 22.12.2016, BStBl 2017 I 182, Rdn. 460).

Die mit der Einbringung dem ausländischen Stammhaus der Übernehmerin zuzuordnenden Wirtschaftsgüter sind – unter Aufdeckung der stillen Reserven – zwingend mit dem gemeinen Wert anzusetzen, während die übrigen der inländischen Betriebsstätte zuzuordnenden Wirtschaftsgüter weiterhin im Inland steuerverhaftet bleiben und somit – einheitlich – gem. § 20 Abs. 2 Satz 2 UmwStG mit dem Buchwert oder einem Zwischenwert angesetzt werden können.

4.6.1.3.2 Einbringung der ausländischen Betriebsstätte in ausländische Kapitalgesellschaft

Ein **Verlust des deutschen Besteuerungsrechts** tritt auch insoweit ein, als ein inländischer Unternehmer seine im Ausland gelegene Betriebsstätte, deren Gewinne er – mit Anrechnungsverpflichtung – in Deutschland zu versteuern hatte, in eine ausländische Kapitalgesellschaft einbringt. Ein solcher Fall ist stets dann gegeben, wenn sich die ausländische Betriebsstätte in einem Staat befindet, mit dem kein DBA besteht. 712

Die Besteuerung der aus der ausländischen Betriebsstätte erzielten Gewinne im Inland mit der Verpflichtung, die ausländische Einkommensteuer/Körperschaftsteuer auf die deutsche Einkommensteuer/Körperschaftsteuer anzurechnen, kann aber auch in Betracht kommen, wenn sich die Betriebsstätte in einem Staat befindet, mit dem ein DBA besteht. Nach dem jeweiligen DBA werden Gewinne eines in Deutschland ansässigen Unternehmers aus einer Betriebsstätte, die beispielsweise in Estland, Lettland, Litauen, Malta, Polen, Slowenien oder Ungarn belegen ist, in Deutschland besteuert, wenn diese Gewinne nicht ausschließlich oder fast ausschließlich aus aktiven Tätigkeiten stammen (sog. Aktivitätsklausel). Die Doppelbesteuerung wird durch Anwendung der Anrechnungsmethode vermieden. Die Einbringung einer solchen Betriebsstätte in eine ausländische Kapitalgesellschaft kann nur unter Ansatz des gemeinen Wertes erfolgen, weil Deutschland dadurch sein eingeschränktes Besteuerungsrecht verliert.

4.6.1.3.3 Beschränkung des Besteuerungsrechts

Eine Beschränkung des deutschen Besteuerungsrechts liegt vor, wenn vor der Einbringung am übertragenen Betriebsvermögen ein Besteuerungsrecht ohne Anrechnungsverpflichtung bestand und nach der Einbringung ein Besteuerungsrecht mit Anrechnungsverpflichtung gegeben ist. Ein diese Rechtsfolgen auslösender Sachverhalt ist die Einbringung eines inländischen (Teil-)Betriebs in eine inländische Kapitalgesellschaft mit ausländischer Anrechnungsbetriebsstätte, wenn und soweit einzelne Wirtschaftsgüter als unmittelbare Folge der Einbringung sofort der ausländischen Betriebsstätte zuzuordnen sind. Für diese Wirtschaftsgüter ist bei der Einbringung zwingend der gemeine Wert anzusetzen. 713

Erfolgt die Zuordnung zu der ausländischen Betriebsstätte erst nach der Einbringung durch die übernehmende Gesellschaft, kann bei der Einbringung zwar noch der Buchwert angesetzt werden. Die spätere Zuordnungsänderung gilt aber gem. § 12 Abs. 1 KStG als Veräußerung zum gemeinen Wert bzw. gem. § 1 AStG als Veräußerung zum Fremdvergleichspreis.

4.6.1.4 Gewährung sonstiger Gegenleistungen

Gem. § 20 Abs. 2 Satz 2 Nr. 4 UmwStG ist eine Buchwertfortführung bei Einbringungen außerdem nur insoweit möglich, als der gemeine Wert von sonstigen Gegenleistungen, die neben den neuen Gesellschaftsanteilen gewährt werden, nicht mehr beträgt als 25% des Buchwerts des eingebrachten Betriebsvermögens (§ 20 Abs. 2 Satz 2 Nr. 4 Buchst. a UmwStG). Ein Überschreiten dieser relativen Grenze ist unschädlich, wenn 713a der gemeine Wert der sonstigen Gegenleistungen 500.000 € nicht übersteigt. Dabei gilt allerdings, dass der gemeine Wert der sonstigen Gegenleistungen höchstens dem Buchwert des eingebrachten Betriebsvermögens entsprechen darf (§ 20 Abs. 2 Satz 2 Nr. 4 Buchst. b UmwStG).

Die Einschränkung der Möglichkeit der Gewährung sonstiger Gegenleistungen unter Fortführung der Buchwerte des Einbringenden ist eine Reaktion des Gesetzgebers auf Gestaltungen, bei denen neben neuen Gesellschaftsanteilen unverhältnismäßig hohe sonstige Gegenleistungen gewährt wurden; nach der bis 2014 geltenden Rechtslage ein Buchwertansatz aber dennoch möglich war. Für die bei sonstigen Gegenleistungen zu beachtende Einschränkung wurde eine Meistbegünstigungsklausel geschaffen, sodass jeweils die im konkreten Einbringungsfall für den Steuerpflichtigen günstigere Regelung gilt.

Soweit der gemeine Wert sonstiger Gegenleistungen die kodifizierten Wertgrenzen überschreitet, kommt es zu einer zwingenden Aufdeckung stiller Reserven – und zwar (mindestens) in dem Verhältnis, in dem der gemeine Wert der die Wertgrenzen übersteigenden (schädlichen) Gegenleistungen zum gemeinen Wert des insgesamt eingebrachten Betriebsvermögens steht.

BEISPIEL ▸ Der Einzelunternehmer E hat zum 31.12. folgende komprimierte – um die Angabe der gemeinen Werte ergänzte – Schlussbilanz erstellt:

A		31.12.		P
	Buchwert	(gemeiner Wert)		
Summe Aktiva	600 000 €	(1 000 000 €)	Kapital	600 000 €
	600 000 €	(1 000 000 €)		600 000 €

E errichtet die E-GmbH mit einem Stammkapital von 100.000 €. Seine Einlageverpflichtung erfüllt er durch Einbringung seines ganzen Betriebs in die E-GmbH. Neben den neuen Anteilen wird ihm seitens der E-GmbH ein Darlehen i. H. v. 600 000. € gewährt. Die Einbringung soll mit dem niedrigst möglichen Wert erfolgen.

LÖSUNG ▸ Die Übertragung des Betriebs durch E auf die E-GmbH stellt eine Einbringung i. S. d. § 20 Abs. 1 UmwStG dar, weil E dafür einen neuen Anteil an der E-GmbH erhält. Hinsichtlich der Bewertung des übernommenen Betriebsvermögens ist zu beachten, dass hier mit dem Darlehen i. H. v. 600 000 € eine sonstige Gegenleistung i. S. d. § 20 Abs. 2 Satz 2 Nr. 4 UmwStG gewährt wurde, die sowohl 25 % des Buchwerts des eingebrachten Betriebsvermögens (150 000 €) als auch den Betrag von 500 000 € überschreitet. Im Verhältnis der schädlichen Gegenleistung (100 000 €) zum gemeinen Wert des eingebrachten Betriebsvermögens (1 Mio. €) ist eine gewinnrealisierende Veräußerung anzunehmen, sodass für diesen Teil (= 10 %) der gemeine Wert von 100 000 € anzusetzen ist. Für die übrigen 90 % kann der eingebrachte Teil des Betriebsvermögens mit dem Buchwert (540 000 €) fortgeführt werden (s. zur Berechnung des Wertansatzes bei schädlichen Gegenleistungen auch das Beispiel in Rdn. 20.19a UmwStE). Die aufgedeckten stillen Reserven sind in jedem Wirtschaftsgut des eingebrachten Betriebsvermögens um einen einheitlichen Vomhundertsatz aufzulösen. Die E-GmbH wird demnach folgende Eröffnungsbilanz erstellen:

A	Eröffnungsbilanz der E-GmbH		P
Summe Aktiva	640 000 €	gez. Kapital	100 000 €
Ausgleichsposten	60 000 €	Darlehen gegenüber E	600 000 €
	700 000 €		700 000 €

Für E ist folgender Einbringungsgewinn zu ermitteln:

Veräußerungspreis gem. § 20 Abs. 3 Satz 1 UmwStG	640 000 €
./. Buchwert	600 000 €
Einbringungsgewinn	40 000 €

Die gewährte Darlehensforderung mindert gem. § 20 Abs. 3 Satz 3 UmwStG die Anschaffungskosten i. S. d. § 20 Abs. 3 Satz 1 UmwStG für den GmbH-Anteil. In diesem Fall ergeben sich somit Anschaffungskosten i. H. v. 40 000 €.

Als sonstige, der Regelung des § 20 Abs. 2 Satz 2 Nr. 4 UmwStG unterfallende Gegenleistungen kommen beispielsweise in Betracht: Darlehensforderung, stille Beteiligung, Barabfindung, Sachwert, Übertragung eigener Anteile, etc. (s. auch Rdn. 652 und 724ff).

Das eingebrachte Betriebsvermögen i. S. d. § 20 Abs. 2 Satz 2 Nr. 4 UmwStG ist nach 713b § 20 Abs. 2 Satz 5 UmwStG unter Berücksichtigung der Entnahmen und Einlagen i. S. d. § 20 Abs. 5 Satz 2 UmwStG (s. Rdn. 782 ff.) zu ermitteln. Entnahmen und Einlagen i. S. d. § 20 Abs. 5 Satz 2 UmwStG wirken sich damit auf die Höhe der unschädlichen sonstigen Gegenleistung aus.

4.6.1.5 Antrag

Der Ansatz des übernommenen Betriebsvermögens mit dem Buchwert oder einem 714 Zwischenwert erfordert außerdem einen entsprechenden Antrag der übernehmenden Gesellschaft. Der Antrag kann für einen Einbringungsvorgang nur einheitlich gestellt und nicht auf einzelne Wirtschaftsgüter beschränkt werden. Dass nach den vorstehenden Darstellungen stille Reserven – bei einem negativen steuerlichen Eigenkapital – teilweise aufgedeckt und/oder einzelne Wirtschaftsgüter – bei einer Einschränkung des Besteuerungsrechts – mit dem gemeinen Wert angesetzt werden müssen, steht dem nicht entgegen. Das Antragswahlrecht erstreckt sich nur auf den vom Gesetz als dispositiv definierten Bereich.

Der **Antrag** ist **von der übernehmenden Gesellschaft** und gem. § 20 Abs. 2 Satz 3 715 UmwStG spätestens bis zur erstmaligen Abgabe ihrer steuerlichen Schlussbilanz (für das Wirtschaftsjahr der Einbringung) bei dem für ihre Besteuerung zuständigen Finanzamt zu stellen. Ist der steuerliche Übertragungsstichtag (Einbringungszeitpunkt) i. S. d. § 20 Abs. 6 Satz 1 UmwStG der 31.12. und wird die übernehmende Gesellschaft mit der Einbringung neu gegründet und hat sie ein kalenderjahrgleiches Wirtschaftsjahr, ist ihre Eröffnungsbilanz identisch mit ihrer ersten Schlussbilanz.

Der Antrag für den Buchwertansatz kann – mangels gesetzlicher Formvorgaben – auch 716 konkludent durch Einreichung einer Steuerbilanz unter Fortführung der Buchwerte gestellt werden. Das setzt aber voraus, dass sich die übernehmende Gesellschaft ihres Antragsrechts überhaupt bewusst war und in diesem Bewusstsein eine Entscheidung zugunsten des Minderwertansatzes getroffen hat. Bei einem gewünschten Zwischenwert muss ein Antrag mit der ausdrücklichen Angabe der (absoluten oder prozentualen Höhe der) aufzudeckenden stillen Reserven abgegeben werden. Allein aus der Bilanzierung wird nicht ersichtlich, ob ein Minderwert oder ein Ansatz zum gemeinen Wert gewollt war.

717 Liegt kein Antrag vor oder ist er wegen Verspätung, des falschen Absenders (Antragsteller), des falschen Adressaten (unzuständiges Finanzamt) oder inhaltlicher Unbestimmtheit unwirksam, muss das eingebrachte Betriebsvermögen (einschließlich eines Geschäfts- oder Firmenwertes) zwingend mit dem gemeinen Wert angesetzt werden.

718 Das Bewertungswahlrecht in der Steuerbilanz ist unabhängig von den Wertansätzen in der Handelsbilanz (Rdn. 20.20 UmwStE). Der Maßgeblichkeitsgrundsatz ist nicht zu beachten (BT-Drucks. 16/2710 69). So kann in der Handelsbilanz der gemeine Wert, in der Steuerbilanz jedoch der Buchwert angesetzt werden.

719 Entscheidend ist die **Wahlrechtsausübung** – z. B. in Form der tatsächlichen Bilanzierung – durch die übernehmende Gesellschaft. Auch wenn der gewählte Wertansatz unmittelbare ertragsteuerliche Folgen für den Einbringenden (z. B. Entstehung eines Einbringungsgewinns) hat, kommt es letztlich nicht auf dessen Erklärung an, sondern auf das tatsächliche Verhalten der übernehmenden Gesellschaft. Ist bei der erstmaligen Abgabe der steuerlichen Schlussbilanz der übernehmenden Gesellschaft bereits ein Steuerbescheid gegen den Einbringenden unter divergierenden Prämissen ergangen, hat eine Berichtigung desselben nach § 175 Abs. 1 Nr. 2 AO zu erfolgen.

720 Eine Änderung oder Rücknahme des einmal gestellten Antrags für eine Minderbewertung durch die übernehmende Gesellschaft ist unzulässig. Der Antrag darf an keine Bedingungen geknüpft werden (Rdn. 20.21 i. V. m. 03.29). Die nachträgliche Erhöhung (oder Minderung) der Wertansätze des eingebrachten Betriebsvermögens ist eine steuerlich nicht anzuerkennende rückwirkende Sachverhaltsgestaltung (BFH v. 25.4.2006 - VIII R 52/04, BStBl 2006 II 847). § 4 Abs. 2 Satz 2 EStG ist nicht anwendbar.

721 Hält das Finanzamt z. B. im Rahmen einer späteren Betriebsprüfung die Bilanz für fehlerhaft, muss es die Wertansätze richtigstellen. Ist beispielsweise das beim Einbringenden schon bilanzierte Vermögen mit dem gemeinen Wert, ein unstreitig vorhandener originärer Firmenwert aber nicht angesetzt worden, muss die Bilanz gem. § 4 Abs. 2 Satz 1 EStG berichtigt und der Firmenwert noch angesetzt werden. Der Steuerbescheid des Einbringenden ist anschließend ggf. nach § 175 Abs. 1 Satz 1 Nr. 2 AO zu ändern (Rdn. 20.24 UmwStE).

Entsprechend wird man verfahren müssen, wenn es im Unklaren bleibt, ob die übernehmende Gesellschaft bei der Erstellung ihrer Bilanz eine Minderbewertung wollte und einen diesbezüglichen Antrag gestellt hat oder ob sie vom gemeinen Wert ausgegangen ist. Nach dem Regel-Ausnahmeverhältnis des § 20 Abs. 2 Satz 1 und 2 UmwStG ist bei fehlendem Antrag der gemeine Wert anzusetzen. Der Antrag für eine Minderbewertung erfordert einen dahingehend gebildeten Willen der übernehmenden Gesellschaft und die Äußerung dieses Willens gegenüber dem Finanzamt. Fehlt eines dieser Elemente, liegt kein Antrag vor, und es gilt der gemeine Wert als Regelbewertungsmaßstab.

722 Bei der Einbringung eines Betriebs, zu dessen Betriebsvermögen auch ein Mitunternehmeranteil gehört, oder bei der gleichzeitigen Einbringung mehrerer Mitunternehmeranteile liegen jeweils gesonderte Einbringungsvorgänge vor (Rdn 20.12 UmwStE). Folglich kann das Antragswahlrecht für jeden Mitunternehmeranteil neu ausgeübt werden.

Erwirbt durch die **Einbringung eines Mitunternehmeranteils** die übernehmende Kapitalgesellschaft eine Mitunternehmerstellung bei der noch fortbestehenden Personengesellschaft, wird das Bewertungswahlrecht gem. § 20 Abs. 2 Satz 2 UmwStG für die in dem Mitunternehmeranteil verkörperten Wirtschaftsgüter nicht in der Steuerbilanz der Kapitalgesellschaft, sondern in derjenigen der Personengesellschaft ausgeübt (BFH v. 30.4.2003 I R 102/01, BStBl 2004 II 804). Gleichwohl ist der Antrag auf eine Minderbewertung durch die übernehmende Kapitalgesellschaft bei dem für sie zuständigen Finanzamt zu stellen (Rdn. 20.23 UmwStE). Wird der Mitunternehmeranteil mit einem höheren Wert als dem Buchwert übernommen, ist für die aufgedeckten stillen Reserven eine Ergänzungsbilanz für die aufnehmende Kapitalgesellschaft zu erstellen. 723

4.6.2 Mindestbewertung bei sonstigen Gegenleistungen

Das Bewertungswahlrecht des § 20 Abs. 2 Satz 2 UmwStG kann durch die Regelung in § 20 Abs. 2 Satz 4 UmwStG weiter eingeschränkt werden. Danach hat die übernehmende Gesellschaft das eingebrachte Betriebsvermögen mindestens mit dem gemeinen Wert von – neben den neuen Gesellschaftsanteilen gewährten – sonstigen Gegenleistungen anzusetzen, wenn dieser den nach § 20 Abs. 2 Satz 2 UmwStG ermittelten Wert übersteigt. Die Vorschrift soll das Entstehen negativer Anschaffungskosten verhindern. 724

BEISPIEL 1 Der Einzelunternehmer E hat zum 31.12. folgende komprimierte – um die Angabe der gemeinen Werte ergänzte – Schlussbilanz erstellt:

A		31.12.		P
	Buchwert	(gemeiner Wert)		
Summe Aktiva	600 000 €	(1 000 000 €)	Kapital	600 000 €
	600 000 €	(1 000 000 €)		600 000 €

E errichtet die E-GmbH mit einem Stammkapital von 100 000 €. E bringt in Erfüllung seiner Sacheinlageverpflichtung seinen Betrieb in die E-GmbH ein. Die Voraussetzungen des § 20 Abs. 2 Satz 2 Nrn. 1 – 3 UmwStG liegen vor. Neben dem neuen Anteil wird ihm seitens der E-GmbH eine Darlehensforderung i. H. v. 700 000 € eingeräumt. Die Einbringung des Betriebs soll mit dem niedrigst möglichen Wert erfolgen.

LÖSUNG Die Übertragung des Betriebs durch E auf die E-GmbH ist eine Einbringung i. S. d. § 20 Abs. 1 UmwStG, weil E dafür einen neuen Anteil an der E-GmbH erhält. Da E neben dem neuen Gesellschaftsanteil mit der Darlehensforderung auch eine sonstige Gegenleistung erhält, deren gemeiner Wert mehr als 25 % des Buchwertes des eingebrachten Betriebsvermögens (150.000 €) und auch mehr als 500 000 € beträgt, sind gem. § 20 Abs. 2 Satz 2 Nr. 4 UmwStG stille Reserven aufzudecken, soweit die Gegenleistung als schädlich anzusehen ist (200 000 €). Danach ergibt sich ein Ansatz von 680 000 € (zu 80% = 480 000 € wird der Buchwert fortgeführt, darüber hinaus sind die Anschaffungskosten von 200 000 € anzusetzen). Gemäß § 20 Abs. 2 Satz 4 UmwStG ist jedoch mindestens der gemeine Wert der eingeräumten Darlehensforderung anzusetzen (700 000 €). Soll der Betrieb mit dem niedrigst möglichen Wert übernommen werden, wird folgende Eröffnungsbilanz zu erstellen sein:

A	Eröffnungsbilanz der E-GmbH		P
Summe Aktiva	700 000 €	gez. Kapital	100 000 €
Ausgleichsposten	100 000 €	Darlehen gegenüber E	700 000 €
	800 000 €		800 000 €

Es muss also eine Buchwertaufstockung um 100 000 € vorgenommen werden. Dafür sind die in den Wirtschaftsgütern ruhenden stillen Reserven um einen einheitlichen Vomhundertsatz aufzulösen. Da die stillen Reserven insgesamt 400 000 € betragen, sind 25 % der in jedem Wirtschaftsgut enthaltenen stillen Reserven aufzudecken (s. auch Rdn. 23.14 UmwStE).

Für E ist folgender Einbringungsgewinn zu ermitteln:

	Buchwert des eingebrachten Betriebsvermögens =	600 000 €	
	Mindestansatz = gemeine Wert der Darlehensforderung =	700 000 €	
	Veräußerungspreis gem. § 20 Abs. 3 Satz 1 UmwStG =		700 000 €
./.	Buchwert		600 000 €
	Einbringungsgewinn		100 000 €

Die Anschaffungskosten des E für den erworbenen (steuerverstrickten) GmbH-Anteil betragen 0 €. Sie berechnen sich wie folgt:

	Übernahmewert des Betriebs gem. § 20 Abs. 3 Satz 1 UmwStG =	700 000 €
./.	gemeiner Wert der Darlehensforderung, § 20 Abs. 3 Satz 3 UmwStG =	700 000 €
	Anschaffungskosten neuer GmbH-Anteil	0 €

Ohne die Einschränkung des Bewertungswahlrechts in § 20 Abs. 2 Satz 4 UmwStG würden sich in diesem Beispiel negative Anschaffungskosten für den GmbH-Anteil ergeben.

BEISPIEL 2 Der Einzelunternehmer F hat zum 31.12. folgende komprimierte – um die Angabe der gemeinen Werte ergänzte – Schlussbilanz erstellt:

A		31.12.		P
	Buchwert	(gemeiner Wert)		
Anlagevermögen	200 000 €	(260 000 €)	Kapital	60 000 €
Umlaufvermögen	160 000 €	(240 000 €)	Verbindlichkeiten	300 000 €
	360 000 €	(500 000 €)		360 000 €

F und G errichten gemeinsam die FG-GmbH mit einem Stammkapital von 50 000 €. Jeder von ihnen erhält einen GmbH-Anteil im Nennwert von 25 000 €. F bringt in Erfüllung seiner Sacheinlageverpflichtung seinen Betrieb in die FG-GmbH ein. Die Voraussetzungen des § 20 Abs. 2 Satz 2 Nr. 1 – 3 UmwStG liegen vor. Neben dem neuen Anteil erhält er von G – für Rechnung der FG-GmbH – eine Ausgleichszahlung i. H. v. 100 000 €. G erfüllt dadurch seine Einlageverpflichtung. Die Einbringung des Betriebs soll mit dem niedrigst möglichen Wert erfolgen.

LÖSUNG Die Übertragung des Betriebs durch F auf die FG-GmbH ist eine Einbringung i. S. d. § 20 Abs. 1 UmwStG, weil F dafür einen neuen Anteil an der FG-GmbH erhält. Die FG-GmbH kann das eingebrachte Betriebsvermögen aber nicht vollständig mit dem Buchwert ansetzen, weil der Einbringende F neben dem neuen Anteil eine weitere (sonstige) Gegenleistung (Ausgleichszahlung i. H. v. 100 000 €) erhält, deren gemeiner Wert zwar nicht mehr als 500 000 € beträgt, aber den Buchwert des eingebrachten Betriebsvermögens übersteigt (§ 20 Abs. 2 Satz 2 Nr. 4 Buchst. b UmwStG). Unerheblich ist, dass die sonstige Gegenleistung nicht unmittelbar von der übernehmenden Gesellschaft, sondern „für deren Rechnung" von dem Mitgesellschafter G erbracht wird.

Der die Wertgrenze des § 20 Abs. 2 Satz 2 Nr. 4 UmwStG übersteigende gemeine Wert der sonstigen Gegenleistung beträgt (100 000 € ./. 60 000 € Buchwert =) 40 000 € und entspricht 20 % des gemeinen Werts des gesamten Betriebs (500 000 € Aktiva ./. 300 000 € Betriebsschulden = 200 000 €). Also kann die FG-GmbH das eingebrachte Betriebsvermögen nach § 20 Abs. 2 Satz 2 UmwStG zu 80 % mit dem Buchwert (80 % von 60 000 € = 48 000 €) und zu 20 % mit dem gemeinen Wert (40 000 €); insgesamt also mit 88 000 € ansetzen.

Gemäß § 20 Abs. 2 Satz 4 UmwStG hat sie jedoch mindestens den gemeinen Wert der sonstigen Gegenleistung (Ausgleichszahlung) anzusetzen. Bei einer Einbringung des Betriebs des F mit dem niedrigst möglichen Wert, stellt sich die Eröffnungsbilanz wie folgt dar:

A	Eröffnungsbilanz der FG-GmbH		P
Anlagevermögen	217 143 €	gez. Kapital	50 000 €
Umlaufvermögen	182 857 €	Kapitalrücklage	50 000 €
		Verbindlichkeiten	300 000 €
	400 000 €		500 000 €

Der niedrigst mögliche Übernahmewert ist der gemeine Wert der dem F geleisteten Ausgleichszahlung; das sind hier 100 000 €. Es muss somit eine Buchwertaufstockung um 40 000 € vorgenommen werden. Dafür sind die in den Wirtschaftsgütern ruhenden stillen Reserven um einen einheitlichen Vomhundertsatz aufzulösen. Da die stillen Reserven insgesamt 140 000 € betragen, sind 28,57 % der im Anlagevermögen und 28,57 % der im Umlaufvermögen enthaltenen stillen Reserven aufzudecken (s. auch Rdn. 23.14 UmwStE).

Für F ist folgender Einbringungsgewinn zu ermitteln:

	Buchwert des eingebrachten Betriebsvermögens =	60 000 €	
	Mindestansatz = gemeine Wert der Darlehensforderung =	100 000 €	
	Veräußerungspreis gem. § 20 Abs. 3 Satz 1 UmwStG =		100 000 €
./.	Buchwert		./. 60 000 €
	Einbringungsgewinn		40 000 €

Die Anschaffungskosten des F für den erworbenen (steuerverstrickten) Geschäftsanteil betragen 0 €. Sie berechnen sich wie folgt:

	Übernahmewert des Betriebs gem. § 20 Abs. 3 Satz 1 UmwStG =	100 000 €
./.	gemeine Wert der Darlehensforderung, § 20 Abs. 3 Satz 3 UmwStG =	./. 100 000 €
	Anschaffungskosten neuer GmbH-Anteil	0 €

Ohne die Einschränkung des Bewertungswahlrechts in § 20 Abs. 2 Satz 4 UmwStG würden sich in diesem Beispiel negative Anschaffungskosten für den GmbH-Anteil ergeben.

Das eingebrachte Betriebsvermögen i. S. d. § 20 Abs. 2 Satz 4 UmwStG ist nach § 20 Abs. 2 Satz 5 UmwStG unter Berücksichtigung der Entnahmen und Einlagen i. S. d. § 20 Abs. 5 Satz 2 UmwStG (s. Rdn. 782 ff.) zu ermitteln. Dies bedeutet, dass durch Einlagen eine Aufstockung des eingebrachten Betriebsvermögens verringert oder vermieden wird; Entnahmen im Rückbezugszeitraum können im Gegensatz hingegen zu einer Wertaufstockung führen (*Nitzschke* in Brandis/Heuermann, Ertragsteuerrecht, 178. Erg. Lfg. (8/2025), § 20 UmwStG Rdn. 89a). 724a

Mit der Einbringung des Betriebs einer Personengesellschaft geht auch die in der steuerlichen Gesamthandsbilanz passivierte **Pensionsrückstellung zugunsten** eines oder mehrerer **Mitunternehmer** auf die Kapitalgesellschaft über. Die Übernahme der Verpflichtung aus der Pensionszusage gegenüber einem Gesellschafter ist keine neben den neuen Anteilen gewährte zusätzliche Gegenleistung i. S. d. § 20 Abs. 2 Satz 4 725

UmwStG. Es handelt sich bei der Schuld vielmehr um einen unselbständigen Teil des Sacheinlagegegenstands. Sie mindert als Passivposten das eingebrachte Betriebsvermögen (Rdn. 20.29 UmwStE).

726 Die in der Sonderbilanz zugunsten des pensionsberechtigten Mitunternehmers aktivierte (mit der Pensionsrückstellung in der Gesamthandsbilanz korrespondierende) Forderung geht mit der Umwandlung der Personengesellschaft in eine Kapitalgesellschaft in das Privatvermögen des Gesellschafters über. Sie kann nach Rdn. 20.28 UmwStE auf Antrag als Restbetriebsvermögen des ehemaligen Mitunternehmers fortgeführt werden.

727 Nach früherer Rechtsprechung und Verwaltungsregelung wurden Pensionszusagen einer Personengesellschaft an ihre Mitunternehmer als steuerlich unbeachtliche Gewinnverteilungsabrede behandelt, für die eine Rückstellung nicht gebildet werden durfte. Für Pensionszusagen, die bereits vor Beginn des Wirtschaftsjahres, das nach dem 31.12.2007 endet, erteilt wurden (Altzusagen), kann die frühere bilanzsteuerliche Behandlung auf Antrag fortgeführt werden (BMF v. 29.1.2008, BStBl 2008 I 317 ff. Rdn. 20). In diesem Fall sind bei Umwandlung der Personengesellschaft in eine Kapitalgesellschaft auch die alten Regelungen in BMF v. 25.3.1998, BStBl 1998 I 268, Tz. 20.41 ff. weiter anzuwenden. Die in der Eröffnungsbilanz der übernehmenden Kapitalgesellschaft (erstmals) ausgewiesene Pensionsrückstellung ist dann als sonstige Gegenleistung zu behandeln (Rdn. 20.29 UmwStE).

728

ABB. 13: Einbringung nach § 20 UmwStG

Persönlicher Anwendungsbereich

Sachlicher Anwendungsbereich

Einbringender:
Natürliche Person
Juristische Person
Personengesellschaft

Natürliche Person,
die ihren Wohnsitz oder gewöhnlichen Aufenthalt innerhalb der EU oder des EWR hat und nicht (nach DBA) als in einem Drittstaat ansässig gilt.

Juristische Person,
die eine Gesellschaft i. S. d. Art. 54 AEUV oder des Art. 34 EWR-Abkommen ist und die ihren Sitz und den Ort ihrer Geschäftsleitung in dem Hoheitsgebiet eines dieser Staaten hat.

Personengesellschaft,
die eine Gesellschaft i. S. d. Art. 54 AEUV oder des Art. 34 EWR-Abkommen ist und die ihren Sitz und den Ort ihrer Geschäftsleitung innerhalb der EU oder des EWR hat. Zusätzlich müssen die an ihr (unmittelbar oder mittelbar) beteiligten natürlichen oder juristischen Personen die o. a. Voraussetzungen erfüllen.

Alternativ gilt § 20 UmwStG auch für einbringende Rechtsträger, wenn das dt. Besteuerungsrecht an den erhaltenen Anteilen nicht ausgeschlossen oder beschränkt ist.

Einbringungsgegenstand:
(qualifizierte Sachgesamtheit)
Betrieb
Teilbetrieb
Mitunternehmeranteil

Betrieb:
(funktionsfähiger) Gewerbebetrieb, Betrieb der Land- und Forstwirtschaft oder Betrieb einer selbständigen Arbeit i. S. d. § 18 EStG. Es müssen sämtliche funktional wesentlichen Betriebsgrundlagen des (Teil-) Betriebs oder Mitunternehmeranteils übertragen werden.

Auch:
- Gewerbebetrieb kraft Rechtsform (§ 8 Abs. 2 KStG)
- Ruhender Betrieb
- Besitzunternehmen einer Betriebsaufspaltung

Teilbetrieb:
ist die Gesamtheit der in einem Unternehmensteil vorhandenen aktiven und passiven Wirtschaftsgüter, die in organisatorischer Hinsicht einen selbständigen Betrieb, d. h. eine aus eigenen Mitteln funktionsfähige Einheit darstellen.
Ein 100 v. H. – Anteil an einer Kapitalgesellschaft gilt nicht als Teilbetrieb.

Mitunternehmeranteil:
dazu gehört auch Sonderbetriebsvermögen.
Auch: Teil eines Mitunternehmeranteils

Einbringungsvorgang:
Verschmelzung, Auf- oder Abspaltung einer Personenhandelsgesellschaft oder Partnerschaftsgesellschaft
Ausgliederung
erweiterte Anwachsung
Einzelrechtsnachfolge
Formwechsel einer Personengesellschaft

Übertragung der qualifizierten Sachgesamtheit **gegen Gewährung neuer Anteile** an der übernehmenden Gesellschaft (Veräußerungsvorgang). Die als Gegenleistung gewährten Anteile müssen im Wege der Sachgründung oder Sachkapitalerhöhung neu entstanden sein.

Die Gewährung zusätzlicher Gegenleistungen (Barausgleich, Darlehensforderung, etc.) ist unschädlich. Nach § 20 Abs. 2 Satz 4 UmwStG ist evtl. Einschränkung des Bewertungswahlrechts zu beachten.

Wertgleichheit (gemeiner Wert) von neuen („erhaltenen“) Anteilen und eingebrachtem Betriebsvermögen ist nicht erforderlich (evtl. Überspringen von stillen Reserven auf andere Anteile-Mitverstrickung).

Übernehmende Gesellschaft:
Kapitalgesellschaft

Es muss sich um eine (in- oder ausländische) Gesellschaft i. S. d. Art. 54 AEUV oder des Art. 34 EWR-Abkommen handeln, die nach den Rechtsvorschriften eines Mitgliedsstaats der EU oder des EWR gegründet worden ist oder wird und die ihren Sitz und den Ort ihrer Geschäftsleitung in dem Hoheitsgebiet eines dieser Staaten hat (Voraussetzung der doppelten Ansässigkeit), § 1 Abs. 4 Satz 1 Nr. 1 UmwStG.

Bei einer ausländischen (EU- oder EWR-) Gesellschaft ist durch einen Rechtstypenvergleich festzustellen, ob sie einer deutschen Kapitalgesellschaft entspricht.

Übernehmende Gesellschaft kann stets auch eine SE oder SCE sein.

4.7 Ertragsteuerliche Folgen für den Einbringenden

729 Für den Einbringenden stellt sich einerseits die Frage nach den ertragsteuerlichen Folgen aus der Übertragung des Betriebsvermögens und andererseits nach der weiteren Behandlung der im Tauschwege erhaltenen neuen Anteile an der übernehmenden Gesellschaft.

4.7.1 Betriebsveräußerung – Ermittlung und Versteuerung des Einbringungsgewinns

730 Die Einbringung i. S. d. § 20 Abs. 1 UmwStG ist – unabhängig vom Wertansatz – ihrem Charakter nach eine Betriebsveräußerung i. S. d. § 16 Abs. 1 Satz 1 EStG. Alle – zumindest (funktional) wesentlichen – Betriebsgrundlagen der betrieblichen Sachgesamtheit werden in einem einheitlichen Vorgang gegen Entgelt – ganz oder teilweise in Form von neuen Anteilen an der übernehmenden Gesellschaft – auf einen Erwerber (Kapitalgesellschaft) übertragen, so dass dieser den Betrieb als geschäftlichen Organismus fortführen kann (vgl. auch R 16.1 Abs. 1 EStR). Durch § 20 Abs. 2 i. V. m. Abs. 3 Satz 1 UmwStG wird lediglich der bei der Ermittlung des Veräußerungsgewinns (Einbringungsgewinn) nach § 16 Abs. 2 EStG anzusetzende Veräußerungspreis spezialgesetzlich bestimmt. Danach gilt für den Einbringenden der Wert als Veräußerungspreis, mit dem die übernehmende Gesellschaft das eingebrachte Betriebsvermögen ansetzt.

4.7.1.1 Ermittlung des Einbringungsgewinns

731 Der Einbringungsgewinn ermittelt sich nach folgendem Schema:

	Veräußerungspreis	tatsächlicher Wertansatz in der Übernahmebilanz der übernehmenden Gesellschaft, § 20 Abs. 3 S. 1 UmwStG
./.	**Einbringungskosten,**	die der Einbringende zu tragen hat
./.	**Buchwert**	der eingebrachten Wirtschaftsgüter, § 16 Abs. 2 S. 2 EStG, § 1 Abs. 5 Nr. 4 UmwStG
=	**Einbringungsgewinn im engeren Sinne**	
+	gemeiner Wert der im Zusammenhang mit der Einbringung entnommenen (unwesentlichen) Wirtschaftsgüter	
./.	Buchwert der entnommenen Wirtschaftsgüter	
+	Gewinnzuschlag aus der einbringungsbedingten Auflösung von Rücklagen	
=	Einbringungsgewinn im weiteren Sinne	

4.7.1.1.1 Veräußerungspreis

732 Der Veräußerungspreis entspricht also nicht dem gemeinen Wert der erhaltenen Anteile. Er wird einzig durch den Wert bestimmt, mit dem die übernehmende Gesellschaft

das eingebrachte Betriebsvermögen angesetzt hat (**Wertverknüpfung**). Der Einbringende ist an diesen Wert gebunden; er hat weder ein eigenes Wahlrecht, noch kann er vom Wertansatz der übernehmenden Gesellschaft abweichen.

Mit der Fiktion in § 20 Abs. 3 Satz 1 UmwStG, nach der der Wert, mit dem die übernehmende Gesellschaft das eingebrachte Betriebsvermögen ansetzt, für den Einbringenden als Veräußerungspreis gilt, ordnet der Gesetzgeber an, von einem ganz bestimmten Veräußerungspreis auszugehen, ohne dem Einbringenden die Möglichkeit zu geben, diesen auf seine Richtigkeit hin zu überprüfen. Durch diese Wertverknüpfung soll zum einen die Besteuerung der stillen Reserven, zum anderen eine einheitliche Handhabung beim einbringenden und übernehmenden Unternehmen sichergestellt werden (BFH v. 19.12.2007 - I R 111/05, BStBl 2008 II 536). Maßgebend ist der Wertansatz in der Steuerbilanz der übernehmenden Gesellschaft.

Wird ein einzelner Mitunternehmeranteil – einer fortbestehenden Mitunternehmerschaft – eingebracht, ist wegen des Vorrangs der Bilanzierung bei der Personengesellschaft auf den Wertansatz in der Steuerbilanz (einschließlich etwaiger Ergänzungsbilanzen) der Personengesellschaft, deren Anteil eingebracht wird, abzustellen (s. Rdn. 723). 733

Hat die übernehmende Gesellschaft die in § 20 Abs. 2 Satz 2 UmwStG festgelegte Wertobergrenze (gemeiner Wert) überschritten, ist (zunächst) bei ihr eine Wertkorrektur vorzunehmen. 734

Weicht die übernehmende Gesellschaft von einer mit dem Einbringenden getroffenen Vereinbarung hinsichtlich des Wertansatzes ab, ist es Sache des Einbringenden, den vereinbarten Wertansatz zivilrechtlich im Wege der einstweiligen Verfügung und/oder Klage durchzusetzen und ggf. Schadensersatz von der Übernehmerin zu verlangen. Für die steuerrechtliche Behandlung des Einbringenden hat dies keine Bedeutung, da die tatsächliche Bilanzierung durch die übernehmende Gesellschaft entscheidend ist. 735

Lediglich in den Fällen, in denen der übernehmenden Gesellschaft kein Bewertungswahlrecht zusteht oder nur ein beschränktes Wahlrecht eingeräumt ist und sie das eingebrachte Betriebsvermögen mit einem unzulässigen Wert angesetzt hat, kann auch im Besteuerungsverfahren des Einbringenden überprüft werden, ob die Übernehmerin sich bei der Bewertung des eingebrachten Vermögens an die gesetzlichen Vorgaben gehalten bzw. innerhalb der Gesetzesgrenzen bewegt hat (BFH v. 24.3.1983 - IV R 138/80, BStBl 1984 II 233 und BFH v. 23.1.1986 - IV R 335/84, BStBl 1986 II 623). 736

4.7.1.1.2 Einbringungskosten

Einbringungskosten sind alle durch die Einbringung veranlassten und vom Einbringenden tatsächlich getragenen Aufwendungen. 737

In § 20 UmwStG werden Einbringungskosten nicht ausdrücklich erwähnt. Das liegt daran, dass § 20 UmwStG **keine eigene Gewinnermittlungsvorschrift** enthält. Der Einbringungs- bzw. Veräußerungsgewinn ermittelt sich nach der Formel des § 16 Abs. 2 Satz 1 EStG als Unterschiedsbetrag zwischen dem Veräußerungspreis einerseits und dem Buchwert des eingebrachten Betriebsvermögens (s. u.) sowie den Veräußerungskosten andererseits. Der Begriff des Einbringungsgewinns ist synonym mit dem des Veräußerungsgewinns. So sind auch Einbringungskosten inhaltlich gleichzusetzen mit Veräußerungskosten.

Dazu gehören alle Aufwendungen, die in einem steuerrechtlich anzuerkennenden wirtschaftlichen Zusammenhang (Veranlassungszusammenhang) mit der Einbringung stehen (z. B. Beratungs-, Notar-, Reisekosten sowie die durch den Einbringungsvorgang selbst entstehenden Steuern). Es kommt maßgebend darauf an, ob auslösendes Moment für die Entstehung der betreffenden Aufwendungen die Einbringung gewesen ist (vgl. BFH v. 12.3.2014 - I R 45/13, BStBl 2014 II 719). Außerdem müssen diese Aufwendungen der Sphäre des Einbringenden zuzuordnen (Aufwendungen im Interesse des Einbringenden) und tatsächlich von ihm getragen worden sein. Sie sind unabhängig vom Zeitpunkt ihrer Entstehung oder ihres Abflusses bei der Berechnung des Einbringungsgewinns zu berücksichtigen (zur steuerrechtlichen Würdigung und zu praktischen Hinweisen bei Einbringungskosten bei Anwendung der §§ 20 bis 23 UmwStG s. auch *Ronneberger*, NWB 2017, 2533).

Von den Einbringungskosten, die den Einbringungsgewinn mindern, sind zu unterscheiden die vom Einbringenden für den Erwerb der neuen Anteile an der übernehmenden Gesellschaft aufgewendeten Anschaffungsnebenkosten und die der übernehmenden Gesellschaft zuzurechnenden (Einbringungs-)Kosten (vgl. auch Rdn. 784f und 824ff).

738 Durch den Abzug von Einbringungskosten kann sich rechnerisch ein Einbringungsverlust ergeben – und zwar, wenn die übernehmende Gesellschaft das eingebrachte Betriebsvermögen mit dem Buchwert ansetzt oder die Einbringungskosten die durch den höheren Wertansatz aufgedeckten stillen Reserven übersteigen (s. auch *Patt/Bernhagen* in Dötsch/Pung/Möhlenbrock, Die Körperschaftsteuer, 118. Erg. Lfg. (5/2025), § 20 UmwStG Rdn. 254 m. w. N.).

4.7.1.1.3 Buchwert

739 Aus der Gewinnermittlungsformel des § 16 Abs. 2 Satz 1 i. V. m. Satz 2 EStG ergibt sich, dass der vom Veräußerungspreis abzuziehende Wert des Betriebsvermögens für den Zeitpunkt der Veräußerung nach § 4 Abs. 1 oder § 5 EStG zu ermitteln ist. Damit ist der Buchwert gemeint. § 1 Abs. 5 Nr. 4 UmwStG stellt klar, dass es auf den nach steuerrechtlichen Vorschriften zu ermittelnden Buchwert ankommt, der sich in einer für den steuerlichen Übertragungsstichtag aufzustellenden **Steuerbilanz** ergibt oder ergäbe. Es wird nicht zwingend die Erstellung einer förmlichen Steuerbilanz verlangt. Es müssen aber die Werte ermittelt werden, die in einer Steuerbilanz auszuweisen wären.

740 Hat der Einbringende bisher seinen Gewinn nach § 4 Abs. 3 EStG ermittelt, ist er so zu behandeln, als wäre er im Augenblick der Einbringung zunächst zur Gewinnermittlung durch Betriebsvermögensvergleich nach § 4 Abs. 1 EStG übergegangen (R 4.5 Abs. 6 Satz 2 EStR). Der aus dem **Wechsel der Gewinnermittlungsart** sich ergebende Übergangsgewinn oder -verlust ist Teil der laufenden Einkünfte und gehört nicht zum Einbringungsgewinn. Ein Übergangsgewinn darf nicht nach der Billigkeitsregelung in R 4.6 Abs. 1 Satz 4 EStR verteilt werden; er ist im Jahr der Einbringung in voller Höhe zu versteuern (H 4.5 Abs. 6 „Übergangsgewinn“ EStH und BFH v. 13.9.2001 - IV R 13/01, BStBl 2002 II 287).

4.7.1.1.4 Zurückbehaltene (funktional) unwesentliche Wirtschaftsgüter

Werden bei der Einbringung eines (Teil-)Betriebs oder Mitunternehmeranteils einzelne – funktional unwesentliche – Wirtschaftsgüter zurückbehalten, hängt das steuerliche Schicksal dieser zurückbehaltenen Wirtschaftsgüter von der weiteren **Verwendung durch** den **Eigentümer** ab. Der Eigentümer kann diese Wirtschaftsgüter (sofern dies einkommensteuerrechtlich möglich ist) in sein Privatvermögen überführen – z. B. durch eine bloße vermögensverwaltende Nutzung. Für diese Entnahmen ist analog § 16 Abs. 3 Satz 8 EStG der gemeine Wert anzusetzen und der hieraus – nach Abzug der Buchwerte – resultierende Gewinn dem Einbringungsgewinn hinzuzurechnen (BFH v. 28.4.1988 - IV 52/87, BStBl 1988 II 829. Zur analogen Anwendung von § 16 Abs. 3 Satz 8 EStG vgl. *Geissler* in Herrmann/Heuer/Raupach, EStG/KStG, 334. Erg. Lfg. (8/2025), § 16 EStG Anm. 128. Eingehend zur Zugehörigkeit des Gewinns aus der Entnahme von unwesentlichen Betriebsgrundlagen zum begünstigten Veräußerungsgewinn i. S. d. §§ 16 Abs, 4, 34 EStG vgl. *Menner* in Haritz/Menner/Bilitewski, UmwStG, 6. Aufl. 2024, § 20 UmwStG Rdn. 67). Entsprechendes gilt für den Gewinn aus einer Veräußerung dieser Wirtschaftsgüter an einen Dritten in sachlichem und zeitlichem Zusammenhang mit der Einbringung. 741

Werden die Wirtschaftsgüter in einen anderen Betrieb des Einbringenden oder in dessen Sonderbetriebsvermögen bei einer Mitunternehmerschaft überführt oder unentgeltlich oder gegen Gewährung von Gesellschaftsrechten in das Gesamthandsvermögen einer Mitunternehmerschaft, an der der Einbringende beteiligt ist, übertragen, sind sie bei der Überführung bzw. Übertragung nach § 6 Abs. 5 Satz 1 bis 3 EStG zwingend mit dem Buchwert anzusetzen. Im Falle der Übertragung nach § 6 Abs. 5 Satz 3 EStG sind jedoch die Einschränkungen des § 6 Abs. 5 Sätze 4 bis 6 EStG zu beachten.

4.7.1.1.5 Gewinnzuschläge aus der Auflösung von steuerfreien Rücklagen

Gewinnzuschläge wegen der Auflösung von steuerfreien Rücklagen – z. B. nach § 6b EStG – teilen das steuerliche Schicksal des Auflösungsgewinns. Ist die Auflösung der gewinnmindernd gebildeten Rücklage durch die Einbringung veranlasst, gehört der daraus resultierende Gewinn – und folglich auch der darauf nach § 6b Abs. 7 EStG zu berechnende Zuschlag – zum Einbringungsgewinn (Rdn. 20.27 UmwStE). Die Rücklagenauflösung ist durch die Einbringung veranlasst, wenn die Aufgabe der (Re-)Investitionsabsicht durch die Einbringung des (Teil-)Betriebs oder Mitunternehmeranteils bedingt ist (vgl. BFH v. 17.10.1991 - IV R 97/89, BStBl 1992 II 392; BFH v. 10.11.2004 - XI R 69/03, BStBl 2005 II 596; BMF v. 30.10.2007, BStBl 2007 I 790). 742

4.7.1.2 Natürliche Person als Einbringender

Handelt es sich bei dem Einbringenden um eine (unbeschränkt oder beschränkt steuerpflichtige) natürliche Person, unterliegt der ihr zuzurechnende Einbringungsgewinn der Einkommensteuer. Er gehört zu der Einkunftsart, der auch die aus dem Sacheinlagegegenstand erzielten Einkünfte zuzurechnen waren. 743

4.7.1.2.1 Freibetrag nach § 16 Abs. 4 EStG

744 Gemäß § 20 Abs. 4 Satz 1 UmwStG kann ein Freibetrag nach § 16 Abs. 4 EStG (ggf. i. V. m. § 14 Satz 2 EStG bzw. § 18 Abs. 3 Satz 2 EStG) – unter den dort genannten weiteren Voraussetzungen – nur abgezogen werden, wenn die übernehmende Gesellschaft das eingebrachte Betriebsvermögen mit dem **gemeinen Wert** ansetzt. Dabei muss auch ein originärer Firmenwert mit dem erzielbaren Preis ausgewiesen werden.

745 Bei der Einbringung eines Mitunternehmeranteils ist § 16 Abs. 4 EStG – trotz des Ansatzes des gemeinen Wertes – ausgeschlossen, wenn es sich nur um den Teil eines Mitunternehmeranteils handelt.

4.7.1.2.2 Tarifermäßigung nach § 34 Abs. 1 und 3 EStG

746 Gemäß § 20 Abs. 4 Satz 2 UmwStG kann die Tarifermäßigung nach § 34 Abs. 1 und 3 EStG für den Einbringungsgewinn nur in Anspruch genommen werden, wenn:

1. der Einbringende eine natürliche Person ist,
2. die übernehmende Gesellschaft das eingebrachte Betriebsvermögen mit dem gemeinen Wert angesetzt hat,
3. bei der Einbringung eines Mitunternehmeranteils nicht nur ein Bruchteil, sondern der ganze Mitunternehmeranteil eingebracht worden ist und
4. **soweit** der Einbringungsgewinn nicht der Teileinkünftebesteuerung nach § 3 Nr. 40 Satz 1 i. V. m. § 3c Abs. 2 EStG unterliegt.

Die letztgenannte Einschränkung greift dann, wenn das eingebrachte Betriebsvermögen auch Anteile an in- oder ausländischen Kapitalgesellschaften enthält.

BEISPIEL Der 60-jährige Einzelunternehmer F hat zum 31.12. folgende komprimierte – um die Angabe der gemeinen Werte ergänzte – Schlussbilanz erstellt:

A		31.12.		P
	Buchwert	(gemeiner Wert)		
Geschäfts- und Firmen wert	—	(50 000 €)	Kapital	76 000 €
Anlagevermögen	156 000 €	(200 000 €)	Verbindlichkeiten	190 000 €
Anteil an X-GmbH	30 000 €	(90 000 €)		
Umlaufvermögen	80 000 €	(100 000 €)		
	266 000 €	(440 000 €)		266 000 €

F bringt seinen ganzen Betrieb nach § 20 Abs. 1 UmwStG in die dadurch gegründete F-GmbH ein. Das Stammkapital der F-GmbH beträgt 100 000 €. Einen Freibetrag nach § 16 Abs. 4 EStG hat F bisher nicht in Anspruch genommen.

Die F-GmbH erstellt folgende Eröffnungsbilanz:

A	Eröffnungsbilanz der F-GmbH		P
Geschäfts- und Firmenwert	50 000 €	gez. Kapital	100 000 €
Anlagevermögen	200 000 €	Kapitalrücklage	150 000 €
Anteil an X-GmbH	90 000 €	Verbindlichkeiten	190 000 €
Umlaufvermögen	100 000 €		
	440 000 €		440 000 €

LÖSUNG Die F-GmbH (übernehmende Gesellschaft) hat das eingebrachte Betriebsvermögen mit dem gemeinen Wert in Höhe von 250 000 € (440 000 € Aktiva ./. 190 000 € Schulden) angesetzt (§ 20 Abs. 2 Satz 1 UmwStG).

Für F gelten die 250 000 € als Veräußerungspreis für seinen Betrieb (§ 20 Abs. 3 Satz 1 UmwStG). Es ist ein Veräußerungsgewinn nach § 16 Abs. 2 Satz 1 EStG zu ermitteln. Gemäß § 20 Abs. 4 Satz 1 UmwStG kann § 16 Abs. 4 EStG auf den Veräußerungsgewinn angewendet werden, weil F eine natürliche Person ist, die einen ganzen Betrieb eingebracht hat und die übernehmende Gesellschaft das eingebrachte Betriebsvermögen mit dem gemeinen Wert angesetzt hat. Der zu ermittelnde Veräußerungsgewinn umfasst auch einen Gewinn aus der Veräußerung eines Anteils an einer Körperschaft (X-GmbH). Bei der Berechnung des Freibetrags nach § 16 Abs. 4 EStG ist der nach § 3 Nr. 40 Satz 1 Buchst. b i. V. m. § 3c Abs. 2 EStG steuerfrei bleibende Teil nicht zu berücksichtigen (s. R 16 Abs. 13 Satz 10 EStR).

Die Tarifermäßigung des § 34 Abs. 1 und Abs. 3 EStG kann gem. § 20 Abs. 4 Satz 2 UmwStG nur für den Teil des Veräußerungsgewinns gewährt werden, der nicht der Teileinkünftebesteuerung nach § 3 Nr. 40 Satz 1 Buchst. b i. V. m. § 3c Abs. 2 EStG unterliegt. Der Freibetrag nach § 16 Abs. 4 EStG ist vorrangig mit dem Veräußerungsgewinn zu verrechnen, auf den das Teileinkünfteverfahren anzuwenden ist (s. H 16 Abs. 13 „Teileinkünfteverfahren" EStH).

Wegen der unterschiedlichen Besteuerungsfolgen aus der Einbringung einerseits des Anteils an der X-GmbH und andererseits des „übrigen" Betriebsvermögens ist der Veräußerungs- bzw. Einbringungsgewinn des F wie folgt (getrennt) zu ermitteln:

	Veräußerungspreis gem. § 20 Abs. 3 Satz 1 UmwStG =				250 000 €
	davon entfallen auf:			Anteil an X-GmbH	„übriges" Betriebsvermögen
				90 000 €	160 000 €
	steuerfrei nach § 3 Nr. 40 Satz 1 Buchst. b EStG 40 %			36 000 €	–
	Steuerpflichtig			54 000 €	160 000 €
./.	Buchwerte:				
	Anteil an X-GmbH		30 000 €		
	60 % gem. § 3c Abs. 2 Satz 1 EStG =		18 000 €	18 000 €	
	„übriges" Betriebsvermögen				46 000 €
./.	Einbringungskosten (keine Angaben)			–	–
	Veräußerungsgewinn nach § 16 Abs. 2 EstG			36 000 €	114 000 €
	Freibetrag nach § 16 Abs. 4 EStG (auf Antrag)		45 000 €		
	Veräußerungsgewinn	150 000 €			
	Grenzbetrag, § 16 Abs. 4 Satz 2 EStG	136 000 €			
	Ermäßigung des Freibetrags	14 000 €	14 000 €		
./.	(verbleibender) Freibetrag		31 000 €	31 000 €	0 €
	steuerpflichtiger Veräußerungsgewinn			5 000 €	114 000 €

Die Tarifermäßigung nach § 34 Abs. 1 oder Abs. 3 EStG kann nur für den auf das „übrige" Betriebsvermögen entfallenden (steuerpflichtigen) Veräußerungsgewinn von 114 000 € gewährt werden.

Die Anschaffungskosten des F für seinen Anteil an der F-GmbH betragen gem. § 20 Abs. 3 Satz 1 UmwStG 250 000 €.

ANMERKUNG ▸ Hätte die F-GmbH in ihrer Eröffnungsbilanz den Geschäfts- und Firmenwert nicht ausgewiesen, aufgrund eines Antrags das Betriebsvermögen nur mit 200 000 € übernommen und eine Kapitalrücklage von nur 100 000 € gebildet, würde es sich nur um eine Zwischenwerteinbringung handeln. Es könnte weder ein Freibetrag nach § 16 Abs. 4 EStG abgezogen noch eine Tarifermäßigung nach § 34 Abs. 1 oder 3 EStG gewährt werden. Die Anschaffungskosten des F für seinen Anteil an der F-GmbH würden 200 000 € betragen. Zu der in diesem Fall erforderlichen anteiligen Aufdeckung auch des originären Geschäftswertes s. Rdn. 827 ff.

747 Die Tarifermäßigung nach § 34 Abs. 1 und Abs. 3 EStG ist (vollständig) ausgeschlossen, wenn der Einbringende den Einbringungsgewinn nach § 6b EStG teilweise überträgt oder anlässlich der Betriebseinbringung eine Rücklage nach § 6b EStG bildet (§ 34 Abs. 1 Satz 4 und Abs. 3 Satz 6 EStG).

748 Wird eine § 6b-Rücklage, die nicht anlässlich der Einbringung gebildet worden ist, vom Einbringenden (in einem anderen Betrieb) weitergeführt, kann für den Einbringungsgewinn der Freibetrag nach § 16 Abs. 4 EStG und eine Tarifermäßigung nach § 34 EStG nur in Anspruch genommen werden, wenn die Rücklage keine stillen Reserven enthält, die bei der Veräußerung einer wesentlichen Betriebsgrundlage aufgedeckt worden sind (R 6b.2 Abs. 10 EStR).

4.7.1.2.3 Weitere einkommensteuerliche Folgen für den Einbringenden

749 Die Einbringung von Betriebsvermögen in eine Kapitalgesellschaft kann zu einer rückwirkenden Neubeurteilung bereits in der Vergangenheit abgeschlossener Übertragungsvorgänge beim Einbringenden und dessen Rechtsvorgängern führen. Hat z. B. der Einbringende (natürliche Person) innerhalb von sieben Jahren vor der Einbringung ein im eingebrachten (Teil-)Betrieb oder Mitunternehmeranteil noch enthaltenes Wirtschaftsgut gem. § 6 Abs. 5 Satz 3 EStG zum Buchwert erworben, ist gem. § 6 Abs. 5 Satz 6 EStG rückwirkend auf den Zeitpunkt des Erwerbs der Teilwert anzusetzen. Damit erhöht sich infolge der Einbringung nachträglich der Buchwert des Sacheinlagegegenstands i. S. d. § 1 Abs. 5 Nr. 4 UmwStG. Sämtliche vorhergehenden Steuerbescheide sind nach § 175 Abs. 1 Nr. 2 AO zu berichtigen.

750 Weitere zu beachtende Sperrfristregelungen ergeben sich bei folgenden einer Einbringung vorangegangenen Übertragungsvorgängen:

§ 6 Abs. 3 Satz 2 EStG	Unentgeltlicher Erwerb eines Mitunternehmeranteils unter Zurückbehaltung wesentlichen Sonderbetriebsvermögens durch den Schenker (5 Jahre Sperrfrist)
§ 6 Abs. 5 Satz 4 EStG	Erwerb eines einzelnen Wirtschaftsguts zum Buchwert nach § 6 Abs. 5 Satz 3 EStG und fehlender Ergänzungsbilanz für den Übertragenden (3 Jahre Sperrfrist)

§ 16 Abs. 3 Satz 3 EStG	Erwerb von Grund und Boden, Gebäude und wesentlichen Betriebsgrundlagen im Wege der Realteilung zum Buchwert (3 Jahre Sperrfrist)
§ 16 Abs. 5 EStG	Übertragung eines Teilbetriebs auf eine Körperschaft durch Realteilung zum Buchwert soweit dieser Teilbetrieb Anteile an anderen Körperschaften enthält, die vorher einer natürlichen Person zuzurechnen waren (7 Jahre Sperrfrist)
§ 6 Abs. 3 UmwStG	Verschmelzung einer Körperschaft mit anschließender Bildung einer steuerfreien Rücklage für den Übernahmefolgegewinn (5 Jahre Sperrfrist)
§ 18 Abs. 3 UmwStG	Umwandlung einer Körperschaft in ein Personenunternehmen (5 Jahre Sperrfrist für die Gewerbesteuerfreiheit)
§ 22 Abs. 1 UmwStG	Erwerb von steuerverstrickten Anteilen i. S. d. § 22 Abs. 1 UmwStG (7 Jahre Sperrfrist)
§ 24 Abs. 5 UmwStG	Erwerb von Anteilen an einer Körperschaft durch eine Personengesellschaft unterhalb des gemeinen Wertes im Rahmen einer Einbringung nach § 24 Abs. 1 UmwStG (7 Jahre Sperrfrist)

Wegen der verschiedenen Sperrfristberechnungen sind die Detailregelungen der genannten Rechtsnormen zu beachten. In den Fällen des § 6 Abs. 3 Satz 2 EStG, § 16 Abs. 5 EStG und des § 22 Abs. 1 UmwStG treten bei einer Sperrfristverletzung die „steuerschädlichen" Folgen nicht ein, wenn die Einbringung des Sacheinlagegegenstands nach § 20 Abs. 2 Satz 2 UmwStG zum Buchwert erfolgt.

Vom Einbringenden in Anspruch genommene und im Einbringungszeitpunkt noch vorhandene **Investitionsabzugsbeträge** nach **§ 7g Abs. 1 EStG** für nicht mehr realisierbare Investitionen sind rückgängig zu machen. Das gilt unabhängig davon, ob die Einbringung zum gemeinen Wert oder zum Buchwert oder einem Zwischenwert erfolgt (BMF 15.6.2022, BStBl 2022 I 945, Rdn. 31). 751

Die Rückgängigmachung der im Einbringungszeitpunkt noch vorhandenen Investitionsabzugsbeträge nach § 7g Abs. 3 EStG erfolgt bei der Veranlagung, bei der der Abzug vorgenommen wurde. Der entsprechende Steuerbescheid (oder Feststellungsbescheid) ist insoweit zu ändern. 752

Von einer Rückgängigmachung nach § 7g Abs. 3 EStG kann nur dann abgesehen werden, wenn der Einbringende Betriebsvermögen zurückbehält und seine bisherige Tätigkeit der Art nach weiterhin mit Gewinnerzielungsabsicht ausübt und die Investitionsfristen (für mit diesem „Restbetrieb" im Zusammenhang stehenden Investitionen) noch nicht abgelaufen sind (BMF 15.6.2022, BStBl 2022 I 945, Rdn. 19 und 31). 753

Hat der Einbringende die begünstigte Investition noch selbst durchgeführt, Investitionsabzugsbeträge nach § 7g Abs. 2 EStG hinzugerechnet und die Anschaffungs- oder Herstellungskosten des begünstigten Wirtschaftsguts gemindert, ist die Einbringung des (Teil-)Betriebs oder Mitunternehmeranteils, zu dem das begünstigte Wirtschaftsgut gehört, innerhalb der für dieses Wirtschaftsgut maßgebenden Verbleibens- und Nut- 754 zungsfrist (Ende des dem Wirtschaftsjahr der Anschaffung oder Herstellung folgenden Wirtschaftsjahres) grundsätzlich eine schädliche Verwendung, die gem. § 7g Abs. 4 EStG zur Rückgängigmachung der Anwendung des § 7g Abs. 2 EStG führt. Dagegen ist die Einbringung unschädlich, wenn der begünstigte (Teil-)Betrieb oder Mitunternehmeranteil bis zum Ende des Verbleibens- und Nutzungszeitraums in der Hand der übernehmenden Gesellschaft bestehen bleibt und gleichzeitig die Nutzungs- und Verbleibensvoraussetzungen für das begünstigte Wirtschaftsgut erfüllt werden (BMF 15.6.2022, BStBl 2022 I 945, Rdn. 39).

755 Gemäß **§ 34a Abs. 6 Satz 1 Nr. 2 EStG** ist eine **Nachversteuerung des nachversteuerungspflichtigen Betrags** durchzuführen, wenn ein Betrieb oder ein (ganzer) Mitunternehmeranteil in eine Kapitalgesellschaft oder eine Genossenschaft eingebracht wird. Die Nachversteuerungsregelung gilt nicht bei der Einbringung nur eines Teilbetriebs oder eines Teils eines Mitunternehmeranteils. In diesen Fällen verbleibt dem Einbringenden noch ein Betrieb oder ein Mitunternehmeranteil, so dass er die Begünstigung des § 34a EStG fortführen kann. Im Übrigen (Einbringung eines Betriebs oder eines Mitunternehmeranteils) ist die Nachversteuerung unabhängig davon durchzuführen, ob die Einbringung mit dem gemeinen Wert, dem Buchwert oder einem Zwischenwert erfolgt. Die Nachversteuerung ist auch bei einem Formwechsel einer Personengesellschaft in eine Kapitalgesellschaft oder eine Genossenschaft vorzunehmen. Gemäß § 34a Abs. 6 Satz 4 EStG kann die durch die Nachversteuerung geschuldete Einkommensteuer auf Antrag für einen Zeitraum von höchstens zehn Jahren ratierlich gestundet werden, wenn die sofortige Steuererhebung mit erheblichen Härten für den Steuerpflichtigen verbunden wäre.

4.7.1.2.4 Gewerbesteuer

756 Der einer natürlichen Person als Einbringendem zuzurechnende Einbringungsgewinn unterliegt grundsätzlich auch dann nicht der Gewerbesteuer, wenn es sich bei dem Sacheinlagegegenstand um einen gewerblichen (Teil-)Betrieb oder Mitunternehmeranteil handelt.

Die Gewerbesteuer ist eine Objektsteuer, die gem. § 2 Abs. 1 i. V. m. § 7 GewStG an das Ergebnis (die Ertragskraft) eines werbenden (stehenden) Betriebs anknüpft. Nicht dazu gehört der Gewinn aus der Veräußerung oder Aufgabe eines Gewerbebetriebs, die zu einer endgültigen Einstellung der gewerblichen Betätigung des Veräußerers und folglich zum Wegfall seiner persönlichen Steuerpflicht (§ 5 GewStG) führt (BFH v. 3.2.1994 - III R 23/89, BStBl 1994 II 709).

Auch der im Zusammenhang mit einer Buch- oder Zwischenwerteinbringung entstehende Gewinn aus der Überführung von nicht zu den wesentlichen Betriebsgrundlagen gehörenden Wirtschaftsgütern in das Privatvermögen ist nicht gewerbesteuerbar. Die Behandlung bei der Einkommensteuer – Besteuerung nach dem Regeltarif – spielt insoweit keine Rolle. Gleiches gilt für den Gewinn aus der Einbringung eines Teilbetriebs und eines „ganzen" Mitunternehmeranteils (s. auch R 7.1 Abs. 3 GewStR und H 7.1 Abs. 3 „Veräußerungs- und Aufgabegewinne" GewStH).

Gewerbesteuerpflichtig ist aber der Gewinn aus der Einbringung eines **Teils eines Mitunternehmeranteils** an einem Gewerbebetrieb, denn der einbringende Mitunternehmer führt mit dem zurückbehaltenden (Rest-)Mitunternehmeranteil seine mitunternehmerische Tätigkeit in der Gesellschaft fort; seine persönliche Gewerbesteuerpflicht endet also nicht (BFH v. 30.8.2007 - IV R 22/06, BFH/NV 2008 109 m. w. N.). 757

Gewerbesteuerpflichtig ist auch der Gewinn aus der **Einbringung eines verschmelzungsgeborenen (Teil-)Betriebs oder Mitunternehmeranteils i. S. d. § 18 Abs. 3 UmwStG**. Ein solcher Fall ist gegeben, wenn eine Personengesellschaft oder eine natürliche Person ihren durch die Verschmelzung oder Spaltung einer Kapitalgesellschaft erworbenen (Teil-)Betrieb oder Mitunternehmeranteil innerhalb von fünf Jahren nach dieser Umwandlung nach § 20 Abs. 1 UmwStG in eine (andere) Kapitalgesellschaft einbringt. 758

4.7.1.3 Körperschaft als Einbringender

Auch in dem Fall, in dem eine Körperschaft ihren (Teil-)Betrieb oder Mitunternehmeranteil nach § 20 UmwStG in eine Kapitalgesellschaft oder Genossenschaft einbringt und dafür (als Gegenleistung) neue Anteile an der übernehmenden Gesellschaft erhält, liegt dem Grunde nach eine Betriebsveräußerung i. S. d. § 16 Abs. 1 Satz 1 EStG vor. Gemäß § 8 Abs. 1 Satz 1 KStG i. V. m. § 16 Abs. 2 Satz 1 EStG ist der Veräußerungsgewinn – wie bei einer natürlichen Person – zu ermitteln und dabei gem. § 20 Abs. 3 Satz 1 UmwStG als Veräußerungspreis der Wert anzusetzen, mit dem die übernehmende Gesellschaft das eingebrachte Betriebsvermögen angesetzt hat. Ein aus dem Ansatz mit dem gemeinen Wert oder einem Zwischenwert resultierender Einbringungsgewinn unterliegt grundsätzlich der Körperschaftsteuer und – wenn die Tätigkeit der einbringenden Körperschaft gem. § 2 Abs. 2 Satz 1 GewStG (kraft Rechtsform) als Gewerbebetrieb gilt – auch der Gewerbesteuer. Die Freibetragsregelung des § 16 Abs. 4 EStG und die Tarifermäßigung nach § 34 EStG sind nicht anzuwenden. Diese Begünstigungen knüpfen an persönliche Merkmale an, die eine Körperschaft nicht erfüllen kann, bzw. geht die Tarifermäßigung des § 34 Abs. 1 EStG bei einer Körperschaft wegen des einheitlichen Steuersatzes ins Leere. 759

Umfasst das eingebrachte Betriebsvermögen auch Anteile an in- und ausländischen Kapitalgesellschaften und anderen Körperschaften, Personenvereinigungen oder Vermögensmassen, deren Leistungen zu den Einnahmen i. S. d. § 20 Abs. 1 Nr. 1, 2, 9 und 10 Buchst. a EStG gehören, bleibt der darauf entfallende Einbringungsgewinn gem. § 8b Abs. 2 Satz 1 KStG außer Absatz. Von dem außer Ansatz bleibenden Gewinn gelten gem. § 8b Abs. 3 Satz 1 KStG 5 % als nicht abzugsfähige Betriebsausgaben. 760

Die Verrechnung eines Einbringungsgewinns mit bisherigen Verlusten der einbringenden Körperschaft wird nach § 20 Abs. 6 Satz 4 i. V. m. § 2 Abs. 4 Satz 1 UmwStG untersagt, wenn die Verlustnutzung ohne die Rückwirkungsfiktion des § 20 Abs. 5 Satz 1 i. V. m. Abs. 6 UmwStG nicht möglich gewesen wäre (**Verlustnutzungsausschluss**). Der Ausschluss der Verlustnutzung betrifft verrechenbare Verluste, verbleibende Verlustvorträge, nicht ausgeglichene negative Einkünfte, einen Zinsvortrag nach § 4h Abs. 1 Satz 5 EStG und einen EBITDA-Vortrag nach § 4h Abs. 1 Satz 3 EStG (s. auch Rdn. 278). 760a

Zweck dieser Regelung ist es, die Verlustnutzung insoweit auszuschließen, als ohne die Rückwirkung ein derartiger Verlust nach § 8c KStG untergegangen wäre. Das ist der Fall, wenn im Rückbezugszeitraum (Rdn. 796 f.) Anteile an der einbringenden Körperschaft übertragen wurden und dies zu einem schädlichen Beteiligungserwerb i. S. d. § 8c KStG geführt hat.

4.7.1.4 Personengesellschaft als Einbringende

761 Überträgt eine Personengesellschaft ihren (Teil-)Betrieb oder einen Mitunternehmeranteil gegen Gewährung neuer Anteile an der übernehmenden Gesellschaft auf eine Kapitalgesellschaft oder Genossenschaft, können die einkommen- oder körperschaftsteuerlichen Folgen – mangels entsprechender Steuerrechtsfähigkeit der Personengesellschaft – nur bei den hinter ihr stehenden Gesellschaftern gezogen werden.

762 Eine Personengesellschaft ist als Einbringende anzusehen, wenn sie nach der Einbringung als Mitunternehmerschaft fortbesteht und ihr selbst die Gegenleistung in Form von neuen Anteilen an der übernehmenden Kapitalgesellschaft oder Genossenschaft zusteht (Rdn. 20.02 und 20.03 UmwStE).

Sachverhalte, bei denen die Personengesellschaft als Einbringende anzusehen ist:

- Einbringung eines Teilbetriebs im Wege der Ausgliederung (§ 123 Abs. 3 UmwG) oder der Einzelrechtsnachfolge
- Einbringung aller wesentlichen Betriebsgrundlagen eines Betriebs im Wege der Ausgliederung oder Einzelrechtsnachfolge unter Zurückbehaltung unwesentlicher Wirtschaftsgüter
- Einbringung eines der Mitunternehmerschaft gehörenden Mitunternehmeranteils (bei einer doppel- oder mehrstöckigen Mitunternehmerschaft)

Gehören funktional wesentliche Betriebsgrundlagen zum Sonderbetriebsvermögen, müssen auch diese für eine Anwendung des § 20 UmwStG eingebracht werden.

Sacheinlagegegenstand ist in den beiden erstgenannten Sachverhalten der Teilbetrieb bzw. der Betrieb und in dem letztgenannten Sachverhalt der Mitunternehmeranteil. Es handelt sich bei den Sachverhalten jeweils um einen einheitlich zu beurteilenden – durch die Mitunternehmerschaft verwirklichten – Einbringungsvorgang, für den der (eine) Einbringungsgewinn nach § 16 Abs. 2 Satz 1 EStG i. V. m. § 20 Abs. 3 Satz 1 UmwStG zu ermitteln, gesondert und einheitlich festzustellen und auf die beteiligten Mitunternehmer nach der Gewinnverteilungsabrede aufzuteilen ist.

763 Die Mitunternehmerschaft ist ein eigenständiges Gewinnerzielungssubjekt (partielle Steuerrechtsfähigkeit) und kann sowohl den Tatbestand des § 16 Abs. 1 Satz 1 EStG als auch den des § 20 Abs. 1 UmwStG verwirklichen. Überträgt sie ihren (Teil-)Betrieb oder einen Mitunternehmeranteil und erhält sie dafür neue Anteile an der übernehmenden Gesellschaft, ist die Personengesellschaft die Veräußerin i. S. d. § 16 Abs. 1 Satz 1 EStG.

Die Ermittlung des Veräußerungsgewinns (Einbringungsgewinn) erfolgt nach § 16 Abs. 2 EStG i. V. m. § 20 Abs. 3 Satz 1 UmwStG.

Auch wenn die Mitunternehmerschaft die Einbringende ist, können die vorgesehenen einkommen- oder körperschaftsteuerlichen Rechtsfolgen nur bei den an ihr beteiligten Mitunternehmern gezogen werden. Werden durch den Ansatz mit dem gemeinen Wert alle in dem eingebrachten Betriebsvermögen enthaltenen stillen Reserven aufgedeckt, ist der auf eine natürliche Person als Mitunternehmer entfallende Anteil am Einbringungsgewinn nach § 16 Abs. 4 und § 34 EStG – unter den dort genannten weiteren Voraussetzungen – begünstigt. Etwa vorhandenes Sonderbetriebsvermögen ist in die Betrachtung einzubeziehen. Hinsichtlich des auf eine Körperschaft als Mitunternehmerin entfallenden Anteils am Einbringungsgewinn gelten die Ausführungen unter Rdn. 759 f. entsprechend.

Bei einer **Doppel- oder mehrstöckigen Personengesellschaft** ist der Einbringungsgewinn der Obergesellschaft aus der Einbringung ihres Mitunternehmeranteils an der Untergesellschaft von den Gesellschaftern der Obergesellschaft zu versteuern. Veräußerer (Einbringende) sind aber nicht die Gesellschafter der Obergesellschaft, sondern die Obergesellschaft selbst. Sie vermittelt jedoch ihren Gesellschaftern die Qualifikation des Gewinns als (begünstigten) Veräußerungsgewinn. 764

Die im UmwStG i. V. m. dem EStG vorgesehenen Steuervergünstigungen bei der Einkommensteuer (§ 20 Abs. 4 UmwStG, §§ 16, 34 EStG) sind personenbezogen und können von einer Personengesellschaft als Mitunternehmerin mangels Einkommensteuerrechtsfähigkeit nicht in Anspruch genommen werden. Es würde dem Gesetzeszweck widersprechen, wenn die vorgesehenen Steuervergünstigungen unter dem Gesichtspunkt der Einheit der Gesellschaft verwehrt werden, obwohl in objektiver Hinsicht sämtliche Voraussetzungen – zusammengeballte Aufdeckung aller stillen Reserven der wirtschaftlichen Sachgesamtheit – erfüllt sind (vgl. BFH v. 25.2.1991 - GrS 7/89, BStBl 1991 II 691 und BFH v. 26.1.1995 - IV R 23/93, BStBl 1995 II 467).

Enthält das eingebrachte Betriebsvermögen auch Anteile an Kapitalgesellschaften, sind insoweit die Steuerbefreiungsvorschriften der §§ 3 Nr. 40 EStG und 8b Abs. 2 KStG zu beachten. 765

Bei der **Gewerbesteuer** ist die Mitunternehmerschaft selbst Steuersubjekt (§ 5 Abs. 1 Satz 3 GewStG). Personengesellschaften gelten bereits dann in vollem Umfang als Gewerbebetrieb, wenn sie nur teilweise eine gewerbliche Tätigkeit i. S. d. § 15 Abs. 1 Satz 1 Nr. 1 EStG ausüben (R 2.1 Abs. 2 GewStR). Weil es sich aber bei der Einbringung nach § 20 UmwStG dem Grunde nach um eine Betriebsveräußerung i. S. d. § 16 Abs. 1 Satz 1 EStG handelt, gehört der dabei entstehende Einbringungsgewinn wegen des Objektsteuercharakters der Gewerbesteuer grundsätzlich nicht zum Gewerbeertrag i. S. d. § 7 Satz 1 GewStG (R 7.1 Abs. 3 GewStR und H 7.1 Abs. 3 „Veräußerungs- und Aufgabegewinne“ GewStH). 766

Ausnahmen davon findet man in § 7 Satz 2 GewStG. Danach unterliegt der von einer Mitunternehmerschaft erzielte Einbringungsgewinn insoweit der Gewerbesteuer, als er auf eine Körperschaft oder eine (andere) Mitunternehmerschaft (Obergesellschaft) als unmittelbar beteiligte Mitunternehmerin entfällt.

Soweit im Einbringungsgewinn stille Reserven aus Anteilen an Kapitalgesellschaften enthalten sind, gelten die Steuerbefreiungsvorschriften des § 3 Nr. 40 EStG und § 8b Abs. 2 KStG auch für die Gewerbesteuer (§ 7 Satz 4 GewStG).

BEISPIEL An der gewerblich tätigen A-GmbH & Co. KG sind zu jeweils einem Drittel beteiligt die A-GmbH als Komplementärin sowie die Kommanditisten B-GmbH & Co. KG und die natürliche Person C. An der B-GmbH & Co KG sind je zur Hälfte beteiligt die B-GmbH und die natürliche Person B. Zum Betriebsvermögen der A-GmbH & Co. KG gehört auch eine Beteiligung an der X-GmbH.

Die A-GmbH & Co. KG bringt ihren ganzen Betrieb (alle funktional wesentlichen Betriebsgrundlagen) gegen Gewährung neuer Anteile in die Z-AG ein und bleibt als gewerblich geprägte Personengesellschaft (§ 15 Abs. 3 Nr. 2 EStG) weiter bestehen. Die Betriebseinbringung erfolgt mit dem gemeinen Wert. Der Einbringungsgewinn beträgt insgesamt 300 000 €. Davon entfallen 30 000 € auf den Anteil an der X-GmbH.

LÖSUNG

Der einheitlich und gesondert festzustellende Gewinn der A-GmbH & Co. KG umfasst auch den Einbringungsgewinn i. H. v. 300 000 €, der wie folgt auf die Mitunternehmer aufzuteilen ist:

Mitunternehmer	Gewinnanteil	an Obergesellschafter weiter vermittelter Gewinnanteil	steuerfrei § 8b Abs. 2 und 3 KStG/§ 3 Nr. 40 EstG	KSt-/ESt-pflichtig	GewSt-pflichtig
A-GmbH	100 000 €		9 500 €	90 500 €	90 500 €
B-GmbH & Co. KG	(100 000 €)				
B-GmbH		50 000 €	4 750 €	45 250 €	93 250 €
B		50 000 €	2 000 €	48 000 €	
C	100 000 €		4 000 €	96 000 €	0 €
					183 750 €

Erläuterungen

Die (teilweise) Steuerbefreiung des durch die (Mit-)Übertragung des Anteils an der X-GmbH entstandenen Einbringungsgewinns (30 000 €) ergibt sich aus § 8b Abs. 2 i. V. m. Abs. 3 und Abs. 6 KStG – soweit er der A-GmbH und (mittelbar über die B-GmbH & Co. KG) der B-GmbH zuzurechnen ist – und aus § 3 Nr. 40 Buchst. b i. V. m. § 3c Abs. 2 Satz 1 EStG soweit er den natürlichen Personen C und (mittelbar über die B-GmbH & Co. KG) B zuzurechnen ist. Bei der Körperschaftsteuer gelten 5 % des durch die (Mit-)Übertragung des Anteils an der X-GmbH entstandenen Einbringungsgewinns als nicht abzugsfähige Betriebsausgabe (§ 8b Abs. 3 KStG), und bei der Einkommensteuer sind 40 % dieses Gewinns nach § 3 Nr. 40 Buchst. b i. V. m. § 3c Abs. 2 Satz 1 EStG steuerfrei.

Der auf die natürlichen Personen B und C entfallende Einbringungsgewinn ist nach § 16 Abs. 4 EStG – unter Vorliegen der dort genannten weiteren Voraussetzungen – begünstigt. Die Tarifermäßigung des § 34 EStG ist nur insoweit anzuwenden, als der Einbringungsgewinn nicht dem Teileinkünfteverfahren nach § 3 Nr. 40 i. V. m. § 3c Abs. 2 EStG untersteht. Im vorstehenden Beispiel sind bei B 45 000 € und bei C 90 000 € nach § 34 EStG begünstigt.

Bei der Gewerbesteuer gehört gem. § 7 Satz 2 Nr. 1 GewStG der Teil des Einbringungsgewinns, der nicht auf eine natürliche Person als unmittelbar beteiligter Mitunternehmer entfällt, zum Gewerbeertrag. Das sind hier zunächst 200 000 €. Der der natürlichen Person C zuzurechnende Gewinnanteil (100 000 €) gehört nicht zum Gewerbeertrag. Dagegen ist der der natürlichen Person B zuzurechnende Gewinnanteil (50 000 €) zum Gewerbeertrag zu rechnen, weil B nur mittelbar (über die B-GmbH & Co. KG) als Mitunternehmer beteiligt ist. Gemäß § 7 Satz 4 GewStG sind die Steuerbefreiungsvorschriften der §§ 3 Nr. 40 EStG und 8b KStG auf die entsprechenden Gewinnanteile auch insoweit anzuwenden, als sie auf die nur mittelbar beteiligten Mitunternehmer entfallen.

Wird Betriebsvermögen einer Personengesellschaft eingebracht und stehen die als Gegenleistung gewährten Anteile an der übernehmenden Gesellschaft den Mitunternehmern zu (z. B. bei einer Verschmelzung, Auf- oder Abspaltung oder einem Formwechsel), sind diese als Einbringende anzusehen (Rdn. 20.02 und 20.03 UmwStE). Gleichwohl ist der Einbringungsgegenstand auf der Ebene der Personengesellschaft zu bestimmen. § 20 UmwStG ist nur erfüllt, wenn das von der Personengesellschaft übertragene Betriebsvermögen einen (Teil-)Betrieb oder Mitunternehmeranteil darstellt. Auf der Ebene der Personengesellschaft ist auch der Einbringungsgewinn zu ermitteln, einheitlich und gesondert festzustellen und auf die Gesellschafter aufzuteilen. Die einkommen- und körperschaftsteuerlichen Folgen sind wiederum bei den Gesellschaftern zu ziehen. 767

4.7.1.5 Anrechnung fiktiver ausländischer Steuern

4.7.1.5.1 Einbringung einer ausländischen Betriebsstätte in eine ausländische Gesellschaft

Bringt ein inländischer Unternehmer seinen (Teil-)Betrieb, zu dem auch eine **ausländische „Anrechnungs"-Betriebsstätte** gehört, oder der ausschließlich aus einer ausländischen „Anrechnungs"-Betriebsstätte besteht, in eine ausländische Kapitalgesellschaft ein, verliert Deutschland das Besteuerungsrecht an dem Gewinn aus der Veräußerung des eingebrachten (ausländischen) Betriebsstättenvermögens. Insoweit ist das eingebrachte Betriebsvermögen gem. § 20 Abs. 2 Satz 2 Nr. 3 UmwStG (zwingend) mit dem gemeinen Wert anzusetzen (Rdn. 712). Eine „Anrechnungs"-Betriebsstätte liegt vor, wenn die aus der ausländischen Betriebsstätte erzielten Gewinne unter Anrechnung der darauf im Ausland erhobenen Steuer in Deutschland versteuert werden. In diesen Fällen sind auch die in dem eingebrachten ausländischen Betriebsstättenvermögen entstandenen stillen Reserven als Einbringungsgewinn in Deutschland zu versteuern. 768

Sind die einbringende inländische Unternehmerin (in Deutschland ansässige Körperschaft) und die übernehmende ausländische Gesellschaft eine solche i. S. d. Art. 3 der Richtlinie 2009/133/EG (§ 1 Abs. 5 Nr. 1 UmwStG), also Gesellschaften eines Mitgliedstaats der EU, darf jedoch grundsätzlich keine Besteuerung des Einbringungsgewinns erfolgen (Art. 4 i. V. m. Art. 9 der Richtlinie 2009/133/EG). Das ausländische Betriebsstättenvermögen ist mit seinem Buchwert auf die übernehmende Gesellschaft zu übertragen, und nach Art. 10 Abs. 1 der Richtlinie 2009/133/EG müsste Deutschland auf sein Recht zur Besteuerung der in einem anderen Mitgliedstaat belegenen Betriebsstätte endgültig verzichten. 769

Abweichend hiervon, wird Deutschland durch Art. 10 Abs. 2 der Richtlinie 2009/133/EG berechtigt, den durch die Einbringung dieser Betriebsstätte entstehenden Gewinn zu besteuern, vorausgesetzt die Steuer, die im Staat der Betriebsstätte bei einer gedachten Veräußerung der eingebrachten Wirtschaftsgüter zum gemeinen Wert erhoben worden wäre, wird nach § 26 KStG auf die Körperschaftsteuer angerechnet, die auf den

Einbringungsgewinn entfällt. Mit **§ 20 Abs. 7 i. V. m. § 3 Abs. 3 UmwStG** hat Deutschland diese Regelung in nationales Recht umgesetzt. Durch die Anrechnung der fiktiven ausländischen Steuer wird die drohende Doppelbesteuerung vermieden. Zu einer Doppelbesteuerung kommt es, wenn die übernehmende (ausländische) Gesellschaft die mit dem Buchwert eingebrachten Wirtschaftsgüter später veräußert.

BEISPIEL (aus der Gesetzesbegründung BT-Drucks. 16/2710 44; s. auch Rdn. 20.36 UmwStE):
Eine inländische GmbH bringt ihre portugiesische Betriebsstätte gegen Gewährung von neuen Anteilen in eine französische SA ein.

LÖSUNG Durch die Einbringung wird das Besteuerungsrecht Deutschlands hinsichtlich der portugiesischen Betriebsstätte (Besteuerungsrecht mit Anrechnungsverpflichtung bei passiven Einkünften) ausgeschlossen. Nach § 20 Abs. 2 Satz 2 Nr. 3 UmwStG kommt es deshalb insoweit zwingend zum Ansatz des gemeinen Wertes und damit zur Besteuerung des Einbringungsgewinns. Die auf den Gewinn aus einer gedachten Veräußerung der Betriebsstätte entfallende fiktive portugiesische Steuer ist auf die auf den Einbringungsgewinn aus der portugiesischen Betriebsstätte entfallende inländische Körperschaftsteuer (bis auf höchstens 0 €) anzurechnen

770 Ist Einbringender eine in Deutschland ansässige natürliche Person bzw. ein Mitunternehmer, erfolgt die Anrechnung der fiktiven ausländischen Steuer – in entsprechender Anwendung des § 20 Abs. 7 i. V. m. § 3 Abs. 3 UmwStG – nach § 34c EStG (*Benz/Rosenberg*, BB-Special 2006, Nr. 8, 57).

771 Keine Anwendung findet § 20 Abs. 7 i. V. m. § 3 Abs. 3 UmwStG, wenn

- die Doppelbesteuerung der ausländischen Betriebsstätteneinkünfte durch die Freistellungsmethode vermieden wird (§ 3 Abs. 3 Satz 2 UmwStG),
- die übernehmende Gesellschaft in Deutschland unbeschränkt körperschaftsteuerpflichtig ist (das Betriebsstättenvermögen unterliegt dann weiterhin der inländischen Besteuerung, so dass das Wahlrecht nach § 20 Abs. 2 Satz 2 UmwStG zugunsten der Buchwerteinbringung ausgeübt werden kann) oder wenn
- die Betriebsstätte außerhalb des EU- bzw. EWR-Raums belegen ist. Die Richtlinie 2009/133/EG gilt nicht für in Drittstaaten belegene Betriebsstätten.

4.7.1.5.2 Beteiligung an einer ausländischen hybriden Gesellschaft

772 Die Anrechnung einer fiktiven ausländischen Steuer auf die auf den Einbringungsgewinn entfallende Körperschaftsteuer oder Einkommensteuer kommt gem. § 20 Abs. 8 UmwStG auch dann in Betracht, wenn ein im EU-Ausland liegender (Teil-)Betrieb oder Mitunternehmeranteil durch eine ausländische, sog. hybride Gesellschaft i. S. d. Art. 3 der Richtlinie 2009/133/EG in eine ausländische Kapitalgesellschaft oder Genossenschaft (ebenfalls i. S. d. Art. 3 der Richtlinie 2009/133/EG) eingebracht wird.

Von einer hybriden Gesellschaft spricht man, wenn sie nach dem Recht ihres Ansässigkeitsstaats als Körperschaft behandelt, **nach deutschem Recht** aber als transparent, d. h. als (ausländische) Mitunternehmerschaft angesehen wird. Die steuerlich in Deutschland ansässigen Gesellschafter sind (nach deutschem Recht) Mitunternehmer. Jede von der hybriden Gesellschaft (im Ausland) unterhaltene Betriebsstätte ist zugleich eine Betriebsstätte des in Deutschland ansässigen Mitunternehmers.

Hat Deutschland die Gewinnanteile aus einer solchen Betriebsstätte bei dem im Inland unbeschränkt körperschaftsteuer- oder einkommensteuerpflichtigen Mitunternehmer nicht nach dem entsprechenden DBA freizustellen, sondern – unter Anrechnung der im Betriebsstättenstaat erhobenen Steuer – versteuert, verliert sie mit der Einbringung des Betriebsstättenvermögens in eine ausländische übernehmende Gesellschaft ihr Besteuerungsrecht. Deshalb muss nach § 20 Abs. 2 Satz 2 Nr. 3 UmwStG die Einbringung (für den inländischen Gesellschafter) unter Aufdeckung aller stillen Reserven mit dem gemeinen Wert erfolgen. Art. 11 Abs. 1 der Richtlinie 2009/133/EG gibt Deutschland in diesem Fall das Recht, den Veräußerungs- oder Einbringungsgewinn eines unmittelbar oder mittelbar beteiligten Gesellschafters zu besteuern. 773

Deutschland muss jedoch die ausländische Steuer, die erhoben worden wäre, wenn die hybride Gesellschaft die eingebrachten Wirtschaftsgüter zum gemeinen Wert veräußert hätte, auf die auf den Einbringungsgewinn entfallende Körperschaftsteuer oder Einkommensteuer nach § 26 Abs. 6 KStG oder § 34c EStG anrechnen (vgl. Art. 11 Abs. 2 der Richtlinie 2009/133/EG). Mit § 20 Abs. 8 UmwStG wird diese Vorgabe in nationales Recht umgesetzt.

BEISPIEL (aus der Gesetzesbegründung BT-Drucks. 16/2710 44 f.; s. auch Rdn. 20.37 UmwStE):

Eine natürliche Person X mit Wohnsitz im Inland ist an einer von der Richtlinie 2009/133/EG geschützten portugiesischen SC (sociedade em comandita, einer der deutschen KG entsprechende Gesellschaft, BMF v. 24.12.1999, BStBl 1999 I 1076, Anhang Tabelle 1) beteiligt, die nach deutschem Recht als transparent anzusehen ist. Soweit die portugiesische SC passive Einkünfte im Sinne des Protokolls zum DBA Portugal erzielt, steht Deutschland das Besteuerungsrecht an den anteilig auf X entfallenden Einkünften aus der portugiesischen Betriebsstätte mit Anrechnungsverpflichtung zu. Die Gesellschaft wird auf eine französische SA verschmolzen.

LÖSUNG Durch die Verschmelzung wird das Besteuerungsrecht Deutschlands hinsichtlich der portugiesischen Betriebsstätte ausgeschlossen. Nach § 20 Abs. 2 Satz 2 Nr. 3 UmwStG kommt es deshalb insoweit zwingend zum Ansatz des gemeinen Wertes und damit zur anteiligen Besteuerung des Einbringungsgewinns beim Einbringenden X. Die auf den Gewinn aus einer gedachten Veräußerung der Betriebsstätte entfallende fiktive portugiesische Steuer ist auf die auf den Einbringungsgewinn aus der portugiesischen Betriebsstätte entfallende inländische Einkommensteuer anzurechnen.

Dasselbe gilt auch in den Fällen des sog. Anteilstauschs, wenn Anteile an einer in einem anderen Mitgliedstaat der EU ansässigen (hybriden) Gesellschaft i. S. d. Art. 3 der Richtlinie 2009/133/EG (erworbene Gesellschaft), die nach deutschem Recht als transparent anzusehen ist, in eine ausländische Kapitalgesellschaft eingebracht werden. Aus deutscher Sicht handelt es sich bei den in die übernehmende Gesellschaft eingebrachten Anteilen um einen Mitunternehmeranteil. Der Anteilstausch ist folglich als Einbringung eines Mitunternehmeranteils zu behandeln. 774

Räumt ein Mitgliedstaat der EU einer in seinem Hoheitsgebiet ansässigen Gesellschaft anlässlich der Einbringung ein **Wahlrecht** zur vollen oder teilweisen Aufdeckung der stillen Reserven ein, richtet sich die Anrechnung der tatsächlich erhobenen Steuer unmittelbar nach § 26 KStG bzw. den §§ 34c und 50 Abs. 3 EStG. 775

4.7.1.6 Untergang des Zinsvortrags

776 Ein im Zeitpunkt der Einbringung noch nicht verbrauchter Zinsvortrag i. S. d. § 4h Abs. 1 Satz 5 EStG und ein EBITDA-Vortrag i. S. d. § 4h Abs. 1 Satz 3 EStG gehen mit der Einbringung des Betriebs unter (s. § 4h Abs. 5 Satz 1 EStG). Diese Vorträge gehen gem. § 20 Abs. 9 UmwStG nicht auf die übernehmende Gesellschaft über. Das gilt unabhängig davon, mit welchem Wert das eingebrachte Betriebsvermögen übernommen wird.

4.7.2 Erhaltene (neue) Anteile – Ermittlung der Anschaffungskosten

777 Die als Gegenleistung für die Einbringung des (Teil-)Betriebs oder Mitunternehmeranteils erhaltenen neuen Anteile an der übernehmenden Gesellschaft können beim Einbringenden zum Privatvermögen oder – im Fall des Vorhandenseins eines (weiteren) Betriebs – zum Betriebsvermögen gehören. Ist der Einbringende eine Körperschaft oder eine Mitunternehmerschaft – also ein Rechtsträger ohne Privatsphäre –, sind die neuen Anteile von vornherein Betriebsvermögen.

Als Anschaffungskosten dieser Anteile gilt gem. § 20 Abs. 4 Satz 1 UmwStG der Wert, mit dem die übernehmende Gesellschaft das eingebrachte Betriebsvermögen angesetzt hat. Steuerlich wirken sich die Anschaffungskosten im Fall der späteren Veräußerung dieser Anteile bei der Ermittlung des Veräußerungsgewinns aus. Wird das eingebrachte Betriebsvermögen unterhalb des gemeinen Wertes angesetzt, werden auf diese Weise darin enthaltene stille Reserven auf die neuen Anteile übertragen. Die neuen Anteile sind damit **steuerverstrickt**. Ihre spätere Veräußerung ist, auch wenn sie zum Privatvermögen einer natürlichen Person gehören, steuerbar. Bei Zugehörigkeit zum Privatvermögen führt die Veräußerung gem. § 17 Abs. 1 EStG zu Einkünften aus Gewerbebetrieb. Das gilt gem. § 17 Abs. 6 EStG auch dann, wenn die neuen Anteile weniger als 1 % der gesamten übernehmenden Gesellschaft ausmachen.

778 Die Anschaffungskosten der neuen Anteile ermitteln sich nach folgendem Schema:

	Übernahmewert	tatsächlicher Wertansatz für das eingebrachte Betriebsvermögen bei der übernehmenden Gesellschaft, § 20 Abs. 3 Satz 1 UmwStG (ohne das in § 20 Abs. 3 Satz 2 beschriebene Betriebsvermögen)
	und **gemeiner Wert**	des eingebrachten Betriebsvermögens soweit an dem eingebrachten Vermögen vor und nach der Sacheinlage kein inländisches Besteuerungsrecht besteht, § 20 Abs. 3 Satz 2 UmwStG
./.	**gemeiner Wert**	der neben den neuen Anteilen gewährten anderen Wirtschaftsgüter, § 20 Abs. 3 Satz 3 UmwStG
./.	**Buchwert der Entnahmen**	im Rückbezugszeitraum, § 20 Abs. 5 Satz 3 UmwStG
+	**Einlagewert**	der im Rückbezugszeitraum erfolgten Einlagen, § 20 Abs. 5 Satz 3 UmwStG
=	**Anschaffungskosten der neuen Anteile** (Zwischenergebnis)	

+	**Aufgeld**	zusätzlich zur Sacheinlage vom Einbringenden geleistete Zahlungen an die übernehmende Gesellschaft oder an andere Gesellschafter (Ausgleichsleistungen)
+	**Einbringungskosten**	der übernehmenden Gesellschaft, die der Einbringende trägt
=	**Anschaffungskosten der neuen Anteile**	

4.7.2.1 Tatsächlicher Übernahmewert

Durch § 20 Abs. 3 Satz 1 UmwStG wird die Höhe der Anschaffungskosten der erworbe- 779
nen (neuen) Anteile mit dem von der übernehmenden Gesellschaft in ihrer Steuerbilanz tatsächlich angesetzten (Übernahme-)Wert für das eingebrachte Betriebsvermögen verknüpft. Es besteht kein eigenständiges Prüfungsrecht mehr. Der tatsächliche Übernahmewert ist maßgebend – auch wenn er gegen eine Vereinbarung zwischen dem Einbringenden und der Übernehmerin oder gegen materielles Recht verstößt (BFH v. 17.10.2001 - I R 111/00, BFH/NV 2002, 628).

Mit der **Wertverknüpfung** soll sichergestellt werden, dass im Einbringungszeitpunkt dieselben stillen Reserven in die erworbenen Anteile eingehen, die zuvor im eingebrachten Betriebsvermögen enthalten waren (doppelte Buchwertverknüpfung). Werden durch eine spätere Betriebsprüfung die Wertansätze für das eingebrachte Betriebsvermögen im Einbringungszeitpunkt geändert, sind auch die Anschaffungskosten zu korrigieren. In der Folgezeit kann es beim Anteilseigner nach allgemeinen Grundsätzen zu nachträglichen Erhöhungen oder Minderungen der Anschaffungskosten kommen (s. BFH v. 29.3.2000 - I R 22/99, BStBl 2000 II 508).

4.7.2.2 Gemeiner Wert bei Ausschluss des inländischen Besteuerungsrechts

Die oben beschriebene Wertverknüpfung besteht gem. § 20 Abs. 3 Satz 2 UmwStG 780
nicht, soweit das inländische Besteuerungsrecht am eingebrachten Betriebsvermögen im Einbringungszeitpunkt ausgeschlossen ist und auch nicht durch die Einbringung begründet wird. Insoweit gilt für den Einbringenden (zwingend) der gemeine Wert des Betriebsvermögens im Zeitpunkt der Einbringung – unabhängig von dem Wertansatz bei der übernehmenden Gesellschaft – als Anschaffungskosten der Anteile.

Diese Regelung betrifft Sachverhalte, bei denen der Sacheinlagegegenstand auch eine ausländische Betriebsstätte umfasst, die in einem Staat gelegen ist, mit dem in einem DBA die Freistellung des Betriebsstättengewinns von der Besteuerung im Ansässigkeitsstaat (Inland) vereinbart wurde. Im Ausland begründete stille Reserven, für die Deutschland kein Besteuerungsrecht hat, sollen nicht durch eine Verlagerung in den neuen Gesellschaftsanteil der inländischen Besteuerung zugeführt werden.

Handelt es sich dagegen um eine sog. Anrechnungsbetriebsstätte (der ausländische Betriebsstättengewinn ist in Deutschland zu versteuern und die im Ausland gezahlte, der deutschen Einkommensteuer oder Körperschaftsteuer entsprechende Steuer ist auf die deutsche Einkommen- oder Körperschaftsteuer anzurechnen), liegt nur eine Beschränkung des inländischen Besteuerungsrechts vor. Die strikte Wertverknüpfung nach § 20 Abs. 3 Satz 1 UmwStG ist zu befolgen. § 20 Abs. 3 Satz 2 UmwStG greift in diesem Fall nicht.

4.7.2.3 Abzug zusätzlich gewährter Wirtschaftsgüter

781 Erhält der Einbringende neben den neuen Anteilen auch andere Wirtschaftsgüter (z. B. Darlehensforderung, stille Beteiligung, Barabfindung, Sachwert, Übertragung eigener Anteile), sind gem. § 20 Abs. 3 Satz 3 UmwStG die nach vorstehenden Regeln festzustellenden Anschaffungskosten für die neuen Gesellschaftsanteile um den gemeinen Wert der anderen Wirtschaftsgüter zu mindern (s. Beispiel in Rdn. 724). Dadurch kann ein Absinken der Anschaffungskosten unter 0 € wegen der Regelung in § 20 Abs. 2 Satz 4 UmwStG aber nicht eintreten.

4.7.2.4 Entnahmen und Einlagen im Rückbezugszeitraum

782 Nach § 20 Abs. 5 und 6 UmwStG kann der Einbringungsvorgang steuerlich auf bis zu acht Monate zurückbezogen werden. Werden z. B. im August des laufenden Jahres die Einbringung beschlossen und alle dazu erforderlichen (zivilrechtlichen) Handlungen vorgenommen, ist es – unter den noch darzustellenden Voraussetzungen – möglich, den 31.12. des vorangegangenen Jahres als Tag des Vermögensübergangs und des Erwerbs der neuen Anteile zu bestimmen. In diesem Fall wird der Übergang des am Ende des vorangegangenen Jahres vorhandenen Betriebsvermögens in dem (tatsächlich) erst später eingebrachten (Teil-)Betrieb oder Mitunternehmeranteil am 31.12. um 24.00 Uhr (steuerlicher Übertragungszeitpunkt) fingiert. Davon ausgenommen sind aber die von dem Einbringenden in dem Rückbezugszeitraum tatsächlich vorgenommenen Entnahmen und Einlagen (§ 20 Abs. 5 Satz 2 UmwStG). Insoweit ist der Einbringende (nach dem steuerlichen Übertragungsstichtag) noch als existent und als Betriebsinhaber zu behandeln.

783 Steuerlich betrachtet, ist so zu verfahren, als hätte der Einbringende am 31.12. um 24.00 Uhr das in diesem Moment vorhandene Betriebsvermögen – vermindert um die im nachfolgenden Rückbezugszeitraum vorgenommenen Entnahmen und vermehrt um die in diesem Zeitraum getätigten Einlagen – auf die übernehmende Gesellschaft übertragen. Ausgangsgröße für die Ermittlung der Anschaffungskosten der neuen Anteile ist der Übernahmewert des im (fiktiven) Übertragungszeitpunkt (tatsächlich noch) vorhandenen Betriebsvermögens. Dieser – noch nicht um die im nachfolgenden Rückbezugszeitraum erfolgten Entnahmen und Einlagen korrigierte – Wert ist gem. § 20 Abs. 5 Satz 3 UmwStG (konsequenterweise) um den Buchwert der Entnahmen zu vermindern und um den steuerrechtlichen Wert der Einlagen zu erhöhen.

BEISPIEL G gründet im Juli 01 die G-GmbH mit einem Stammkapital von 50 000 €, welches durch Übertragung des Vermögens seines Einzelunternehmens aufgebracht werden soll. Im Einbringungsvertrag wird als Tag des Übergangs von Besitz, Nutzen und Lasten an allen Wirtschaftsgütern der 1.8.01 bestimmt. Die Eintragung der G-GmbH in das Handelsregister erfolgt am 15.10.01.

G beantragt die steuerliche Rückbeziehung der Sacheinlage auf den 31.12.00. Auf diesen Stichtag hat er folgende komprimierte – um die Angabe der gemeinen Werte ergänzte – Schlussbilanz erstellt:

A	31.12.00			P
	Buchwert	(gemeiner Wert)		
Anlagevermögen	200 000 €	(260 000 €)	Kapital	60 000 €
Umlaufvermögen	140 000 €	(240 000 €)	Verbindlichkeiten	280 000 €
	340 000 €	(500 000 €)		340 000 €

In der Zeit vom 1.1. bis 31.7.01 hat G dem Betrieb

Fallvariante a)	40 000 € entnommen,
Fallvariante b)	76 000 € in bar entnommen.
Fallvariante c)	70 000 € entnommen und 20 000 € eingelegt.

Die Einbringung des Betriebs soll mit dem niedrigst möglichen Wert erfolgen. Die Voraussetzungen des § 20 Abs. 2 Satz 2 UmwStG liegen vor.

LÖSUNG Mit der Einbringung seines ganzen Betriebs im Wege der Einzelrechtsnachfolge gegen Gewährung neuer Anteile an der übernehmenden Gesellschaft (G-GmbH) erfüllt G den Tatbestand des § 20 Abs. 1 UmwStG. Der Übergang des wirtschaftlichen Eigentums erfolgt tatsächlich am 1.8.01. Gemäß § 20 Abs. 6 Satz 3 UmwStG darf die Einbringung aber – wie beantragt – auf den 31.12.00 zurückbezogen werden; dieser Tag liegt innerhalb des Zeitraums von acht Monaten vor dem Abschluss des Einbringungsvertrags und dem Übergang des wirtschaftlichen Eigentums. Bei der Ermittlung des Einkommens und des Vermögens des Einbringenden und der übernehmenden Gesellschaft ist gem. § 20 Abs. 5 Satz 1 UmwStG so zu verfahren, als ob das eingebrachte Betriebsvermögen mit Ablauf des 31.12.00 auf die G-GmbH übergegangen wäre. Dies gilt gem. § 20 Abs. 5 Satz 2 UmwStG hinsichtlich des Einkommens und des Gewerbeertrags nicht für Entnahmen und Einlagen, die nach dem steuerlichen Übertragungsstichtag erfolgen.

Weil die Voraussetzungen des § 20 Abs. 2 Satz 2 UmwStG erfüllt sind und die G-GmbH das Betriebsvermögen mit dem niedrigst möglichen Wert übernehmen soll, wird sie bei der jeweiligen Fallvariante folgende (steuerliche) Eröffnungsbilanz erstellen:

Fallvariante a)

A	Eröffnungsbilanz der G-GmbH 1.1.01		P
Anlagevermögen	200 000 €	gez. Kapital	50 000 €
Umlaufvermögen	140 000 €	Korrekturposten Entnahmen	40 000 €
Ausgleichsposten	30 000 €	Verbindlichkeiten	280 000 €
	370 000 €		370 000 €

Weil die nach dem 1.1.01 abgeflossenen Entnahmen keine Gewinnauswirkung haben dürfen, wird ein passiver Korrekturposten gebildet, mit dem die späteren Entnahmen gewinnneutral verrechnet werden (*Menner* in Haritz/Menner/Bilitewski, UmwStG, 6. Aufl. 2024, § 20 UmwStG Rdn. 667). Von dem in der Schlussbilanz zum 31.12.00 ausgewiesenen Eigenkapital (60 000 €) verbleiben nach der Abtrennung der 40 000 € (Korrekturposten Entnahmen) nur noch 20 000 €. Da die G-GmbH 50 000 € als gezeichnetes Kapital passivieren muss (§ 266 Abs. 3 A. I. i. V. m. § 272 Abs. 1 Satz 1 HGB, § 5 Abs. 1 Satz 1 EStG), das Betriebsvermögen aber mit dem Buchwert übernehmen möchte (und darf), werden zum Ausgleich 30 000 € (Ausgleichsposten oder „Luftposten") aktiviert (Rdn. 20.20 UmwStE).

Die Anschaffungskosten des G für den (neuen) Anteil an der G-GmbH ermitteln sich wie folgt:

	Tatsächlicher Wertansatz für das eingebrachte Betriebsvermögen:		
	Anlagevermögen	200 000 €	
	Umlaufvermögen	+ 140 000 €	
	Verbindlichkeiten	./. 280 000 €	
=	Veräußerungspreis für den Betrieb und Anschaffungskosten für den neuen Anteil, § 20 Abs. 3 Satz 1 UmwStG	60 000 €	60 000 €
./.	Buchwert der Entnahmen § 20 Abs. 5 Satz 3 UmwStG =		40 000 €
=	Anschaffungskosten des (steuerverstrickten) Anteils an der G-GmbH		20 000 €

Fallvariante b)

Darstellung nach Verwaltungsauffassung:

A	Eröffnungsbilanz der G-GmbH 1.1.01		P
Anlagevermögen	206 000 €	gez. Kapital	50 000 €
Umlaufvermögen	150 000 €	Korrekturposten Entnahmen	76 000 €
Ausgleichsposten	50 000 €	Verbindlichkeiten	280 000 €
	406 000 €		406 000 €

Die Entnahmen im Rückbezugszeitraum übersteigen den Buchwert der Sacheinlage zum steuerlichen Übertragungsstichtag um 16 000 €. In diesem Fall muss das eingebrachte Betriebsvermögen mit einem über dem Buchwert liegenden Wert angesetzt werden. Das eingebrachte Betriebsvermögen darf durch Entnahmen während des Rückbezugszeitraums nicht negativ werden (Rdn. 20.19 UmwStE). Deshalb ist eine Wertaufstockung um 16 000 € vorzunehmen und das eingebrachte Vermögen am steuerlichen Übertragungsstichtag mit mindestens 76 000 € anzusetzen. Im Ergebnis handelt es sich um eine Zwischenwerteinbringung.

Die in den eingebrachten Wirtschaftsgütern enthaltenen stillen Reserven sind um einen einheitlichen Vomhundertsatz aufzulösen. Die stillen Reserven betragen insgesamt 160 000 €. Davon werden 16 000 € aufgedeckt. Das entspricht einem Vomhundertsatz von 10. Es sind also 10 % der im Anlagevermögen und 10 % der im Umlaufvermögen enthaltenen stillen Reserven aufzulösen (s. auch Rdn. 23.14 UmwStE).

Für G entsteht ein Einbringungsgewinn von 16 000 €, der sich nach § 16 Abs. 2 Satz 1 EStG i. V. m. § 20 Abs. 3 Satz 1 UmwStG wie folgt ermittelt:

	Veräußerungspreis = Übernahmewert bei der G-GmbH	76 000 €
./.	Buchwert	./. 60 000 €
	Veräußerungsgewinn	16 000 €

Die Anschaffungskosten des G für den (neuen) Anteil an der G-GmbH ermitteln sich wie folgt:

	Tatsächlicher Wertansatz für das eingebrachte Betriebsvermögen:	76 000 €
=	Anschaffungskosten für den neuen Anteil, § 20 Abs. 3 Satz 1 UmwStG	
./.	Buchwert der Entnahmen § 20 Abs. 5 Satz 3 UmwStG	76 000 €
=	Anschaffungskosten des (steuerverstrickten) Anteils an der G-GmbH	0 €

Ein Absinken der Anschaffungskosten unter 0 € kann bei dieser Vorgehensweise nicht eintreten.

Eine davon abweichende Entscheidung hat der BFH in seinem Urteil v. 7.3.2018 - I R 12/16, BB 2018, 2160 zu § 20 UmwStG 2002 getroffen. Für die Frage des Ausgleichs der Aktiv- und Passivposten sei auf das Betriebsvermögen im Einbringungszeitpunkt abzustellen, Entnahmen im Rückbezugszeitraum ändern daran nichts; sie zwingen insbesondere nicht zu einer Höherbewertung des eingebrachten Betriebsvermögens. Sie seien lediglich von den Anschaffungskosten der erhaltenen neuen Anteile abzuziehen, die dadurch auch negativ werden können.

Fallvariante c)

A	Eröffnungsbilanz der G-GmbH 1.1.01		P
Anlagevermögen	200 000 €	gez. Kapital	50 000 €
Umlaufvermögen	140 000 €	Korrekturposten Entnahmen/ Einlagen	50 000 €
Ausgleichsposten	40 000 €	Verbindlichkeiten	280 000 €
	380 000 €		380 000 €

Der Betrieb kann mit dem Buchwert eingebracht werden, weil die Entnahmen nach der Saldierung mit den Einlagen den Buchwert der Sacheinlage zum steuerlichen Übertragungsstichtag nicht übersteigen. Der Einbringungsgewinn des G beträgt 0 €.

Die Anschaffungskosten des G für den (neuen) Anteil an der G-GmbH ermitteln sich wie folgt:

	Tatsächlicher Wertansatz für das eingebrachte Betriebsvermögen:	60 000 €
=	Anschaffungskosten für den neuen Anteil, § 20 Abs. 3 Satz 1 UmwStG	
./.	Buchwert der Entnahmen § 20 Abs. 5 Satz 3 UmwStG =	70 000 €
+	steuerrechtlicher Wert der Einlagen	20 000 €
=	Anschaffungskosten des (steuerverstrickten) Anteils an der G-GmbH	10 000 €

Die Einlagen sind mit dem sich aus § 6 Abs. 1 Nr. 5 EStG ergebenden Wert anzusetzen (§ 20 Abs. 5 Satz 3 UmwStG).

4.7.2.5 Erhöhung der Anschaffungskosten um Aufgeld und Einbringungskosten

784 Ein vom Einbringenden zusätzlich zum Sacheinlagegegenstand geleistetes Aufgeld bzw. eine Ausgleichszahlung ist seinen Anschaffungskosten für den neuen Anteil an der übernehmenden Gesellschaft hinzuzurechnen. Zu einem solchen Aufgeld oder Ausgleich kann es kommen, wenn mehrere Gesellschafter an der Übernehmerin beteiligt sind, der Einbringende eine bestimmte Beteiligungsquote erhalten soll und der Sacheinlagegegenstand diese Beteiligungsquote wertmäßig noch nicht ausfüllt. Für die Qualifizierung der Ausgleichszahlung als Anschaffungskosten spielt es keine Rolle, ob sie an die übernehmende Gesellschaft oder an die Mitgesellschafter geleistet wird. Es sind Aufwendungen zum Erwerb des neuen Anteils und damit Anschaffungskosten i. S. d. § 255 Abs. 1 HGB.

785 Die Übernahme von (Einbringungs-)Kosten der übernehmenden Gesellschaft durch den Einbringenden führt bei diesem zu weiteren Anschaffungskosten für den erworbenen neuen Anteil (und nicht zu sofort abziehbarem Aufwand). Zu den Kosten, die der Sphäre der übernehmenden Gesellschaft zuzurechnen sind, gehören z. B. Rechts- und Beratungskosten hinsichtlich der Ausübung des Bewertungswahlrechts einschl. der Bewertung des eingebrachten Betriebsvermögens im Fall der Aufdeckung stiller Reserven, Kosten für Eintragungen im Grundbuch und im Handelsregister, Kosten der Ausgabe neuer Anteile.

786 bis 788 *Einstweilen frei*

789

ABB. 14: Bewertung des eingebrachten Betriebsvermögens bei der übernehmenden Gesellschaft

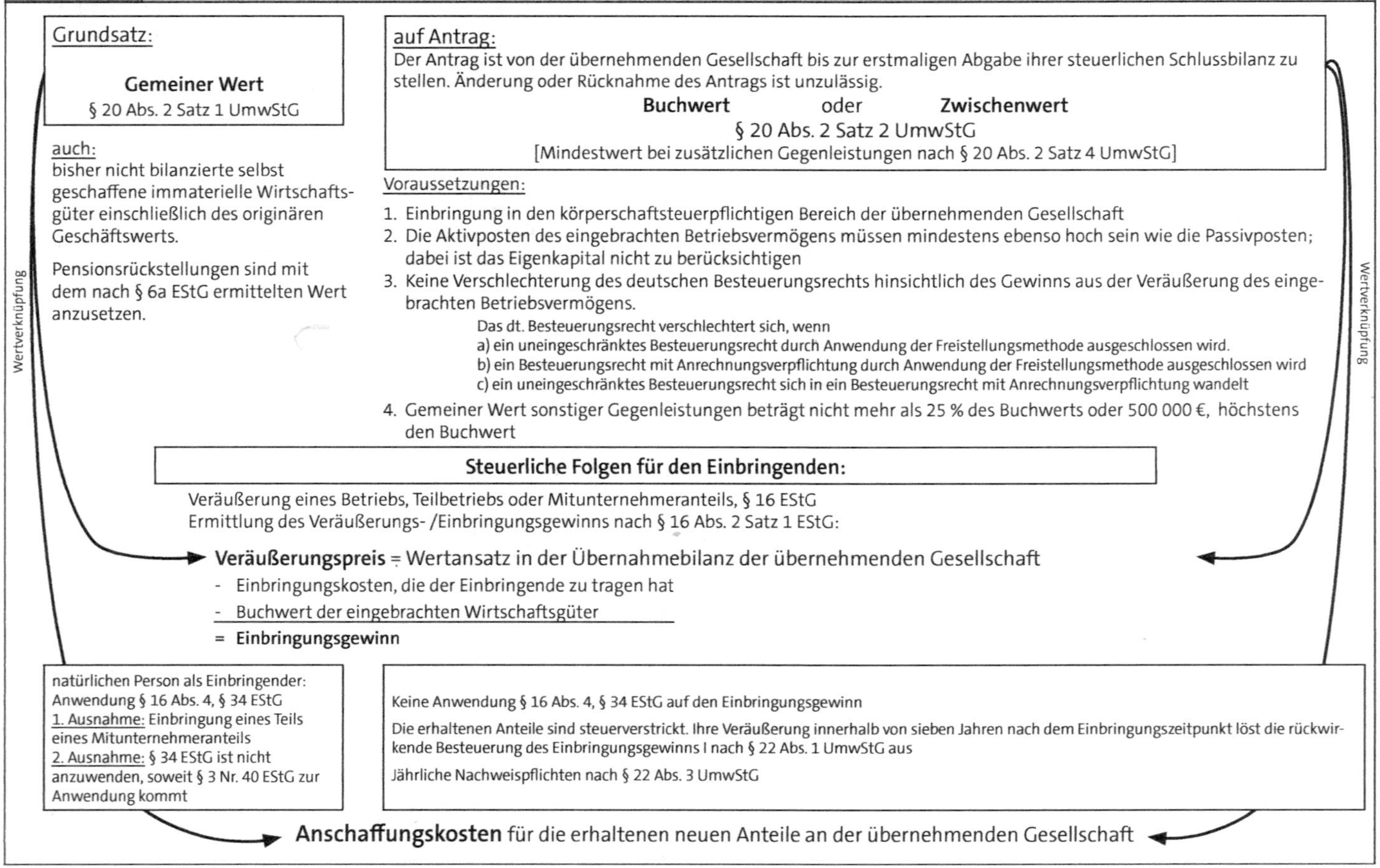

4.8 Einbringungszeitpunkt und Rückbeziehung der Sacheinlage

4.8.1 Einbringungszeitpunkt, § 20 Abs. 6 UmwStG

Der Einbringungszeitpunkt ist u. a. für die Bewertung des eingebrachten Betriebsvermögens (Bewertungsstichtag), für die zeitliche Zurechnung des aus der Sacheinlage entstehenden Einbringungsgewinns, für die persönliche Zurechnung des laufenden Betriebsergebnisses und für den Beginn der Sperrfrist des § 22 Abs. 1 Satz 1 UmwStG von Bedeutung. Einbringungszeitpunkt ist der steuerliche Übertragungsstichtag (§ 20 Abs. 6 Satz 1 UmwStG). Mit Ablauf dieses Stichtags endet die steuerliche Zurechnung des eingebrachten Vermögens beim Einbringenden und beginnt die Zurechnung bei der übernehmenden Gesellschaft. 790

Grundsätzlich ist auf den Übergang des wirtschaftlichen Eigentums abzustellen. Die Vertragspartner bestimmen dabei einen (in der Zukunft liegenden) Zeitpunkt, von dem ab die Übernehmerin – vertreten durch ihren Geschäftsführer oder Vorstand – uneingeschränkt über den Sacheinlagegegenstand verfügen kann. Mit dem tatsächlichen Übergang von Besitz, Nutzungen und Lasten wird das wirtschaftliche Eigentum übertragen (vgl. BFH v. 17.2.2004 - VIII R 26/01, BStBl 2004 II 651 m. w. N.). 791

Abweichend von der (tatsächlichen) Übertragung des wirtschaftlichen Eigentums kann der Einbringungsvorgang auf **bis zu acht Monate zurückbezogen** werden. § 20 Abs. 5 Satz 1 und Abs. 6 UmwStG stellen eine Ausnahme vom steuerlichen Rückwirkungsverbot dar. Es wird der Vermögensübergang zu einem in der Vergangenheit liegenden Zeitpunkt (Einbringungszeitpunkt) fingiert. § 20 Abs. 6 UmwStG folgt dabei der Vereinfachungsregelung in § 17 Abs. 2 Satz 4 UmwG, wonach der Anmeldung der Umwandlung zur Eintragung in das Handelsregister eine Bilanz des übertragenden Rechtsträgers beizufügen ist, die auf einen höchstens acht Monate vor der Anmeldung liegenden Stichtag aufgestellt worden ist. Wird also eine Umwandlung bis Ende August eines Jahres angemeldet, kann (auf Antrag) die reguläre Schlussbilanz des einzubringenden (Teil-)Betriebs oder der Mitunternehmerschaft zum 31.12. des Vorjahres der Einbringung zu Grunde gelegt werden. 792

- Bei einer Verschmelzung darf als steuerlicher Übertragungsstichtag gem. § 20 Abs. 6 Satz 1 UmwStG der Tag angesehen werden, für den die Schlussbilanz des übertragenden Unternehmens aufgestellt worden ist. Der Stichtag darf höchstens acht Monate vor der Anmeldung der Verschmelzung zur Eintragung in das Handelsregister des übertragenden Rechtsträgers liegen. Maßgebend für den Beginn des Rückrechnungszeitraums ist der Eingang der Anmeldung (Eingangsstempel) mit den erforderlichen Unterlagen i. S. d. § 17 Abs. 1 UmwG (Verschmelzungsvertrag, Verschmelzungsbeschlüsse usw.) beim Registergericht. Liegt der Bilanzstichtag außerhalb des Acht-Monats-Zeitraums, ist steuerlicher Übertragungsstichtag der Tag, an dem die Verschmelzung in das Handelsregister eingetragen wird.
- Bei einer Spaltung (Aufspaltung, Abspaltung, Ausgliederung) gilt gem. § 20 Abs. 6 Satz 2 UmwStG Entsprechendes. Nach § 125 UmwG ist § 17 UmwG auch auf eine Spaltung anzuwenden.

- Gemäß § 20 Abs. 6 Satz 3 UmwStG darf in den anderen Fällen ein (beliebiger) Tag als steuerlicher Übertragungsstichtag bestimmt werden, der höchstens acht Monate vor dem Abschluss des Einbringungsvertrags und vor dem (tatsächlichen) Übergang des wirtschaftlichen Eigentums liegt. Die „anderen Fälle" sind Einbringungen im Wege der Einzelrechtsnachfolge sowie Umwandlungen aufgrund ausländischer Rechtsvorschriften.
- Bei einem Formwechsel kann gem. § 25 Satz 2 i. V. m. § 9 Satz 3 UmwStG ein Tag als Übertragungsstichtag bestimmt werden, der höchstens acht Monate vor der Anmeldung des Formwechsels zur Eintragung in ein öffentliches Register liegt. Auf diesen Stichtag hat die formwechselnde Personengesellschaft eine steuerliche Übertragungsbilanz und die übernehmende Gesellschaft eine Eröffnungsbilanz zu erstellen (§ 9 Satz 2 UmwStG).

793 Der Sacheinlagegegenstand (Betrieb, Teilbetrieb oder Mitunternehmeranteil) muss am (gewählten) steuerlichen Übertragungsstichtag bereits vorgelegen haben.

794 Die **Rückbeziehung einer Sacheinlage** ist nach § 20 Abs. 6 Satz 4 i. V. m. § 2 Abs. 3 UmwStG bei grenzüberschreitenden Einbringungsvorgängen insoweit ausgeschlossen, als aufgrund abweichender ausländischer Regelungen zur Rückbeziehung Einkünfte unversteuert bleiben würden (Rückwirkungssperre). Zu sog. weißen (unversteuerten) Einkünften kann es kommen, wenn ein deutsches Unternehmen Betriebsvermögen zu einem (nach deutschem Recht) zurückbezogenen Übertragungsstichtag in eine Kapitalgesellschaft eines anderen EU- oder EWR-Staats einbringt, die Einbringung nach dem Recht des Staats der übernehmenden Gesellschaft aber nicht zurückbezogen werden kann. In diesem Fall würden im Rückbezugszeitraum verwirklichte Gewinne aus Wirtschaftsgütern, die vor der Einbringung einer deutschen Betriebsstätte zugeordnet waren und die durch die Einbringung einer ausländischen Betriebsstätte der übernehmenden Gesellschaft zuzuordnen sind, ohne die Regelung in § 20 Abs. 6 Satz 4 i. V. m. § 2 Abs. 3 UmwStG weder bei dem einbringenden Unternehmen im Inland noch bei der übernehmenden Gesellschaft im Ausland besteuert werden.

4.8.2 Antrag

795 Für die Rückbeziehung der Einbringung hat die übernehmende Gesellschaft einen **Antrag** (nach § 20 Abs. 5 Satz 1 UmwStG) bei dem für sie zuständigen Finanzamt zu stellen. Der übernehmenden Gesellschaft obliegt die Entscheidung über den Wertansatz der übertragenen Wirtschaftsgüter. Damit trifft sie notwendigerweise auch die Entscheidung, auf welchen Zeitpunkt die Bewertung zu beziehen ist.

Der Antrag ist nicht formgebunden. Er kann also auch konkludent – z. B. durch einen zurückbezogenen Ertrags- und/oder Vermögensansatz in ihrer zur Steuererklärung abgegebenen Gewinnermittlung – gestellt werden.

Der Antrag (nach § 20 Abs. 5 Satz 1 UmwStG) ist gesetzlich nicht befristet.

Ein einmal – evtl. konkludent – gestellter Antrag kann nachträglich nicht mehr geändert werden. Die übernehmende Gesellschaft gestaltet mit dem Antrag einen konkreten Lebenssachverhalt, der bestimmte steuerliche Folgen für sie als auch für den oder die Einbringenden zur Folge hat. Eine nachträgliche Änderung des einmal verwirklichten Sachverhalts ist nicht möglich (BFH v. 19.12.2018 - I R 1/17, BStBl 2019 II 709).

4.8.3 Einkommensermittlung im Rückbezugszeitraum

Gemäß § 20 Abs. 5 Satz 1 UmwStG sind das Einkommen und das Vermögen des Einbringenden und der übernehmenden Gesellschaft auf Antrag so zu ermitteln, als ob das eingebrachte Betriebsvermögen mit Ablauf des steuerlichen Übertragungsstichtags auf die Übernehmerin übergegangen wäre. Die **steuerliche Zurechnung** des eingebrachten Betriebsvermögens beim Einbringenden endet an dem steuerlichen Übertragungsstichtag. Der fiktive Vermögensübergang am Ende („... mit Ablauf ...") dieses Tags ist der letzte noch dem Einbringenden zuzurechnende Geschäftsvorfall. Ein sich daraus ergebender Gewinn (Einbringungsgewinn) ist dem Veranlagungszeitraum zuzurechnen, in dem der Übertragungsstichtag liegt. Das gilt auch für den Gewinn aus der Entnahme der bei der Einbringung der betrieblichen Sachgesamtheit zurückbehaltenen (unwesentlichen) Wirtschaftsgüter (Rdn. 20.08 UmwStE). Die als Gegenleistung für den eingebrachten (Teil-)Betrieb oder Mitunternehmeranteil gewährten neuen Anteile an der übernehmenden Gesellschaft sind dem Einbringenden ab dem Einbringungszeitpunkt steuerlich zuzurechnen. 796

Auch wenn die übernehmende Gesellschaft zivilrechtlich erst später entsteht, gilt sie bereits am Ende des Übertragungsstichtags als existent mit der Folge des Beginns ihrer persönlichen Körperschaft- und Gewerbesteuerpflicht. Ab diesem Zeitpunkt ist ihr das eingebrachte Betriebsvermögen zuzurechnen. Grundsätzlich gelten alle in dem (Teil-)Betrieb verwirklichten Geschäftsvorfälle ab diesem Zeitpunkt als von ihr ausgeführt. Der vom Einbringenden in dem Rückbezugszeitraum erwirtschaftete Gewinn ist nach den für die übernehmende Gesellschaft geltenden Vorschriften zu ermitteln und von der Übernehmerin zu versteuern. 797

4.8.3.1 Verträge mit der übernehmenden Gesellschaft

Verträge zwischen dem Einbringenden und der übernehmenden Gesellschaft (z. B. Dienstvertrag, Darlehensvertrag, Nutzungsüberlassungsvertrag), die logischerweise erst nach der zivilrechtlichen Entstehung der übernehmenden Gesellschaft zustande kommen können, dürfen nicht zurückbezogen werden. Dies gilt auch für den Fall der Einbringung im Rahmen einer Sachkapitalerhöhung. Ein solcher Vertrag kann **frühestens** mit der **Vorgesellschaft**, d. h. frühestens ab der notariellen Beurkundung, abgeschlossen werden. Ab wann derartige Verträge der Besteuerung zugrunde gelegt werden können, ist nach den allgemeinen Grundsätzen zu entscheiden (Rdn. 20.16 UmwStE). 798

Wird beispielsweise ein Einzelunternehmen im Juni mit Wirkung auf den 31. 12. des Vorjahres in eine GmbH umgewandelt, der alleinige Gesellschafter zum Geschäftsführer bestellt, mit ihm ein Anstellungsvertrag geschlossen und das darin ab 1. 1. des laufenden Jahres vereinbarte Monatsgehalt an ihn ausgezahlt, sind die für den Zeitraum bis zur zivilrechtlichen Wirksamkeit der Vereinbarung geleisteten Zahlungen keine Betriebsausgaben der GmbH (FG Baden-Württemberg vom 20.7.2000 - 10 K 263/97, EFG 2000, 1103).

799 Nach körperschaftsteuerrechtlichen Grundsätzen müssten die in dem Rückbezugszeitraum gezahlten „Gehälter", denen kein von vornherein klar abgeschlossener und durchgeführter Vertrag zu Grunde liegt, als verdeckte Gewinnausschüttung qualifiziert werden. Um dies zu vermeiden, bestimmt § 20 Abs. 5 Satz 2 UmwStG, dass Vorgänge, die nach einkommensteuerrechtlichen Vorschriften Entnahmen (i. S. d. § 4 Abs. 1 Satz 2 EStG) darstellen, auch als solche noch behandelt werden müssen. Insoweit ist der Einbringende auch nach dem steuerlichen Übertragungsstichtag noch als Betriebsinhaber anzusehen. Das gilt aber längstens bis zur Eintragung der Umwandlung in das Handelsregister. Danach sind alle unentgeltlichen Abgaben aus dem Betriebsvermögen der Übernehmerin an ihre Gesellschafter als verdeckte Gewinnausschüttungen zu besteuern.

4.8.3.2 Umwandlung einer Personengesellschaft – Beurteilung von Sondervergütungen

800 Wird eine Personengesellschaft in eine Kapitalgesellschaft (z. B. durch Verschmelzung oder Formwechsel) umgewandelt, sind die schon vor dem **Einbringungszeitpunkt** zwischen den Gesellschaftern und der (später) umgewandelten Personengesellschaft abgeschlossenen Verträge ab dem steuerlichen Übertragungsstichtag nach den für die Besteuerung der Kapitalgesellschaft geltenden Regeln zu beurteilen. Die auf der Grundlage eines von vornherein klar abgeschlossenen und durchgeführten Dienstvertrages an einen Gesellschafter gezahlten (angemessenen) Vergütungen sind als Betriebsausgaben bei der übernehmenden Gesellschaft abzuziehen und nicht nach § 15 Abs. 1 Satz 1 Nr. 2 2. HS EStG – auf der zweiten Gewinnermittlungsstufe – als Sonderbetriebseinnahmen wieder hinzuzurechnen (Rdn. 20.16 UmwStE).

Bei dem Vergütungsempfänger (Gesellschafter) ist § 15 Abs. 1 Satz 1 Nr. 2 EStG nicht mehr anzuwenden, weil er ab dem steuerlichen Übertragungsstichtag kein Mitunternehmer mehr ist. Da keine Umqualifizierung mehr erfolgen kann, sind die aufgrund des Dienstvertrages gezahlten – der Höhe nach angemessenen – Tätigkeitsvergütungen ab dem Einbringungszeitpunkt als Einkünfte aus nichtselbständiger Arbeit i. S. d. § 19 Abs. 1 EStG zu versteuern.

801 Ebenso ist mit den Vergütungen für Darlehensgewährungen und die Überlassung von Wirtschaftsgütern durch Gesellschafter zu verfahren, wenn die bisher zum notwendigen Sonderbetriebsvermögen gehörenden Wirtschaftsgüter (Darlehensforderungen, überlassene unwesentliche Wirtschaftsgüter) nicht mit in die Kapitalgesellschaft oder Genossenschaft eingebracht wurden. Diese nicht mit eingebrachten Wirtschaftsgüter sind ab dem steuerlichen Übertragungsstichtag kein Sonderbetriebsvermögen mehr, sondern grundsätzlich Privatvermögen der Gesellschafter. Wurden diese Wirtschaftsgüter in einem unmittelbaren Zusammenhang mit der Umwandlung der Personenge-

sellschaft mit in die übernehmende Gesellschaft eingebracht, sind die im Rückbezugszeitraum an die Gesellschafter gezahlten Vergütungen als Entnahmen zu beurteilen.

Entnahmen sind auch die ein angemessenes Entgelt übersteigenden – im Rückbezugszeitraum an die Gesellschafter ausgezahlten – Vergütungen oder „Vergütungen" ohne eine im Voraus getroffene klare vertragliche Vereinbarung (s. BFH v. 23.4.1986 - I R 178/82, BStBl 1986 II 880) sowie (zusätzliche) Vergütungen, die nicht durch Dienstleistungen oder Nutzungsüberlassungen i. S. d. § 15 Abs. 1 Nr. 2 EStG veranlasst sind (s. BFH v. 24.1.2008 - IV R 87/06, BStBl 2008 II 428). Die Entnahmen dürfen den Gewinn der (übernehmenden) Gesellschaft nicht mindern. 802

4.8.3.3 Entnahmen und Einlagen im Rückbezugszeitraum

Für Entnahmen und Einlagen im Rückbezugszeitraum wird der Einbringende noch als Inhaber des eingebrachten (Teil-)Betriebs oder Mitunternehmeranteils betrachtet. Die Entnahmen und Einlagen werden nicht auf den steuerlichen Übertragungsstichtag zurückbezogen (§ 20 Abs. 5 Satz 2 UmwStG). Sie sind im Zeitpunkt des tatsächlichen Entnahmevorgangs bzw. der Zuführung zum Betriebsvermögen anzusetzen. Kommt es durch die Entnahme zur Aufdeckung von stillen Reserven, sind diese noch vom Einbringenden zu versteuern. 803

BEISPIEL (für **Entnahmen**)

Die natürliche Person I bringt ihren Gewerbebetrieb im Juli 01 mit Wirkung zum 31.12.00 in die I-GmbH ein. Im Mai 01 hat I dem Betrieb noch einen PKW entnommen, dessen Buchwert am 31.12.00 10 000 € betrug, der mit jährlich 6 000 € (linear) abgeschrieben wird und dessen Teilwert im Zeitpunkt der Entnahme im Mai 01 16 000 € beträgt.

Die I-GmbH setzt das eingebrachte Betriebsvermögen mit dem Buchwert an. Der Buchwert des (eingebrachten) Betriebs betrug am 31.12.00 50 000 €.

LÖSUNG Gemäß § 20 Abs. 5 Satz 1 UmwStG gilt das Betriebsvermögen des bisherigen Einzelunternehmers I (ohne den PKW) als am 31.12.00 auf die I-GmbH übergegangen. Ein Einbringungsgewinn ist nicht entstanden, weil die I-GmbH das Betriebsvermögen mit dem Buchwert (50 000 €) angesetzt hat. Der im Mai 01 entnommene PKW ist tatsächlich (im Juli 01) nicht in die I-GmbH eingebracht worden. Gleichwohl ist er in der Schlussbilanz des Einbringenden zum 31.12.00 auszuweisen und wird in der Eröffnungsbilanz der I-GmbH angesetzt. Zugleich wird in der Eröffnungsbilanz der I-GmbH ein Korrekturposten für den PKW in Höhe des Buchwertes im Mai 01 passiviert. Obwohl der Betrieb seit 1.1.01 steuerlich der I-GmbH zugerechnet wird, ist die Entnahme des PKW im Mai 01 als eine von I vorgenommene Entnahme aus seinem Einzelunternehmen zu behandeln. Der Entnahmegewinn ermittelt sich wie folgt:

Teilwert im Mai 01, § 6 Abs. 1 Nr. 4 Satz 1 EStG		16 000 €
Buchwert am 31.12.00	10 000 €	
AfA Januar bis Mai 01: 5/12 von 6 000 € =	./. 2 500 €	
Buchwert im Entnahmezeitpunkt	7 500 €	./. 7 500 €
Entnahmegewinn		8 500 €

Dieser Gewinn ist noch von I als nachträgliche Einkünfte aus Gewerbebetrieb (§ 24 Nr. 2 i. V. m. § 15 EStG) in 01 zu versteuern.

Die als Gegenleistung für die Übertragung des Betriebs gewährten neuen Anteile an der I-GmbH sind I seit 31.12.00 24.00 Uhr zuzurechnen. Seine Anschaffungskosten für die Anteile ermitteln sich wie folgt:

	Wertansatz für das eingebrachte Betriebsvermögen, § 20 Abs. 3 S. 1 UmwStG	50 000 €
./.	Buchwert der Entnahme § 20 Abs. 5 Satz 3 UmwStG =	7 500 €
=	Anschaffungskosten des (steuerverstrickten) Anteils an der I-GmbH	42 500 €

Bei der I-GmbH ist der PKW in der Eröffnungsbilanz – wegen der Buchwertübernahme – mit 10 000 € anzusetzen. Die für Januar bis Mai 01 berechnete AfA (2 500 €) mindert den Gewinn der I-GmbH. Das Ausscheiden des PKW im Mai 01 hat keine Gewinnauswirkung bei der I-GmbH. Die gewinnneutrale Ausbuchung erfolgt über den in der Eröffnungsbilanz gebildeten passiven Korrekturposten (für die Entnahmen im Rückbezugszeitraum).

804 Die vom Einbringenden im Rückbezugszeitraum vorgenommenen **Einlagen** sind ebenfalls nicht nach körperschaftsteuerlichen Grundsätzen (als verdeckte Einlage) zu beurteilen. Sie unterliegen noch den ertragsteuerlichen Bestimmungen über Einlagevorgänge beim Einbringenden.

BEISPIEL (für Einlagen)

Die natürliche Person J bringt ihren Gewerbebetrieb im Juli des Jahres 10 mit Wirkung zum 31.12.09 in die J-GmbH ein. Im Mai des Jahres 10 hat J dem Betrieb noch folgende bis dahin zu seinem Privatvermögen gehörenden Wirtschaftsgüter zugeführt:

unbebautes Grundstück:	Teilwert am 31.12.09 und im Mai 10 = 100 000 €
	Anschaffungskosten im Jahr 05 = 30 000 €
20 %-Anteil an der X-GmbH:	Teilwert im Mai 10 = 80 000 €
	Anschaffungskosten im Jahr 04 = 20 000 €
	gemeiner Wert am 31.12.09 = 80 000 €

Die J-GmbH setzt das eingebrachte Betriebsvermögen mit dem Buchwert an. Der Buchwert des (eingebrachten) Betriebs betrug am 31.12.09 50 000 €.

LÖSUNG: Gemäß § 20 Abs. 5 Satz 1 UmwStG gilt das tatsächlich erst im Juli 10 eingebrachte Betriebsvermögen des bisherigen Einzelunternehmers J (mitsamt dem unbebauten Grundstück und dem Anteil an der X-GmbH) als am 31.12.09 auf die J-GmbH übergegangen. Ein Einbringungsgewinn ist nicht entstanden, weil die J-GmbH das Betriebsvermögen mit dem Buchwert angesetzt hat. Das unbebaute Grundstück und der Anteil an der X-GmbH sind in der Schlussbilanz des Einzelunternehmers J zum 31.12.09 noch nicht enthalten.

Gleichwohl ist in der Eröffnungsbilanz der J-GmbH ein Korrekturposten in Höhe des Einlagewertes dieser beiden Wirtschaftsgüter zu aktivieren, der zum Zeitpunkt der tatsächlichen Einlage (gewinnneutral) aufgelöst wird. Einlagewerte sind die aus § 6 Abs. 1 Nr. 5 EStG sich ergebenden Werte. Das sind für das Grundstück der Teilwert i. H. v. 100 000 € und für den Anteil an der X-GmbH die Anschaffungskosten i. H. v. 20 000 € gem. § 6 Abs. 1 Nr. 5 Satz 1 Buchst. b i. V. m. § 17 Abs. 1 EStG.

Die als Gegenleistung für die Übertragung des Betriebs gewährten neuen Anteile an der J-GmbH sind J seit 31.12.09 24.00 Uhr zuzurechnen. Seine Anschaffungskosten für die Anteile ermitteln sich wie folgt:

	Wertansatz für das eingebrachte Betriebsvermögen, § 20 Abs. 3 Satz 1 UmwStG	50 000 €
+	Einlagewerte nach § 6 Abs. 1 Nr. 5 EStG, § 20 Abs. 5 Satz 3 UmwStG	
	für das unbebaute Grundstück	100 000 €
	für den Anteil an der X-GmbH	20 000 €
=	Anschaffungskosten des (steuerverstrickten) Anteils an der J-GmbH	170 000 €

Die Einlage des Grundstücks im Mai 10 in das insoweit noch als existent zu betrachtende Einzelunternehmen des J gilt gem. § 23 Abs. 1 Satz 5 Nr. 1 EStG als Veräußerung i. S. d. § 23 Abs. 1 Satz 1 Nr. 1 EStG, weil die Veräußerung aus dem Betriebsvermögen innerhalb von zehn Jahren nach der Anschaffung (im Jahr 05) erfolgt. Als Veräußerung des Grundstücks aus dem Betriebsvermögen gilt für die Anwendung des § 23 Abs. 1 Satz 5 Nr. 1 EStG auch die Einbringung des Grundstücks zusammen mit dem Betrieb in die J-GmbH gegen Gewährung von Gesellschaftsrechten (BMF v. 5.10.2000, BStBl 2000 I 1383, Rdn. 4).

Veräußerungsgewinn ist gem. § 23 Abs. 3 Satz 1 und 2 EStG der Unterschied zwischen dem Einlagewert (100 000 €) einerseits und den Anschaffungskosten (30 000 €) andererseits. Er beträgt hier also 70 000 € und gilt in dem Zeitpunkt als zugeflossen, in dem die Einbringung verwirklicht wird (BMF vom 5.10.2000, BStBl 2000 I 1383, Rdn. 37).

Gemäß § 20 Abs. 5 Satz 1 UmwStG ist das Einkommen des Einbringenden J auf Antrag so zu ermitteln, als ob das eingebrachte Betriebsvermögen mit Ablauf des steuerlichen Übertragungsstichtags auf die J-GmbH übergegangen wäre. Der steuerliche Übertragungsstichtag ist der 31.12.09; deshalb ist der Veräußerungsgewinn dem Jahr 09 zuzurechnen.

Durch die Einlage des Anteils an der X-GmbH mit den Anschaffungskosten von 20 000 € gem. § 6 Abs. 1 Nr. 5 Satz 1 Buchst. b EStG werden die während der Zugehörigkeit des Anteils zum Privatvermögen gebildeten stillen Reserven in das Betriebsvermögen und von dort durch die Buchwerteinbringung in den als Gegenleistung gewährten neuen Anteil an der J-GmbH verlagert. Es kommt insoweit (noch) nicht zur Auflösung der stillen Reserven. § 17 Abs. 1 Satz 2 EStG findet keine Anwendung. Soweit die J-GmbH den Anteil an der X-GmbH innerhalb von sieben Jahren nach der Einbringung veräußert, ist gem. § 22 Abs. 2 UmwStG der Einbringungsgewinn II zu ermitteln und bei dem Einbringenden J rückwirkend im Jahr 09 zu versteuern.

4.8.3.4 Im Rückbezugszeitraum ausgeschiedene Mitunternehmer

Im Fall der Umwandlung einer Personengesellschaft in eine Kapitalgesellschaft gilt die 805 Rückwirkungsregelung des § 20 Abs. 5 Satz 1 UmwStG nicht für einen im Rückbezugszeitraum ausgeschiedenen Mitunternehmer. Ein vor dem Umwandlungsbeschluss ausgeschiedener Mitunternehmer hat keinen Mitunternehmeranteil eingebracht und auch keine Anteile an der übernehmenden Kapitalgesellschaft erhalten und folglich den Tatbestand des § 20 UmwStG nicht verwirklicht. Für ihn kann deshalb auch § 20 Abs. 5 Satz 1 UmwStG nicht greifen (Rdn. 20.16 UmwStE).

Der aus der Beteiligung an der Personengesellschaft erzielte laufende Gewinn zwischen 806 dem rückbezogenen Einbringungsstichtag und der Übertragung des wirtschaftlichen Eigentums an seinem Mitunternehmeranteil ist persönlich noch dem ausgeschiedenen Mitunternehmer zuzurechnen und von ihm zu versteuern. Insoweit muss (nur für den ausgeschiedenen Mitunternehmer) noch eine Gewinnfeststellung durchgeführt werden. Der auf ihn entfallende Gewinnanteil ist sodann von dem für die übernehmende Kapitalgesellschaft ermittelten Einkommen abzuziehen.

Hat der Mitunternehmer seinen Mitunternehmeranteil entgeltlich übertragen, ist zu- 807 dem noch ein Veräußerungsgewinn gem. § 16 Abs. 1 Satz 1 Nr. 2 und Abs. 2 EStG als Unterschiedsbetrag zwischen dem Veräußerungspreis einerseits und dem Buchwert des Mitunternehmeranteils im tatsächlichen Übertragungszeitpunkt sowie etwaiger Veräußerungskosten andererseits zu ermitteln und von ihm zu versteuern. Für den Erwerber sind die den Buchwert der anteiligen Wirtschaftsgüter der Personengesellschaft übersteigenden Anschaffungskosten in einer Ergänzungsbilanz zu erfassen.

Im Fall der unentgeltlichen Übertragung des Mitunternehmeranteils (aus privaten Gründen) tritt der Erwerber gem. § 6 Abs. 3 EStG in die steuerliche Rechtsstellung des ausgeschiedenen Mitunternehmers. Dessen Kapitalkonto am rückbezogenen Einbringungsstichtag ist nunmehr dem Erwerber zuzurechnen.

4.8.3.5 Beschränkung der Verlustnutzung

807a Handelt es sich bei dem Einbringenden um eine Körperschaft, kann ein von ihr im Rückbezugszeitraum erzielter Verlust aus der eingebrachten Sachgesamtheit nach § 20 Abs. 6 Satz 4 i. V. m. § 2 Abs. 4 Satz 2 UmwStG nicht mit positiven Einkünften der übernehmenden Kapitalgesellschaft ausgeglichen oder verrechnet werden, wenn die Verlustnutzung ohne die Rückwirkung nicht möglich gewesen wäre (Verlustnutzungsausschluss). Die Verlustnutzung kann nach Maßgabe des § 8c KStG ausgeschlossen sein, wenn innerhalb von fünf Jahren mehr als 50 % der Anteile an der einbringenden Körperschaft übertragen worden sind (schädlicher Beteiligungserwerb). Erfolgte der schädliche Beteiligungserwerb im Rückbezugszeitraum, wäre ein Ausgleich der bis dahin erzielten negativen Einkünfte ohne die Rückwirkung nicht mehr möglich.

Die aus der eingebrachten Sachgesamtheit im Rückbezugszeitraum erzielten positiven Einkünfte dürfen nach § 20 Abs. 6 Satz 4 i. V. m. § 2 Abs. 4 Satz 3 UmwStG nicht mit verrechenbaren Verlusten, verbleibenden Verlustvorträgen, nicht ausgeglichenen negativen Einkünften und einem Zinsvortrag nach § 4h Abs. 1 Satz 5 EStG der übernehmenden Kapitalgesellschaft ausgeglichen oder verrechnet werden. Die übernehmende Kapitalgesellschaft hat also im Einbringungsjahr mindestens den aus dem eingebrachten (Teil-) Betrieb oder Mitunternehmeranteil im Rückbezugszeitraum erzielten Gewinn zu versteuern. Insoweit gelten die Ausführungen unter Rdn. 469a entsprechend.

808

ABB. 15: Einbringungszeitpunkt § 20 Abs. 6 UmwStG

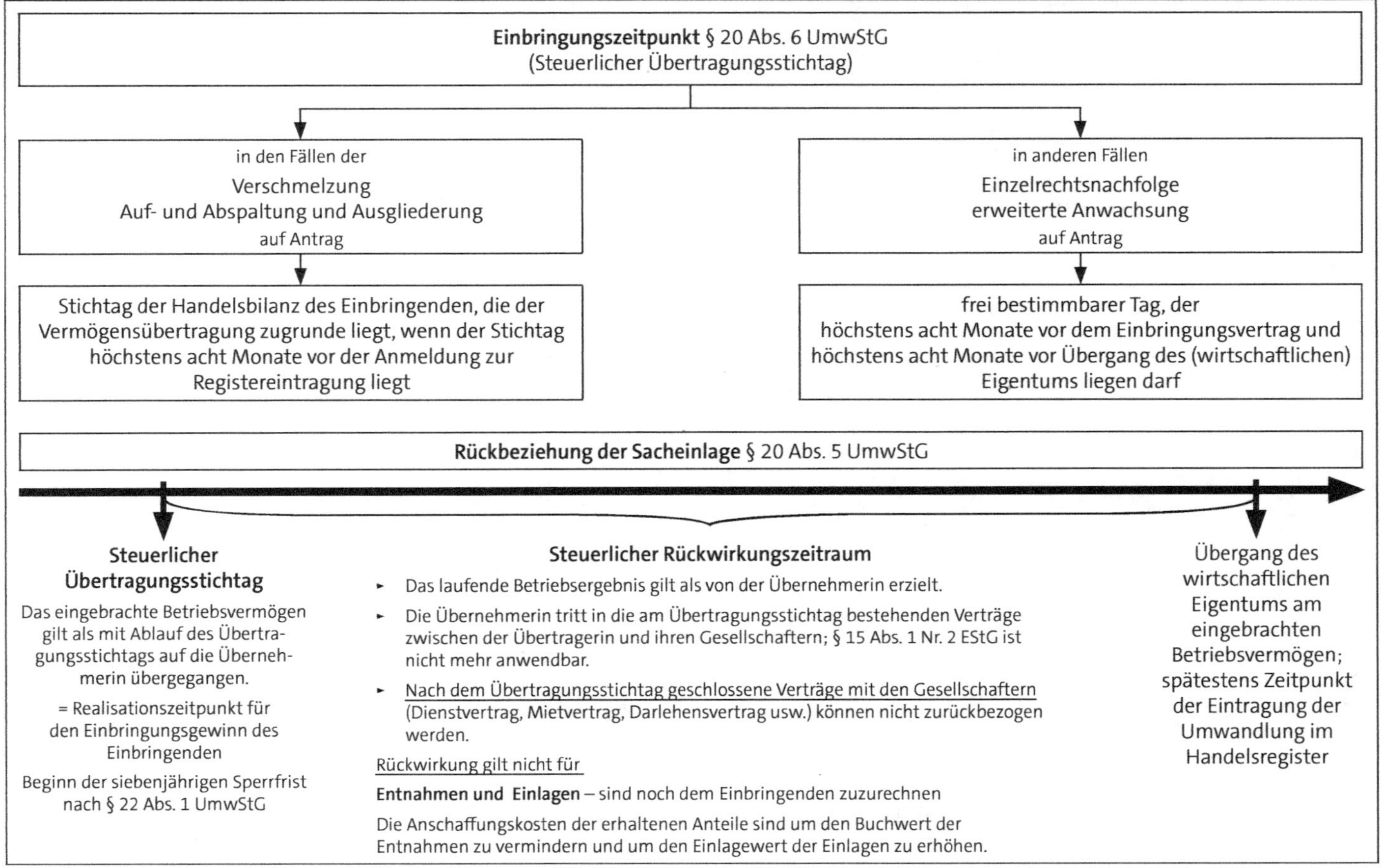

4.9 Ertragsteuerliche Folgen für die übernehmende Gesellschaft, § 23 UmwStG

4.9.1 Einbringung als Anschaffungsgeschäft

809 Für die übernehmende Gesellschaft ist die Einbringung ein Anschaffungsgeschäft, also der entgeltliche Erwerb von Betriebsvermögen (Rdn. 00.02 UmwStE). Das Entgelt besteht in der Hingabe der in Geld ausgedrückten Einlageforderung. Jeder offenen Sacheinlage (Sachgründung oder Sachkapitalerhöhung) liegt eine Vereinbarung über den Gegenstand der Sacheinlage und über die Höhe der in Geld ausgedrückten Einlageschuld – aus Sicht der Gesellschaft Einlageforderung – zu Grunde (vgl. §§ 27 Abs. 1, 183 Abs. 1 AktG, § 5 Abs. 4, § 56 Abs. 1 GmbHG, § 7a Abs. 3 GenG). Aus Sicht der übernehmenden Gesellschaft stellt sich die Sacheinlage als kaufähnlicher Vorgang dar, bei dessen Erfüllung sie das Eigentum an dem Sacheinlagegegenstand erwirbt und das dafür vereinbarte Entgelt („Kaufpreis" bzw. Anschaffungskosten) mit der Hingabe ihrer Einlageforderung leistet (vgl. BFH v. 19.10.1998 - VIII R 69/95, BStBl 2000 II 230). Diese Betrachtungsweise gilt auch in den Fällen, in denen

- der Einbringungswert der Sacheinlage den Nennbetrag der im Gegenzug ausgegebenen Anteile übersteigt und hinsichtlich des Differenzbetrags bei der übernehmenden Gesellschaft eine Kapitalrücklage gebildet wird. Zivilrechtlich handelt es sich bei dem Differenzbetrag um ein **Aufgeld** (Agio) im Rahmen einer Überpari-Emission, welches aufgrund der getroffenen Einlagevereinbarung über den Nennbetrag der Einlage hinaus (als unselbständiger Bestandteil der Einlageforderung) an die übernehmende Gesellschaft zu leisten ist, um die Beteiligungsrechte an dieser zu erwerben. Eine Aufteilung des Vorgangs in ein Veräußerungs- bzw. Anschaffungsgeschäft und eine verdeckte Einlage kommt nicht in Betracht (BFH v. 24.4.2007 - I R 35/05, BStBl 2009 II 253 und – für den strukturell vergleichbaren Fall der Einbringung in eine Personengesellschaft – BFH v. 24.1.2008 - IV R 37/06, BFH/NV 2008 854).
- dem Einbringenden neben der Gewährung neuer Anteile noch **weitere Gegenleistungen** (z. B. Darlehensforderung) erbracht werden.
- die Einbringung (nach dem UmwG) im Wege der **Gesamtrechtsnachfolge** (Verschmelzung, Spaltung) erfolgt. Der Eintritt der Gesamtrechtsnachfolge und die Annahme eines Anschaffungsgeschäfts sind auseinander zu halten und schließen sich gegenseitig nicht aus (BFH v. 17.9.2003 - I R 97/02, BStBl 2004 II 686).
- die übernehmende Gesellschaft das eingebrachte Betriebsvermögen unterhalb des gemeinen Wertes (**Buch- oder Zwischenwert**) ansetzt.

810 Unberührt der Beurteilung der offenen Sacheinlage als Veräußerungs- bzw. Anschaffungsgeschäft, gelten für die weitere Gewinnermittlung in Bezug auf das eingebrachte Betriebsvermögen nach § 23 UmwStG spezielle – von den allgemeinen Gewinnermittlungsvorschriften des EStG, KStG und GewStG abweichende – Regelungen. Für deren Anwendung muss danach unterschieden werden, einerseits mit welchem Wert die übernehmende Gesellschaft das eingebrachte Betriebsvermögen ansetzt und andererseits – beim Ansatz mit dem gemeinen Wert – in welcher zivilrechtlichen Form (Einzel-

rechtsnachfolge oder Gesamtrechtsnachfolge) die Vermögensübertragung erfolgte. Darüber hinaus enthält § 23 Abs. 5 UmwStG noch ein Abzugsverbot für gewerbesteuerliche Fehlbeträge des Einbringenden und § 23 Abs. 6 i. V. m. § 6 UmwStG Bestimmungen zu einem Einbringungsfolgegewinn.

4.9.2 Ansatz mit dem Buchwert

Setzt die übernehmende Gesellschaft das eingebrachte Betriebsvermögen gem. § 20 811
Abs. 2 Satz 2 UmwStG in ihrer Steuerbilanz zulässigerweise mit dem Buchwert an, werden also stille Reserven weder freiwillig noch aufgrund zwingender gesetzlicher Regelungen aufgedeckt, sind unabhängig von der zivilrechtlichen Form der Einbringung gem. § 23 Abs. 1 UmwStG das in § 12 Abs. 3 1. HS UmwStG verankerte steuerliche Rechtsnachfolgeprinzip sowie die in § 4 Abs. 2 Satz 3 UmwStG enthaltene Regelung zur Anrechnung von Vorbesitzzeiten anzuwenden. Nach dem Rechtsnachfolgeprinzip tritt die übernehmende Gesellschaft in die steuerliche Rechtsstellung des Einbringenden.

Der Eintritt in die steuerliche Rechtsstellung bedeutet, dass über den Erwerb der Eigentümerstellung hinaus sämtliche beim Einbringenden begründeten und für die Besteuerung relevanten Merkmale im Zusammenhang mit den eingebrachten Wirtschaftsgütern übernommen werden. Dazu gehören z. B. die Herstellereigenschaft, der Anschaffungs- oder Herstellungszeitpunkt, die Höhe der Anschaffungs- oder Herstellungskosten und der Veranlassungszusammenhang bei der Aufnahme von Verbindlichkeiten.

4.9.2.1 Abschreibungen

Bei abnutzbaren Wirtschaftsgütern des Anlagevermögens hat die übernehmende Ge- 812
sellschaft die Abschreibungen des Einbringenden fortzuführen. Die **übernehmende Gesellschaft** ist an die vom Einbringenden gewählte Abschreibungsmethode (linear oder degressiv), den Abschreibungssatz und die ursprünglich ermittelte betriebsgewöhnliche Nutzungsdauer sowie an die Bemessungsgrundlage für die Absetzungen für Abnutzung gebunden.

Bei nach dem 30.6.2025 und vor dem 1.1.2028 angeschafften oder hergestellten be- 813
weglichen Wirtschaftsgütern des Anlagevermögens kann der Steuerpflichtige statt der linearen Abschreibung die Absetzung für Abnutzung in fallenden Jahresbeträgen (degressive Abschreibung) berechnen (§ 7 Abs. 2 EStG).

Die degressive Abschreibung ist auch möglich bei Gebäuden, die nicht Wohnzwecken dienen und die aufgrund eines vor dem 1.1.1994 gestellten Bauantrags oder aufgrund eines vor diesem Zeitpunkt rechtswirksam abgeschlossenen obligatorischen Vertrags im Jahr der Fertigstellung angeschafft wurden (§ 7 Abs. 5 Nr. 1 EStG). Zudem ist die degressive Abschreibung bei Gebäuden möglich, soweit diese Wohnzwecken dienen und vom Steuerpflichtigen hergestellt oder bis zum Ende des Jahres der Fertigstellung angeschafft worden sind (§ 7 Abs. 5a Satz 1 1. HS EStG). Voraussetzung ist, dass mit der Herstellung des Gebäudes nach dem 30.9.2023 und vor dem 1.10.2029 begonnen wurde oder die Anschaffung auf Grund eines nach dem 30.9.2023 und vor dem 1.10.2029 rechtswirksam abgeschlossenen obligatorischen Vertrags erfolgt (§ 7 Abs. 5a Satz 1 2. HS EStG).

Hat der Einbringende eine dieser Regelungen in Anspruch genommen, muss die übernehmende Gesellschaft die degressive Abschreibungsreihe für das betreffende Wirtschaftsgut weiterführen. Ein **Wechsel** der **Abschreibungsmethode** ist nur insoweit möglich, wie dies auch bei dem Einbringenden zulässig gewesen wäre (z. B. nach § 7 Abs. 3 EStG bei beweglichen Wirtschaftsgütern von der degressiven zur linearen Absetzung für Abnutzung).

814 Hat der Einbringende vor der Umwandlung eine Absetzung für außergewöhnliche technische oder wirtschaftliche Abnutzung nach § 7 Abs. 1 Satz 7 EStG oder § 7 Abs. 4 Satz 3 i. V. m. § 7 Abs. 1 Satz 7 EStG vorgenommen, muss die übernehmende Gesellschaft die aus der genannten Rechtsnorm sich ergebende **Zuschreibungsverpflichtung** beachten.

815 **Erhöhte Absetzungen** (z. B. nach § 7h oder § 7i EStG) und **Sonderabschreibungen** (z. B. nach § 7c oder § 7g Abs. 5 EStG) sind unter Beachtung des § 7a EStG fortzuführen und können in Höhe des dem Einbringenden zustehenden, von ihm noch nicht ausgeschöpften Umfangs in Anspruch genommen werden. Hängt die Gewährung solcher Steuervergünstigungen von bestimmten vor der Einbringung gegebenen Merkmalen ab (z. B. Größe des Betriebsvermögens), sind die Verhältnisse des Einbringenden maßgebend. Wird für die Beibehaltung der Vergünstigung ein bestimmtes Verhalten des Steuerpflichtigen verlangt (z. B. eine längerfristige betriebliche Nutzung in einer inländischen Betriebsstätte), ist für den (verbleibenden) Zeitraum nach der Einbringung auf das Verhalten der Übernehmerin abzustellen.

816 Vom Einbringenden gebildete **Sammelposten nach § 6 Abs. 2a EStG** werden von der übernehmenden Gesellschaft mit ihren Buchwerten fortgeführt und (weiterhin) ratierlich aufgelöst. Dies gilt unabhängig davon, ob die Wirtschaftsgüter, für die ein Sammelposten gebildet wurde, mit eingebracht werden oder schon vor der Einbringung aus dem Betriebsvermögen ausgeschieden sind. Obwohl die Einbringung für die Übernehmerin dem Grunde nach ein (entgeltliches) Anschaffungsgeschäft darstellt, kann für die selbständig nutzungsfähigen, abnutzbaren Wirtschaftsgüter des Anlagevermögens anlässlich der Einbringung kein (neuer) Sammelposten nach § 6 Abs. 2a EStG gebildet und keine Sofortabschreibung nach § 6 Abs. 2 EStG vorgenommen werden.

817 Hinsichtlich der vom Einbringenden vorgenommenen **Teilwertabschreibungen** hat die übernehmende Gesellschaft als Rechtsnachfolgerin das **Wertaufholungsgebot** des § 6 Abs. 1 Nr. 1 Satz 4 und Nr. 2 Satz 3 EStG zu beachten.

4.9.2.2 Steuerfreie Rücklagen

818 Die in § 23 Abs. 1 i. V. m. § 12 Abs. 3 UmwStG angeordnete steuerliche Rechtsnachfolge erstreckt sich auch auf vom Einbringenden gebildete steuerfreie Rücklagen (z. B. Reinvestitionsrücklage gem. § 6b Abs. 3 EStG, Zuschussrücklage gem. R 6.5 Abs. 4 EStR, Er-

satzbeschaffungsrücklage gem. R 6.6 EStR). Dabei spielt es keine Rolle, ob die übernehmende Gesellschaft die Rücklage selbst hätte bilden können oder ob dies wegen ihrer Rechtsform oder ihrer Unternehmensgröße nicht möglich gewesen wäre.

4.9.2.3 Besitzzeitanrechnung

Gemäß § 23 Abs. 1 i V. m. § 4 Abs. 2 Satz 3 UmwStG wird der übernehmenden Gesell- 819
schaft die Dauer der Zugehörigkeit eines Wirtschaftsguts zum Betriebsvermögen des Einbringenden angerechnet, wenn dies für die Besteuerung (der übernehmenden Gesellschaft) bedeutsam ist. Dies ergibt sich nicht unmittelbar aus der steuerlichen Rechtsnachfolge, denn das UmwStG unterscheidet ausdrücklich zwischen der steuerlichen Rechtsnachfolge (§ 4 Abs. 2 Satz 1 UmwStG) und der Anrechnung von Vorbesitzzeiten (§ 4 Abs. 2 Satz 3 UmwStG). Bedeutung hat die letztgenannte Regelung z. B. für die Inanspruchnahme einer Steuervergünstigung nach § 6b EStG. Veräußert die übernehmende Gesellschaft ein mit der Betriebseinbringung erworbenes Wirtschaftsgut i. S. d. § 6b Abs. 1 Satz 1 EStG, kann der dabei entstandene Gewinn von den Anschaffungs- oder Herstellungskosten eines Reinvestitionsobjekts abgezogen oder eine den Gewinn mindernde Rücklage gebildet werden. Voraussetzung dafür ist aber u. a., dass das veräußerte Wirtschaftsgut im Zeitpunkt der Veräußerung mindestens sechs Jahre ununterbrochen zum Anlagevermögen einer inländischen Betriebsstätte gehört hat (§ 6b Abs. 4 S. 1 Nr. 2 EStG). Dabei wird der übernehmenden Gesellschaft die Zugehörigkeit des Wirtschaftsguts zum (inländischen) Betriebsvermögen des Einbringenden angerechnet.

4.9.2.4 Pensionsrückstellungen

Bei der Berechnung und Fortführung einer im Rahmen der Einbringung übergegange- 820
nen Pensionsverpflichtung sind die Dienstzeiten des Berechtigten beim Einbringenden zu berücksichtigen und es ist das Nachholverbot des § 6a Abs. 4 EStG zu beachten.

4.9.2.5 Zinsvortrag

Ein im eingebrachten Betrieb oder Mitunternehmeranteil noch nicht verbrauchter Zins- 821
vortrag i. S. d. § 4h Abs. 1 Satz 5 EStG und ein EBITDA-Vortrag nach § 4h Abs. 1 Satz 3 EStG gehen mit der Einbringung unter (§ 4h Abs. 5 EStG). Er geht also nicht auf die übernehmende Gesellschaft über (§ 20 Abs. 9 UmwStG).

4.9.2.6 Verluste

4.9.2.6.1 Verluste des Einbringenden

Verluste, die der Einbringende mit dem eingebrachten Betriebsvermögen erzielt hat, 822
gehen nicht auf die übernehmende Gesellschaft über. Das gilt sowohl für den laufenden (bis zum steuerlichen Übertragungsstichtag erzielten) Verlust des Jahres der Einbringung als auch für Verlustvorträge nach § 10d EStG, § 15 Abs. 4 EStG (Verluste aus

gewerblicher Tierzucht oder Tierhaltung und aus Termingeschäften), § 15b EStG (Verluste im Zusammenhang mit Steuerstundungsmodellen), § 2a EStG (ausländische Verluste) und für einen verrechenbaren Verlustanteil des Einbringenden nach § 15a EStG.

Verluste sind keine den eingebrachten Wirtschaftsgütern anhaftenden Merkmale, sondern das Ergebnis der persönlichen unternehmerischen Tätigkeit des Einbringenden. Die **Verlustvorträge verbleiben beim Einbringenden** und können – dem Subjektsteuerprinzip folgend – nur von ihm nach den jeweiligen gesetzlichen Bestimmungen (weiterhin) geltend gemacht werden. Insoweit wird das Steuersubjektprinzip nicht durch das Rechtsnachfolgeprinzip durchbrochen, denn die Rechtsnachfolge gem. § 23 Abs. 1 UmwStG bezieht sich nur auf das eingebrachte Betriebsvermögen (vgl. Rdn. 23.02 UmwStE; *Patt* in *Dötsch/Pung/Möhlenbrock*, Die Körperschaftsteuer, 100. Erg. Lfg. (10/2020), § 23 UmwStG Rdn. 62 ff.; *Ritzer* in *Rödder/Herlinghaus/Graw/Heinemann*, UmwStG, 4. Aufl. 2025, § 23 UmwStG Rdn. 62 ff.).

4.9.2.6.2 Verluste der übernehmenden Gesellschaft

823 Eigene – noch nicht genutzte – Verluste der übernehmenden Gesellschaft können infolge einer Einbringung im Wege einer Sachkapitalerhöhung endgültig nach § 8c KStG vom Abzug ausgeschlossen werden. Die im Rahmen der Einbringung vorzunehmende Kapitalerhöhung bei der übernehmenden Gesellschaft steht einer Anteilsübertragung gleich, soweit sie zu einer Veränderung der Beteiligungsquoten am Kapital der Körperschaft führt (§ 8c Abs. 1 Satz 3 KStG). Wenn die Veränderung der Beteiligungsquoten zu einem schädlichen Beteiligungserwerb i. S. d. § 8c Abs. 1 Satz 1 oder 2 KStG führt, können die bis dahin nicht ausgeglichenen oder abgezogenen negativen Einkünfte – vorbehaltlich des § 8c Abs. 1 Sätze 5 ff., Abs. 1a und des § 8d KStG – nicht mehr abgezogen werden (s. auch BMF v. 28. 11. 2017, BStBl 2017 I 1645).

4.9.2.7 Einbringungskosten

824 Die durch die Einbringung ausgelösten, in der Person der Übernehmerin entstehenden Kosten sind nach den allgemeinen für die übernehmende Gesellschaft geltenden Gewinnermittlungsvorschriften zu beurteilen.

825 Handelt es sich um **objektbezogene Kosten**, die erst anlässlich der Einbringung (Vermögensübertragung) entstehen, wie z. B. die Grunderwerbsteuer für mitübertragenen Grundbesitz, sind sie als zusätzliche Anschaffungskosten (§ 255 Abs. 1 HGB) zu aktivieren, und zwar bei den Wirtschaftsgütern, die die Kostenbelastung ausgelöst haben (BFH v. 17.9.2003 - I R 97/02, BStBl 2004 II 686; Rdn. 23.01 UmwStE). Die Hinzurechnung zu dem übernommenen Buchwert (bei der Buchwerteinbringung) führt aber nicht zur Annahme einer Zwischenwerteinbringung, denn stille Reserven werden dadurch nicht aufgelöst.

826 Nicht objektbezogene durch die Einbringung veranlasste in der Person der übernehmenden Gesellschaft entstehende Kosten sind sofort abzugsfähige Betriebsausgaben.

4.9.3 Einbringung mit einem Zwischenwert

4.9.3.1 Gleichmäßige Buchwertaufstockung

Setzt die übernehmende Gesellschaft das eingebrachte Betriebsvermögen insgesamt mit einem Zwischenwert an, sind die dadurch aufgedeckten stillen Reserven einheitlich und (prozentual) gleichmäßig auf die einzelnen Wirtschaftsgüter zu verteilen (vgl. den Wortlaut des § 20 Abs. 2 Satz 2 UmwStG „einheitlich"). Zwischenwert ist jeder Wert, der den Buchwert des Sacheinlagegegenstands über- und dessen gemeinen Wert unterschreitet. 827

Der Unterschiedsbetrag zwischen dem Wert, mit dem die übernehmende Gesellschaft das eingebrachte Betriebsvermögen insgesamt angesetzt hat, und dessen Buchwert sind die durch die Zwischenwerteinbringung aufgedeckten stillen Reserven. Diese aufgedeckten stillen Reserven sind in das Verhältnis zu den im eingebrachten Betriebsvermögen insgesamt vorhandenen stillen Reserven zu setzen. Dazu müssen die stillen Reserven in allen eingebrachten Wirtschaftsgütern, Schulden und steuerfreien Rücklagen ermittelt werden. Ein originärer (bisher nicht aktivierter) Geschäfts- oder Firmenwert ist dabei ebenfalls zu berücksichtigen. Abnutzbare bewegliche Wirtschaftsgüter des Anlagevermögens, die einer selbständigen Nutzung fähig sind und die der Einbringende nach § 6 Abs. 2 EStG sofort abgeschrieben hatte oder für die er einen Sammelposten nach § 6 Abs. 2a EStG gebildet hat, bleiben unberücksichtigt. Sodann sind die für jedes einzelne Wirtschaftsgut ermittelten stillen Reserven (einheitlich) in Höhe des Prozentsatzes (der sich aus dem Verhältnis der aufgedeckten stillen Reserven zu den insgesamt vorhandenen stillen Reserven ergibt) aufzulösen und dem Buchwert dieses Wirtschaftsguts hinzuzurechnen (**Buchwertaufstockung**). 828

Steuerfreie Rücklagen (z. B. nach § 6b Abs. 3 EStG) sind in Höhe des ermittelten Prozentsatzes zu vermindern (aufzulösen). 829

Bei der Buchwertaufstockung sind alle Wirtschaftsgüter des Anlagevermögens einschließlich der vom Einbringenden hergestellten immateriellen Anlagegüter sowie alle Wirtschaftsgüter des Umlaufvermögens zu berücksichtigen (s. auch Rdn. 23.14 i. V. m. 03.25 f. und 03.23 UmwStE). 830

BEISPIEL Der Einzelunternehmer K hat zum 31.12. folgende komprimierte – um die Angabe der gemeinen Werte ergänzte – Schlussbilanz erstellt:

A		31.12.		P
	Buchwert	(gemeiner Wert)		
Patent (selbst entwickelt)	–	(240 000 €)	Kapital	60 000 €
Geschäftswert	–	(100 000 €)	Rücklage, § 6b EStG	60 000 €
Grund und Boden	80 000 €	(140 000 €)	Verbindlichkeiten	480 000 €
Gebäude	320 000 €	(500 000 €)		
Maschinen	56 000 €	(80 000 €)		
Fuhrpark	40 000 €	(50 000 €)		
Waren	64 000 €	(90 000 €)		
Forderungen	40 000 €	(40 000 €)		
	600 000 €	(1 240 000 €)		600 000 €

K bringt seinen ganzen Betrieb nach § 20 Abs. 1 UmwStG in die dadurch gegründete K-GmbH ein. Das Eigenkapital der K-GmbH soll 200 000 € betragen und in dieser Höhe auch ausgewiesen werden. Die Voraussetzungen für eine Minderbewertung nach § 20 Abs. 2 S. 2 UmwStG sind erfüllt.

LÖSUNG Der Buchwert des Sacheinlagegegenstands (Betrieb) beträgt 60 000 € und dessen gemeiner Wert 760 000 € (1 240 000 € ./. 480 000 €). Der als Rücklage gem. § 6b Abs. 3 EStG ausgewiesene Betrag (60 000 €) mindert den steuerlichen Gewinn und damit das steuerliche Eigenkapital. Er mindert den nach steuerrechtlichen Vorschriften über die Gewinnermittlung sich ergebenden Buchwert des Sacheinlagegegenstandes i. S. d. § 1 Abs. 5 Nr. 4 UmwStG. Aus zivilrechtlicher Sicht ist es aber kein den gemeinen Wert des Betriebs mindernder Schuldposten (BFH v. 31.5.2005 - I R 35/04, BStBl 2006 II 132).

Will die K-GmbH das eingebrachte Betriebsvermögen mit insgesamt 200 000 € ansetzen, liegt eine Zwischenwerteinbringung vor. Die dadurch aufgedeckten stillen Reserven betragen 140 000 €. Das entspricht im Verhältnis zu den insgesamt vorhandenen stillen Reserven einem Prozentsatz von 20 (140 000 €/700 000 € x 100). Von den in jedem einzelnen Wirtschaftsgut ruhenden stillen Reserven sind 20 % aufzulösen und dem jeweiligen Buchwert hinzuzurechnen. Danach ergibt sich folgende (Übernahme-)Eröffnungsbilanz der K-GmbH:

A		Eröffnungsbilanz der K-GmbH		P
Patent	0 €		steuerliches Eigenkapital	200 000 €
+ 20 % von 200 000 €	48 000 €	48 000 €	Rücklage, § 6b EStG 60 000 € ./. 20 %	48 000 €
Geschäftswert	0 €		Verbindlichkeiten	480 000 €
+ 20 % von 100 000 €	20 000 €	20 000 €		
Grund und Boden	80 000 €			
+ 20 % von 60 000 €	12 000 €	92 000 €		
Gebäude	320 000 €			
+ 20 % von 180 000 €	36 000 €	356 000 €		
Maschinen	56 000 €			
+ 20 % von 24 000 €	4 800 €	60 800 €		
Fuhrpark	40 000 €			
+ 20 % von 10 000 €	2 000 €	42 000 €		
Waren	64 000 €			
+ 20 % von 26 000 €	5 200 €	69 200 €		
Forderungen		40 000 €		
		728 000 €		728 000 €

831 *Einstweilen frei.*

4.9.3.2 Modifizierte steuerliche Rechtsnachfolge

832 Auch in den Fällen der Zwischenwerteinbringung sind unabhängig von der zivilrechtlichen Form der Einbringung gem. § 23 Abs. 1 UmwStG das in § 12 Abs. 3 1. HS UmwStG verankerte steuerliche Rechtsnachfolgeprinzip sowie die in § 4 Abs. 2 Satz 3 UmwStG enthaltene Regelung zur Anrechnung von Vorbesitzzeiten anzuwenden, denn auch der Zwischenwert ist ein unter dem gemeinen Wert liegender Wert. Folglich sind alle den eingebrachten Wirtschaftsgütern anhaftenden, vom Einbringenden verwirk-

lichten und für die Besteuerung relevanten Merkmale (z. B. Anschaffungs-, Herstellungs- oder Einlagezeitpunkt, die Höhe der Anschaffungs- oder Herstellungskosten oder des Einlagewertes, vorgenommene Teilwertabschreibungen etc.) der übernehmenden Gesellschaft zuzurechnen.

Steuerfreie Rücklagen werden mit dem (nach der Auflösung in Höhe des durch den Zwischenwertansatz bestimmten Prozentsatzes) verbleibenden Betrag von der übernehmenden Gesellschaft fortgeführt. 833

Im Einbringungszeitpunkt vorhandene Sammelposten nach § 6 Abs. 2a EStG sind von der Übernehmerin weiterzuführen. Anlässlich der Einbringung kann kein (neuer) Sammelposten gem. § 6 Abs. 2a EStG für abnutzbare, bewegliche, selbständig nutzungsfähige Wirtschaftsgüter des Anlagevermögens gebildet und keine Sofortabschreibung gem. § 6 Abs. 2 EStG vorgenommen werden, denn der Vorgang der Anschaffung gilt bereits als durch den Einbringenden verwirklicht. 834

Bei **abnutzbaren Wirtschaftsgütern** des Anlagevermögens sind die vom Einbringenden gewählte Abschreibungsmethode (linear oder degressiv), die zugrunde gelegte Nutzungsdauer und der daraus sich ergebende Abschreibungssatz zu übernehmen. Für die weitere Berechnung der Absetzungen für Abnutzung unterscheidet § 23 Abs. 3 Satz 1 UmwStG zwischen der degressiven Abschreibung beweglicher Wirtschaftsgüter nach § 7 Abs. 2 EStG und den Abschreibungen nach § 7 Abs. 1, 4, 5 und 6 EStG. 835

4.9.3.2.1 Abschreibungen nach § 7 Abs. 1, 4, 5 und 6 EStG

Soweit der Einbringende die abnutzbaren Wirtschaftsgüter des Anlagevermögens bisher nach 836

§ 7 Abs. 1 EStG:	Lineare Absetzungen für Abnutzung beweglicher Wirtschaftsgüter und unbeweglicher Wirtschaftsgüter, die keine Gebäude sind und immaterieller Wirtschaftsgüter,
§ 7 Abs. 4 EStG:	Lineare Absetzungen für Abnutzung von Gebäuden und Gebäudeteilen,
§ 7 Abs. 5 EStG:	Degressive Absetzungen für Abnutzung von Gebäuden und Gebäudeteilen,
§ 7 Abs. 6 EStG:	Absetzung für Substanzverringerung bei Betrieben, die einen Verbrauch der Substanz mit sich bringen

abgeschrieben hat, ist die bisherige Bemessungsgrundlage (Anschaffungskosten, Herstellungskosten oder Einlagewert) gem. § 23 Abs. 3 Satz 1 Nr. 1 UmwStG lediglich um den für das Wirtschaftsgut ermittelten Aufstockungsbetrag (**Buchwertaufstockung**) zu erhöhen.

BEISPIEL (Fortsetzung des Beispiels unter Rdn. 830)

Der Einbringende K hatte das in der Schlussbilanz zum 31.12. aktivierte Gebäude (Baujahr 1994) etwa neun Jahre vor der Einbringung für 440 000 € angeschafft und seither zutreffend gem. § 7 Abs. 4 Satz 1 Nr. 1 EStG mit 3 % (von 440 000 € = 13 200 € p. a.) abgeschrieben.

Der Bilanzposten „Maschinen" beinhaltet nur eine Maschine, die vor etwa dreieinhalb Jahren für 100 000 € angeschafft wurde. K hat die Absetzungen für Abnutzung nach § 7 Abs. 1 EStG linear auf der Basis einer betriebsgewöhnlichen Nutzungsdauer von acht Jahren berechnet.

LÖSUNG Die K-GmbH tritt mit dem übernommenen Betriebsvermögen gem. § 23 Abs. 3 Satz 1 i. V. m. § 12 Abs. 3 1. HS UmwStG in die steuerliche Rechtsstellung des K. Das bedeutet, dass die eingebrachten Wirtschaftsgüter (Gebäude und Maschine) von der K-GmbH an dem Tag als angeschafft zu betrachten sind, an dem K das wirtschaftliche Eigentum erworben hat. Der steuerliche Übertragungsstichtag (§ 20 Abs. 6 UmwStG) spielt insoweit keine Rolle. Die K-GmbH muss die vom Einbringenden gewählte Abschreibungsmethode – für das Gebäude nach § 7 Abs. 4 Satz 1 Nr. 1 EStG und für die Maschine nach § 7 Abs. 1 EStG – sowie die zu Grunde gelegte Nutzungsdauer übernehmen. Die Absetzungen für Abnutzung berechnen sich ab dem Zeitpunkt der Einbringung gem. § 23 Abs. 3 Satz 1 Nr. 1 UmwStG wie folgt:

Gebäude	Bemessungsgrundlage bisher:	440 000 €	
	aufgedeckte stille Reserven	36 000 €	
	Bemessungsgrundlage neu:	476 000 €	
	3 % von 476 000 € =		14 280 €

Anschaffungsnebenkosten (z. B. Grunderwerbsteuer) sind hier aus Vereinfachungsgründen unberücksichtigt geblieben. Solche von der übernehmenden Gesellschaft zu tragenden objektbezogenen Kosten sind dem ermittelten Zwischenwert hinzuzurechnen und erhöhen auch die Bemessungsgrundlage für die Abschreibungen.

Der Zwischenwert (verbleibendes Abschreibungsvolumen) wird bis zum Ablauf der planmäßigen Nutzungsdauer noch nicht vollständig abgeschrieben worden sein. Es verlängert sich im vorliegenden Beispiel somit der Abschreibungszeitraum. Steht im Zeitpunkt der Einbringung fest, dass bei Fortführung des bisherigen Abschreibungssatzes die volle Absetzung des Abschreibungsvolumens innerhalb der tatsächlichen (Rest-)Nutzungsdauer nicht erreicht wird, kann die Übernehmerin anstelle der Absetzungen nach § 7 Abs. 4 Satz 1 EStG den Restbuchwert zusammen mit den aufgedeckten stillen Reserven nach den Grundsätzen des § 7 Abs. 4 Satz 2 EStG auf die tatsächliche Restnutzungsdauer des Gebäudes verteilen und entsprechend höhere Absetzungen vornehmen (Rdn. 23.15 UmwStE; BFH v. 7.6.1977 - VIII R 105/73, BStBl 1977 II 606).

Maschine	Bemessungsgrundlage bisher:	100 000 €	
	aufgedeckte stille Reserven	4 800 €	
	Bemessungsgrundlage neu:	104 800 €	
	12,5 % von 104 800 € =		13 100 €

§ 23 Abs. 3 UmwStG enthält nur eine Regelung zur Bemessungsgrundlage für die Berechnung der weiteren Absetzungen, nicht jedoch zum Abschreibungssatz. Dieser ergibt sich aus der betriebsgewöhnlichen Nutzungsdauer des Wirtschaftsguts, die sich durch den Einbringungsvorgang nicht ändert. Es ist also derselbe Abschreibungssatz anzuwenden wie beim Einbringenden. Das sind hier (bei einer Nutzungsdauer von acht Jahren) 12,5 %. Im letzten Jahr der Nutzungsdauer ist zusätzlich zu der linearen Absetzung von 13 250 € der dann noch verbleibende Restwert abzuziehen (Rdn. 23.15 UmwStE). Damit kommt es nicht zu einer Verlängerung der Nutzungsdauer.

4.9.3.2.2 Degressive Abschreibung beweglicher Wirtschaftsgüter nach § 7 Abs. 2 EStG

Bei abnutzbaren beweglichen Wirtschaftsgütern des Anlagevermögens, die der Einbringende bisher degressiv nach § 7 Abs. 2 EStG abgeschrieben hat, tritt gem. § 23 Abs. 3 Satz 1 Nr. 2 UmwStG an die Stelle des Buchwertes der einzelnen Wirtschaftsgüter der Wert, mit dem die übernehmende Gesellschaft die Wirtschaftsgüter ansetzt (**Zwischenwert**). Der Abschreibungssatz bestimmt sich nach der neu zu schätzenden Restnutzungsdauer im Zeitpunkt der Einbringung (Rdn. 23.15 UmwStE). 837

BEISPIEL (Fortsetzung des Beispiels unter Rdn. 830)

Der Bilanzposten „Fuhrpark" beinhaltet nur ein einziges Fahrzeug mit einer Nutzungsdauer von sechs Jahren, das vor zwei Jahren für 71 110 € angeschafft und seither degressiv nach § 7 Abs. 2 EStG mit jährlich 25 % abgeschrieben wurde. Im Zeitpunkt der Einbringung werden als Restnutzungsdauer fünf Jahre angenommen.

Das Fahrzeug ist von der übernehmenden Gesellschaft mit jährlich 25 % vom jeweiligen Buchwert abzuschreiben. Der – auch schon beim Einbringenden mögliche – Wechsel zur linearen Abschreibung wird hierdurch nicht berührt.

4.9.3.2.3 Erhöhte Absetzungen und Sonderabschreibungen

§ 23 Abs. 3 UmwStG enthält keine besondere Regelung für erhöhte Absetzungen oder Sonderabschreibungen. Gemäß dem steuerlichen Rechtsnachfolgeprinzip führt die übernehmende Gesellschaft die erhöhten Absetzungen und die Sonderabschreibungen des Einbringenden fort und kann sie in Höhe des dem Einbringenden zustehenden, von ihm noch nicht ausgeschöpften Umfangs in Anspruch nehmen. 838

Die infolge des Zwischenwertansatzes aufgedeckten stillen Reserven (Aufstockungsbetrag) sind bei erhöhten Absetzungen nur für einen Teil eines Wirtschaftsguts (z. B. bei §§ 7h, 7i EStG) dem Teil des Wirtschaftsguts zuzurechnen, für den keine erhöhten Absetzungen gewährt werden. Im Übrigen gilt § 7a Abs. 1 EStG. Bei Sonderabschreibungen erhöht sich lediglich die Bemessungsgrundlage für die normalen (linearen) Absetzungen.

4.9.4 Einbringung zum gemeinen Wert

Setzt die übernehmende Gesellschaft das eingebrachte Betriebsvermögen – dem Grundsatz des § 20 Abs. 2 Satz 1 UmwStG folgend – mit dem gemeinen Wert an, ist gem. § 23 Abs. 4 UmwStG für ihre weitere Gewinnermittlung zu unterscheiden, ob die Einbringung im Wege der Einzelrechtsnachfolge oder im Wege der Gesamtrechtsnachfolge erfolgte. 839

Ein Ansatz mit dem gemeinen Wert ist gegeben, wenn (ausnahmslos) alle eingebrachten Wirtschaftsgüter – einschließlich eines selbst geschaffenen Geschäftswertes – unter dem Gesichtspunkt der Sachgesamtheit mit dem von einem gedachten Käufer des (Teil-)Betriebs oder Mitunternehmeranteils erzielbaren Preis angesetzt werden. Objektbezogene Kosten, die anlässlich der Einbringung entstehen (z. B. Grunderwerbsteuer), 840 sind als Anschaffungsnebenkosten (§ 255 Abs. 1 Satz 2 HGB) dem gemeinen Wert des jeweiligen Wirtschaftsguts noch hinzuzurechnen.

Steuerfreie Rücklagen müssen vollständig aufgelöst worden sein.

Für Pensionsrückstellungen gilt die Spezialregelung des § 20 Abs. 2 Satz 1 2. HS UmwStG, nach der insoweit (zwingend) der nach § 6a EStG ermittelte Wert anzusetzen ist.

841 Die Frage, ob von einer Einbringung im Wege der **Einzel- oder Gesamtrechtsnachfolge** auszugehen ist, entscheidet sich danach, ob die Umwandlung nach den Vorschriften des UmwG erfolgt. Bei der Verschmelzung, Aufspaltung und Abspaltung von Personenhandelsgesellschaften und Partnerschaftsgesellschaften, bei der Ausgliederung i. S. d. § 123 Abs. 3 UmwG und beim Formwechsel einer Personengesellschaft in eine Kapitalgesellschaft ist von einer Gesamtrechtsnachfolge auszugehen, ebenso bei vergleichbaren ausländischen Vorgängen (*Patt* in *Dötsch/Pung/Möhlenbrock*, Die Körperschaftsteuer, 100. Erg. Lfg. (10/2020), § 23 UmwStG Rdn. 118).

842 Erfolgt die Einbringung sowohl im Wege der Gesamtrechtsnachfolge als auch im Wege der Einzelrechtsnachfolge (kombinierte Einbringungsvorgänge), beispielsweise bei einer Verschmelzung oder einem Formwechsel einer Personenhandelsgesellschaft mit gleichzeitigem Übergang von Sonderbetriebsvermögen im Wege der Einzelrechtsnachfolge, so ist der Vorgang einheitlich als Gesamtrechtsnachfolge zu beurteilen (Rdn. 23.20 UmwStE).

843 Alle anderen § 20 UmwStG unterfallenden Einbringungen sind einschließlich der sog. erweiterten Anwachsung im Sinne der §§ 712a BGB (s. Rdn. 662) bei der Anwendung des § 23 UmwStG als Einbringung im Wege der Einzelrechtsnachfolge zu betrachten.

4.9.4.1 Einbringung im Wege der Einzelrechtsnachfolge

844 Bei der Einbringung im Wege der Einzelrechtsnachfolge wird der Einbringungsvorgang für die übernehmende Gesellschaft – den allgemeinen Regeln entsprechend – als (vollentgeltliche) **Anschaffung** behandelt. Die übernehmende Gesellschaft tritt nicht in die steuerliche Rechtsstellung des Einbringenden, und es findet auch keine Anrechnung von Vorbesitzzeiten statt. Der gemeine Wert des jeweiligen Wirtschaftsguts zuzüglich eventueller Erwerbsnebenkosten sind die eigenen Anschaffungskosten der Übernehmerin i. S. d. § 6 Abs. 1 Nr. 7 i. V. m. Nr. 1 Satz 1 und Nr. 2 Satz 1 EStG. Anschaffungszeitpunkt ist der Ablauf des steuerlichen Übertragungsstichtags. Die Nutzungsdauer der eingebrachten, durch die übernehmende Gesellschaft somit angeschafften abnutzbaren Wirtschaftsgüter ist neu zu schätzen. Die Abschreibungen des Einbringenden werden nicht fortgeführt, vielmehr beginnt bei der Übernehmerin ein neuer Abschreibungslauf auf der Basis eigener Anschaffungskosten. Zu beachten ist die Regelung zu den anschaffungsnahen Herstellungskosten des § 6 Abs. 1 Nr. 1a EStG.

845 Die auf die abnutzbaren beweglichen und selbständig nutzungsfähigen Wirtschaftsgüter des Anlagevermögens entfallenden Anschaffungskosten (gemeiner Wert) können gem. § 6 Abs. 2 EStG im Wirtschaftsjahr der Einbringung, also in dem Jahr, in dem der steuerliche Übertragungsstichtag liegt, in voller Höhe als Betriebsausgaben abgezogen

werden, wenn sie 800 € für das einzelne Wirtschaftsgut nicht übersteigen. Übersteigen die Anschaffungskosten für das einzelne Wirtschaftsgut 250 €, aber nicht 1 000 €, kann – alternativ zu der vorgenannten Sofortabschreibung – nach der Regelung des § 6 Abs. 2a EStG ein Sammelposten gebildet werden, der gleichmäßig auf fünf Jahre abzuschreiben ist. Die Entscheidung ist für alle in dem Wirtschaftsjahr angeschafften Wirtschaftsgüter, deren Anschaffungskosten 250 €, aber nicht 1 000 € übersteigen, einheitlich zu treffen (§ 6 Abs. 2a Satz 5 EStG).

4.9.4.2 Einbringung im Wege der Gesamtrechtsnachfolge

Erfolgt die Einbringung zum gemeinen Wert im Wege der Gesamtrechtsnachfolge, soll gem. § 23 Abs. 4 2. HS UmwStG für die weitere Gewinnermittlung § 23 Abs. 3 UmwStG entsprechend gelten. Das heißt, die übernehmende Gesellschaft tritt in die steuerliche Rechtsstellung des Einbringenden (§ 12 Abs. 3 1. HS UmwStG), führt z. B. dessen Abschreibungen fort und hat die aufgedeckten stillen Reserven (Aufstockungsbeträge) bei der weiteren Berechnung der Absetzungen nach der Vorschrift des § 23 Abs. 3 Satz 1 UmwStG – wie nachträgliche Anschaffungs- oder Herstellungskosten – zu berücksichtigen. Die Ausführungen zu Rdn. 832 bis 838 gelten entsprechend. 846

Steuerfreie Rücklagen können allerdings nicht fortgeführt werden, weil sie infolge des Ansatzes mit dem gemeinen Wert vollständig aufzulösen sind. 847

Eine Besitzzeitanrechnung ist – anders als bei der Zwischenwerteinbringung – nicht möglich. § 23 Abs. 4 2. HS UmwStG verweist nur auf § 23 Abs. 3 UmwStG, nicht jedoch auf § 23 Abs. 1 UmwStG. Die Möglichkeit der Anrechnung von Vorbesitzzeiten des Einbringenden – z. B. für die Inanspruchnahme von § 6b EStG – ergibt sich nur aus § 23 Abs. 1 i. V. m. § 4 Abs. 2 Satz 3 UmwStG. 848

4.9.5 Verlustabzugsverbot bei der Gewerbesteuer

Die gewerbesteuerlichen (vortragsfähigen) Fehlbeträge des Einbringenden i. S. d. § 10a GewStG können gem. § 23 Abs. 5 UmwStG nicht vom maßgebenden Gewerbeertrag der übernehmenden Gesellschaft abgezogen werden. Dieses Abzugsverbot gilt sowohl für die Einbringung im Wege der Einzelrechtsnachfolge als auch für die Einbringung im Wege der Gesamtrechtsnachfolge und ist unabhängig davon, ob die Einbringung zu Buchwerten, Zwischenwerten oder gemeinen Werten erfolgte. Das Abzugsverbot gilt auch im Falle eines Formwechsels für den vortragsfähigen Fehlbetrag der formwechselnden Personengesellschaft (§ 25 Satz 1 i. V. m. § 23 Abs. 5 UmwStG). 849

Unberührt davon bleibt dem Einbringenden die Abzugsmöglichkeit der für ihn gesondert festgestellten vortragsfähigen Fehlbeträge nach den allgemeinen Regeln des § 10a GewStG erhalten – und zwar auch für die aus dem eingebrachten (Teil-)Betrieb erwirtschafteten Verluste. § 23 Abs. 5 UmwStG verbietet lediglich den Übergang der Abzugsmöglichkeit auf die übernehmende Gesellschaft. Eine Kürzung nach § 10a GewStG kann beim Einbringenden natürlich nur dann noch in Betracht kommen, wenn dieser nach der Einbringung das Gewerbe noch betreibt, wie das bei der Einbringung lediglich 850 eines Teilbetriebs oder bei der Einbringung einer qualifizierten Sachgesamtheit durch eine Körperschaft der Fall sein kann.

4.9.6 Einbringungsfolgegewinn

851 Nach § 23 Abs. 6 UmwStG gilt § 6 Abs. 1 und Abs. 3 UmwStG entsprechend. Dabei geht es um einen bei der übernehmenden Gesellschaft entstehenden Gewinn aus der Vereinigung von Forderungen und Verbindlichkeiten (Konfusionsgewinn). Bestand die übernehmende Gesellschaft schon vor der Einbringung und hatte sie eine Verbindlichkeit gegenüber dem Einbringenden, die aus Sicht des Einbringenden eine Forderung darstellt und zu dem eingebrachten Betriebsvermögen gehörte, erlöschen mit der Einbringung Forderung und Verbindlichkeit durch die Vereinigung von Forderung und Schuld in einer Person (Konfusion).

852 Bei einer Wertgleichheit von Forderung und Verbindlichkeit bleibt der Vorgang erfolgsneutral. Ist der Wert der Forderung jedoch niedriger als der Wert der ihr gegenüberstehenden Verbindlichkeit – z. B. infolge einer Teilwertabschreibung –, ergibt sich in Höhe des den Wert der Forderung übersteigenden Betrags der nunmehr wegfallenden Verbindlichkeit ein Gewinn bei der Übernehmerin (Einbringungsfolgegewinn). Dieser Gewinn entsteht mit Ablauf des steuerlichen Übertragungsstichtags und damit eine logische Sekunde nach der Einbringung. Er ist grundsätzlich in dem Wirtschaftsjahr zu versteuern, in das der (rückbezogene) steuerliche Übertragungsstichtag fällt. Nach § 6 Abs. 1 UmwStG darf die übernehmende Gesellschaft insoweit eine den steuerlichen Gewinn mindernde Rücklage bilden, die in den folgenden drei Wirtschaftsjahren mit mindestens je einem Drittel gewinnerhöhend aufzulösen ist.

853 Nach der Missbrauchsregelung des § 6 Abs. 3 UmwStG entfällt diese Möglichkeit (der Rücklagenbildung) rückwirkend, wenn die übernehmende Gesellschaft den eingebrachten (Teil-)Betrieb innerhalb von fünf Jahren nach dem steuerlichen Übertragungsstichtag ihrerseits in eine Kapitalgesellschaft einbringt oder ohne triftigen Grund veräußert oder aufgibt. Der gesamte Einbringungsfolgegewinn ist dann – dem Grundsatz folgend – im Einbringungsjahr zu versteuern. Bereits erteilte Steuerbescheide, Steuermessbescheide, Freistellungsbescheide oder Feststellungsbescheide sind zu ändern, soweit darin die Bildung oder Auflösung der genannten Rücklage berücksichtigt wurde.

854

ABB. 16: Steuerliche Folgen für die übernehmende Gesellschaft, § 23 UmwStG

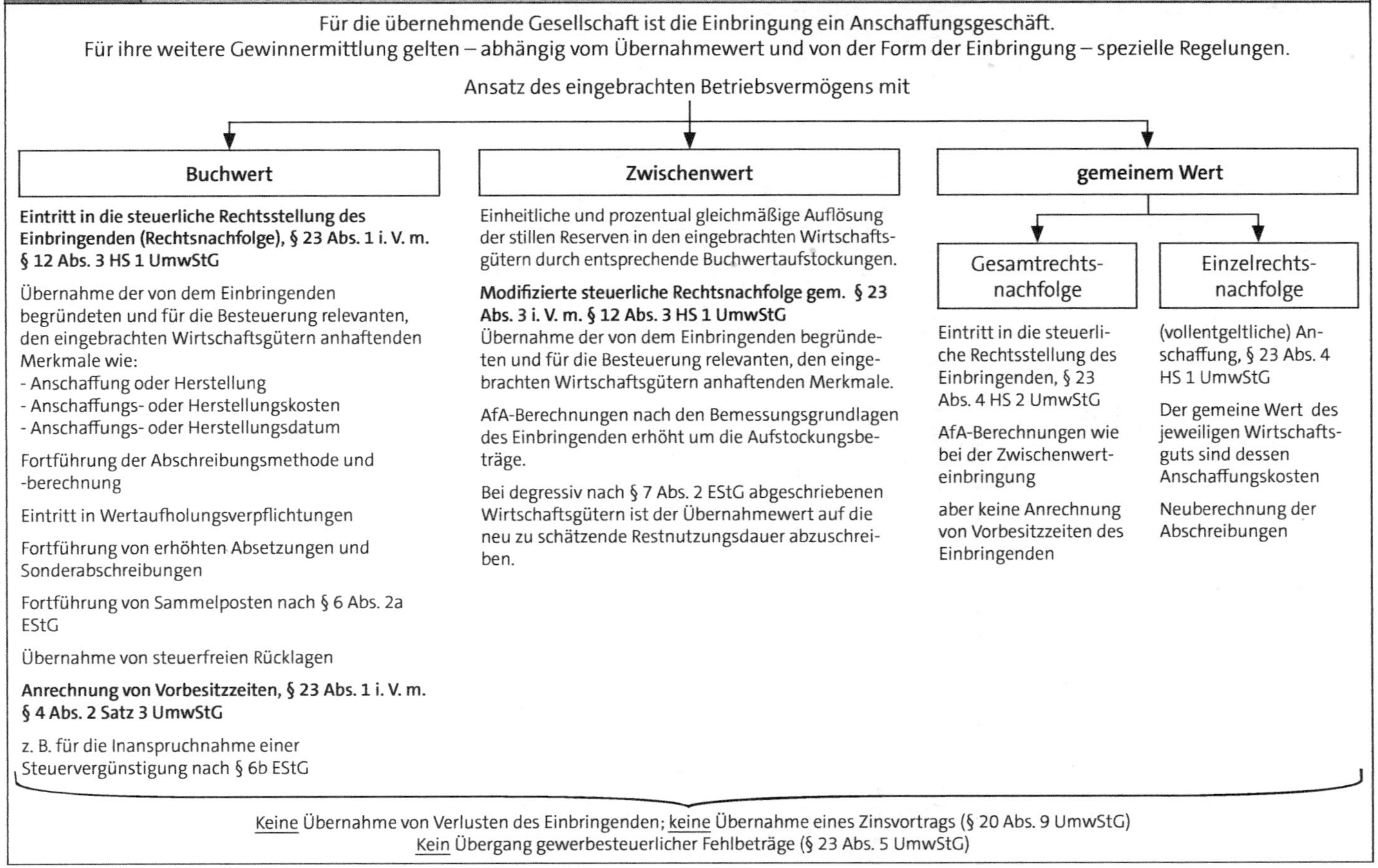

4.10 Veräußerung steuerverstrickter Anteile innerhalb von sieben Jahren

855 Veräußert der Einbringende die neuen Anteile an der übernehmenden Gesellschaft, die er für die Einbringung seines (Teil-)Betriebs oder Mitunternehmeranteils erhalten hat, ist die Veräußerung nach den allgemeinen Vorschriften des EStG oder KStG zu besteuern. Zusätzlich ist gem. **§ 22 Abs. 1 UmwStG** der sog. **Einbringungsgewinn I** zu ermitteln und rückwirkend im Wirtschaftsjahr der Einbringung als Gewinn des Einbringenden zu versteuern, wenn die Veräußerung innerhalb von sieben Jahren nach der Einbringung erfolgt und die veräußerten Anteile durch eine Einbringung unter dem gemeinen Wert erworben wurden (**sperrfristbehaftete und steuerverstrickte Anteile**).

4.10.1 Zielsetzung des § 22 UmwStG

856 § 22 UmwStG dient der Vermeidung einer missbräuchlichen Inanspruchnahme der Steuervergünstigungen nach § 3 Nr. 40 EStG und nach § 8b KStG und einer missbräuchlichen Verringerung des inländischen Besteuerungsrechts bei grenzüberschreitenden Einbringungen.

857 Eine **missbräuchliche Inanspruchnahme** des § 3 Nr. 40 EStG bzw. § 8b KStG ist gegeben, wenn der bisherige (Mit-)Unternehmer die stillen Reserven in seinem (Teil-)Betrieb oder Mitunternehmeranteil durch Veräußerung realisieren möchte und zur Erreichung dieses Ziels die betriebliche Sachgesamtheit zunächst mit dem Buchwert in neue Anteile an einer Kapitalgesellschaft oder Genossenschaft umwandelt, um anschließend diese neuen Anteile zu veräußern. Der Gewinn aus der (normalen) Veräußerung eines (Teil-)Betriebs oder Mitunternehmeranteils unterliegt – ggf. tarifbegünstigt nach §§ 16, 34 EStG – der Einkommensteuer bzw. – soweit es sich bei dem Veräußerer um eine Körperschaft handelt – der Körperschaftsteuer und der Gewerbesteuer. Wird dieser Gewinn in Form von stillen Reserven zuvor in neue Anteile an einer Kapitalgesellschaft oder einer Genossenschaft transferiert und erst mit deren Veräußerung realisiert, kommt die Teileinkünftebesteuerung der §§ 3 Nr. 40 und 3c Abs. 2 EStG bzw. die Steuerbefreiung des § 8b Abs. 2 i. V. m. Abs. 3 KStG zur Anwendung (vgl. *Westermann/Schulz*, JURA 2024, 154, 164).

Einen solchen Missbrauch zu vermeiden, ist Ziel des § 22 Abs. 1 UmwStG. Mit zunehmendem zeitlichem Abstand der Veräußerung der neuen Anteile zum Einbringungszeitpunkt nimmt die Vermutung eines Missbrauchs ab. Nach Ablauf von sieben Jahren (Sperrfrist) wird keine missbräuchliche Verknüpfung zwischen Einbringung und Anteilsveräußerung mehr angenommen.

858 Eine **missbräuchliche Einschränkung** des inländischen Besteuerungsrechts durch ein Doppelbesteuerungsabkommen ist gegeben, wenn ein beschränkt steuerpflichtiger Unternehmer seinen inländischen (Teil-)Betrieb oder Mitunternehmeranteil veräußern möchte, die betriebliche Sachgesamtheit aber zunächst zum Buchwert in eine Kapitalgesellschaft einbringt, um erst anschließend die stillen Reserven durch eine Veräußerung der erhaltenen neuen Anteile zu realisieren. Der Gewinn aus der Veräußerung der neuen Anteile ist nach den Regelungen in den Doppelbesteuerungsabkommen grund-

sätzlich im (ausländischen) Ansässigkeitsstaat zu versteuern. Deutschland hat in diesen Fällen regelmäßig kein Besteuerungsrecht mehr.

BEISPIEL Der in Belgien ansässige B (natürliche Person) bringt seine in Aachen gelegene Betriebsstätte (= Teilbetrieb) steuerneutral zu Buchwerten in die in Aachen ansässige A-GmbH ein und erhält dafür neue Anteile an der übernehmenden Gesellschaft. Später veräußert B die erhaltenen neuen Anteile.

LÖSUNG Die Einbringung des Teilbetriebs in die A-GmbH ist eine Einbringung i. S. d. § 20 Abs. 1 UmwStG. § 20 UmwStG ist anzuwenden, weil es sich bei dem übernehmenden Rechtsträger (A-GmbH) um eine nach deutschem Recht gegründete Gesellschaft i. S. d. Art. 54 AEUV handelt, deren Sitz und Ort der Geschäftsleitung sich innerhalb der EU befindet (§ 1 Abs. 4 Satz 1 Nr. 1 i. V. m. Abs. 2 Satz 1 Nr. 1 UmwStG) und der einbringende Rechtsträger (B) eine natürliche Person mit Wohnsitz innerhalb der EU ist, die nicht aufgrund eines DBA als in einem Drittstaat ansässig angesehen wird (§ 1 Abs. 4 Satz 1 Nr. 2 Buchst. a Doppelbuchst. bb i. V. m. Abs. 4 Satz 1 Nr. 1 UmwStG).

Die Einbringung kann (zunächst) gem. § 20 Abs. 2 Satz 2 UmwStG auf Antrag der A-GmbH einheitlich zu Buchwerten erfolgen. Das Recht Deutschlands hinsichtlich der Besteuerung des Gewinns aus der Veräußerung des eingebrachten Betriebsvermögens (inländischer Teilbetrieb) bei der übernehmenden Gesellschaft wird nicht ausgeschlossen oder beschränkt (§ 20 Abs. 2 Satz 2 Nr. 3 UmwStG). Mit der Einbringung des Betriebsvermögens zu Buchwerten in die A-GmbH werden die in dem Teilbetrieb entstandenen stillen Reserven in den neuen GmbH-Anteil transferiert. Der Gewinn aus der Veräußerung dieses neuen GmbH-Anteils sind für B inländische Einkünfte i. S. d. § 49 Abs. 1 Nr. 2 Buchst. e EStG. Gemäß Art. 13 Abs. 3 DBA Belgien kann der Veräußerungsgewinn aber nur in dem Staat besteuert werden, in dem der Veräußerer ansässig ist (= Belgien). Deutschland wird damit das Besteuerungsrecht entzogen (§ 2 AO).

Erfolgt die Veräußerung der neuen Anteile innerhalb von sieben Jahren nach der Einbringung, ist gem. § 22 Abs. 1 UmwStG der Einbringungsgewinn I zu ermitteln und rückwirkend im Wirtschaftsjahr der Einbringung als Gewinn des B (im Inland) zu versteuern.

Abwandlung

Inhaber des in Aachen belegenen Teilbetriebs ist nicht die natürliche Person B, sondern die mit Sitz und Geschäftsleitung in Frankreich ansässige F-SA (société anonyme, eine der deutschen Aktiengesellschaft entsprechende Kapitalgesellschaft, BMF v. 24.12.1999, BStBl 1999 I 1076, Anhang Tabelle 1). Diese bringt den Teilbetrieb steuerneutral zu Buchwerten in die in Eindhoven (Niederlande) ansässige N-NV (Naamloze Vennootschap, eine einer deutschen Aktiengesellschaft vergleichbare Gesellschaft, BMF v. 24.12.1999, BStBl 1999 I 1076, Anhang Tabelle 1) ein und erhält dafür neue Anteile an der übernehmenden Gesellschaft. Später veräußert die F-SA die erhaltenen neuen Anteile.

Auch in diesem Fall handelt es sich um eine Einbringung i. S. d. § 20 UmwStG, die auf Antrag (zunächst) zu Buchwerten erfolgen kann. Dadurch werden die stillen Reserven aus dem (inländischen) Teilbetrieb in die neuen Anteile an der niederländischen N-NV transferiert. Der Gewinn aus der Veräußerung dieser neuen Anteile unterliegt nicht der inländischen Besteuerung. Erfolgt die Veräußerung innerhalb von sieben Jahren nach der Einbringung, ist gem. § 22 Abs. 1 UmwStG der Einbringungsgewinn I zu ermitteln und rückwirkend im Wirtschaftsjahr der Einbringung als (inländischer) Gewinn der F-SA zu versteuern. Der Buchwertansatz wird damit rückwirkend versagt.

§ 22 UmwStG ist eine gesetzlich typisierende Missbrauchsvermeidungsnorm, die mit 859
Art. 11 Abs. 1 Buchst. a der Richtlinie 2009/133/EG konform geht – so die Gesetzesbegründung (BT-Drucks. 16/2710 75). Sie ist immer dann anzuwenden, wenn die objektiven Tatbestandsmerkmale erfüllt sind. Ob und in welchem Umfang der Einbringende Steuerzahlungen vermeiden wollte, spielt dabei keine Rolle.

Einstweilen frei 860

4.10.2 Ermittlung und (rückwirkende) Versteuerung des Einbringungsgewinns I

4.10.2.1 Voraussetzungen für die Versteuerung des Einbringungsgewinns I

861 Die in § 22 Abs. 1 Satz 1 UmwStG angeordnete rückwirkende Versteuerung des Einbringungsgewinns I setzt voraus, dass der Einbringende die aus einer Sacheinlage unter dem gemeinen Wert (§ 20 Abs. 2 Satz 2 UmwStG) erhaltenen Anteile innerhalb von sieben Jahren nach dem Einbringungszeitpunkt veräußert.

4.10.2.1.1 Veräußerung

862 Eine Veräußerung ist die (voll-)entgeltliche Übertragung der erhaltenen Anteile auf einen anderen Rechtsträger (BFH v. 27.7.1988 - I R 147/83, BStBl 1989 II 271). Im Hinblick auf die Regelung in § 22 Abs. 6 UmwStG kann es sich bei der Veräußerung i. S. d. § 22 Abs. 1 UmwStG nur um eine entgeltliche Übertragung handeln, denn in den Fällen der unentgeltlichen Übertragung tritt der (unentgeltliche) Rechtsnachfolger hinsichtlich der erhaltenen steuerverstrickten Anteile in die steuerliche Rechtsstellung des Einbringenden. Die unentgeltliche Übertragung löst demnach die Rechtsfolgen des § 22 Abs. 1 UmwStG noch nicht aus.

Das Entgelt kann in Geld oder in anderen Wirtschaftsgütern (z. B. Gesellschaftsrechten an einer Personengesellschaft oder Kapitalgesellschaft) bestehen. Unerheblich ist, aus welchem Grund die Veräußerung erfolgt, ob sie also durch freiwilligen Entschluss oder durch rechtlichen oder wirtschaftlichen Zwang zustande kommt. Auch die Übertragung im Rahmen eines sog. Squeeze-out (§§ 327a ff. AktG) ist eine Veräußerung. Unerheblich ist ferner, ob sich aus dieser Veräußerung ein Gewinn oder ein Verlust ermittelt.

863 Der Tatbestand der Veräußerung von erhaltenen Anteilen ist in dem Zeitpunkt verwirklicht, in dem die bürgerlich-rechtliche oder (zumindest) die wirtschaftliche Inhaberschaft an diesen Anteilen auf den Erwerber übergeht (BFH v. 17.2.2004 - VIII R 28/02, BStBl 2005 II 46). Es ist der Zeitpunkt, von dem ab die Anteile nicht mehr dem Veräußerer, sondern nach § 39 AO dem Erwerber zuzurechnen sind. Dabei kommt es nicht auf das schuldrechtliche Verpflichtungsgeschäft, sondern auf das dingliche Erfüllungsgeschäft an.

Bei einem Auseinanderfallen von zivilrechtlichem und wirtschaftlichem Eigentum ist der Moment des Übergangs des wirtschaftlichen Eigentums entscheidend. Der Erwerber ist nach § 39 Abs. 2 Nr. 1 AO wirtschaftlicher Eigentümer, wenn er den zivilrechtlichen Eigentümer im Regelfall für die gewöhnliche Nutzungsdauer von der Einwirkung auf das Wirtschaftsgut wirtschaftlich ausschließen kann. Auch Anteile an Kapitalgesellschaften können Gegenstand wirtschaftlichen Eigentums sein. Bei der Veräußerung von solchen Anteilen wird der Erwerber **wirtschaftlicher Eigentümer** in diesem Sinne, wenn er

- aufgrund eines zivilrechtlichen Rechtsgeschäfts bereits eine rechtlich geschützte, auf den Erwerb des Rechts gerichtete Position erworben hat, die ihm gegen seinen Willen nicht mehr entzogen werden kann, und

- die mit dem Anteil verbundenen wesentlichen Rechte (Gewinnbezugsrecht, Stimmrecht) sowie
- das Risiko einer Wertminderung und die Chance einer Wertesteigerung auf ihn übergegangen sind (BFH v. 22.7.2008 - IX R 74/06, BStBl 2009 II 124).

Bei der Prüfung dieser Merkmale ist der Übergang des wirtschaftlichen Eigentums nach dem Gesamtbild des jeweiligen Einzelfalls zu bestimmen. Eine vom Zivilrecht abweichende Zuordnung des Wirtschaftsguts erfordert deshalb nicht in jedem Einzelfall die Erfüllung der voranstehend genannten Voraussetzungen in vollem Umfang. Zu berücksichtigen ist, dass es nicht auf die äußere rechtliche Gestaltung ankommt, sondern auf die tatsächlichen Verhältnisse, also auf das wirtschaftlich Gewollte und tatsächlich auch Bewirkte (BFH v. 4.7.2007 - VIII R 68/05, BStBl 2007 II 937).

Der an dem Veräußerungsvorgang beteiligte Erwerber kann jedes Rechtssubjekt sowie 864
eine Personengesellschaft sein. Die Veräußerung der steuerverstrickten Anteile kann auch an die Gesellschaft selbst, an der diese Anteile bestehen (Erwerb eigener Anteile) erfolgen. Der **Erwerb eigener Anteile** stellt für den anteilsübertragenden Gesellschafter ein Veräußerungsgeschäft dar (BMF v. 27.11.2013, BStBl 2013 I 1615, Rdn. 20).

Umwandlungen und Einbringungen stellen – nach Verwaltungsmeinung – ebenfalls 864a
Veräußerungen dar (Rdn. 00.02, 22.07, 22.22 und 22.23 UmwStE).

Bei einer Weitereinbringung der erhaltenen sperrfristbehafteten Anteile in eine andere Kapitalgesellschaft erhält der Einbringende für die Übertragung der sperrfristbehafteten Anteile eine Gegenleistung in Form von neuen Anteilen an der anderen Kapitalgesellschaft. Dieser veräußerungsähnliche Vorgang (s. auch Rdn. 592) ist eine entgeltliche Übertragung der erhaltenen Anteile und erfüllt ebenfalls den Begriff der Veräußerung i. S. d. § 22 Abs. 1 Satz 1 EStG (BFH v. 24.1.2018 - I R 48/15, BStBl 2019 II 45). Zu den in § 22 Abs. 1 Satz 6 Nr. 2, 4 und 5 UmwStG geregelten Ausnahmen von der Einbringungsgewinnbesteuerung bei Weiter- oder Ketteneinbringungen s. Rdn. 917ff.

Nach Rdn. 22.23 UmwStE führt auch jede der Einbringung in eine Kapitalgesellschaft nachfolgende Umwandlung des Einbringenden als auch der übernehmenden Kapitalgesellschaft zu einer Veräußerung i. S. d. § 22 Abs. 1 Satz 1 UmwStG, die die Einbringungsgewinnbesteuerung auslöst. Wird die einbringende Körperschaft verschmolzen oder aufgespalten, kommt es zur Übertragung der ihr gehörenden sperrfristbehafteten Anteile. Die Gegenleistung besteht in der Gewährung von Gesellschaftsrechten an der übernehmenden Rechtsträgerin. Dass die Gewährung von Gesellschaftsrechten (an die Anteilseigner der übertragenden Körperschaft) als Gegenleistung zu sehen ist, ist § 3 Abs. 2 Satz 1 Nr. 3 und § 11 Abs. 2 Satz 1 Nr. 3 UmwStG zu entnehmen. Erfolgt die Umwandlung jedoch ohne Gewährung von Anteilen an dem übernehmenden Rechtsträger (z. B. im Fall einer Aufwärtsverschmelzung, § 54 Abs. 1 Satz 1 Nr. 1 UmwG), fehlt es zwar an einer Gegenleistung. In diesem Fall greift jedoch der Veräußerungsersatztatbestand des § 22 Abs. 1 Satz 6 Nr. 1 UmwStG (s. auch Rdn. 915f).

Wird die übernehmende Kapitalgesellschaft (an der die sperrfristbehafteten Anteile bestehen) verschmolzen oder aufgespalten, gehen die sperrfristbehafteten Anteile unter. Die Kapitalgesellschaft wird aufgelöst (§ 2 UmwG), ihr Nennkapital gilt als herabgesetzt (§ 29 Abs. 1 KStG). Die Anteilseigner erhalten jedoch im Zuge der Verschmelzung oder Aufspaltung Anteile an der/den aufnehmenden Gesellschaft/en. Aus Sicht der Anteilseigner handelt es sich um einen Tausch der Anteile an der übertragenden Körperschaft gegen Anteile an der aufnehmenden Gesellschaft und damit – soweit die Anteile an dem übertragenden Rechtsträger betroffen sind – um entgeltliche Veräußerungen (BFH v. 24.1.2018 - I R 48/15, BStBl 2019 II 45). Zu Ausnahmeregelungen von der Einbringungsgewinnbesteuerung s. Rdn. 919.

BEISPIEL Die A-GmbH bringt in 01 einen Teilbetrieb zu Buchwerten nach § 20 Abs. 2 Satz 2 UmwStG in die XY-GmbH ein. In 03 wird die XY-GmbH in die XY-KG formgewechselt.

LÖSUNG Die XY-GmbH (übernehmende Kapitalgesellschaft, an der die sperrfristbehafteten Anteile bestehen) gilt mit dem Formwechsel in eine Personengesellschaft als aufgelöst. Dies führt bei der einbringenden A-GmbH nach § 22 Abs. 1 Satz 1 UmwStG zur Versteuerung des Einbringungsgewinns I.

4.10.2.1.2 Siebenjährige Sperrfrist

865 Die rückwirkende Versteuerung des Einbringungsgewinns I wird nach § 22 Abs. 1 Satz 1 UmwStG nur ausgelöst, wenn die Veräußerung **innerhalb von sieben Jahren** (Sperrfrist) nach dem Einbringungszeitpunkt erfolgt. Es handelt sich um eine objektive Ausschlussfrist, die sieben Zeitjahre umfasst. Fristbeginn ist gem. § 108 Abs. 1 AO i. V. m. § 187 Abs. 1 BGB der Beginn des dem – ggf. zurückbezogenen – steuerlichen Übertragungsstichtag (§ 20 Abs. 6 UmwStG) folgenden Kalendertags. Die Frist endet mit Ablauf desjenigen Tags des letzten (siebten) Jahres, welcher durch seine Zahl dem steuerlichen Übertragungsstichtag entspricht (§ 108 Abs. 1 AO i. V. m. § 188 Abs. 2 BGB).

BEISPIEL Die Verschmelzung der AB-OHG – Gesellschafter sind A und B – auf die AB-GmbH wird aufgrund der Anmeldung vom 30.8.07 am 15.10.07 in das Handelsregister eingetragen. Der Verschmelzung liegt die Schlussbilanz der AB-OHG vom 31.12.06 zu Grunde. An diesem Tag soll das Betriebsvermögen antragsgemäß auch steuerlich als auf die AB-GmbH übergegangen gelten. Die Vermögensübertragung (Einbringung) erfolgt zulässigerweise zu Buchwerten gem. § 20 Abs. 2 Satz 2 UmwStG.

LÖSUNG Der steuerliche Übertragungsstichtag (Einbringungszeitpunkt) ist gem. § 20 Abs. 6 Satz 1 UmwStG der 31.12.06, weil für diesen Stichtag die der Verschmelzung zu Grunde liegende Bilanz aufgestellt worden ist und die Verschmelzung innerhalb von acht Monaten nach diesem Stichtag zur Eintragung in das Handelsregister angemeldet wurde. Das Datum der Eintragung ist insoweit irrelevant.

Die Sperrfrist des § 22 Abs. 1 Satz 1 UmwStG beginnt am 1.1.07 0.00 Uhr und endet am 31.12.13 24.00 Uhr. Veräußern A oder/und B ihre erhaltenen (steuerverstrickten) Anteile an der AB-GmbH bis zum 31.12.13, lösen sie damit die Rechtsfolgen des § 22 Abs. 1 Satz 1 UmwStG aus und haben den nach § 22 Abs. 1 Satz 3 UmwStG zu ermittelnden Einbringungsgewinn I rückwirkend für 06 zu versteuern. Ihre Einkommensteuerbescheide für 06 sind gem. § 22 Abs. 1 Satz 2 UmwStG i. V. m. § 175 Abs. 1 Satz 1 Nr. 2 AO zu ändern. Eine Veräußerung nach dem 31.12.13 unterliegt ausschließlich den allgemeinen ertragsteuerrechtlichen Regeln. Die Bestimmungen des UmwStG finden dann keine Anwendung mehr.

4.10.2.1.3 Steuerverstrickte (sperrfristbehaftete) Anteile

866 Voraussetzung für die Anwendung des § 22 Abs. 1 UmwStG ist außerdem, dass die veräußerten Anteile aus einer Sacheinlage i. S. d. § 20 Abs. 1 UmwStG unterhalb des ge-

meinen Wertes hervorgegangen sind. Es müssen neue Anteile sein, die konkret als Gegenleistung für die Einbringung einer qualifizierten betrieblichen Sachgesamtheit ausgegeben wurden. Dabei müssen stille Reserven aus dem eingebrachten (Teil-)Betrieb oder Mitunternehmeranteil ganz oder teilweise auf diese neuen Anteile übergegangen sein (steuerverstrickte Anteile). Steuerverstrickte Anteile in diesem Sinne liegen also auch dann vor, wenn kraft zwingender gesetzlicher Regelungen (§ 20 Abs. 2 Satz 2 UmwStG Umkehrschluss) stille Reserven (teilweise) aufgedeckt werden mussten, im Übrigen aber eine Buch- oder Zwischenwerteinbringung erfolgte. Unerheblich ist, ob der Anteilsinhaber ein Steuerinländer oder ein Steuerausländer ist und ob die Anteilsveräußerung der inländischen Besteuerung unterliegt oder nicht.

Gehörten dem Anteilseigner noch weitere Anteile an der übernehmenden Gesellschaft, 867
die er auf andere Weise erworben hat, ist bei deren Veräußerung – vorbehaltlich des § 22 Abs. 6 und Abs. 7 UmwStG – § 22 Abs. 1 UmwStG nicht anzuwenden. Ein Erwerb auf andere Weise als durch eine Sacheinlage i. S. d. § 20 Abs. 1 UmwStG ist z. B. die Anschaffung von (Alt-)Anteilen von einem (Mit-)Gesellschafter oder der Erwerb von Anteilen im Wege einer Bargründung.

Einstweilen frei 868

Besitzt der Einbringende (oder sein unentgeltlicher Rechtsnachfolger) steuerverstrickte 869
(sperrfristbehaftete) Anteile i. S. d. § 22 Abs. 1 UmwStG und auf andere Weise erworbene Anteile an der übernehmenden Gesellschaft, muss im Falle der Veräußerung bestimmt werden, welche Kategorie von Anteilen übertragen werden.

Die im Falle einer Kapitalerhöhung bei der übernehmenden Gesellschaft entstehenden 870
Bezugsrechte übernehmen einen Teil der Substanz der bisherigen Anteile (Substanzabspaltung). In den bisherigen Anteilen enthaltene stille Reserven (einschließlich eines Geschäftswertes) werden nunmehr zum Teil durch die Bezugsrechte repräsentiert (BFH v. 23.1.2008 - I R 101/06, BStBl 2008 II 719). Waren die bisherigen Anteile steuerverstrickt und (noch) nach § 22 Abs. 1 UmwStG sperrfristbehaftet, überträgt sich dies auf die Bezugsrechte, so dass auch deren Veräußerung eine (anteilige) Versteuerung des Einbringungsgewinns I auslöst (Rdn. 22.45 UmwStE).

Werden die steuerverstrickten (sperrfristbehafteten) Anteile unentgeltlich übertragen, 871
bleiben sie weiterhin – bis zum Ablauf der durch den Einbringenden begründeten siebenjährigen Sperrfrist – steuerverstrickt und sperrfristbehaftet (§ 20 Abs. 6 UmwStG). Veräußert der unentgeltliche Rechtsnachfolger diese Anteile innerhalb der (restlichen) Sperrfrist, kommt es zur rückwirkenden Versteuerung des Einbringungsgewinns I beim Einbringenden. Dasselbe gilt bei der Veräußerung von mitverstrickten Anteilen i. S. d. § 22 Abs. 7 UmwStG.

4.10.2.1.4 Teilentgeltliche Übertragung

Bei der teilentgeltlichen Übertragung von steuerverstrickten Anteilen ist der Vorgang 872
in einen (voll)entgeltlichen Teil (d. h. Veräußerung i. S. d. § 22 Abs. 1 Satz 1 UmwStG) und einen (voll)unentgeltlichen Teil nach dem Verhältnis des Wertes der Gegenleistung zum Verkehrswert der veräußerten Anteile **aufzuteilen**.

Soweit der Vorgang als unentgeltlich zu beurteilen ist, kommt entweder der Veräußerungsersatztatbestand des § 22 Abs. 1 Satz 6 Nr. 1 UmwStG (Veräußerungsfiktion) zur Anwendung oder § 22 Abs. 6 UmwStG (Eintritt des unentgeltlichen Rechtsnachfolgers in die Rechtsstellung des Einbringenden). In dem letztgenannten Fall erfolgt die rückwirkende Versteuerung des Einbringungsgewinns I nur in dem Umfang, der dem veräußerten Teil der Anteile entspricht.

4.10.2.1.5 Veräußerung eines Anteils an der einbringenden Personengesellschaft

873 War eine Personengesellschaft einbringender Rechtsträger (s. Rdn. 685) und gehören zu ihrem Gesamthandsvermögen noch steuerverstrickte und sperrfristbehaftete Anteile i. S. d. § 22 Abs. 1 UmwStG, ist der Einbringungsgewinn I (anteilig) auch dann zu ermitteln (und zu versteuern), wenn ein an der Personengesellschaft beteiligter Mitunternehmer seinen Mitunternehmeranteil (ganz oder teilweise) veräußert (**gesellschafterbezogene Prüfung**). Dies gilt auch, wenn bei Doppel- oder mehrstöckigen Personengesellschaften eine mittelbare Veräußerung eines Mitunternehmeranteils erfolgt (Rdn. 22.02 UmwStE).

4.10.2.2 Ermittlung des Einbringungsgewinns I

874 Gemäß § 22 Abs. 1 Satz 3 UmwStG ist der Einbringungsgewinn I im Falle einer „schädlichen" Veräußerung i. S. d. § 22 Abs. 1 Satz 1 UmwStG nach folgendem Schema zu ermitteln:

	Gemeiner Wert	des eingebrachten Betriebsvermögens im Einbringungszeitpunkt
./.	**gemeiner Wert**	der im eingebrachten Betriebsvermögen enthaltenen, ausschließlich den Regelungen über den Einbringungsgewinn II unterliegenden Anteile an Kapitalgesellschaften und an Genossenschaften
./.	**Kosten**	für den Vermögensübergang
./.	**Wert**	mit dem die übernehmende Gesellschaft das eingebrachte Betriebsvermögen angesetzt hat; jedoch ohne den Wert für die im eingebrachten Betriebsvermögen enthaltenen, ausschließlich den Regelungen über den Einbringungsgewinn II unterliegenden Anteilen an Kapitalgesellschaften
=	**Einbringungsgewinn I im Einbringungszeitpunkt**	
./.	**je 1/7**	für jedes seit dem Einbringungszeitpunkt bis zum Veräußerungszeitpunkt abgelaufene Zeitjahr
=	**Einbringungsgewinn I**	
x	Prozentsatz	der „steuerschädlich" übertragenen Beteiligung im Verhältnis zu der durch die Einbringung erhaltenen Anteile
=	**anzusetzender Einbringungsgewinn I**	

Ausgangsgröße für die Ermittlung des Einbringungsgewinns I ist der **gemeine Wert des eingebrachten Betriebsvermögens**. Es ist der gemeine Wert, mit dem das eingebrachte Betriebsvermögen **im Einbringungszeitpunkt** (§ 20 Abs. 6 UmwStG) nach § 20 Abs. 2 Satz 1 UmwStG grundsätzlich hätte angesetzt werden müssen (s. Rdn. 690 bis 697). Er beinhaltet auch einen bis zu diesem Zeitpunkt originär entstandenen Geschäfts- und Firmenwert. Nur für die Bewertung von Pensionsrückstellungen gilt § 6a EStG. 875

Nach dem Einbringungszeitpunkt eingetretene Bestands- oder Wertveränderungen in dem eingebrachten Betriebsvermögen bzw. Wertveränderungen in den erhaltenen Anteilen bleiben unberücksichtigt. Wegen der Schwierigkeit der vorzunehmenden Wertermittlung auf einen u. U. weit zurückliegenden Stichtag ist zu empfehlen, zeitnah zur Einbringung (prophylaktisch) eine Bewertung (mit dem gemeinen Wert) vorzunehmen – und zwar unabhängig von dem tatsächlichen Wertansatz durch die übernehmende Gesellschaft. 876

Die **Kosten für den Vermögensübergang** sind vom gemeinen Wert des eingebrachten Betriebsvermögens abzuziehen. Kosten für den Vermögensübergang sind die durch die Einbringung veranlassten und vom Einbringenden tatsächlich getragenen Aufwendungen wie z. B. Beratungskosten, Notar- und Gerichtsgebühren. Diese Aufwendungen sind als Einbringungskosten bei der Ermittlung des Einbringungsgewinns für das Wirtschaftsjahr/Kalenderjahr, in dem der Einbringungszeitpunkt liegt, bereits abgezogen worden und haben z. B. bei einer Buchwerteinbringung zu einem Einbringungsverlust geführt (s. Rdn. 737 f.). 877

Mit der rückwirkenden Ermittlung und Versteuerung des Einbringungsgewinns I als Folge einer „steuerschädlichen" Veräußerung der erhaltenen steuerverstrickten und sperrfristbehafteten Anteile sind diese Einbringungskosten aus der damaligen Gewinnermittlung (gewinnerhöhend) zu eliminieren und bei dem separat zu ermittelnden Einbringungsgewinn I (gewinnmindernd) zu berücksichtigen (Rdn. 22.09 UmwStE). Im Ergebnis wirken sich die Einbringungskosten wegen der Siebtelverminderung des Einbringungsgewinns I nur noch partiell steuermindernd aus. 878

Von dem um die Kosten für den Vermögensübergang verminderten gemeinen Wert des eingebrachten Betriebsvermögens ist der **Buch- oder Zwischenwert abzuziehen**, mit dem die übernehmende Gesellschaft das eingebrachte Betriebsvermögen im steuerlichen Übertragungszeitpunkt nach § 20 Abs. 2 Satz 2 UmwStG angesetzt hat. Das führt zur vollständigen Aufdeckung der im Einbringungszeitpunkt vorhandenen stillen Reserven. 879

Der nach vorstehend beschriebenen Abzügen verbleibende Betrag (= Einbringungsgewinn I im Einbringungszeitpunkt) ist um jeweils ein Siebtel für jedes seit dem Einbringungszeitpunkt abgelaufene Zeitjahr zu vermindern (**Siebtelverminderung**). Diese Siebtelverminderung beruht auf der Überlegung, dass die Vermutung eines Missbrauchs (im Sinne von Art. 11 Abs. 1 Buchst. a der Richtlinie 2009/133/EG) mit zunehmendem Abstand zum Einbringungszeitpunkt abnimmt (BT-Drucks. 16/2710 75). Je länger die Sperrfrist läuft, umso geringer ist die Wahrscheinlichkeit, dass der ursprüngliche Einbringungsvorgang nur dazu dienen sollte, eine nachfolgende Veräußerung vorzubereiten. 880

881 Für die Bestimmung der abgelaufenen (vollen) Zeitjahre ist auf den Zeitraum zwischen dem steuerlichen Übertragungsstichtag i. S. d. § 20 Abs. 6 UmwStG und dem Zeitpunkt der Veräußerung der erhaltenen steuerverstrickten Anteile (Übergang des wirtschaftlichen Eigentums) abzustellen. Angebrochene Zeitjahre bleiben bei der Berechnung unberücksichtigt.

BEISPIEL Einzelunternehmer L hat zum 31.12.01 folgende komprimierte – um die Angabe der gemeinen Werte ergänzte – Schlussbilanz erstellt:

A		31.12.01		P
	Buchwert	(gemeiner Wert)		
Geschäftswert	——	(100 000 €)	Kapital	40 000 €
Anlagevermögen	240 000 €	(450 000 €)	Verbindlichkeiten	300 000 €
Umlaufvermögen	100 000 €	(140 000 €)		
	340 000 €	(690 000 €)		340 000 €

L bringt seinen ganzen Betrieb nach § 20 Abs. 1 UmwStG in die dadurch am 20.8.02 gegründete L-GmbH ein, deren alleiniger Gesellschafter er wird. Einbringungszeitpunkt ist der 31.12.01 24.00 Uhr. Dadurch entstehen L Einbringungskosten (Beratungskosten) in Höhe von 2 800 €, die als Betriebsausgaben bei der Gewinnermittlung für 01 abgezogen werden. Das Stammkapital der L-GmbH soll 50 000 € betragen. Antragsgemäß übernimmt die L-GmbH das eingebrachte Betriebsvermögen gem. § 20 Abs. 2 Satz 2 UmwStG mit dem Buchwert und erstellt folgende Eröffnungsbilanz:

A	Eröffnungsbilanz der L-GmbH		P
Anlagevermögen	240 000 €	gez. Kapital	50 000 €
Umlaufvermögen	100 000 €	Verbindlichkeiten	300 000 €
Ausgleichsposten	10 000 €		
	350 000 €		350 000 €

Am 27.7.05 veräußert L den erhaltenen neuen Geschäftsanteil an der L-GmbH für

a) 400 000 €

b) 200 000 €

an einen fremden Dritten.

LÖSUNG Der Gewinn aus der Einbringung (Einbringungsgewinn I) ist gem. § 22 Abs. 1 Satz 1 UmwStG rückwirkend im Wirtschaftsjahr der Einbringung – hier im Jahr 01 – als Gewinn des Einbringenden L im Sinne von § 16 EStG zu versteuern, weil L den für die Einbringung seines Betriebs unter dem gemeinen Wert erhaltenen Anteil an der L-GmbH am 27.7.05 und damit innerhalb von sieben Jahren nach dem Einbringungszeitpunkt (vollständig) veräußert hat. Gemäß § 22 Abs. 1 Satz 3 UmwStG ist der Einbringungsgewinn I wie folgt zu ermitteln:

	Gemeiner Wert des eingebrachten Betriebsvermögens im Einbringungszeitpunkt =	390 000 €
./.	Kosten für den Vermögensübergang	2 800 €
./.	Wert, mit dem die übernehmende Gesellschaft (L-GmbH) das eingebrachte Betriebsvermögen angesetzt hat	40 000 €
=	Einbringungsgewinn I im Einbringungszeitpunkt	347 200 €
./.	3/7 (für drei seit dem Einbringungszeitpunkt abgelaufene Zeitjahre)	148 800 €
=	Einbringungsgewinn I	198 400 €

Der Wert, mit dem die L-GmbH das eingebrachte Betriebsvermögen angesetzt hat, beträgt (340 000 € Aktiva ./. 300 000 € Verbindlichkeiten) 40 000 €. Der auf der Aktivseite angesetzte Ausgleichsposten (10 000 €) ist kein Wirtschaftsgut, sondern lediglich eine Korrektur des auf der Passivseite ausgewiesenen, den Buchwert des eingebrachten Betriebsvermögens übersteigenden, gezeichneten Kapitals (s. Rdn. 705).

Die Siebtelverminderung ist für drei abgelaufene (volle) Zeitjahre zu berechnen. Maßgebend ist der Zeitraum zwischen dem steuerlichen Übertragungsstichtag – hier dem 31.12.01 – und dem Veräußerungszeitpunkt (27.7.05). Der Gründungszeitpunkt der L-GmbH spielt keine Rolle. Das angebrochene vierte Zeitjahr bleibt unberücksichtigt.

Der bei der Anteilsveräußerung am 27.7.05 erzielte Veräußerungspreis hat keinen Einfluss auf die Höhe des Einbringungsgewinns I. Ob die Veräußerung zu einem Gewinn (Fallvariante a) oder zu einem Verlust (Fallvariante b) führt, ist irrelevant.

Der Einbringungsgewinn I ist zwar ein Gewinn im Sinne von § 16 EStG, die Freibetragsregelung des § 16 Abs. 4 EStG und die Tarifermäßigungen nach § 34 EStG sind aber nicht anzuwenden (§ 22 Abs. 1 Satz 1 2. HS UmwStG).

Gemäß § 22 Abs. 1 Satz 2 UmwStG gilt die Anteilsveräußerung am 27.7.05 als rückwirkendes Ereignis im Sinne von § 175 Abs. 1 Satz 1 Nr. 2 AO, so dass eine Änderung des Einkommensteuerbescheids des L für 01 vorzunehmen ist. Bei dieser Änderung ist zum einen der Einbringungsgewinn I in Höhe von 198 400 € zu versteuern und zum anderen der bisher ermittelte Gewinn des Jahres 01 um 2 800 € (Einbringungskosten) zu erhöhen.

Die Anschaffungskosten für den Anteil an der L-GmbH von bisher 40 000 € (§ 20 Abs. 3 Satz 1 UmwStG) sind gem. § 22 Abs. 1 Satz 4 UmwStG um 198 000 € (nachträgliche Anschaffungskosten) zu erhöhen.

Im Jahr der Anteilsveräußerung (05) erzielt L Einkünfte aus Gewerbebetrieb gem. § 2 Abs. 1 Satz 1 Nr. 2 i. V. m. § 15 i. V. m. § 17 Abs. 1 Satz 1 und 3 EStG, weil er den zum Privatvermögen (Unterstellung) gehörenden Anteil an einer Kapitalgesellschaft (L-GmbH), an der er innerhalb der letzten fünf Jahre mit mindestens 1 % (hier 100 %) beteiligt war, veräußert hat. Die Einkünfte sind der Veräußerungsgewinn, der nach § 17 Abs. 2 Satz 1 EStG wie folgt zu ermitteln ist:

			a)	b)
	Veräußerungspreis		400 000 €	200 000 €
	steuerfrei nach § 3 Nr. 40 Satz 1 Buchst. c EStG 40 %		160 000 €	80 000 €
	steuerpflichtig		240 000 €	120 000 €
./.	Anschaffungskosten (ursprünglich)	40 000 €		
	nachträgliche Anschaffungskosten	198 400 €		
		238 400 €		
	60 % gem. § 3c Abs. 2 Satz 1 EStG =	143 040 €	143 040 €	143 040 €
./.	Veräußerungskosten (keine Angaben)		—	—
	steuerpflichtiger Veräußerungsgewinn		96 960 €	./. 23 040 €

Ein Freibetrag nach § 17 Abs. 3 EStG ist wegen der Höhe des Veräußerungsgewinns (Fallvariante a) bzw. wegen des Veräußerungsverlustes (Fallvariante b) nicht abzuziehen.

Die L-GmbH kann die 198 400 € (Einbringungsgewinn I) in ihrer Gewinnermittlung für das Wirtschaftsjahr, in das der 27.7.05 fällt, unter den weiteren Voraussetzungen des § 23 Abs. 2 UmwStG als Erhöhungsbetrag ansetzen.

Wird nur ein Teil der erhaltenen steuerverstrickten und sperrfristbehafteten Anteile veräußert, kommt es nur anteilig zu einer Besteuerung des Einbringungsgewinns I (BT-Drucks. 16/2710 76). Das ergibt sich aus dem Wortlaut des § 22 Abs. 1 Satz 1 UmwStG: „Soweit ... der Einbringende die erhaltenen Anteile ... veräußert, ...". Der Teil des zu 882 besteuernden Einbringungsgewinns I bestimmt sich nach dem Verhältnis der veräußerten Anteile zu den durch die Einbringung insgesamt erhaltenen Anteilen.

4.10.2.3 Im eingebrachten Betriebsvermögen enthaltene Anteile an Kapitalgesellschaften

883 Umfasst das eingebrachte Betriebsvermögen auch Anteile an Kapitalgesellschaften, ist der gemeine Wert des gesamten eingebrachten Betriebsvermögens um den auf diese Anteile entfallenden gemeinen Wert zu vermindern. Das ergibt sich aus dem Rückschluss des § 22 Abs. 1 Satz 5 1. HS UmwStG, denn insoweit gelten ausschließlich die Regelungen zu dem Einbringungsgewinn II in § 22 Abs. 2 UmwStG. Das ist konsequent, weil insoweit eine missbräuchliche Inanspruchnahme der Steuervergünstigungen nach § 3 Nr. 40 EStG bzw. § 8b KStG nicht gegeben ist. Diese Steuervergünstigungen stehen dem Einbringenden nämlich auch im Falle einer Betriebsveräußerung im Ganzen für die im Betriebsvermögen enthaltenen Anteile an Kapitalgesellschaften und Genossenschaften zu. Folgerichtig sind diese Anteile aus der Ermittlung des Einbringungsgewinns I zu eliminieren.

BEISPIEL ▸ Einzelunternehmer K hat zum 31.12.01 folgende komprimierte – um die Angabe der gemeinen Werte ergänzte – Schlussbilanz erstellt:

A		31.12.01		P
	Buchwert	(gemeiner Wert)		
Anteil X-GmbH	56 000 €	(100 000 €)	Kapital	176 000 €
sonstige Aktiva	340 000 €	(410 000 €)	Verbindlichkeiten	220 000 €
	396 000 €	(510 000 €)		396 000 €

K bringt seinen ganzen Betrieb nach § 20 Abs. 1 UmwStG in die dadurch am 20.8.02 gegründete K-GmbH ein, deren alleiniger Gesellschafter er wird. Einbringungszeitpunkt ist der 31.12.01 24.00 Uhr. Einbringungskosten sollen nicht entstanden sein. Das Stammkapital der K-GmbH soll 50 000 € betragen. Antragsgemäß übernimmt die K-GmbH das eingebrachte Betriebsvermögen gem. § 20 Abs. 2 Satz 2 UmwStG mit dem Buchwert und erstellt folgende Eröffnungsbilanz:

A	Eröffnungsbilanz der K-GmbH		P
Anteil X-GmbH	56 000 €	gez. Kapital	50 000 €
sonstige Aktiva	340 000 €	Kapitalrücklage	126 000 €
		Verbindlichkeiten	220 000 €
	396 000 €		396 000 €

Am 15.2.07 veräußert K die erhaltenen neuen Geschäftsanteile an der K-GmbH für 100 000 € an einen fremden Dritten.

LÖSUNG ▸ Nach § 22 Abs. 1 Satz 1 UmwStG ist der Gewinn aus der Einbringung des Betriebs des K (Einbringungsgewinn I) rückwirkend im Wirtschaftsjahr der Einbringung (01) als Gewinn des Einbringenden K im Sinne von § 16 EStG zu versteuern, weil K den Betrieb unter dem gemeinen Wert (§ 20 Abs. 2 Satz 2 UmwStG) eingebracht und die erhaltenen Anteile an der K-GmbH am 15.2.07, also innerhalb von sieben Jahren nach dem Einbringungszeitpunkt (vollständig) veräußert hat.

Die Sacheinlage i. S. d. § 20 UmwStG umfasste auch den Anteil an der X-GmbH. Die Einbringung am 31.12.01 war nicht aufzuteilen in einen nach § 20 UmwStG und einen nach § 21 UmwStG zu beurteilenden Vorgang. Gleichwohl bleibt der Anteil an der X-GmbH bei der Ermittlung des Einbringungsgewinns I unberücksichtigt, weil insoweit § 22 Abs. 2 UmwStG anzuwenden ist (§ 22 Abs. 1 Satz 5 1. HS UmwStG). Nach § 22 Abs. 2 UmwStG ist die Veräußerung von durch eine Sacheinlage unter dem gemeinen Wert erhaltenen Anteilen durch den Einbringenden kein zur rückwirkenden Versteuerung eines Einbringungsgewinns II führender Vorgang (§ 22 Abs. 2 Satz 5 UmwStG).

Gemäß § 22 Abs. 1 Satz 3 UmwStG ermittelt sich der Einbringungsgewinn I danach wie folgt:

	Gemeiner Wert des eingebrachten Betriebsvermögens im Einbringungszeitpunkt ohne den Anteil an der X-GmbH (410 000 €./. 220 000 €) =	190 000 €
./.	Kosten für den Vermögensübergang	—
./.	Wert, mit dem die übernehmende Gesellschaft (K-GmbH) das eingebrachte Betriebsvermögen angesetzt hat ohne Anteil an X-GmbH (176 000 € ./. 56 000 €)	120 000 €
=	Einbringungsgewinn I im Einbringungszeitpunkt	70 000 €
./.	5/7 (für fünf seit dem Einbringungszeitpunkt abgelaufene Zeitjahre)	50 000 €
=	Einbringungsgewinn I	20 000 €

Der bei der Anteilsveräußerung am 15.2.07 erzielte Veräußerungspreis hat keinen Einfluss auf die Höhe des Einbringungsgewinns I.

Der Einbringungsgewinn I ist ein Gewinn im Sinne von § 16 EStG; § 16 Abs. 4 und § 34 EStG sind nicht anzuwenden (§ 22 Abs. 1 Satz 1 2. HS UmwStG).

Gemäß § 22 Abs. 1 Satz 2 UmwStG gilt die Anteilsveräußerung am 15.2.07 als rückwirkendes Ereignis im Sinne von § 175 Abs. 1 Satz 1 Nr. 2 AO, so dass eine Änderung des Einkommensteuerbescheids des K für 01 vorzunehmen und der Einbringungsgewinn I in Höhe von 20 000 € zu versteuern ist.

Die Anschaffungskosten für die Anteile an der K-GmbH von bisher 176 000 € (§ 20 Abs. 3 Satz 1 UmwStG) sind gem. § 22 Abs. 1 Satz 4 UmwStG um 20 000 € (nachträgliche Anschaffungskosten) zu erhöhen.

Im Jahr der Anteilsveräußerung (07) erzielt K Einkünfte aus Gewerbebetrieb gem. § 2 Abs. 1 Satz 1 Nr. 2 i. V. m. § 15 i. V. m. § 17 Abs. 1 Satz 1 und 3 EStG, weil er die zum Privatvermögen (Unterstellung) gehörenden Anteile an einer Kapitalgesellschaft (K-GmbH), an der er innerhalb der letzten fünf Jahre mit mindestens 1 % (hier 100 %) beteiligt war, veräußert hat. Die Einkünfte sind der Veräußerungsgewinn, der nach § 17 Abs. 2 Satz 1 EStG wie folgt zu ermitteln ist:

	Veräußerungspreis		100 000 €
	steuerfrei nach § 3 Nr. 40 Satz 1 Buchst. c EStG 40 %		40 000 €
	Steuerpflichtig		60 000 €
./.	Anschaffungskosten (ursprünglich)	176 000 €	
	nachträgliche Anschaffungskosten	20 000 €	
		196 000 €	
	60 % gem. § 3c Abs. 2 Satz 1 EStG =	117 600 €	117 600 €
./.	Veräußerungskosten (keine Angaben)		—
	Veräußerungsgewinn (verlust)		./. 57 600 €

Die K-GmbH kann die 20 000 € (Einbringungsgewinn I) in ihrer Gewinnermittlung für das Wirtschaftsjahr, in das der 15.2.07 fällt, unter den weiteren Voraussetzungen des § 23 Abs. 2 UmwStG als Erhöhungsbetrag ansetzen.

884 Umfasste das unterhalb des gemeinen Wertes eingebrachte Betriebsvermögen auch Anteile an Kapitalgesellschaften und wird innerhalb der siebenjährigen Sperrfrist nur ein Teil der erhaltenen Anteile veräußert, stellt sich die Frage, ob der veräußerte Teil der erhaltenen Anteile aus der Einbringung der Kapitalgesellschaftsanteile oder aus der Einbringung des übrigen Betriebsvermögens hervorgegangen ist. Sind die erhaltenen Anteile genau identifizierbar, kann der Einbringende bei der Veräußerung wählen, welcher Teil der Anteile veräußert wird.

Die genaue Identifikation setzt aber voraus, dass in dem Vertrag über die Einbringung festgelegt wird, welcher Teil der neuen Anteile auf die Einbringung der Kapitalgesellschaftsanteile entfällt. Die erhaltenen neuen Anteile müssen in der Folgezeit dann auch getrennt ausgewiesen werden. Ist keine genaue Identifikation möglich, ist eine quotale Ermittlung des Einbringungsgewinns I durchzuführen. Soweit die veräußerten sperrfristbehafteten Anteile auf der Einbringung der Kapitalgesellschaftsanteile beruhen, ist kein Einbringungsgewinn zu ermitteln.

BEISPIEL (Abwandlung des Beispiels von oben)

K veräußert am 15.2.07 nur 25 % der Geschäftsanteile an der K-GmbH für 100 000 €. Die veräußerten 25 %-Anteile

a) lassen sich nicht genau identifizieren,
b) können genau als aus der Einbringung der Beteiligung an der X-GmbH beruhende Anteile identifiziert werden.

LÖSUNG **Zu (a)**

Da sich die veräußerten Geschäftsanteile nicht genau identifizieren lassen, ist davon auszugehen, dass sie gleichermaßen auf der Einbringung der Beteiligung an der X-GmbH als auch auf der Einbringung des übrigen Betriebsvermögens beruhen. Von dem (oben ermittelten) Einbringungsgewinn I (20 000 €) sind deshalb 25 % (= 5 000 €) anzusetzen, weil 25 % der auf der Einbringung des übrigen Betriebsvermögens beruhenden Anteile an der K-GmbH als veräußert zu betrachten sind.

Der nach § 17 Abs. 2 Satz 1 EStG sich ergebende Veräußerungsgewinn in 07 ermittelt sich wie folgt:

	Veräußerungspreis		100 000 €
	steuerfrei nach § 3 Nr. 40 Satz 1 Buchst. c EStG 40 %		40 000 €
	Steuerpflichtig		60 000 €
./.	Anschaffungskosten (ursprünglich für 100 % = 176 000 €)		
	davon entfallen auf den veräußerten Teil (25 %)	44 000 €	
	nachträgliche Anschaffungskosten	5 000 €	
		49 000 €	
	60 % gem. § 3c Abs. 2 Satz 1 EStG =	29 400 €	29 400 €
./.	Veräußerungskosten (keine Angaben)		—
	Veräußerungsgewinn		30 600 €

Zu b)

Da die veräußerten 25 %-Anteile an der K-GmbH vollständig auf der Einbringung der Beteiligung an der X-GmbH beruhen, ist nach § 22 Abs. 1 Satz 5 1. HS UmwStG kein Einbringungsgewinn I zu ermitteln. Die veräußerten 25 % übersteigen nicht das Verhältnis des gemeinen Wertes der eingebrachten Beteiligung an der X-GmbH (100 000 €) zum gemeinen Wert des insgesamt eingebrachten Betriebsvermögens (290 000 €) im Einbringungszeitpunkt.

Da kein Einbringungsgewinn I zu ermitteln ist, ist auch keine Erhöhung der Anschaffungskosten für die veräußerten Anteile nach § 22 Abs. 1 Satz 4 UmwStG vorzunehmen.

Nach § 17 Abs. 2 Satz 1 EStG ist für 07 folgender Veräußerungsgewinn zu ermitteln:

	Veräußerungspreis		100 000 €
	steuerfrei nach § 3 Nr. 40 Satz 1 Buchst. c EStG 40 %		40 000 €
	Steuerpflichtig		60 000 €
./.	Anschaffungskosten (ursprünglich für 100 % = 176 000 €)		
	davon entfallen auf den veräußerten Teil (25 %)	44 000 €	
	60 % gem. § 3c Abs. 2 Satz 1 EStG =	26 400 €	26 400 €
./.	Veräußerungskosten (keine Angaben)		—
	Veräußerungsgewinn		33 600 €

Nach § 22 Abs. 1 Satz 5 2. HS UmwStG soll die Veräußerung von steuerverstrickten und sperrfristbehafteten Anteilen, die auf der Einbringung von (zu einer Sacheinlage i. S. d. § 20 Abs. 1 UmwStG gehörenden) Kapitalgesellschaftsanteilen beruhen (ausnahmsweise) einen Einbringungsgewinn I auslösen, wenn das **deutsche Besteuerungsrecht** hinsichtlich des Gewinns aus der Veräußerung der erhaltenen Anteile **ausgeschlossen** oder **beschränkt** ist. Anderenfalls könnte es durch die Anwendung eines Doppelbesteuerungsabkommens zu einer missbräuchlichen Verringerung des deutschen Besteuerungsrechts kommen. 885

BEISPIEL (aus dem Bericht des Finanzausschusses BT-Drucks. 16/3369 12)

Der in Frankreich ansässige F (natürliche Person) bringt seine inländische Betriebsstätte, zu der auch Anteile an der inländischen X-GmbH gehören, in 01 in die D-GmbH (zum Buchwert) ein. In 02 veräußert F die erhaltenen Anteile an der D-GmbH.

LÖSUNG Die Veräußerung der Anteile an der D-GmbH führt insgesamt zur rückwirkenden Versteuerung des Einbringungsgewinns I. Das gilt auch für die Anteile an der D-GmbH, die auf der Einbringung der X-GmbH-Beteiligung beruhen, weil das deutsche Besteuerungsrecht hinsichtlich des Gewinns aus der Veräußerung der erhaltenen Anteile (an der D-GmbH) nach Art. 7 Abs. 5 DBA Frankreich ausgeschlossen ist. Im Rahmen der beschränkten Steuerpflicht des F konnte Deutschland den Gewinn aus der Veräußerung der Beteiligung an der X-GmbH besteuern, weil die Beteiligung zum Vermögen einer inländischen Betriebsstätte des F gehörte (Art. 7 Abs. 2 DBA-Frankreich). Das ist bei den Anteilen an der D-GmbH nicht mehr gegeben, so dass insoweit Frankreich das ausschließliche Besteuerungsrecht hat.

4.10.2.4 Rückwirkende Versteuerung des Einbringungsgewinns I

Der nach § 22 Abs. 1 Satz 3 UmwStG ermittelte Einbringungsgewinn I ist rückwirkend im Wirtschaftsjahr der Einbringung als Gewinn des Einbringenden im Sinne von § 16 EStG zu versteuern (§ 22 Abs. 1 Satz 1 UmwStG). Nach § 22 Abs. 1 Satz 2 UmwStG gilt die Veräußerung der erhaltenen Anteile als **rückwirkendes Ereignis** im Sinne von § 175 Abs. 1 Satz 1 Nr. 2 AO. 886

Die Versteuerung des Einbringungsgewinns I erfolgt auch dann bei dem Einbringenden, wenn nicht er, sondern – im Falle der **unentgeltlichen Übertragung** der erhaltenen Anteile i. S. d. § 22 Abs. 6 UmwStG – der unentgeltliche Rechtsnachfolger die „schädliche" 887

Veräußerung der sperrfristverhafteten Anteile vorgenommen hat (Rdn. 22.41 UmwStE).

888 Auf den Einbringungsgewinn I kann weder der Freibetrag nach § 16 Abs. 4 EStG noch eine Tarifermäßigung nach § 34 EStG angewendet werden (§ 22 Abs. 1 Satz 1 2. HS UmwStG). Das gilt auch, wenn die „schädliche" Veräußerung der erhaltenen Anteile im ersten Jahr nach der Einbringung erfolgt (Rdn. 22.07 UmwStE).

889 Handelt es sich bei dem Einbringenden um eine Körperschaft, unterliegt der Einbringungsgewinn I rückwirkend im Wirtschaftsjahr der Einbringung regulär der **Körperschaftsteuer**.

890 Bei der **Gewerbesteuer** ist der Einbringungsgewinn I insoweit zu erfassen, als auch der Gewinn aus der Veräußerung des (Teil-)Betriebs oder Mitunternehmeranteils gewerbesteuerpflichtig gewesen wäre (z. B. bei einer Körperschaft als Einbringender).

4.10.2.5 Nachträgliche Anschaffungskosten auf die erhaltenen Anteile

891 Der Einbringungsgewinn I gilt als nachträgliche Anschaffungskosten der erhaltenen Anteile (§ 22 Abs. 1 Satz 4 UmwStG). Das ist sachgerecht. Wäre das eingebrachte Betriebsvermögen von vornherein mit einem höheren Wert angesetzt worden, hätte sich nach § 20 Abs. 3 Satz 1 UmwStG auch ein höherer Betrag als Anschaffungskosten für die erhaltenen Anteile ergeben. Durch § 22 Abs. 1 Satz 4 UmwStG wird eine Doppelbesteuerung der mit dem Einbringungsgewinn I aufgelösten stillen Reserven vermieden.

Die **Erhöhung** der **Anschaffungskosten** erfolgt – wie die Versteuerung des Einbringungsgewinns I – rückwirkend auf den Einbringungszeitpunkt. Wird nur ein Teil der erhaltenen Anteile veräußert, ist der Einbringungsgewinn I nur „insoweit" zu ermitteln (§ 22 Abs. 1 Satz 1 UmwStG). Dementsprechend erhöhen sich auch nur die Anschaffungskosten für die veräußerten Anteile.

4.10.3 Besteuerung des Gewinns aus der Anteilsveräußerung

892 Die Veräußerung der erhaltenen Anteile unterliegt – unabhängig von der rückwirkenden Versteuerung des Einbringungsgewinns I – den allgemeinen einkommen- oder körperschaftsteuerlichen Bestimmungen. Dazu enthält das UmwStG keine Regelungen.

Gehörten die erhaltenen und nunmehr veräußerten **Anteile** zum **Privatvermögen**, führt die Veräußerung zu Einkünften aus Gewerbebetrieb nach § 17 Abs. 1 Satz 1 und 3 EStG. Der Veräußerungsgewinn ist nach § 17 Abs. 2 Satz 1 EStG der Unterschiedsbetrag zwischen dem Veräußerungspreis einerseits und den Anschaffungskosten sowie den Veräußerungskosten andererseits. Anschaffungskosten sind die um den Einbringungsgewinn I nach § 22 Abs. 1 Satz 4 UmwStG bereits erhöhten Anschaffungskosten. Der Veräußerungspreis ist nach § 3 Nr. 40 Buchst. c EStG zu 40 % steuerfrei, und die Anschaffungs- und Veräußerungskosten sind nach § 3c Abs. 2 Satz 1 EStG nur zu 60 % abziehbar. Der Veräußerungsgewinn entsteht mit der Veräußerung und ist in dem Kalenderjahr zu versteuern, in das der Veräußerungszeitpunkt fällt.

§ 17 EStG ist auch anzuwenden, wenn der Veräußerer mit den erhaltenen und steuer- 893
verstrickten Anteilen i. S. d. § 22 Abs. 1 Satz 1 UmwStG zu weniger als 1 % an der übernehmenden Kapitalgesellschaft beteiligt war. Nach § 17 Abs. 6 Nr. 1 EStG gilt die 1 % unterschreitende Beteiligung als Anteil i. S. d. § 17 Abs. 1 Satz 1 EStG, wenn die Beteiligung aufgrund einer Sacheinlage im Sinne von § 20 Abs. 1 UmwStG erworben wurde, bei der nicht der gemeine Wert zum Ansatz kam.

Gehörten die Anteile zum **Betriebsvermögen**, ist der aus der Veräußerung sich ergeben- 894
de Gewinn oder Verlust Bestandteil der betrieblichen Einkünfte des Veräußerers. Zunächst (vor Ermittlung des Gewinns oder Verlusts) ist der Buchwert der Anteile um den Einbringungsgewinn I als nachträgliche Anschaffungskosten gem. § 22 Abs. 1 Satz 4 UmwStG zu erhöhen. Grundsätzlich ist der Gewinn oder Verlust in dem Wirtschaftsjahr der Veräußerung zu erfassen. Bei der Gewinnermittlung nach § 4 Abs. 3 EStG gilt für die zeitliche Zurechnung jedoch das Zuflussprinzip des § 11 Abs. 1 EStG.

Das **Teileinkünfteverfahren** nach § 3 Nr. 40 i. V. m. § 3c Abs. 2 EStG (Steuerbefreiung zu 895
40 %) ist anzuwenden, soweit der Veräußerungsgewinn auf eine natürliche Person entfällt.

Handelt es sich bei dem Einbringenden und Veräußerer der erhaltenen Anteile um eine 896
Körperschaft, kommt die Steuerbefreiung nach § 8b Abs. 2 KStG und das pauschale Betriebsausgabenabzugsverbot des § 8b Abs. 3 KStG (5 % des Veräußerungsgewinns gelten als nicht abziehbare Betriebsausgaben) zur Anwendung.

Der Veräußerungsgewinn unterliegt nach den allgemeinen Grundsätzen auch der **Ge-** 897
werbesteuer.

4.10.4 Buchwertaufstockungen bei der übernehmenden Gesellschaft

Hat der Einbringende den Einbringungsgewinn I nach Maßgabe des § 22 Abs. 1 898
UmwStG versteuert, kann die übernehmende Gesellschaft nach § 23 Abs. 2 Satz 1 UmwStG **auf Antrag** den versteuerten Einbringungsgewinn im Wirtschaftsjahr der Veräußerung der Anteile als Erhöhungsbetrag ansetzen. Voraussetzung dafür ist jedoch, dass der Einbringende die auf den Einbringungsgewinn entfallende Steuer entrichtet hat und dies durch Vorlage einer Bescheinigung des zuständigen Finanzamts nachgewiesen wurde.

Ziel dieser Regelung ist es, die Steuerpflichtigen (hier: die übernehmende Gesellschaft) 899
steuerlich so zu stellen, wie sie stünden, wenn die Einbringung von vornherein mit einem höheren Wert durchgeführt worden wäre. Kommt es zur Anwendung des § 23 Abs. 2 Satz 1 UmwStG, stellt sich die Einbringung für die übernehmende Gesellschaft regelmäßig als Zwischenwerteinbringung dar. Bei einer „schädlichen" Veräußerung der erhaltenen Anteile im ersten Jahr nach dem Einbringungszeitpunkt wäre es wegen der fehlenden Siebtelverminderung des Einbringungsgewinns (§ 22 Abs. 1 Satz 3 UmwStG) eine Einbringung zum gemeinen Wert.

4.10.4.1 Wirtschaftsgutbezogene gleichmäßige Buchwertaufstockungen

900 Der versteuerte Einbringungsgewinn ist nicht als „ein“ Erhöhungsbetrag bei der übernehmenden Gesellschaft anzusetzen. Die Erhöhung (Aufstockung) ist vielmehr **wirtschaftsgutbezogen** vorzunehmen (Rdn. 23.08 UmwStE). Das ergibt sich auch aus § 23 Abs. 3 Satz 2 UmwStG, der von einer Erhöhung der Anschaffungskosten oder Herstellungskosten (einzelner Wirtschaftsgüter) aufgrund des Einbringungsgewinns ausgeht und anordnet, dass die AfA vom Beginn des Wirtschaftsjahres an, in welches das die Besteuerung des Einbringungsgewinns auslösende Ereignis fällt, nach den erhöhten (aufgestockten) Anschaffungskosten oder Herstellungskosten zu bemessen ist.

901 Der Erhöhungsbetrag (Aufstockungsbetrag) ist auf alle eingebrachten Wirtschaftsgüter zu verteilen, in denen **stille Reserven** enthalten waren. Maßgebend sind dabei die Verhältnisse im Einbringungszeitpunkt. Die Verteilung ist so vorzunehmen, wie sie hätte vorgenommen werden müssen, wenn der entsprechend höhere Wert schon bei der Einbringung angesetzt worden wäre. Die aufgedeckten stillen Reserven in Höhe des versteuerten Einbringungsgewinns sind einheitlich und (prozentual) gleichmäßig auf die einzelnen Wirtschaftsgüter aufzuteilen. Der einheitliche Prozentsatz ergibt sich aus dem Verhältnis des Erhöhungsbetrags zu den im Einbringungszeitpunkt im eingebrachten Betriebsvermögen insgesamt vorhandenen stillen Reserven. Dabei ist auch ein selbst geschaffener Geschäfts- oder Firmenwert zu berücksichtigen. Zu weiteren Einzelheiten wird auf Rdn. 827 ff. verwiesen.

902 Die Buchwertaufstockungen sind in dem **Wirtschaftsjahr der Veräußerung der Anteile** vorzunehmen. Es erfolgt keine rückwirkende Korrektur auf den Einbringungsstichtag eines früheren Wirtschaftsjahres. Bei abnutzbaren Wirtschaftsgütern sind die Abschreibungen ab dem Beginn des Wirtschaftsjahres, in welches das die Besteuerung des Einbringungsgewinns auslösende Ereignis fällt, nach der um die Aufstockungsbeträge erhöhten Bemessungsgrundlage zu berechnen (§ 23 Abs. 3 Satz 2 UmwStG).

4.10.4.2 Antrag

903 Nur auf **Antrag** können die Buchwertaufstockungen vorgenommen werden. Aus dem Antrag müssen die Höhe und die Zuordnung des Aufstockungsbetrags eindeutig erkennbar sein (Rdn. 23.07 UmwStE). Gleichwohl bezieht sich das Antragsrecht nur auf das „Ob“, nicht auf das „Wie“. Aufstockungen können also nicht wahlweise nur für ausgesuchte Wirtschaftsgüter erfolgen, sondern sind einheitlich und prozentual gleichmäßig nach oben beschriebenem Verfahren vorzunehmen (Rdn. 23.08 UmwStE).

904 Der Antrag ist weder form- noch fristgebunden. Er kann also auch konkludent durch Einreichung entsprechender Bilanzen bei dem für die übernehmende Gesellschaft zuständigen Finanzamt gestellt werden.

4.10.4.3 Bescheinigung nach § 22 Abs. 5 UmwStG

Weitere Voraussetzung für die Buchwertaufstockungen ist die **Vorlage einer Bescheinigung** nach § 22 Abs. 5 UmwStG des für den Einbringenden zuständigen Finanzamts, durch die nachgewiesen wurde, dass (bzw. inwieweit) der Einbringende die auf den Einbringungsgewinn entfallende Steuer entrichtet hat. Im Verhältnis der noch rückständigen Steuer zu der auf den Einbringungsgewinn insgesamt entfallenden Steuer darf noch keine Buchwertaufstockung vorgenommen werden. 905

Der übernehmenden Gesellschaft ist auf ihren Antrag von dem für den Einbringenden zuständigen Finanzamt nach § 22 Abs. 5 UmwStG zu bescheinigen: 906

- die Höhe des zu versteuernden Einbringungsgewinns,
- die darauf entfallende festgesetzte Steuer und
- der darauf entrichtete Betrag.

Die Bescheinigung nach § 20 Abs. 5 UmwStG stellt einen Grundlagenbescheid i. S. d. § 175 Abs. 1 Satz 1 Nr. 1 AO dar (Rdn. 23.10 UmwStE).

4.10.4.4 Mitteilungspflichten

Dem für die übernehmende Gesellschaft zuständigen Finanzamt sind von Amts wegen **nachträglicher Minderungen** des versteuerten Einbringungsgewinns sowie die darauf entfallende festgesetzte Steuer und der darauf entrichtete Betrag mitzuteilen (§ 22 Abs. 5 Hs. 2 UmwStG). Damit wird in dem Fall einer späteren Änderung zugunsten des Einbringenden die korrespondierende steuerliche Behandlung beim Einbringenden und bei der übernehmenden Gesellschaft sichergestellt. Bei der übernehmenden Gesellschaft sind die vorher aufgestockten Buchwerte im entsprechenden Umfang wieder abzustocken. 907

Im Fall einer nachträglichen Erhöhung des Einbringungsgewinns (z. B. nach einer Betriebsprüfung) wird die übernehmende Gesellschaft einen erneuten Antrag auf Erteilung der Bescheinigung stellen müssen.

4.10.4.5 Ausgeschiedene Wirtschaftsgüter

Nach § 23 Abs. 2 Satz 2 UmwStG ist der Aufstockungsbetrag (nur) bei den eingebrachten Wirtschaftsgütern anzusetzen, die (im Zeitpunkt des den Einbringungsgewinn auslösenden Ereignisses) 908

- noch zum Betriebsvermögen der übernehmenden Gesellschaft gehören oder die
- zum gemeinen Wert übertragen worden sind.

Hinsichtlich der zum gemeinen Wert übertragenen, also inzwischen **ausgeschiedenen Wirtschaftsgüter** ist rechtstechnisch so vorzugehen, dass der auf diese Wirtschaftsgüter entfallende Aufstockungsbetrag im ersten Schritt angesetzt wird, obwohl diese Wirtschaftsgüter gar nicht mehr zum Betriebsvermögen der übernehmenden Gesell- 909 schaft gehören. Das ergibt sich aus § 23 Abs. 2 Satz 2 UmwStG, nach dem ein Erhöhungsbetrag für ein Wirtschaftsgut anzusetzen ist, das zum gemeinen Wert aus dem Betriebsvermögen (auf einen anderen) übertragen wurde.

Der Ansatz des Erhöhungsbetrags hat keine Gewinnauswirkung (§ 23 Abs. 2 Satz 1 Hs. 2 UmwStG). Eine innerhalb der Steuerbilanz eintretende Gewinnerhöhung ist außerhalb der Bilanz zu neutralisieren (Rdn. 23.07 UmwStE).

Im unmittelbar nachfolgenden zweiten Schritt ist der angesetzte Betrag gewinnwirksam abzuschreiben. Insoweit kommt es steuerlich zu einem sofort abziehbaren Aufwand. Dieses Vorgehen bewirkt, dass bei der übernehmenden Gesellschaft die durch das Ausscheiden des Wirtschaftsguts zum gemeinen Wert aufgedeckten stillen Reserven korrigiert werden.

910 Die in der Steuerbilanz vorgenommene Buchwertaufstockung ist vorrangig mit einem bei der Einbringung gebildeten aktiven Ausgleichsposten („Luftposten" s. Rdn. 705) zu verrechnen. Nur der darüber hinausgehende Aufstockungsbetrag führt zu einer Erhöhung des Eigenkapitals der übernehmenden Gesellschaft. Diese Eigenkapitalerhöhung ist als Zugang beim **steuerlichen Einlagekonto** nach § 27 KStG zu erfassen.

911 Soweit die Aufstockungsbeträge auf Wirtschaftsgüter entfallen, die unterhalb des gemeinen Wertes aus dem Betriebsvermögen der übernehmenden Gesellschaft ausgeschieden sind, gehen sie verloren. Sie können weder als Aufwand abgezogen noch anderen Wirtschaftsgütern hinzugerechnet werden. Insoweit unterbleibt auch eine Erhöhung des steuerlichen Einlagekontos.

BEISPIEL A hat seinen Betrieb am 31.12.01 zum Buchwert von 100 nach § 20 Abs. 1 UmwStG in die M-GmbH eingebracht. Der gemeine Wert des Betriebs betrug zu diesem Zeitpunkt 800. Stille Reserven sind bei drei Wirtschaftsgütern vorhanden. Auf Wirtschaftsgut I entfallen 70, auf Wirtschaftsgut II 350 und auf Wirtschaftsgut III 280. Im Jahre 05 veräußert A die erhaltenen sperrfristverhafteten Anteile an der M-GmbH.

Die M-GmbH hatte inzwischen das Wirtschaftsgut I zum gemeinen Wert an einen fremden Dritten veräußert und das Wirtschaftsgut II nach § 6 Abs. 5 Satz 3 Nr. 1 EStG zum Buchwert auf eine Personengesellschaft übertragen. Das Wirtschaftsgut III befindet sich noch in ihrem Betriebsvermögen.

LÖSUNG Die Veräußerung der steuerverstrickten und sperrfristbehafteten Anteile an der M-GmbH durch den Einbringenden A im Jahre 05 löst die Besteuerung des Einbringungsgewinns I nach § 22 Abs. 1 UmwStG aus. Der zu versteuernde Einbringungsgewinn beträgt – nach der Siebtelverminderung (§ 22 Abs. 1 Satz 3 UmwStG) für drei volle Zeitjahre – 400.

Nach § 23 Abs. 2 Satz 1 UmwStG kann die M-GmbH auf Antrag den versteuerten Einbringungsgewinn im Wirtschaftsjahr 05 als Erhöhungsbetrag ansetzen, soweit A die auf den Einbringungsgewinn entfallende Steuer entrichtet hat und dies durch Vorlage einer Bescheinigung im Sinne von § 22 Abs. 5 UmwStG nachgewiesen wurde. Der Erhöhungsbetrag von 400 ist auf die Wirtschaftsgüter I, II und III prozentual gleichmäßig nach dem Verhältnis der am 31.12.01 vorhandenen stillen Reserven zu verteilen. Danach entfallen auf das Wirtschaftsgut I 40, auf das Wirtschaftsgut II 200 und auf das Wirtschaftsgut III 160.

Die auf das Wirtschaftsgut I entfallenden 40 sind sofort als Aufwand abzuziehen, weil dieses Wirtschaftsgut zum gemeinen Wert übertragen wurde (Rückausnahme des § 23 Abs. 2 Satz 2 UmwStG). Die auf das Wirtschaftsgut III entfallenden 160 sind mit Wirkung zum Beginn des Wirtschaftsjahres 05 dem Buchwert dieses Wirtschaftsguts hinzuzurechnen. Die auf das Wirtschaftsgut II entfallenden 200 können nicht angesetzt werden, weil das Wirtschaftsgut unter dem gemeinen Wert übertragen wurde. Die 200 dürfen auch keinem anderen Wirtschaftsgut hinzugerechnet werden. Das steuerliche Einlagekonto der M-GmbH erhöht sich nur um (40 + 160 =) 200.

Soweit der Aufstockungsbetrag auf im Wege einer verdeckten Gewinnausschüttung unentgeltlich ausgeschiedene Wirtschaftsgüter entfällt und das körperschaftsteuerliche Einkommen (außerhalb der Bilanz) um den gemeinen Wert dieses Wirtschaftsguts erhöht wurde, ist keine Aufstockung möglich und der entsprechende Betrag als Betriebsausgabe abzuziehen. 912

Soweit der Erhöhungsbetrag auf eingebrachte Wirtschaftsgüter entfällt, die bei der übernehmenden Gesellschaft untergegangen sind (z. B. **Verlust, Zerstörung**), ist nach dem Zweck der Regelung ebenso wie bei den zum gemeinen Wert übertragenen Wirtschaftsgütern zu verfahren. 913

4.10.5 Veräußerungsersatztatbestände, § 22 Abs. 1 Satz 6 UmwStG

Nach § 22 Abs. 1 Satz 6 UmwStG ist die rückwirkende Ermittlung und Versteuerung des Einbringungsgewinns I und die daraus folgende Erhöhung der Anschaffungskosten für die erhaltenen Anteile sowie die antragsgebundene Buchwertaufstockung bei der übernehmenden Gesellschaft auch ohne Veräußerung der erhaltenen sperrfristbehafteten Anteile durchzuführen, wenn einer der folgenden Veräußerungsersatztatbestände erfüllt ist. Dabei kommt es darauf an, dass der jeweilige Veräußerungsersatztatbestand innerhalb eines Zeitraums von **sieben Jahren** nach dem **Einbringungszeitpunkt** verwirklicht wird. 914

4.10.5.1 Unentgeltliche Übertragung auf eine Kapitalgesellschaft

Die unmittelbare oder mittelbare unentgeltliche Übertragung der erhaltenen Anteile durch den Einbringenden auf eine Kapitalgesellschaft oder Genossenschaft löst nach § 22 Abs. 1 Satz 6 Nr. 1 UmwStG den Einbringungsgewinn I aus. 915

Eine unmittelbare unentgeltliche Übertragung auf eine Kapitalgesellschaft oder Genossenschaft kann im Wege einer verdeckten Einlage oder einer verdeckten Gewinnausschüttung erfolgen.

BEISPIEL Die B-GmbH hat einen Teilbetrieb gegen Gewährung von neuen Aktien an der X-AG in die X-AG zum Buchwert eingebracht. Die erhaltenen neuen Aktien werden später (innerhalb von sieben Jahren) der alleinigen Gesellschafterin der B-GmbH, nämlich der A-GmbH unentgeltlich übertragen. Ein formeller Ausschüttungsbeschluss wurde nicht gefasst.

LÖSUNG Die unentgeltliche Übertragung der erhaltenen sperrfristbehafteten Aktien auf die A-GmbH ist eine verdeckte Gewinnausschüttung i. S. d. § 8 Abs. 3 Satz 2 KStG, weil bei der B-GmbH eine Vermögensminderung eingetreten ist, die sich auf die Höhe des Unterschiedsbetrags i. S. d. § 4 Abs. 1 Satz 1 EStG ausgewirkt hat, nicht auf einem formellen Gewinnverteilungsbeschluss beruht und die durch das Gesellschaftsverhältnis veranlasst ist (R 8.5 Abs. 1 Satz 1 KStR). Ein ordentlicher und gewissenhafter Geschäftsführer (§ 43 Abs. 1 GmbHG) hätte die Aktien nicht unentgeltlich übertragen (H 8.5 III Veranlassung durch das Gesellschaftsverhältnis „Allgemeines" KStH).

Es ist nach § 22 Abs. 1 Satz 6 Nr. 1 UmwStG der Einbringungsgewinn I (aus der Einbringung des Teilbetriebs in die X-AG) nach Maßgabe des § 22 Abs. 1 Satz 3 UmwStG zu ermitteln und bei der B-GmbH zu versteuern, da die erhaltenen neuen Anteile an der X-AG unentgeltlich auf die A-GmbH übertragen wurden. Zugleich erhöhen sich die Anschaffungskosten für die erhaltenen Aktien an der X-AG nach Maßgabe des § 22 Abs. 1 Satz 4 UmwStG.

Eine mittelbare unentgeltliche Übertragung auf eine Kapitalgesellschaft ist z. B. gegeben, wenn der Einbringende die erhaltenen steuerverstrickten Anteile unentgeltlich auf eine Personengesellschaft überträgt (verdeckte Einlage in eine Personengesellschaft), an der auch eine Kapitalgesellschaft (unmittelbar oder mittelbar) beteiligt ist. Soweit die Kapitalgesellschaft vermögensmäßig an der Personengesellschaft beteiligt ist, liegt eine mittelbare unentgeltliche Übertragung der erhaltenen Anteile auf die Kapitalgesellschaft vor.

916 Außerdem kann die Realteilung einer Personengesellschaft, zu deren Betriebsvermögen auch steuerverstrickte Anteile i. S. d. § 22 Abs. 1 Satz 1 UmwStG gehören, zu einer unentgeltlichen Übertragung dieser Anteile auf eine Kapitalgesellschaft i. S. d. § 22 Abs. 1 Satz 6 Nr. 1 UmwStG führen, wenn und soweit die Anteile im Zuge der Realteilung der mitunternehmerschaftlich beteiligten Kapitalgesellschaft zugewiesen werden (§ 16 Abs. 3 Satz 2 EStG).

4.10.5.2 Entgeltliche Übertragung (gegen Gewährung von Kapitalgesellschaftsanteilen)

917 § 22 Abs. 1 Satz 6 Nr. 2 UmwStG beschreibt als weiteren Veräußerungsersatztatbestand die entgeltliche Übertragung der erhaltenen Anteile durch den Einbringenden. Die entgeltliche Übertragung soll nur dann kein Veräußerungsersatztatbestand sein, also keine Besteuerung des Einbringungsgewinns auslösen, wenn der Einbringende nachweist, dass die Übertragung durch einen Vorgang i. S. d. § 20 Abs. 1 oder § 21 Abs. 1 UmwStG oder aufgrund eines vergleichbaren ausländischen Vorgangs zu Buchwerten erfolgte. Der Sinn dieser Regelung ergibt sich erst durch die Negativabgrenzung. Die entgeltliche Übertragung der erhaltenen Anteile erfüllt nämlich bereits den Grundtatbestand des § 22 Abs. 1 Satz 1 UmwStG. Die im Grundtatbestand des § 22 Abs. 1 Satz 1 UmwStG genannte Veräußerung ist eine entgeltliche Übertragung (s. Rdn. 862; s. auch BFH v. 24.1.2018 I R 48/15, BStBl 2019 II 45). Insoweit bedarf es keiner nochmaligen Erwähnung als Ersatztatbestand.

918 In § 22 Abs. 1 Satz 6 Nr. 2 UmwStG werden nur besondere Fälle der entgeltlichen Übertragung, nämlich die Einbringung in eine Kapitalgesellschaft oder Genossenschaft nach § 20 Abs. 1 oder § 21 Abs. 1 UmwStG oder vergleichbare ausländische Vorgänge aufgeführt. Kann der Einbringende nachweisen, dass er die erhaltenen steuerverstrickten und sperrfristbehafteten Anteile (weiter) eingebracht hat in eine andere Kapitalgesellschaft oder Genossenschaft (Folgeeinbringung) und dass diese **Folgeeinbringung zu Buchwerten** erfolgte, wird kein Einbringungsgewinn I (aufgrund der vorhergehenden Einbringung) ausgelöst. Erbringt er diesen Nachweis nicht oder ist die Folgeeinbringung (Einbringung der durch die Einbringung eines (Teil-)Betriebs oder Mitunternehmeranteils erhaltenen Anteile an einer Kapitalgesellschaft in eine andere Kapitalgesell-

schaft) zu einem über dem Buchwert liegenden Wert vorgenommen worden, muss aus der ersten Einbringung der Einbringungsgewinn I nach Maßgabe des § 22 Abs. 1 Satz 3 UmwStG ermittelt und rückwirkend versteuert werden.

BEISPIEL D bringt seinen Betrieb nach § 20 Abs. 1 UmwStG zum Buchwert (50 000 €) in 01 in die D-GmbH ein und erhält dafür neue Anteile an der D-GmbH. In 04 überträgt D die erhaltenen steuerverstrickten Anteile an der D-GmbH auf die F-GmbH

(a) gegen einen Veräußerungspreis von 250 000 € (vollentgeltlich)

(b) unentgeltlich, weil ihm auch die F-GmbH schon zu 100 % gehört

(c) gegen Gewährung neuer Anteile an der F-GmbH nach § 21 Abs. 1 UmwStG

  (aa) zum gemeinen Wert von 250 000 €

  (bb) zum (Buch-)Wert von 50 000 € nach § 21 Abs. 1 Satz 2 UmwStG

(d) Fortsetzung des Falles (c) (bb): In 05 legt D die (zum Buchwert) erhaltenen Anteile an der F-GmbH verdeckt in die H-GmbH ein

LÖSUNG

Fall (a) Die Veräußerung der erhaltenen Anteile (an der D-GmbH) für 250 000 € ist ein die Besteuerung des Einbringungsgewinns I auslösendes Ereignis nach § 22 Abs. 1 Satz 1 UmwStG

Fall (b) Die unentgeltliche Übertragung der erhaltenen Anteile auf die F-GmbH ist ein der Veräußerung gleichgestelltes Ereignis (Veräußerungsersatztatbestand) i. S. d. § 22 Abs. 1 Satz 6 Nr. 1 UmwStG und löst die Besteuerung des Einbringungsgewinns I aus. Es handelt sich um eine verdeckte Einlage i. S. d. § 8 Abs. 3 Satz 3 KStG.

Fall (c) (aa) Die Einbringung der erhaltenen Anteile in die F-GmbH zum gemeinen Wert ist ein die Besteuerung des Einbringungsgewinns I auslösendes Ereignis i. S. d. § 22 Abs. 1 Satz 1 i. V. m. Satz 6 Nr. 2 UmwStG.

(bb) Es ist kein Einbringungsgewinn I nach § 22 Abs. 1 Satz 6 Nr. 1 UmwStG zu versteuern, weil die Folgeeinbringung (in die F-GmbH) nach § 21 Abs. 1 Satz 2 UmwStG zum Buchwert erfolgte (qualifizierter Anteilstausch). Der Einbringende D muss allerdings die Tatsache des qualifizierten Anteilstauschs und den Buchwertansatz nachweisen.

Fall (d) Es handelt sich um eine verdeckte Einlage i. S. d. § 8 Abs. 3 Satz 3 KStG. Die verdeckte Einlage der erhaltenen Anteile aus der Folgeeinbringung (Anteile an der F-GmbH) in die H-GmbH ist ein der Veräußerung gleichgestelltes Ereignis (Veräußerungsersatztatbestand) i. S. d. § 22 Abs. 1 Satz 6 Nr. 1 UmwStG (mittelbare unentgeltliche Übertragung auf eine Kapitalgesellschaft) und löst die Besteuerung des Einbringungsgewinns I aus. Die sperrfristbehafteten Anteile an der D-GmbH wurden mittelbar – über die F-GmbH – unentgeltlich auf die H-GmbH übertragen.

Werden bei der Folgeeinbringung neben den neuen Anteilen an der übernehmenden (anderen) Kapitalgesellschaft oder Genossenschaft auch noch sonstige Gegenleistungen gewährt, ist das unschädlich, solange die sonstigen Gegenleistungen die Grenze des § 20 Abs. 2 Satz 2 Nr. 4 oder des § 21 Abs. 1 Satz 2 Nr. 2 UmwStG nicht übersteigen. Übersteigt der gemeine Wert der sonstigen Gegenleistungen jedoch die genannte Wertgrenze, führt dies (insgesamt) hinsichtlich der bei der Folgeeinbringung eingebrachten Anteile zur (rückwirkenden) Ermittlung und Versteuerung des Einbringungsgewinns I aus der ersten Einbringung.

919 Der Verzicht auf die Einbringungsgewinnversteuerung (Negativabgrenzung in § 22 Abs. 1 Satz 6 Nr. 2 UmwStG) soll – aus Billigkeitsgründen – auch für andere Fälle einer Umwandlung gelten, wenn

- ein Antrag aller beteiligten Personen gestellt wird,
- keine steuerliche Statusverbesserung eintritt (hinsichtlich der steuerverstrickten und sperrfristbehafteten Anteile),
- sich keine stillen Reserven von sperrfristbehafteten Anteilen auf Anteile eines Dritten verlagern,
- deutsche Besteuerungsrechte nicht ausgeschlossen oder eingeschränkt werden und
- sich die Antragsteller damit einverstanden erklären, dass auf alle unmittelbaren oder mittelbaren Anteile an einer an der Umwandlung beteiligten Gesellschaft § 22 Abs. 1 und Abs. 2 UmwStG entsprechend anzuwenden ist (Rdn. 22.23 UmwStE).

Ein anderer Fall einer Umwandlung in diesem Sinne ist z. B. eine Verschmelzung auf eine Kapitalgesellschaft, nicht jedoch die Einbringung in oder die Umwandlung auf eine Personengesellschaft. Grundsätzlich betrachtet die Verwaltung jede (der Einbringung in eine Kapitalgesellschaft nachfolgende) Umwandlung (z. B. auch eine Verschmelzung) als Veräußerung (Rdn. 22.23 UmwStE). Wird der Einbringende oder die übernehmende Kapitalgesellschaft nach der Einbringung (auf eine Kapitalgesellschaft) verschmolzen, ist das grundsätzlich eine schädliche entgeltliche Übertragung der erhaltenen Anteile i. S. d. § 22 Abs. 1 Satz 1 UmwStG (BFH v. 24.1.2018 - I R 48/15, BStBl 2019 II 45). Unter den vorgenannten Voraussetzungen kann in diesen Fällen aber auf eine Besteuerung des Einbringungsgewinns verzichtet werden.

4.10.5.3 Auflösung, Kapitalherabsetzung und Rückzahlung aus dem Einlagekonto

920 Nach § 22 Abs. 1 Satz 6 Nr. 3 UmwStG werden einer Veräußerung der erhaltenen Anteile gleichgestellt:

- die Auflösung und Abwicklung der Kapitalgesellschaft,
- die Kapitalherabsetzung und Rückzahlung an die Anteilseigner der Kapitalgesellschaft und
- die Ausschüttung oder Rückzahlung von Beträgen aus dem steuerlichen Einlagekonto i. S. d. § 27 KStG.

Es handelt sich jeweils um die Kapitalgesellschaft, an der die erhaltenen steuerverstrickten und sperrfristbehafteten Anteile bestehen. Ohne diesen – mit § 17 Abs. 4 EStG korrespondierenden – (der Missbrauchsvermeidung dienenden) Veräußerungsersatztatbestand könnten die stillen Reserven in dem (Teil-)Betrieb oder Mitunternehmeranteil über den Umweg der Buchwerteinbringung in eine Kapitalgesellschaft und der anschließenden Auskehrung des Vermögens an die Anteilseigner im Wege der Auflösung der Kapitalgesellschaft, der Kapitalherabsetzung oder der Ausschüttung aus dem steuerlichen Einlagekonto teilweise nach § 3 Nr. 40 Buchst. a oder c EStG steuerfrei realisiert werden (Beispiel dazu s. Rdn. 22.24 UmwStE).

4.10.5.4 Ketteneinbringung

Durch den Veräußerungsersatztatbestand des § 22 Abs. 1 Satz 6 Nr. 4 UmwStG werden 921
die erhaltenen sperrfristbehafteten Anteile nach einer unschädlichen Folgeeinbringung i. S. d. § 22 Abs. 1 Satz 6 Nr. 2 i. V. m. § 20 Abs. 1 oder 21 Abs. 1 UmwStG (zum Buchwert) weiterverfolgt. Sobald die aus der ersten Einbringung (des Betriebs, Teilbetriebs oder Mitunternehmeranteils) erhaltenen steuerverstrickten und sperrfristbehafteten Anteile nach (unschädlichen) Folgeeinbringungen durch eine übernehmende Gesellschaft in der Kette unmittelbar oder mittelbar veräußert, unentgeltlich auf eine Kapitalgesellschaft übertragen oder zu einem über dem Buchwert liegenden Wert in eine Kapitalgesellschaft eingebracht werden, wird die Besteuerung des Einbringungsgewinns I bei dem am Anfang der Kette stehenden Einbringenden ausgelöst. Werden bei einer Einbringung sonstige Gegenleistungen gewährt, deren gemeiner Wert die Grenze des § 20 Abs. 2 Satz 2 Nr. 4 oder des § 21 Abs. 1 Satz 2 Nr. 2 UmwStG nicht übersteigt und erfolgt die Einbringung insgesamt zum Buchwert, ist das unschädlich und führt nicht zur Einbringungsgewinnbesteuerung.

BEISPIEL A bringt seinen (Teil-)Betrieb oder Mitunternehmeranteil in die A-GmbH ein. Die erhaltenen Anteile an der A-GmbH werden innerhalb von sieben Jahren ...

	Einbringungsgewinn I nach ... (UmwStG)
durch A veräußert	§ 22 Abs. 1 Satz 1
durch A verdeckt in die B-GmbH eingelegt	§ 22 Abs. 1 Satz 6 Nr. 1
durch A nach § 20 oder § 21 UmwStG oder einen vergleichbaren ausländischen Vorgang in die B-GmbH eingebracht (Folgeeinbringung)	
(a) zum gemeinen Wert (oder einem Zwischenwert)	§ 22 Abs. 1 Satz 6 Nr. 2
(b) zum Buchwert (Nachweis ist erbracht)	—
Im Fall (b): Die erhaltenen Anteile an der A-GmbH werden durch die B-GmbH	
veräußert	§ 22 Abs. 1 Satz 6 Nr. 4 (unmittelbare Veräußerung)
verdeckt in die C-GmbH eingelegt	§ 22 Abs. 1 Satz 6 Nr. 4 (unmittelbare Übertragung)
nach § 20 oder § 21 UmwStG oder einen vergleichbaren ausländischen Vorgang in die C-GmbH eingebracht	
(a) zum gemeinen Wert (oder Zwischenwert)	§ 22 Abs. 1 Satz 6 Nr. 4
(b) zum Buchwert (Nachweis ist erbracht)	—
Im Fall (b): Die Anteile an der C-GmbH werden durch die B-GmbH	
Veräußert	§ 22 Abs. 1 Satz 6 Nr. 4 (mittelbare Veräußerung der Anteile an A-GmbH)
verdeckt in die D-GmbH eingelegt	§ 22 Abs. 1 Satz 6 Nr. 4 (mittelbare Übertragung der Anteile an A-GmbH)

922 Den **Nachweis** für die nachfolgenden **Buchwerteinbringungen** (in der Kette) in den Fällen des § 20 Abs. 1 oder § 21 Abs. 1 UmwStG oder eines vergleichbaren ausländischen Vorgangs hat jeweils der am Anfang der Kette stehende Einbringende bei dem für ihn zuständigen Finanzamt zu erbringen.

923 Wird durch die unmittelbare oder mittelbare Veräußerung oder durch die unmittelbare oder mittelbare unentgeltliche Übertragung auf eine Kapitalgesellschaft oder Einbringung in eine Kapitalgesellschaft zu einem über dem Buchwert liegenden Wert die Besteuerung des Einbringungsgewinns I bei dem am Anfang der Kette stehenden Einbringenden ausgelöst, erhöhen sich nicht nur die Anschaffungskosten der erhaltenen Anteile aus der ersten Einbringung (nach § 22 Abs. 1 Satz 4 UmwStG), sondern auch die Anschaffungskosten der auf der Weitereinbringung dieser Anteile zum Buchwert beruhenden Anteile (§ 22 Abs. 1 Satz 7 UmwStG). Ist in dem oben stehenden Beispiel die Besteuerung des Einbringungsgewinns I durch die verdeckte Einlage der Anteile an der C-GmbH in die D-GmbH ausgelöst worden, sind in Höhe des ermittelten Einbringungsgewinns die Anschaffungskosten für die Anteile an der A-GmbH sowie die Anschaffungskosten für die Anteile an der B-GmbH und die Anschaffungskosten für die Anteile an der C-GmbH zu erhöhen.

4.10.5.5 Übertragung der aus der Folgeeinbringung erhaltenen Anteile

924 Die Besteuerung des Einbringungsgewinns I wird nach § 22 Abs. 1 Satz 6 Nr. 5 UmwStG auch dann ausgelöst, wenn der Einbringende die erhaltenen sperrfristbehafteten Anteile zunächst zum Buchwert (bzw. mit den Anschaffungskosten) nach § 20 Abs. 1 oder § 21 Abs. 1 UmwStG oder einem vergleichbaren ausländischen Vorgang in eine andere Kapitalgesellschaft einbringt (Folgeeinbringung) und die aus dieser Folgeeinbringung erhaltenen Anteile unmittelbar oder mittelbar veräußert oder unentgeltlich auf eine Kapitalgesellschaft übertragen oder zu einem über dem Buchwert liegenden Wert in eine Kapitalgesellschaft nach § 20 oder § 21 UmwStG eingebracht werden. Die Einbringung zum Buchwert ist auch dann (noch) unschädlich, wenn sonstige Gegenleistungen gewährt werden, die die Grenze des § 20 Abs. 2 Satz 2 Nr. 4 oder des § 21 Abs. 1 Satz 2 Nr. 2 UmwStG nicht übersteigen.

Im Unterschied zu § 22 Abs. 1 Satz 6 Nr. 4 UmwStG werden hier nicht die aufgrund der ersten Einbringung erhaltenen steuerverstrickten und sperrfristbehafteten Anteile, sondern die aufgrund der ersten Folgeeinbringung (zu Buchwerten) erhaltenen Anteile weiter verfolgt. Der Einbringende kann sich nur dadurch der Besteuerung des Einbringungsgewinns I entziehen, dass er nachweist, dass die jeweilige weitere Einbringung in der Kette ebenfalls zum Buchwert erfolgte.

BEISPIEL A bringt seinen (Teil-)Betrieb oder Mitunternehmeranteil in die A-GmbH ein. Die erhaltenen Anteile an der A-GmbH werden innerhalb von sieben Jahren ...

	Einbringungsgewinn I nach ... (UmwStG)
durch A zum Buchwert nach § 20 oder § 21 UmwStG oder einen vergleichbaren ausländischen Vorgang in die B-GmbH eingebracht (Folgeeinbringung)	—
Die Anteile an der B-GmbH werden (innerhalb der siebenjährigen Sperrfrist für die Anteile an der A-GmbH)	
durch A veräußert	§ 22 Abs. 1 Satz 6 Nr. 5 (unmittelbare Veräußerung)
durch A verdeckt in die C-GmbH eingelegt	§ 22 Abs. 1 Satz 6 Nr. 5 (unmittelbare Übertragung)
nach § 20 oder § 21 UmwStG oder einen vergleichbaren ausländischen Vorgang in die C-GmbH eingebracht	
(a) zum gemeinen Wert (oder Zwischenwert)	§ 22 Abs. 1 Satz 6 Nr. 5
(b) zum Buchwert (Nachweis ist erbracht)	—
Im Fall (b): Die Anteile an der C-GmbH werden	
durch A veräußert	§ 22 Abs. 1 Satz 6 Nr. 5 (mittelbare Veräußerung der Anteile an B-GmbH)
durch A verdeckt in die D-GmbH eingelegt	§ 22 Abs. 1 Satz 6 Nr. 5 (mittelbare Übertragung der Anteile an B-GmbH)
durch A nach § 20 oder § 21 UmwStG oder einen vergleichbaren ausländischen Vorgang in die D-GmbH eingebracht	
(a) zum gemeinen Wert (oder Zwischenwert)	§ 22 Abs. 1 Satz 6 Nr. 5
(b) zum Buchwert (Nachweis ist erbracht)	—
Im Fall (b): Die Anteile an der C-GmbH werden durch die D-GmbH	
veräußert	§ 22 Abs. 1 Satz 6 Nr. 5 (mittelbare Veräußerung der Anteile an B-GmbH)
verdeckt in die E-GmbH eingelegt	§ 22 Abs. 1 Satz 6 Nr. 5 (mittelbare Übertragung der Anteile an B-GmbH)

Ist eine der Tatbestandsalternativen des § 22 Abs. 1 Satz 6 Nr. 5 UmwStG erfüllt, kommt es zur rückwirkenden Besteuerung des Einbringungsgewinns I aus der ersten Einbringung des (Teil-)Betriebs oder Mitunternehmeranteils in die A-GmbH. Der bei A zu versteuernde Einbringungsgewinn gilt als nachträgliche Anschaffungskosten für die Anteile an der A-GmbH (§ 22 Abs. 1 Satz 4 UmwStG) und zugleich auch als nachträgliche Anschaffungskosten der auf den Weitereinbringungen zum Buchwert beruhenden Anteile (§ 22 Abs. 1 Satz 7 UmwStG).

4.10.5.6 Wegfall der Voraussetzungen des § 1 Abs. 4 UmwStG

925 Als weiteres der Veräußerung gleichgestelltes Ereignis wird in § 22 Abs. 1 Satz 6 Nr. 6 UmwStG der Wegfall der Voraussetzungen des § 1 Abs. 4 UmwStG für den Einbringenden oder die übernehmende Gesellschaft bei einer Folgeeinbringung genannt. Hätte der Einbringende die **persönlichen Voraussetzungen** des § 1 Abs. 4 UmwStG bereits im Zeitpunkt der Einbringung **nicht erfüllt**, hätte die durch § 20 Abs. 2 Satz 2 UmwStG eingeräumte Möglichkeit, das Betriebsvermögen unterhalb des gemeinen Wertes einzubringen, von vornherein nicht bestanden.

926 Bei einer **natürlichen Person** als Einbringendem können die Voraussetzungen des § 1 Abs. 4 UmwStG mit dem Wegzug in einen Drittstaat entfallen. Hat die Person im Gemeinschaftsgebiet (Hoheitsgebiet eines EU- oder EWR-Staats) keinen Wohnsitz und keinen gewöhnlichen Aufenthalt mehr oder ist sie – trotz eines noch bestehenden Wohnsitzes – nach dem DBA mit einem Drittstaat als außerhalb des Gemeinschaftsgebiets ansässig anzusehen, erfüllt sie die Voraussetzungen des § 1 Abs. 4 Satz 1 Nr. 2 Buchst. a Doppelbuchst. bb i. V. m. Abs. 4 Satz 1 Nr. 1 UmwStG nicht mehr. In diesem Fall könnte aber noch die Voraussetzung des § 1 Abs. 4 Satz 1 Nr. 2 Buchst. b UmwStG erfüllt sein. Das ist der Fall, wenn das deutsche Besteuerungsrecht hinsichtlich des Gewinns aus der Veräußerung der erhaltenen Anteile nicht ausgeschlossen oder beschränkt ist.

927 Ist Einbringender eine **juristische Person**, kommt es zum Wegfall der Voraussetzungen des § 1 Abs. 4 UmwStG, wenn die Person ihre Geschäftsleitung oder ihren Sitz in einen Drittstaat verlegt und das deutsche Besteuerungsrecht hinsichtlich des Gewinns aus den erhaltenen Anteilen eingeschränkt ist.

928 Bei einer Personengesellschaft als Einbringende bezieht sich die Prüfung der Voraussetzungen des § 1 Abs. 4 UmwStG sowohl auf die Gesellschaft als solche als auch auf die hinter ihr stehenden Mitunternehmer. Fallen die Voraussetzungen des § 1 Abs. 4 UmwStG nur bei einem Mitunternehmer weg, kommt es zu einer anteiligen Besteuerung des Einbringungsgewinns.

Zu weiteren Einzelheiten wird auf Rdn. 676 bis 688 verwiesen.

929 Der Veräußerungsersatztatbestand des § 22 Abs. 1 Satz 6 Nr. 6 UmwStG ist auch erfüllt, wenn die Voraussetzungen des § 1 Abs. 4 UmwStG für die übernehmende Gesellschaft wegfallen. Damit ist aber nicht die Gesellschaft gemeint, in die der (Teil-)Betrieb oder Mitunternehmeranteil – im Rahmen einer Ketteneinbringung bei der ersten Einbringung – eingebracht worden ist. Es geht vielmehr um die Gesellschaft, die die aus der ersten Einbringung erhaltenen und sperrfristbehafteten Anteile bei einer Folgeeinbringung zum Buchwert übernimmt (Rdn. 22.27 UmwStE).

929a ► Handelt es sich bei dem Einbringenden oder der übernehmenden Gesellschaft um einen im Vereinigten Königreich ansässigen Rechtsträger und wurde der Umwandlungsbeschluss (in Fällen der Gesamtrechtsnachfolge) oder der Einbringungsvertrag (in anderen Fällen) vor dem 1.1.2021 geschlossen, soll allein der Austritt des Vereinigten Königreichs aus der EU (und dem EWR) nicht dazu führen, dass die Voraussetzungen des § 1 Abs. 4 UmwStG (Ansässigkeit innerhalb des EU/EWR-Raums) nicht mehr erfüllt sind (§ 22 Abs. 8 UmwStG). Das Vereinigte Königreich wird dadurch in Bezug auf eine übernehmende Gesellschaft, die bereits vor dem Brexit im Vereinigten Königreich ansässig war, nach wie vor wie ein Mitgliedsstaat der EU behandelt, wenn ansonsten kein weiteres, die Einbringungsgewinnbesteuerung nach § 22 UmwStG auslösendes Ereignis hinzutritt.

4.10.6 Nachweispflichten, § 22 Abs. 3 UmwStG

Durch § 22 Abs. 3 UmwStG werden dem Einbringenden **jährlich** zu erfüllende Nachweispflichten auferlegt. Erbringt er den geforderten Nachweis nicht, gelten die erhaltenen sperrfristbehafteten Anteile als veräußert (§ 22 Abs. 3 Satz 2 UmwStG) mit der Folge, dass nunmehr von Amts wegen der Einbringungsgewinn I nach Maßgabe des § 22 Abs. 1 Satz 3 UmwStG zu ermitteln und rückwirkend im Wirtschaftsjahr der Einbringung als Gewinn des Einbringenden zu versteuern ist. Darüber hinaus ist auch ein Gewinn aus der (fiktiven) Veräußerung der Anteile im fiktiven Veräußerungsjahr zu versteuern (Rdn. 22.32 UmwStE). 930

Der Einbringende hat (jährlich für die Sperrfrist) nachzuweisen, wem die erhaltenen Anteile und – bei Folgeeinbringungen – die auf diesen Anteilen beruhenden Anteile mit Ablauf des Tags, der dem maßgebenden Einbringungszeitpunkt entspricht, zuzurechnen sind. Dabei geht es um die Frage, wer zu dem jeweils maßgebenden Zeitpunkt **wirtschaftlicher Eigentümer der betroffenen Anteile** ist. 931

Zu der **Art bzw. der Form des Nachweises** enthält das Gesetz keine Angaben. Die Verwaltung fordert, dass der Einbringende jährlich eine schriftliche Erklärung darüber abgibt, wer der wirtschaftliche Eigentümer ist (Rdn. 22.30 UmwStE). Ist er selbst noch wirtschaftlicher Eigentümer der Anteile, hat er darüber hinaus eine Bestätigung der übernehmenden Gesellschaft über seine Gesellschafterstellung vorzulegen. In allen anderen Fällen muss er nachweisen, an wen und auf welche Weise die Anteile übertragen worden sind. Die Gesellschafterstellung kann auch (anderweitig) z. B. durch Vorlage eines Registerauszugs oder einer Gesellschafterliste zum jeweiligen Stichtag nachgewiesen werden. 932

Der Nachweis ist bei dem für den Einbringenden zuständigen Finanzamt zu erbringen (Rdn. 22.29 UmwStE). 933

Der Nachweis ist **jährlich spätestens bis zum 31. Mai** zu erbringen. Die Nachweisfrist kann nicht verlängert werden (Rdn. 22.33 UmwStE). Es handelt sich aber nicht um eine Ausschlussfrist. Ein vom Einbringenden erst nach Ablauf der Frist erbrachter Nachweis ist noch zu berücksichtigen, wenn verfahrensrechtlich die betroffenen Bescheide noch geändert werden können. 934

Die Nachweispflicht besteht für **sieben Jahre**, vom Einbringungszeitpunkt an gerechnet. Der erste Nachweis ist nach Ablauf des ersten Zeitjahres seit dem Einbringungszeitpunkt (bis spätestens zum 31. 5.) zu erbringen. 935

Kommt der Einbringende seiner Nachweispflicht nicht nach, gelten nach § 22 Abs. 3 Satz 2 UmwStG die Anteile an dem Tag, der dem Einbringungszeitpunkt folgt, oder in den folgenden Jahren dem Tag, der diesem Kalendertag entspricht, als veräußert. Der 936 fiktive Veräußerungstag ist also stets der Tag nach dem Tag, der dem Einbringungszeitpunkt entspricht.

BEISPIEL ▶ A hat am 15.8.02 die Einbringung seines Betriebs in die X-GmbH zur Eintragung in das Handelsregister angemeldet. Steuerlicher Übertragungsstichtag ist der 31.12.01. Die Einbringung erfolgt nach § 20 Abs. 2 Satz 2 UmwStG zu Buchwerten.

LÖSUNG ▶ Die siebenjährige Sperrfrist des § 22 Abs. 1 Satz 1 UmwStG beginnt am 1.1.02 0.00 Uhr und endet am 31.12.08 24.00 Uhr. Der erste Nachweis i. S. d. § 22 Abs. 3 UmwStG (für das erste abgelaufene Zeitjahr) ist spätestens bis zum 31.5.03 darüber zu erbringen, wem die Anteile an der X-GmbH am 31.12.02 wirtschaftlich gehören. Wird dieser Nachweis nicht erbracht, gelten die Anteile am 1.1.02 als veräußert mit der Folge, dass der Einbringungsgewinn I nach § 22 Abs. 1 Satz 3 UmwStG zu ermitteln und rückwirkend im Wirtschaftsjahr der Einbringung (01) als Gewinn des Einbringenden zu versteuern ist.

Der letzte (siebte) Nachweis i. S. d. § 22 Abs. 3 UmwStG ist spätestens bis zum 31.5.09 (für das siebte abgelaufene Zeitjahr) darüber zu erbringen, wem die Anteile an der X-GmbH am 31.12.08 wirtschaftlich gehören. (Das ist natürlich nur dann erforderlich, wenn die Anteile in den Vorjahren noch nicht veräußert worden sind und ein Veräußerungsersatztatbestand i. S. d. § 22 Abs. 1 Satz 6 UmwStG nicht verwirklicht worden ist und der Einbringende in den vorhergehenden Jahren seiner Nachweispflicht nach § 22 Abs. 3 UmwStG stets nachgekommen ist, so dass bisher auch von Amts wegen noch keine Besteuerung des Einbringungsgewinns durchzuführen war.) Bleibt der Einbringende den letzten (siebten) Nachweis schuldig, gelten die Anteile am 1.1.08 (also zu Beginn des siebten Sperrfristjahres) als veräußert. Dann ist von Amts wegen der Einbringungsgewinn I nach Maßgabe des § 22 Abs. 1 Satz 3 UmwStG zu ermitteln und rückwirkend im Jahr 01 als Gewinn des Einbringenden A zu versteuern. Bei der Ermittlung des Einbringungsgewinns ist die Siebtelverminderung für sechs volle Zeitjahre (02 bis 07) vorzunehmen. Zusätzlich ist der Gewinn aus der (fiktiven) Veräußerung der Anteile im fiktiven Veräußerungsjahr (08) zu versteuern (Rdn. 22.32 UmwStE).

937 Ist eine **Personengesellschaft einbringender Rechtsträger**, ist ein Nachweis auch darüber zu erbringen, wem ihre Mitunternehmeranteile an dem Tag, der dem Einbringungszeitpunkt entspricht, zuzurechnen sind (Rdn. 22.28 UmwStE).

938 Die **Nachweispflicht** des § 22 Abs. 3 UmwStG besteht **nicht** für die durch eine Einbringung zum gemeinen Wert nach § 20 Abs. 2 Satz 1 UmwStG erhaltenen Anteile.

4.10.7 Juristische Person des öffentlichen Rechts oder steuerbefreite Körperschaft als Veräußerer

939 Nach § 22 Abs. 4 UmwStG gilt der Gewinn aus der Veräußerung von erhaltenen sperrfristbehafteten Anteilen

- durch eine juristische Person des öffentlichen Rechts als in einem Betrieb gewerblicher Art und
- durch eine von der Körperschaftsteuer befreite Körperschaft als in einem wirtschaftlichen Geschäftsbetrieb entstanden.

Mit diesen Fiktionen wird die Besteuerung der in Kapitalgesellschaftsanteile transferierten stillen Reserven aus einem Betrieb gewerblicher Art oder aus einem wirtschaftlichen Geschäftsbetrieb sichergestellt.

Die Fiktionen greifen nur dann, wenn eine juristische Person des öffentlichen Rechts einen Betrieb gewerblicher Art oder eine steuerbefreite Körperschaft einen wirtschaftlichen Geschäftsbetrieb nach § 20 Abs. 2 Satz 2 UmwStG unter dem gemeinen Wert in eine Kapitalgesellschaft eingebracht hat und die erhaltenen steuerverstrickten und sperrfristbehafteten Anteile innerhalb von sieben Jahren nach dem Einbringungszeitpunkt veräußert. Ungeachtet der Rechtsfolge des § 22 Abs. 4 UmwStG ist im Falle einer „schädlichen" Veräußerung oder eines Veräußerungsersatztatbestandes i. S. d. § 22 Abs. 1 Satz 6 UmwStG aber auch der Einbringungsgewinn I nach Maßgabe des § 22 Abs. 1 UmwStG zu ermitteln und rückwirkend im Wirtschaftsjahr der Einbringung als Gewinn des Einbringenden zu versteuern.

4.10.8 Unentgeltliche Rechtsnachfolge, § 22 Abs. 6 UmwStG

Die unentgeltliche Übertragung von erhaltenen steuerverstrickten und sperrfristbehafteten Anteilen ist keine Veräußerung und löst somit – vorbehaltlich des § 22 Abs. 1 Satz 6 UmwStG – auch keine Besteuerung des Einbringungsgewinns I aus. Die Veräußerungsersatztatbestände des § 22 Abs. 1 Satz 6 UmwStG haben Vorrang vor § 22 Abs. 6 UmwStG. In der abschließenden Aufzählung des § 22 Abs. 1 Satz 6 UmwStG wird im Hinblick auf unentgeltliche Übertragungen nur die (unentgeltliche) Übertragung auf eine Kapitalgesellschaft oder Genossenschaft einer Veräußerung gleichgestellt. Im Übrigen wird durch eine unentgeltliche Übertragung keine Besteuerung des Einbringungsgewinns I ausgelöst. 940

Nach § 22 Abs. 6 UmwStG soll dennoch (trotz unentgeltlicher Übertragung) die **Sperrfristbehaftung** der **Anteile** bis zum Ende der Siebenjahresfrist des § 22 Abs. 1 Satz 1 UmwStG fortbestehen und ein Einbringungsgewinn I rückwirkend besteuert werden, wenn nicht mehr der Einbringende, aber sein unentgeltlicher Rechtsnachfolger (oder dessen unentgeltlicher Rechtsnachfolger) die Anteile veräußert oder einen Veräußerungsersatztatbestand im Sinne von § 22 Abs. 1 Satz 6 UmwStG verwirklicht. Dieses Ziel erreicht der Gesetzgeber mit der Fiktion, dass der (unentgeltliche) Rechtsnachfolger als Einbringender gilt. 941

Als unter § 22 Abs. 6 UmwStG fallende unentgeltliche Rechtsnachfolgen (Übertragungen ohne Gegenleistung) kommen in Betracht: 942

- Schenkung unter Lebenden (ohne Auflage)
- Erwerb von Todes wegen
- Zuweisung im Rahmen der Realteilung einer Mitunternehmerschaft
- Spende an eine steuerbefreite Stiftung
- verdeckte Gewinnausschüttung (an eine natürliche Person, Beispiel dazu s. Rdn. 22.41 UmwStE)

Die Regelung (des § 22 Abs. 6 UmwStG) gilt aber nicht in den Fällen der unentgeltlichen Übertragung auf eine Kapitalgesellschaft oder Genossenschaft. 943

Die Rechtsfolge des § 22 Abs. 6 UmwStG ist, dass das die Besteuerung des Einbringungsgewinns auslösende Ereignis durch den unentgeltlichen Rechtsnachfolger erfüllt 944 werden kann. Der unentgeltliche Rechtsnachfolger hat auch die jährlichen Nachweispflichten des § 22 Abs. 3 UmwStG zu erfüllen. Kommt es zu einem die Besteuerung des Einbringungsgewinns auslösenden Ereignis durch den unentgeltlichen Rechtsnachfolger (innerhalb der verbleibenden Siebenjahresfrist), ist der Einbringungsgewinn rückwirkend im Wirtschaftsjahr der Einbringung als Gewinn des (tatsächlich) Einbringenden zu versteuern.

945 Teilentgeltliche Übertragungen von sperrfristbehafteten Anteilen sind nach dem Grundsatz der Trennungstheorie aufzuteilen in eine voll entgeltliche – die Besteuerung des Einbringungsgewinns auslösende – Übertragung und eine unentgeltliche Übertragung. Dabei berechnen sich der entgeltlich und der unentgeltlich übertragene Teil nach dem Verhältnis des Entgelts zu dem gemeinen Wert der Anteile.

4.10.9 Mitverstrickung von Anteilen, § 22 Abs. 7 UmwStG

946 Soweit durch eine Sacheinlage unterhalb des gemeinen Wertes (§ 20 Abs. 2 Satz 2 UmwStG) stille Reserven auf andere Anteile verlagert werden, gelten diese anderen Anteile nach § 22 Abs. 7 UmwStG („insoweit") auch als erhaltene Anteile i. S. d. § 22 Abs. 1 Satz 1 UmwStG (Mitverstrickung von Anteilen). § 20 UmwStG lässt die Verlagerung von stillen Reserven im eingebrachten (Teil-)Betrieb oder Mitunternehmeranteil auf andere Anteile an der übernehmenden Gesellschaft steuerneutral zu. Eine Verlagerung von stillen Reserven tritt immer dann ein, wenn die durch die Einbringung erhaltenen neuen Anteile den Wert des Sacheinlagegegenstands unterschreiten.

BEISPIEL A und B gründen die AB-GmbH mit einem Stammkapital von 100 000 €. Jeder übernimmt einen Geschäftsanteil im Nennwert von 50 000 €. A erfüllt seine Sacheinlageverpflichtung durch Übertragung seines Betriebs zum Buchwert von 50 000 € (der gemeine Wert des Betriebs beträgt 200 000 €). B erfüllt seine Einlageverpflichtung durch eine Bareinzahlung von 50 000 €.

	AB-GmbH		Anteil A		Anteil B	
	Nennwert (Buchwert)	gemeiner Wert	Anschaffungskosten	gemeiner Wert	Anschaffungskosten	gemeiner Wert
Einlage A Betrieb	50 000 €	200 000 €	50 000 €	200 000 €		
Einlage B Bar	50 000 €	50 000 €			50 000 €	50 000 €
Gesamt	100 000 €	250 000 €				
Beteiligung A + B zu je $^1/_2$:			./. 18 750 €	./. 75 000 €	+ 18 750 €	+ 75 000 €
			31 250 €	125 000 €	68 750 €	125 000 €

Erläuterungen

Der gemeine Wert des von A eingebrachten Betriebs verlagert sich zu 37,5 % (75 000 €/200 000 €) auf den Anteil des B.

In demselben Verhältnis sind dem B auch die Anschaffungskosten des A zuzurechnen (18 750 €).

Von dem Sacheinlagegegenstand des A bzw. von den dafür erhaltenen Anteilen werden 37,5 % der stillen Reserven (= 56 250 €) auf die „anderen" Anteile des B verlagert. Insoweit sind die Anteile mitverstrickt und gelten als Anteile i. S. d. § 22 Abs. 1 Satz 1 UmwStG.

Fortsetzung des Beispiels

B veräußert seine 50 %-Beteiligung an der AB-GmbH innerhalb von sieben Jahren seit der Einbringung des Betriebs durch A.

Die Veräußerung löst nach § 22 Abs. 7 i. V. m. Abs. 1 Satz 1 UmwStG die Besteuerung des Einbringungsgewinns I bei A aus. Von dem nach Maßgabe des § 22 Abs. 1 Satz 3 UmwStG ermittelten Einbringungsgewinn sind 37,5 % anzusetzen und als Gewinn des Einbringenden A rückwirkend im Wirtschaftsjahr der Einbringung zu versteuern.

Abwandlung

B veräußert nur die Hälfte seiner 50 %-Beteiligung an der AB-GmbH.

Von dem für A nach § 22 Abs. 1 Satz 3 UmwStG ermittelten Einbringungsgewinn sind 1/2 von 37,5 % (18,75 %) anzusetzen und rückwirkend im Wirtschaftsjahr der Einbringung zu versteuern.

Eine **Verlagerung von stillen Reserven** auf andere Anteile kann bei folgenden Maßnahmen eintreten: 947

- Gesellschaftsgründung zum Teil durch eine Sacheinlage und zum Teil durch eine Bareinlage
- Kapitalerhöhung gegen Bareinlage nach einer früheren Sacheinlage
- Kapitalerhöhung gegen eine Sacheinlage
- Kapitalerhöhung aus Gesellschaftsmitteln nach einer früheren Sacheinlage

Die **Rechtsfolgen** des § 22 Abs. 7 UmwStG sind: 948

- Die „schädliche" Veräußerung der mitverstrickten Anteile löst bei dem ursprünglich Einbringenden die rückwirkende Besteuerung des Einbringungsgewinns nach § 22 Abs. 1 UmwStG aus.
- Der zu versteuernde Einbringungsgewinn gilt als nachträgliche Anschaffungskosten der veräußerten Anteile.
- Die Veräußerung der mitverstrickten Anteile unterliegt bei dem Veräußerer im Jahr der Veräußerung den allgemeinen steuerlichen Bestimmungen.
- Der Inhaber von mitverstrickten Anteilen hat die jährlichen Nachweispflichten nach § 22 Abs. 3 UmwStG zu erfüllen (Rdn. 22.28 UmwStE).

949

ABB. 17: Veräußerung steuerverstrickter Anteile innerhalb von sieben Jahren

Steuerverstrickte Anteile = für die Einbringung eines Betriebs, Teilbetriebs oder Mitunternehmeranteils unter dem gemeinen Wert erhaltene neue Anteile an der übernehmenden Gesellschaft – aufgrund einer Einbringung auf die das UmwStG in der ab 7.12.2006 geltenden Fassung anzuwenden ist

Einbringungszeitpunkt

Sieben Jahre Sperrfrist

Die Veräußerung steuerverstrickter Anteile (oder ein Ereignis nach § 22 Abs. 1 Satz 6 UmwStG (Veräußerungsersatztatbestand)) innerhalb von sieben Jahren löst aus:

Besteuerung des **Einbringungsgewinns I** nach § 22 Abs. 1 UmwStG rückwirkend im Wirtschaftsjahr der Einbringung

+

Besteuerung des **Veräußerungsgewinns** nach allgemeinen Regeln im Jahr der Veräußerung unter Beachtung (auch) des § 17 Abs. 6 EStG

Ermittlung des Einbringungsgewinns I:

	Gemeiner Wert des eingebrachten Betriebsvermögens im Einbringungszeitpunkt
-	Gemeiner Wert der im eingebrachten Betriebsvermögen enthaltenen Anteile an Kapitalgesellschaften und Genossenschaften
-	Kosten für den Vermögensübergang (Einbringungskosten)
-	Wert, mit dem die übernehmende Gesellschaft das eingebrachte Betriebsvermögen angesetzt hat (ohne Anteile an Kapitalgesellschaften und Genossenschaften)
=	Einbringungsgewinn I im Einbringungszeitpunkt
-	1/7 für jedes abgelaufene Zeitjahr
=	Einbringungsgewinn I (Gewinn im Sinne von § 16 EStG; § 16 Abs. 4 und § 34 EStG sind nicht anzuwenden)

Ermittlung des Veräußerungsgewinns auf den Veräußerungszeitpunkt: (für eine natürliche Person)

	Veräußerungspreis		.........€
-	steuerfrei, § 3 Nr. 40 EStG (40 v. H.)		.........€
=	steuerpflichtig (60 v. H.)		.........€
	Anschaffungskosten	.........€	
	+ Einbringungsgewinn I (nachträgliche Anschaffungskosten)	.........€	
	+ Veräußerungskosten	.........€	
-	60 v. H. (§ 3c Abs. 2 EStG) von	.........€	.........€
=	Veräußerungsgewinn		.........€

Auf Antrag: Die übernehmende Gesellschaft kann den versteuerten Einbringungsgewinn I als Erhöhungsbetrag ansetzen (Buchwertaufstockungen bei den eingebrachten Wirtschaftsgütern) soweit der Einbringende die auf den Einbringungsgewinn entfallende Steuer entrichtet hat und dies durch Vorlage einer Bescheinigung des zuständigen Finanzamts nachgewiesen wurde (§ 23 Abs. 2 UmwStG).

4.11 Zusammenfassendes Beispiel

Sachverhalt

An der vor Jahren in Flensburg gegründeten Hans-Christian-OHG (HC-OHG) sind die unbeschränkt einkommensteuerpflichtigen natürlichen Personen Hans (H) und Christian (C) je zur Hälfte beteiligt. Die HC-OHG betreibt in Flensburg die Herstellung von Meeresskulpturen. 950

Zum 1.1.02 soll die HC-OHG auf die Andersen-GmbH (A-GmbH) verschmolzen werden. Die Verschmelzung wird am 15.8.02 zur Eintragung in das Handelsregister angemeldet. Der Anmeldung ist nachfolgend abgebildete (komprimierte und um die Angabe der gemeinen Werte ergänzte) Schlussbilanz auf den 31.12.01 beigefügt worden. Die ausgewiesenen Buchwerte entsprechen auch den steuerlichen Vorschriften.

A Schlussbilanz der HC-OHG zum 31.12.01 P

	Buchwert	(gemeiner Wert)		
Geschäftswert	0 €	(100 000 €)	Kapital H	90 000 €
Grund und Boden	130 000 €	(150 000 €)	Kapital C	60 000 €
Gebäude	410 000 €	(520 000 €)	Darlehen	400 000 €
sonstiges Anlagevermögen	70 000 €	(100 000 €)	sonstige Verbindlichkeiten	100 000 €
Umlaufvermögen	40 000 €	(60 000 €)		
	650 000 €	(930 000 €)		650 000 €

Zum Ausgleich für sein höheres Kapitalkonto soll H von der A-GmbH einen Barbetrag i. H. v. 30 000 € erhalten.

Für H ist noch folgende Ergänzungsbilanz aufgestellt worden:

A Ergänzungsbilanz für H P

Kapital	20 000 €	Minderwert Grund + Boden	12 000 €
		Minderwert Gebäude	8 000 €
	20 000 €		20 000 €

Für das Gebäude wurden die steuerlich zulässigen Abschreibungen bisher mit 12 900 € (3 % von 430 000 €) berechnet.

Das sonstige Anlagevermögen ist (einheitlich) mit 12,5 % von 120 000 € abgeschrieben worden.

Für ein im Alleineigentum von H stehendes Grundstück ist nachfolgende (um die Angabe der gemeinen Werte ergänzte) Sonderbilanz aufgestellt worden:

A	Sonderbilanz für H zum 31.12.01			P
	Buchwert	(gemeiner Wert)		
Grund und Boden	85 000 €	(100 000 €)	Kapital	311 000 €
Gebäude	226 000 €	(240 000 €)		
	311 000 €	(340 000 €)		311 000 €

Das der HC-OHG überlassene Grundstück wird von dieser fremdvermietet. Da die HC-OHG ihr Gewerbe inzwischen auf einem eigenen Grundstück betreibt, ist sie auf dieses Grundstück ihres Gesellschafters H nicht mehr zwingend angewiesen. Bis vor wenigen Jahren hatte die HC-OHG die Herstellung der Meeresskulpturen noch auf diesem Grundstück betrieben, hat dann aber ihren Betrieb auf ihr eigenes Grundstück verlegt. Sie zahlt an H weiterhin eine ortsübliche monatliche Miete von 2 000 € und vermietet es für einen geringfügigen Aufschlag weiter. Da alle laufenden Grundstückskosten von der Mieterin zu bezahlen sind, wird H nur noch mit der AfA (bisher: 3 % von 280 000 €) „belastet".

Mit der Verschmelzung gehen auch die Mietverhältnisse auf die A-GmbH über.

Der zwischen der HC-OHG und C abgeschlossene Dienstvertrag über eine monatliche (angemessene) Vergütung von 4 000 € für von C zu erbringende Arbeitsleistungen geht ebenfalls auf die A-GmbH über.

Die Vermögensverhältnisse der A-GmbH auf den 31.12.01 stellen sich wie folgt dar:

A	Schlussbilanz der A-GmbH zum 31.12.01			P
	Buchwert	(gem. Wert)		
Summe Aktiva	750 000 €	(1 200 000 €)	gez. Kapital	100 000 €
			Kapitalrücklagen	250 000 €
			Verbindlichkeiten	400 000 €
	750 000 €	(1 200 000 €)		750 000 €

Zur Durchführung der Verschmelzung wird das Stammkapital der A-GmbH um 50 000 € erhöht. Die zwei neuen nennbetragsgleichen Geschäftsanteile erhalten H und C. Der den Nennwert der neuen Anteile übersteigende Wert des eingebrachten Vermögens ist als Kapitalrücklage einzubuchen.

Es wird beantragt, die Verschmelzung zum Buchwert vorzunehmen.

Am 2.1.06 veräußert C seinen Anteil an der A-GmbH für 250 000 € an einen fremden Dritten.

LÖSUNG Steuerrechtlich betrachtet, handelt es sich bei der Verschmelzung der HC-OHG auf die A-GmbH um die Veräußerung des ganzen Betriebs der HC-OHG i. S. d. § 16 Abs. 1 Satz 1 Nr. 1 EStG, die die Mitunternehmer H und C in ihrer gesamthänderischen Verbundenheit durchführen. Zwar erfolgte die Übertragung des Gesellschaftsvermögens unmittelbar von der HC-OHG in einem Akt auf die A-GmbH. Gleichwohl ist nicht die HC-OHG als Veräußerin bzw. Einbringende zu qualifizieren, denn mit der

Übertragung ihres gesamten Vermögens kommt es zur Vollbeendigung der Personengesellschaft und zum Erlöschen der Mitunternehmerschaft. Nicht die HC-OHG, sondern H und C haben die Gegenleistung, also den Veräußerungspreis in Form der Gesellschaftsrechte an der A-GmbH erhalten. Es handelt sich hier um einen tauschähnlichen Vorgang.

Zum Betriebsvermögen der HC-OHG gehört aber nicht nur das Gesamthandsvermögen, sondern auch vorhandenes Sonderbetriebsvermögen (vgl. BMF v. 20.11.2019, BStBl 2019 I 1291, Rdn. 6). Das dem H gehörende und an die HC-OHG vermietete Grundstück ist gewillkürtes Sonderbetriebsvermögen I. Dadurch, dass H es der HC-OHG zur Vermietung überlässt, ist das Grundstück objektiv geeignet und subjektiv dazu bestimmt, den Betrieb der HC-OHG zu fördern (R 4.2 Abs. 2 Satz 3 EStR).

Die Tatsache, dass das Grundstück nicht mit übertragen wurde, könnte der Verwirklichung des Tatbestandes des § 16 Abs. 1 Satz 1 Nr. 1 EStG entgegenstehen. Die Veräußerung eines „ganzen" Betriebs im Sinne dieser Vorschrift setzt nämlich voraus, dass alle zu dem Betrieb gehörenden wesentlichen Betriebsgrundlagen übertragen werden. Das Grundstück ist jedoch keine für den Betrieb der HC-OHG wesentliche Betriebsgrundlage. Gegenstand des Unternehmens der HC-OHG ist die Herstellung von Meeresskulpturen. Dieses Unternehmen wird nicht auf dem genannten Grundstück betrieben; auch sonst hat das Grundstück für die Fortführung des Unternehmensgegenstandes keine Bedeutung. Da auch keine erheblichen stillen Reserven in dem Wirtschaftsgut ruhen, ist das Grundstück weder nach der funktionalen noch nach der quantitativen Betrachtungsweise als wesentliche Betriebsgrundlage anzusehen. Somit steht die Zurückbehaltung des Grundstücks durch H der Verwirklichung des § 16 Abs. 1 Satz 1 Nr. 1 EStG nicht entgegen.

Auf die Verschmelzung der HC-OHG auf die A-GmbH ist aber auch § 20 UmwStG anzuwenden. Gegenstand der Einbringung ist der Betrieb der HC-OHG (Rdn. 20.05 UmwStE). Einbringende sind die Mitunternehmer der HC-OHG (H und C), weil sie die Gegenleistung in Form von neuen Anteilen an der übernehmenden Gesellschaft (A-GmbH) erhalten haben (Rdn. 20.03 UmwStE). Die Zurückbehaltung des zum Sonderbetriebsvermögen gehörenden Grundstücks von H steht der Anwendung des § 20 UmwStG nicht entgegen, weil das Grundstück keine funktional wesentliche Betriebsgrundlage der HC-OHG ist (Rdn. 20.06 UmwStE).

§ 20 UmwStG ist anzuwenden, weil es sich um eine Verschmelzung i. S. d. § 2 UmwG einer Personenhandelsgesellschaft auf eine Kapitalgesellschaft handelt (§ 1 Abs. 3 Nr. 1 UmwStG).

Die persönlichen Anwendungsvoraussetzungen des § 1 Abs. 4 UmwStG sind ebenfalls erfüllt. Übernehmender Rechtsträger ist die A-GmbH, eine nach dem Recht eines EU-Mitgliedstaats (Deutschland) gegründete Gesellschaft i. S. d. Art. 54 AEUV, deren Sitz und Geschäftsleitung sich im Gemeinschaftsgebiet (Deutschland) befinden (§ 1 Abs. 4 Satz 1 Nr. 1 UmwStG). Die HC-OHG ist als übertragender Rechtsträger ebenfalls eine nach dem Recht eines EU-Mitgliedstaats gegründete Gesellschaft i. S. d. Art. 54 AEUV mit Sitz und Geschäftsleitung im Gemeinschaftsgebiet (§ 1 Abs. 4 Satz 1 Nr. 2 Buchst. a Doppelbuchst. bb i. V. m. Abs. 4 Satz 1 Nr. 1 UmwStG). Die an der HC-OHG beteiligten Gesellschafter (die natürlichen Personen H und C) haben ihren Wohnsitz im

Gemeinschaftsgebiet (Deutschland) und erfüllen damit die Voraussetzungen des § 1 Abs. 4 Satz 1 Nr. 2 Buchst. a Doppelbuchst. aa i. V. m. Abs. 4 Satz 1 Nr. 1 UmwStG. Es liegen keine Anhaltspunkte dafür vor, dass H und C nach einem DBA mit einem Drittstaat als außerhalb Deutschlands ansässig anzusehen sind.

Der steuerliche Übertragungsstichtag ist nach § 20 Abs. 6 Satz 1 UmwStG der 31.12.01, denn es handelt sich um eine Verschmelzung i. S. d. § 2 UmwG, und der 31.12.01 ist der Tag, für den die HC-OHG als übertragende Unternehmerin die Schlussbilanz i. S. d. § 17 Abs. 2 UmwG aufgestellt hat, da zivilrechtlicher Verschmelzungsstichtag i. S. d. § 5 Abs. 1 Nr. 6 UmwG der 1.1.02 ist (Rdn. 02.02 UmwStE). Dieser Tag liegt auch innerhalb der acht Monate vor der Anmeldung der Verschmelzung zur Eintragung in das Handelsregister (am 15.8.02). Demzufolge sind gem. § 20 Abs. 5 Satz 1 UmwStG das Einkommen und das Vermögen der A-GmbH und der einbringenden Mitunternehmer H und C so zu ermitteln, als ob das Betriebsvermögen der HC-OHG bereits mit Ablauf des 31.12.01 übergegangen wäre.

Die A-GmbH hat das eingebrachte Betriebsvermögen der HC-OHG grundsätzlich mit dem gemeinen Wert anzusetzen (§ 20 Abs. 2 Satz 1 UmwStG). Abweichend davon kann sie nach § 20 Abs. 2 Satz 2 Nr. 1-4 UmwStG den bisherigen Buchwert oder einen Zwischenwert ansetzen, weil die spätere Besteuerung sichergestellt ist, die Passivposten des eingebrachten Betriebsvermögens die Aktivposten nicht übersteigen und das deutsche Besteuerungsrecht hinsichtlich des Gewinns aus der Veräußerung des eingebrachten Betriebsvermögens nicht eingeschränkt wird. Die neben den neuen Anteilen gewährte sonstige Gegenleistung (Barzahlung an H i. H. v. 30 000 €) übersteigt auch nicht 25 % des Buchwerts des eingebrachten Betriebsvermögens oder 500 000 €.

Das Wertansatzwahlrecht kann vollständig und uneingeschränkt ausgeübt werden. Die Übertragung des Betriebs ist nicht in eine nach § 20 UmwStG zu beurteilende Einbringung und eine (zwingend zur Aufdeckung von stillen Reserven führende) Veräußerung aufzuteilen. Die in dem eingebrachten Betriebsvermögen ruhenden stillen Reserven werden vollständig in die neuen GmbH-Anteile verlagert. Die Barzahlung übersteigt nicht den Buchwert des eingebrachten Betriebsvermögens, so dass antragsgemäß der Buchwert angesetzt werden kann (§ 20 Abs. 2 Satz 4 und Abs. 3 Satz 3 UmwStG).

Aufgrund des vorliegenden Antrags wird der Buchwert angesetzt.

Danach stellt sich die (Übernahme-)Bilanz der A-GmbH wie folgt dar:

A	Übernahmebilanz der A-GmbH 31.12.01		P
Summe (eigene) Aktiva	750 000 €	gez. Kapital	150 000 €
Grund und Boden	118 000 €	Kapitalrücklagen	300 000 €
Gebäude	402 000 €	Darlehen	400 000 €
sonstiges Anlagevermögen	70 000 €	Verbindlichkeiten	400 000 €
Umlaufvermögen	40 000 €	sonstige Verbindlichkeiten	100 000 €
		Verbindlichkeit H	30 000 €
	1 380 000 €		1 380 000 €

Die Zuführung des die Stammeinlagen übersteigenden Betriebsvermögens zu der Kapitalrücklage führt nicht zur Einschränkung des Bewertungswahlrechts nach § 20 Abs. 2 Satz 2 UmwStG).

Der Wert, mit dem die GmbH das eingebrachte Betriebsvermögen ansetzt, gilt für die Einbringenden H und C als Veräußerungspreis (§ 20 Abs. 3 Satz 1 UmwStG).

Der Gewinn aus der Veräußerung (Einbringung) des Betriebs ist gesondert und einheitlich festzustellen (§ 179 Abs. 2 Satz 2 i. V. m. § 180 Abs. 1 Nr. 2 Buchst. a AO) und auf die Mitunternehmer H und C aufzuteilen. Er wird wie folgt auf den 31.12.01 (Veräußerungszeitpunkt) nach § 16 Abs. 2 Satz 1 EStG i. V. m. § 20 Abs. 3 Satz 1 UmwStG ermittelt:

	Veräußerungspreis = Wert mit dem die A-GmbH das eingebrachte Betriebsvermögen angesetzt hat, § 20 Abs. 3 S. 1 UmwStG			
	Grund und Boden	118 000 €		
	Gebäude	402 000 €		
	Sonstiges Anlagevermögen	70 000 €		
	Umlaufvermögen	40 000 €		
	Darlehen	./. 400 000 €		
	Sonstige Verbindlichkeiten	./. 100 000 €		130 000 €
./.	Einbringungskosten (keine Angaben)			——
./.	Buchwert (90 000 € + 60 000 € ./. 20 000 €)			130 000 €
	Einbringungsgewinn (im engeren Sinne)			0 €
	auf die Mitunternehmer entfallen:		H	C
			0 €	0 €
+	gemeiner Wert des zum 31.12.01 in das Privatvermögen überführten Grundstücks, § 16 Abs. 3 Satz 8 EStG analog		340 000 €	——
./.	Buchwert		311 000 €	——
	Einbringungsgewinn im weiteren Sinne		29 000 €	0 €

Die Zugehörigkeit des vorgenannten Grundstücks zum gewillkürten Sonderbetriebsvermögen entfällt mit Ablauf des 31.12.01, weil die Mitunternehmerschaft und damit die Möglichkeit der Fortführung von Sonderbetriebsvermögen in diesem Zeitpunkt endet. Das Grundstück gilt ab 1.1.02 als an die A-GmbH vermietet. Diese Vermietung ist bloße Vermögensverwaltung (§ 14 Satz 3 AO) und kein Gewerbebetrieb. Die Nutzungsänderung stellt eine Entnahme (§ 4 Abs. 1 Satz 2 EStG) dar, die im Rahmen der Veräußerung des Betriebs gem. § 16 Abs. 3 Satz 8 EStG analog mit dem gemeinen Wert anzusetzen ist.

Der ermittelte Einbringungsgewinn im weiteren Sinne gehört zu den Einkünften aus Gewerbebetrieb des Jahres 01 des (ehemaligen) Mitunternehmers H. Weil das eingebrachte Betriebsvermögen nicht mit dem gemeinen Wert angesetzt wurde, kann jedoch weder ein Freibetrag nach § 16 Abs. 4 EStG noch die Tarifbegünstigung nach § 34 Abs. 1 oder Abs. 3 EStG gewährt werden (§ 20 Abs. 4 Satz 1 und 2 UmwStG Umkehrschluss).

Die Anschaffungskosten für die erhaltenen Geschäftsanteile an der A-GmbH im Nennwert von 25 000 € ermitteln sich wie folgt:

	Übernahmewert des eingebrachten Betriebsvermögens bei der A-GmbH, § 20 Abs. 3 Satz 1 UmwStG:		130 000 €
		H	C
	auf die einbringenden Mitunternehmer entfallen:	70 000 €	60 000 €
./.	gemeiner Wert der weiteren Gegenleistung (Zahlungsforderung), § 20 Abs. 3 Satz 3 UmwStG	30 000 €	— —
	Anschaffungskosten der erhaltenen (neuen) Anteile	40 000 €	60 000 €

Es handelt sich um steuerverstrickte und sperrfristbehaftete Anteile i. S. d. § 22 Abs. 1 Satz 1 UmwStG, weil sie durch eine Sacheinlage unter dem gemeinen Wert erworben wurden. Die Einbringenden (H und C) haben jeweils in den nächsten Jahren jährlich (erstmals bis zum 31.5.03) nachzuweisen, wem die erhaltenen Anteile mit Ablauf des 31. 12. des jeweiligen Jahres zuzurechnen sind (§ 22 Abs. 3 Satz 1 UmwStG).

Eine Mitverstrickung von Altanteilen an der A-GmbH i. S. d. § 22 Abs. 7 UmwStG ist nicht eingetreten, weil keine stillen Reserven verlagert wurden. Die Erhöhung des Nennkapitals bei der A-GmbH erfolgte verhältniswahrend.

Berechnung:

$$\frac{\text{Vermögen der HC-OHG ./. bare Zuzahlung}}{\text{Vermögen der A-GmbH}} \times \text{bisheriges Nennkapital A-GmbH}$$

$$= \frac{(430\,000\,€ \text{ ./. } 30\,000\,€)}{800\,000\,€} \times 100\,000\,€ = \quad 50\,000\,€$$

Der gemeine Wert der neuen Anteile beträgt 400 000 € (1/3 von 1 200 000 €) und entspricht dem gemeinen Wert der Sacheinlage (nach Verminderung um den Teil, für den als zusätzliche Gegenleistung 30 000 € zu zahlen sind). Die im Betriebsvermögen (Gesamthandsvermögen) der HC-OHG vorhandenen stillen Reserven i. H. v. 300 000 € (280 000 € + 20 000 €) sind vollständig in die neuen Anteile von H und C an der A-GmbH transferiert worden.

Nach § 20 Abs. 5 Satz 1 UmwStG sind das Einkommen und das Vermögen der A-GmbH und der einbringenden Mitunternehmer H und C auf Antrag so zu ermitteln, als ob der Betrieb bereits mit Ablauf des 31.12.01 übergegangen wäre. Die zwischen der Gesellschaft und den Gesellschaftern abgeschlossenen Verträge (Mietvertrag mit H und Dienstvertrag mit C) sind ab 1.1.02 nicht mehr nach § 15 Abs. 1 Satz 1 Nr. 2 EStG zu beurteilen, sondern unterliegen allgemeinen einkommensteuerlichen Grundsätzen (Rdn. 20.16 UmwStE). Mit der Vermietung des Grundstücks (an die A-GmbH) erzielt Hans ab 1.1.02 Einkünfte aus Vermietung und Verpachtung nach § 21 Abs. 1 Satz 1 Nr. 1 EStG. C erzielt aus dem Dienstverhältnis (mit der GmbH) ab 1.1.02 Einkünfte aus nichtselbständiger Arbeit nach § 19 Abs. 1 Satz 1 Nr. 1 EStG.

Die A-GmbH tritt nach § 23 Abs. 1 i. V. m. § 12 Abs. 3 1. HS UmwStG hinsichtlich des eingebrachten Betriebsvermögens in die steuerliche Rechtsstellung der Einbringenden, weil sie das Betriebsvermögen mit einem unter dem gemeinen Wert liegenden Wert angesetzt hat. Hinsichtlich der abnutzbaren Wirtschaftsgüter werden die Abschreibungen in der bisherigen Weise fortgeführt.

Veräußerung des GmbH-Anteils durch C am 2.1.06

Die Veräußerung des GmbH-Anteils durch C am 2.1.06 führt zur Besteuerung des Einbringungsgewinns I nach § 22 Abs. 1 Satz 1 UmwStG, weil er den Anteil durch eine Sacheinlage unter dem gemeinen Wert (§ 20 Abs. 2 Satz 2 UmwStG) erhalten hat und die Veräußerung innerhalb von sieben Jahren nach dem Einbringungszeitpunkt erfolgt. Der Einbringungsgewinn I ist rückwirkend im Wirtschaftsjahr der Einbringung – hier im Jahr 01 – als Gewinn des Einbringenden C im Sinne von § 16 EStG zu versteuern. Gemäß § 22 Abs. 1 Satz 3 UmwStG ist der Einbringungsgewinn wie folgt zu ermitteln:

	Gemeine Wert des Gesamthandsvermögens der HC -OHG am 31.12.01 (Einbringungszeitpunkt)	430 000 €	
	Buchwert (in Gesamthandsbilanz)	150 000 €	
	Stille Reserven	280 000 €	
	davon entfallen 50 % auf C	140 000 €	
	Kapitalkonto von Christian	60 000 €	
		200 000 €	
	Gemeiner Wert des von Christian eingebrachten Betriebsvermögens		200 000 €
./.	Kosten für den Vermögensübergang (keine Angaben)		–
./.	Wert, mit dem die übernehmende Gesellschaft (A-GmbH) das eingebrachte Betriebsvermögen angesetzt hat (s. o.)		60 000 €

=	Einbringungsgewinn I im Einbringungszeitpunkt	140 000 €
./.	4/7 (für vier seit dem Einbringungszeitpunkt abgelaufene Zeitjahre)	80 000 €
=	Einbringungsgewinn I	60 000 €

Der Einbringungsgewinn I ist zwar ein Gewinn im Sinne von § 16 EStG, die Freibetragsregelung des § 16 Abs. 4 EStG und die Tarifermäßigungen nach § 34 EStG sind aber nicht anzuwenden (§ 22 Abs. 1 Satz 1 2. HS UmwStG).

Gemäß § 22 Abs. 1 Satz 2 UmwStG gilt die Anteilsveräußerung am 2.1.06 als rückwirkendes Ereignis im Sinne von § 175 Abs. 1 Satz 1 Nr. 2 AO, so dass eine Änderung des Einkommensteuerbescheids für C für 01 vorzunehmen ist.

Die Anschaffungskosten für den Anteil an der A-GmbH von bisher 60 000 € (§ 20 Abs. 3 Satz 1 UmwStG) sind gem. § 22 Abs. 1 Satz 4 UmwStG um 60 000 € (nachträgliche Anschaffungskosten) zu erhöhen.

Im Jahr der Anteilsveräußerung (06) erzielt C Einkünfte aus Gewerbebetrieb gem. § 2 Abs. 1 Satz 1 Nr. 2 i. V. m. § 15 i. V. m. § 17 Abs. 1 Satz 1 und 3 EStG, weil er den zum Privatvermögen (Unterstellung) gehörenden Anteil an einer Kapitalgesellschaft (A-GmbH), an der er innerhalb der letzten fünf Jahre mit mindestens 1 % beteiligt war, veräußert hat. Die Einkünfte sind der Veräußerungsgewinn, der nach § 17 Abs. 2 Satz 1 EStG wie folgt zu ermitteln ist:

	Veräußerungspreis		250 000 €
	steuerfrei nach § 3 Nr. 40 Satz 1 Buchst. c EStG 40 %		100 000 €
	Steuerpflichtig		150 000 €
./.	Anschaffungskosten (ursprünglich)	60 000 €	
	nachträgliche Anschaffungskosten	60 000 €	
		120 000 €	
	60 % gem. § 3c Abs. 2 Satz 1 EStG =	72 000 €	72 000 €
./.	Veräußerungskosten (keine Angaben)		—
	Veräußerungsgewinn		78 000 €

Ein Freibetrag nach § 17 Abs. 3 EStG ist wegen der Höhe des Veräußerungsgewinns nicht abzuziehen.

Die A-GmbH kann die 60 000 € (Einbringungsgewinn I) in ihrer Gewinnermittlung für das Wirtschaftsjahr, in das der 2.1.06 fällt, nach § 23 Abs. 2 UmwStG auf Antrag als Erhöhungsbetrag ansetzen.

Voraussetzung dafür ist jedoch, dass C als Einbringender die auf den Einbringungsgewinn entfallende Steuer entrichtet hat und dies durch Vorlage eine Bescheinigung des zuständigen Finanzamts im Sinne von § 22 Abs. 5 UmwStG nachgewiesen wurde.

Der Erhöhungsbetrag (Aufstockungsbetrag) ist auf alle eingebrachten Wirtschaftsgüter zu verteilen, in denen stille Reserven enthalten waren. Maßgebend sind dabei die Verhältnisse im Einbringungszeitpunkt. Die Verteilung ist so vorzunehmen, wie sie hätte vorgenommen werden müssen, wenn der entsprechend höhere Wert schon bei der Einbringung angesetzt worden wäre. Die aufgedeckten stillen Reserven in Höhe des versteuerten Einbringungsgewinns sind einheitlich und (prozentual) gleichmäßig auf die einzelnen Wirtschaftsgüter aufzuteilen.

Stille Reserven in dem Mitunternehmeranteil von C = 140 000 €.

Durch den Einbringungsgewinn I wurden davon 60 000 € aufgelöst. Das entspricht rd. 42,85 % bzw. 6/14.

Weil C am 31.12.01 mit 50 % an den stillen Reserven der zum Gesamthandsvermögen der HC-OHG gehörenden Wirtschaftsgüter beteiligt war, sind die in die A-GmbH eingebrachten Wirtschaftsgüter auf den Beginn des Wirtschaftsjahres, in das der 2.1.06 fällt, um folgende Beträge aufzustocken:

Werte am 31.12.01	Buchwert	gemeiner Wert	stille Reserven	50 %	6/14
Geschäftswert	0	100 000 €	100 000 €	50 000 €	21 428 €
Grund und Boden	130 000 €	150 000 €	20 000 €	10 000 €	4 286 €
Gebäude	410 000 €	520 000 €	110 000 €	55 000 €	23 571 €
sonstiges Anlagevermögen	70 000 €	100 000 €	30 000 €	15 000 €	6 429 €
Umlaufvermögen	40 000 €	60 000 €	20 000 €	10 000 €	4 286 €

Soweit die Aufstockungsbeträge auf Wirtschaftsgüter entfallen, die inzwischen zum gemeinen Wert übertragen wurden oder die untergegangen sind, stellen die Aufstockungsbeträge sofort abziehbaren Aufwand dar.

Aufstockungsbeträge, die auf Wirtschaftsgüter entfallen, die inzwischen unterhalb des gemeinen Wertes übertragen wurden, bleiben unberücksichtigt.

Bei den abnutzbaren Wirtschaftsgütern sind die Abschreibungen neu zu berechnen. Für das Gebäude ist die AfA-Bemessungsgrundlage (lt. Sachverhalt 430 000 €) um 23 571 € zu erhöhen. Bei den beweglichen abnutzbaren Wirtschaftsgütern sind die auf den Beginn des Wirtschaftsjahres um die Aufstockungsbeträge erhöhten Buchwerte auf die Restnutzungsdauer zu verteilen.

4.12 Kontrollfragen

FRAGEN

		Rdn.
1.	Wie ist die Einbringung eines Betriebs, Teilbetriebs oder Mitunternehmeranteils in eine Kapitalgesellschaft oder Personengesellschaft im System des allgemeinen Ertragsteuerrechts einzuordnen?	593 f., 1041 ff.
2.	Was versteht man unter der „Stundungswirkung“ der §§ 20 und 24 UmwStG?	596 ff., 1047 f.

3.	Kann ein Betrieb auch dann nach § 20 UmwStG zum Buchwert eingebracht werden, wenn die übernehmende Gesellschaft das eingebrachte Betriebsvermögen kurzfristig veräußert?	606 f.
4.	Wie ist der Begriff der wesentlichen Betriebsgrundlage bei Anwendung der §§ 20 und 24 UmwStG zu bestimmen?	614 ff., 1056
5.	Sind die §§ 20 und 21 UmwStG nebeneinander anzuwenden, wenn zum Betriebsvermögen des in die A-GmbH eingebrachten Betriebs auch ein Anteil an der B-GmbH gehört?	619
6.	Ist § 20 UmwStG auch auf die Einbringung eines Besitzunternehmens in die Betriebs-Kapitalgesellschaft (bei einer Betriebsaufspaltung) anzuwenden, wenn die Anteile an der übernehmenden Gesellschaft zurückbehalten werden?	620 ff.
7.	Ist eine zum Betriebsvermögen gehörende 100 %-Beteiligung an einer GmbH ein Teilbetrieb i. S. d. §§ 20 und 24 UmwStG?	635, 965, 1060
8.	Ist jede Verschmelzung, Auf- oder Abspaltung einer inländischen Personenhandelsgesellschaft auf eine Kapitalgesellschaft ein unter § 20 UmwStG fallender Vorgang?	642 ff.
9.	Durch welche gesellschaftsrechtlichen Vorgänge werden „neue" Anteile an der übernehmenden Gesellschaft i. S. d. §§ 20 Abs. 1 und 21 Abs. 1 UmwStG begründet?	649 ff., 963 f.
10.	In welchen Fällen erhält der Einbringende dem Wert seiner Sacheinlage nicht entsprechende neue Anteile an der übernehmenden Kapitalgesellschaft und welche ertragsteuerlichen Folgen sind daraus zu ziehen?	653 f.
11.	Was versteht man unter einer erweiterten Anwachsung?	662
12.	In welchen Fällen eines Formwechsels einer Personengesellschaft in eine Kapitalgesellschaft findet § 20 UmwStG keine Anwendung?	665 f.
13.	Wer kann Einbringender i. S. d. §§ 20, 21 und 24 UmwStG sein und welche persönlichen Anwendungsvoraussetzungen muss er erfüllen?	676 ff., 971, 1139 ff.
14.	In welchem Verhältnis stehen die allgemeinen Aktivierungs- und Passivierungsverbote zu den Bewertungsvorschriften in §§ 20 Abs 2 und 24 Abs. 2 UmwStG?	692 ff., 1149 ff.
15.	Mit welchem niedrigst möglichen Wert kann die aus dem Formwechsel der A-B OHG hervorgegangene A-B GmbH das Betriebsvermögen übernehmen, wenn das Kapitalkonto des Gesellschafters A im Einbringungszeitpunkt 40 und das Kapitalkonto des Gesellschafters B ./. 60 betrug, stille Reserven jedoch i. H. v. 100 vorhanden waren?	703 ff.
16.	Beschreiben Sie zwei Fälle, in denen die Kapitalgesellschaft das eingebrachte Betriebsvermögen wegen Verschlechterung des deutschen Besteuerungsrechts mit dem gemeinen Wert übernehmen muss!	708 ff.
17.	Welche Anforderungen sind an einen Antrag für einen Zwischenwertansatz zu stellen?	716
18.	Wie ist die Einbringung eines Mitunternehmeranteils in eine Kapitalgesellschaft mit einem den Buchwert übersteigenden Wert bilanziell darzustellen?	723, 733
19.	In welchen Fällen entsteht ein Einbringungsverlust?	701, 738
20.	Wie wirkt sich die Einbringung nach § 20 UmwStG auf die vom Einbringenden gebildeten steuerfreien Rücklagen (z. B. nach § 6b EStG) oder in Anspruch genommenen Investitionsabzugsbeträge nach § 7g EStG aus?	695, 751 ff.
21.	Ist der Einbringungsgewinn für einen Gewerbebetrieb gewerbesteuerpflichtig?	756 ff., 759, 766

22.	In welchen Fällen ist eine Personengesellschaft Einbringende i. S. d. § 20 UmwStG?	762, 767
23.	Was versteht man unter der „doppelten Buchwertverknüpfung"?	779
24.	Wie ermitteln sich die Anschaffungskosten für die erhaltenen neuen Anteile bei im Rückbezugszeitraum erfolgten Entnahmen und Einlagen?	778
25.	Welche Bedeutung hat der Einbringungszeitpunkt?	790, 797 f., 800 f.
26.	In welchen Fällen sind dem Einbringenden auch nach dem steuerlichen Einbringungszeitpunkt entstandene Gewinne aus dem eingebrachten Betrieb noch persönlich zuzurechnen?	803
27.	Was bedeutet das steuerliche Rechtsnachfolgeprinzip?	811 ff.
28.	Was ist bei einer Buchwertaufstockung im Fall einer Zwischenwerteinbringung zu beachten?	827 ff.
29.	Wie sind bei einer Zwischenwerteinbringung die weiteren AfA zu ermitteln?	835 ff.
30.	Durch welche verschiedenen ertragsteuerlichen Folgen unterscheidet sich die Einbringung durch Einzelrechtsnachfolge von der Einbringung durch Gesamtrechtsnachfolge?	844 ff.
31.	Was sind sperrfristbehaftete und steuerverstrickte Anteile?	855, 866
32.	Beschreiben Sie mindestens zwei Missbrauchsfälle zu deren Vermeidung § 22 Abs. 1 UmwStG geschaffen wurde!	856 ff.
33.	Wie ist der Zeitpunkt der Veräußerung von erhaltenen Anteilen zu bestimmen?	862 f.
34.	Bestimmen Sie die Sperrfrist i. S. d. § 22 Abs. 1 UmwStG sowie den Zeitpunkt bis zu dem der letzte Nachweis nach § 22 Abs. 3 Satz 1 Nr. 1 UmwStG zu erbringen ist, wenn Einbringungszeitpunkt der 1.6.04 war!	865, 931 ff.
35.	Wie ermittelt sich der Einbringungsgewinn I, wenn zum eingebrachten Betriebsvermögen auch Anteile an Kapitalgesellschaften gehörten?	874 ff., 883 ff.
36.	Wem ist der Einbringungsgewinn I persönlich zuzurechnen, wenn der Sohn die ihm vom Vater geschenkten steuerverstrickten und sperrfristbehafteten Anteile veräußert?	887
37.	Ist der Einbringungsgewinn I gewerbesteuerpflichtig?	890
38.	Welche Bedeutung hat der Einbringungsgewinn I für die übernehmende Kapitalgesellschaft?	898 ff.
39.	Welche Fälle der entgeltlichen Übertragung von erhaltenen Anteilen sind als Veräußerungsersatztatbestand in § 22 Abs. 1 Satz 6 Nr. 2 UmwStG kodifiziert?	917 ff.
40.	Wie kann der Einbringende die in § 22 Abs. 3 UmwStG geforderten Nachweise erbringen?	931 ff.
41.	Welche Fälle der unentgeltlichen Übertragung von sperrfristbehafteten Anteilen lösen keine rückwirkende Besteuerung des Einbringungsgewinns I aus?	940 ff.
42.	Welche gesellschaftsrechtlichen Maßnahmen bewirken eine Mitverstrickung von Anteilen?	946 ff.

KAPITEL 5: ANTEILSTAUSCH, § 21 UMWSTG

Kapitel 5: Anteilstausch, § 21 UmwStG

5.1 Begriff

Anteilstausch ist der Tausch von Anteilen an einer Kapitalgesellschaft oder Genossenschaft mit Anteilen an einer anderen Kapitalgesellschaft oder Genossenschaft. Im Folgenden sollen mit der Bezeichnung „Anteile an einer Kapitalgesellschaft" stets auch Anteile an einer Genossenschaft eingeschlossen sein. 951

Beim Anteilstausch i. S. d. § 21 UmwStG werden Anteile an einer Kapitalgesellschaft in eine andere Kapitalgesellschaft eingebracht (übertragen). Der Einbringende erhält als Gegenleistung **neue Anteile** an der übernehmenden Kapitalgesellschaft. Bei Anwendung der gesetzlichen Regelungen des § 21 UmwStG bedeuten im Folgenden die Begriffe 952

- **erworbene Gesellschaft**: die Kapitalgesellschaft, an der die Anteile bestehen, die eingebracht werden
- **übernehmende Gesellschaft**: die Kapitalgesellschaft, auf die die Anteile an der erworbenen Gesellschaft übertragen werden.

Für einen Anteilstausch i. S. d. § 21 UmwStG muss die Gegenleistung für die Einbringung von Anteilen an der erworbenen Gesellschaft in der Gewährung von „neuen" Anteilen an der übernehmenden Gesellschaft bestehen. Neu sind die Anteile an der übernehmenden Gesellschaft dann, wenn sie vor der Einbringung noch nicht als Wirtschaftsgüter existiert haben. 953

5.2 Ertragsteuerliche Folgen nach allgemeinen Grundsätzen

Ein Tausch von Anteilen an Kapitalgesellschaften ist ertragsteuerlich einerseits ein Veräußerungsgeschäft und andererseits ein Anschaffungsgeschäft. Die Veräußerung von Anteilen an Kapitalgesellschaften ist ein einkommensteuerbarer oder körperschaftsteuerbarer Vorgang, der grundsätzlich zur Aufdeckung von stillen Reserven führt. Entweder befinden sich die Anteile im Betriebsvermögen, dann ist die Veräußerung gewinnwirksam, und zwar als laufender Geschäftsvorfall oder im Rahmen einer Betriebsaufgabe oder einer Betriebsveräußerung. Eine andere Möglichkeit ist, dass die Anteile zum Privatvermögen des Anteilsinhabers gehören. Dann führt ihre Veräußerung zu Einkünften aus Gewerbebetrieb gem. § 17 EStG oder zu Einkünften aus Kapitalvermögen gem. § 20 Abs. 2 Satz 1 Nr. 1 EStG. 954

5.3 Telos des § 21 UmwStG

Mit § 21 UmwStG ist erstmals eine rechtsvereinheitlichende Regelung für jede Art der Einbringung von Kapitalgesellschaftsanteilen gegen Gewährung von Kapitalgesellschaftsanteilen kodifiziert worden. § 21 Abs. 1 Satz 1 UmwStG definiert nunmehr rechtseinheitlich den Begriff des „Anteilstauschs". Sodann wird differenziert zwischen 955 dem einfachen Anteilstausch und dem steuerlich privilegierten, „qualifizierten" Anteilstausch.

956 Während der einfache Anteilstausch – vorbehaltlich des § 20 Abs. 4a Satz 1 EStG – zu gemeinen Werten, also unter Aufdeckung der stillen Reserven vorgenommen werden muss, ist der qualifizierte Anteilstausch unter bestimmten weiteren Voraussetzungen steuerneutral möglich. Damit soll das bei der übernehmenden Gesellschaft entstehende bzw. verstärkte unternehmerische Engagement in Form einer Mehrheitsbeteiligung steuerlich begünstigt werden.

957 Die Möglichkeit des steuerneutralen, qualifizierten Anteilstauschs erstreckt sich grundsätzlich auf alle in eine EU-Kapitalgesellschaft eingebrachten Anteile. Dadurch darf sich aber das deutsche Besteuerungsrecht an den in den eingebrachten Anteilen ruhenden stillen Reserven nicht verschlechtern. Deshalb sind zugleich besondere Voraussetzungen eingebaut worden, die für einen steuerneutralen qualifizierten Anteilstausch erfüllt sein müssen. Außerdem werden dem Einbringenden besondere Nachweispflichten auferlegt.

958 Deutschland verzichtet nicht endgültig auf die **Besteuerung** der in den eingebrachten Anteilen ruhenden **stillen Reserven**, sondern verschiebt sie nur auf einen in der Zukunft liegenden Zeitpunkt. Die stillen Reserven werden auf die Anteile an der übernehmenden Gesellschaft übertragen. Sie sind spätestens mit der Veräußerung dieser Anteile zu versteuern.

Zusätzlich hat der Gesetzgeber mit § 22 Abs. 2 UmwStG eine Missbrauchsvermeidungsregelung geschaffen. Danach kann es bei einem zunächst steuerneutral durchgeführten qualifizierten Anteilstausch doch noch zu einer (auf den Einbringungszeitpunkt) rückwirkenden Besteuerung der in den eingebrachten Anteilen enthaltenen stillen Reserven kommen, wenn diese Anteile durch die übernehmende Gesellschaft innerhalb von sieben Jahren nach der Einbringung wieder veräußert werden oder ein Realisationsersatztatbestand i. S. d. § 22 Abs. 2 Satz 6 i. V. m. Abs. 1 Satz 6 UmwStG erfüllt wird.

5.4 Sachlicher Anwendungsbereich – Tatbestandsmerkmale eines Anteilstauschs

959 Der sachliche Anwendungsbereich ergibt sich aus § 1 Abs. 3 Nr. 5 i. V. m. § 21 Abs. 1 Satz 1 UmwStG. Nach § 1 Abs. 3 Nr. 5 UmwStG gilt der sechste Teil des UmwStG – dazu gehört u. a. § 21 UmwStG – für den Austausch von Anteilen. Dass es sich bei den Anteilen um Anteile an Kapitalgesellschaften oder Genossenschaften handeln muss, ist § 21 Abs. 1 Satz 1 UmwStG zu entnehmen.

960 § 21 UmwStG ist anzuwenden auf Anteile im Betriebsvermögen sowie auf Anteile im Privatvermögen i. S. d. § 17 EStG. Für alle übrigen Anteile an Kapitalgesellschaften, z. B. bei Anteilen im Privatvermögen, die nicht die Voraussetzungen des § 17 EstG erfüllen, gilt im Falle ihres Tausches der insoweit vorrangige § 20 Abs. 4a Sätze 1 und 2 EStG.

5.4.1 Einbringung von Kapitalgesellschaftsanteilen

Die Anteile an der Kapitalgesellschaft müssen in die übernehmende Gesellschaft „eingebracht“ werden. Einbringen bedeutet **Übertragung des Eigentums**. Die Übertragung des zivilrechtlichen Eigentums erfolgt nach den jeweils maßgebenden zivilrechtlichen Form- und Übertragungsvorschriften. Denkbar ist eine Übertragung im Wege der Gesamtrechtsnachfolge (z. B. durch Ausgliederung aus dem Vermögen eines Kaufmanns) oder im Wege der Einzelrechtsnachfolge (z. B. Übertragung eines GmbH-Anteils durch einen in notarieller Form geschlossenen Abtretungs-Vertrag, § 15 Abs. 3 GmbHG i. V. m. §§ 398, 413 BGB). 961

Fallen zivilrechtliches und wirtschaftliches Eigentum auseinander, ist steuerrechtlich auf den Übergang des wirtschaftlichen Eigentums abzustellen (§ 39 Abs. 2 Nr. 1 AO). Die übernehmende Gesellschaft ist wirtschaftliche Eigentümerin der Kapitalgesellschaftsanteile, wenn sie den zivilrechtlichen Eigentümer im Regelfall für die gewöhnliche Nutzungsdauer von der Einwirkung auf die Anteile wirtschaftlich ausschließen kann. Bei Anteilen an einer Kapitalgesellschaft wird die Übernehmerin wirtschaftliche Eigentümerin in diesem Sinne, wenn sie

- aufgrund eines zivilrechtlichen Rechtsgeschäfts bereits eine rechtlich geschützte, auf den Erwerb des Rechts gerichtete Position erworben hat, die ihr gegen ihren Willen nicht mehr entzogen werden kann, und
- die mit dem Anteil verbundenen wesentlichen Rechte (Gewinnbezugsrecht, Stimmrecht) sowie
- das Risiko einer Wertminderung und die Chance einer Wertsteigerung auf sie übergegangen sind (BFH v. 22.7.2008 - IX R 74/06, BStBl 2009 II 124).

Bei der Prüfung dieser Merkmale ist der Übergang des wirtschaftlichen Eigentums nach dem Gesamtbild des jeweiligen Einzelfalls zu bestimmen. Eine vom Zivilrecht abweichende Zuordnung der Anteile erfordert deshalb nicht in jedem Einzelfall die Erfüllung der voranstehend genannten Voraussetzungen in vollem Umfang. Zu berücksichtigen ist, dass es nicht auf die äußere rechtliche Gestaltung ankommt, sondern auf die tatsächlichen Verhältnisse, also auf das wirtschaftlich Gewollte und tatsächlich auch Bewirkte (BFH v. 4.7.2007 - VIII R 68/05, BStBl 2007 II 937).

Beim Formwechsel einer vermögensverwaltenden Personengesellschaft in eine Kapitalgesellschaft gelten die zum Gesellschaftsvermögen gehörenden Anteile an einer Kapitalgesellschaft ebenfalls als in die übernehmende Gesellschaft eingebracht (§ 25 i. V. m. § 21 Abs. 1 UmwStG). 962

5.4.2 Gewährung neuer Anteile an der übernehmenden Gesellschaft

Die Anwendung des § 21 UmwStG setzt weiterhin voraus, dass die Gegenleistung für die Einbringung von Kapitalgesellschaftsanteilen in der Gewährung „neuer Anteile“ an der übernehmenden Gesellschaft besteht. Neue Anteile entstehen entweder durch die **Gründung einer Kapitalgesellschaft** oder durch die **Erhöhung des Nennkapitals** einer bereits bestehenden Kapitalgesellschaft (Rdn. E 20.10 UmwStE). 963

Im Falle einer Gründung muss es sich um eine Sachgründung (§§ 5 Abs. 4 GmbHG, 27 AktG, 7a Abs. 3 GenG) und im Falle einer Erhöhung des Nennkapitals um eine Kapitalerhöhung gegen Sacheinlagen (§§ 56 GmbHG, 183, 192 ff. AktG) handeln. Bei einer (gesellschaftsrechtlichen) Bargründung oder -kapitalerhöhung aus Gesellschaftermitteln ist (steuerrechtlich) eine Sacheinlage i. S. d. § 21 UmwStG anzunehmen, wenn der Gesellschafter zusätzlich zu der Bareinlage gleichzeitig die Verpflichtung übernimmt, als Aufgeld (Agio) für den Erwerb der neuen Anteile an einer Kapitalgesellschaft auf die übernehmende Gesellschaft zu übertragen (Rdn. 01.46 i. V. m. Rdn. 01.44 UmwStE). Unerheblich ist die Höhe des Nennbetrags der neuen Anteile. Der Nennbetrag der neuen Anteile muss weder mit dem Nennbetrag der eingebrachten Anteile noch mit deren gemeinen Wert übereinstimmen.

964 Werden die neuen Anteile an der übernehmenden Gesellschaft zunächst gegen Bareinzahlung ausgegeben und anschließend die Anteile an der erworbenen Gesellschaft auf die übernehmende Gesellschaft – evtl. gegen Rückzahlung der Barbeträge – übertragen (verschleierte Sachgründung bzw. verschleierte Sachkapitalerhöhung), liegt keine Einbringung i. S. d. § 21 UmwStG vor (Rdn. E 20.10 UmwStE). § 21 UmwStG ist in den Fällen der Ausgabe eigener bereits bestehender Anteile der übernehmenden Gesellschaft und in den Fällen der verdeckten Einlage ebenfalls nicht anzuwenden (siehe im Übrigen auch Negativabgrenzung unter Rdn. 648 bis 651).

5.4.3 Verhältnis § 21 zu § 20 UmwStG

965 § 21 UmwStG ist auf die separate Einbringung von Anteilen an einer Kapitalgesellschaft anzuwenden. Das gilt auch bei der separaten Einbringung einer zu einem Betriebsvermögen des Einbringenden gehörenden hundertprozentigen Beteiligung an einer Kapitalgesellschaft. Bei § 20 UmwStG gilt – im Unterschied zu § 15 und § 24 UmwStG – eine zu einem Betriebsvermögen gehörende hundertprozentige Beteiligung an einer Kapitalgesellschaft nicht als Teilbetrieb (Rdn. 20.06 UmwStE).

966 Werden die zum Betriebsvermögen gehörenden Anteile jedoch mit dem ganzen Betrieb, Teilbetrieb oder Mitunternehmeranteil als Sachgesamtheit in eine Kapitalgesellschaft gegen Gewährung von neuen Gesellschaftsrechten eingebracht, ist nicht § 21, sondern § 20 UmwStG – auch für die zu der Sachgesamtheit gehörenden Anteile an der Kapitalgesellschaft – anzuwenden (Rdn. 21.01 UmwStE). Das ergibt sich mittelbar aus § 22 Abs. 1 Satz 5 UmwStG, der eine Sonderregelung zu dem Fall enthält, dass das nach § 20 UmwStG eingebrachte Betriebsvermögen auch Anteile an Kapitalgesellschaften umfasst.

5.5 Persönlicher Anwendungsbereich

967 Der persönliche Anwendungsbereich für die Vorschriften zu den Einbringungen (§§ 20 ff. UmwStG) wird – allgemein – durch § 1 Abs. 4 UmwStG eingegrenzt. Für den Fall des Anteilstauschs enthält § 1 Abs. 4 Satz 1 Nr. 1 UmwStG eine eingrenzende Regelung nur zu den übernehmenden Rechtsträgern (übernehmende Gesellschaften).

Übernehmende Gesellschaft kann nur eine Kapitalgesellschaft sein (s. § 21 Abs. 1 Satz 1 UmwStG). Es muss sich um eine nach den Rechtsvorschriften eines Mitgliedstaats der EU oder des EWR gegründete Gesellschaft i. S. d. Art. 54 AEUV oder des Art. 34 EWR-Abkommen handeln, deren Sitz und Ort der Geschäftsleitung sich innerhalb des Hoheitsgebiets eines dieser Staaten befindet (§ 1 Abs. 4 Satz 1 Nr. 1 i. V. m. Abs. 2 Satz 1 Nr. 1 UmwStG). 968

Die Ausführungen zu § 20 UmwStG, betreffend 969

- Kapitalgesellschaften nach deutschem Recht (Rdn. 671),
- den zweistufigen Rechtstypenvergleich bei ausländischen Kapitalgesellschaften und Genossenschaften,
- die (nicht erforderliche) persönliche Steuerpflicht,
- die Ansässigkeit (nur) der übernehmenden Gesellschaft,

gelten entsprechend.

Für die **erworbene Gesellschaft**, also die Gesellschaft, an der die Anteile bestehen, die eingebracht worden sind, gibt es keine Eingrenzung. Die eingebrachten Anteile können also auch **Anteile an Drittstaatengesellschaften** sein. Für die Anwendung des § 21 UmwStG kommt es nur darauf an, dass es sich um Anteile an einer Kapitalgesellschaft handelt. Bei ausländischen Gesellschaften ist diese Voraussetzung aus Sicht des insoweit maßgebenden deutschen Steuerrechts durch einen Typenvergleich festzustellen. 970

BEISPIEL Die unbeschränkt einkommensteuerpflichtige natürliche Person A ist mit 40 % an der X-LLC, einer US-amerikanischen und dort ansässigen Limited Liability Company, beteiligt. Die X-LLC wird in den USA nach Maßgabe des dort geltenden Steuerrechts optional als Personengesellschaft behandelt (sog. check-the-box-election) und besteuert.

A überträgt seine 40 %-Beteiligung an der X-LLC auf die in Belgien im Wege der Sachgründung errichtete Y-Naamloze Vennootschap (Y-NV) und erhält dafür neue Anteile an der Y-NV.

Unter der Voraussetzung, dass es sich bei der 40 %-Beteiligung an der X-LLC um Anteile an einer Kapitalgesellschaft handelt, ist § 21 UmwStG auf die Einbringung anzuwenden.

Die Einordnung der X-LLC für Zwecke der deutschen Besteuerung richtet sich ausschließlich nach innerstaatlichem deutschem Steuerrecht. Die Einordnung der X-LLC nach dem Steuerrecht der USA ist unbeachtlich. Für die Einordnung der X-LLC sind die Grundsätze eines zweistufigen Rechtstypenvergleichs anzuwenden (s. im Weiteren BMF v. 19.3.2004, BStBl 2004 I 411 unter Berücksichtigung der Ausführungen in Tz. 1.2 des BMF-Schreibens v. 26. 9. 2014, BStBl 2014 I 1258).

Die übernehmende Gesellschaft (Y-NV) erfüllt die Voraussetzungen des § 1 Abs. 4 Satz 1 Nr. 1 i. V. m. Abs. 2 Satz 1 Nr. 1 UmwStG, denn es handelt sich um eine in einem Mitgliedsstaat der EU (Belgien) gegründete Gesellschaft i. S. d. Art. 54 AEUV, deren Sitz und Ort der Geschäftsleitung sich innerhalb des Hoheitsgebiets dieses Staats befinden (Unterstellung). Die Naamloze Vennootschap ist eine einer deutschen Aktiengesellschaft vergleichbare Gesellschaft (BMF v. 24.12.1999, BStBl 1999 I 1076, Anhang Tabelle 1).

Für die **Person des Einbringenden** gibt es keinerlei Beschränkungen. Einbringender i. S. d. § 21 UmwStG kann also jede natürliche oder juristische Person und eine Personengesellschaft, jeweils aus dem In- oder Ausland, sein. Werden die Anteile von einer vermögensverwaltenden Personengesellschaft übertragen, sind ertragsteuerlich die Gesellschafter die Einbringenden. Handelt es sich bei der Personengesellschaft hin- 971 gegen um eine Mitunternehmerschaft, ist die Mitunternehmerschaft selbst Einbringende i. S. d. § 21 UmwStG.

5.6 Steuerliche Folgen für den Einbringenden

972 Mit dem Anteilstausch veräußert der Einbringende seine Anteile an der erworbenen Gesellschaft. Die Veräußerung ist nach allgemeinen Grundsätzen steuerwirksam. Sind die Anteile wegen ihrer Zugehörigkeit zum **Betriebsvermögen** beim Einbringenden steuerverstrickt, werden die entstandenen stillen Reserven mit der Veräußerung nach allgemeinen Gewinnermittlungsgrundsätzen realisiert. Bei Zugehörigkeit zum **Privatvermögen** ist die Veräußerung unter den Voraussetzungen des § 17 EStG steuerbar und grundsätzlich steuerpflichtig. Der Veräußerungsgewinn ermittelt sich grundsätzlich aus der Gegenüberstellung des Veräußerungspreises einerseits und des Buchwertes (bei Zugehörigkeit zum Betriebsvermögen) oder der Anschaffungskosten (bei Zugehörigkeit zum Privatvermögen) sowie der Veräußerungskosten andererseits. Diese allgemeinen Grundsätze gelten auch im Anwendungsbereich des § 21 UmwStG. § 21 UmwStG begründet keinen neuen Besteuerungstatbestand und auch keine Befreiungsregelung, sondern schreibt als Spezialregelung nur vor, welcher Wert als Veräußerungspreis für die veräußerten Anteile und als Anschaffungskosten für die gewährten neuen Anteile anzusetzen ist.

5.6.1 (Einfacher) Anteilstausch

973 Ein Anteilstausch i. S. d. § 21 Abs. 1 Satz 1 UmwStG ist gegeben, wenn die Gegenleistung für die Übertragung (Einbringung) der Anteile an der erworbenen Gesellschaft in der Gewährung neuer Anteile an der übernehmenden Gesellschaft besteht. Die Gegenleistung der übernehmenden Gesellschaft, also die Gewährung der neuen Anteile an der übernehmenden Gesellschaft ist der Veräußerungspreis für die eingebrachten Anteile.

974 Nach allgemeinen Grundsätzen ist bei der Ermittlung des Veräußerungsgewinns als Veräußerungspreis der Wert der Gegenleistung anzusetzen, das wäre in diesem Fall also der Wert, der den erhaltenen neuen Anteilen beizulegen ist. Im Falle des Anteilstausches bestimmt jedoch die Spezialregelung des § 21 Abs. 2 Satz 1 UmwStG, dass als Veräußerungspreis für die übertragenen (eingebrachten) Anteile der Wert gilt, mit dem die übernehmende Gesellschaft die eingebrachten Anteile ansetzt. Als Veräußerungspreis wird also nicht der Wert der Gegenleistung angesetzt, sondern der Wert, mit dem die Übernehmerin diese Anteile in ihrer Bilanz ansetzt. Damit wird die (rechnerische) Ermittlung des Veräußerungsgewinns beim Einbringenden abhängig gemacht von dem Wertansatz bei der übernehmenden Gesellschaft.

975 Die übernehmende Gesellschaft hat die eingebrachten Anteile mit dem **gemeinen Wert** anzusetzen (§ 21 Abs. 1 Satz 1 UmwStG). Für die Ermittlung des gemeinen Wertes gilt § 11 BewG (Rdn. 21.08 UmwStE). Für nicht börslich notierte Anteile an Kapitalgesellschaften ist der gemeine Wert nach § 11 Abs. 2 BewG zu ermitteln. Die gleich lau-

tenden Erlasse der obersten Finanzbehörden der Länder zur Anwendung der §§ 11, 95 bis 109 und 199 ff. BewG i. d. F. des ErbStRG vom 17.5.2011 (BStBl 2011 I 606) gelten entsprechend für ertragsteuerliche Zwecke. Danach ist der gemeine Wert in erster Linie aus Verkäufen unter fremden Dritten abzuleiten. Ist das nicht möglich, ist er anhand eines allgemein anerkannten ertragswert- oder zahlungsstromorientierten Verfahrens zu ermitteln, welches ein gedachter Erwerber bei der Bemessung des Kaufpreises zu Grunde legen würde.

Durch den Ansatz der eingebrachten Anteile mit ihrem gemeinen Wert und der in § 21 Abs. 2 Satz 1 UmwStG angeordneten Fiktion, dass dieser Wert als Veräußerungspreis für die Anteile gilt, wird erreicht, dass die darin enthaltenen stillen Reserven vollständig aufgedeckt und beim Einbringenden den allgemein für ihn geltenden steuerlichen Bestimmungen unterworfen werden.

5.6.2 Wertansatz beim qualifizierten Anteilstausch

Nach § 21 Abs. 1 Satz 2 UmwStG kann die übernehmende Gesellschaft die eingebrachten Anteile auf Antrag mit dem Buchwert oder einem zwischen Buchwert und gemeinem Wert liegenden Wert (Zwischenwert) ansetzen, wenn es sich um einen qualifizierten Anteilstausch handelt und der gemeine Wert sonstiger Gegenleistungen, die neben den neuen Anteilen gewährt werden, bestimmte Wertgrenzen nicht überschreitet. Mit dem Buchwert ist der Wert i. S. d. § 1 Abs. 5 Nr. 4 UmwStG gemeint, also der Wert, mit dem die eingebrachten Anteile beim Einbringenden in einer nach den steuerrechtlichen Vorschriften über die Gewinnermittlung aufzustellenden Bilanz auszuweisen sind. 976

Liegt der gemeine Wert unterhalb des Buchwertes, ist der gemeine Wert anzusetzen (Rdn. 21.09 UmwStE). 977

Gehören die Anteile beim Einbringenden zum Privatvermögen, treten die Anschaffungskosten an die Stelle des Buchwertes (§ 21 Abs. 2 Satz 5 UmwStG). 978

Beim Einbringenden wirkt sich der Wertansatz auf den für ihn zu ermittelnden Veräußerungsgewinn aus. Der Tatbestand für die Besteuerung (und Ermittlung) des Veräußerungsgewinns dem Grunde nach muss – wie beim einfachen Anteilstausch – außerhalb des UmwStG gefunden werden. Das können § 4 Abs. 1 EStG (bei Zugehörigkeit der eingebrachten Anteile zum Betriebsvermögen) oder § 17 EStG sein. Durch § 21 UmwStG wird nur geklärt, welcher Wert als Veräußerungspreis bei der Ermittlung des Veräußerungsgewinns anzusetzen ist. Beim qualifizierten Anteilstausch könnte(n) das – über eine entsprechende Wahlrechtsausübung nach § 21 Abs. 1 Satz 2 UmwStG – der Buchwert bzw. die Anschaffungskosten der eingebrachten Anteile sein. 979

Wird der Buchwert bzw. werden die Anschaffungskosten als Veräußerungspreis angesetzt und wird zur Ermittlung des Veräußerungsgewinns davon der Buchwert bzw. die Anschaffungskosten abgezogen, verbleibt ein Veräußerungsgewinn von 0 €. Es werden in diesem Fall keine stillen Reserven aufgedeckt. Die stillen Reserven gehen auf die erhaltenen neuen Anteile über, denn der angesetzte Wert gilt zugleich als Anschaffungskosten dieser Anteile (§ 21 Abs. 2 Satz 1 UmwStG).

Diese Möglichkeit besteht jedoch nur bei einem qualifizierten Anteilstausch.

5.6.2.1 Qualifizierter Anteilstausch – Begriff

980 Ein qualifizierter Anteilstausch ist nach § 21 Abs. 1 Satz 2 Nr. 1 UmwStG gegeben, wenn die übernehmende Gesellschaft nach der Einbringung aufgrund ihrer Beteiligung einschließlich der eingebrachten Anteile nachweisbar unmittelbar die Mehrheit der Stimmrechte an der erworbenen Gesellschaft hat. Es soll nicht eine als Kapitalanlage fungierende Beteiligung, sondern eine unternehmerisch motivierte Mehrheitsbeteiligung steuerlich privilegiert werden.

981 Entscheidend ist die aus der gesellschaftsrechtlichen Beteiligung abgeleitete unmittelbare **Mehrheit der Stimmrechte** an der erworbenen Gesellschaft. Stimmrechtslose Anteile (z. B. Vorzugsaktien ohne Stimmrecht) bleiben bei der Beurteilung der Stimmrechtsmehrheit unberücksichtigt. Es ist also möglich, dass die übernehmende Gesellschaft zwar nach dem Verhältnis des Nennbetrags ihrer Beteiligung zum Nennkapital der erworbenen Gesellschaft oder nach der Anzahl ihrer Stückaktien im Verhältnis zu den insgesamt von der erworbenen Gesellschaft ausgegebenen Stückaktien nicht die Mehrheit besitzt, gleichwohl aber über die Stimmenmehrheit verfügt (oder umgekehrt). Unberücksichtigt bleiben auch die der erworbenen Gesellschaft gehörenden eigenen Anteile.

§ 21 Abs. 1 Satz 2 UmwStG fordert für den qualifizierten Anteilstausch nur die **einfache Stimmenmehrheit**. Deshalb ist es unbedeutend, wenn durch den Gesellschaftsvertrag oder die Satzung der erworbenen Gesellschaft bei Gesellschafterbeschlüssen eine qualifizierte Stimmenmehrheit verlangt wird.

982 Die Stimmrechtsmehrheit an der erworbenen Gesellschaft muss **unmittelbar** sein.

BEISPIEL ▸ Anteilseigner der B-GmbH sind B mit 30 % (Stimmrechtsanteilen) und die Y-GmbH mit 70 % (Stimmrechtsanteilen). Die Y-GmbH gehört zu 100 % der X-AG. Am 30.1.01 bringt B seine 30 %-Beteiligung an der B-GmbH in die X-AG ein und erhält im Gegenzug neue Aktien der X-AG, die im Wege einer Kapitalerhöhung aus Sacheinlagen entstanden sind.

LÖSUNG ▸ Die Einbringung der 30 %-Beteiligung an der B-GmbH (erworbene Gesellschaft) in die X-AG (übernehmende Gesellschaft) ist kein qualifizierter Anteilstausch i. S. d. § 21 Abs. 1 Satz 2 UmwStG. Die X-AG hat nach der Einbringung nur 30 % der Stimmrechte an der erworbenen Gesellschaft unmittelbar inne. Die übrigen 70 % der Stimmrechte an der B-GmbH werden ihr durch die Y-GmbH vermittelt. Das genügt aber nicht den Anforderungen an einen qualifizierten Anteilstausch. § 21 Abs. 1 Satz 2 Nr. 1 UmwStG fordert ausdrücklich eine unmittelbare Stimmrechtsmehrheit. Dass die X-AG faktisch (über ihre 100 %-Beteiligung an der Y-GmbH) auch die B-GmbH zu 100 % beherrscht, ist unerheblich.

Es handelt sich um einen einfachen Anteilstausch. Die X-AG muss die eingebrachten Anteile an der B-GmbH nach § 21 Abs. 1 Satz 1 UmwStG mit dem gemeinen Wert ansetzen. Der gemeine Wert ist für den Einbringenden B der Veräußerungspreis, der zwingend bei der Ermittlung des Veräußerungsgewinns zum Ansatz kommt.

983 Die Übernehmerin muss die unmittelbare Mehrheit der Stimmrechte an der erworbenen Gesellschaft nach der Einbringung – durch eine **Zusammenrechnung bereits vorhandener und der eingebrachten Anteile** – innehaben.

BEISPIEL C bringt seine Beteiligung an der C-GmbH in die D-AG ein gegen Gewährung neuer Aktien an der D-AG.

Von C in die D-AG eingebrachte Beteiligung	Bereits vorhandene Beteiligung an der C-GmbH	Qualifizierter Anteilstausch ja/nein
60 %	0	Ja
40 %	20 %	Ja
1 %	80 %	Ja
50 %	0	Nein
30 % und zugleich von F 30 %	0	?

In dem letztgenannten Fall ist ein qualifizierter Anteilstausch sowohl hinsichtlich der durch C erfolgten Einbringung als auch hinsichtlich der durch F erfolgten Einbringung gegeben, wenn die Einbringungen auf einem einheitlichen Gründungs- oder Kapitalerhöhungsvorgang beruhen (Rdn. 21.09 UmwStE; BFH v. 24.1.2018 - I R 48/15, BStBl 2019 II 45).

Die **Beweislast** für das Vorliegen der Voraussetzungen des qualifizierten Anteilstauschs 984 obliegt dem Steuerpflichtigen (Einbringenden). Das betrifft insbesondere Auslandssachverhalte. Der Einbringende muss die Tatsache des Anteilstauschs (Einbringung gegen Gewährung neuer Anteile an der übernehmenden Gesellschaft) und die maßgeblichen Regelungen des ausländischen Rechts, aus denen sich die Stimmenmehrheit ergibt, darlegen und beweisen. Gelingt ihm der Nachweis nicht, ist der Anteilstausch zwingend mit dem gemeinen Wert in Deutschland zu besteuern – und zwar unabhängig davon, mit welchem Wert die ausländische übernehmende Gesellschaft die eingebrachten Anteile ansetzt.

5.6.2.2 Gewährung sonstiger Gegenleistungen

5.6.2.2.1 Einschränkung des Bewertungswahlrechts

Gem. § 21 Abs. 1 Satz 2 Nr. 2 UmwStG ist ein Buch- bzw. Zwischenwertansatz nur zu- 985 lässig, soweit der gemeine Wert, der neben den neuen Anteilen gewährten sonstigen Gegenleistungen, die relative Grenze von 25% des Buchwerts der eingebrachten Anteile (Buchst. a) oder die absolute Grenze von 500 000 €, höchstens jedoch den Buchwert der eingebrachten Anteile (Buchst. b) nicht übersteigt.

Soweit sonstige Gegenleistungen mit einem gemeinen Wert oberhalb der kodifizierten Wertgrenzen erbracht werden, müssen stille Reserven aufgedeckt werden. Es gilt jeweils die im konkreten Fall günstigere Grenze (Meistbegünstigungsklausel).

Zur Berechnung der aufzudeckenden stillen Reserven bei Gewährung schädlicher Gegenleistungen vgl. Rdn. 713a.

5.6.2.2.2 Mindestwert

§ 21 Abs. 1 Satz 4 UmwStG enthält eine Mindestwertansatzregelung für den Fall, dass 985a der Einbringende zusätzlich zu den neuen Anteilen an der übernehmenden Gesellschaft eine weitere Gegenleistung für die Übertragung der Anteile an der erworbenen Gesellschaft erhält. In diesem Fall sind die eingebrachten Anteile mindestens mit dem gemeinen Wert der anderen Wirtschaftsgüter anzusetzen, wenn dieser den sich nach § 21 Abs. 1 Satz 2 UmwStG ergebenden Wert übersteigt. Die Regelung soll das Entstehen negativer Anschaffungskosten verhindern.

BEISPIEL G bringt seinen 100 %-Anteil an der G-GmbH gegen Gewährung neuer Anteile und der Einräumung einer Darlehensforderung i. H. v. 100 000 € in die X-AG ein. Die 100 %-Beteiligung an der GmbH gehörte bei G zum Betriebsvermögen. Der gemeine Wert der Beteiligung an der G-GmbH beträgt 250 000 €. Der Buchwert beträgt

a) 120 000 €

b) 80 000 €

LÖSUNG Die Einbringung der 100 %-Beteiligung an der G-GmbH in die X-AG fällt insgesamt unter § 21 UmwStG, obwohl die Gegenleistung für die Einbringung der Anteile an der erworbenen Gesellschaft (G-GmbH) nicht nur in der Gewährung von neuen Anteilen an der übernehmenden Gesellschaft (X-AG) besteht. Bei dem mit der zusätzlichen nicht in Gesellschaftsrechten bestehenden Gegenleistung kombinierten Anteilstausch handelt es sich um einen qualifizierten Anteilstausch i. S. d. § 21 Abs. 1 Satz 2 UmwStG, weil die G-GmbH als übernehmende Gesellschaft nach der Einbringung nachweisbar unmittelbar die Anteils- und Stimmrechtsmehrheit an der X-AG innehat. Die X-AG kann deshalb die eingebrachte 100 %-Beteiligung an der G-GmbH auf Antrag mit einem unterhalb des gemeinen Wertes liegenden Wert ansetzen.

Im Fall a) kann die X-AG die Anteile an der G-GmbH mit dem Buchwert (120 000 €) ansetzen. Der gemeine Wert der sonstigen Gegenleistung (Darlehensforderung) übersteigt zwar 25 % des Buchwerts der eingebrachten Anteile (30 000 €), nicht jedoch die absolute Wertgrenze des § 21 Abs. 1 Satz 2 Nr. 2 Buchst. b UmwStG, die hier 120 000 € (Buchwert der eingebrachten Anteile) beträgt.

Im Fall b) muss die X-AG die Anteile mit mindestens 100 000 € (dem gemeinen Wert der dem G zusätzlich gewährten Darlehensforderung) ansetzen.

Der Wert nach § 21 Abs. 1 Satz 2 UmwStG ist wie folgt zu ermitteln:

Die sonstige Gegenleistung von 100 000 € übersteigt den Buchwert (80 000 €) um 20 000 €. Diese schädliche Gegenleistung (20 000 €) entspricht 8 % des gemeinen Wertes der eingebrachten Anteile (8 % von 250 000 € = 20 000 €). Die eingebrachten Anteile können nach § 21 Abs. 1 Satz 2 UmwStG somit nur zu 92 % mit ihrem Buchwert (92 % von 80 000 € = 73 600 €) angesetzt werden. Zu 8 % ist der gemeine Wert (20 000 €) anzusetzen. Das ergibt grundsätzlich einen Wertansatz von 93 600 €.

Gem. § 21 Abs. 1 Satz 4 UmwStG sind die eingebrachten Anteile aber mindestens mit 100 000 € anzusetzen.

Setzt die X-AG den jeweils möglichen niedrigsten Wert an, stellen sich die einkommensteuerlichen Folgen für den Einbringenden G wie folgt dar:

	Fall a)	Fall b)
Veräußerungspreis für die 100 %-Beteiligung an der G-GmbH gem. § 21 Abs. 2 Satz 1 UmwStG	120 000 €	100 000 €
Buchwert	./. 120 000 €	./. 80 000 €
Veräußerungsgewinn	0 €	20 000 €

Die außerhalb der Bilanz anzuwendenden §§ 3 Nr. 40, 3c Abs. 2 EStG sind hier noch nicht berücksichtigt worden.

Die Anschaffungskosten für die neuen Anteile an der X-AG ermitteln sich wie folgt:

	Fall a)	Fall b)
Anschaffungskosten nach § 21 Abs. 2 Satz 1 UmwStG	120 000 €	100 000 €
Gemeiner Wert der zusätzlich gewährten Darlehensforderung, § 21 Abs. 2 Satz 6 i. V. m. § 20 Abs. 3 Satz 3 UmwStG	./. 100 000 €	./. 100 000 €
Korrigierte Anschaffungskosten für neue Anteile an der X-AG	20 000 €	0 €

5.6.2.3 Antrag

Liegt ein qualifizierter Anteilstausch vor, kann die übernehmende Gesellschaft die eingebrachten Anteile auf Antrag innerhalb der in § 21 Abs. 1 Satz 2 und 4 UmwStG gesetzten Grenzen mit dem Buchwert respektive mit den Anschaffungskosten oder mit einem Zwischenwert ansetzen (§ 21 Abs. 1 Satz 2 UmwStG). Mit „ansetzen" ist der Ansatz in der Steuerbilanz gemeint. Der Wertansatz in der Steuerbilanz erfolgt unabhängig von dem Ansatz in der Handelsbilanz (**kein Maßgeblichkeitsgrundsatz**, Rdn. 21.11 UmwStE). Es ist also möglich, dass die eingebrachten Anteile in der Handelsbilanz der übernehmenden Gesellschaft mit dem gemeinen Wert, in ihrer Steuerbilanz jedoch mit dem Buchwert angesetzt werden. 986

Erfolgt die Einbringung im laufenden Wirtschaftsjahr der übernehmenden Gesellschaft, ist keine formelle Einbringungsbilanz aufzustellen. Die Entscheidung, mit welchem Wert die eingebrachten Anteile angesetzt werden, kann bis zur erstmaligen Abgabe der steuerlichen Schlussbilanz (für das Wirtschaftsjahr der Einbringung) zurückgestellt werden. 987

Der Ansatz unterhalb des gemeinen Wertes erfordert einen dahingehenden **Antrag**. Stellt die übernehmende Gesellschaft diesen Antrag nicht, verspätet oder ist der Antrag unwirksam, sind – dem Grundsatz des § 21 Abs. 1 Satz 1 UmwStG folgend – die eingebrachten Anteile mit dem gemeinen Wert anzusetzen. 988

Der Antrag ist von der übernehmenden Gesellschaft bei dem für ihre Besteuerung zuständigen Finanzamt zu stellen (§ 21 Abs. 1 Satz 3 i. V. m. § 20 Abs. 2 Satz 3 UmwStG). Das muss spätestens bis zur erstmaligen Abgabe ihrer steuerlichen Schlussbilanz erfolgen. 989

Es gibt keine Formvorschrift für den Antrag. Er kann also ausdrücklich oder konkludent durch Abgabe der Steuerbilanz mit dem entsprechenden Wertansatz gestellt werden. Die übernehmende Gesellschaft muss sich ihres antragsgebundenen Wertansatzwahlrechts bewusst sein und dem Finanzamt zu erkennen geben, dass sie einen Antrag zugunsten eines bestimmten Wertansatzes stellt. Unsicherheiten in der Beurteilung gehen zu Lasten des Steuerpflichtigen. 990

Setzt die übernehmende Gesellschaft die eingebrachten Anteile beispielsweise mit einem über dem Buchwert respektive den Anschaffungskosten liegenden Wert an, kann daraus nicht zwingend ohne weiteres auf einen Antrag zugunsten eines – evtl. von der Gesellschaft beabsichtigten – bestimmten Zwischenwertes geschlossen werden. Ermittelt das Finanzamt (bei unterlassenem Antrag durch die übernehmende Gesellschaft) später den höheren gemeinen Wert, wird es zu Recht den höheren Wert ansetzen, wenn dies verfahrensrechtlich bei der Steuerveranlagung des Einbringenden noch möglich ist. Ein (nach Abgabe der Steuerbilanz der übernehmenden Gesellschaft) nachgeholter Antrag ist unwirksam (Rdn. 21.12 i. V. m. 20.21 UmwStE).

991 Eine nachträgliche Änderung eines einmal gestellten Antrags ist nicht möglich (Rdn. 21.12 i. V. m. 20.24 UmwStE). Mit dem zulässigen antragsgemäßen Wertansatz in der erstmalig abgegebenen steuerlichen Schlussbilanz wird ein tatsächlicher Zustand geschaffen, der einer Neuausübung des Bewertungswahlrechts entgegensteht (BFH v. 19.10.2005 - I R 34/04, BFH/NV 2006, 1099). Die nachträgliche Änderung des Wertansatzes der eingebrachten Anteile ist eine steuerlich nicht anzuerkennende rückwirkende Sachverhaltsgestaltung (BFH v. 25.4.2006 - VIII R 52/04, BStBl 2006 II 847). § 4 Abs. 2 Satz 2 EStG ist nicht anwendbar. Ist die Bilanz hingegen fehlerhaft, weil sie einen nach § 21 Abs. 1 UmwStG unzulässigen Ansatz enthält, ist sie im Rahmen des § 4 Abs. 2 Satz 1 EStG zu berichtigen.

Ein von der übernehmenden Gesellschaft bis zur erstmaligen Abgabe der maßgebenden steuerlichen Schlussbilanz noch nicht gestellter Antrag auf einen den gemeinen Wert unterschreitenden Wertansatz kann auch dann nicht mehr nachgeholt werden, wenn die eingereichte Bilanz den Grundsätzen ordnungsmäßiger Buchführung oder den steuerbilanzrechtlichen Sonderregeln nicht entspricht (BFH v. 15.6.2016 - I R 69/15, BStBl 2017 II 75).

992 Der (zulässige) Wertansatz in der steuerlichen Schlussbilanz der übernehmenden Gesellschaft ist (grundsätzlich) verbindlich für die **Besteuerung** beim **Einbringenden**. Es kommt nicht auf dessen Erklärung an. Ist bei der erstmaligen Abgabe der steuerlichen Schlussbilanz der übernehmenden Gesellschaft bereits ein Steuerbescheid gegen den Einbringenden unter divergierenden Prämissen ergangen, hat eine Berichtigung desselben nach § 175 Abs. 1 Nr. 2 AO zu erfolgen (Rdn. 21.12 i. V. m. 20.23 UmwStE).

5.6.2.4 Grundsätzliche Wertverknüpfung beim Einbringenden

993 Nach § 21 Abs. 2 Satz 1 UmwStG wird für die Besteuerung beim Einbringenden grundsätzlich an den Wertansatz durch die übernehmende Gesellschaft angeknüpft. Bei einem Ansatz der eingebrachten Anteile unterhalb des gemeinen Wertes gilt der niedrigere Wert für den Einbringenden grundsätzlich als Veräußerungspreis der eingebrachten Anteile und zugleich als Anschaffungskosten für die erhaltenen neuen Anteile (grundsätzliche Wertverknüpfung). Auf diese Weise kann die Versteuerung der in den eingebrachten Anteilen enthaltenen stillen Reserven (zunächst) vermieden werden. Die stillen Reserven verdoppeln sich allerdings. Einerseits werden sie auf die erhaltenen Anteile transferiert. Andererseits werden sie auf die übernehmende Gesellschaft übertragen, die die eingebrachten Anteile unterhalb ihres gemeinen Wertes aktiviert. Bei der übernehmenden Gesellschaft unterliegt eine spätere Veräußerung der erhaltenen Anteile an der erworbenen Gesellschaft jedoch grundsätzlich der Steuerbefreiung des § 8b Abs. 2 KStG – und zwar auch dann, wenn diese Anteile von einer natürlichen Person eingebracht worden sind.

5.6.2.5 Ausnahme von der Wertverknüpfung des § 21 Abs. 2 Satz 1 UmwStG

Nach § 21 Abs. 2 Satz 2 UmwStG wird der Grundsatz der Wertverknüpfung des § 21 Abs. 2 Satz 1 UmwStG durchbrochen, wenn sich das Besteuerungsrecht Deutschlands hinsichtlich des Gewinns aus der Veräußerung der eingebrachten Anteile oder der erhaltenen neuen Anteile verschlechtert. In einem solchen Fall gilt für den Einbringenden – vorbehaltlich der Rückausnahme in § 21 Abs. 2 Satz 3 UmwStG – der gemeine Wert der eingebrachten Anteile als Veräußerungspreis – und zwar auch dann, wenn die übernehmende Gesellschaft die Anteile mit einem niedrigeren Wert ansetzt. 994

5.6.2.5.1 Einschränkung des deutschen Besteuerungsrechts für eingebrachte Anteile

Durch § 21 Abs. 2 Satz 2 UmwStG wird die Verknüpfung des Veräußerungspreises mit dem Wertansatz bei der übernehmenden Gesellschaft aufgehoben, wenn für die **eingebrachten Anteile** das deutsche Besteuerungsrecht hinsichtlich des Gewinns aus der Veräußerung dieser Anteile nach der Einbringung ausgeschlossen oder beschränkt ist (§ 21 Abs. 2 Satz 2 1. HS UmwStG). In diesem Fall gilt für den Einbringenden – vorbehaltlich der Rückausnahme in § 21 Abs. 2 Satz 3 UmwStG – der gemeine Wert der eingebrachten Anteile als Veräußerungspreis für die eingebrachten Anteile und als Anschaffungskosten der erhaltenen Anteile. 995

Der **Ausschluss des deutschen Besteuerungsrechts** ist gegeben, wenn beim Einbringenden vor der Einbringung noch ein unbeschränktes oder beschränktes Besteuerungsrecht hinsichtlich des Gewinns aus der Veräußerung der eingebrachten Anteile bestand und nach der Einbringung dieses Besteuerungsrecht bei der übernehmenden Gesellschaft nicht mehr besteht. Das ist regelmäßig bei der Einbringung in eine EU-/EWR-ausländische Kapitalgesellschaft der Fall. 996

BEISPIEL Der unbeschränkt einkommensteuerpflichtige E bringt seine Anteile an der französischen F-S.A.R.L (société à responsabilité limitée, einer der deutschen GmbH entsprechende Kapitalgesellschaft, BMF v. 24.12.1999, BStBl 1999 I 1076, Anhang Tabelle 1) in die in Deutschland nicht steuerpflichtige französische X-S.A. (société anonyme, eine der deutschen Aktiengesellschaft entsprechende Kapitalgesellschaft, BMF v. 24.12.1999, BStBl 1999 I 1076, Anhang Tabelle 1) ein. Es handelt sich um einen qualifizierten Anteilstausch.

LÖSUNG Nach Art. 7 Abs. 5 DBA Frankreich hatte Deutschland hinsichtlich des Gewinns aus der Veräußerung der Anteile an der F-S.A.R.L bei E das ausschließliche uneingeschränkte Besteuerungsrecht. Nach der Einbringung in die X-S.A. hat Deutschland (bei der X-S.A.) kein Besteuerungsrecht mehr an den eingebrachten Anteilen an der F-S.A.R.L, da das Besteuerungsrecht nach Art. 7 Abs. 5 DBA Frankreich ausschließlich Frankreich als Ansässigkeitsstaat der X-S.A. zugewiesen wird. Unabhängig davon, mit welchem Wert die X-S.A. die eingebrachten Anteile ansetzt, gilt für E der gemeine Wert dieser Anteile als Veräußerungspreis und als Anschaffungskosten der erhaltenen Anteile an der X-S.A. (Zwischenlösung). Wegen der Rückausnahme nach § 21 Abs. 2 Satz 3 UmwStG wird auf die nachfolgenden Ausführungen verwiesen (s. Rdn. 1002).

Eine **Beschränkung** des deutschen Besteuerungsrechts ist gegeben, wenn der Gewinn aus einer Veräußerung der eingebrachten Anteile vor der Einbringung beim Einbringenden ohne Anrechnungsverpflichtung in Deutschland besteuert werden konnte, nach 997 der Einbringung bei der übernehmenden Gesellschaft jedoch nur noch unter Anrechnung der ausländischen Steuer besteuert werden darf.

5.6.2.5.2 Einschränkung des deutschen Besteuerungsrechts für erhaltene Anteile

998 Ist nach der Einbringung das deutsche Besteuerungsrecht hinsichtlich des Gewinns aus der Veräußerung der **erhaltenen Anteile** ausgeschlossen oder beschränkt, führt auch dies zur Aufhebung der Wertverknüpfung zwischen Veräußerungspreis beim Einbringenden und Wertansatz der eingebrachten Anteile bei der übernehmenden Gesellschaft (§ 21 Abs. 2 Satz 2 2. HS UmwStG). Als Veräußerungspreis für die eingebrachten Anteile gilt auch in diesem Fall – vorbehaltlich der Rückausnahme des § 21 Abs. 2 Satz 3 UmwStG – deren gemeiner Wert. Das gilt selbst dann, wenn Deutschland den Gewinn aus der Veräußerung der eingebrachten Anteile weiterhin besteuern darf.

BEISPIEL ▸ Der unbeschränkt einkommensteuerpflichtige G bringt seine 60 %-Beteiligung an der (deutschen) D-GmbH in die tschechische T-s.r.o. (společnost s ručením omezeným, eine der deutschen GmbH entsprechende Kapitalgesellschaft, BMF v. 24.12.1999, BStBl 1999 I 1076, Anhang Tabelle 2) ein. Es handelt sich um einen qualifizierten Anteilstausch i. S. d. § 21 Abs. 1 Satz 2 UmwStG.

LÖSUNG ▸ Deutschland hat vor und nach der Einbringung ein uneingeschränktes Besteuerungsrecht hinsichtlich des Gewinns aus der Veräußerung der eingebrachten Anteile an der D-GmbH. Nach Art. 13 Abs. 3 DBA Tschechien können Gewinne aus der Veräußerung von Anteilen an einer Kapitalgesellschaft in dem Staat besteuert werden, in dem diese Kapitalgesellschaft ansässig ist. Veräußert die T-s.r.o. die Anteile an der D-GmbH, kann Deutschland also nach dem DBA den Veräußerungsgewinn besteuern.

Gleichwohl ist § 21 Abs. 2 Satz 2 UmwStG anzuwenden, weil das deutsche Besteuerungsrecht hinsichtlich des Gewinns aus der Veräußerung der erhaltenen Anteile an der T-s.r.o. beschränkt ist. Deutschland darf zwar den Gewinn aus der Veräußerung der Anteile an der T-s.r.o. bei dem unbeschränkt einkommensteuerpflichtigen G versteuern, muss jedoch die von Tschechien ebenfalls darauf erhobene Einkommensteuer auf die deutsche Einkommensteuer anrechnen (Art. 23 Abs. 1 Buchst. b DBA Tschechien). Zu der möglichen Anwendung des § 21 Abs. 2 Satz 3 UmwStG und den sich daraus ergebenden Folgen wird auf Rdn. 1003 verwiesen.

Dass bei der Veräußerung von Anteilen an Kapitalgesellschaften dem Ansässigkeitsstaat der Kapitalgesellschaft das Besteuerungsrecht zugewiesen wird, ist allerdings ungewöhnlich. Neben dem DBA Tschechien, das auch im Verhältnis zur Slowakei gilt (vgl. BGBl 1993 II 762), findet man eine solche Vereinbarung beispielsweise noch in Art. 13 Abs. 3 DBA Mexiko.

5.6.2.5.3 Einbringung unter dem gemeinen Wert nach § 21 Abs. 2 Satz 3 UmwStG

999 § 21 Abs. 2 Satz 3 UmwStG ermöglicht dem Einbringenden, trotz Ausschluss oder Beschränkung des deutschen Besteuerungsrechts, den Buchwert respektive die Anschaffungskosten oder den Zwischenwert als Veräußerungspreis der eingebrachten Anteile und als Anschaffungskosten der erhaltenen Anteile anzusetzen. Dafür müssen aber folgende Voraussetzungen erfüllt sein:

- ein Fall des § 21 Abs. 2 Satz 2 UmwStG (s. Rdn. 996 bis 998),
- qualifizierter Anteilstausch (§ 21 Abs. 1 Satz 2 UmwStG),

- kein Ausschluss oder Beschränkung des deutschen Besteuerungsrechts hinsichtlich des Gewinns aus der Veräußerung der erhaltenen Anteile (§ 21 Abs. 2 Satz 3 Nr. 1 UmwStG) oder ein Besteuerungsverbot des Gewinns aus dem Anteilstausch aufgrund des Art. 8 der Fusionsrichtlinie 2009/133/EG (§ 21 Abs. 2 Satz 3 Nr. 2 UmwStG) und
- Antrag des Einbringenden.

Die Regelung in § 21 Abs. 2 Satz 3 UmwStG gilt nur **in den Fällen des § 21 Abs. 2 Satz 2 UmwStG**. Liegt von vornherein kein Ausschluss und keine Beschränkung des deutschen Besteuerungsrechts hinsichtlich des Gewinns aus der Veräußerung sowohl der eingebrachten Anteile als auch der erhaltenen Anteile vor (reine Inlandsachverhalte), kommt es nicht zur Durchbrechung des Grundsatzes der Wertverknüpfung von Veräußerungspreis bei dem Einbringenden und Wertansatz bei der übernehmenden Gesellschaft. Das bedeutet, dass in diesen Fällen bei dem Einbringenden zwingend die Vorschrift des § 21 Abs. 2 Satz 1 UmwStG anzuwenden ist. 1000

Der Ansatz eines Veräußerungspreises unter dem gemeinen Wert der eingebrachten Anteile kann von dem Einbringenden nur in den Fällen des **qualifizierten Anteilstausches** i. S. d. § 21 Abs. 1 Satz 2 UmwStG (s. Rdn. 980 bis 984) beantragt werden. 1001

Liegt ein Ausschluss oder eine Beschränkung des deutschen Besteuerungsrechts hinsichtlich des Gewinns aus der Veräußerung der eingebrachten Anteile vor, nicht aber hinsichtlich des Gewinns aus der Veräußerung der erhaltenen Anteile, kann der Einbringende nach der Alternative des § 21 Abs. 2 Satz 3 Nr. 1 UmwStG einen unter dem gemeinen Wert liegenden Veräußerungspreis ansetzen, wenn auch die übrigen Voraussetzungen dafür erfüllt sind. In dem Beispiel unter Rdn. 996 kann E auf Antrag als Veräußerungspreis für die eingebrachten Anteile an der F-S.A.R.L deren Buchwert bzw. deren Anschaffungskosten ansetzen. Dieser Wert gilt dann auch als Anschaffungskosten für die erhaltenen Anteile an der X-S.A. Diese Möglichkeit besteht, weil Deutschland als Ansässigkeitsstaat des Veräußerers E nach Art. 7 Abs. 5 DBA Frankreich hinsichtlich des Gewinns aus der Veräußerung der erhaltenen Anteile an der X-S.A. das ausschließliche uneingeschränkte Besteuerungsrecht hat. 1002

Für den Fall, dass das deutsche Besteuerungsrecht hinsichtlich des Gewinns aus der Veräußerung der erhaltenen Anteile ausgeschlossen oder beschränkt ist, bietet § 21 Abs. 2 Satz 3 Nr. 2 UmwStG dem Einbringenden die Möglichkeit, den Ansatz eines Veräußerungspreises unter dem gemeinen Wert der eingebrachten Anteile zu beantragen, wenn Deutschland den Gewinn aus dem Anteilstausch aufgrund Art. 8 Fusionsrichtlinie 2009/133/EG nicht besteuern darf und auch die übrigen Voraussetzungen des § 21 Abs. 2 Satz 3 UmwStG erfüllt sind. 1003

Nach Art. 8 Abs. 1 der Fusionsrichtlinie darf die Zuteilung von Anteilen am Gesellschaftskapital der übernehmenden Gesellschaft aufgrund des Austauschs von Anteilen für sich allein keine Besteuerung des Veräußerungsgewinns des Einbringenden auslösen. Die Fusionsrichtlinie ist von allen Mitgliedsstaaten der EU zu beachten. Zum Ausgleich für die Nichtbesteuerung des Veräußerungsgewinns beim Einbringenden erlaubt Art. 8 Abs. 6 der Fusionsrichtlinie dem Ansässigkeitsstaat des Einbringenden, den Gewinn aus einer späteren Veräußerung der erhaltenen Anteile – ungeachtet der Bestimmungen eines DBA – in der gleichen Weise zu besteuern wie den Gewinn aus der Einbringung der Anteile an der erworbenen Gesellschaft. Diese über den Vereinbarungen in den DBA stehende Regelung (Treaty-override) ist für alle EU-Mitgliedsstaaten verbindlich. Von der Ermächtigung in Art. 8 Abs. 6 der Fusionsrichtlinie hat Deutschland mit § 21 Abs. 2 Satz 3 Nr. 2 UmwStG Gebrauch gemacht.

In dem Beispiel unter Rdn. 998 kann G auf Antrag als Veräußerungspreis für die eingebrachten Anteile an der D-GmbH deren Buchwert bzw. deren Anschaffungskosten ansetzen. Dieser Wert gilt dann auch als Anschaffungskosten für die erhaltenen Anteile an der T-s.r.o. Bei der späteren Veräußerung der Anteile an der T-s.r.o. wendet Deutschland die Treaty-override-Regelung des § 21 Abs. 2 Satz 3 Nr. 2 UmwStG an und besteuert den Veräußerungsgewinn so, wie die Veräußerung der Anteile an der D-GmbH zu besteuern gewesen wäre, d. h. ohne Anrechnung einer tschechischen Einkommensteuer auf die deutsche Einkommensteuer.

1004 Nach § 21 Abs. 2 Satz 3 Nr. 2 2. HS UmwStG ist § 15 Abs. 1a Satz 2 EStG entsprechend anzuwenden. Danach ist die Treaty-override-Besteuerung hinsichtlich der erhaltenen Anteile an der übernehmenden Gesellschaft auch ohne Veräußerung durchzuführen, wenn die Anteile verdeckt in eine Kapitalgesellschaft eingelegt werden oder wenn die übernehmende Gesellschaft aufgelöst wird oder wenn ihr Kapital herabgesetzt und zurückgezahlt wird oder wenn Beträge aus dem steuerlichen Einlagekonto i. S. d. § 27 KStG ausgeschüttet und zurückgezahlt werden.

1005 Der Ansatz eines Veräußerungspreises unter dem gemeinen Wert der eingebrachten Anteile in den Fällen des § 21 Abs. 2 Satz 3 UmwStG erfordert einen diesbezüglichen **Antrag**. Der Antrag ist vom Einbringenden bei dem für seine Besteuerung zuständigen Finanzamt bis spätestens zur erstmaligen Abgabe der Steuererklärung zu stellen (§ 21 Abs. 2 Satz 4 UmwStG). Es gibt keine Formvorschriften für den Antrag, also kann er auch konkludent gestellt werden. Gehören die erhaltenen Anteile zum Betriebsvermögen des Einbringenden, kann sich der Antrag aus dem entsprechenden Ansatz in der Steuerbilanz ergeben. Gehören die eingebrachten sowie die erhaltenen Anteile zum Privatvermögen und hat der Einbringende keinen Veräußerungsgewinn nach § 17 EStG erklärt, ist dies als Antrag auf Fortgeltung der Anschaffungskosten der eingebrachten Anteile für die erhaltenen Anteile zu werten.

1006 *Einstweilen frei*

5.6.3 Besteuerung des Einbringungsgewinns

1007 Die Ermittlung und Besteuerung eines sich aus dem Anteilstausch ergebenden (Einbringungs-)Gewinns erfolgt nach allgemeinen steuerlichen Vorschriften. So ist das Teileinkünfteverfahren nach §§ 3 Nr. 40, 3c Abs. 2 EStG anzuwenden, wenn der Einbringende eine natürliche Person ist. Ist der Einbringende eine Kapitalgesellschaft, unterfällt der Einbringungsgewinn den Regelungen des § 8b KStG. Wurden die eingebrachten Anteile aus einem gewerblichen Betriebsvermögen heraus übertragen, sind auch die allgemeinen gewerbesteuerlichen Vorschriften anzuwenden.

Der Freibetrag nach § 17 Abs. 3 EStG kann – bei Zugehörigkeit der eingebrachten Anteile zum Privatvermögen – nur bei einer Einbringung mit dem gemeinen Wert berücksichtigt werden (§ 21 Abs. 3 Satz 1 1. HS UmwStG). Gleiches gilt für den Freibetrag nach § 16 Abs. 4 EStG, wenn es sich bei den eingebrachten Anteilen um eine 100 %-Beteiligung an einer Kapitalgesellschaft handelt, die zum Betriebsvermögen des Einbringenden gehört (§ 21 Abs. 3 Satz 1 2. HS UmwStG). Eine Steuerermäßigung nach § 34 EStG kommt nicht in Betracht (§ 21 Abs. 3 Satz 2 UmwStG). 1008

5.6.4 Zeitpunkt des Anteilstauschs – keine Rückbeziehung

§ 21 UmwStG enthält keine Regelung über den Einbringungszeitpunkt bzw. den Zeitpunkt des Anteilstauschs. Folglich gelten die allgemeinen Grundsätze. Danach kann die Übertragung (Einbringung) der Anteile nicht (auf irgendeinen Zeitpunkt) zurückbezogen werden (Rdn. 21.17 UmwStE). Der Einbringungs- bzw. Veräußerungszeitpunkt, in dem der Einbringungs- bzw. Veräußerungsgewinn aus dem Anteilstausch entsteht, ist der Zeitpunkt, in dem die bürgerlich-rechtliche oder (zumindest) die wirtschaftliche Inhaberschaft an den (eingebrachten) Anteilen auf die übernehmende Gesellschaft übergeht (BFH v. 17.2.2004 - VIII R 28/02, BStBl 2005 II 46). Das wirtschaftliche Eigentum an den Anteilen geht in dem Zeitpunkt auf die übernehmende Gesellschaft über, in dem die mit dem Anteil verbundenen wesentlichen Rechte (Gewinnbezugsrecht, Stimmrecht) sowie das Risiko einer Wertminderung und die Chance einer Wertsteigerung auf sie übergegangen sind (BFH v. 22.7.2008 - IX 74/06, BStBl 2009 II 124). 1009

1010

ABB. 18: Anteilstausch nach § 21 UmwStG

Bei einem Anteilstausch i. S. d. § 21 UmwStG werden als Gegenleistung für die Einbringung von Anteilen an der erworbenen Gesellschaft neue Anteile an der übernehmenden Gesellschaft gewährt.

erworbene Gesellschaft = die Kapitalgesellschaft, an der die Anteile bestehen, die eingebracht werden
übernehmende Gesellschaft = die Kapitalgesellschaft, auf die die Anteile an der erworbenen Gesellschaft übertragen werden

Bewertung der eingebrachten Anteile bei der übernehmenden Gesellschaft

Grundsatz:
Gemeiner Wert
§ 21 Abs. 1 Satz 1 UmwStG

auf Antrag:
Der Antrag ist von der übernehmenden Gesellschaft bis zur erstmaligen Abgabe ihrer steuerlichen Schlussbilanz zu stellen. Änderung oder Rücknahme des Antrags ist unzulässig.
Buchwert (Anschaffungskosten) oder **Zwischenwert**
§ 21 Abs. 1 Satz 2 UmwStG
[Einschränkung bei zusätzlichen Gegenleistungen nach § 21 Abs. 1 Satz 2 und 4 UmwStG]

Voraussetzung: **Qualifizierter Anteilstausch**
(Die übernehmende Gesellschaft hat nach der Einbringung aufgrund ihrer Beteiligung die unmittelbare Mehrheit der Stimmrechte an der erworbenen Gesellschaft.)

Steuerliche Folgen für den Einbringenden:

Veräußerung eines Anteils an einer Kapitalgesellschaft und Anschaffung eines Anteils an der übernehmenden Gesellschaft.
Nach § 21 Abs. 2 Satz 1 UmwStG gilt:

Grundsatz: Wertverknüpfung

Veräußerungspreis = Wertansatz in der ersten steuerlichen Schlussbilanz der übernehmenden Gesellschaft
= **Anschaffungskosten** für die erhaltenen neuen Anteile an der übernehmenden Gesellschaft

Ausnahme von der Wertverknüpfung (§ 21 Abs. 2 Satz 2 UmwStG):
Gemeiner Wert = Veräußerungspreis für die eingebrachten Anteile und **Anschaffungskosten für die erhaltenen Anteile, wenn**
das deutsche Besteuerungsrecht hinsichtlich der eingebrachten Anteile oder der erhaltenen Anteile eingeschränkt ist.

auf Antrag des Einbringenden (§ 21 Abs. 2 Satz 3 UmwStG):
Buchwert (Anschaffungskosten) oder Zwischenwert, wenn
das deutsche Besteuerungsrecht hinsichtlich der erhaltenen Anteile nicht eingeschränkt ist oder ein Besteuerungsverbot des Anteilstauschs nach Art. 8 der Fusionsrichtlinie 2009/133/EG besteht.

beachte: siebenjährige Sperrfrist für unterhalb des gemeinen Werts eingebrachte Anteile nach § 22 Abs. 2 UmwStG

5.7 Veräußerung unterhalb des gemeinen Wertes eingebrachter Anteile

Werden Anteile, die unterhalb des gemeinen Wertes eingebracht worden sind, durch die übernehmende Gesellschaft innerhalb von sieben Jahren nach dem Einbringungszeitpunkt veräußert, ist nach § 22 Abs. 2 Satz 1 UmwStG der **Gewinn** aus der Einbringung im Wirtschaftsjahr der Einbringung **rückwirkend** als Gewinn des Einbringenden aus der Veräußerung von Anteilen zu versteuern (Einbringungsgewinn II), soweit bei ihm der Veräußerungsgewinn für diese Anteile im Einbringungszeitpunkt nicht nach § 8b Abs. 2 KStG steuerfrei gewesen wäre. 1011

5.7.1 Zielsetzung des § 22 Abs. 2 UmwStG

§ 22 Abs. 2 UmwStG dient der Vermeidung einer missbräuchlichen Ausnutzung des Wechsels des Besteuerungsregimes. Es soll vermieden werden, dass für eine Veräußerung vorgesehene Anteile an Kapitalgesellschaften, deren Veräußerung bei dem Anteilsinhaber nach den für ihn geltenden Vorschriften zur (teilweisen) Besteuerung der stillen Reserven führen würde, vor der Veräußerung steuerneutral in eine andere Kapitalgesellschaft eingebracht und sodann von dieser unter Ausnutzung der Steuerbefreiung nach § 8b Abs. 2 KStG veräußert werden. Mit zunehmendem Abstand zum Einbringungszeitpunkt vermindert sich die Wahrscheinlichkeit, dass der ursprüngliche Einbringungsvorgang im Grunde dazu dienen sollte, eine nachfolgende Veräußerung vorzubereiten. Dem trägt die Siebtelverminderung bei der Berechnung des Einbringungsgewinns II nach § 22 Abs. 2 Satz 3 UmwStG Rechnung. 1012

5.7.2 Ermittlung und (rückwirkende) Versteuerung des Einbringungsgewinns II

5.7.2.1 Voraussetzungen für die Versteuerung des Einbringungsgewinns II

Voraussetzungen für die rückwirkende Versteuerung des Einbringungsgewinns II bei dem Einbringenden sind: 1013

- unmittelbare oder mittelbare Veräußerung durch die übernehmende Gesellschaft von
- unterhalb des gemeinen Wertes eingebrachten Anteilen an Kapitalgesellschaften aufgrund einer Sacheinlage nach § 20 Abs. 1 UmwStG oder eines Anteilstauschs nach § 21 Abs. 1 UmwStG,
- innerhalb eines Zeitraums von sieben Jahren nach dem Einbringungszeitpunkt,
- soweit beim Einbringenden der Gewinn aus der Veräußerung dieser Anteile im Einbringungszeitpunkt nicht nach § 8b Abs. 2 KStG steuerfrei gewesen wäre.

1014 **Veräußerung** (durch die übernehmende Gesellschaft) ist die (voll-)entgeltliche Übertragung der (eingebrachten) Anteile auf einen anderen Rechtsträger (BFH v. 27.7.1988 - I R 147/83, BStBl 1989 II 271). Zu Einzelheiten wird auf die Ausführungen unter Rdn. 862 bis 864 verwiesen.

Eine Veräußerung i. S. d. § 22 Abs. 2 Satz 1 UmwStG liegt auch vor, wenn die Tochtergesellschaft, deren Anteile eingebracht wurden, auf die Muttergesellschaft (übernehmende Gesellschaft) verschmolzen wird („Verschmelzung zur Aufnahme“, Aufwärtsverschmelzung). Aus Sicht der Muttergesellschaft stellt sich die Aufwärtsverschmelzung als tauschähnlicher Vorgang dar, der einer Veräußerung der Anteile gleichzustellen ist. Mit der Verschmelzung geht das gesamte Vermögen der Tochtergesellschaft auf die Muttergesellschaft über. Im Gegenzug gehen die von ihr gehaltenen Anteile an der Tochtergesellschaft unter (BFH v. 24.1.2018 - I R 48/15, BStBl 2019 II 45).

1015 Eine **mittelbare Veräußerung** liegt z. B. vor, wenn das Veräußerungsgeschäft nicht von der übernehmenden Gesellschaft selbst getätigt wird, sondern von einer Personengesellschaft, an der die übernehmende Gesellschaft als Mitunternehmerin beteiligt ist. Veräußert die Personengesellschaft zu ihrem Gesamthandsvermögen gehörende Kapitalgesellschaftsanteile, ist diese Veräußerung steuerlich auch jedem ihrer Mitunternehmer (mittelbar) zuzurechnen.

Wurde zuvor ein Mitunternehmeranteil an dieser Personengesellschaft (zu deren Gesamthandsvermögen auch Kapitalgesellschaftsanteile gehören) in eine andere Kapitalgesellschaft (übernehmende Gesellschaft), im Rahmen einer Sacheinlage nach § 20 Abs. 1 UmwStG, unter dem gemeinen Wert eingebracht, ist das steuerlich als Einbringung von Anteilen an allen zum Gesamthandsvermögen der Personengesellschaft gehörenden Wirtschaftsgütern unterhalb des gemeinen Wertes zu betrachten. Durch die Einbringung des Mitunternehmeranteils nach § 20 Abs. 1 UmwStG ist somit auch ein Anteil an den der Personengesellschaft gehörenden Kapitalgesellschaftsanteilen eingebracht worden.

Veräußert die Personengesellschaft innerhalb der nächsten sieben Jahre seit dem Einbringungszeitpunkt die Kapitalgesellschaftsanteile, ist das ein zur Anwendung des § 22 Abs. 2 Satz 1 UmwStG führendes Ereignis, weil diese Veräußerung auch der an der Personengesellschaft beteiligten übernehmenden Gesellschaft mittelbar zuzurechnen ist. Die Rechtsfolgen des § 22 Abs. 2 Satz 1 UmwStG treten aber nur anteilig in Höhe des von der übernehmenden Gesellschaft durch die Einbringung erworbenen Anteils am Gesamthandsvermögen der Personengesellschaft ein.

Als schädliches, die Besteuerung des Einbringungsgewinns II auslösendes Ereignis wäre auch die Veräußerung des Mitunternehmeranteils durch die übernehmende Gesellschaft zu betrachten.

1016 Die Rechtsfolgen des § 22 Abs. 2 Satz 1 UmwStG treten nur ein, wenn die veräußerten Anteile **unterhalb ihres gemeinen Wertes** in die übernehmende Kapitalgesellschaft (übernehmende Gesellschaft) **nach § 20 Abs. 1 oder § 21 Abs. 1 UmwStG eingebracht** worden sind. Die Einbringung kann entweder im Rahmen der Sacheinlage einer qualifizierten Sachgesamtheit (Betrieb, Teilbetrieb oder Mitunternehmeranteil) unterhalb des gemeinen Wertes nach § 20 Abs. 2 Satz 2 UmwStG erfolgt sein, wenn die Anteile zum

Betriebsvermögen dieser Sachgesamtheit gehört haben. Oder die Einbringung erfolgte im Rahmen eines qualifizierten Anteilstauschs unterhalb des gemeinen Wertes der eingebrachten Anteile nach § 21 Abs. 1 Satz 2 UmwStG.

Entscheidend für die Anwendung des § 22 Abs. 2 UmwStG ist die Frage, ob die stillen Reserven in den eingebrachten Anteilen durch die Einbringung ganz oder teilweise auf die erhaltenen Anteile übertragen worden sind. Deshalb greift § 22 Abs. 2 Satz 1 UmwStG auch, wenn bei einem grenzüberschreitenden qualifizierten Anteilstausch die Anteile bei der übernehmenden (ausländischen) Gesellschaft mit dem ggf. nach ausländischem Recht geltenden Fremdvergleichspreis angesetzt worden sind, der inländische Einbringende den Veräußerungspreis aber nach § 21 Abs. 2 Satz 3 UmwStG mit einem niedrigeren Wert angesetzt hat.

Die Veräußerung der eingebrachten Anteile muss **innerhalb von sieben Jahren nach** 1017
dem Einbringungszeitpunkt erfolgt sein. Bei einer Sacheinlage nach § 20 Abs. 1 UmwStG ist Einbringungszeitpunkt der steuerliche Übertragungsstichtag i. S. d. § 20 Abs. 6 UmwStG. Bei einem qualifizierten Anteilstausch ist Einbringungszeitpunkt der Zeitpunkt, in dem zumindest das wirtschaftliche Eigentum (tatsächlich) auf die übernehmende Gesellschaft übergegangen ist.

§ 22 Abs. 2 Satz 1 UmwStG ist nur anzuwenden, soweit der Gewinn aus der Veräuße- 1018
rung der Anteile im Zeitpunkt der Einbringung beim Einbringenden nicht nach § 8b Abs. 2 KStG steuerfrei gewesen wäre. Wäre der Gewinn steuerfrei gewesen, läge keine missbräuchliche Ausnutzung des § 8b Abs. 2 KStG vor. § 8b Abs. 2 KStG gilt grundsätzlich für alle körperschaftsteuerpflichtigen Körperschaften, Personenvereinigungen und Vermögensmassen. Ist der Einbringende ein körperschaftsteuerpflichtiges Subjekt, kommt es somit grundsätzlich nicht zur Besteuerung eines Einbringungsgewinns II nach § 22 Abs. 2 UmwStG, es sei denn, dass im konkreten Einzelfall § 8b Abs. 2 KStG ausnahmsweise nicht anzuwenden ist.

Zur Anwendung des § 22 Abs. 2 Satz 1 UmwStG kann es deshalb nur kommen, wenn

- der Einbringende eine natürliche Person ist oder
- der Einbringende eine Personengesellschaft ist, soweit natürliche Personen unmittelbar oder mittelbar am Gesamthandsvermögen beteiligt sind, oder
- der Einbringende ein körperschaftsteuerpflichtiges Subjekt ist und auf die angenommene Veräußerung der Anteile im Einbringungszeitpunkt § 8b Abs. 2 KStG (ausnahmsweise) nicht zur Anwendung kommt (z. B. in den Fällen des § 8b Abs. 7 und Abs. 8 KStG oder bei einer Organschaft nach § 15 Satz 1 Nr. 2 KStG).

Einstweilen frei 1019

5.7.2.2 Ermittlung des Einbringungsgewinns II

1020 Gemäß § 22 Abs. 2 Satz 3 UmwStG ist der Einbringungsgewinn II im Falle einer „schädlichen" Veräußerung i. S. d. § 22 Abs. 2 Satz 1 UmwStG nach folgendem Schema zu ermitteln:

	Gemeiner Wert	der eingebrachten Anteile im Einbringungszeitpunkt
./.	**Kosten**	für den Vermögensübergang
./.	**Wert,**	mit dem der Einbringende die erhaltenen Anteile angesetzt hat
=	**Einbringungsgewinn II im Einbringungszeitpunkt**	
./.	**je 1/7**	für jedes seit dem Einbringungszeitpunkt bis zum Veräußerungszeitpunkt abgelaufene Zeitjahr
=	**Einbringungsgewinn II**	
x	Prozentsatz	der „steuerschädlich" veräußerten Anteile im Verhältnis zu den insgesamt eingebrachten Anteilen
=	**Zwischenergebnis**	
x	Prozentsatz	der noch nicht veräußerten Anteile an der übernehmenden Gesellschaft durch den Einbringenden (bzw. der noch nicht nach § 6 AStG ohne Stundungswirkung besteuerten Anteile), § 22 Abs. 2 Satz 5 UmwStG im Verhältnis zu den durch die Einbringung insgesamt erhaltenen Anteilen
=	**anzusetzender Einbringungsgewinn II**	

1021 Ausgangsgröße für die Ermittlung des Einbringungsgewinns II ist der **gemeine Wert der eingebrachten Anteile** im Einbringungszeitpunkt. Nach dem Einbringungszeitpunkt eingetretene Wertveränderungen bleiben unberücksichtigt. Wegen der Schwierigkeit der vorzunehmenden Wertermittlung auf einen u. U. weit zurückliegenden Stichtag ist zu empfehlen, unabhängig von dem tatsächlichen Wertansatz zeitnah zur Einbringung (prophylaktisch) eine Bewertung (mit dem gemeinen Wert) vorzunehmen.

1022 Zu den **Kosten für den Vermögensübergang** wird auf Rdn. 877 verwiesen.

1023 Der **Wert, mit dem der Einbringende die erhaltenen Anteile angesetzt hat**, sind seine Anschaffungskosten für die erhaltenen Anteile. Die Anschaffungskosten für die erhaltenen Anteile ergeben sich aus dem Wert, der als Veräußerungspreis für das eingebrachte Betriebsvermögen (§ 20 Abs. 3 Satz 1 und 2 UmwStG) bzw. für die eingebrachten Anteile (§ 21 Abs. 2 Satz 1 oder 2 UmwStG) anzusetzen war oder nach § 21 Abs. 2 Satz 3 UmwStG angesetzt worden ist. Soweit neben den erhaltenen Gesellschaftsanteilen noch andere Wirtschaftsgüter gewährt worden sind, war deren gemeiner Wert noch abzuziehen (§ 21 Abs. 2 Satz 6 i. V. m. § 20 Abs. 3 Satz 3 UmwStG).

1024 Zur **Siebtelverminderung** s. Rdn. 880 bis 881.

1025 Wird nur ein Teil der eingebrachten Anteile veräußert, kommt es nur anteilig zu einer Besteuerung des Einbringungsgewinns II (BT-Drucks. 16/2710 76). Der Teil des zu besteuernden Einbringungsgewinns II bestimmt sich nach dem Verhältnis der veräußerten Anteile zu den insgesamt eingebrachten Anteilen.

Nach § 22 Abs. 2 Satz 5 UmwStG ist kein Einbringungsgewinn II zu versteuern, soweit der Einbringende die erhaltenen Anteile bereits veräußert hat. Das ist folgerichtig. Denn insoweit hat der Einbringende die stillen Reserven aus den eingebrachten Anteilen, die durch die Einbringung unter dem gemeinen Wert auf die erhaltenen Anteile übertragen wurden, in Form des Veräußerungsgewinns für die erhaltenen Anteile bereits versteuert. Dasselbe gilt, wenn der Einbringende infolge der Beendigung seiner unbeschränkten Einkommensteuerpflicht die auf die erhaltenen Anteile übertragenen stillen Reserven im Rahmen der sog. Wegzugsbesteuerung nach § 6 AStG bereits versteuert hat. Soweit die Einkommensteuer jedoch nach den Regelungen des § 6 AStG gestundet, also noch nicht entrichtet worden ist, bleibt es bei der Versteuerung des Einbringungsgewinns II. 1026

BEISPIEL (Abwandlung des Beispiels unter Rdn. 883)

Einzelunternehmer K (natürliche Person) hat zum 31.12.01 folgende komprimierte – um die Angabe der gemeinen Werte ergänzte – Schlussbilanz erstellt:

A	31.12.01			P
	Buchwert	(gemeiner Wert)		
Anteil X-GmbH	56 000 €	(100 000 €)	Kapital	176 000 €
sonstige Aktiva	340 000 €	(410 000 €)	Verbindlichkeiten	220 000 €
	396 000 €	(510 000 €)		396 000 €

K bringt seinen ganzen Betrieb nach § 20 Abs. 1 UmwStG in die dadurch am 20.8.02 gegründete K-GmbH ein, deren alleiniger Gesellschafter er wird. Einbringungszeitpunkt ist der 31.12.01 24.00 Uhr. Einbringungskosten sollen nicht entstanden sein. Das Stammkapital der K-GmbH soll 50 000 € betragen. Antragsgemäß übernimmt die K-GmbH das eingebrachte Betriebsvermögen gem. § 20 Abs. 2 Satz 2 UmwStG mit dem Buchwert und erstellt folgende Eröffnungsbilanz:

A	Eröffnungsbilanz der K-GmbH		P
Anteil X-GmbH	56 000 €	gez. Kapital	50 000 €
sonstige Aktiva	340 000 €	Kapitalrücklage	126 000 €
		Verbindlichkeiten	220 000 €
	396 000 €		396 000 €

Am 18.8.06 veräußert die K-GmbH den Anteil an der X-GmbH für 120 000 € an einen fremden Dritten.

K ist zu diesem Zeitpunkt (18.8.06)

a) noch immer alleiniger Gesellschafter der K-GmbH

b) nur noch zu 75 % Gesellschafter der K-GmbH, weil er in 04 einen 25 %-Anteil veräußert hat. Die erhaltenen Anteile an der K-GmbH sind nicht genau identifizierbar. Es kann also nicht genau festgestellt werden, welcher Teil der erhaltenen Anteile an der K-GmbH auf die Einbringung des Anteils an der X-GmbH entfällt und welcher Teil auf die Einbringung des übrigen Betriebsvermögens.

Die Anteile an der K-GmbH gehören bei K zum Privatvermögen.

LÖSUNG Die Veräußerung des Anteils an der X-GmbH durch die K-GmbH am 18.8.06 löst nach § 22 Abs. 2 Satz 1 UmwStG bei dem Einbringenden K die Besteuerung des Einbringungsgewinns II aus, weil der veräußerte Anteil an der X-GmbH im Rahmen einer Sacheinlage nach § 20 Abs. 1 UmwStG innerhalb der letzten sieben Jahre vor der Veräußerung unter dem gemeinen Wert durch K in die K-GmbH eingebracht worden ist und bei K als natürlicher Person der Gewinn aus der Veräußerung dieser Anteile nicht nach § 8b Abs. 2 KStG steuerfrei gewesen wäre. Gemäß § 22 Abs. 2 Satz 3 UmwStG ist der Einbringungsgewinn II in der **Fallvariante a)** wie folgt zu ermitteln:

	Gemeiner Wert des eingebrachten Anteils an der X-GmbH im Einbringungszeitpunkt =	100 000 €
	Kosten für den Vermögensübergang	–
	Wert, mit dem der Einbringende K die erhaltenen Anteile an der K-GmbH angesetzt hat	56 000 €
=	Einbringungsgewinn II im Einbringungszeitpunkt	44 000 €
./.	4/7 (für vier seit dem Einbringungszeitpunkt abgelaufene Zeitjahre)	25 143 €
=	anzusetzender Einbringungsgewinn II	18 857 €

Bei dem für die erhaltenen Anteile an der K-GmbH angesetzten Wert sind nicht die gesamten Anschaffungskosten für diese Anteile i. H. v. 176 000 € (§ 20 Abs. 3 Satz 1 UmwStG) zu erfassen, sondern nur die Anschaffungskosten für den Teil der erhaltenen Anteile, der auf die Einbringung der X-GmbH-Beteiligung entfällt. Da die übernehmende Gesellschaft (K-GmbH) die X-GmbH-Beteiligung mit 56 000 € angesetzt hat, gilt dieser Betrag für den Einbringenden K als Veräußerungspreis (für den Anteil an der X-GmbH) und als Anschaffungskosten für den Teil der erhaltenen Anteile an der K-GmbH, der auf der Einbringung der X-GmbH beruht.

§ 3 Nr. 40 Buchst. c sowie § 3c Abs. 2 EStG sind anzuwenden. Im Ergebnis sind also nur 11 314 € (60 %) steuerpflichtig.

Nach § 22 Abs. 2 Satz 4 UmwStG gilt der Einbringungsgewinn II als nachträgliche Anschaffungskosten der erhaltenen Anteile an der K-GmbH.

Fallvariante b)

Nach § 22 Abs. 2 Satz 5 UmwStG ist kein Einbringungsgewinn II zu versteuern, soweit der Einbringende die erhaltenen Anteile veräußert hat. Da sich der in 04 veräußerte Geschäftsanteil an der K-GmbH nicht genau identifizieren lässt, ist davon auszugehen, dass er gleichermaßen auf der Einbringung der Beteiligung an der X-GmbH als auch auf der Einbringung des übrigen Betriebsvermögens beruht (s. auch Rdn. 884).

In 04 ist nach Maßgabe des § 22 Abs. 1 UmwStG ein Einbringungsgewinn I zu ermitteln und rückwirkend im Wirtschaftsjahr der Einbringung (01) als Gewinn des Einbringenden im Sinne von § 16 EStG zu versteuern. Der Einbringungsgewinn I beinhaltet aber nur stille Reserven aus dem übrigen Betriebsvermögen (§ 22 Abs. 1 Satz 5 UmwStG).

In 04 ist außerdem der Gewinn aus der Veräußerung des 25 %-Teilanteils an der K-GmbH nach allgemeinen einkommensteuerlichen Vorschriften zu versteuern. Dadurch sind bereits 25 % der enthaltenen stillen Reserven versteuert worden.

Die Ermittlung des Einbringungsgewinns II erfolgt nur noch für den Teil der eingebrachten Anteile an der X-GmbH, der dem Verhältnis der dem K noch gehörenden Anteile an der K-GmbH zu den insgesamt erhaltenen Anteilen an der K-GmbH entspricht (= 75 %).

	Der oben ermittelte Einbringungsgewinn II ist jetzt nur Zwischenergebnis:	18 857 €
	davon 75 % (noch nicht veräußerte Anteile an der K-GmbH)	
=	anzusetzender Einbringungsgewinn II	14 142 €

Nach Anwendung des § 3 Nr. 40 Buchst. c sowie § 3c Abs. 2 EStG sind 8 485 € (60 %) steuerpflichtig.

Die Anschaffungskosten der dem K noch verbliebenen Anteile an der K-GmbH erhöhen sich nach § 22 Abs. 2 Satz 4 UmwStG um 14 142 €.

5.7.2.3 Rückwirkende Versteuerung des Einbringungsgewinns II

Die Besteuerung des Einbringungsgewinns II wird durch eine Handlung der übernehmenden Gesellschaft (Veräußerung der eingebrachten Anteile) ausgelöst. Die steuerlichen Folgen (Erklärung gegenüber dem Finanzamt, Ermittlung und rückwirkende Versteuerung) hat jedoch der Einbringende zu tragen. Der nach § 22 Abs. 2 Satz 3 UmwStG ermittelte Einbringungsgewinn II ist im Wirtschaftsjahr der Einbringung rückwirkend als Gewinn des Einbringenden aus der Veräußerung von Anteilen zu versteuern (§ 22 Abs. 2 Satz 1 UmwStG). Nach § 22 Abs. 2 Satz 2 i. V. m. Abs. 1 Satz 2 UmwStG gilt die Veräußerung der eingebrachten Anteile als **rückwirkendes Ereignis** im Sinne von § 175 Abs. 1 Satz 1 Nr. 2 AO. 1027

Der Einbringungsgewinn II unterliegt bei einer natürlichen Person als Einbringendem grundsätzlich der Teileinkünftebesteuerung nach §§ 3 Nr. 40, 3c Abs. 2 EStG. Der Freibetrag nach § 16 Abs. 4 EStG sowie die Tarifermäßigung nach § 34 EStG sind nicht anzuwenden (§ 22 Abs. 2 Satz 1 2. HS UmwStG). 1028

Bei der Gewerbesteuer ist der Einbringungsgewinn nur dann und nur insoweit zu erfassen, als er bei einer Einbringung der Anteile zum gemeinen Wert zu erfassen gewesen wäre. 1029

5.7.2.4 Nachträgliche Anschaffungskosten auf die erhaltenen Anteile

Der Einbringungsgewinn II gilt als nachträgliche Anschaffungskosten der erhaltenen Anteile (§ 22 Abs. 2 Satz 4 UmwStG). Wären die eingebrachten Anteile von vornherein mit einem höheren Wert angesetzt worden, hätte sich auch ein höherer Betrag als Anschaffungskosten für die erhaltenen Anteile ergeben. Durch § 22 Abs. 2 Satz 4 UmwStG wird eine Doppelbesteuerung der mit dem Einbringungsgewinn II aufgelösten stillen Reserven vermieden. 1030

Wird nur ein Teil der eingebrachten Anteile veräußert, ist der Einbringungsgewinn II nur „insoweit" zu ermitteln (§ 22 Abs. 2 Satz 1 UmwStG). Dementsprechend erhöhen sich auch nur die Anschaffungskosten für den Teil der erhaltenen Anteile, der mit dem veräußerten Teil der eingebrachten Anteile korrespondiert. 1031

5.7.3 Erhöhung der Anschaffungskosten der eingebrachten Anteile

Bei der übernehmenden Gesellschaft erhöhen sich die Anschaffungskosten der eingebrachten Anteile i. H. d. versteuerten **Einbringungsgewinns**, soweit der Einbringende die auf den Einbringungsgewinn entfallende Steuer entrichtet hat (§ 23 Abs. 2 Satz 3 UmwStG). Dadurch wird die übernehmende Gesellschaft steuerlich so gestellt, wie sie stünde, wenn die Einbringung von vornherein mit einem höheren Wert durchgeführt worden wäre. 1032

Die Erhöhung der Anschaffungskosten der eingebrachten Anteile erfolgt im Wirtschaftsjahr der Veräußerung der Anteile und führt zu einem niedrigeren Veräußerungsgewinn bei der übernehmenden Gesellschaft. Voraussetzungen dafür sind jedoch ein 1033 dahingehender Antrag der übernehmenden Gesellschaft und die Vorlage einer Bescheinigung des zuständigen Finanzamts nach § 22 Abs. 5 UmwStG, durch die nachgewiesen wird, dass der Einbringende die auf den Einbringungsgewinn entfallende Steuer entrichtet hat. Diese Voraussetzungen ergeben sich aus der Anordnung in § 23 Abs. 2 Satz 3 2. HS UmwStG, nach der Satz 1 des § 23 Abs. 2 UmwStG entsprechend gilt. Die Bescheinigung im Sinne von § 22 Abs. 5 UmwStG ist von dem für den Einbringenden zuständigen Finanzamt der übernehmenden Gesellschaft auf deren Antrag auszustellen und beinhaltet:

- die Höhe des zu versteuernden Einbringungsgewinns,
- die darauf entfallende festgesetzte Steuer und
- den darauf entrichteten Betrag.

Zu weiteren Einzelheiten wird auf Rdn. 905 f. verwiesen.

1034 Die Erhöhung der Anschaffungskosten bewirkt zugleich eine Erhöhung des steuerlichen Einlagekontos nach § 27 KStG.

5.7.4 Veräußerungsersatztatbestände

1035 Nach § 22 Abs. 2 Satz 6 i. V. m. Abs. 1 Satz 6 UmwStG ist die rückwirkende Ermittlung und Versteuerung des Einbringungsgewinns II bei dem Einbringenden und die daraus folgende Erhöhung seiner Anschaffungskosten für die erhaltenen Anteile sowie die antragsgebundene Erhöhung der Anschaffungskosten der eingebrachten Anteile bei der übernehmenden Gesellschaft auch ohne Veräußerung der eingebrachten Anteile durch die übernehmende Gesellschaft durchzuführen, wenn einer der folgenden Veräußerungsersatztatbestände erfüllt ist. Dabei kommt es darauf an, dass der jeweilige Veräußerungsersatztatbestand innerhalb eines Zeitraums von sieben Jahren nach dem Einbringungszeitpunkt verwirklicht wird:

- Die unmittelbare oder mittelbare unentgeltliche Übertragung der eingebrachten Anteile durch die übernehmende Gesellschaft auf eine Kapitalgesellschaft (z. B. in Form einer verdeckten Einlage oder einer verdeckten Gewinnausschüttung).
- Die Einbringung der eingebrachten Anteile durch die übernehmende Gesellschaft in eine andere Kapitalgesellschaft nach § 20 Abs. 1 oder § 21 Abs. 1 UmwStG oder aufgrund vergleichbarer ausländischer Vorgänge zu einem über dem Buchwert liegenden Wert (Folgeeinbringung). Das heißt im Umkehrschluss: Erfolgt die Folgeeinbringung zum Buchwert, ist das kein die Besteuerung des Einbringungsgewinns II auslösendes Ereignis.
- Die Auflösung und Abwicklung der übernehmenden Gesellschaft.
- Die Veräußerung der eingebrachten Anteile oder ihre unentgeltliche Übertragung auf eine Kapitalgesellschaft nach vorhergehenden Buchwerteinbringungen (nach § 20 Abs. 1 oder § 21 Abs. 1 UmwStG) im Rahmen einer Ketteneinbringung durch eine übernehmende Gesellschaft in der Kette.

- Die Veräußerung der aus der Folgeeinbringung erhaltenen Anteile oder ihre unentgeltliche Übertragung auf eine Kapitalgesellschaft nach vorhergehenden Buchwerteinbringungen (nach § 20 Abs. 1 oder § 21 Abs. 1 UmwStG)
- Wegzug der übernehmenden Gesellschaft aus dem Gemeinschaftsgebiet.
- Handelt es sich bei der übernehmenden Gesellschaft um eine im Vereinigten Königreich ansässige Gesellschaft und wurde der Einbringungsvertrag vor dem 1.1.2021 geschlossen, soll allein der Austritt des Vereinigten Königreichs aus der EU (und dem EWR) nicht dazu führen, dass die Voraussetzungen des § 1 Abs. 4 UmwStG (Ansässigkeit innerhalb des EU/EWR-Raums) nicht mehr erfüllt sind (§ 22 Abs. 8 UmwStG). Das Vereinigte Königreich wird dadurch in Bezug auf eine übernehmende Gesellschaft, die bereits vor dem Brexit im Vereinigten Königreich ansässig war, nach wie vor wie ein Mitgliedsstaat der EU behandelt, wenn ansonsten kein weiteres, die Einbringungsgewinnbesteuerung nach § 22 UmwStG auslösendes Ereignis hinzutritt.

5.7.5 Nachweispflichten, § 22 Abs. 3 UmwStG

Der Einbringende hat nach § 22 Abs. 3 UmwStG jährlich spätestens bis zum 31. Mai 1036
nachzuweisen, wem die eingebrachten Anteile und – bei Folgeeinbringungen – die auf diesen Anteilen beruhenden Anteile mit Ablauf des Tages, der dem maßgebenden Einbringungszeitpunkt entspricht, zuzurechnen sind. Erbringt er den geforderten Nachweis nicht, gelten die eingebrachten Anteile als veräußert (§ 22 Abs. 3 Satz 2 UmwStG) mit der Folge, dass nunmehr von Amts wegen der Einbringungsgewinn II nach Maßgabe des § 22 Abs. 2 Satz 3 UmwStG zu ermitteln und rückwirkend im Wirtschaftsjahr der Einbringung als Gewinn des Einbringenden zu versteuern ist. Zu weiteren Einzelheiten wird auf Rdn. 930 bis 938 verwiesen.

5.7.6 Unentgeltliche Rechtsnachfolge, § 22 Abs. 6 UmwStG

Nach § 22 Abs. 6 UmwStG gilt der unentgeltliche Rechtsnachfolger der übernehmen- 1037
den Gesellschaft als übernehmende Gesellschaft i. S. d. § 22 Abs. 2 UmwStG. Ein solcher Fall ist z. B. gegeben, wenn die übernehmende Gesellschaft die Anteile an der erworbenen Gesellschaft im Wege einer verdeckten Gewinnausschüttung auf eine natürliche Person überträgt (Rdn. 22.41 UmwStE). Veräußert diese sodann den steuerverstrickten und sperrfristbehafteten Anteil, ist beim Einbringenden der Einbringungsgewinns II zu ermitteln und von ihm zu besteuern. Die Veräußerungsersatztatbestände des § 22 Abs. 2 Satz 6 i. V. m. Abs. 1 Satz 6 UmwStG sind auf der Ebene des unentgeltlichen Rechtsnachfolgers der übernehmenden Gesellschaft zu prüfen.

5.7.7 Mitverstrickung von eingebrachten Anteilen, § 22 Abs. 7 UmwStG

1038 Kommt es zu einer **Verlagerung stiller Reserven** von den eingebrachten Anteilen auf andere Anteile, gelten diese anderen Anteile insoweit auch als eingebrachte Anteile (§ 22 Abs. 7 UmwStG), so dass deren Veräußerung ebenfalls die Besteuerung des Einbringungsgewinns II nach sich ziehen kann. Zu einer Verlagerung von stillen Reserven kann es bspw. im Zusammenhang mit einer Kapitalerhöhung bei der Gesellschaft kommen, an der die eingebrachten Anteile bestehen. Die Ausführungen unter Rdn. 946 bis 948 gelten entsprechend.

5.8 Veräußerung unterhalb des gemeinen Wertes erhaltener Anteile

1039 Zu der Veräußerung von unterhalb des gemeinen Wertes erhaltener Anteile durch den Einbringenden gibt es im UmwStG keine besonderen Regelungen. Veräußert der Einbringende die im Rahmen des Anteilstauschs unterhalb des gemeinen Wertes erhaltenen Anteile an der übernehmenden Gesellschaft, unterliegt er den allgemeinen ertragsteuerlichen Vorschriften. Für den Fall, dass es sich bei den unter dem gemeinen Wert erhaltenen Anteilen an der übernehmenden Gesellschaft um eine weniger als 1 %-Beteiligung handelt, regelt § 17 Abs. 6 EStG, dass diese Beteiligung als eine solche i. S. d. § 17 Abs. 1 EStG gilt, wenn die eingebrachten Anteile die entsprechenden Voraussetzungen erfüllt haben.

1040

ABB. 19: Einbringungsgewinn II nach § 22 Abs. 2 UmwStG

Veräußerung von eingebrachten Anteilen innerhalb von sieben Jahren

Die (unmittelbare oder mittelbare) Veräußerung von

→ im Rahmen einer Sacheinlage unter dem gemeinen Wert nach § 20 Abs. 1 UmwStG eingebrachten Anteilen an einer Kapitalgesellschaft (oder Genossenschaft),
→ innerhalb von sieben Jahren nach dem Einbringungszeitpunkt i. S. d. § 20 Abs. 6 UmwStG

→ im Wege eines (qualifizierten) Anteilstauschs unter dem gemeinen Wert nach § 21 Abs. 1 UmwStG eingebrachten Anteilen an einer Kapitalgesellschaft (oder Genossenschaft)
→ innerhalb von sieben Jahren nach dem Anteilstausch

durch die übernehmende Gesellschaft löst aus:

Besteuerung des **Einbringungsgewinns II** nach § 22 Abs. 2 UmwStG
rückwirkend im Wirtschaftsjahr der Einbringung beim Einbringenden

Ermittlung des Einbringungsgewinns II:
Gemeiner Wert der eingebrachten Anteile im Einbringungszeitpunkt
\- Kosten für den Vermögensübergang (Einbringungskosten)
\- Wert, mit dem der Einbringende die erhaltenen Anteile angesetzt hat
= Einbringungsgewinn II im Einbringungszeitpunkt
\- 1/7 für jedes seit dem Einbringungszeitpunkt abgelaufene Zeitjahr
= Einbringungsgewinn II
· Prozentsatz der steuerschädlich veräußerten Anteile im Verhältnis zu den insgesamt eingebrachten Anteilen
= Zwischenergebnis
· Prozentsatz der noch nicht veräußerten Anteile an der übernehmenden Gesellschaft durch den Einbringenden, § 22 Abs. 2 Satz 5 UmwStG
= anzusetzender Einbringungsgewinn II

Der Einbringungsgewinn II gilt als nachträgliche Anschaffungskosten der erhaltenen Anteile, § 22 Abs. 2 Satz 4 UmwStG.

Die übernehmende Gesellschaft kann den versteuerten Einbringungsgewinn II als Erhöhungsbetrag ansetzen (Buchwertaufstockungen bei den eingebrachten Anteilen) soweit der Einbringende die auf den Einbringungsgewinn entfallende Steuer nachweislich entrichtet hat (§ 23 Abs. 2 Satz 3 UmwStG).

Die Besteuerung des Einbringungsgewinns II ist auch bei Verwirklichung eines Veräußerungsersatztatbestands durchzuführen, § 22 Abs. 2 Satz 6 i. V. m. Abs. 1 Satz 6 UmwStG.

Ein Einbringungsgewinn II ist **nicht** zu besteuern, wenn und soweit der Gewinn aus der Veräußerung der eingebrachten Anteile im Einbringungszeitpunkt beim Einbringenden nach § 8b Abs. 2 KStG steuerfrei gewesen wäre.

5.9 Kontrollfragen

FRAGEN

		Rdn.
1.	Ist § 21 UmwStG auf jeglichen Austausch von Anteilen an inländischen Kapitalgesellschaften anzuwenden?	953, 959 f., 963 f.
2.	Welche Merkmale kennzeichnen den Übergang des wirtschaftlichen Eigentums an Kapitalgesellschaftsanteilen auf die übernehmende Gesellschaft?	961
3.	In welchem Verhältnis steht § 20 UmwStG zu § 21 UmwStG?	965 f.
4.	Welche Gesellschaften können „erworbene Gesellschaft" i. S. d. § 21 Abs. 1 UmwStG sein?	970
5.	Wie ist der Anteilstausch nach allgemeinem Ertragsteuerrecht zu beurteilen?	954, 972
6.	Können mehrere Anteilsübertragungen (jeweils unter 50 % - Anteile) verschiedener Anteilsinhaber zu einem qualifizierten Anteilstausch zusammengefasst werden?	983
7.	Kann der Übernahmewert für die eingebrachten Anteile nach § 4 Abs. 2 EStG geändert werden?	991
8.	Was verstehen Sie unter der „Verdoppelung" der stillen Reserven?	993
9.	Beschreiben Sie Sachverhalte, in denen das deutsche Besteuerungsrecht an den eingebrachten oder erhaltenen Anteilen durch einen Anteilstausch ausgeschlossen oder beschränkt wird!	996 ff.
10.	Wie bestimmt sich beim Anteilstausch der Einbringungszeitpunkt?	1009
11.	Beschreiben Sie einen Fall der missbräuchlichen Ausnutzung der Bewertungsregeln beim qualifizierten Anteilstausch!	958, 1012
12.	Welche Rechtsfolgen treten ein, wenn die österreichische Ö-AG die ihr von einer inländischen unbeschränkt einkommensteuerpflichtigen natürlichen Person unterhalb des gemeinen Werts nach § 21 Abs. 1 UmwStG eingebrachten Anteile an der italienischen S.r.l. (entspricht einer deutschen GmbH) drei Jahre später veräußert?	1016
13.	Wie ermittelt sich der Einbringungsgewinn II?	1020

KAPITEL 6: EINBRINGUNG IN EINE PERSONENGESELLSCHAFT, § 24 UMWSTG

Kapitel 6: Einbringung in eine Personengesellschaft, § 24 UmwStG

6.1. Grundkonzeption des § 24 UmwStG

6.1.1 Einbringung als Betriebsveräußerung

1041 Bei der Einbringung i. S. d. § 24 UmwStG handelt es sich dem Grunde nach um eine Veräußerung eines Betriebs oder Teilbetriebs i. S. d. § 16 Abs. 1 Satz 1 Nr. 1 EStG bzw. um die Veräußerung eines Mitunternehmeranteils i. S. d. § 16 Abs. 1 Satz 1 Nr. 2 EStG.

1042 Zum besseren Verständnis der Grundstruktur des § 24 UmwStG wird zunächst angenommen, dass der Einbringende alle wesentlichen Grundlagen seines Betriebs, Teilbetriebs oder Mitunternehmeranteils in das Gesamthandsvermögen der Personengesellschaft überträgt. Zwar ist das Gesamthandsvermögen von Personenhandelsgesellschaften und der Gesellschaft bürgerlichen Rechts durch das Gesetz zur Modernisierung des Personengesellschaftsrechts (MoPeG) zum 1.1.2024 abgeschafft worden, § 39 Abs. 2 Nr. 2 Satz 2 AO ordnet aber eine Fortgeltung der Gesamthandsbetrachtung für Zwecke des Ertragsteuerrechts an.

Es findet also ein **Rechtsträgerwechsel** statt. Die Eigentumsrechte an allen zum Betriebsvermögen des zu übertragenden Betriebs, Teilbetriebs oder Mitunternehmeranteils gehörenden Wirtschaftsgütern – zumindest an allen wesentlichen Betriebsgrundlagen – gehen auf die Personengesellschaft über und werden Vermögen der Gesellschaft (§ 713 BGB). Der Einbringende kann allein nicht mehr über diese Vermögensgegenstände verfügen.

1043 Er hat aber eine entsprechende **Gegenleistung** (Entgelt) erhalten, weshalb sich an seiner Gesamtvermögenslage nichts ändert. Der Einbringende ist also per Saldo nicht ärmer geworden. Die Gegenleistung besteht in Beteiligungsrechten an der sein Betriebsvermögen übernehmenden Personengesellschaft. Als nunmehriger Gesellschafter dieser Personengesellschaft hat er ein Recht auf Teilhabe an den von der Gesellschaft erzielten laufenden Gewinnen, Entnahmerechte sowie Auseinandersetzungsansprüche. Im Ergebnis hat also ein Tausch (Betriebsvermögen gegen Gesellschaftsrechte) stattgefunden. Die Gesellschaftsrechte sind das Entgelt für die Übertragung des Betriebsvermögens, weshalb von einer Veräußerung des Betriebsvermögens gesprochen werden kann (BFH v. 20.9.2007 - IV R 70/05, BStBl 2008 II S. 265). Der Veräußerungspreis besteht also dem Grunde nach in dem Erwerb der Gesellschaftsrechte, die nur noch einer Bewertung bedürfen. Ihr gemeiner Wert ergibt sich aus der Anwendung der Beteiligungsquote des einbringenden Gesellschafters auf den gemeinen Wert des gesamten Unternehmens der Personengesellschaft.

BEISPIEL A und B möchten eine Personengesellschaft (AB-OHG) gründen, die die betriebliche Tätigkeit des bisherigen Einzelunternehmers A fortführt. Der ganze Betrieb, den A bei der Gründung in die AB-OHG einbringt, hat einen gemeinen Wert von 800 000 €. Der Buchwert (Eigenkapital des A) beträgt 50 000 €. A und B wollen mit jeweils 50 % an der AB-OHG beteiligt sein. Deshalb leistet B als Gründungsbeitrag eine Barzahlung von 800 000 € auf ein Bankkonto der entstehenden AB-OHG.

Nach der Einbringung des Betriebs durch A und der Barzahlung durch B beträgt der gemeine Wert des ganzen Unternehmens der AB-OHG 1 600 000 €. Daran ist A mit 50 % beteiligt. Seine Beteiligungsrechte haben also einen gemeinen Wert von 800 000 €. Setzt man diesen Betrag als Veräußerungspreis für die Übertragung seines Betriebs an, ergibt sich für A ein Veräußerungsgewinn von 750 000 €, der im Einbringungszeitpunkt entstanden und grundsätzlich im Jahr der Einbringung zu versteuern ist.

Die Übertragung eines ganzen Betriebs gegen Gewährung von Gesellschaftsrechten führt als Veräußerungsvorgang grundsätzlich zur Realisierung sämtlicher stillen Reserven und damit oftmals zu einer erheblichen Steuerbelastung des Einbringenden. 1044

Aus Sicht der übernehmenden Personengesellschaft liegt ein **Anschaffungsgeschäft** vor. Bei der Einzelübertragung von Wirtschaftsgütern gegen Gewährung von Gesellschaftsrechten erklärt der BFH die steuerrechtliche Betrachtung anhand des abgekürzten Zahlungsweges (BFH vom 19.10.1998 - VIII R 69/95, BStBl 2000 II S. 230). Die Gesellschafter der Personengesellschaft beschließen eine von ihnen zu leistende Einlage, die der Höhe nach in einem Geldbetrag ausgedrückt wird. Aus Sicht der Personengesellschaft handelt es sich um eine ihren Gesellschaftern gegenüber bestehende Forderung (Einlageforderung). Diese Forderung wird sodann durch die Übertragung der Wirtschaftsgüter erfüllt. Die Personengesellschaft verwendet den ihr zustehenden „Geldanspruch" für den Erwerb der Vermögensgegenstände und steht damit dem übertragenden Gesellschafter als „fremder Dritter" (Vertragspartner) gegenüber, der einen kaufmännisch abgewogenen Preis (Anrechnungswert auf die Einlageforderung) leistet. 1045

Der Einbringende hat mit der Übertragung des vereinbarten Wirtschaftsguts seine Einlageschuld erfüllt; er hat das steuerverstrickte Wirtschaftsgut veräußert, den allgemeinen Gewinnermittlungsvorschriften folgend, die stillen Reserven realisiert und schuldet nun die darauf entfallende Einkommensteuer. 1046

6.1.2 Steuerstundungsmöglichkeit durch § 24 UmwStG

Wird ein ganzer Betrieb, Teilbetrieb oder Mitunternehmeranteil in eine Personengesellschaft eingebracht und erwirbt der Einbringende im Gegenzug die Stellung eines Gesellschafters und Mitunternehmers der Gesellschaft, so erfüllt dieser Vorgang dem Grunde nach den Tatbestand des § 16 Abs. 1 Satz 1 Nr. 1 (oder Nr. 2) EStG. Bei der anschließenden Ermittlung des Veräußerungsgewinns nach § 16 Abs. 2 Satz 1 EStG bestimmt sich jedoch die Höhe des Veräußerungspreises nach der lex specialis des § 24 UmwStG. Der Wert, mit dem die übernehmende Personengesellschaft das eingebrachte Betriebsvermögen in ihrer Bilanz (einschließlich der Ergänzungsbilanzen für ihre Gesellschafter) ansetzt, gilt gem. § 24 Abs. 3 Satz 1 UmwStG für den Einbringenden als Veräußerungspreis. 1047

Grundsätzlich hat die Personengesellschaft nach § 24 Abs. 2 Satz 1 UmwStG das eingebrachte Betriebsvermögen mit dem **gemeinen Wert** anzusetzen. Lediglich Pensionsrückstellungen sind mit dem nach § 6a EStG zu ermittelnden Wert zu passivieren. Der Ansatz mit dem gemeinen Wert bedeutet – wie bei einer normalen Betriebsveräußerung im Ganzen bzw. bei der Betriebsaufgabe –, dass sämtliche stillen Reserven realisiert werden und zu versteuern sind. 1048

1049 Unter den in § 24 Abs. 2 Satz 2 UmwStG genannten Voraussetzungen kann die das Betriebsvermögen erwerbende Personengesellschaft aber auch einen niedrigeren Wert (als Anschaffungskosten) für die erworbenen Wirtschaftsgüter ansetzen. Dabei darf allerdings der Buchwert, den diese Wirtschaftsgüter beim Einbringenden im Zeitpunkt der Einbringung gehabt haben, nicht unterschritten werden. Übernimmt die Personengesellschaft zulässigerweise das Betriebsvermögen mit dem Buchwert, gilt dieser für den Einbringenden als Veräußerungspreis. Die Folge daraus (Veräußerungspreis entspricht dem Buchwert) ist, dass keine stillen Reserven realisiert werden; es entsteht kein Veräußerungsgewinn und folglich keine Einkommensteuerbelastung anlässlich der Betriebsübertragung. Der Einbringende hat „noch" keine Einkommensteuer auf die in seinem Betriebsvermögen entstandenen stillen Reserven zu zahlen.

Die stillen Reserven werden ihm aber weiterhin vollständig zugeordnet – nunmehr über seine mitunternehmerische Beteiligung an der Personengesellschaft. Das für den Einbringenden in der Personengesellschaft zu bildende Kapitalkonto entspricht nämlich dem Buchwert seines Eigenkapitalkontos des von ihm übertragenen Betriebs. Würde in dem o. g. Beispiel A seinen Anteil an der AB-OHG an einen fremden Dritten für 800 000 € veräußern, müsste er 750 000 € als Gewinn versteuern. Es kommt also zu keiner Änderung bei der persönlichen Zurechnung der stillen Reserven. Die Besteuerung wird lediglich bis zu einer späteren Veräußerung oder Aufgabe des Mitunternehmeranteils aufgeschoben.

6.1.3 Bilanzierungsmöglichkeiten der übernehmenden Personengesellschaft im Falle einer Buchwertübertragung

1050 Für die Buchwertübertragung ist u. a. ein Antrag der übernehmenden Personengesellschaft erforderlich (siehe dazu Rdn. 1156 ff.).

Die übernehmende Personengesellschaft kann für den Buchwertansatz neben ihrer Bilanz auch Ergänzungsbilanzen für ihre Gesellschafter erstellen.

Anhand des folgenden Beispiels werden die der Personengesellschaft bei einer gewünschten Buchwertübertragung zur Verfügung stehenden Bilanzierungsmöglichkeiten dargestellt.

BEISPIEL A hat für sein Einzelunternehmen (Gewerbebetrieb) auf den 31.12. folgende Bilanz erstellt:

A		31.12.		P
	Buchwert	(gemeiner Wert)		
Grundstück	150 000 €	(350 000 €)	Kapital	80 000 €
sonst. Aktiva	50 000 €	(100 000 €)	Verbindlichkeiten	120 000 €
Firmenwert	–	(70 000 €)		
	200 000 €	(520 000 €)		200 000 €

Dieser Gewerbebetrieb soll ab 1.1. von der neu zu gründenden AB-OHG fortgeführt werden. A und B wollen gleichberechtigte Partner in der AB-OHG sein. A bringt seinen ganzen Betrieb in die AB-OHG ein, B leistet eine Bareinlage i. H. von 400 000 €.

LÖSUNG Dem in § 24 Abs. 2 Satz 1 UmwStG normierten Grundsatz folgend, müsste die AB-OHG nach der Einbringung des Betriebs durch A und Leistung der Bareinlage durch B in das Gesellschaftsvermögen folgende Eröffnungsbilanz erstellen:

A	Eröffnungsbilanz der AB-OHG zum 1.1.		P
Firmenwert	70 000 €	Kapital A	400 000 €
Grundstück	350 000 €	Kapital B	400 000 €
sonst. Aktiva	100 000 €	Verbindlichkeiten	120 000 €
Bank	400 000 €		
	920 000 €		920 000 €

Dies würde bei dem Einbringenden A zu einem Veräußerungs- bzw. Einbringungsgewinn i. H. v. 320 000 € führen, der sich wie folgt ermittelt:

Gemeiner Wert des eingebrachten Betriebs = Veräußerungspreis =	400 000 €
Buchwert	./. 80 000 €
Veräußerungs- bzw. Einbringungsgewinn =	320 000 €

Soll die Einbringung gewinnneutral erfolgen, muss die aufnehmende Personengesellschaft das eingebrachte Betriebsvermögen mit dem Buchwert ansetzen. Dabei hat sie folgende Möglichkeiten der bilanziellen Darstellung:

1. Bilanzierungsmöglichkeit

A	Eröffnungsbilanz der AB-OHG zum 1.1.		P
Grundstück	150 000 €	Kapital A	80 000 €
sonst. Aktiva	50 000 €	Kapital B	400 000 €
Bank	400 000 €	Verbindlichkeiten	120 000 €
	600 000 €		600 000 €

Die 80 000 € sind für den Einbringenden A der Veräußerungspreis, § 24 Abs. 3 Satz 1 UmwStG. Nach Abzug des Buchwertes des eingebrachten Betriebsvermögens i. H. von 80 000 € errechnet sich ein Veräußerungs- bzw. Einbringungsgewinn von 0 €.

Würde A unmittelbar nach Gründung der AB-OHG seinen 50 %-Mitunternehmeranteil für 400 000 € veräußern, würde sich für ihn gemäß § 16 Abs. 1 Satz 1 Nr. 2 i. V. m. Abs. 2 EStG ein Veräußerungsgewinn i. H. von 320 000 € ergeben.

2. Bilanzierungsmöglichkeit

A	Eröffnungsbilanz der AB-OHG zum 1. 1.		P
Firmenwert	70 000 €	Kapital A	400 000 €
Grundstück	350 000 €	Kapital B	400 000 €
sonst. Aktiva	100 000 €	Verbindlichkeiten	120 000 €
Bank	400 000 €		
	920 000 €		920 000 €

Bei dieser Bilanzierungsvariante werden die Kapitalkonten der Gesellschafter im richtigen Verhältnis zueinander ausgewiesen. Die dadurch aufgedeckten stillen Reserven werden sodann in einer für A wie folgt zu erstellenden (negativen) Ergänzungsbilanz wieder „verdeckt" (neutralisiert), um so die gewünschte Buchwertübernahme zu verwirklichen.

A — Ergänzungs-Eröffnungsbilanz für A zum 1.1. — P

Minderkapital	320 000 €	Minderwert Firmenwert	70 000 €
		Minderwert Grundstück	200 000 €
		Minderwert sonst. Aktiva	50 000 €
	320 000 €		320 000 €

3. Bilanzierungsmöglichkeit

A — Eröffnungsbilanz der AB-OHG zum 1.1. — P

Grundstück	150 000 €	Kapital A	240 000 €
sonst. Aktiva	50 000 €	Kapital B	240 000 €
Bank	400 000 €	Verbindlichkeiten	120 000 €
	600 000 €		600 000 €

Auch hier werden die Kapitalkonten der Gesellschafter im richtigen Verhältnis zueinander ausgewiesen. Da eine Aufstockung der bisherigen Buchwerte unterbleibt, lässt sich dieses Ergebnis nur durch eine sog. Kapitalkontenanpassung erreichen.

Personengesellschaften genießen eine weitgehende Freiheit hinsichtlich der bilanziellen Darstellung des Eigenkapitals ihrer Gesellschafter. So könnten die Kapitalkonten der Gesellschafter A und B auch mit jeweils 80 000 € ausgewiesen und die übersteigenden 320 000 € als Kapitalrücklage in einem gesellschaftseigenen Rücklagenkonto erfasst werden. Da die Rücklage allen Gesellschaftern zusteht, erhöht sich das Kapital des B nur anteilig zu 50 %; also um 160 000 € auf – zusammengerechnet – 240 000 €.

Andererseits hat B eine Einlage i. H. von 400 000 € geleistet. Sein Mehrkapital von 160 000 € muss dann in einer für ihn zu erstellenden positiven Ergänzungsbilanz ausgewiesen werden. Dieses Mehrkapital steht für die dem B zustehenden über die hälftigen Buchwerte der zum Gesellschaftsvermögen gehörenden Wirtschaftsgüter hinausgehenden (tatsächlichen hälftigen) Werte. B ist nämlich mit der Errichtung der Gesellschaft zu 50 % am Gesellschaftsvermögen beteiligt, und die von ihm aufgewendeten 400 000 € stellen für ihn – steuerlich betrachtet – aktivierungspflichtige Anschaffungskosten für 50 %-Miteigentumsanteile an jedem Wirtschaftsgut dar. Soweit diese Anschaffungskosten noch nicht in der Hauptbilanz ausgewiesen wurden, sind sie in der für B wie folgt zu erstellenden Ergänzungsbilanz zu erfassen:

A — Ergänzungs-Eröffnungsbilanz für B zum 1.1. — P

Mehrwert Firmenwert	35 000 €	Mehrkapital	160 000 €
Mehrwert Grundstück	100 000 €		
Mehrwert sonstige Aktiva	25 000 €		
	160 000 €		160 000 €

Die durch vorstehende positive Ergänzungsbilanz aufgedeckten stillen Reserven werden sodann in einer für A wie folgt zu erstellenden (negativen) Ergänzungsbilanz wieder „verdeckt“:

A — Ergänzungs-Eröffnungsbilanz für A zum 1.1. — P

Minderkapital	160 000 €	Minderwert Firmenwert	35 000 €
		Minderwert Grundstück	100 000 €
		Minderwert sonst. Aktiva	25 000 €
	160 000 €		160 000 €

Bei der Zusammenrechnung von Hauptbilanz und Ergänzungsbilanzen beläuft sich das Kapitalkonto des A auf 80 000 € (240 000 € ./. 160 000 €) und entspricht seinem (buchmäßigen) Kapitalkonto in der letzten Schlussbilanz seines Einzelunternehmens unmittelbar vor der Einbringung. Die in seinem Einzelunternehmen ruhenden stillen Reserven sind also vollständig auf seinen Mitunternehmeranteil an der AB-OHG übergegangen.

6.2 Objektiver Tatbestand des § 24 Abs. 1 UmwStG

6.2.1 Gegenstand der Einbringung

Voraussetzung für die Anwendung der besonderen Bewertungsregelungen der Absätze 2 bis 4 des § 24 UmwStG ist nach § 24 Abs. 1 UmwStG, dass ein Betrieb oder Teilbetrieb oder ein Mitunternehmeranteil (qualifizierte Sachgesamtheit) in eine Personengesellschaft eingebracht wird. Es muss sich um eine betriebliche Sachgesamtheit, eine wirtschaftliche Einheit handeln. 1051

Auf die Einbringung einzelner Wirtschaftsgüter gegen Gewährung von Gesellschaftsrechten ist § 24 UmwStG nicht (analog) anzuwenden. Die Überführung und Übertragung vom Einzelwirtschaftsgütern richten sich nach den Vorgaben des § 6 Abs. 5 EStG. 1052

§ 24 UmwStG kommt **in allen drei betrieblichen Einkunftsarten** des § 2 Abs. 1 Satz 1 Nr. 1 bis 3 EStG zur Anwendung. Bei dem eingebrachten Betrieb oder Teilbetrieb kann es sich also um einen land- und forstwirtschaftlichen (Teil-)Betrieb i. S. d. § 13 EStG, um einen gewerblichen (Teil-)Betrieb i. S. d. § 15 EStG oder um einen der selbständigen Arbeit i. S. d. § 18 EStG dienenden (Teil-)Betrieb handeln. Gleiches gilt für einen Mitunternehmeranteil an einem solchen Betrieb. 1053

Unerheblich ist die Art der Gewinnermittlung für den einzubringenden Betrieb. Sie kann bisher durch Betriebsvermögensvergleich nach §§ 4 Abs. 1, 5 EStG, durch eine Gegenüberstellung von Betriebseinnahmen und Betriebsausgaben nach § 4 Abs. 3 EStG oder nach Durchschnittssätzen gem. § 13a EStG erfolgt sein. Zu beachten ist jedoch, dass der Wert des eingebrachten Betriebsvermögens für den Zeitpunkt der Einbringung zwingend nach § 4 Abs. 1 oder § 5 EStG ermittelt werden muss, unabhängig davon, ob die Einbringung zu Buch-, Zwischen- oder gemeinen Werten vorgenommen wird (§ 16 Abs. 2 Satz 2 EStG, R 4.5 Abs. 6 Satz 2 EStR). 1054

Hat der Einbringende seinen Gewinn bisher nach § 4 Abs. 3 EStG ermittelt und erstellt er zum Zweck der Ermittlung des Einbringungsgewinns auf den Einbringungszeitpunkt erstmals eine Steuerbilanz, muss er – wegen des Wechsels der Gewinnermittlungsart – einen Übergangsgewinn oder -verlust ermitteln. Der Übergangsgewinn oder -verlust gehört nicht zum Einbringungsgewinn, sondern stellt einen laufenden Gewinn dar (H 4.5 (6) EStH „Übergangsgewinn“).

6.2.1.1 Betrieb

Der Begriff „Betrieb“ ist im UmwStG nicht definiert. Nach allgemeinem ertragsteuerlichen Begriffsverständnis ist ein Betrieb ein selbständig lebensfähiger Organismus des Wirtschaftslebens, in dem eine betriebliche Tätigkeit entfaltet werden kann, die zu Einkünften i. S. d. § 13, 15 oder 18 EStG führt (BFH v. 7.11.1991 - IV R 50/90, BStBl 1992 II S. 380). 1055

Die Ausführungen zu 1056

- einem sachlich selbständigen funktionsfähigen Betrieb,
- einem Gewerbebetrieb kraft Rechtsform,

- einem ruhenden Betrieb,
- dem Begriff der wesentlichen Betriebsgrundlagen und
- dem Erfordernis der Übertragung sämtlicher (mindestens) funktional wesentlicher Betriebsgrundlagen bei einem Wertansatz unterhalb des gemeinen Wertes

unter Rdn. 608 bis 616 gelten für Einbringungen in eine Personengesellschaft nach § 24 UmwStG entsprechend.

1057 Das **Besitzunternehmen** im Rahmen einer Betriebsaufspaltung kann ebenfalls nach § 24 UmwStG in eine Personengesellschaft eingebracht werden, wenn nicht der Einbringungsvorgang – z. B. wegen Wegfalls der personellen Verflechtung – zwangsläufig zur Betriebsaufgabe führt. Da sich die personelle Verflechtung nur über die Beteiligung an der Betriebsgesellschaft begründet, stellen die Anteile an dem Betriebsunternehmen funktional eine wesentliche Betriebsgrundlage dar und müssen folglich mit eingebracht werden.

6.2.1.2 Teilbetrieb

1058 Zu dem Begriff des Teilbetriebs gibt es ebenfalls keine Definition im UmwStG. Die Übertragung eines Teilbetriebs wird nicht nur i. R. des § 24 UmwStG, sondern auch i. R. der §§ 15, 16 und 20 UmwStG begünstigt. Nach dem UmwStE sollen bei § 24 UmwStG insbesondere die Rdn. 20.05 bis 20.08, betreffend die Einbringung von – u. a. – Teilbetrieben, entsprechend gelten (Rdn. 24.03 UmwStE). In Rdn. 20.06 des UmwStE wird zum Begriff des Teilbetriebs auf die Rdn. 15.02 f. und zur Übertragung dieses Teilbetriebs auf die Rdn. 15.07 bis 15.10 verwiesen.

1059 Die Verwaltung übernimmt damit auch bei § 24 UmwStG die Definition des Teilbetriebs aus Art. 2 Buchst. j der Richtlinie 2009/133/EG (Fusionsrichtlinie). Danach ist ein Teilbetrieb die Gesamtheit der in einem Unternehmensteil vorhandenen aktiven und passiven Wirtschaftsgüter, die in organisatorischer Hinsicht einen selbständigen Betrieb, d. h. eine aus eigenen Mitteln funktionsfähige Einheit, darstellen.

Auf die weitergehenden Ausführungen zu § 15 und § 20 UmwStG, betreffend

- den Begriff „Teilbetrieb" und den Zeitpunkt des Vorliegens der Teilbetriebsvoraussetzungen (Rdn. 629 bis 631) sowie
- die Übertragung eines „ganzen" Teilbetriebs (Rdn. 632),

wird verwiesen.

1060 Als Teilbetrieb gilt (für Zwecke des § 24 UmwStG) auch eine zum Betriebsvermögen gehörende **100 %-Beteiligung an einer Kapitalgesellschaft** (Rdn. 24.02 UmwStE). Für die Anwendung des § 24 UmwStG muss die gesamte zum Betriebsvermögen gehörende 100 %-Beteiligung an der Kapitalgesellschaft gegen einen Mitunternehmeranteil getauscht werden.

1061 Wird die 100 %-Beteiligung zusammen mit dem Betrieb (oder einem Teilbetrieb) in eine Personengesellschaft eingebracht, so handelt es sich nur um einen einheitlichen Einbringungsvorgang. Es kann also bei der Bewertung nicht unterschiedlich (z. B. Ansatz der 100 %-Beteiligung mit dem gemeinen Wert und „Restbetriebsvermögen" mit dem Buchwert) verfahren werden.

6.2.1.3 Mitunternehmeranteil

Als weiterer möglicher Einbringungsgegenstand wird der Mitunternehmeranteil (i. S. d. § 15 Abs. 1 Satz 1 Nr. 2 EStG) genannt. Es muss sich also um die Beteiligung an einer Personengesellschaft handeln, bei der der Einbringende als Mitunternehmer anzusehen ist. In Betracht kommen sowohl gewerblich tätige wie auch land- und forstwirtschaftlich tätige (s. § 13 Abs. 7 EStG) und freiberuflich tätige (s. § 18 Abs. 4 Satz 2 EStG) Personengesellschaften. 1062

BEISPIEL ▸ A ist einziger Kommanditist der ihren Grundbesitz vermietenden X-GmbH & Co. KG. Komplementärin der nach § 15 Abs. 3 Nr. 2 EStG gewerblich geprägten KG ist die X-GmbH. A überträgt seinen Kommanditanteil gegen Gewährung von Gesellschafterrechten auf die Y-GmbH & Co. KG.

Nach diesem Einbringungsvorgang sind Gesellschafter der X-GmbH & Co. KG als Komplementärin nach wie vor die X-GmbH und als Kommanditistin die Y-GmbH & Co. KG.

Der Mitunternehmeranteil – als Objekt einer Einbringung nach § 20 oder § 24 UmwStG – kann auch eine atypische stille Beteiligung oder eine atypische Unterbeteiligung sein (BFH v. 1.3.2018 - IV R 38/15, BStBl 2018 II 587). 1063

Die Ausführungen zu § 20 UmwStG (Rdn. 636 bis 641), betreffend 1064

- den Begriff des Mitunternehmeranteils und der Zugehörigkeit von Sonderbetriebsvermögen,
- das Erfordernis der Übertragung sämtlicher zu dem Mitunternehmeranteil gehörender – auch im Sonderbetriebsvermögen sich befindender – funktional wesentlicher Betriebsgrundlagen,
- die Übertragung eines Teils eines Mitunternehmeranteils und
- die Übertragung eines zum Betriebsvermögen eines Betriebs gehörenden Mitunternehmeranteils (Rdn. 622),

gelten für die Einbringung in eine Personengesellschaft entsprechend.

BEISPIEL ▸ An der V-GmbH & Co. KG sind beteiligt als Komplementärin die V-GmbH und als **Kommanditisten** V und seine Ehefrau M. V hat der V-GmbH & Co. KG außerdem ein für den Betrieb der Gesellschaft wichtiges Grundstück aus seinem Alleineigentum vermietet. Am 30. 9. überträgt V das Grundstück auf seine Ehefrau M, die nunmehr in die Vermieterstellung eintritt,

a) gegen einen angemessenen Veräußerungspreis

b) unentgeltlich.

Seinen ihm noch verbliebenen Kommanditanteil bringt V am 31. 12. gegen Gewährung von Gesellschaftsrechten in die S-GmbH & Co. KG ein.

LÖSUNG ▸ Im Fall a) ist § 24 UmwStG auf die Einbringung des Kommanditanteils anzuwenden, weil V alle am 31. 12. zu seinem Mitunternehmeranteil gehörenden wesentlichen Betriebsgrundlagen in die S-GmbH & Co. KG eingebracht hat. Von dieser Lösung ist jedenfalls dann auszugehen, wenn die vorhergehende Veräußerung des Grundstücks an die Ehefrau M steuerrechtlich wirksam und auf Dauer angelegt ist.

Der Anwendung des § 24 UmwStG auf die Einbringung des Kommanditanteils steht nicht entgegen, dass das bis zum 30. 9. dem V noch gehörende Grundstück nicht in die S-GmbH & Co. KG mit eingebracht wurde. Das Grundstück gehörte zwar als funktional wesentliches Sonderbetriebsvermögen I (R 4.2 Abs. 2 Satz 2 EStR) bis zum 30. 9. noch zum Mitunternehmeranteil des V. Maßgeblicher Zeitpunkt für die Beurteilung, ob ein Wirtschaftsgut eine wesentliche Betriebsgrundlage des einzubringenden Betriebs, Teilbetriebs oder Mitunternehmeranteils im Rahmen des § 24 Abs. 1 UmwStG darstellt, ist jedoch der Zeitpunkt der Einbringung (BFH v. 9.11.2011 - X R 60/09, BStBl 2012 II 638) – hier also der 31.12. An diesem Tag war das Grundstück kein Bestandteil des Mitunternehmeranteils des V mehr.

Anders wäre zu entscheiden, wenn die Veräußerung des Grundstücks zeit- oder taggleich mit der Einbringung des „Rest"-Mitunternehmeranteils erfolgt wäre. Denn dann wäre gerade kein „ganzer" Mitunternehmeranteil in die S-GmbH & Co KG eingebracht worden (s. auch BFH, Urteil v. 29.11.2017 - I R 7/16, BStBl 2019 II 738).

Die im Zusammenhang mit §§ 16, 34 EStG entwickelte Gesamtplanrechtsprechung (s. grundlegend BFH, Urteil v. 6.9.2000 - IV R 18/99, BStBl 2001 II 229) ist u. E. bei den §§ 20, 24 UmwStG nicht anzuwenden (so auch *Herlinghaus*, FR 2014, 441, 452; *Menner* in Haritz/Menner/Bilitewski, UmwStG, 6. Aufl. 2024, § 20 UmwStG Rdn. 165 m. w. N.). Zweck des § 34 EStG ist es, die zusammengeballte Realisierung der während vieler Jahre entstandenen stillen Reserven nicht dem progressiven Einkommensteuertarif zu unterwerfen. Anwendungsvoraussetzung für diese Tarifvergünstigung ist deshalb, dass alle stillen Reserven in allen wesentlichen Betriebsgrundlagen innerhalb kurzer Zeit aufgelöst werden. Werden jedoch aufgrund einheitlicher Planung und in engem zeitlichem Zusammenhang mit der Veräußerung oder Aufgabe eines Betriebs wesentliche Betriebsgrundlagen ohne Aufdeckung sämtlicher stiller Reserven aus dem Betriebsvermögen ausgeschieden, ist die Tarifvergünstigung nicht zu gewähren (BFH v. 5.2.2014 - X R 22/12, BStBl 2014 II S. 388).

Demgegenüber dient § 24 UmwStG dem Zweck, betriebswirtschaftlich erwünschte und handelsrechtlich mögliche Umstrukturierungen nicht durch steuerlich negative Folgen zu belasten. Funktionsfähige betriebliche Einheiten sollen ohne Liquiditätsverlust fortgeführt werden können. Bei dieser Zielsetzung ist also lediglich darauf abzustellen, ob im Zeitpunkt der Einbringung noch eine funktionsfähige betriebliche Einheit vorhanden war.

Auch im Fall b) ist u. E. § 24 UmwStG auf die Einbringung des Kommanditanteils in die S-GmbH & Co. KG anzuwenden, wenn die vorhergehende unentgeltliche Buchwertübertragung des Grundstücks auf die Ehefrau steuerrechtlich wirksam und auf Dauer angelegt ist.

Die unentgeltliche Übertragung des Grundstücks aus seinem Sonderbetriebsvermögen in das Sonderbetriebsvermögen seiner Ehefrau erfolgte gem. § 6 Abs. 5 Satz 3 Nr. 3 EStG mit dem Buchwert. Auch das ändert nichts an der Anwendbarkeit des § 24 UmwStG auf die nachfolgende Einbringung des Kommanditanteils, wenn es den Ehegatten gerade auf die Übertragung auch des wirtschaftlichen Eigentums an dem Grundstück auf die Ehefrau ankam und die Eheleute keine Rückübertragung planten

Für die Frage, welcher Zeitpunkt maßgeblich ist für die Beurteilung, ob ein Wirtschaftsgut eine wesentliche Betriebsgrundlage des einzubringenden Betriebs, Teilbetriebs oder Mitunternehmeranteils darstellt, kann im Fall des vorhergehenden unentgeltlichen Ausscheidens einer wesentlichen Betriebsgrundlage nichts anderes gelten als im Fall des vorhergehenden Ausscheidens durch Veräußerung. Entscheidend ist doch, dass im Zeitpunkt der Einbringung eine funktionsfähige betriebliche Einheit auf die übernehmende Personengesellschaft übertragen wird. § 24 UmwStG setzt nicht voraus, dass die eingebrachte betriebliche Einheit einen bestimmten Zeitraum vor der Einbringung nicht durch Zugang oder Abgang von Wirtschaftsgütern verändert worden sein darf.

Etwas anderes kann u. E. allenfalls bei einer zeit- oder taggleich mit der Einbringung des Kommanditanteils in die S-GmbH & Co. KG erfolgten unentgeltlichen Buchwertübertragung des funktional wesentlichen Sonderbetriebsvermögens nach § 6 Abs. 5 EStG gelten.

6.2.2 Erwerb oder Erweiterung einer Mitunternehmerstellung

Weitere Voraussetzung für eine Einbringung i. S. d. § 24 Abs. 1 UmwStG ist, dass die betriebliche Sachgesamtheit „in eine Personengesellschaft eingebracht" wird und dass der Einbringende „Mitunternehmer dieser Gesellschaft" wird oder seine bisherige Mitunternehmerstellung erweitert. 1065

6.2.2.1 Einbringung in eine Personengesellschaft

Als aufnehmende Gesellschaft kommen zunächst alle in Deutschland bekannten Personengesellschaften in Betracht. Das sind insbesondere die GbR (§§ 705 ff. BGB), die OHG (§§ 105 ff. HGB), die KG (§§ 161 ff. HGB), die stille Gesellschaft (§§ 230 ff. HGB), die Partnerschaftsgesellschaft (PartG) und die Unterbeteiligungsgesellschaft als reine Innengesellschaft (im Übrigen nach den Regeln der §§ 705 ff. BGB). Aber auch ausländische Gesellschaften, die nach dem zweistufigen Rechtstypenvergleich in Deutschland als Personengesellschaft anzusehen sind, können aufnehmende Gesellschaft i. S. d. § 24 Abs. 1 UmwStG sein. Dazu gehören auch die außerhalb der EU oder des EWR-Raums ansässigen Personengesellschaften. So kann z. B. ein bisheriger Einzelunternehmer seinen Betrieb im Ganzen in eine als Personengesellschaft einzuordnende US-Limited Liability Company (LLC) einbringen, die diesen Betrieb im Inland als Filialbetrieb fortführt. Wegen der Einordnung der LLC als Personen- oder Kapitalgesellschaft wird auf das BMF-Schreiben v. 19.3.2004, BStBl 2004 I 411 unter Berücksichtigung der Ausführungen in Tz. 1.2 des BMF-Schreibens v. 26.9.2014 (BStBl 2014 I 1258) verwiesen. 1066

Es kann sich bei der aufnehmenden Personengesellschaft um eine bereits bestehende Gesellschaft oder um eine mit der Einbringung erst neu gegründete Personengesellschaft handeln. 1067

6.2.2.2 Gewährung/Erweiterung eines Mitunternehmeranteils

Der Einbringende muss Mitunternehmer der aufnehmenden Personengesellschaft werden, also einen Mitunternehmeranteil erhalten, oder seine bisherige Mitunternehmerstellung muss sich erweitern. Das erfordert zunächst die Gewährung von (weiteren) Gesellschaftsrechten als Gegenleistung für die Übertragung der qualifizierten Sachgesamtheit. Darüber hinaus muss er als Mitunternehmer des Betriebs der Personengesellschaft anzusehen sein. Der Begriff des Mitunternehmers ist nicht deckungsgleich mit dem des Gesellschafters einer Personengesellschaft. Nach § 15 Abs. 1 Satz 1 Nr. 2 Satz 1 EStG ist nur derjenige Gesellschafter Mitunternehmer, der zugleich auch als Unternehmer des Betriebs anzusehen ist. 1068

6.2.2.2.1 Personengesellschaft mit betrieblichen Einkünften

1069 Die Personengesellschaft muss einen „Betrieb" haben, d. h. einen **betrieblichen Einkünfteerzielungstatbestand** verwirklichen. Es kann sich dabei um einen Gewerbebetrieb (§ 15 Abs. 2 EStG) aber auch um einen land- und forstwirtschaftlichen Betrieb (s. § 13 Abs. 7 EStG) oder um einen der selbständigen Arbeit i. S. d. § 18 EStG dienenden Betrieb (s. § 18 Abs. 4 Satz 2 EStG) handeln. Bloße vermögensverwaltende Personengesellschaften stellen begrifflich keine Mitunternehmerschaft dar.

Die Übertragung eines Betriebs (z. B. eines verpachteten Betriebs) in das außerbetriebliche Gesamthandsvermögen einer vermögensverwaltenden Personengesellschaft fällt nicht unter § 24 UmwStG. Handelt es sich hingegen um eine gewerblich geprägte Personengesellschaft i. S. d. § 15 Abs. 3 Nr. 2 EStG, liegt kraft gesetzlicher Bestimmung ein Gewerbebetrieb und folglich eine Mitunternehmerschaft vor. Beginnt eine bisher vermögensverwaltende Personengesellschaft mit der Übertragung eines Betriebs eine betriebliche Tätigkeit, entsteht in diesem Moment eine Mitunternehmerschaft, die sodann die Anwendung des § 24 UmwStG auf die Einbringung möglich macht.

6.2.2.2.2 Gesellschafter als Mitunternehmer

1070 Der jeweilige Gesellschafter einer betrieblich tätigen Personengesellschaft muss in seiner Funktion als Gesellschafter auch **Mitunternehmerinitiative** entfalten können und **Mitunternehmerrisiko** tragen, um als Mitunternehmer bezeichnet werden zu können. Er muss also hinsichtlich der Mitunternehmerinitiative über die Geschäftsführungs- und/oder die Vertretungsbefugnis, mindestens jedoch über die einem Kommanditisten nach dem HGB zustehenden Stimm-, Kontroll- und Widerspruchsrechte verfügen, um einen gewissen Einfluss auf das Unternehmen ausüben zu können (vgl. H 15.8 (1) EStH „Mitunternehmerinitiative"). Mitunternehmerisches Risiko trägt er im Regelfall durch die Beteiligung am Gewinn und Verlust und an den stillen Reserven einschließlich eines etwaigen Geschäftswertes sowie durch die persönliche Haftung für die Gesellschaftsschulden (vgl. H 15.8 (1) EStH „Mitunternehmerrisiko"). Der dem Regelstatut des BGB bzw. des HGB entsprechende Gesellschafter einer GbR, einer OHG oder einer KG (einschließlich des Kommanditisten) erfüllt diese Voraussetzungen und ist deshalb auch Mitunternehmer i. S. d. § 15 Abs. 1 Nr. 2 EStG.

1071 Das trifft jedoch auf den typisch stillen Gesellschafter i. S. d. §§ 230 ff. HGB sowie auf den typischen Unterbeteiligten nicht zu (vgl. H 15.8 (1) EStH „Stiller Gesellschafter"). Vorrangig ist die Entscheidung jedoch anhand der Vereinbarungen im Gesellschaftsvertrag zu treffen. Die gesetzlichen Regelungen sind nämlich weitgehend dispositiv und durch vertragliche Vereinbarungen abdingbar. So kann z. B. ein Kommanditist von Stimm- und Widerspruchsrechten sowie von der Beteiligung an stillen Reserven ausgeschlossen werden. Dann ist er kein Mitunternehmer mehr. Andererseits kann ein stiller Gesellschafter oder ein Unterbeteiligter auch – entgegen den gesetzlichen Regelungen – am Wertzuwachs des Betriebs beteiligt werden, was ihn dann zu einem sog. atypisch stillen Gesellschafter (Unterbeteiligten) und somit zu einem Mitunternehmer i. S. d. § 15 Abs. 1 Satz 1 Nr. 2 EStG werden lässt.

6.2.2.2.3 Erwerb von Gesellschaftsrechten

Erwirbt der Einbringende durch die Einbringung der betrieblichen Sachgesamtheit (ursächlicher Zusammenhang ist erforderlich) **Gesellschaftsrechte** und zugleich eine **Mitunternehmerposition**, ist der Tatbestand des § 24 Abs. 1 UmwStG erfüllt. Der Einbringende hat seine betriebliche Sachgesamtheit gegen die Mitunternehmerstellung getauscht. 1072

Maßgebliche Rechte an einer Personengesellschaft (Gesellschaftsrechte) sind der Anspruch auf Gewinnbeteiligung, Entnahmerechte und Auseinandersetzungsansprüche (die aus der vermögensmäßigen Beteiligung an der Personengesellschaft resultieren). Der Umfang dieser Rechte leitet sich grds. aus dem handelsrechtlichen Kapitalanteil des Gesellschafters ab. Entscheidend ist der Kapitalanteil, nach dem sich die maßgebenden Gesellschaftsrechte, insbesondere das Gewinnbezugsrecht richten. Dies ist vorrangig den Regelungen im Gesellschaftsvertrag zu entnehmen. Sehen diese Regelungen vor, dass sich die maßgebenden Gesellschaftsrechte (nur) nach dem sog. festen Kapitalanteil des einzelnen Gesellschafters richten, der regelmäßig der sog. bedungenen Einlage entspricht und auf dem sog. Kapitalkonto I ausgewiesen wird, muss die Gegenbuchung für die Übertragung der betrieblichen Sachgesamtheit (zumindest teilweise) auf diesem Kapitalkonto I vorgenommen werden (BFH v. 29.7.2015 - IV R 15/14, BStBl 2016 II 593). 1073

Erhält der Einbringende für die Übertragung der qualifizierten Sachgesamtheit erstmals einen Gesellschaftsanteil oder erhöht sich – im Fall einer bereits bestehenden Mitunternehmerstellung – das die maßgebenden Gesellschaftsrechte widerspiegelnde Kapitalkonto des einbringenden Gesellschafters, ist von einer Gewährung von Gesellschaftsrechten als Gegenleistung für die Vermögensübertragung auszugehen. 1074

6.2.2.2.4 Gesellschafterkonten

Personengesellschaften sind bei der Bildung ihrer Kapitalkonten keinen zwingenden gesetzlichen Vorschriften unterworfen. Sie können abweichend von den handelsrechtlichen Vorschriften mehrere Konten für ihre Gesellschafter einrichten. Als Kapitalunterkonten sind aus der Praxis z. B. bekannt: „Kapitalkonto II" (veränderliches Kapitalkonto, auf dem Gewinn- und Verlustanteile sowie Entnahmen und Einlagen des jeweiligen Gesellschafters verbucht werden) oder „variables Kapital". Für die Anwendung des § 24 UmwStG muss die Gegenbuchung für die Vermögensübertragung **zumindest teilweise** auf einem Konto des einbringenden Gesellschafters erfolgen, das seine Beteiligungsrechte widerspiegelt. 1075

Wird die Übertragung des Betriebsvermögens ausschließlich auf einem für die Bestimmung des Gewinnanteils und des Anteils an den stillen Reserven unmaßgeblichen Kapitalkonto des einbringenden Gesellschafters gebucht, ist die Vermögensübertragung als Einlage zu behandeln, durch die keine Gesellschaftsrechte gewährt werden und die somit zum Ausschluss des § 24 UmwStG führt (s. auch BMF v. 26.7.2016, BStBl 2016 I 684). In der Praxis üblich ist die anteilige Buchung auf einem Konto, welches Beteiligungsrechte widerspiegelt und die Buchung im Übrigen auf ein Konto, welches den Einlagen der übrigen Gesellschafter entspricht. Haben die Altgesellschafter ihre Einlagen in das Gesamthandsvermögen getätigt, wird eine Einlage des Neugesellschafters auf ein persönliches Rücklagenkonto in aller Regel nicht akzeptiert.

1076 Wird durch die Vermögensübertragung eine außerhalb des Mitgliedschaftsverhältnisses bestehende Forderungsbeziehung zwischen der Personengesellschaft und dem Übertragenden dergestalt begründet, dass auf Seiten des Übertragenden eine schuldrechtliche Forderung und auf Seiten der Personengesellschaft eine Verbindlichkeit (z. B. in Form eines Darlehens) entsteht, so ist die Übertragung insoweit eine „normale" Veräußerung, die – losgelöst von § 24 UmwStG – zwingend zur Realisierung der stillen Reserven im veräußerten Betriebsvermögen führt. Werden für die Übertragung des (Teil-)Betriebs oder Mitunternehmeranteils sowohl Gesellschaftsrechte an der übernehmenden Personengesellschaft als auch sonstige Gegenleistungen gewährt, handelt es sich um ein Mischentgelt. Zu den daraus zu ziehenden ertragsteuerlichen Konsequenzen sowie zur Abgrenzung eines Kapitalkontos von einem Darlehenskonto des Personengesellschafters wird auf Rdn. 1088 ff. verwiesen.

BEISPIEL A und B vereinbaren, das Einzelunternehmen des A künftig auf gemeinsame Rechnung in Form der AB-OHG zu betreiben. Der für den Betrieb des A erstellten, dem Zusammenschluss zu Grunde liegenden Steuerbilanz sind folgende Werte zu entnehmen:

A	EZU „A" (vor Zusammenschluss)			P
	Buchwert	(gemeiner Wert)		
Grundstück	150 000 €	(350 000 €)	Kapital	150 000 €
sonst. Aktiva	50 000 €	(100 000 €)	Verbindlichkeiten	50 000 €
	200 000 €	(450 000 €)		200 000 €

Weil B zu 50 % an der AB-OHG beteiligt sein möchte, leistet er eine Bareinlage i. H. von 400 000 €.

In der AB-OHG soll ein Festkapital in Höhe von insgesamt 100 000 € gebildet werden, das entsprechend ihrem Beteiligungsverhältnis je zur Hälfte auf A und B entfällt. Das Betriebsvermögen des A soll auf Antrag (zulässigerweise) mit dem Buchwert übernommen werden. Die Eröffnungsbilanz der AB-OHG könnte dann wie folgt aussehen:

A	Eröffnungsbilanz der AB-OHG		P
Grundstück	150 000 €	Festkapital A	50 000 €
sonst. Aktiva	50 000 €	Festkapital B	50 000 €
Bank	400 000 €	variables Kapital A	100 000 €
		variables Kapital B	350 000 €
		Verbindlichkeiten	50 000 €
	600 000 €		600 000 €

Durch diese Bilanzierung hat die AB-OHG das eingebrachte Betriebsvermögen des A mit einem Wert von 150 000 € übernommen. Dieser Betrag gilt für A als Veräußerungspreis, so dass sich nach Abzug seines Buchwertes ein Einbringungsgewinn von 0 € ergibt. Dasselbe Ergebnis wird erreicht, wenn das eingebrachte Betriebsvermögen und folglich auch das variable Kapital des A in der Gesellschaftsbilanz (Hauptbilanz) mit einem höheren Wert (z. B. dem gemeinen Wert) ausgewiesen und die dadurch aufgedeckten stillen Reserven in einer negativen Ergänzungsbilanz für A wieder neutralisiert werden (zu den Bilanzierungsmöglichkeiten bei der Buchwertübernahme s. Rdn. 1050).

Sollte in der vorstehenden Eröffnungsbilanz anstelle des variablen Kapitals für A jedoch eine Verbindlichkeit gegenüber A i. H. von 100 000 € passiviert worden sein, hätte A seinen Betrieb gegen ein sog. Mischentgelt – bestehend aus Gesellschaftsrechten und einer Darlehensforderung gegen die Personengesellschaft – eingebracht. Zu den daraus sich ergebenden Konsequenzen wird auf die Ausführungen unter Rdn. 1088 ff. verwiesen.

6.2.2.2.5 Gesamthänderisch gebundenes Kapitalrücklagenkonto

Von einer Einbringung i. S. d. § 24 UmwStG (Übertragung eines Sachwertes gegen Gewährung von Gesellschaftsrechten) ist auch dann noch vollumfänglich auszugehen, wenn die Sacheinlage nur teilweise auf einem die Beteiligungsrechte des einbringenden Gesellschafters widerspiegelnden Kapitalkonto und **teilweise** auf einem früher sog. gesamthänderisch gebundenen Rücklagenkonto (z. B. **Kapitalrücklagenkonto**) gebucht wird (Rdn. 24.07 UmwStE; BFH v. 17.7.2008 - I R 77/06, BStBl 2009 II 464). Der dem Kapitalkonto des einbringenden Gesellschafters zugebuchte Nominalbetrag seines Gesellschaftsanteils übersteigende Wert des eingebrachten Betriebsvermögens ist als Aufgeld für den Erwerb der gesellschaftsrechtlichen Beteiligung zu sehen. Etwas anderes gilt nur, wenn zwischen den Gesellschaftern als Sacheinlage ausdrücklich ein den gemeinen Wert des einzubringenden Betriebsvermögens unterschreitender Wert vereinbart wird. 1077

Wird das übertragene Betriebsvermögen **ausschließlich auf** einem gesamthänderisch gebundenen **Kapitalrücklagenkonto** gutgeschrieben oder (handelsrechtlich) als Ertrag gebucht, werden dem Übertragenden überhaupt keine Gesellschaftsrechte gewährt. In diesen Fällen erhöht sich zwar das Eigenkapital der Gesellschaft. Der übertragende Gesellschafter erlangt aber keine individuelle Rechtsposition, die ausschließlich ihn bereichert. Die Auseinandersetzungsansprüche aller Gesellschafter erhöhen sich gleichmäßig entsprechend ihrer bisherigen Beteiligungsquote. Bei dem übertragenden Gesellschafter tritt – wie bei allen anderen Mitgesellschaftern – nur eine reflexartige Wertsteigerung seiner Beteiligung ein. Das ist aber keine (individuelle) Gegenleistung für die Vermögensübertragung, weshalb diese als (vollständig) unentgeltlicher Vorgang und damit als **verdeckte Einlage** zu beurteilen ist (s. auch Rdn. 24.07 UmwStE mit Verweis auf BMF vom 11.7.2011, BStBl 2011 I 713 und BMF v. 26.7.2016, BStBl 2016 I 684). 1078

6.2.2.2.6 Unentgeltliche Übertragung auf einen anderen Gesellschafter

Eine Anwendung des § 24 UmwStG ist zu negieren, soweit der Gegenwert für die Einbringung unmittelbar dem Kapitalkonto eines anderen Gesellschafters (oder mehrerer anderer Gesellschafter) gutgeschrieben wird. 1079

BEISPIEL V vereinbart mit seinem Sohn S, das Einzelunternehmen künftig auf gemeinsame Rechnung in Form der VS-KG zu betreiben. Der für den Betrieb des V erstellten, dem Zusammenschluss zu Grunde liegenden Steuerbilanz sind folgende Werte zu entnehmen:

A — EZU „V" (vor Zusammenschluss) — P

	Buchwert	(gemeiner Wert)		
Aktiva	250 000 €	(450 000 €)	Kapital	200 000 €
			Verbindlichkeiten	50 000 €
	250 000 €	(450 000 €)		250 000 €

S soll mit 25 % als Kommanditist an der VS-KG beteiligt sein. Die Kommanditeinlage im Nominalwert von 50 000 € wird ihm von V geschenkt.

Für die VS-KG wird folgende Eröffnungsbilanz erstellt:

A	Eröffnungsbilanz der VS-KG		P
Aktiva	250 000 €	Komplementärkapital V	150 000 €
		Kommanditeinlage S	50 000 €
		Verbindlichkeiten	50 000 €
	250 000 €		250 000 €

V hat seinen Betrieb im Ganzen teils gegen Gewährung eines eigenen Mitunternehmeranteils sowie teils zum Zweck der unentgeltlichen Aufnahme seines Sohnes in die zwischen ihm und S gegründete VS-KG eingebracht. Für die steuerrechtliche Beurteilung ist die Einbringung in zwei getrennt zu würdigende Vorgänge aufzuteilen.

Soweit er den Betrieb gegen Gewährung eines eigenen Mitunternehmeranteils in die VS-KG eingebracht hat (zu 75 %), ist § 24 UmwStG anzuwenden. Soweit V seinen Betrieb hingegen zum Zweck der unentgeltlichen Aufnahme seines Sohnes in die VS-KG eingebracht hat, liegt ein gesondert nach § 6 Abs. 3 EStG zu beurteilender Übertragungsvorgang vor. Insoweit (i. H. v. 25 %) erfüllt V die Voraussetzungen des § 24 Abs. 1 UmwStG nicht (BFH v. 12.10.2005 - X R 35/04, BFH/NV 2006 521). Die unentgeltliche, privat veranlasste Vermögensverschiebung von V auf S ist nach § 6 Abs. 3 Satz 1 EStG zwingend mit dem Buchwert vorzunehmen. Die Vorschriften der § 6 Abs. 3 EStG und § 24 UmwStG sind nebeneinander anwendbar (BFH v. 18.9.2013 - X R 42/10, BStBl 2016 II 639).

1080 Unschädlich für die Anwendung des § 24 UmwStG ist das Übergehen stiller Reserven auf andere Gesellschafter als Folge der Einbringung. Gründen bspw. Vater und Sohn eine OHG, an der beide zu je 50 % beteiligt sind und leistet der Sohn als Gründungsbeitrag eine Bareinlage von 200, während der Vater seinen Betrieb zum Buchwert von 200 – aber mit erheblichen stillen Reserven – einbringt, springen die stillen Reserven des eingebrachten Betriebes – bei fehlender Ergänzungsbilanz – teilweise auf die Beteiligung des Sohnes über. Das Übergehen stiller Reserven auf andere Gesellschafter – typischerweise auf Angehörige – ist von der gesetzgeberischen Konzeption mit abgedeckt (BFH v. 18.9.2013 - X R 42/10, BStBl 2016 II 639 und BFH v. 30.3.2017 - IV R 11/15, BStBl 2019 II 29).

Beim Übergang stiller Reserven auf eine Kapitalgesellschaft oder von einer Kapitalgesellschaft gehen jedoch die Regelungen der verdeckten Einlage oder zur verdeckten Gewinnausschüttung vor.

6.2.2.2.7 Vermögensverschiebung zulasten oder zugunsten einer mitbeteiligten Kapitalgesellschaft

1081 Auch **Kapitalgesellschaften** können einbringende Personen i. S. d. § 24 Abs. 1 UmwStG sein. Kommt es durch die Einbringung jedoch zu einer Vermögensverschiebung von einer oder auf eine Kapitalgesellschaft, sind insoweit die stillen Reserven zwingend aufzudecken, weil insoweit weder § 24 UmwStG noch § 6 Abs. 3 EStG angewendet werden kann (BMF v. 20.11.2019, BStBl 2019 I 1291, Rdn. 2).

BEISPIEL Die A-GmbH gründet mit ihrem Alleingesellschafter X die A-GmbH & Co KG, wobei die A-GmbH Komplementärin ohne Vermögensbeteiligung und X Kommanditist werden soll. Nach dem Gesellschaftsvertrag soll die A-GmbH ihren Betrieb mit allen Aktiva und Passiva –

zu Buchwerten – in die A-GmbH & Co KG einbringen und X einen Barbetrag i. H. von 50 000 € als Kommanditeinlage einzahlen. Für den Betrieb der A-GmbH wurde folgende der Einbringung zu Grunde liegende (um die Angabe der gemeinen Werte ergänzte) Bilanz erstellt:

A	SB „A-GmbH" (vor Zusammenschluss)			P
	Buchwert	(gemeiner Wert)		
div. Aktiva	500 000 €	(1 500 000 €)	gez. Kapital	100 000 €
Geschäftswert	—	(2 000 000 €)	Verlustvortrag	./. 100 000 €
			Verbindlichkeiten	500 000 €
	500 000 €	(3 500 000 €)		500 000 €

Die A-GmbH ist zwar Mitunternehmerin der A-GmbH & Co KG geworden. Der Umstand, dass sie am Vermögen der A-GmbH & Co KG (vielleicht auch am Gewinn und Verlust) nicht beteiligt ist, vermag die Mitunternehmerstellung allein nicht auszuschließen (s. BFH v. 25.4.2006 - VIII R 74/03, BStBl 2006 II 595 m. w. N. sowie H 15.8 (1) EStH „Komplementär"). Dennoch findet § 24 UmwStG keine Anwendung, weil die in ihrem Vermögen entstandenen stillen Reserven nicht in ihren Mitunternehmeranteil übergegangen sind. Es hat eine unentgeltliche Vermögensverschiebung von der A-GmbH auf ihren Alleingesellschafter X stattgefunden, denn X ist allein am Vermögen der A-GmbH & Co KG beteiligt, welches sich nach der Einbringung im Wesentlichen aus dem Saldo zwischen Aktiva und Schulden der A-GmbH speist. Bei der A-GmbH führte die Einbringung zu einem Vermögensabgang und bei ihrem Gesellschafter X zugleich zu einem Vermögenszuwachs. Diese Vermögensverschiebung führt zu einer verdeckten Gewinnausschüttung i. S. d. § 8 Abs. 3 Satz 2 KStG, die mit dem gemeinen Wert bei der Einkommensermittlung der A-GmbH anzusetzen ist. Dabei ist auch der auf die A-GmbH & Co KG übergegangene Geschäftswert mit anzusetzen (vgl. BFH v. 15.9.2004 - I R 7/02, BStBl 2005 II 867). Die A-GmbH hat folglich einen Gewinn i. H. von 3 000 000 € aus dem Einbringungsvorgang zu versteuern.

Denkbar ist auch eine **Vermögensverschiebung** in umgekehrter Richtung, also von einer natürlichen Person auf eine Kapitalgesellschaft, bei der § 24 UmwStG ebenfalls nicht greift. 1082

BEISPIEL ▸ Einzelunternehmer A gründet mit der M-GmbH die A-KG, wobei A der Komplementär ohne Vermögensbeteiligung und die M-GmbH Kommanditistin mit einer Kommanditeinlage i. H. von 50 000 € werden soll. Einziger Gesellschafter der M-GmbH ist A. Nach dem Gesellschaftsvertrag der A-KG bringt A sein gesamtes Einzelunternehmen in die A-KG ein – und zwar auf Grundlage folgender Bilanz:

A	EZU „A" (vor Zusammenschluss)			P
	Buchwert	(gemeiner Wert)		
div. Aktiva	150 000 €	(300 000 €)	Kapital	0 €
Anteil T-GmbH	50 000 €	(1 000 000 €)	Verbindlichkeiten	200 000 €
	200 000 €	(1 300 000 €)		200 000 €

A wird zwar Mitunternehmer der A-KG; an deren Vermögen ist er jedoch nicht beteiligt. Das gesamte von ihm eingebrachte Betriebsvermögen steht im Falle einer Auseinandersetzung der M-GmbH zu, deren Alleingesellschafter er ist. Bei A führt die Einbringung zu einem Vermögensabgang und bei der ihm gehörenden M-GmbH zu einem Vermögenszuwachs. Der Vermögenszuwachs besteht – steuerrechtlich betrachtet – in den „Anteilen" an den einzelnen zum Gesamthandsvermögen der A-KG gehörenden Wirtschaftsgütern (hier 100 %). Es handelt sich um bilanzierungsfähige Vermögensvorteile, die aus gesellschaftlicher Veranlassung der M-GmbH zugewendet wurden, und damit um eine verdeckte Einlage (s. R 8.9 Abs. 1 KStR), bei der weder § 24 UmwStG noch § 6 Abs. 3 EStG in Betracht kommen (BMF v. 20.11.2019, BStBl 2019 I 1291, Rdn. 2). Für A handelt es sich um eine Betriebsaufgabe i. S. d. § 16 Abs. 3 EStG, weil der verdeckten Einlage grundsätzlich eine „Total"-Entnahme vorausgeht, die gem. § 16 Abs. 3 Satz 8 EStG mit dem gemeinen Wert anzusetzen ist (BFH v. 20.7.2005 - X R 22/02, BStBl 2006 II 457). Es entsteht bei A ein Aufgabegewinn i. H. von insgesamt 1 100 000 €, der – soweit er auf die Einbringung des Anteils an der T-GmbH entfällt – unter Beachtung der Befreiungsregelung des § 3 Nr. 40 Satz 1 Buchst. b EStG und im Übrigen tarifbegünstigt nach § 34 EStG zu versteuern ist.

6.2.2.2.8 Erweiterung eines Mitunternehmeranteils

1083 Der Mitunternehmer einer bereits bestehenden Mitunternehmerschaft kann eine qualifizierte Sachgesamtheit steuerbegünstigt nach § 24 UmwStG in „seine" Personengesellschaft einbringen, wenn er dadurch einen **weiteren Mitunternehmeranteil** erwirbt und auch die übrigen Voraussetzungen erfüllt. Die Einbringung müsste zu einer Verschiebung der Beteiligungsverhältnisse der Gesellschafter zugunsten des Einbringenden führen.

BEISPIEL A betreibt neben seiner Beteiligung an der AB-OHG noch ein Gewerbe als Einzelunternehmer. Zu seinem Betriebsvermögen gehört auch die 100 %-Beteiligung an der A-GmbH mit einem Buchwert von 50 000 € und einem gemeinen Wert von 200 000 €. Diese Beteiligung soll in die AB-OHG, an der A und B bisher mit jeweils 50 % beteiligt waren, gegen Aufstockung seiner Beteiligung um 10 % (auf 60 %) eingebracht werden. Für den Betrieb der AB-OHG wurde vor der Einbringung folgende (um die Angabe der gemeinen Werte ergänzte) Bilanz erstellt:

A — AB-OHG (vor Einbringung) — P

	Buchwert	(gemeiner Wert)		
Aktiva	500 000 €	(900 000 €)	Kapital A	200 000 €
			Kapital B	200 000 €
			Verbindlichkeiten	100 000 €
	200 000 €	(900 000 €)		500 000 €

Die Voraussetzungen des § 24 Abs. 1 UmwStG sind erfüllt, weil A mit der Übertragung des bisher zu seinem Betriebsvermögen gehörenden 100 %-GmbH-Anteils einen Teilbetrieb in das Gesamthandsvermögen der ABB-OHG einbringt (Rdn. 24.02 UmwStE) und im Gegenzug einen (weiteren) Mitunternehmeranteil erwirbt. Sind auch die besonderen Voraussetzungen des § 24 Abs. 2 Satz 2 UmwStG erfüllt, kann die Übertragung zum Buchwert erfolgen. Dieses Ergebnis kann die AB-OHG mit folgender Bilanzierung erreichen:

A — AB-OHG (nach Einbringung) — P

	Buchwert	(gemeiner Wert)		
Aktiva	500 000 €	(900 000 €)	Kapital A	400 000 €
Anteil A-GmbH	200 000 €	(200 000 €)	Kapital B	200 000 €
			Verbindlichkeiten	100 000 €
	700 000 €	(1 100 000 €)		700 000 €

A — Ergänzungsbilanz für A — P

Minderkapital	150 000 €	Minderwert Anteil A-GmbH	150 000 €
	150 000 €		150 000 €

Vom Gesamtvermögen der AB-OHG (1 000 000 €) stehen A – nach Aufstockung seiner Beteiligung auf 60 % – nunmehr 600 000 € zu. Sein Mitunternehmeranteil ist um 200 000 € angewachsen. Dieser Wertzuwachs entspricht dem Vermögensabgang in seinem Einzelunternehmen. Die in dem eingebrachten Anteil an der A-GmbH enthaltenen stillen Reserven (150 000 €) bleiben nach wie vor vollumfänglich dem A zugeordnet. Dasselbe Ergebnis tritt ein, wenn auf die Erstellung der Ergänzungsbilanz verzichtet und der GmbH-Anteil in der Gesellschaftsbilanz nur mit 50 000 € (Gegenbuchung in dieser Höhe auf dem Kapitalkonto des A) angesetzt wird.

Die Einbringung des einzelnen Wirtschaftsguts (GmbH-Anteil) erfüllt zwar auch den Tatbestand des § 6 Abs. 5 Satz 3 Nr. 1 EStG, wonach die Übertragung zwingend mit dem Buchwert vorzunehmen ist. Im Verhältnis dazu ist § 24 UmwStG jedoch lex specialis mit der grundsätzlichen Rechtsfolge des Ansatzes des gemeinen Wertes (§ 24 Abs. 2 Satz 1 UmwStG).

Zur Anwendung des § 24 UmwStG auch auf die „alten" Mitunternehmeranteile des A und des B vor der Einbringung siehe Rdn. 1119.

Die Einbringung einer qualifizierten Sachgesamtheit nach § 24 UmwStG ist auch dann 1084 möglich, wenn der Einbringende bereits zu 100 % als Mitunternehmer an der übernehmenden Personengesellschaft beteiligt ist (Ein-Personen-GmbH & Co. KG). Voraussetzung dafür ist allerdings, dass die Sacheinlage auf seinem Beteiligungsrechte vermittelndem Kapitalkonto gebucht wird (Rdn. 24.07 UmwStE).

6.2.2.2.9 Einbringung in das Sonderbetriebsvermögen

Aus § 15 Abs. 1 Satz 1 Nr. 2 EStG folgt, dass nicht nur die zum Gesamthandsvermögen 1085 einer Personengesellschaft gehörenden Vermögensgegenstände Betriebsvermögen der Gesellschaft sind, sondern – als Sonderbetriebsvermögen – auch die im Alleineigentum eines Gesellschafters verbliebenen Wirtschaftsgüter, die entweder dem Betrieb der Personengesellschaft dienen oder die Beteiligung des Mitunternehmers an der Personengesellschaft stärken (ständige Rechtsprechung, z. B. BFH v. 19.10.2000 - IV R 73/99, BStBl 2001 II 335, sowie R 4.2 Abs. 2 EStR).

§ 24 UmwStG ist auch dann noch anzuwenden, wenn einzelne Wirtschaftsgüter der einzubringenden Sachgesamtheit in das Sonderbetriebsvermögen „eingebracht" werden (BFH v.17.4.2019 - IV R 12/16, BStBl 2019 II 745). Die Gegenleistung für die Sacheinlage muss also nicht ausschließlich in der Gewährung von Gesellschaftsrechten bestehen. Für die Anwendung des § 24 UmwStG genügt es, dass überhaupt ein Mitunternehmeranteil eingeräumt wird. Der Begriff des Mitunternehmeranteils eines Gesellschafters umfasst auch das ihm zuzurechnende Sonderbetriebsvermögen (BFH v. 12.4.2000 - XI R 35/99, BStBl 2001 II 26 m. w. N.). Der Einbringende kann einzelne Wirtschaftsgüter der qualifizierten Sachgesamtheit zurückbehalten, um sie anschließend als sein Sonderbetriebsvermögen bei der aufnehmenden Personengesellschaft auszuweisen.

Fraglich ist, ob § 24 UmwStG auch dann greift, wenn der Betrieb oder Teilbetrieb voll- 1086 ständig im Alleineigentum des eintretenden Gesellschafters verbleibt und von diesem insgesamt an die Personengesellschaft verpachtet wird, so dass der ganze (Teil-)Betrieb Sonderbetriebsvermögen wird. Von der Verwaltung findet man unter Rdn 24.05 UmwStE die Aussage, dass es im Rahmen des § 24 UmwStG ausreicht, wenn das eingebrachte Betriebsvermögen „teilweise" Sonderbetriebsvermögen des Einbringenden bei der übernehmenden Mitunternehmerschaft wird. In seinem Urteil v. 26.1.1994 - III R 39/91, BStBl 1994 II 458 führt der BFH aus, dass die Gegenleistung für die Sacheinlage nicht „ausschließlich" in der Gewährung von Gesellschaftsrechten bestehen muss, sondern dass es genüge, dass überhaupt ein Mitunternehmeranteil eingeräumt wird. Die

Einräumung eines (weiteren) Mitunternehmeranteils impliziert die Gewährung (weiterer) Gesellschaftsrechte.

Gesellschaftsrechte werden aber (noch) nicht allein dadurch begründet, dass Vermögen an die Personengesellschaft zur Nutzung überlassen wird. Der geforderte ursächliche Zusammenhang zwischen der Einbringung des Vermögens und dem Erwerb eines (weiteren) Mitunternehmeranteils ist nur dann gegeben, wenn zumindest ein Teil des Einbringungsgegenstandes in das Gesellschaftsvermögen übertragen wird. Es muss sich dabei aber u. E. nicht um eine wesentliche Betriebsgrundlage handeln. Es genügt, wenn unwesentliche Wirtschaftsgüter gegen Gewährung von Gesellschaftsrechten in das Gesellschaftsvermögen übertragen und alle wesentlichen Betriebsgrundlagen als Sonderbetriebsvermögen der aufnehmenden Personengesellschaft zurückbehalten werden (s. hierzu Flick Gocke Schaumburg/Bundesverband der Deutschen Industrie, Der Umwandlungssteuer-Erlass 2011, zu Rdn. 24.05 UmwStE).

1087 Wird von der nach § 24 Abs. 2 Satz 2 UmwStG bestehenden Möglichkeit der Übernahme des Vermögens zu einem unterhalb des gemeinen Wertes liegenden Wert Gebrauch gemacht, so ist dieses **Bewertungswahlrecht einheitlich** für alle eingebrachten Wirtschaftsgüter auszuüben. Ein Ansatz der in das Gesamthandsvermögen eingebrachten Wirtschaftsgüter mit dem gemeinen Wert bei gleichzeitiger Buchwertübernahme weiterer Wirtschaftsgüter aus dem Einbringungsgegenstand in das Sonderbetriebsvermögen ist nicht zulässig. Hätte die Personengesellschaft so (fehlerhaft) bilanziert, wäre die Übertragung insgesamt als Zwischenwerteinbringung zu beurteilen. Eine nachträgliche Änderung der einmal abgegebenen Steuerbilanzen ist nicht mehr möglich. Die durch diese (fehlerhafte) Bilanzierung aufgedeckten stillen Reserven sind ins Verhältnis zu den im Einbringungsgegenstand insgesamt vorhandenen stillen Reserven zu setzen. Sodann ist eine prozentual gleichmäßige Aufdeckung aller stillen Reserven – und entsprechende Aufstockung der Buchwerte – vorzunehmen (BFH v. 26.1.1994 - III R 39/91, BStBl 1994 II 458).

6.2.3 Einbringung gegen ein gemischtes Entgelt

6.2.3.1 Sonstige Gegenleistungen

1088 Erhält der Einbringende für die Übertragung einer qualifizierten Sachgesamtheit neben den Gesellschaftsrechten von der übernehmenden Personengesellschaft noch eine weitere „sonstige“ Gegenleistung, führt dies grundsätzlich – insoweit – zur Realisierung der stillen Reserven. Andererseits ist § 24 Abs. 2 Satz 2 und Satz 4 UmwStG zu entnehmen, dass eine Buchwerteinbringung auch dann noch möglich ist, wenn neben den neuen Gesellschaftsanteilen sonstige Gegenleistungen gewährt werden, deren gemeiner Wert bestimmte Grenzen nicht überschreitet. Demnach steht die Gewährung einer sonstigen Gegenleistung (also die Einbringung gegen ein gemischtes Entgelt) einer (vollumfänglichen) Anwendung des § 24 UmwStG nicht von vorherein entgegen, d. h. die Übertragung muss nicht von vornherein in eine § 24 UmwStG unterfallende Einbringung und ein „normale“ Veräußerung aufgeteilt werden.

In der Regierungsbegründung zur Änderung des § 24 Abs. 2 UmwStG durch das StÄndG 2015 v. 2.11.2015 (BGBl 2015 I 1834) wird zunächst noch einmal angeführt, dass es grundsätzlich bei der Realisierung stiller Reserven bleiben muss, soweit sonstige Gegenleistungen für die Vermögensübertragung erbracht werden (BT-Drucks. 18/4902 48 f.). Die durch das UmwStG ermöglichte Buchwertübertragung ist eine Ausnahme, die nur dann gerechtfertigt ist, soweit im Zuge der Umwandlung Vermögen gegen Gewährung von Gesellschaftsrechten ohne finanzielle Gegenleistung übertragen wird. Dadurch werde unter anderem gewährleistet, dass der übertragende und der übernehmende Rechtsträger verbunden bleiben und das unternehmerische Engagement durch den übernehmenden Rechtsträger fortgesetzt wird. Mit der Schaffung der Möglichkeit zur Erbringung steuerneutraler sonstiger Gegenleistungen wird den in der Praxis bestehenden Bedürfnissen für einen Wertausgleich in einem bestimmten Umfang bei Unternehmenszusammenschlüssen Rechnung getragen. 1089

Von einer sonstigen Gegenleistung in Form eines solchen Wertausgleichs sind Zuzahlungen Dritter in das Privat- oder Sonderbetriebsvermögen des Einbringenden abzugrenzen. Soweit der Einbringende von dem Dritten eine Zuzahlung dafür erhält, dass er die betriebliche Sachgesamtheit teilweise auf Rechnung des Dritten in die Personengesellschaft einbringt, handelt es sich um einen normalen Veräußerungsvorgang, der – insoweit – zwingend zur Aufdeckung der stillen Reserven führt (s. hierzu auch die weitergehenden Ausführungen unter Rdn. 1123 ff). Soweit die Einbringung auf fremde Rechnung erfolgt, ist § 24 UmwStG nicht anwendbar (BFH v.6.8.2019 - VIII R 12/16, BFH/NV 2020 48). § 24 UmwStG erfasst nur die für eigene Rechnung des Einbringenden vollzogene Einbringung des Betriebsvermögens, d. h. der Einbringende muss durch die Einbringung selbst die Rechtsstellung eines Gesellschafters und Mitunternehmers der (erweiterten) Personengesellschaft erlangen (BFH v.1.3.2018 - IV R 38/15, BStBl 2018 II 587). 1090

Die sonstige Gegenleistung i. S. d. § 24 Abs. 2 Satz 2 Nr. 2 und Satz 4 UmwStG muss von der übernehmenden Personengesellschaft (als Wertausgleich) gewährt worden sein. Dabei kann es sich um die Einräumung einer Darlehensforderung oder einer stillen Beteiligung, um die Übernahme oder Tilgung privater Verbindlichkeiten des Einbringenden oder um die Gewährung von Geldleistungen oder Sachwerten aus dem Vermögensbestand der Personengesellschaft handeln. 1091

Die Übernahme der mit dem eingebrachten aktiven Betriebsvermögen zusammenhängenden Schulden (**Betriebsschulden**) durch die aufnehmende Personengesellschaft ist nicht als Entgelt (sonstige Gegenleistung) zu betrachten (sog. Nettobetrachtung). Da die (Teil-)Betriebe und Mitunternehmeranteile in der Regel auch passive Wirtschaftsgüter enthalten, wäre andernfalls eine Buchwertübertragung gem. § 24 Abs. 2 Satz 2 UmwStG kaum möglich.

Die Zurückbehaltung von Wirtschaftsgütern aus dem einzubringenden (Teil-)Betrieb oder Mitunternehmeranteil, die der Einbringende der Personengesellschaft zur Nutzung überlässt mit der Folge, dass es sich um Sonderbetriebsvermögen handelt, ist ebenfalls keine (sonstige) Gegenleistung, sodass insoweit eine Einschränkung des Bewertungswahlrechts nach § 24 Abs. 2 Satz 2 Nr. 2 oder Satz 4 UmwStG nicht in Betracht kommt.

6.2.3.2 Abgrenzung eines Kapitalkontos vom Gesellschafterdarlehen

1092 Für die Frage, ob und inwieweit die Übertragung in das Gesellschaftsvermögen gegen ein über die Gewährung von Gesellschaftsrechten hinausgehendes Entgelt (also eine sonstige Gegenleistung) erfolgt, ist die **Verbuchung bei der aufnehmenden Personengesellschaft** von besonderer Bedeutung. Wird zugunsten des einbringenden Gesellschafters eine Darlehensverbindlichkeit (Gesellschafterdarlehen) eingebucht, liegt insoweit ein grundsätzlich gewinnrealisierendes Entgelt vor. Soweit die Verbuchung auf einem „echten" Kapitalkonto des einbringenden Gesellschafters erfolgt, handelt es sich um eine (offene) Sacheinlage. Nur insoweit wird der Personengesellschaft Betriebsvermögen zugeführt. Zu der Frage, ob und inwieweit dadurch auch Gesellschaftsrechte gewährt bzw. erweitert (vermehrt) werden s. Rdn. 1075 f.

1093 Für die Abgrenzung eines Kapitalkontos von einem Darlehenskonto kommt es nicht entscheidend auf die (äußere) Bezeichnung des Kontos (z. B. „Kapitalkonto", „Darlehenskonto" oder „Verrechnungskonto") an; vielmehr muss die Rechtsnatur des Kontos im Wege der Auslegung des Gesellschaftsvertrags unter Berücksichtigung der von den Gesellschaftern beabsichtigten zivilrechtlichen Folgen bestimmt werden (BFH v. 12.10.2005 - X R 35/04, BFH/NV 2006 521). Handelt es sich bei dem Konto – aus Sicht der Gesellschaft – um ein solches mit **Fremdkapitalcharakter** oder ist der dort verbuchte Betrag **Eigenkapital** der Gesellschaft?

Steht der Gesellschafter hinsichtlich des auf diesem Konto ausgewiesenen Betrags der Gesellschaft wie ein fremder Kreditgeber gegenüber, so handelt es sich für die Gesellschaft um eine Verbindlichkeit und nicht um Eigenkapital. Das ist z. B. der Fall, wenn der unter diesem Konto verbuchte Betrag in der Insolvenz der Gesellschaft wie eine Forderung eines Dritten geltend gemacht werden kann und noch vor der eigentlichen Auseinandersetzung über das Gesellschaftsvermögen zu erfüllen ist, also nicht lediglich einen Teil des Auseinandersetzungsguthabens darstellt.

Nicht entscheidend sind evtl. vereinbarte Verfügungsbeschränkungen des Gesellschafters. Solche gibt es nämlich in Form von Kündigungsbeschränkungen sowohl bei Spar- bzw. Darlehensverträgen als auch in Form von Entnahmebeschränkungen beim Eigenkapital.

Werden hingegen auf dem Konto auch **Verlustanteile** des Gesellschafters verbucht, so ist das ein ganz entscheidendes Kriterium für den Eigenkapitalcharakter (s. BFH v. 16.10.2008 - IV R 98/06, BStBl 2009 II 272 zum sog. Vier-Konten-Modell). Darin kommt nämlich die Teilnahme des Gesellschafters an den Risiken des Unternehmens zum Ausdruck. Eine Verlustbeteiligung steht dem Wesen eines Darlehens entgegen.

Soweit die Gegenbuchung für die Übertragung von Betriebsvermögen auf einem solchen Konto mit Eigenkapitalcharakter erfolgt, handelt es sich entweder um eine Einbringung gegen Gewährung von Gesellschaftsrechten oder um eine (unentgeltliche) Sacheinlage. Diese Entscheidung ist wiederum davon abhängig, ob das angesprochene Kapitalkonto Gesellschaftsrechte vermittelt (z. B. Kapitalkonto I oder Festkapital) oder nicht (z. B. variables Kapital, Kapitalkonto II oder Verrechnungskonto). Erfolgt die Gegenbuchung teilweise auf dem das Beteiligungsverhältnis widerspiegelnden Kapitalkonto I und teilweise auf einem anderen Kapitalkonto, ist die Übertragung vollumfänglich als Einbringung gegen Gewährung von Gesellschaftsrechten zu beurteilen.

Zu dem Umfang des Kapitalkontos und der Abgrenzung zu einem Forderungskonto (Darlehenskonto) ist im Übrigen auf das – noch immer aktuelle – zu § 15a EStG ergangene BMF-Schreiben v. 30.5.1997 (BStBl 1997 I 627) hinzuweisen. 1094

Zum Eigenkapital der Gesellschaft gehört auch ein sog. Kapital- oder Gewinnrücklagenkonto. Wird die Sacheinlage zum Teil auf dem das Beteiligungsverhältnis widerspiegelnden Kapitalkonto des einbringenden Gesellschafters und zum Teil auf einem gesamthänderisch gebundenen Rücklagenkonto gebucht, ist (ebenfalls) vollumfänglich von einer (nach § 24 UmwStG begünstigten) Einbringung auszugehen (Rdn. 24.07 UmwStE). 1095

Wird im Zusammenhang mit der Einbringung einer qualifizierten Sachgesamtheit in das Gesellschaftsvermögen vorhandenes Geldvermögen zurückbehalten und der Gesellschaft darlehensweise zur Nutzung überlassen, ist zwar auch in der Gesellschaftsbilanz eine Darlehensverbindlichkeit zu passivieren. In diesem besonderen Fall ist das Darlehen aber kein Entgelt (keine Gegenleistung) für die Vermögensübertragung, sondern Teil des (in das Sonderbetriebsvermögen) eingebrachten Vermögens, also Teil der Leistung des Einbringenden. 1096

6.2.4 § 24 UmwStG ganz oder teilweise ausschließende Fälle

In folgenden Fällen ist § 24 UmwStG nicht anzuwenden: 1097

- Einbringung von Privatvermögen in eine Personengesellschaft
- Einbringung von Vermögen in eine (nach wie vor) vermögensverwaltende Personengesellschaft
- Einbringung nur einzelner Wirtschaftsgüter aus dem Betriebsvermögen (zur Einbringung einer 100 %-Beteiligung an einer Kapitalgesellschaft s. Rdn. 1060)
- Übertragung von Betriebsvermögen ohne Einräumung einer vermögensmäßigen Beteiligung an der übernehmenden Personengesellschaft (Einlage zu Null)
- Übertragung im Wege der verdeckten Einlage (vollständige Verbuchung auf einem gesamthänderisch gebundenen Kapitalkonto)
- Übertragung im Wege der Einlage durch (vollständige) Verbuchung auf einem das Beteiligungsverhältnis nicht widerspiegelnden Kapitalkonto des Gesellschafters
- unentgeltliche Aufnahme in ein Einzelunternehmen

  § 24 UmwStG ist nur insoweit anzuwenden, als die Einbringung gegen Gewährung eines eigenen Mitunternehmeranteils vorgenommen wird (Aufteilung in eine § 24 UmwStG unterliegende Einbringung und eine nach § 6 Abs. 3 EStG zwingend vorzunehmende Buchwertübertragung).
- vollständige Überführung in das Sonderbetriebsvermögen (BMF-Schreiben v. 8.12.2011, BStBl 2011 I 1279, Rdn. 6)
- Übertragung im Rahmen einer mitunternehmerischen Betriebsaufspaltung

1098 Entsteht durch die Einbringung eine **mitunternehmerische Betriebsaufspaltung**, führt dies zum Ausschluss des § 24 UmwStG.

BEISPIEL Die Eheleute A und B sind zu je 50 % Gesellschafter der AB-OHG, die auf eigenem Grundstück ein Gewerbe betreibt. Sie beschließen, diesen Betrieb gemeinsam mit ihren Kindern K1 und K2 in der Rechtsform der AB-KG fortzuführen. Komplementäre der AB-KG werden mit jeweils 40 %-Beteiligung A und B und Kommanditisten (nach dem Regelstatut des HGB) mit jeweils 10 %-Beteiligung K1 und K2. Das Vermögen der AB-OHG wird – bis auf das Grundstück – im Wege der Abspaltung (§ 123 Abs. 2 UmwG) auf die AB-KG übertragen. K1 und K2 leisten eine ihrem Haftkapital entsprechende Bareinlage i. H. von jeweils 50 000 €. Das von der AB-OHG zurückbehaltene Grundstück wird an die AB-KG vermietet.

Die der Abspaltung zu Grunde liegende Steuerbilanz der AB-OHG enthält folgende (um die gemeinen Werte ergänzte) Positionen:

A	AB-OHG (vor Einbringung)			P
	Buchwert	(gemeiner Wert)		
Grundstück	400 000 €	(700 000 €)	Kapital A	250 000 €
so. Aktiva	200 000 €	(500 000 €)	Kapital B	250 000 €
			Verbindlichkeiten	100 000 €
	600 000 €	(1 200 000 €)		600 000 €

Grundsätzlich ist § 24 UmwStG auch auf die Abspaltung einer Personenhandelsgesellschaft auf eine Personenhandelsgesellschaft anzuwenden (§ 1 Abs. 3 Nr. 1 UmwStG). Einbringende sind dabei die Mitunternehmer der abspaltenden Personengesellschaft, hier also A und B. Voraussetzung für die Anwendung des § 24 UmwStG ist, dass ein ganzer Betrieb, Teilbetrieb oder Mitunternehmeranteil, d. h. mindestens alle dazu gehörenden wesentlichen Betriebsgrundlagen, in das steuerliche Betriebsvermögen der aufnehmenden Personengesellschaft eingebracht werden. Dafür genügt auch die Einbringung einzelner Wirtschaftsgüter in das Sonderbetriebsvermögen.

Diese Voraussetzung ist hier jedoch nicht erfüllt. Zwischen der AB-OHG und der neu gegründeten AB-KG liegt eine mitunternehmerische Betriebsaufspaltung vor, weil mit der Vermietung des Grundstücks eine sachliche Verflechtung begründet wurde und mit der Beherrschung beider Unternehmen durch die Personengruppe A und B eine personelle Verflechtung besteht. In einem solchen Fall hat das Rechtsinstitut der Betriebsaufspaltung Vorrang vor der Anwendung des § 15 Abs. 1 Satz 1 Nr. 2 Satz 1 2. HS EStG und schließt die Behandlung des Grundstücks als Sonderbetriebsvermögen der mietenden KG aus (BMF v. 28.4.1998, BStBl 1998 I 583). Das Grundstück ist als wesentliche Betriebsgrundlage nicht in die KG eingebracht worden; es bleibt Betriebsvermögen des gewerblich tätigen Besitzunternehmens „AB-OHG".

Bei der Einbringung des „übrigen" Betriebsvermögens in die AB-KG handelt es sich – mangels Teilbetriebseigenschaft – um die Übertragung von Einzelwirtschaftsgütern gegen Gewährung von Gesellschaftsrechten. Die stillen Reserven sind nach Tauschgrundsätzen aufzudecken. Eine Buchwertübertragung auf die Schwester-Personengesellschaft ist weder nach § 6 Abs. 5 Satz 3 Nr. 4 EStG noch nach § 16 Abs. 3 Satz 2 EStG möglich (s. BMF v. 19.12.2018, BStBl 2019 I 6 Rdn. 12 zu § 16 Abs. 3 Satz 2 EStG und *Krumm* in Brandis/Heuermann, Ertragsteuerrecht, 176. Erg. Lfg. (4/2025), § 6 EStG Rdn. 1881). Durch die Abspaltung des „übrigen" Vermögens auf die AB-KG entsteht bei der AB-OHG ein Entnahmegewinn von 300 000 €, der je zur Hälfte von A und B zu versteuern ist. Es handelt sich um einen laufenden – auch gewerbesteuerpflichtigen – Gewinn, auf den die begünstigenden Regelungen der §§ 16, 34 EStG nicht anzuwenden sind, weil nicht alle stillen Reserven in allen wesentlichen Betriebsgrundlagen der Mitunternehmeranteile von A und B aufgedeckt wurden.

ANMERKUNG A und B hätten die sonstigen Aktiva schon früher aus dem Gesamthandsvermögen der AB-OHG – unentgeltlich – in das Gesamthandsvermögen der AB-KG übertragen können, und zwar mit dem Buchwert gem. § 6 Abs. 5 Satz 3 Nr. 4 EStG.

6.3 Einbringungsvorgänge (sachlicher Anwendungsbereich)

§ 1 Abs. 3 UmwStG enthält eine abschließende Aufzählung der Einbringungsvorgänge 1099
und bestimmt damit auch den sachlichen Anwendungsbereich des § 24 UmwStG.

6.3.1 Verschmelzung, Aufspaltung und Abspaltung von Personengesellschaften

Unter den sachlichen Anwendungsbereich des § 24 UmwStG fallen die Verschmelzung, 1100
Aufspaltung und Abspaltung von Personenhandelsgesellschaften (OHG, KG) und Partnerschaftsgesellschaften auf Personenhandels- und Partnerschaftsgesellschaften sowie vergleichbare ausländische Vorgänge (§ 1 Abs. 3 Nr. 1 UmwStG).

Bei der **Verschmelzung** geht das Vermögen der übertragenden Personengesellschaft im 1101
Wege der Gesamtrechtsnachfolge auf die übernehmende Personengesellschaft über (§§ 2, 39 ff. UmwG). Die übertragende Personengesellschaft erlischt und ihre Gesellschafter erhalten Anteile an der aufnehmenden Personengesellschaft. Gegenstand der Einbringung ist in diesem Fall ein Betrieb (Rdn. 24.03 i. V. m. 20.05 UmwStE). Für eine Anwendung des § 24 UmwStG müssen sämtliche funktional wesentlichen Betriebsgrundlagen – einschließlich der zum Sonderbetriebsvermögen gehörenden wesentlichen Wirtschaftsgüter – auf die übernehmende Personengesellschaft übergehen.

Auch die **Aufspaltung** führt zum Erlöschen der übertragenden Personengesellschaft 1102
(§§ 123 Abs. 1, 131 Abs. 1 Nr. 2 UmwG). Ihr Vermögen wird in zwei oder mehrere Teile aufgeteilt und diese Teile sodann auf die übernehmenden Rechtsträger (im Fall von § 24 UmwStG muss es sich dabei ebenfalls um eine Personengesellschaft handeln) als Gesamtheit (partielle Gesamtrechtsnachfolge) übertragen. Die Gesellschafter der untergehenden Gesellschaft erhalten im Gegenzug (als Gegenleistung) Mitunternehmeranteile an den aufnehmenden Personengesellschaften.

§ 24 UmwStG kommt aber nur dann zum Zuge, wenn der übertragene Vermögensteil den steuerrechtlichen Begriff des Betriebs oder Teilbetriebs erfüllt oder soweit in dem übertragenen Vermögensteil ein Mitunternehmeranteil (die übertragende Personengesellschaft war ihrerseits an einer anderen Personengesellschaft beteiligt) enthalten ist. Sind diese Voraussetzungen nicht erfüllt, ist der Vorgang unter dem Gesichtspunkt der Realteilung nach (allgemeinen) einkommensteuerrechtlichen Vorschriften (§ 16 Abs. 3 EStG) zu beurteilen.

Bei der **Abspaltung** i. S. d. § 123 Abs. 2 UmwG bleibt die übertragende Personengesell- 1103
schaft – in reduziertem Umfang – bestehen. Sie überträgt einen Teil ihres Vermögens im Wege der partiellen Gesamtrechtsnachfolge auf die übernehmende Personengesellschaft (im Fall des § 24 UmwStG). Im Gegenzug erwerben die Gesellschafter der – nunmehr verkleinerten – übertragenden Personengesellschaft Gesellschaftsrechte an der übernehmenden Personengesellschaft. Handelt es sich bei dem übertragenen Teil des Vermögens um einen Betrieb, Teilbetrieb oder um den Mitunternehmeranteil an einer anderen Personengesellschaft, findet § 24 UmwStG – bei Vorliegen auch der übrigen Voraussetzungen – Anwendung.

1104 **Vergleichbare ausländische Vorgänge** sind gegeben, wenn ausländische Personenhandelsgesellschaften (Rechtstypenvergleich mit einer inländischen OHG oder KG) nach ausländischen gesetzlichen Regelungen, die den Grundprinzipien einer Verschmelzung, Aufspaltung oder Abspaltung (§§ 2, 123 Abs. 1 und 2 UmwG) gleichkommen, Betriebe, Teilbetriebe oder Mitunternehmeranteile auf Personenhandels- oder Partnerschaftsgesellschaften übertragen. Es müssen zur Vergleichbarkeit mit einer Verschmelzung die Strukturmerkmale einer Verschmelzung i. S. d. § 2 UmwG (vgl. Rdn. 42) und zur Vergleichbarkeit mit einer Auf- oder Abspaltung die Strukturmerkmale i. S. d. § 123 Abs. 1 oder 2 UmwG (vgl. Rdn. 530) vorliegen.

6.3.2 Ausgliederung von Vermögensteilen

1105 Die in § 1 Abs. 3 Nr. 2 UmwStG aufgeführte Ausgliederung von Vermögensteilen i. S. d. § 123 Abs. 3 UmwG fällt dann unter § 24 UmwStG, wenn es sich bei dem ausgegliederten Vermögensteil um einen Betrieb, Teilbetrieb oder Mitunternehmeranteil handelt und die übernehmende Rechtsträgerin eine Personenhandels- oder Partnerschaftsgesellschaft ist. Die Ausgliederung ist eine Art der Spaltung, bei der die Vermögensübertragung im Wege der Sonderrechtsnachfolge (Gesamtrechtsnachfolge hinsichtlich des ausgegliederten Vermögensteils, § 131 Abs. 1 Nr. 1 UmwG) erfolgt. Der übertragende Rechtsträger erhält als Gegenleistung für die Vermögensübertragung einen (gleichwertigen) Anteil an dem übernehmenden Rechtsträger. Es handelt sich also um einen Leistungsaustausch und aus ertragsteuerlicher Sicht um eine Veräußerung von Vermögensteilen (veräußerungsähnlicher Vorgang).

1106 Ist die übertragende Rechtsträgerin eine Körperschaft, finden die §§ 3 bis 8 und 15, evtl. i. V. m. § 16 UmwStG keine Anwendung (§ 1 Abs. 1 Satz 2 UmwStG).

1107 Vergleichbare ausländische Vorgänge i. S. d. § 1 Abs. 3 Nr. 2 UmwStG sind nur solche Vermögensübertragungen ausländischer Rechtsträger, die auf der Grundlage ausländischer gesetzlicher Regelungen erfolgen. Die Vermögensübertragung muss ihrem Wesen nach einer Ausgliederung nach § 123 Abs. 3 UmwG entsprechen. Der konkrete Umwandlungsvorgang muss die wesentlichen Strukturmerkmale des § 123 Abs. 3 UmwG (Vermögensübertragung im Wege der partiellen Gesamtrechtsnachfolge aufgrund eines Rechtsgeschäfts kraft Gesetzes gegen Gewährung einer Beteiligung an der übernehmenden Personengesellschaft und Eintragung in ein öffentliches Register) aufweisen.

6.3.3 Einbringung durch Einzelrechtsnachfolge

1108 Einbringungen durch Einzelrechtsnachfolge i. S. d. § 1 Abs. 3 Nr. 4 UmwStG lassen sich wegen ihres Grundsatzcharakters nicht enumerativ aufführen. In Betracht kommen z. B. folgende Vorgänge (vgl. Rdn. 01.47 UmwStE):

6.3.3.1 Gründung einer Personengesellschaft mit Sacheinlageverpflichtung

Eine Personengesellschaft wird neu gegründet, und mindestens einer der Gründungsgesellschafter verpflichtet sich in dem Gesellschaftsvertrag zu einer Sacheinlage (offene Einlage) in Gestalt seines Betriebs, Teilbetriebs oder eines Mitunternehmeranteils an einer anderen Personengesellschaft. Die Sacheinlageverpflichtung wird sodann durch Einzelübertragung der zu der qualifizierten Sachgesamtheit gehörenden Wirtschaftsgüter erfüllt. Dabei müssen nicht alle wesentlichen Betriebsgrundlagen in das Gesamthandsvermögen übertragen werden; es genügt, wenn ein Teil des Betriebsvermögens in das Gesellschaftsvermögen und ein anderer Teil in das Sonderbetriebsvermögen eingebracht wird (Rdn. 24.05 UmwStE). 1109

Nur in dem Fall, in dem sämtliche Wirtschaftsgüter der qualifizierten Sachgesamtheit im Alleineigentum des Gesellschafters verbleiben und als Sonderbetriebsvermögen zu beurteilen sind, ist § 24 UmwStG – mangels eines tauschähnlichen Vorgangs – abzulehnen (s. hierzu Flick Gocke Schaumburg/Bundesverband der Deutschen Industrie, Der Umwandlungssteuer-Erlass 2011, zu Rdn. 24.05 UmwStE). Hierbei handelt es sich um eine „Verbringung" von Betriebsvermögen von einem Betrieb in einen anderen Betrieb (als Sonderbetriebsvermögen) desselben Steuersubjekts, die nach § 6 Abs. 5 Satz 2 EStG zwingend mit dem Buchwert zu erfolgen hat (BMF v. 8.12.2011, BStBl 2011 I 1279, Rdn. 6). Es gibt für diesen Fall keinen Realisationstatbestand (es ist weder eine Veräußerung noch eine Entnahme), der zur Aufdeckung von stillen Reserven führen könnte. 1110

Haben sich die Gründungsgesellschafter zu **Bareinlagen** verpflichtet und überträgt später ein Gesellschafter sein Betriebsvermögen gegen Anrechnung auf seine Bareinlageverpflichtung in das Gesellschaftsvermögen, findet § 24 UmwStG keine (analoge) Anwendung. Es fehlt der in § 24 Abs. 1 UmwStG geforderte ursächliche Zusammenhang zwischen dem Erwerb der Gesellschaftsrechte und der Vermögensübertragung. Eine analoge Anwendung kommt mangels Gesetzeslücke (planwidrige Unvollständigkeit des Gesetzes) nicht in Betracht (h. A., s. *Patt/Schleicher in Dötsch/Pung/Möhlenbrock*, Die Körperschaftsteuer, 87. Erg. Lfg. (8/2016), § 24 UmwStG Rdn. 106 m. w. N.). Dieser Fall ist als (normale) Veräußerung gegen Geld zu beurteilen, der zwingend zur Aufdeckung der stillen Reserven führt. 1111

6.3.3.2 Aufnahme in ein Einzelunternehmen gegen Geld- oder Sacheinlage

Ein Einzelunternehmer (natürliche oder juristische Person) nimmt eine oder mehrere Person(en) als Gesellschafter in sein Einzelunternehmen auf. Dabei sind folgende Sachverhalte zu unterscheiden: Der eintretende Gesellschafter 1112

- leistet eine seinem Beteiligungswert entsprechende Bar- (oder Sach-)Einlage in das Unternehmensvermögen (das künftige Gesellschaftsmögen),
- leistet eine Ausgleichszahlung an den Einzelunternehmer, die nicht in das Gesellschaftsvermögen eingeht oder
- erbringt keine eigene (Gegen-)Leistung.

1113 Der erstgenannte Sachverhalt unterscheidet sich nicht von dem unter Rdn. 1109 beschriebenen Vorgang. Denn auch hier ist (zumindest konkludent) ein Gesellschaftsvertrag mit der Vereinbarung abgeschlossen worden, dass das Betriebsvermögen des bisherigen Einzelunternehmers Gesellschaftsvermögen werden soll. Die Höhe der von dem aufgenommenen Gesellschafter zu leistenden Einlage richtet sich nach dem Wert des (bisherigen) Einzelunternehmens und dem Beteiligungsverhältnis. Hat z. B. das bisherige Einzelunternehmen einen Wert von 400 000 € und soll der aufgenommene Gesellschafter zu 50 % beteiligt werden, wird er ebenfalls 400 000 € einlegen müssen. Soll er nur zu einem Drittel beteiligt werden, wird seine Einlage 200 000 € betragen. Unerheblich ist, welchen Status der aufgenommene Gesellschafter haben wird. Ob er also ein persönlich unbeschränkt haftender Gesellschafter, ein Kommanditist oder ein (atypisch) stiller Gesellschafter wird. Entscheidend ist, dass er durch seine Einlage Mitunternehmereigenschaft erwirbt.

1114 So kann auch die Einlage eines stillen Gesellschafters (§§ 230 ff. HGB) in das Vermögen des Inhabers des Handelsgeschäfts die Rechtsfolgen des § 24 UmwStG auslösen, wenn es sich bei der Einlage um eine qualifizierte Sachgesamtheit (z. B. ein Teilbetrieb in Form einer zu einem Betriebsvermögen gehörenden 100 %-Beteiligung an einer Kapitalgesellschaft) handelt und der stille Gesellschafter aufgrund der vertraglichen Ausgestaltung Mitunternehmerrisiko trägt und Mitunternehmerinitiative entfalten kann. In diesem Fall ist der stille Gesellschafter aus steuerlicher Sicht als atypisch stiller Gesellschafter und damit als Mitunternehmer i. S. d. § 15 Abs. 1 Satz 1 Nr. 2 EStG anzusehen.

Aber auch in dem Fall, in dem der als Mitunternehmer zu beurteilende stille Gesellschafter eine Bareinlage leistet, liegt hinsichtlich des Betriebs, in welchen die Geldeinlage (auf Dauer) eingeht, eine Einbringung i. S. d. § 24 Abs. 1 UmwStG – durch den Inhaber des Betriebes – in das steuerliche Betriebsvermögen der (Innen-)Gesellschaft vor. Zwar bleibt zivilrechtlich der Betrieb weiterhin Eigentum des bisherigen Inhabers. Hier kommt es jedoch auf die wirtschaftliche Betrachtung an; der atypisch stille Gesellschafter erwirbt wirtschaftliches Miteigentum, so dass wirtschaftlich von einem gemeinschaftlichen Eigentum der Mitunternehmerschaft gesprochen werden kann (BFH v.1.3.2018 - IV R 38/15, BStBl 2018 II 587).

1115 Die beiden letztgenannten Sachverhalte (2. und 3.) werden unter Rdn. 1123 ff. besonders abgehandelt.

6.3.3.3 Eintritt eines weiteren Gesellschafters in eine bestehende Personengesellschaft

1116 Durch den Eintritt eines weiteren Gesellschafters in eine bereits bestehende Personengesellschaft gegen eine Bareinlage in das Gesellschaftsvermögen ändert sich zwar an der zivilrechtlichen Identität der Personengesellschaft nichts. Es kommt zivilrechtlich zu keiner Neugründung einer (anderen) Personengesellschaft und nicht zu (Betriebs-)Vermögensübertragungen. Gleichwohl wird nach ständiger Rechtsprechung (BFH v. 25.4.2006 - VIII R 52/04, BStBl 2006 II 847 m. w. N.) und Verwaltungsmeinung von Einbringungen i. S. d. § 24 UmwStG von Mitunternehmeranteilen – bezogen auf die Altgesellschafter – ausgegangen. Es wird die Neugründung einer (erweiterten) Personengesellschaft (fiktiv) unterstellt, in die die Gesellschafter ihre Mitunternehmeranteile an der alten Personengesellschaft gegen Gewährung von Gesellschaftsrechten an der neuen Gesellschaft einbringen (Rdn. 01.47 UmwStE). Begründet wird dies damit, dass der Vorgang seinem wirtschaftlichen Gehalt nach nicht anders zu beurteilen sei als die (rechtlich tatsächliche) Gründung einer Personengesellschaft mit einem – um den eintretenden Gesellschafter – erweiterten Personenkreis (BFH v. 6.7.1999 - VIII R 17/95, BFH/NV 2000 34). Dabei würde das Betriebsvermögen der alten Personengesellschaft im Wege der Einzelrechtsnachfolge auf die Neugesellschaft übertragen werden.

Im Falle der Ablehnung dieser Sichtweise der fiktiven Neugründung einer (erweiterten) Personengesellschaft müssten die durch die Einlage des hinzutretenden Gesellschafters aufgelösten stillen Reserven als laufende (nicht begünstigte) Gewinne der Altgesellschafter versteuert werden. Die Altgesellschafter haben nämlich (nur) einen Teil ihres Mitunternehmeranteils auf den hinzutretenden Gesellschafter übertragen und erhalten (steuerrechtlich betrachtet) als Gegenleistung die von dem neuen Gesellschafter geleistete Einlage im Umfang ihres neuen Beteiligungsverhältnisses.

BEISPIEL ▶ In die AB-OHG soll C als weiterer gleichberechtigter Gesellschafter eintreten, und zwar gegen Zahlung eines Barbetrags von 150 000 € in das Gesellschaftsvermögen. Für die AB-OHG ist folgende (um die Angabe der gemeinen Werte ergänzte) Bilanz erstellt worden:

A	AB-OHG (vor Eintritt des C)			P
	Buchwert	(gemeiner Wert)		
Aktiva	100 000 €	(300 000 €)	Kapital A	50 000 €
			Kapital B	50 000 €
	100 000 €	(300 000 €)		100 000 €

Nach der Einzahlung der 150 000 € auf ein Bankkonto der AB-OHG wird folgende Bilanz erstellt:

A	AB-OHG (nach Eintritt des C)		P
Aktiva	300 000 €	Kapital A	150 000 €
Bank	150 000 €	Kapital B	150 000 €
		Kapital C	150 000 €
	450 000 €		450 000 €

Wird auf die Erstellung von Ergänzungsbilanzen verzichtet, sind bei A und B jeweils 100 000 € als Einbringungsgewinn zu versteuern. Es handelt sich um nach §§ 16, 34 EStG begünstigte Einkünfte, weil die von A und B eingebrachten Mitunternehmeranteile jeweils mit dem gemeinen Wert angesetzt wurden (§ 24 Abs. 3 Satz 2 UmwStG). Gem. § 24 Abs. 3 Satz 3 UmwStG i. V. m. § 16 Abs. 2 Satz 3 EStG gelten davon jedoch jeweils 33 333 € als laufender Gewinn, weil die Einbringenden A und B sich jeder zu einem Drittel als Mitunternehmer auf Erwerberseite gegenüberstehen.

Unter den Voraussetzungen des § 24 Abs. 2 Satz 2 UmwStG kann die AB-OHG für A und/oder B – bei gewünschter Buchwertübernahme – folgende Ergänzungsbilanz(en) erstellen:

A	Ergänzungsbilanz für A und/oder B		P
Minderkapital	100 000 €	Minderwert Aktiva	100 000 €
	100 000 €		100 000 €

Damit werden die in der Gesellschaftsbilanz aufgedeckten stillen Reserven (steuerrechtlich) neutralisiert. Zu dem für den Buchwertansatz erforderlichen Antrag (Bindungswirkung, Frist) siehe Rdn. 1156 ff. Zu der Fortentwicklung der Ergänzungsbilanz siehe Rdn. 1197 f.

Vorstehende Regelungen gelten nur dann, wenn der eintretende Gesellschafter eine (bilanzierungsfähige) Einlage in das Gesellschaftsvermögen leistet (BFH v. 20.9.2007 - IV R 70/05, BStBl 2008 II 265). Ist das nicht der Fall, wird er – bei fehlender Gegenleistung – unentgeltlich in die fortbestehende Personengesellschaft aufgenommen. Die Altgesellschafter übertragen ihm unentgeltlich einen Teil ihres Mitunternehmeranteils. Für diese Übertragung gilt § 6 Abs. 3 Satz 1 2. HS EStG).

1117 Hat im Falle des Gesellschaftereintritts der eintretende Gesellschafter eine Sacheinlage in Form eines Betriebs, Teilbetriebs oder eines Mitunternehmeranteils zu leisten, ist § 24 UmwStG auch auf diese Einlage anzuwenden.

1118 Tritt ein neuer Gesellschafter gegen (Zu-)Zahlung eines Entgelts an die Altgesellschafter in eine Personengesellschaft ein, wird auch hier steuerrechtlich die Neugründung einer erweiterten Personengesellschaft unterstellt. Die Altgesellschafter bringen in diesem Fall ihre Mitunternehmeranteile in dem Umfang, in dem sie ein Entgelt von dem neu eintretenden Gesellschafter erhalten, auf fremde Rechnung, d. h. auf Rechnung des Neugesellschafters, und nur im Übrigen auf eigene Rechnung ein. Soweit die Einbringung auf fremde Rechnung erfolgt, ist § 24 UmwStG nicht anwendbar. Insoweit handelt es sich um eine (normale) Veräußerung eines Teils eines Mitunternehmeranteils i. S. d. § 16 Abs. 1 Satz 1 Nr. 2 EStG mit der (zwingenden) Folge der Aufdeckung der stillen Reserven (s. u. a. BFH, Urteil vom 6.8.2019 - VIII R 12/16, BB 2019 S. 2994). Soweit die Altgesellschafter ihre Mitunternehmeranteile auf eigene Rechnung einbringen, ist § 24 UmwStG anwendbar und sie können die Entstehung eines Veräußerungsgewinns unter den Voraussetzungen des § 24 Abs. 2 Satz 2 UmwStG vermeiden.

Der bloße (entgeltliche oder unentgeltliche) Gesellschafterwechsel (einer bestehenden Personengesellschaft) fällt nicht unter § 24 UmwStG (Rdn. 01.47 UmwStE).

6.3.3.4 Änderung der Beteiligungsverhältnisse durch Einlagezahlungen

1119 Die Änderung der Beteiligungsverhältnisse innerhalb einer – hinsichtlich ihres Gesellschafterbestandes – unverändert fortbestehenden Mitunternehmerschaft gegen Einlagezahlungen in das Gesellschaftsvermögen (**entgeltliche Kapitalerhöhung**) ist ein weiterer unter § 24 UmwStG fallender Sachverhalt (Rdn. 01.47 UmwStE; BFH v. 25.4.2006 - VIII R 52/04, BStBl 2006 II 847 und v. 7.11.2006 - VIII R 13/04, BFH/NV 2007 333). Bei dem Vorgang handelt es sich, wirtschaftlich betrachtet, um ein Anschaffungs- und Veräußerungsgeschäft, das wertmäßig bestimmte Anteile an den Wirtschaftsgütern des Gesellschaftsvermögens der Personengesellschaft zum Gegenstand hat und das ohne § 24 UmwStG zwingend zur Auflösung von stillen Reserven führt. Der die Einlage leistende Gesellschafter erwirbt von dem (den) anderen Gesellschafter(n) weitere Anteile an den Wirtschaftsgütern des Gesellschaftsvermögens. Für ihn stellt die geleistete Einlage, insoweit als sie nach dem künftigen Beteiligungsverhältnis auf den (die) anderen Mitgesellschafter entfällt, Anschaffungskosten dar. Für den (die) anderen Gesellschafter ist die erworbene (mitunternehmerische) Mitberechtigung an der geleisteten Einlage Veräußerungspreis. Wirtschaftlich betrachtet, bringen die nicht an der Kapitalerhöhung teilnehmenden Gesellschafter ihre Mitunternehmeranteile an der bisherigen Personengesellschaft in eine neue Personengesellschaft mit veränderten (geringeren) Beteiligungsverhältnissen ein.

BEISPIEL An der CD-KG sind C mit 20 % und D mit 80 % beteiligt. Beide vereinbaren eine Erhöhung der Beteiligung des C auf 50 % gegen Zahlung einer Bareinlage von 540 000 €. Die vor dieser Veränderung erstellte Bilanz sieht wie folgt aus:

A CD-KG (vor der entgeltlichen Kapitalerhöhung) P

	Buchwert	(gemeiner Wert)		
Aktiva	100 000 €	(900 000 €)	Kapital C	20 000 €
			Kapital D	80 000 €
	100 000 €	(900 000 €)		100 000 €

Von der Einlagezahlung (540 000 €) sind 50 %, also 270 000 €, Anschaffungskosten für 30 %-Eigentumsanteile an den Wirtschaftsgütern des Aktivvermögens. Dadurch werden stille Reserven i. H. v. 240 000 € (= 270 000 € ./. 30 000 € Buchwertanteile) aufgelöst, die – ohne Anwendung des § 24 UmwStG – von D als laufender Gewinn zu versteuern wären. Die nach dieser Einlagezahlung zu erstellende Bilanz würde sich dann z. B. wie folgt darstellen:

A CD-KG (nach der entgeltlichen Kapitalerhöhung) P

	Buchwert	(gemeiner Wert)		
Aktiva	340 000 €	(900 000 €)	Kapital C	560 000 €
Bank	540 000 €	(540 000 €)	Kapital D	320 000 €
	880 000 €	(1 440 000 €)		880 000 €

Bei Anwendung des § 24 UmwStG und gewünschter Buchwertübernahme können die mit dieser Gesellschaftsbilanz aufgedeckten stillen Reserven in einer negativen Ergänzungsbilanz für D wieder neutralisiert werden.

A Ergänzungsbilanz für D P

Minderkapital	240 000 €	Minderwert Aktiva	240 000 €
	240 000 €		240 000 €

Alternativ ist bei der Buchwertübernahme gem. § 24 Abs. 2 Satz 2 UmwStG auch folgende Bilanzierung möglich:

A CD-KG (nach der entgeltlichen Kapitalerhöhung) P

	Buchwert	(gemeiner Wert)		
Aktiva	100 000 €	(900 000 €)	Kapital C	320 000 €
Bank	540 000 €	(540 000 €)	Kapital D	320 000 €
	640 000 €	(1 440 000 €)		640 000 €

Dazu werden folgende Ergänzungsbilanzen erstellt:

A Ergänzungsbilanz für C P

Mehrwert Aktiva	240 000 €	Mehrkapital	240 000 €
	240 000 €		240 000 €

A Ergänzungsbilanz für D P

Minderkapital	240 000 €	Minderwert Aktiva	240 000 €
	240 000 €		240 000 €

Damit wird einerseits durch die Kapitalkonten in der Gesellschaftsbilanz das Beteiligungsverhältnis der Gesellschafter widergespiegelt, und andererseits werden die von C geleisteten Anschaffungskosten für 30 %-Eigentumsanteile an den Wirtschaftsgütern des Aktivvermögens steuerlich auch nur diesem Gesellschafter zugerechnet. Zu der Fortentwicklung der Ergänzungsbilanzen siehe Rdn. 1197 f.

Die Anwendung des § 24 UmwStG auf diesen Fall der Änderung der Beteiligungsquote ist gerechtfertigt, denn Einbringungsgegenstand nach § 24 Abs. 1 UmwStG kann auch der Teil eines Mitunternehmeranteils sein – im vorstehenden Beispiel der 30 %-Anteil des D. Der an der Kapitalerhöhung nicht teilnehmende Gesellschafter überträgt einen Teil seines Mitunternehmeranteils und erhält als Gegenleistung eine gesamthänderische (mitunternehmerische) Berechtigung an der in das Gesellschaftsvermögen gelangenden Einlage des seine Beteiligung erhöhenden Gesellschafters. Die Einlage führt zu einer Mehrung des Gesellschaftsvermögens und damit zu einer Neugestaltung der Personengesellschaft.

Voraussetzung für diese Betrachtung und Lösung ist, dass die Erhöhung der Beteiligung nur durch eine Einlage in das Gesellschaftsvermögen erfolgt. Wird die Gegenleistung für die Übertragung eines Teils eines Mitunternehmeranteils in das Vermögen des Veräußerers erbracht oder ändert sich das Beteiligungsverhältnis ohne jeglichen Ausgleich, ist § 24 UmwStG nicht anzuwenden.

Im erstgenannten Fall handelt es sich um eine steuerliche nicht begünstigte „normale" Veräußerung eines Teils eines Mitunternehmeranteils, im letztgenannten Fall um eine unentgeltliche Übertragung nach § 6 Abs. 3 EStG.

6.3.3.5 Betriebsübertragung durch Personengesellschaft („Anwachsungsmodell")

1120 Die Gesellschafter einer Personengesellschaft I gründen eine beteiligungsidentische Personengesellschaft II im Wege der Sachgründung. Sie übertragen ihre (kompletten) Mitunternehmeranteile an der Personengesellschaft I in die Personengesellschaft II gegen Gewährung von Gesellschaftsrechten. Zivilrechtliche Folge ist der vollständige Übergang des Gesellschaftsvermögens der – jetzt untergehenden – Personengesellschaft I auf die Personengesellschaft II durch Anwachsung nach § 712a BGB (Vermögensübergang im Wege der Gesamtrechtsnachfolge). Es handelt sich dennoch um einen Einbringungsvorgang i. S. d. § 1 Abs. 3 Nr. 4 UmwStG (Einbringung von Betriebsvermögen durch Einzelrechtsnachfolge), denn Einbringungsgegenstand sind die jeweiligen Mitunternehmeranteile an der Personengesellschaft I. Diese werden durch Abtretung (d. h. Einzelrechtsnachfolge) auf die Personengesellschaft II übertragen. Die Anwachsung ist erst die zivilrechtliche Folgewirkung der Abtretung aller Mitgliedschaftsrechte. Für die steuerrechtliche Beurteilung ist es übrigens unerheblich, ob die Personengesellschaft II zunächst alle Mitgliedschaftsrechte durch Abtretung erwirbt und die Vereinigung der Gesellschaftsrechte zu der Vermögensanwachsung führt oder ob die Personengesellschaft I unmittelbar ihr gesamtes Vermögen (durch Einzelrechtsnachfolge) auf die Personengesellschaft II überträgt und damit die Sachgründungsvereinbarung ihrer Gesellschafter erfüllt. Gegenstand der Einbringung ist in diesem Fall jedoch der Betrieb.

Kein Anwendungsfall des § 24 UmwStG ist der bloße **Formwechsel** einer Personengesellschaft zu einer anderen Personengesellschaft (z. B. von der OHG zur KG), denn es kommt dabei zu keiner Vermögensübertragung und zu keiner Änderung der Beteiligungsverhältnisse (Rdn. 01.47 UmwStE). Bei Umwandlungsbeschlüssen der Gesellschafter ist ggf. im Wege der Auslegung zu ergründen, ob es sich um einen bloßen Formwechsel oder um eine Neugründung mit anschließender Vermögensübertragung handelt (s. BFH v. 21.6.1994 - VIII 5/92, BStBl 1994 II 856). 1121

6.3.4 Aufnahme in ein (Einzel-)Unternehmen

Mit der Aufnahme (mindestens) einer weiteren Person als (Mit-)Unternehmer in einen bisher als Einzelunternehmen geführten Betrieb haben die Beteiligten einen Gesellschaftsvertrag abgeschlossen. Das Gesellschaftsvermögen soll lediglich aus dem (Teil-)Betrieb des bisherigen Einzelunternehmers bestehen, der im Wege der Einzelrechtsnachfolge eingebracht wird. Der Eintretende und künftige Mitunternehmer leistet dagegen keine Bar- oder Sacheinlage in das gemeinschaftliche Vermögen. 1122

Hinsichtlich der steuerlichen Beurteilung dieses Vorgangs ist zu unterscheiden zwischen

a) dem Fall der Zahlung eines Ausgleichs durch den hinzutretenden Mitunternehmer an den bisherigen Einzelunternehmer und

b) dem Fall, dass der Eintretende keinerlei Gegenleistung erbringt.

Den nachfolgenden Darstellungen soll folgender beispielhafter Sachverhalt zu Grunde liegen:

BEISPIEL Der Rechtsanwalt R betrieb bisher als Einzelunternehmer eine Rechtsanwaltskanzlei. Der Unternehmenswert der gesamten Kanzlei wird auf den 31.12. (einschließlich eines Mandantenstamms) auf 300 000 € geschätzt. Gegen Ende des Jahres beschließen R und der junge Rechtsanwalt S, die Kanzlei ab 1.1. auf gemeinsame Rechnung als gleichberechtigte Partner fortzuführen. S hat an R

a) 150 000 € (privat) zu zahlen,

b) keinerlei Gegenleistung zu erbringen.

6.3.4.1 Aufnahme gegen Zuzahlung in das Privatvermögen

Bei der Zuzahlung (im Beispiel 150 000 €) handelt es sich um ein Entgelt. Für den Empfänger R ist es ein Veräußerungspreis, und für den Verpflichteten S sind es Anschaffungskosten. 1123

Der Betrieb (Rechtsanwaltskanzlei) wurde vollumfänglich gegen Gewährung von Gesellschaftsrechten in das gemeinschaftliche Vermögen der neu gegründeten GbR eingebracht. Hier sind die steuerrechtlichen Tatbestände der Veräußerung und der Einbringung miteinander verbunden worden. Der bisherige Einzelunternehmer hat den ganzen Betrieb teilweise für eigene Rechnung und teilweise für Rechnung eines Dritten (des künftigen Mitgesellschafters S) eingebracht.

Für die steuerrechtliche Beurteilung ist der Vorgang zu trennen. Der Tatbestand des § 24 UmwStG ist nur insoweit erfüllt, als der Einbringende durch die Einbringung die Rechtsstellung eines Gesellschafters und Mitunternehmers der neu entstandenen Personengesellschaft erlangt (ständige Rechtsprechung, s. BFH v. 18.10.1999 - GrS 2/98, BStBl 2000 II 123 m. w. N.). Insoweit kann die Personengesellschaft bei Vorliegen auch der übrigen Voraussetzungen von dem Antragswahlrecht der Buchwertfortführung nach § 24 Abs. 2 Satz 2 UmwStG Gebrauch machen.

1124 Soweit (von dem künftigen Mitgesellschafter S) eine Gegenleistung in das private Vermögen des Einbringenden erbracht wird, kommt eine Anwendung des § 24 UmwStG mit der Folge des Wahlrechts zur gewinnneutralen Einbringung unter Fortführung der Buchwerte (§ 24 Abs. 2 Satz 2 UmwStG) nach dessen Sinn und Zweck nicht in Betracht. Die durch § 24 Abs. 2 Satz 2 UmwStG gegebene Möglichkeit der Buchwertübertragung beruht auf der Überlegung der Fortsetzung des bisherigen unternehmerischen Engagements des einbringenden Gesellschafters in anderer – nunmehr mitunternehmerischer – Form. Dagegen wird mit einer („normalen") Veräußerung gerade die Beendigung des bisherigen unternehmerischen Engagements ausgedrückt.

1125 Der geleistete Veräußerungspreis (Zuzahlung) bezieht sich auf das von dem bisherigen Einzelunternehmer eingebrachte Betriebsvermögen und zwar auf den ideellen Anteil an den Wirtschaftsgütern des Betriebs, der der erworbenen Gesellschaftsbeteiligung (des künftigen Mitgesellschafters S) entspricht. In Höhe des Unterschiedsbetrags zum Buchwert dieses ideellen Anteils entsteht (zwingend) ein Gewinn, der auch nicht durch die Erstellung einer negativen Ergänzungsbilanz neutralisiert werden kann (BFH v. 18.10.1999 - GrS 2/98, BStBl 2000 II 123).

1126 Die Beantwortung der Frage, ob dieser Gewinn nach §§ 16, 34 EStG begünstigt ist, hängt davon ab, ob die Personengesellschaft das ihr nach § 24 Abs. 2 Satz 2 UmwStG zustehende Bewertungswahlrecht für den ideellen Anteil an den Wirtschaftsgütern, die der bisherige Einzelunternehmer für eigene Rechnung eingebracht hat, in Anspruch nimmt.

6.3.4.1.1 Ansatz des gemeinen Wertes des für eigene Rechnung eingebrachten Anteils

1127 Macht die Personengesellschaft von dem ihr zustehenden Wahlrecht nach § 24 Abs. 2 Satz 2 UmwStG keinen Gebrauch, ist der für eigene Rechnung eingebrachte ideelle Anteil an den Wirtschaftsgütern des (Teil-)Betriebs mit dem gemeinen Wert anzusetzen (§ 24 Abs. 2 Satz 1 UmwStG). Dadurch kommt es zu einem Einbringungsgewinn in Höhe der Differenz zum anteiligen Buchwert. Zusammen mit dem aus der Zuzahlung des künftigen Mitgesellschafters sich ergebenden Veräußerungsgewinn (s. o.) werden dann alle stillen Reserven des eingebrachten (Teil-)Betriebs aufgelöst. Dies rechtfertigt sodann auch die Anwendung des § 16 Abs. 4 EStG und einer Tarifbegünstigung nach § 34 EStG (§ 24 Abs. 3 Satz 2 UmwStG, s. auch BFH v. 21.9.2000 - IV R 54/99, BStBl 2001 II 178).

Die genannten Steuerbegünstigungen werden durch § 24 Abs. 3 Satz 3 UmwStG i. V. m. § 16 Abs. 2 Satz 3 EStG jedoch dahingehend wieder eingeschränkt, dass der Gewinn insoweit als laufender Gewinn gilt, soweit der Einbringende selbst an der Personengesellschaft beteiligt ist. Damit soll die Tarifbegünstigung insoweit ausgeschlossen werden, als der Einbringende bei wirtschaftlicher Betrachtung die eingebrachte Sachgesamtheit „an sich selbst veräußert" (BT-Drucks. 12/5630 80). Nach dieser Betrachtung ist der durch den Ansatz des gemeinen Wertes entstehende Einbringungsgewinn als laufender Gewinn und der durch die Zuzahlung entstehende Gewinn als tarifbegünstigter Gewinn (§§ 16, 34 EStG) zu versteuern. 1128

6.3.4.1.2 Ansatz des Buch- oder Zwischenwertes

Bewertet die Personengesellschaft den Anteil am Betriebsvermögen, den der bisherige Einzelunternehmer für eigene Rechnung eingebracht hat, mit dem Buchwert, entsteht insoweit kein Einbringungsgewinn. Es werden im vorliegenden Beispiel dann lediglich 50 % der stillen Reserven des eingebrachten Betriebs durch die Zuzahlung aufgelöst. Der Gewinn ist nicht begünstigt (nach §§ 16 Abs. 4, 34 EStG), weil keine steuerbegünstigte Veräußerung nach § 16 Abs. 1 i. V. m. § 18 Abs. 3 EStG vorliegt. Außerordentliche Einkünfte i. S. d. § 34 Abs. 2 Nr. 1 EStG sind nur die Veräußerungsgewinne i. S. der §§ 14, 14a Abs. 1, 16 und 18 Abs. 3 EStG. Es müsste sich um die Veräußerung eines Betriebs, Teilbetriebs oder eines ganzen Mitunternehmeranteils handeln. Das ist hier jedoch nicht der Fall. Der bisherige Einzelunternehmer hat weder seinen ganzen Betrieb noch einen Teilbetrieb veräußert. Die durch die Ausgleichzahlung realisierten stillen Reserven entfallen nur auf den ideellen Anteil an den Wirtschaftsgütern des Betriebs, der der erworbenen Gesellschaftsbeteiligung des hinzugetretenen Mitunternehmers entspricht. 1129

Es wurde auch kein Mitunternehmeranteil i. S. d. § 16 Abs. 1 Nr. 2 EStG veräußert, weil ein solcher vor der Gründung der Personengesellschaft noch gar nicht vorhanden war. Zwar sind mit dem Wirksamwerden der Mitunternehmerschaft auch Mitunternehmeranteile entstanden. Der durch § 16 i. V. m. § 18 Abs. 3 EStG begünstigte Veräußerungsgegenstand muss aber bereits vor der Veräußerung in der Hand des Veräußerers gegeben sein.

Auch eine analoge Anwendung der Tarifvergünstigung des § 34 EStG auf die Fälle der entgeltlichen Aufnahme eines Gesellschafters in ein bisheriges Einzelunternehmen kommt nicht in Betracht, weil eine planwidrige Gesetzeslücke, die nur verfassungskonform in dieser Weise geschlossen werden könnte, nicht gegeben ist (BFH v. 18.10.1999 - GrS 2/98, BStBl 2000 II 123).

Die Steuerbegünstigungen der §§ 16, 34 EStG für die durch die Zuzahlungen entstehenden Gewinne kommen auch bei der sog. „Zwei-Stufen-Gründung" nicht zur Anwendung. Bei der „Zwei-Stufen-Gründung" erwirbt der hinzutretende Gesellschafter zunächst nur einen Minianteil am Betriebsvermögen des bisherigen Einzelunternehmers (z. B. 10 %). Eine gewisse Zeit später überträgt der frühere Einzelunternehmer von seinem ihm verbliebenen (90 %-)Anteil einen Teil (von z. B. 40 %) gegen Entgelt auf den 1130 hinzugetretenen Mitunternehmer. Der Gewinn aus der Veräußerung eines Teils eines Mitunternehmeranteils ist gem. § 16 Abs. 1 Satz 2 EStG als laufender Gewinn zu versteuern.

1131 Wird der für eigene Rechnung eingebrachte Anteil am Betriebsvermögen mit einem Zwischenwert angesetzt, kommt es lediglich zur Aufdeckung eines Teils der darin enthaltenen stillen Reserven. Das ändert an den vorbeschriebenen Folgen nichts. Die Gewinne sind laufende Gewinne, weil nicht alle stillen Reserven in allen wesentlichen Betriebsgrundlagen aufgelöst wurden.

6.3.4.1.3 Der Zuzahlung in das Privatvermögen entsprechende Vorgänge

1132 Die dargestellten Rechtsfolgen (zwingende Aufdeckung der stillen Reserven durch eine Ausgleichszahlung des eintretenden Gesellschafters) können auch nicht dadurch umgangen werden,

- dass die Ausgleichzahlung, zunächst als „Einlage" bezeichnet, in das Gesellschaftsvermögen geleistet, jedoch alsbald dem bisherigen Einzelunternehmer – im Wege der Entnahme – zugeleitet wird, also nicht zur betrieblichen Verwendung im Rahmen der Personengesellschaft bestimmt ist (BFH v. 5.4.1984 - IV R 88/80, BStBl 1984 II 518) oder
- dass der bisherige Einzelunternehmer vor der Gesellschaftsgründung von seinem betrieblichen Bankkonto erhebliche Entnahmen tätigt, die zu einem Schuldsaldo führen, der sodann durch eine Einzahlung des eintretenden Gesellschafters getilgt wird (BFH v. 8.12.1994 - IV R 82/92, BStBl 1995 II 599), oder
- dass durch die Einbringung private Verbindlichkeiten (z. B. Pflichtteilsansprüche) gegenüber dem Eintretenden abgegolten werden (BFH v. 16.12.2004 - III R 38/00, BStBl 2005 II 554).

1133 Vorstehende Ausführungen gelten auch für den Fall der Aufnahme eines weiteren Gesellschafters in eine bestehende Personengesellschaft.

6.3.4.2 Unentgeltliche Aufnahme

1134 Der Fall der unentgeltlichen Aufnahme eines Dritten (im Beispiel: „S") in das bisherige Einzelunternehmen (Rechtsanwaltskanzlei) ist zunächst mit der entgeltlichen Aufnahme insofern vergleichbar, als der bisherige Einzelunternehmer den ganzen Betrieb gegen Gewährung von Gesellschaftsrechten in das gemeinschaftliche Vermögen der neu gegründeten GbR einbringt. Auch hier erfolgt die Einbringung teils für eigene Rechnung und teils für Rechnung des künftigen Mitunternehmers, denn die gewährten Gesellschaftsrechte stehen dem Einbringenden R von Anfang an nur i. H. v. 50 % zu.

Hier sind die steuerrechtlichen Tatbestände der unentgeltlichen Übertragung und der Einbringung miteinander verbunden worden. Der bisherige Einzelunternehmer hat mit der Einbringung des Betriebs von seinem Betriebsvermögen einen ideellen Anteil abgespalten, den der Hinzutretende erwirbt und als Mitunternehmer fortführt. Dieser Anteil geht zwingend mit dem Buchwert nach § 6 Abs. 3 Satz 1 2. HS EStG auf den künftigen Mitunternehmer über. Die darin enthaltenen stillen Reserven sind dem eintretenden

Mitgesellschafter (ggf. mittels einer negativen Ergänzungsbilanz) zuzuordnen. § 24 UmwStG mit der grundsätzlichen Folge (Möglichkeit) des Ansatzes des gemeinen Wertes ist nicht anzuwenden. Der Eintretende ist zwar Mitunternehmer der Gesellschaft geworden, hat aber weder einen Betrieb, noch einen Teilbetrieb oder einen Mitunternehmeranteil eingebracht. Der bisherige Einzelunternehmer hat zwar einen Betrieb eingebracht, für den verschenkten Anteil aber keine Gegenleistung in Form von Gesellschaftsrechten erhalten.

Auf die Einbringung des dem bisherigen Einzelunternehmer verbliebenen Anteils an 1135
seinem Betriebsvermögen (Einbringung für eigene Rechnung) ist § 24 UmwStG anzuwenden mit der Folge, dass die übernehmende GbR das eingebrachte Betriebsvermögen insoweit (50 %) grundsätzlich nach § 24 Abs. 2 Satz 1 UmwStG mit dem gemeinen Wert anzusetzen hat. Der daraus entstehende Gewinn ist ein laufender, nicht nach §§ 16, 34 EStG begünstigter Gewinn, weil nicht alle in dem Betrieb ruhenden stillen Reserven aufgelöst werden. Auf Antrag kann die GbR nach § 24 Abs. 2 Satz 2 UmwStG – bei Vorliegen auch der übrigen Voraussetzungen – den Buchwert oder einen Zwischenwert ansetzen.

Die Vorschriften des § 6 Abs. 3 EStG und des § 24 UmwStG sind in diesem Fall nebeneinander anzuwenden (Rdn. 01.47 UmwStE; BFH v. 18.9.2013 - X R 42/10, BStBl 2016 II 639).

1136

ABB. 20: Einbringung in eine Personengesellschaft nach § 24 UmwStG

Einbringender
ist, wem die Gegenleistung in Form von Gesellschaftsrechten zusteht

Natürliche Person
Unerheblich ist die Art der persönlichen Steuerpflicht (unbeschränkt oder beschränkt)

Unerheblich ist der Ort der Ansässigkeit (EU-/EWR-Staat oder Drittstaat)

Körperschaft/ Vermögensmasse
Unerheblich ist die Art der persönlichen Steuerpflicht (unbeschränkt oder beschränkt)

Unerheblich ist der Ort der Ansässigkeit (EU-/EWR-Staat oder Drittstaat

(auch Körperschaften des öffentlichen Rechts können ihren Betrieb gewerblicher Art in eine Personengesellschaft einbringen)

Personengesellschaft
ist einbringender Rechtsträger, wenn sie nach der Einbringung noch fortbesteht und die Gegenleistung in Form von Gesellschaftsrechten an der übernehmenden Gesellschaft erhält (z. B. Ausgliederung)

Einbringungsgegenstand
(betriebliche Sachgesamtheit)

Betrieb
(funktionsfähiger) Gewerbebetrieb, Betrieb der Land- und Forstwirtschaft oder Betrieb einer selbständigen Arbeit i. S. d. § 18 EStG.

Es müssen sämtliche (funktional) wesentlichen Betriebsgrundlagen des Betriebs, Teilbetriebs oder Mitunternehmeranteils übertragen werden. Bei einer Mitunternehmerschaft gehört auch das Sonderbetriebsvermögen dazu.

Auch:
- Ruhender Betrieb
- Besitzunternehmen i. R. einer Betriebsaufspaltung

Teilbetrieb
ist die Gesamtheit der in einem Unternehmensteil vorhandenen aktiven und passiven Wirtschaftsgüter, die in organisatorischer Hinsicht einen selbständigen Betrieb, d. h. eine aus eigenen Mitteln funktionsfähige Einheit darstellen.

Ein 100 %-Anteil an einer Kapitalgesellschaft, der zum Betriebsvermögen gehört, gilt als Teilbetrieb.

Mitunternehmeranteil
Beteiligung an einer Personengesellschaft, die Einkünfte aus Gewerbebetrieb, Land- und Forstwirtschaft oder selbständiger Arbeit i. S. d. § 18 EStG erzielt.

Ein Mitunternehmeranteil umfasst auch vorhandenes Sonderbetriebsvermögen.

Auch: Teil eines Mitunternehmeranteils

Einbringungsvorgang
(Übertragung einer betrieblichen Sachgesamtheit gegen Gewährung einer mitunternehmerischen Beteiligung an der übernehmenden Personengesellschaft zugunsten des Einbringenden)
Die Übertragung der betrieblichen Sachgesamtheit (Sacheinlage) kann erfolgen im Wege der

Gesamtrechtsnachfolge	oder **Einzelrechtsnachfolge** z. B.
Verschmelzung einer Personenhandelsgesellschaft Einbringungsgegenstand ist der Betrieb Einbringende sind die Gesellschafter	**Gründung einer Personengesellschaft mit Sacheinlageverpflichtung für zumindest einen Gesellschafter. Erfüllung der Sacheinlageverpflichtung durch Einzelübertragungen der zu der betrieblichen Sachgesamtheit gehörenden Wirtschaftsgüter.**
Auf- und Abspaltung einer Personenhandelsgesellschaft (Voraussetzung ist, dass es sich bei dem übertragenen Vermögen um einen Teilbetrieb oder Mitunternehmeranteil handelt. Einbringende sind die Gesellschafter der auf- oder abspaltenden Personengesellschaft)	Aufnahme in ein Einzelunternehmen gegen Geld- oder Sacheinlage (der bisherige Einzelunternehmer bringt seinen Betrieb in die neu entstehende Personengesellschaft ein)
(mit Verschmelzung, Auf- oder Abspaltung einer Personenhandelsgesellschaft) vergleichbare ausländische Vorgänge	Eintritt eines weiteren Gesellschafters in eine bestehende Personengesellschaft (die Altgesellschafter bringen ihre Mitunternehmeranteile in die neu entstehende Personengesellschaft ein)
Ausgliederung	Änderung der Beteiligungsverhältnisse durch Einlagezahlung
(mit einer Ausgliederung vergleichbare ausländische Vorgänge)	Betriebsübertragung durch Personengesellschaft (Anwachsungsmodell)

ABB. 21: Einbringung in eine Personengesellschaft nach § 24 UmwStG

Aufnahme in ein Einzelunternehmen

Beispiel: (Bisheriger) Einzelunternehmer A nimmt B als gleichberechtigten Teilhaber in seinen Betrieb auf. Der gemeine Wert des Betriebs beträgt vor der Aufnahme 400 000 €; der Buchwert 50 000 €.

Mögliche Fallkonstellationen:

Fall 1	Fall 2	Fall 3	Fall 4
B leistet eine dem gemeinen Wert seiner Beteiligung entsprechende Einlage i. H. v. 400 000 € in das Vermögen der neu entstandenen Gesellschaft	B leistet eine Zuzahlung in das private Vermögen des A i. H. v. 200 000 €	B wird unentgeltlich in das Unternehmen aufgenommen	B leistet eine Einlagezahlung i. H. v. 200 000 € in das Vermögen der neu entstandenen Gesellschaft; zugleich wird eine Verbindlichkeit gegenüber A i. H. v. 200 000 € passiviert
↓	↓	↓	↓
§ 24 UmwStG ist zugunsten des A auf das von ihm eingebrachte Betriebsvermögen vollumfänglich anzuwenden. Unter den weiteren Voraussetzungen des § 24 Abs. 2 Satz 2 UmwStG kann das Betriebsvermögen mit dem Buchwert (50 000 €) übernommen werden. In diesem Fall sind die dem A als Gesellschafter zugeordneten stillen Reserven nach der Einbringung ebenso hoch wie in seinem Einzelunternehmen.	A hat den Betrieb zu 50 v. H. für eigene Rechnung und zu 50 v. H. für Rechnung des B eingebracht. § 24 UmwStG ist nur insoweit anzuwenden als A den Betrieb für eigene Rechnung einbringt. Im Übrigen hat er durch den Erhalt der 200 000 € einen Veräußerungspreis erzielt, der zwingend zur Auflösung von stillen Reserven (175 000 €) führt. § 24 UmwStG kommt für diesen veräußerten Teil nicht zur Anwendung. Der realisierte Veräußerungsgewinn ist ein laufender nicht begünstigter Gewinn, wenn der für Rechnung des A eingebrachte Teil des Betriebsvermögens nach § 24 Abs. 2 Satz 2 UmwStG unter dem gemeinen Wert angesetzt wird. Setzt die übernehmende Personengesellschaft das für Rechnung des A eingebrachte Betriebsvermögen mit dem gemeinen Wert an, ist der gesamte Gewinn – unter Beachtung des § 24 Abs. 3 Satz 3 UmwStG – nach §§ 16, 34 EStG begünstigt.	A hat seinen Betrieb zu 50 v. H. für eigene Rechnung und zu 50 v. H. für Rechnung des B eingebracht. § 24 UmwStG ist nur auf den für eigene Rechnung eingebrachten Teil anzuwenden. Die Übertragung des 50 %-Anteils an den Wirtschaftsgütern für Rechnung des B erfolgt nach § 6 Abs. 3 Satz 1 EStG zwingend mit dem Buchwert. Abwandlung: Wäre B eine Kapitalgesellschaft (Anteilseigner = A), läge eine verdeckte Einlage vor, die zur Aufdeckung der stillen Reserven führt.	Dieser Vorgang ist wirtschaftlich vergleichbar mit der Aufnahme gegen Zuzahlung in das Privatvermögen oder das Sonderbetriebsvermögen. § 24 UmwStG ist insoweit nicht anzuwenden. Im Ergebnis hat A den Betrieb zu 50 % auf Rechnung des B eingebracht und dafür ein Entgelt von 200 000 € erhalten. Dies führt zwingend zur Auflösung der stillen Reserven i. H. v. 175 000 €.

6.4 Persönlicher Anwendungsbereich

6.4.1 Übernehmende Gesellschaft

1138 Übernehmende Gesellschaft kann jede in- und ausländische Personengesellschaft – auch eine Drittstaatenpersonengesellschaft – sein. Bei ausländischen Gesellschaften ist durch einen Rechtstypenvergleich festzustellen, welcher inländischen Personengesellschaft sie entspricht.

6.4.2 Übertragender Rechtsträger/Einbringender

1139 Einbringender i. S. d. § 24 UmwStG kann jede **natürliche Person**, aber auch jede **juristische Person** des privaten Rechts sowie des öffentlichen Rechts (z. B. Einbringung eines Betriebs gewerblicher Art) sein.

BEISPIEL ▸ Die A-GmbH bringt ihren ganzen Betrieb (oder Teilbetrieb) in die neu zu gründende (oder bereits bestehende) A-KG ein und erhält im Gegenzug gleichwertige Gesellschaftsrechte als Komplementärin oder als Kommanditistin.

Hier ist jedoch darauf zu achten, dass die gewährten Gesellschaftsrechte an der A-KG einen adäquaten Gegenwert für die Vermögensübertragung(en) darstellen, weil ansonsten die Gefahr einer verdeckten Gewinnausschüttung (bei minderwertigen Gesellschaftsrechten) oder einer verdeckten Einlage (bei höherwertigen Gesellschaftsrechten) besteht (s. dazu Rdn. 1081, 1082).

1140 Unerheblich ist die **Art** der **persönlichen Steuerpflicht** des Einbringenden (unbeschränkte oder beschränkte Steuerpflicht). Der Wohnsitz oder gewöhnliche Aufenthalt bzw. der Sitz oder die Geschäftsleitung (bei Gesellschaften) muss sich nicht innerhalb der EU oder des EWR-Raums befinden. Die bei Einbringungen nach § 20 UmwStG dazu aufgestellten Voraussetzungen sind gem. § 1 Abs. 4 Satz 2 UmwStG bei § 24 UmwStG nicht anzuwenden.

1141 Auch **nichtrechtsfähige Personenvereinigungen** und Vermögensmassen i. S. d. § 1 Abs. 1 Nr. 5 KStG können ihre wirtschaftlichen Betriebe (§ 14 AO) gegen den Erwerb einer Mitunternehmerstellung nach § 24 UmwStG in eine Personengesellschaft einbringen.

1142 Eine **Personengesellschaft** kann ebenfalls einbringender Rechtsträger sein. Bei der Frage nach dem einbringenden Rechtsträger kommt es darauf an, wem die Gegenleistung (in Form von Gesellschaftsrechten an der übernehmenden Personengesellschaft) für die Übertragung der qualifizierten Sachgesamtheit zusteht. Überträgt die Personengesellschaft einen Betrieb, Teilbetrieb oder Mitunternehmeranteil auf eine andere Personengesellschaft und erhält sie (die übertragende Personengesellschaft) dafür neue Anteile an der übernehmenden Gesellschaft, dann ist die übertragende (noch fortbestehende) Personengesellschaft die Einbringende (Entstehung einer Doppel- oder mehrstöckigen Personengesellschaft). Das ist bei der Ausgliederung (§ 123 Abs. 3 UmwG) der Fall und kann bei einer Übertragung im Wege der Einzelrechtsnachfolge gegeben sein.

1143 Wird die Personengesellschaft infolge der Einbringung aufgelöst (bei der Verschmelzung oder Aufspaltung), sind die (unmittelbaren) Mitunternehmer der Personengesellschaft die Einbringenden. Auch bei einer Abspaltung (§ 123 Abs. 2 UmwG) sind die Mitunternehmer der abspaltenden Personengesellschaft als Einbringende anzusehen. Übertragender Rechtsträger (im zivilrechtlichen Sinne) ist zwar die Personengesellschaft. Die Gesellschaftsrechte an der übernehmenden Gesellschaft erhalten aber die Gesellschafter der übertragenden Personengesellschaft (Rdn. 24.03 i. V. m. 20.03 UmwStE).

6.5 Wertansatz bei der übernehmenden Personengesellschaft

6.5.1 Ansatz mit dem gemeinen Wert als Grundsatz

Nach § 24 Abs. 2 Satz 1 UmwStG hat die aufnehmende Personengesellschaft das eingebrachte Betriebsvermögen in ihrer Steuerbilanz einschließlich der Ergänzungsbilanzen für ihre Gesellschafter mit dem gemeinen Wert anzusetzen. Eine Ausnahme gilt nur für Pensionsrückstellungen. Der von der Personengesellschaft angesetzte (gemeine) Wert gilt nach § 24 Abs. 3 Satz 1 UmwStG für den **Einbringenden als Veräußerungspreis** (i. S. d. § 16 Abs. 2 Satz 1 EStG). 1144

Unmittelbare Rechtsfolge des § 24 Abs. 1 UmwStG ist damit Bestimmung des Ansatzes mit dem gemeinen Wert als Regelwertansatz. Nur auf Antrag kann unter den weiteren in § 24 Abs. 2 Satz 2 UmwStG beschriebenen Voraussetzungen der Buchwert oder ein Zwischenwert angesetzt werden. 1145

Der gemeine Wert ist für das eingebrachte Betriebsvermögen auf die Sachgesamtheit (Betrieb, Teilbetrieb oder Mitunternehmeranteil) bezogen zu ermitteln und nicht nur eine Summe von gemeinen Werten der einzelnen übergehenden Wirtschaftsgüter. Es ist darauf abzustellen, was ein gedachter Käufer für den Erwerb der Sachgesamtheit als Kaufpreis zu zahlen bereit wäre. Dabei sind alle aktiven und passiven Wirtschaftsgüter – auch solche, für die bisher ein steuerliches Ansatzverbot nach § 5 EStG bestand (z. B. originärer Geschäfts- oder Firmenwert und Drohverlustrückstellungen) – einzubeziehen. 1146

Steuerfreie Rücklagen (z. B. nach § 6b EStG) können nur bei einem Buch- oder Zwischenwertansatz übernommen werden. 1147

Die weitergehenden Ausführungen zu § 20 UmwStG (Rdn. 692 bis 694) gelten auch bei § 24 UmwStG. 1148

Ausgenommen von der Vorgabe des Ansatzes des gemeinen Wertes sind nur die Pensionsrückstellungen, für deren Bewertung weiterhin § 6a EStG gilt (§ 24 Abs. 2 Satz 1 2. HS UmwStG). Der Wert nach § 6a EStG wird regelmäßig den tatsächlichen Wert der Pensionsverpflichtung unterschreiten (vgl. auch BFH v. 15.10.1997 - I R 58/93, BStBl 1998 II 305). Somit kommt es zur Entstehung von stillen Lasten. Diese stillen Lasten sollen bei der Ermittlung des gemeinen Wertes der Sachgesamtheit unberücksichtigt bleiben (Rdn. 24.03 i. V. m. 20.17 und 03.08 UmwStE). Sie dürfen auch bei der Ermittlung des Firmenwertes nicht mindernd berücksichtigt werden. 1149

6.5.2 Einbringung zum Buch- oder Zwischenwert

1150 Auf Antrag kann gem. § 24 Abs. 2 Satz 2 UmwStG das eingebrachte Betriebsvermögen einheitlich mit dem Buchwert (§ 1 Abs. 5 Nr. 4 UmwStG) oder einem Zwischenwert, höchstens jedoch mit dem gemeinen Wert angesetzt werden, soweit das Recht der Bundesrepublik Deutschland hinsichtlich der Besteuerung dieses Vermögens nicht beschränkt oder gar ausgeschlossen wird. Erhält der Einbringende neben den neuen Gesellschaftsanteilen an der übernehmenden Personengesellschaft noch sonstige Gegenleistungen (z. B. Forderungen), ist ein Buch- oder Zwischenwertansatz nur insoweit möglich, soweit der gemeine Wert der sonstigen Gegenleistungen die in § 24 Abs. 2 Satz 2 Nr. 2 UmwStG definierte Wertgrenze nicht übersteigt.

6.5.2.1 Steuerverstrickung im Inland

1151 Eine Beschränkung des Besteuerungsrechts setzt voraus, dass zuvor überhaupt ein Besteuerungsrecht bestanden hat. Ist die Bundesrepublik Deutschland hinsichtlich des eingebrachten Betriebsvermögens schon vor der Einbringung an der Besteuerung der stillen Reserven – z. B. durch ein **Doppelbesteuerungsabkommen** mit Freistellungsmethode – gehindert, existiert gar kein Besteuerungsrecht, das eingeschränkt werden könnte.

BEISPIEL Der in Deutschland unbeschränkt einkommensteuerpflichtige Einzelgewerbetreibende D unterhält in Polen eine als Teilbetrieb zu beurteilende Filiale (= Betriebsstätte i. S. d. DBA Polen). Diesen Teilbetrieb bringt er gegen Gewährung von Gesellschaftsrechten in die D-S.K. (Spólka komandytowa, eine der deutschen KG entsprechende Personengesellschaft, BMF v. 24.12.1999, BStBl 1999 I 1076, Anhang Tabelle 2) ein.

Die Einbringung kann nach § 24 Abs. 2 Satz 2 UmwStG mit dem Buchwert erfolgen. Deutschland hat schon vor der Einbringung die Gewinne und stillen Reserven aus der polnischen Betriebsstätte aufgrund der in Art. 21 Nr. 1 Buchst. a DBA Polen verankerten Freistellungsmethode nicht besteuern dürfen. Es bestand also kein Besteuerungsrecht, das hätte eingeschränkt werden können. Übrigens sind auch die nach der Einbringung erzielten Gewinnanteile aus der Beteiligung an der D-S.K. von der deutschen Einkommensteuer befreit.

1152 Das deutsche Besteuerungsrecht an dem vor der Einbringung zum Inland gehörenden Betriebsvermögen geht beispielsweise verloren, wenn und soweit Wirtschaftsgüter nach der Einbringung einer ausländischen Betriebsstätte zuzuordnen sind und die Bundesrepublik Deutschland die Gewinne aus dieser Betriebsstätte aufgrund eines DBA nicht besteuern darf (Freistellungsmethode).

Wird durch das DBA das deutsche Besteuerungsrecht nicht aufgehoben, eine Doppelbesteuerung aber durch die Anrechnungsmethode beseitigt (die im Ausland erhobene Einkommen- oder Körperschaftsteuer ist auf die deutsche Einkommen- oder Körperschaftsteuer anzurechnen), liegt eine Beschränkung des inländischen Besteuerungsrechts vor, die ebenfalls zum Ausschluss des Bewertungswahlrechts nach § 24 Abs. 2 Satz 2 Nr. 1 UmwStG führt.

1153 Die Voraussetzungen des § 24 Abs. 2 Satz 2 Nr. 1 UmwStG sind bei den Gesellschaftern der übernehmenden Personengesellschaft subjekt- und objektbezogen zu prüfen. Kommt es durch die Einbringung einer Sachgesamtheit zu einer Zuordnungsänderung nur einzelner bisher zum Inland gehörender Wirtschaftsgüter zu einer ausländischen Betriebsstätte oder wird ein bisher bestehendes deutsches Besteuerungsrecht nur zum Teil aufgehoben (z. B. wegen der Beteiligung eines ausländischen Mitunternehmers an der übernehmenden Personengesellschaft), entfällt auch nur insoweit das Bewertungswahlrecht nach § 24 Abs. 2 Satz 2 Nr. 1 UmwStG.

Soweit bei einer Einbringung nach § 24 Abs. 1 UmwStG das Bewertungswahlrecht nach § 24 Abs. 2 Satz 2 UmwStG ausgeschlossen ist, gilt der Grundsatz des Satzes 1, nämlich die Bewertung mit dem gemeinen Wert. 1154

Auch eine **Einbringung in eine ausländische Personengesellschaft** kann nach § 24 Abs. 2 Satz 2 UmwStG steuerneutral (zu Buchwerten) erfolgen, wenn (und soweit) die Sachgesamtheit z. B. nach der Einbringung einer inländischen Betriebsstätte zuzuordnen ist. 1155

BEISPIEL ▶ Der unbeschränkt einkommensteuerpflichtige D bringt seine bisher zu seinem inländischen Betriebsvermögen (inländische Betriebsstätte) gehörende 100 %-Beteiligung an der englischen D-Ltd. (Private company limited by shares, eine der deutschen GmbH entsprechende Kapitalgesellschaft, BMF v. 24.12.1999, BStBl 1999 I 1076, Anhang Tabelle 1) gegen Gewährung von Gesellschaftsrechten in die österreichische AD-OHG (Offene Handelsgesellschaft, eine der deutschen OHG entsprechende Personengesellschaft, BMF v. 24.12.1999, BStBl 1999 I 1076, Anhang Tabelle 1) ein. Die AD-OHG, an der neben D noch der in Österreich ansässige A beteiligt ist, unterhält (oder begründet) in Deutschland eine Betriebsstätte, zu der die Beteiligung an der D-Ltd. von Anfang an gehört.

LÖSUNG ▶ Die Einbringung unterliegt § 24 UmwStG, weil es sich bei der D-Ltd. um eine Kapitalgesellschaft handelt und die 100 %-Beteiligung zu einem Betriebsvermögen gehört und damit als Teilbetrieb gilt (Rdn. 24.02 UmwStE). D hat diesen Teilbetrieb gegen Gewährung eines Mitunternehmeranteils in die österreichische AD-OHG eingebracht und damit den Tatbestand des § 24 Abs. 1 UmwStG erfüllt.

Es besteht nach § 24 Abs. 2 Satz 2 UmwStG das Wahlrecht zugunsten der Buch- (oder Zwischen-)wertübertragung, weil die Beteiligung im Inland weiterhin uneingeschränkt steuerverhaftet ist. Vor der Einbringung hatte Deutschland gem. Art. 13 Abs. 3 DBA Großbritannien das ausschließliche Besteuerungsrecht für die in der Beteiligung enthaltenen stillen Reserven. Nach der Einbringung gehört die Beteiligung zum Gesamthandsvermögen der österreichischen AD-OHG. Nach Art. 1 i. V. m. Art. 3 Abs. 1 Buchst. d DBA Österreich ist aber nicht die AD-OHG abkommensberechtigt, sondern nur die als deren Gesellschafter fungierenden natürlichen Personen (Art. 3 Abs. 1 Buchst. d i. V. m. Buchst. e DBA Österreich). Es gilt insoweit das Transparenzprinzip, d. h., für die Anwendung des DBA ist nicht auf die Gesellschaft, sondern auf die Gesellschafter abzustellen.

Soweit der in Deutschland ansässige D beteiligt ist, handelt es sich bei dem Betrieb der AD-OHG um ein deutsches Unternehmen; soweit der in Österreich ansässige Gesellschafter beteiligt ist, handelt es sich um ein österreichisches Unternehmen. In beiden Fällen hat die Bundesrepublik Deutschland das uneingeschränkte Besteuerungsrecht hinsichtlich des zu der inländischen Betriebsstätte gehörenden Vermögens (Art. 13 Abs. 3 DBA Österreich). Der aus einer möglichen Veräußerung des Limited-Anteils erzielte Gewinn, der ggf. (Gewinnverteilungsabrede im Gesellschaftsvertrag) anteilig D und dem in Österreich ansässigen Gesellschafter A zugerechnet wird, ist – soweit auf D entfallend – im Rahmen seiner unbeschränkten Einkommensteuerpflicht und – soweit auf A entfallend – im Rahmen dessen beschränkter Steuerpflicht (§ 1 Abs. 4 i. V. m. § 49 Abs. 1 Nr. 2 Buchst. a EStG) (uneingeschränkt) im Inland zu besteuern.

6.5.2.2 Einbringung gegen ein Mischentgelt aus Gesellschaftsrechten und sonstigen Gegenleistungen

1155a § 24 Abs. 2 Satz 2 Nr. 2 UmwStG ist zunächst zu entnehmen, dass die Einbringung einer qualifizierten Sachgesamtheit gegen ein Mischentgelt – bestehend aus Gesellschaftsrechten und sonstigen Gegenleistungen (z. B. Darlehensforderung gegen die übernehmende Personengesellschaft, s. auch Rdn. 1088 ff.) – einem Buch- oder Zwischenwertansatz nicht grundsätzlich entgegensteht. Der gemeine Wert der sonstigen Gegenleistungen darf allerdings 25 % des Buchwerts des eingebrachten Betriebsvermögens nicht übersteigen (§ 24 Abs. 2 Satz 2 Nr. 2 Buchst. a UmwStG). Wird diese Grenze überschritten, bleibt das Wahlrecht zur Minderbewertung gleichwohl nach § 24 Abs. 2 Satz 2 Nr. 2 Buchst. b UmwStG (vollumfänglich) erhalten, soweit der gemeine Wert der sonstigen Gegenleistungen den absoluten Betrag von 500 000 €, höchstens den Buchwert des eingebrachten Betriebsvermögens nicht übersteigt (Meistbegünstigungsklausel).

Eine die maßgebende Wertgrenze des § 24 Abs. 2 Satz 2 Nr. 2 UmwStG übersteigende (schädliche) sonstige Gegenleistung führt zwingend zur Aufdeckung stiller Reserven in dem eingebrachten Betriebsvermögen – und zwar in dem Verhältnis, in dem der gemeine Wert der schädlichen Gegenleistung zum Gesamtwert des eingebrachten Betriebsvermögens steht.

Ein Berechnungsbeispiel zur Gewinnrealisierung durch Gewährung (schädlicher) sonstiger Gegenleistungen ist Rdn.713a zu entnehmen.

1155b Das Bewertungswahlrecht des § 24 Abs. 2 Satz 2 UmwStG kann durch die Regelung in § 24 Abs. 2 Satz 4 UmwStG weiter eingeschränkt werden. Danach hat die übernehmende Gesellschaft das eingebrachte Betriebsvermögen mindestens mit dem gemeinen Wert der sonstigen Gegenleistungen anzusetzen, wenn dieser den nach § 24 Abs. 2 Satz 2 UmwStG ermittelten Wert übersteigt (vgl. Beispiele unter Rdn. 724).

6.5.2.3 Antrag

1156 Der Ansatz des eingebrachten Betriebsvermögens mit dem Buchwert (oder einem Zwischenwert) erfordert einen diesbezüglichen Antrag. Der Antrag kann nur von der aufnehmenden Personengesellschaft (durch ihre(n) Vertretungsberechtige(n)) gestellt werden. Eine evtl. vom Einbringenden dazu abgegebene Erklärung bzw. ein Antrag durch den Einbringenden ist unbeachtlich.

1157 Der Antrag kann für einen Einbringungsvorgang nur einheitlich (für alle in das Gesamthands- und das Sonderbetriebsvermögen eingebrachten Wirtschaftsgüter) gestellt und nicht auf einzelne Wirtschaftsgüter beschränkt werden. Dass nach den vorstehenden Darstellungen einzelne Wirtschaftsgüter oder Anteile an einzelnen Wirtschaftsgütern – bei einer Einschränkung des inländischen Besteuerungsrechts oder bei sonstigen Gegenleistungen die die Wertgrenze des § 24 Abs. 2 Satz 2 Nr. 2 UmwStG überschreiten – mit dem gemeinen Wert angesetzt werden müssen, steht dem nicht entgegen. Das Antragswahlrecht erstreckt sich nur auf den vom Gesetz als dispositiv definierten Bereich.

Der Antrag ist spätestens bis zur erstmaligen Abgabe der steuerlichen Schlussbilanz bei dem für die einheitliche und gesonderte Gewinnfeststellung der aufnehmenden Personengesellschaft zuständigen Finanzamt zu stellen (§ 24 Abs. 2 Satz 3 i. V. m. § 20 Abs. 2 Satz 3 UmwStG). Erfolgt die Einbringung z. B. am 1.1., ist die erste steuerliche Schlussbilanz nach der Einbringung bei kalenderjahrgleichem Wirtschaftsjahr erst zum 31.12., also nach über einem Jahr zu erstellen und beim Finanzamt abzugeben. Erst dann können auch die für den Einbringenden sich ergebenden steuerlichen Folgen gezogen werden. Ein bereits erlassener Steuerbescheid ist ggf. nach § 175 Abs. 1 Satz 1 Nr. 2 AO zu ändern. 1158

Maßgebend für die Besteuerung des Einbringenden ist ausschließlich der sich aus § 24 Abs. 2 UmwStG ergebende Wertansatz bei der übernehmenden Personengesellschaft. Wird in der steuerlichen Schlussbilanz (Gesamthandsbilanz) für das erste Wirtschaftsjahr nach der Einbringung der gemeine Wert angesetzt und wurden nicht zugleich negative Ergänzungsbilanzen dazu abgegeben, wurde das Wahlrecht nicht in Anspruch genommen und kann auch später nicht mehr – z. B. durch Erstellung von negativen Ergänzungsbilanzen – nachgeholt werden. 1159

Die Ausführungen zu § 20 UmwStG, betreffend 1160

- die Formfreiheit des Antrags (Rdn. 716),
- die ausdrückliche Angabe (der absoluten oder prozentualen Höhe) der aufzudeckenden stillen Reserven bei einem Antrag zum Zwischenwertansatz (Rdn. 716),
- die Folgen eines verspäteten oder unwirksamen Antrags (Rdn. 717),
- die nicht bestehende Bindung der Steuerbilanz an die Handelsbilanz (Rdn. 718),
- die Unwiderruflichkeit und Bedingungsfeindlichkeit des Antrags; eine nachträgliche Änderung ist nicht möglich (Rdn. 720),
- die Irrelevanz der Erklärung des Einbringenden (Rdn. 719),
- die Wertkorrekturen durch das Finanzamt bei fehlerhaften Wertansätzen (Rdn. 721),
- das separate Antragsrecht für jeden eigenständigen Einbringungsvorgang (Rdn. 722),
- die Bilanzierung bei Einbringung eines Mitunternehmeranteils (Rdn. 723)

gelten bei § 24 UmwStG entsprechend.

Wurden die in das Gesamthandsvermögen eingebrachten Wirtschaftsgüter mit dem gemeinen Wert und die in das Sonderbetriebsvermögen eingebrachten Wirtschaftsgüter mit dem Buchwert angesetzt oder ein – unstreitig – vorhandener Geschäftswert nicht ausgewiesen, muss (müssen) die Bilanz(en) berichtigt und sämtliche Wirtschaftsgüter einschließlich des Sonderbetriebsvermögens und des originären Geschäftswertes mit dem gemeinen Wert angesetzt werden. Hat die übernehmende Personengesellschaft in diesem Fall einen ausdrücklichen Antrag auf einen Zwischenwertansatz gestellt, ist gleichwohl eine Berichtigung vorzunehmen, weil die in den Wirtschaftsgütern (einschließlich des Sonderbetriebsvermögens und dem Geschäftswert) ruhenden stillen Reserven gleichmäßig um einen einheitlichen Prozentsatz aufzulösen sind (Rdn. 24.03 i. V. m. 23.14 und 03.25 UmwStE). 1161

1162 Beantragt die übernehmende Personengesellschaft zulässigerweise den Buchwertansatz, ist es unschädlich, wenn das eingebrachte Betriebsvermögen negativ ist. Im Gegensatz zu einer Einbringung nach § 20 UmwStG können die Passivposten des eingebrachten Betriebsvermögens die Aktivposten übersteigen.

6.6 Ertragsteuerliche Folgen beim Einbringenden

6.6.1 Natürliche Person als Einbringender

6.6.1.1 Einkommensteuer

1163 Die Einbringung einer qualifizierten Sachgesamtheit i. S. d. § 24 UmwStG ist dem Grunde nach eine Veräußerung gem. § 16 Abs. 1 EStG. Die Besonderheit des § 24 UmwStG ergibt sich für den Einbringenden daraus, dass der nach § 16 Abs. 2 Satz 1 EStG bei der Ermittlung des Veräußerungsgewinns anzusetzende **Veräußerungspreis** nach § 24 Abs. 3 Satz 1 UmwStG bestimmt wird. Maßgebend ist der tatsächliche Wertansatz für das übernommene Betriebsvermögen in der steuerlichen Übernahmebilanz der Personengesellschaft einschließlich der Ergänzungsbilanzen und Sonderbilanzen für ihre Gesellschafter.

1164 Ermittlung des Einbringungsgewinns:

	Veräußerungspreis	tatsächlicher Wertansatz in der Übernahmebilanz der übernehmenden Personengesellschaft, § 24 Abs. 3 Satz 1 UmwStG
./.	**Einbringungskosten**	die der Einbringende zu tragen hat
./.	**Buchwert**	der eingebrachten Wirtschaftsgüter, § 16 Abs. 2 Satz 2 EStG, § 1 Abs. 5 Nr. 4 UmwStG
=	**Einbringungsgewinn im engeren Sinne**	
+	gemeiner Wert der im Zusammenhang mit der Einbringung entnommenen (unwesentlichen) Wirtschaftsgüter, § 16 Abs. 3 Satz 8 EStG analog	
./.	Buchwert der entnommenen Wirtschaftsgüter	
+	Gewinnzuschlag aus der einbringungsbedingten Auflösung von Rücklagen	
=	Einbringungsgewinn im weiteren Sinne	

1165 *Einstweilen frei*

1166 Wird ein einzelner Mitunternehmeranteil – einer fortbestehenden Mitunternehmerschaft – eingebracht, ist wegen des Vorrangs der Bilanzierung bei der Personengesellschaft auf den Wertansatz in der Steuerbilanz (einschließlich etwaiger Ergänzungsbilanzen) der Personengesellschaft, deren Anteil eingebracht wird, abzustellen.

1167 **Einbringungskosten** sind Aufwendungen, die in einem Veranlassungszusammenhang mit dem Einbringungsvorgang stehen (z. B. Kosten der Rechts- und Steuerberatung). Es muss sich um Aufwendungen handeln, die vom Einbringenden zu tragen sind und auch tatsächlich von ihm getragen wurden. Sie mindern den (punktuell zu ermittelnden) Einbringungsgewinn unabhängig vom Zeitpunkt ihrer Entstehung und ihrer Zahlung.

Gewinne aus im sachlichen und zeitlichen Zusammenhang mit der Einbringung vorgenommenen Entnahmen von unwesentlichen Wirtschaftsgütern und Gewinnzuschläge aus der einbringungsbedingten Auflösung von Rücklagen (z. B. Verzinsung einer § 6b-Rücklage) teilen hinsichtlich ihrer ertragsteuerlichen Behandlung das Schicksal des Einbringungsgewinns und werden deshalb zum Einbringungsgewinn im weiteren Sinne gerechnet. 1168

Bei der Besteuerung des Einbringungsgewinns ist das Folgende zu beachten: 1169

- Ein Freibetrag nach § 16 Abs. 4 EStG und die Tarifbegünstigung des § 34 Abs. 1 und 3 EStG kommen nur dann in Betracht, wenn das eingebrachte Betriebsvermögen (einschließlich eines Geschäfts- und Firmenwertes) von der Personengesellschaft mit dem gemeinen Wert angesetzt wird und damit alle stillen Reserven in allen wesentlichen Betriebsgrundlagen (zusammengeballt) aufgelöst werden (§ 24 Abs. 3 Satz 2 UmwStG).
- Soweit in dem eingebrachten Betriebsvermögen auch Anteile an Kapitalgesellschaften oder Genossenschaften enthalten sind, ist der darauf entfallende Einbringungsgewinn teilweise (nach § 3 Nr. 40 Satz 1 Buchst. b i. V. m. § 3c Abs. 2 Satz 1 EStG) steuerbefreit. Der steuerpflichtige Teil ist zwar bei der Ermittlung des Freibetrags nach § 16 Abs. 4 EStG – wenn die Voraussetzungen dafür erfüllt sind (s. o.) – zu berücksichtigen (und entsprechend zu mindern), nicht jedoch tarifbegünstigt nach § 34 Abs. 1 oder 3 EStG (keine außerordentlichen Einkünfte, § 34 Abs. 2 Nr. 1 EStG i. V. m. § 24 Abs. 3 Satz 2 2. HS UmwStG) zu versteuern.
- Die Einbringung eines Teils eines Mitunternehmeranteils fällt zwar auch unter § 24 UmwStG; der sich daraus ergebende Einbringungsgewinn ist aber – auch bei Ansatz des gemeinen Wertes – weder nach § 16 Abs. 4 EStG noch nach § 34 EStG – begünstigt (§ 24 Abs. 3 Satz 2 UmwStG).
- Der Einbringungsgewinn gilt – trotz Ansatz des gemeinen Wertes – gem. § 24 Abs. 3 Satz 3 UmwStG i. V. m. § 16 Abs. 2 Satz 3 EStG insoweit als (fiktiv) laufender Gewinn (nicht nach §§ 16, 34 EStG begünstigt), als auf der Seite des Veräußerers und auf der Seite des Erwerbers dieselben Personen Unternehmer oder Mitunternehmer sind. Der Teil des Einbringungsgewinns, der auf das im Alleineigentum des Einbringenden verbliebene und nunmehr zum Sonderbetriebsvermögen der aufnehmenden Personengesellschaft gehörende Vermögen entfällt, gilt dabei zu 100 % als laufender Gewinn, weil der Einbringende als Veräußerer insoweit zu 100 % identisch ist mit dem Mitunternehmer auf Erwerberseite. Die Fiktion des laufenden Gewinns gilt aber nicht für Entnahmegewinne bei unwesentlichen Wirtschaftsgütern.

BEISPIEL Einzelunternehmer E tritt als weiterer Gesellschafter in die ABCD-OHG ein. Seine Einlageleistung besteht in der Einbringung seines Betriebs. Das zu diesem Betrieb gehörende Grundstück verbleibt jedoch in seinem Alleineigentum und wird der ABCD-OHG zur Nutzung überlassen. Den einzelnen Vermögensteilen sind folgende Werte beizulegen:

	Buchwert	gemeiner Wert
Mitunternehmeranteil A, B, C und D an der alten ABCD-OHG jeweils	50 000 €	200 000 €
In das Gesellschaftsvermögen der neuen ABCDE-OHG eingebrachtes Betriebsvermögen des Einzelbetriebs E	50 000 €	200 000 €
In das Sonderbetriebsvermögen der neuen ABCDE-OHG eingebrachtes Grundstück des Einzelbetriebs E	300 000 €	500 000 €
In das Privatvermögen überführter (unwesentlicher) Pkw des Einzelunternehmers E	0 €	10 000 €

In der neuen (vergrößerten) ABCDE-OHG, an der alle Gesellschafter zu gleichen Teilen beteiligt sein sollen, werden sämtliche Vermögensteile mit den gemeinen Werten aufgenommen.

LÖSUNG Auch wenn es sich zivilrechtlich um den Eintritt in eine bestehende und fortzuführende Personengesellschaft (hier: die ABCD-OHG) handelt, wird nach der steuerrechtlichen Betrachtung von der Gründung einer neuen (erweiterten) Personengesellschaft (hier: die ABCDE-OHG) ausgegangen, in welche die Gesellschafter der alten ABCD-OHG ihre Mitunternehmeranteile an derselben gegen Gewährung von Gesellschaftsrechten i. S. d. § 24 Abs. 1 UmwStG einbringen (s. Rdn. 1116). Jeder Mitunternehmeranteil ist ein eigenständiger Einbringungsgegenstand. Zusammen mit der Einbringung des Betriebs des bisherigen Einzelunternehmers E sind also fünf Einbringungsobjekte zu beurteilen. Werden für alle Einbringungsobjekte die gemeinen Werte gem. § 24 Abs. 2 Satz 1 UmwStG angesetzt, ergeben sich folgende Gewinne:

Einbringungsobjekt

Mitunternehmeranteil A, B, C und D:	Veräußerungspreis jeweils	200 000 €
	abzgl. Buchwert jeweils	50 000 €
	Einbringungsgewinn jeweils	150 000 €
davon gelten gem. § 24 Abs. 3 S. 3 UmwStG i. V. m. § 16 Abs. 2 Satz 3 EStG als laufende Gewinne jeweils 80 % =		120 000 €

Begründung: Vor der Umwandlung waren die Altgesellschafter mit jeweils 25 % an den Wirtschaftsgütern des Gesellschaftsvermögens beteiligt. Nach der Umwandlung sind ihnen nur noch 20 %-Anteile (also 80 % ihrer bisherigen Beteiligung) zuzurechnen. Zu 80 % stehen sich A, B, C und D in der neuen ABCDE-OHG als Mitunternehmer selbst gegenüber; sie haben – steuerrechtlich betrachtet – 80 %-Miteigentumsanteile an sich selbst veräußert.

nach §§ 16, 34 EStG begünstigter Einbringungsgewinn jeweils =	30 000 €

Betrieb des E:	Gesamthandsvermögen	Sonderbetriebsvermögen	Gesamt
Veräußerungspreis	200 000 €	500 000 €	700 000 €
Buchwert	50 000 €	300 000 €	350 000 €
Einbringungsgewinn	150 000 €	200 000 €	350 000 €
davon gelten gem. § 24 Abs. 3 Satz 3 UmwStG i. V. m. § 16 Abs. 2 Satz 3 EStG als laufender Gewinn	20 %	100 %	
	= 30 000 €	= 200 000 €	230 000 €
nach §§ 16, 34 EStG begünstigter Gewinn	120 000 €	0 €	120 000 €

Gemeiner Wert entnommener Pkw	10 000 €
abzgl. Buchwert Pkw	0 €
begünstigter Einbringungsgewinn im weiteren Sinne =	130 000 €

Der Entnahmegewinn ist in voller Höhe steuerbegünstigt. Die Einschränkung des § 16 Abs. 2 Satz 3 EStG greift hier nicht, weil es sich um eine Entnahme handelt und nicht – wie bei der Einbringung – um eine Veräußerung.

6.6.1.2 Gewerbesteuer

Da es sich bei der Einbringung eines Betriebs um die Veräußerung des ganzen Gewerbebetriebs, also eine Betriebsbeendigung handelt, die auch zum Erlöschen der Steuerschuldnerschaft i. S. d. § 5 GewStG führt, ist der zu ermittelnde Einbringungsgewinn einer natürlichen Person – unabhängig davon, ob der gemeine Wert, der Buchwert oder ein Zwischenwert angesetzt wurde – nicht gewerbesteuerbar. Es besteht insoweit keine Abhängigkeit von der einkommensteuerrechtlichen Frage der Tarifbegünstigung nach § 34 EStG. Die Gewerbesteuer ist eine Objektsteuer, die gem. § 2 Abs. 1 i. V. m. § 7 GewStG an das Ergebnis (die Ertragskraft) eines werbenden (stehenden) Betriebs anknüpft. Nicht dazu gehören die Gewinne aus der Veräußerung oder Aufgabe eines Gewerbebetriebs, die zu einer endgültigen Einstellung der gewerblichen Betätigung des Veräußerers und folglich zum Wegfall seiner persönlichen Steuerpflicht (§ 5 GewStG) führt (BFH v. 3.2.1994 - III R 23/89, BStBl 1994 II 709). Gleiches gilt für den Gewinn aus der Einbringung eines Teilbetriebs und eines „ganzen" Mitunternehmeranteils (s. auch R 7.1 Abs. 3 GewStR und H 7.1 Abs. 3 „Veräußerungs- und Aufgabegewinne" GewStH). 1170

Der bei der Einkommensteuer gem. § 24 Abs. 3 Satz 3 UmwStG i. V. m. § 16 Abs. 2 Satz 3 EStG als laufender Gewinn geltende Gewinn (Unternehmeridentität auf Erwerber- und Veräußererseite) unterliegt dagegen – wenn es sich um einen Gewerbebetrieb handelt – auch der Gewerbesteuer (H 7.1 Abs. 3 „Veräußerungs- und Aufgabegewinne" 2. Tiret GewStH). Der BFH begründet das mit der Entstehungsgeschichte des Gesetzes (s. Regierungsbegründung zu § 16 Abs. 2 Satz 3 EStG und § 24 Abs. 3 Satz 3 UmwStG, BT-Drucks. 12/5630 80 und 12/6078 122), dem mit ihm verfolgten Zweck und anhand der Systematik des Gewerbesteuerrechts (BFH v. 15.6.2004 - VIII R 7/01, BStBl 2004 II 754). Die Gewerbesteuer ist zwar eine Objektsteuer. Dennoch werden personelle Elemente bei ihrer Festsetzung berücksichtigt. 1171

So gilt bei der Betriebsveräußerung der an sich als Besteuerungsobjekt fortbestehende Gewerbebetrieb durch den bisherigen Unternehmer als beendet (§ 2 Abs. 5 GewStG). Wenn der bisherige Unternehmer aber als Mitunternehmer auch auf der Erwerberseite steht, wird der Gewerbebetrieb im Umfang seiner Beteiligung an der erwerbenden Gesellschaft faktisch nicht beendet, sondern unter Auflösung der stillen Reserven fortgeführt (partielle Betriebsfortführung). Der für diesen Teil entstehende Gewinn unterliegt dann auch der Gewerbesteuer. So betrachtet, ist § 16 Abs. 2 Satz 3 EStG eine einkommensteuerrechtliche Gewinnermittlungsvorschrift, die nach § 7 GewStG auch der Ermittlung des Gewerbeertrags zu Grunde zu legen ist (s. auch Rdn. 24.17 UmwStE).

1172 Gewerbesteuerpflichtig ist auch der Gewinn aus der Einbringung eines **Teils eines Mitunternehmeranteils** an einem Gewerbebetrieb, denn der einbringende Mitunternehmer führt mit dem zurückbehaltenen (Rest-)Mitunternehmeranteil seine mitunternehmerische Tätigkeit in der Gesellschaft fort; seine persönliche Gewerbesteuerpflicht endet also nicht (BFH v. 24.8.2000 - IV R 51/98, BStBl 2005 II 173).

1173 Ist der Einbringungsgegenstand eine zum gewerblichen Betriebsvermögen des Einbringenden gehörende **100 %-Beteiligung an einer Kapitalgesellschaft**, gehört der Einbringungsgewinn ebenfalls zum Gewerbeertrag (s. auch H 7.1 Abs. 3 „Gewinn aus der Veräußerung einer 100 %-Beteiligung an einer Kapitalgesellschaft" GewStH), es sei denn, die Einbringung erfolgt im Rahmen eines ganzen Betriebs oder eines Teilbetriebs.

6.6.2 Körperschaft als Einbringende

1174 Auch Körperschaften, Personenvereinigungen und Vermögensmassen i. S. d. KStG können ihren Betrieb, Teilbetrieb oder Mitunternehmeranteil gegen Gewährung von Gesellschaftsrechten in eine Personengesellschaft nach § 24 UmwStG erfolgsneutral oder unter vollständiger oder teilweiser Aufdeckung der stillen Reserven einbringen (s. Rdn. 1139). Wird das Betriebsvermögen mit einem über dem Buchwert liegenden Wert übernommen, ermittelt sich der Einbringungsgewinn wie bei einer natürlichen Person.

Im Unterschied zu natürlichen Personen kann eine Körperschaft (Personenvereinigung oder Vermögensmasse) aber weder einen Freibetrag nach § 16 Abs. 4 EStG noch eine Tarifermäßigung nach § 34 EStG in Anspruch nehmen. Der Freibetrag nach § 16 Abs. 4 EStG ist von persönlichen Voraussetzungen (Lebensalter, Berufsunfähigkeit) abhängig, die nur eine natürliche Person erfüllen kann. § 34 EStG ist eine speziell für den Einkommensteuertarif geltende Vorschrift, die bei der Körperschaftsteuer keine Anwendung findet. Der Einbringungsgewinn ist also „ganz normal" dem körperschaftsteuerlichen Einkommen hinzuzurechnen. Jedoch ist die Steuerbefreiung nach § 8b Abs. 2 KStG für den Teil des Gewinns, der auf die Einbringung von Anteilen an anderen Körperschaften entfällt, zu beachten.

1175 Der Einbringungsgewinn unterliegt bei Kapitalgesellschaften, Erwerbs- und Wirtschaftsgenossenschaften sowie Versicherungs- und Pensionsfondsvereinen auf Gegenseitigkeit auch der **Gewerbesteuer**, soweit er nicht nach § 8b Abs. 2 KStG steuerbefreit ist. Die Tätigkeiten dieser Körperschaften gelten nämlich gem. § 2 Abs. 2 Satz 1 GewStG stets und in vollem Umfang als Gewerbebetrieb. Daher gehören auch Gewinne aus Betriebsveräußerungen zum steuerpflichtigen Gewerbeertrag. Bei anderen Körperschaften (Vereinen, Körperschaften des öffentlichen Rechts) gelten dieselben Grundsätze wie bei natürlichen Personen.

6.6.3 Personengesellschaft als Einbringende

1176 Wird Betriebsvermögen einer Personengesellschaft in eine andere Personengesellschaft gegen Gewährung von Gesellschaftsrechten eingebracht, ist unabhängig von der Frage, wer als Einbringender anzusehen ist (s. hierzu Rdn. 1142 f.) der Einbringungsgewinn auf der Ebene der Personengesellschaft (deren Betriebsvermögen eingebracht wird) zu ermitteln, einheitlich und gesondert festzustellen und auf die Gesellschafter aufzuteilen. Die einkommen- bzw. körperschaftsteuerlichen Folgen sind wiederum bei den Gesellschaftern zu ziehen. Je nachdem, ob der Gesellschafter eine natürliche Person oder eine Körperschaft ist, gelten hinsichtlich der Einkommensteuer die zu natürlichen Personen und hinsichtlich der Körperschaftsteuer die zu Körperschaften dargestellten Regeln.

Ist einer der Mitunternehmer (oder sind mehrere oder alle Mitunternehmer) wiederum eine Personengesellschaft (mehrstufige Personengesellschaft), so gilt dies für die letztendlich dahinter stehenden (mittelbaren) Mitunternehmer. Die an der das Betriebsvermögen übertragenden Personengesellschaft beteiligte Personengesellschaft (Obergesellschaft) vermittelt ihren Gesellschaftern die Qualifikation des Gewinns als (begünstigten) Veräußerungsgewinn. 1177

Bei der **Gewerbesteuer** gelten zunächst dieselben Grundsätze wie bei natürlichen Personen, denn die sachliche Gewerbesteuerpflicht kann bei Personengesellschaften nur durch § 2 Abs. 1 GewStG (stehender Gewerbebetrieb im Inland) begründet werden (s. auch R 2.1 Abs. 2 GewStR). Im Unterschied zu Kapitalgesellschaften gibt es bei Personengesellschaften keine Gewerbesteuerpflicht kraft Rechtsform. Daraus folgt, dass der Einbringungsgewinn – mit (u. a.) der Ausnahme des nach § 24 Abs. 3 Satz 3 UmwStG i. V. m. § 16 Abs. 2 Satz 3 EStG als laufender Gewinn geltenden Gewinns – grundsätzlich nicht der Gewerbesteuer unterliegt. 1178

§ 7 Satz 2 GewStG enthält noch weitere Ausnahmen für die beteiligten Mitunternehmer, die keine natürlichen Personen sind. Danach gehören auch die Einbringungsgewinne, die auf Körperschaften oder andere Personengesellschaften als **un**mittelbar beteiligte Mitunternehmer entfallen, zum Gewerbeertrag. 1179

BEISPIEL Die A-GmbH & Co. KG wird auf die AB-OHG verschmolzen. Mitunternehmer der A-GmbH & Co. KG sind als Komplementärin die A-GmbH mit 10 % und als Kommanditisten die natürliche Person X mit 40 % sowie die X-KG mit 50 %. Gesellschafter der X-KG sind zu je 50 % A und X. Gesellschafter der AB-OHG sind A und B zu jeweils 50 %. Der insgesamt für die A-GmbH & Co. KG ermittelte Einbringungsgewinn beträgt 200 000 €.

Nach der Einbringung sind an der AB-OHG beteiligt:

A-GmbH	5 %
X-KG	25 %
X	20 %
A	25 %
B	25 %

LÖSUNG Einbringende i. S. d. § 24 UmwStG sind die A-GmbH, die natürliche Person X sowie die X-KG.

Von dem Einbringungsgewinn entfallen auf:

	A-GmbH	X	X-KG		Gesamt
	20 000 €	80 000 €	100 000 € davon entfallen auf		200 000 €
			X	A	
			50 000 €	50 000 €	
Als laufender Gewinn gelten (§ 24 Abs. 3 Satz 3 UmwStG i. V. m. § 16 Abs. 2 Satz 3 EStG)	10 000 €	40 000 €	25 000 €	25 000 €	100 000 €
außerordentliche Einkünfte i. S. d. § 34 EStG		40 000 €	25 000 €	25 000 €	90 000 €
körperschaftsteuerpflichtige Einkünfte	20 000 €				20 000 €

Gemäß § 7 Satz 2 Nr. 1 GewStG gehören zum Gewerbeertrag der A-GmbH & Co. KG	
der auf die A-GmbH entfallende Einbringungsgewinn i. H. v.	20 000 €
der auf die X-KG entfallende Einbringungsgewinn i. H. v.	100 000 €
	120 000 €
Zzgl. des auf die natürliche Person X entfallenden Einbringungsgewinns i. S. d. § 24 Abs. 3 Satz 3 UmwStG i. V. m. § 16 Abs. 2 Satz 3 EStG (§ 7 Satz 1 GewStG)	40 000 €
gewerbesteuerpflichtiger Gewerbeertrag	160 000 €

6.6.4 Einbringungszeitpunkt

1180 Der Einbringungszeitpunkt ist für die zeitliche Zurechnung des Einbringungsgewinns sowie für die persönliche Zurechnung des einzubringenden Betriebsvermögens und der damit erzielten Einkünfte von entscheidender Bedeutung. Einbringungszeitpunkt ist der Zeitpunkt, in dem das wirtschaftliche Eigentum (§ 39 Abs. 2 Nr. 1 AO) auf die aufnehmende Personengesellschaft übergeht, die aufnehmende Personengesellschaft also wirtschaftlich über das Vermögen verfügen kann. Dieser Zeitpunkt wird von den am Einbringungsvorgang beteiligten Parteien (im Einbringungsvertrag) bestimmt.

Vereinbaren die Vertragspartner z. B., die aufnehmende Personengesellschaft solle „zum 1.1." eines Jahres begründet werden, und wird diese Vereinbarung auch entsprechend vollzogen, so ist der Einbringungsvorgang und folglich auch ein evtl. entstehender Einbringungsgewinn diesem entsprechenden Kalenderjahr und nicht dem 31.12. des abgelaufenen Kalenderjahres zuzuordnen (s. BFH v. 21.9.2000 - IV R 54/99, BStBl 2001 II 178).

1181 Die Verschaffung der wirtschaftlichen Verfügungsmacht ist ein tatsächlicher Vorgang, der logischerweise nicht aufgrund einer bloßen Willenseinigung in die Vergangenheit verlagert werden kann. Wird von den Vertragsbeteiligten (schuldrechtlich) ein zurückliegender Übertragungszeitpunkt bestimmt, ist das für steuerliche Zwecke grundsätzlich unbeachtlich (**Rückwirkungsverbot**).

Eine **Ausnahme** besteht gem. § 24 Abs. 4 2. HS i. V. m. § 20 Abs. 5 und 6 UmwStG bei einer Einbringung im Wege der **Gesamtrechtsnachfolge**. Danach wird in Anlehnung an § 17 Abs. 2 Satz 4 UmwG eine Vermögensübertragung im Wege der Verschmelzung (und auch der Spaltung, s. § 125 UmwG) auf der Grundlage einer Schlussbilanz des übertragenden Rechtsträgers, die auf einen bis zu acht Monate vor der Anmeldung beim Handelsregister liegenden Stichtag aufgestellt wurde, auch mit steuerlicher Wirkung anerkannt. Wird z. B. die Ausgliederung eines Betriebs eines Einzelunternehmers bis Ende August zur Eintragung beim Handelsregister angemeldet, kann die Vermögensübertragung mit steuerlicher Wirkung auf den 31. 12. des vorangegangenen Kalenderjahres zurückbezogen werden. Voraussetzung dafür ist u. a. ein **Antrag** der aufnehmenden Personengesellschaft. Liegt dieser vor, ist ein evtl. entstehender Einbringungsgewinn noch dem abgelaufenen Kalenderjahr (Veranlagungszeitraum) zuzurechnen. Die ab 1.1. verwirklichten Geschäftsvorfälle sind bereits der aufnehmenden Personengesellschaft zuzurechnen, auch wenn diese zivilrechtlich noch gar nicht bestand (§ 24 Abs. 4 2. HS i. V. m. § 20 Abs. 5 Satz 1 UmwStG). Diese Ausnahme der steuerlich beachtsamen Rückwirkung gilt aber ausdrücklich nur für Umwandlungen im Wege der Gesamtrechtsnachfolge. 1182

Für Einbringungen im Wege der **Einzelrechtsnachfolge** gelten die allgemeinen, auch bei Betriebsveräußerungen zu beachtenden Grundsätze, d. h. eine Rückwirkung ist grundsätzlich nicht möglich (Rdn. 24.06 UmwStE). Eine Rückwirkung wird allerdings steuerlich noch anerkannt, wenn sie nur eine kurze Zeitspanne umfasst und nicht auf steuerlichen Erwägungen beruht – etwa derart, dass laufende Gewinne als steuerbegünstigte Veräußerungsgewinne erscheinen sollen (BFH v. 21.3.2002 - IV R 1/01, BStBl 2002 II 519). I In der Praxis wird eine Zeitspanne von bis zu drei Monaten für unschädlich gehalten (s. *Bär/Merkle* in Haritz/Menner/Bilitewski, UmwStG, 6. Aufl. 2024, § 24 UmwStG Rdn. 197). 1183

Erfolgt die Einbringung im Wege einer **Kombination von Gesamtrechtsnachfolge und Einzelrechtsnachfolge** (z. B. Verschmelzung zweier Personenhandelsgesellschaften und in einem sachlichen und zeitlichen Zusammenhang die Einzelübertragung von Sonderbetriebsvermögen), erstreckt sich die achtmonatige Rückwirkungsmöglichkeit bei der Gesamtrechtsnachfolge auch auf die durch Einzelrechtsnachfolge übertragenen Wirtschaftsgüter (Rdn. 24.06 UmwStE). 1184

6.7 Gewinnermittlung nach § 4 Abs. 3 EStG

Nicht selten wird der Gewinn der eingebrachten (Teil-)Betriebe oder Mitunternehmeranteile vor der Einbringung durch Gegenüberstellung von Betriebseinnahmen und Betriebsausgaben nach § 4 Abs. 3 EStG ermittelt worden sein. Das betrifft insbesondere die Angehörigen der freien Berufe nach § 18 Abs. 1 Nr. 1 EStG, da für sie keine Buchführungspflicht besteht. Hier stellt sich die Frage, ob diese Steuerpflichtigen vor der Einbringung zum Betriebsvermögensvergleich nach § 4 Abs. 1 EStG wechseln müssen und ob dies auch dann erforderlich ist, wenn die Personengesellschaft das Betriebsver- 1185 mögen mit seinem Buchwert übernimmt und ihren Gewinn nach der Einbringung (weiterhin) durch Einnahmenüberschussrechnung nach § 4 Abs. 3 EStG ermitteln möchte.

1186 Ein Übergang zur Gewinnermittlung durch Betriebsvermögensvergleich nach § 4 Abs. 1 EStG ist im Zeitpunkt der Einbringung nicht erforderlich, sofern der Vermögensübergang zu Buchwerten erfolgt, für den eingebrachten Betrieb, Teilbetrieb oder Mitunternehmeranteil bisher eine Gewinnermittlung durch Einnahmenüberschussrechnung nach § 4 Abs. 3 EStG erfolgte und die übernehmende Personengesellschaft diese Gewinnermittlungsart nach der Einbringung beibehält (Rdn. 24.03 UmwStE).

1187 Eine Bilanzierungspflicht besteht für die einzubringenden Betriebe, Teilbetriebe oder Mitunternehmeranteile nur noch, wenn die Einbringung zum gemeinen Wert oder zu einem Zwischenwert erfolgt. Dasselbe gilt, wenn die Einbringung gegen ein Mischentgelt vorgenommen wird und das eingebrachte Betriebsvermögen infolge des die Wertgrenze des § 24 Abs. 2 Satz 2 Nr. 2 UmwStG übersteigenden gemeinen Werts der sonstigen Gegenleistungen zum Teil mit dem gemeinen Wert und zum Teil mit dem Buchwert angesetzt wird.

Darüber hinaus hat der Einbringende – trotz Buchwerteinbringung – eine Einbringungsbilanz auf den steuerlichen Übertragungsstichtag zu erstellen, wenn die übernehmende Personengesellschaft ihren Gewinn bereits durch Betriebsvermögensvergleich ermittelt bzw. ermitteln muss.

1188 Wurde der Gewinn des eingebrachten (Teil-)Betriebs oder Mitunternehmeranteils vor der Einbringung durch Gegenüberstellung von Betriebseinnahmen und Betriebsausgaben nach § 4 Abs. 3 EStG ermittelt und ist aus einem der vorgenannten Gründe eine Bilanz auf den Einbringungszeitpunkt zu erstellen, ist wegen des **Wechsels der Gewinnermittlungsart** beim Einbringenden ein Übergangsgewinn zu ermitteln. Dieser kann nicht gem. der Billigkeitsregelung in R 4.6 Abs. 1 Satz 4 EStR auf bis zu drei Jahre verteilt werden (BFH v. 13.9.2001 - IV R 13/01, BStBl 2002 II 287; H 4.6 „Keine Verteilung des Übergangsgewinns" EStH).

Die bei der Einbringung als unwesentliche Betriebsgrundlagen zurückbehaltenen Forderungen, die vom Einbringenden auch nicht entnommen werden (sog. Restbetriebsvermögen), sind nicht in die Übergangsgewinnermittlung einzubeziehen (BFH v. 4.12.2012 - VIII R 41/09, BStBl 2014 II 288). Die Versteuerung dieser Erträge erfolgt dann erst im Zuflusszeitpunkt als nachträgliche Betriebseinnahmen nach § 24 Nr. 2 EStG.

1189 Hat der Einbringende anlässlich der Einbringung auf den steuerlichen Übertragungsstichtag erstmals eine Bilanz zu erstellen, ist es nicht zu beanstanden, wenn die übernehmende Personengesellschaft – bei nicht bestehender Buchführungspflicht – nach der Einbringung wieder zur Einnahmenüberschussrechnung zurückkehrt und dabei – je nach Art und Umfang des eingebrachten Vermögens – einen Übergangsverlust ermittelt (s. auch Rdn. 24.03 UmwStE). Den ggf. möglichen Antrag i. S. d. § 24 Abs. 2 Satz 2 UmwStG hat die übernehmende Personengesellschaft dann spätestens bis zur erstmaligen Abgabe der Übernahmebilanz zu stellen.

6.8 Rechtsfolgen bei der übernehmenden Personengesellschaft

Die unmittelbare Rechtsfolge aus § 24 Abs. 1 UmwStG betrifft zunächst die Ebene der übernehmenden Personengesellschaft. Sie ist die entgeltliche Erwerberin des übertragenen Betriebsvermögens. Ihre Anschaffungskosten dafür sind von allen Gesellschaftern in gesamthänderischer Verbundenheit durch entsprechende Einlagen zu erbringen. Als lex specialis zu § 6 Abs. 1 EStG ordnet nun § 24 Abs. 2 Satz 1 UmwStG an, dass die erworbenen Wirtschaftsgüter grundsätzlich mit dem gemeinen Wert anzusetzen sind. Der gemeine Wert tritt an die Stelle der tatsächlichen Anschaffungskosten. 1190

Gem. § 24 Abs. 2 Satz 2 UmwStG können die Wirtschaftsgüter – bei Vorliegen der besonderen Voraussetzungen – anstelle des gemeinen Wertes mit ihrem Buchwert oder einem Zwischenwert angesetzt werden. Dieses Wahlrecht übt allein die aufnehmende Personengesellschaft aus. Das Wahlrecht ist für alle Wirtschaftsgüter einheitlich auszuüben. Maßgebend ist die tatsächlich vorgenommene Bilanzierung in der Gesamthandsbilanz sowie den Ergänzungs- und Sonderbilanzen (BFH v. 25.6.2006 VIII R 52/04, BStBl 2006 II 847). 1191

Unabhängig von der Wahlrechtsausübung sind die durch die Vermögensübertragung ausgelösten, von der Personengesellschaft zu tragenden objektbezogenen Aufwendungen (z. B. Grunderwerbsteuer, Notar- und Gerichtskosten für ein Grundstück oder GmbH-Anteile) als **Anschaffungsnebenkosten** für die betroffenen Wirtschaftsgüter zu aktivieren. 1192

Für die **weitere steuerliche Gewinnermittlung** der Personengesellschaft verweist § 24 Abs. 4 1. HS UmwStG auf eine entsprechende Anwendung des § 23 Abs. 1, 3, 4 und 6 UmwStG. Sie ist abhängig von der Wahlrechtsausübung, also dem Wertansatz des eingebrachten Betriebsvermögens in der Übernahmebilanz der Personengesellschaft. 1193

6.8.1 Buchwertansatz

Setzt die übernehmende Personengesellschaft das eingebrachte Betriebsvermögen mit dem Buchwert (i. S. d. § 1 Abs. 5 Nr. 4 UmwStG) an, tritt sie in die steuerliche Rechtsstellung des Einbringenden (§ 23 Abs. 1 i. V. m. § 12 Abs. 3 1. HS UmwStG). Soweit die Dauer der Zugehörigkeit eines Wirtschaftsguts zum Betriebsvermögen für die Besteuerung von Bedeutung ist, ist der Zeitraum seiner Zugehörigkeit zum Betriebsvermögen des Einbringenden der Personengesellschaft anzurechnen (sog. Besitzzeitanrechnung gem. § 23 Abs. 1 i. V. m. § 4 Abs. 2 Satz 3 UmwStG). Das betrifft z. B. die für die Übertragung stiller Reserven oder die Bildung einer steuerfreien Rücklage nach § 6b EStG geforderte Besitzzeit (§ 6b Abs. 4 Nr. 2 EStG). 1194

Im Übrigen handelt es sich bei der Regelung in § 12 Abs. 3 1. HS UmwStG um ein generelles und **vorbehaltloses Rechtsnachfolgeprinzip** (sog. Fußstapfenregelung). So werden beispielsweise bereits gebildete steuerfreie Rücklagen übernommen; übernommene Betriebsschulden stehen im selben Veranlassungszusammenhang wie beim Einbrin- 1195 genden, Berechnung der AfA wie beim Einbringenden (Fortführung der AfA-Bemessungsgrundlage und des AfA-Satzes) etc.

1196 Nun gibt es für die Buchwertübernahme mehrere tatsächliche **Bilanzierungsmöglichkeiten** (s. Rdn. 1050). Die Personengesellschaft könnte genau die Werte übernehmen, die der Einbringende in seiner auf den steuerlichen Übertragungsstichtag aufzustellenden Steuerbilanz (§ 1 Abs. 5 Nr. 4 UmwStG) nach den steuerrechtlichen Vorschriften über die (laufende) Gewinnermittlung für die einzelnen Wirtschaftsgüter ausgewiesen hat. In diesem Fall entspricht das Kapitalkonto des Einbringenden in der Gesellschaftsbilanz der aufnehmenden Personengesellschaft dem Kapitalkonto in der steuerlichen Schlussbilanz des Einbringenden abzüglich sonstiger Gegenleistungen, die dem Einbringenden von der Personengesellschaft gewährt wurden (s. Rdn. 1088 ff.).

Diese Art der Bilanzierung ist für die übrigen Gesellschafter häufig unbefriedigend, weil sich ihre (tatsächlichen) Anschaffungskosten für die jeweiligen Anteile an den eingebrachten Wirtschaftsgütern in der Bilanz nicht widerspiegeln und ihnen die bis zum Einbringungszeitpunkt entstandenen stillen Reserven in Höhe ihres Beteiligungsverhältnisses unberechtigterweise steuerbelastend zugeordnet werden.

1197 § 24 Abs. 2 und Abs. 3 Satz 1 UmwStG lässt es deshalb zu, die Wirtschaftsgüter in der Gesellschaftsbilanz mit höheren Werten (höchstens dem gemeinen Wert) anzusetzen und die dadurch aufgedeckten stillen Reserven (Buchwertaufstockungen) in einer negativen Ergänzungsbilanz für den Einbringenden zu neutralisieren.

Alternativ (3. Bilanzierungsmöglichkeit) können auch die eingebrachten Wirtschaftsgüter in der Gesellschaftsbilanz mit den Buchwerten fortgeführt, für den (die) übrigen Gesellschafter hinsichtlich ihrer die Buchwertanteile übersteigenden Anschaffungskosten positive Ergänzungsbilanzen gebildet und die dadurch aufgedeckten stillen Reserven in einer für den Einbringenden (spiegelbildlich) zu erstellenden negativen Ergänzungsbilanz wieder neutralisiert werden (BFH v. 28.9.1995 - IV R 57/94, BStBl 1996 II 68).

Im Verhältnis zur Steuerbilanz der aufnehmenden Personengesellschaft handelt es sich bei den Ergänzungsbilanzen um reine Korrekturbilanzen. Sie enthalten steuerliche Wertkorrekturen zu den Bilanzansätzen der einzelnen, in der Steuerbilanz der Personengesellschaft ausgewiesenen Wirtschaftsgüter (BFH v. 30.4.2003 - I R 102/01, BStBl 2004 II 804). Die Wertkorrekturen dürfen dabei nicht als Sammelposten aktiviert oder passiviert werden, sondern sind unmittelbar den einzelnen Wirtschaftsgütern zuzuordnen und korrespondierend zur Veränderung der Buchwerte dieser Wirtschaftsgüter in der Gesellschaftsbilanz fortzuschreiben und aufzulösen (BFH v. 25.4.2006 - VIII R 52/04, BStBl 2006 II 847). Die Ergebnisse aus den Ergänzungsbilanzen führen im Interesse einer zutreffenden Besteuerung zu Korrekturen der Gewinnanteile der Gesellschafter i. S. d. § 15 Abs. 1 Nr. 2 1. HS EStG. Sie dürfen den insgesamt aus dem Gesamthandsvermögen zu ermittelnden steuerlichen Gewinn der Personengesellschaft nicht verändern.

BEISPIEL A hat für sein Einzelunternehmen (Gewerbebetrieb) auf den 31. 12. folgende Bilanz erstellt:

A		31.12.		P
	Buchwert	(gemeiner Wert)		
Grund + Boden	40 000 €	(100 000 €)	Kapital	80 000 €
Gebäude	110 000 €	(250 000 €)	Verbindlichkeiten	120 000 €
Maschinen	50 000 €	(80 000 €)		
Geschäfts- und Firmenwert	———	(90 000 €)		
	200 000 €	(520 000 €)		200 000 €

Das Gebäude wurde bisher nach § 7 Abs. 4 Satz 1 Nr. 1 EStG mit 3 % von 200 000 € abgeschrieben. Die Gesamtnutzungsdauer der Maschinen betrug im Zeitpunkt ihrer Anschaffung 10 Jahre. Die Anschaffungskosten (100 000 €) wurden linear nach § 7 Abs. 1 EStG abgeschrieben. Im Einbringungszeitpunkt beträgt die Restnutzungsdauer noch 5 Jahre.

Dieses Gewerbe wird ab 1.1. von der neu zu gründenden AB-OHG fortgeführt. A und B sind gleichberechtigte Partner. B leistet eine Bareinlage i. H. von 400 000 €.

Die AB-OHG hat folgende Übernahmebilanzen erstellt:

A	Eröffnungsbilanz der AB-OHG zum 1.1.		P
Geschäfts- und Firmenwert	90 000 €	Kapital A	400 000 €
Grund + Boden	100 000 €	Kapital B	400 000 €
Gebäude	250 000 €	Verbindlichkeiten	120 000 €
Maschinen	80 000 €		
Bank	400 000 €		
	920 000 €		920 000 €

A	Ergänzungs-Eröffnungsbilanz für A zum 1.1.		P
Minderkapital	320 000 €	Minderwert Geschäfts- und Firmenwert	90 000 €
		Minderwert Grund + Boden	60 000 €
		Minderwert Gebäude	140 000 €
		Minderwert Maschinen	30 000 €
	320 000 €		320 000 €

LÖSUNG Es handelt sich um die Einbringung eines Betriebs in eine Personengesellschaft gegen Gewährung eines Mitunternehmeranteils für den Einbringenden (§ 24 Abs. 1 UmwStG). Das der AB-OHG gem. § 24 Abs. 2 Satz 2 UmwStG zustehende Bewertungswahlrecht hat sie nach der tatsächlichen Bilanzierung in der Gesellschaftsbilanz und der Ergänzungsbilanz im Sinne einer Buchwertfortführung ausgeübt.

Nach § 24 Abs. 4 1. HS i. V. m. § 23 Abs. 1 und § 12 Abs. 3 1. HS UmwStG tritt die AB-OHG hinsichtlich (u. a.) der AfA-Berechnung in die steuerliche Rechtsstellung des bisherigen Einzelunternehmers A. Das ändert aber nichts an dem Charakter der Einbringung als tauschähnlicher Vorgang. In der Gesellschaftsbilanz werden die Abschreibungen auf der Basis der in der Eröffnungsbilanz ausgewiesenen (gemeinen) Werte als Anschaffungskosten ermittelt. Der Firmenwert wird nach § 7 Abs. 1 Satz 3 EStG abgeschrieben.

Der steuerlich maßgebende Gewinn darf jedoch nur um die AfA-Beträge gemindert werden, die auch im Falle einer Fortführung des Einzelunternehmens zu berücksichtigen wären. Deshalb sind in der Ergänzungsbilanz entsprechende Korrekturen vorzunehmen.

	Geschäfts- und Firmenwert	Gebäude	Maschinen	Gewinnauswirkung insgesamt
Steuerlich erfolgswirksame AfA muss betragen (Fortführung aus EZU „A")	0 €	6 000 €	10 000 €	./. 16 000 €
AfA lt. Gesellschaftsbilanz	6 000 €	7 500 €	16 000 €	./. 29 500 €
AfA lt. Ergänzungsbilanz	./. 6 000 €	./. 1 500 €	./. 6 000 €	+ 13 500 €

Bei einer Zusammenrechnung der AfA lt. Gesellschaftsbilanz und lt. Ergänzungsbilanz erhält man die den gesetzlichen Vorgaben entsprechenden Abschreibungen von 16 000 €. Davon werden sich beim Gewinnanteil des B 14 750 € (50 % von 29 500 €) mindernd auswirken und beim Gewinnanteil des A 1 250 € (./. 14 750 € + 13 500 €).

Bei unveränderter Fortführung der AB-OHG wird sich der Minderwert für den Firmenwert in der Ergänzungsbilanz nach 15 Jahren und der Minderwert für die Maschinen nach 5 Jahren auflösen. Für das Gebäude ist das im Einzelunternehmen des A begründete AfA-Volumen von 200 000 € nach 18 $^1/_3$ Jahren vollständig aufgebraucht. Der Minderwert in der Ergänzungsbilanz beträgt dann noch 112 500 € und entspricht spiegelbildlich dem (positiven) Restbuchwert in der Gesellschaftsbilanz. Der in den nächsten 15 Jahren in der Gesellschaftsbilanz ermittelte AfA-Betrag (7 500 €) ist in der Ergänzungsbilanz in voller Höhe durch eine Negativ-AfA zu korrigieren. Der Gesamtgewinn darf dann nicht mehr um eine Gebäude-AfA gekürzt werden.

Der Minderwert für den Grund und Boden bleibt unverändert bestehen. Er ist erst bei der Veräußerung oder Entnahme des Grundstücks oder bei der Veräußerung des Mitunternehmeranteils durch A aufzulösen.

1198 Im Falle der Buchwertfortführung in der Gesellschaftsbilanz und einer zur Aufdeckung von stillen Reserven führenden positiven Ergänzungsbilanz für den (die) übrigen Gesellschafter mit gleichzeitig erstellter – den Einbringungsgewinn neutralisierender – negativer Ergänzungsbilanz für den einbringenden Gesellschafter berechnet sich die AfA in der Gesellschaftsbilanz nach dem Rechtsnachfolgeprinzip. Die Mehrwerte in der positiven Ergänzungsbilanz sind, soweit sie auf abnutzbare Wirtschaftsgüter entfallen, entsprechend der jeweiligen Nutzungsdauer abzuschreiben. Spiegelbildlich dazu sind die Minderwerte in der negativen Ergänzungsbilanz ratierlich (gewinnerhöhend) aufzulösen (BFH v. 25.4.2006 - VIII R 52/04, BStBl 2006 II 847).

6.8.2 Zwischenwertansatz

1199 Ein Zwischenwertansatz liegt vor, wenn die stillen Reserven des eingebrachten Betriebsvermögens nur teilweise aufgelöst werden. Die in den einzelnen Wirtschaftsgütern einschließlich eines originären – bisher nicht aktivierten – Geschäfts- oder Firmenwertes enthaltenen stillen Reserven sind mit einem gleichmäßigen Vomhundertsatz aufzulösen und die Buchwerte dieser Wirtschaftsgüter entsprechend aufzustocken. Auf das zu einer Einbringung nach § 20 UmwStG dargestellte Beispiel für eine gleichmäßige Buchwertaufstockung bei einer Zwischenwerteinbringung (Rdn. 830) wird verwiesen. Ein Zwischenwertansatz kann – wie auch der Buchwertansatz – mit Hilfe von Ergänzungsbilanzen gestaltet werden.

1200 Gemäß § 24 Abs. 4 1. HS i. V. m. § 23 Abs. 3 UmwStG kommt es bei einem Zwischenwertansatz für die weitere Gewinnermittlung zu einer modifizierten Rechtsnachfolge.

Die übernehmende Personengesellschaft tritt in die steuerliche Rechtsstellung des Einbringenden ein. Die Aufstockungsbeträge sind wie nachträgliche Anschaffungskosten zu behandeln. Zu Einzelheiten wird auf Rdn. 832 bis 836 verwiesen.

6.8.3 Gemeiner Wert

Setzt die übernehmende Gesellschaft das eingebrachte Betriebsvermögen – dem 1201
Grundsatz des § 24 Abs. 2 Satz 1 UmwStG folgend – mit dem gemeinen Wert an, ist gem. § 24 Abs. 4 i. V. m. § 23 Abs. 4 UmwStG für ihre weitere Gewinnermittlung zu unterscheiden, ob die Einbringung im Wege der Einzelrechtsnachfolge oder im Wege der Gesamtrechtsnachfolge erfolgte.

Bei der Einbringung im Wege der **Einzelrechtsnachfolge** wird der Einbringungsvorgang für die übernehmende Gesellschaft – den allgemeinen Regeln entsprechend – als (vollentgeltliche) Anschaffung behandelt. Die übernehmende Gesellschaft tritt nicht in die steuerliche Rechtsstellung des Einbringenden ein.

Erfolgt die Einbringung zum gemeinen Wert im Wege der **Gesamtrechtsnachfolge,** tritt die übernehmende Gesellschaft in die steuerliche Rechtsstellung des Einbringenden ein.

Zu Einzelheiten s. Rdn. 844 bis 848.

6.8.4 Einbringungsfolgegewinn

Nach § 24 Abs. 4 UmwStG gilt § 23 Abs. 6 und damit § 6 Abs. 1 und 3 UmwStG ent- 1202
sprechend. Für einen aus der Einbringung entstehenden Konfusionsgewinn (aus der Vereinigung von Forderungen und gegenüberstehenden Verbindlichkeiten in einem Rechtsträger) kann eine gewinnmindernde Rücklage gebildet werden. Siehe auch Rdn. 851 bis 853.

6.9 Veräußerung von (mit-)eingebrachten Anteilen an Kapitalgesellschaften innerhalb von sieben Jahren

Gehören zu dem eingebrachten Betriebsvermögen auch Anteile an Kapitalgesellschaf- 1203
ten und erfolgt die Einbringung unterhalb des gemeinen Wertes, werden stille Reserven in den Kapitalgesellschaftsanteilen auf die Personengesellschaft übertragen. Ist der Einbringende eine natürliche Person, hätte er im Falle einer (vollentgeltlichen) Veräußerung die stillen Reserven im Rahmen des Teileinkünfteverfahrens versteuern müssen. Diese Versteuerung könnte umgangen werden, soweit an der Personengesellschaft Körperschaften als Mitunternehmer beteiligt sind und die Veräußerung der Kapitalgesellschaftsanteile erst nach der Einbringung durch die Personengesellschaft vorgenommen wird. Zur Vermeidung einer missbräuchlichen Ausnutzung des § 8b Abs. 2 KStG ordnet § 24 Abs. 5 UmwStG die entsprechende Anwendung der Regelungen zur Versteuerung des Einbringungsgewinns II nach § 22 Abs. 2, 3 und 5 bis 7 UmwStG an. Zu Einzelheiten s. Rdn. 1011 ff.

1204

ABB. 22: Einbringung in eine Personengesellschaft nach § 24 UmwStG

Steuerliche Folgen des § 24 UmwStG

übernehmende Personengesellschaft:

Bewertung des eingebrachten Betriebsvermögens mit:

Grundsatz:
Gemeinem Wert
§ 24 Abs. 2 Satz 1 UmwStG

auch:

bisher nicht bilanzierte selbst geschaffene immaterielle Wirtschaftsgüter einschließlich des originären Geschäftswerts.

Pensionsrückstellungen sind mit dem nach § 6a EStG ermittelten Wert anzusetzen.

auf Antrag:
Der Antrag ist von der übernehmenden Gesellschaft bei dem für ihre einheitliche und gesonderte Gewinnfeststellung zuständigen Finanzamt bis zur erstmaligen Abgabe ihrer steuerlichen Schlussbilanz zu stellen. Tatsächliche Bilanzierung ist als konkludent gestellter Antrag zu sehen. Änderung oder Rücknahme des Antrags ist unzulässig.

Buchwert oder **Zwischenwert**
§ 24 Abs. 2 Satz 2 UmwStG

Maßgebend ist die Bilanzierung in der Hauptbilanz zuzüglich etwaiger Ergänzungsbilanzen sowie in Sonderbilanzen (für den Teil des eingebrachten Betriebsvermögens, der Sonderbetriebsvermögen wird).

Voraussetzung:

1. Kein Ausschluss und keine Beschränkung des deutschen Rechts hinsichtlich der Besteuerung des eingebrachten Betriebsvermögens.
   Das dt. Besteuerungsrecht verschlechtert sich, wenn
   a) ein uneingeschränktes Besteuerungsrecht durch Anwendung der Freistellungsmethode ausgeschlossen wird.
   b) ein Besteuerungsrecht mit Anrechnungsverpflichtung durch Anwendung der Freistellungsmethode ausgeschlossen wird
   c) ein uneingeschränktes Besteuerungsrecht durch die Anrechnungsverpflichtung (von ausländischen Steuern) beschränkt wird
2. Gemeiner Wert der sonstigen Gegenleistungen übersteigt nicht 25 % des Buchwerts des eingebrachten Betriebsvermögens oder 500.000 €, höchstens den Buchwert.

§ 24 UmwStG ist nur insoweit anzuwenden, soweit der Einbringende als Gegenleistung Gesellschaftsrechte an der übernehmenden Personengesellschaft erhält und dies durch Buchung auf einem seine Gesellschaftsrechte vermittelnden Kapitalkonto zum Ausdruck kommt. Soweit diese Voraussetzungen nicht erfüllt sind, kommen entweder die Regelungen zur Veräußerung (z. B. bei Zuzahlung in das Privat- oder Sonderbetriebsvermögen) oder zur unentgeltlichen Übertragung (§ 6 Abs. 3 EStG), zur verdeckten Einlage oder zur verdeckten Gewinnausschüttung zur Anwendung.

Wertverknüpfung

Einbringender:

Veräußerung eines Betriebs, Teilbetriebs oder Mitunternehmeranteils, § 16 EStG
Ermittlung des Veräußerungs-/Einbringungsgewinns nach § 16 Abs. 2 Satz 1 EStG:

Veräußerungspreis = Wertansatz in der Übernahmebilanz der übernehmenden Gesellschaft einschl. Ergänzungsbilanzen und Sonderbilanz
- Einbringungskosten, die der Einbringende zu tragen hat
- Buchwert der eingebrachten Wirtschaftsgüter
= **Einbringungsgewinn**

Natürliche Person als Einbringender:

Der Einbringungsgewinn unterliegt grundsätzlich nicht der Gewerbesteuer.
Anwendung § 16 Abs. 4, § 34 EStG nur bei Ansatz des Betriebsvermögens mit dem gemeinen Wert

- Soweit der Einbringende an der Personengesellschaft beteiligt ist, gilt der Einbringungsgewinn als laufender Gewinn (das gilt auch für die GewSt)
- lfd. Gewinn ist auch der aus der Einbringung in das Sonderbetriebsvermögen entstehende Gewinn
- § 34 EStG ist nicht anzuwenden, soweit § 3 Nr. 40 EStG zur Anwendung kommt
- § 16 Abs. 4, § 34 EStG sind ausgeschlossen bei Einbringung eines Teils eines Mitunternehmeranteils (Insoweit besteht auch GewSt-Pflicht)
- GewSt-Pflicht bei Einbringung eines fiktiven Teilbetriebs in Form eines 100 %-Anteils an einer Kapitalgesellschaft

Körperschaft als Einbringender:

Der Einbringungsgewinn unterliegt der Körperschaftsteuer und der Gewerbesteuer.

§ 8b Abs. 2 KStG ist zu beachten.

Personengesellschaft als Einbringende:

Grundsätzlich keine GewSt;

§ 7 Satz 2 GewStG ist zu beachten.

6.10 Kontrollfragen

FRAGEN

		Rdn.
1.	Welche Bilanzierungsmöglichkeiten hat die übernehmende Personengesellschaft im Falle einer Buchwerteinbringung?	1050
2.	Unter welchen Voraussetzungen kann eine Beteiligung an einer Kapitalgesellschaft zum Buchwert in eine Personengesellschaft eingebracht werden?	1052, 1060 f.
3.	Ist § 24 UmwStG auch anzuwenden, wenn ein Betrieb als stille Gesellschaftereinlage übertragen wird?	1065 ff.
4.	Wie kann der Erwerb von Gesellschaftsrechten durch den Einbringenden in der Bilanz der übernehmenden Personengesellschaft dargestellt werden?	1072 ff.
5.	In welchem Verhältnis stehen § 24 UmwStG und § 6 Abs. 3 EStG zueinander?	1079
6.	Ist § 24 UmwStG auch auf die „Einbringung" des kompletten Betriebsvermögens in das Sonderbetriebsvermögen der übernehmenden Personengesellschaft anzuwenden?	1085 ff., 1110
7.	Ist die Gründung einer stillen Gesellschaft ein Einbringungsfall i. S. d. § 24 UmwStG?	1114
8.	In welchen Fällen des Gesellschaftereintritts in eine bestehende Personengesellschaft ist § 24 UmwStG anzuwenden?	1116 ff.
9.	Wie ist der Gewinn aus der Aufnahme in ein Einzelunternehmen gegen Zuzahlung in das Privatvermögen des (bisherigen) Einzelunternehmers zu versteuern?	1123 ff.
10.	Mit welchem Wert sind die in das Sonderbetriebsvermögen „eingebrachten" Wirtschaftsgüter zu bewerten?	1157, 1161
11.	Kann ein Betrieb mit einem negativen Eigenkapital zum Buchwert in eine Personengesellschaft eingebracht werden?	1162

KAPITEL 7: DIE KÖRPERSCHAFTSSTEUEROPTION, § 1A KSTG

Kapitel 7: Die Körperschaftssteueroption, § 1a KStG

7.1 Überblick

7.1.1 Hintergrund

Im Jahr 2021 (KöMoG v. 25.6.2021, BGBl 2021 I 2050) hat der Gesetzgeber die sog. Option zur Körperschaftsbesteuerung in § 1a KStG gesetzlich implementiert. Nach § 1a KStG können sich Personengesellschaften, Partnerschaftsgesellschaften und eingetragene Gesellschaften (eGbR) auf Antrag wie eine Kapitalgesellschaft besteuern lassen, ohne, dass auf zivilrechtlicher Ebene ein Rechtsformwechsel stattfindet. 1205

Die Idee hinter diesem Konzept hat eine rechtshistorische Vorgeschichte. Der Gesetzgeber erwog schon vor 25 Jahren ein entsprechendes „Optionsmodell" einzuführen, ohne dass es zur Umsetzung kam (vgl. *Tiede* in Herrmann/Heuer/Raupach, EStG/KStG, Kommentar, 336. Erg.-Lfg. (11/2025), § 1a KStG Rdn. 2; *Hillers/Kahnke*, SteuerStud 2025, 817, 826).

Am 24.3.2021 hat das Bundeskabinett einen ersten Regierungsentwurf eines Gesetzes zur Modernisierung des Körperschaftsteuerrechts (KöMoG) und damit einen ersten Entwurf von § 1a KStG verabschiedet (Br-Drucks. 244/21). Bereits am 21.5.2021 wurde das KöMoG vom Bundestag beschlossen. Der Bundesrat stimmte dem Gesetz am 25.6.2021 zu. Am 30.6.2021 wurde das KöMoG im Bundesgesetzblatt verkündet und trat am 1.1.2022 in Kraft.

Im November 2021 folgte seitens der Finanzverwaltung ein BMF-Schreiben zur Anwendung der Körperschaftsteueroption (BMF v. 10.11.2021, BStBl 2021 I 2212).

7.1.2 Der Telos des § 1a KStG

Die Besteuerung von Unternehmen in Deutschland ist dualistisch ausgeprägt. Personen- und Kapitalgesellschaften unterliegen einem unterschiedlichen ertragsteuerlichen Besteuerungskonzept, was im Einzelfall zu teils erheblichen Abweichungen bei Steuerbelastung und Bürokratieaufwand führen kann (BT-Drs. 19/28656 1; *Tiede* in Herrmann/Heuer/Raupach, EStG/KStG, 336. Erg.-Lfg. (11/2025), § 1a KStG Rdn. 1, 3). Für Personengesellschaften gilt das Transparenzprinzip. Nach diesem werden die durch die Gesellschaft erwirtschafteten Gewinne unmittelbar den Gesellschaftern zugerechnet. Für Kapitalgesellschaften ist das Trennungsprinzip maßgeblich, sie unterliegen als eigenständige Steuersubjekte der Körperschaft- und Gewerbesteuer. Erst im Ausschüttungsfall erfolgt eine Belastung mit der Einkommensteuer (vgl. *Taube*, BB 2025, 471). 1206

Die Vorschrift des § 1a KStG soll vor diesem Hintergrund zur Wahrung von Rechtsformneutralität beitragen. Personengesellschaften soll durch § 1a KStG die Inanspruchnahme derselben ertragsteuerlichen Regelungen wie Kapitalgesellschaften ermöglicht werden (vgl. BT-Drucks. 19/28656 1 f.). 1207

1208 Der Übergang zur Körperschaftsbesteuerung gilt gem. § 1a Abs. 2 Satz 1 KStG als steuerrechtlicher Formwechsel i. S. d. § 1 Abs. 3 Nr. 3 UmwStG. Nach § 1a Abs. 2 Satz 2 KStG sind die §§ 1 und 25 UmwStG entsprechend anzuwenden. Es handelt sich hierbei um einen **Rechtsgrundverweis** und keinen Rechtsfolgenverweis.

7.1.3 Zivilrechtliche Grundlagen

1209 Da § 1a KStG nur einen fiktiven Formwechsel bewirkt, hat die Regelung keine Auswirkung auf das zivilrechtliche Fortbestehen der Personengesellschaft. Die optierende Gesellschaft bleibt auch nach Ausübung der Körperschaftsteueroption zivilrechtlich als Personengesellschaft bestehen. Es finden weiterhin dieselben gesellschaftsrechtlichen und handelsrechtlichen Vorgaben Anwendung (vgl. BMF v. 10.11.2021, BStBl 2021 I 2212, Rdn. 49.). Die Fiktion wirkt nur auf (ertrag-)steuerlicher Ebene.

7.2 Voraussetzungen des § 1a KStG

1210 Nach § 1a Abs. 1 Satz 1 Hs. 1 KStG sind auf unwiderruflichen Antrag für Zwecke der Besteuerung nach dem Einkommen eine Personenhandelsgesellschaft, Partnerschaftsgesellschaft oder eingetragene Gesellschaft bürgerlichen Rechts wie eine Kapitalgesellschaft (optierende Gesellschaft) und ihre Gesellschafter wie die Gesellschafter einer Kapitalgesellschaft zu behandeln. § 1a Abs. 1 Satz 1 Hs. 2 KStG ordnet zudem die sinngemäße Geltung von § 217 Abs. 1 UmwG an.

7.2.1 Antrag

1211 § 1a Abs. 1 Satz 1 HS. 1 KStG verlangt zunächst für die Ausübung der Körperschaftsteueroption einen unwiderruflichen Antrag der optionsberechtigten Gesellschaft.

7.2.1.1. Antragsberechtigung

1212 Gem. § 1a Abs. 1 Satz 1 HS. 1 KStG sind zur Optionsausübung Personenhandelsgesellschaften, Partnerschaftsgesellschaften oder eingetragene Gesellschaften bürgerlichen Rechts berechtigt. Gesetzlich ausgeschlossen sind hingegen nach § 1a Abs. 1 Satz 6 Nr. 1 und Nr. 2 KStG Investmentfonds i. S. d. InvStG sowie Gesellschaften, die nach Ausübung der Option in dem Staat, in dem sich ihre Geschäftsleitung befindet, keiner der deutschen unbeschränkten Körperschaftsteuerpflicht vergleichbaren Steuerpflicht unterliegen.

7.2.1.2 Antragsform und Zuständigkeiten

1213 Der Antrag ist von der antragsberechtigten Gesellschaft unwiderruflich nach amtlich vorgeschriebenem Datensatz über die amtlich bestimmte Schnittstelle elektronisch bei dem für die gesonderte und einheitliche Feststellung der Einkünfte nach § 180 AO zuständigen Finanzamt zu stellen. Erfolgt eine gesonderte und einheitliche Feststellung der Einkünfte nicht, ist der Antrag bei dem für die Einkommensteuer oder Körperschaftsteuer des Gesellschafters zuständigen Finanzamt zu stellen.

Sollte eine antragsberechtigte Gesellschaft ausschließlich Einkünfte erzielen, die dem 1214
Steuerabzug vom Kapitalertrag oder dem Steuerabzug auf Grund von § 50a EStG unterliegen und gilt infolgedessen die Einkommensteuer nach § 50 Abs. 2 Satz 1 EStG oder die Körperschaftsteuer nach § 32 Abs. 1 KStG als abgegolten, ist der Antrag beim BZSt zu stellen (vgl. § 1a Abs. 1 Satz 4 KStG).

7.2.1.3 Antragsfrist

Der Antrag ist spätestens einen Monat vor Beginn des Wirtschaftsjahrs zu stellen, ab 1215
dem die Besteuerung wie eine Kapitalgesellschaft gelten soll (§ 1a Abs. 1 Satz 2 KStG). Abweichend hiervon sieht § 1a Abs. 1 Satz 7 KStG zudem zwei Fallkonstellationen vor, in denen eine Antragstellung bereits mit Wirkung für das bereits laufende Wirtschaftsjahr gestellt werden kann: (Nr. 1) im Falle einer Neugründung bis zum Ablauf eines Monats nach Abschluss des Gesellschaftsvertrags, und (Nr. 2) im Falle eines Formwechsels einer Körperschaft in eine Personengesellschaft bis zum Ablauf eines Monats nach Anmeldung des Formwechsels beim zuständigen Register von der Körperschaft oder der Personengesellschaft.

7.2.2 Gesellschafterbeschluss

Schließlich erfordert die Ausübung der Option den Beschluss einer Gesellschafterver- 1216
sammlung. § 1 a Abs. 1 Satz 1 Hs. 2 KStG verweist hierzu auf § 217 Abs. 1 UmwG. § 217 Abs. 1 UmwG regelt die Mehrheitsverhältnisse, wonach es grundsätzlich eines Gesellschafterbeschlusses mit Zustimmung aller Gesellschafter bedarf. Ein geringeres Quorum kann durch Gesellschaftsvertrag vereinbart werden. Die Mehrheit muss mindestens drei Viertel der abgegebenen Stimmen betragen (vgl. *Tigges-Knümann/Scheerer* in Rödder/Herlinghaus/Neumann, KStG, 2. Aufl. 2023, § 1a KStG Rdn. 41; *Bilitewski* in Haritz/Menner/Bilitewski, UmwStG, 6. Aufl. 2024, § 1a KStG Rdn. 94).

7.2.3 Sachlicher und persönlicher Anwendungsbereich des UmwStG

Gem. § 1a Abs. 3 Satz 1 KStG gilt der Übergang zur Körperschaftsbesteuerung als Form- 1217
wechsel i. S. d. § 1 Abs. 3 Nr. 3 UmwStG. Der sachliche Anwendungsbereich des UmwStG wird damit fingiert. Der persönliche Anwendungsbereich ist hingegen stets zu prüfen. Hintergrund ist, dass § 1a Abs. 3 Satz 2 KStG nicht nur auf § 25 UmwStG, sondern auch auf § 1 UmwStG verweist. Die persönlichen Anwendungsvoraussetzungen ergeben sich aus § 1 Abs. 4 Satz 1 UmwStG (vgl. Rdn. 669 ff.).

Liegen die Voraussetzungen des § 1 Abs. 4 Satz 1 UmwStG nicht vor, ist zwar eine Optionsausübung weiterhin möglich, auf den Übergang zur Körperschaftsbesteuerung sind jedoch das UmwStG und dessen Privilegien nicht anzuwenden (vgl. *Hillers/Kahnke*, SteuerStud 2025, 817, 827).

7.2.4. Entsprechende Anwendung von § 25 UmwStG

7.242.1 Allgemeines

1218 § 1a Abs. 2 Satz 2 KStG ordnet die entsprechende Anwendung von § 25 UmwStG an. Da bei einem Formwechsel einer Personengesellschaft in eine Kapitalgesellschaft gem. § 25 Satz 1 UmwStG die §§ 20 bis 23 UmwStG entsprechend gelten sollen (es handelt sich hierbei nach herrschender Meinung um einen Rechtsgrundverweis.; statt vieler *Tiede* in Herrmann/Heuer/Raupach, EStG/KStG, Kommentar, 336. Erg.-Lfg. (11/2025), § 1a KStG Rdn. 50), bedarf es auch bei der Körperschaftssteueroption einer Prüfung der einzelnen Tatbestandsvoraussetzungen von § 20 Abs. 1 UmwStG (vgl. Rdn. 600 ff.).

§ 20 Abs. 1 UmwStG verlangt die Einbringung eines Betriebs, Teilbetriebs oder eines Mitunternehmeranteils in eine Kapitalgesellschaft und die Gewährung neuer Anteile an der Gesellschaft (Sacheinlage) an den Einbringenden.

Einbringungsgegenstand sind, wie beim echten Formwechsel, die Mitunternehmeranteile (vgl. BMF v. 10.11.2021, BStBl 2021 I 2212, Rdn. 28), die durch die Mitunternehmer der optierenden Personengesellschaft (als Einbringende) einzubringen sind. Ein Mitunternehmeranteil ist eine gesellschaftsrechtliche Beteiligung an einer betriebliche Einkünfte erzielenden Personengesellschaft, bei der der Gesellschafter als Mitunternehmer anzusehen ist. Es kann sich dabei um eine Beteiligung an allen als Personengesellschaft einzustufenden Personenzusammenschlüssen handeln (vgl. Rdn. 636).

Neue Anteile entstehen entweder durch die **Gründung einer Kapitalgesellschaft** (oder einer Genossenschaft) oder durch die **Erhöhung des Nennkapitals** einer bereits bestehenden Kapitalgesellschaft (vgl. Rdn. 647). Das Merkmal Gewährung neuer Anteile wird durch § 1a Abs. 3 Satz 1 KStG als erfüllt angesehen. Danach gilt die Beteiligung an einer optierenden Gesellschaft für Zwecke der Besteuerung nach dem Einkommen als Beteiligung eines nicht persönlich haftenden Gesellschafters an einer Kapitalgesellschaft (ebenso *Berg/Schnabelrauch* in Widmann/Mayer, Umwandlungsrecht, 219. Erg.-Lfg. (4/2025), § 1a KStG Rdn. 161).

7.2.4.2 Sonderbetriebsvermögen

1219 Die entsprechende Anwendung von § 20 UmwStG erfordert, dass der Mitunternehmeranteil gegen Gewährung neuer Anteile auf die Kapitalgesellschaft oder Genossenschaft übergeht. Dabei ist zu beachten, dass der Begriff des Mitunternehmeranteils i. S. d. § 15 Abs. 1 Satz 1 Nr. 2 EStG (ggf. i. V. m. § 13 Abs. 7 oder § 18 Abs. 4 Satz 2 EStG) nicht nur den Anteil des Mitunternehmers am Vermögen der Gesellschaft (Gesamthandsvermögen), sondern auch Sonderbetriebsvermögen des Mitunternehmers umfasst. Sind Wirtschaftsgüter des Sonderbetriebsvermögens als funktional wesentliche Betriebsgrundlage zu qualifizieren, müssen diese in die Kapitalgesellschaft (oder Genossenschaft) eingebracht werden. Das Sonderbetriebsvermögen der Mitunternehmer geht allerdings nicht automatisch über, so dass es insoweit eines gesonderten zivilrechtlichen Übertragungsakts bedarf, um einen Buch- oder Zwischenwertansatz nach § 20 UmwStG zu ermöglichen (vgl. BMF v. 10.11.2021, BStBl 2021 I 2212, Rdn. 32). Andernfalls führt der fiktive Formwechsel nach § 1a KStG zwingend zu einer Aufdeckung der stillen Reserven.

Auch Wirtschaftsgüter des **Sonderbetriebsvermögens II** können funktional wesentliche 1220
Betriebsgrundlagen sein. Das gilt z. B. für die Anteile der Kommanditisten einer GmbH & Co. KG an der Komplementär-GmbH (H 4.2 Abs. 2 „Anteile an Kapitalgesellschaften" 7. Tiret EStH). Allerdings sieht § 1a Abs. 2 Satz 2 Hs. 2 KStG ausdrücklich vor, dass allein die Zurückbehaltung der Beteiligung an einer Komplementärin der optierenden Gesellschaft die Anwendung des § 20 Abs. 2 UmwStG nicht ausschließt und mithin nicht schädlich ist.

7.3 Wertansatz

Aus § 1a Abs. 2 Satz 2 KStG i. V. m. § 25 Satz 1 UmwStG i. V. m. § 20 Abs. 2 Satz 1 1221
UmwStG folgt, dass das eingebrachte Betriebsvermögen grundsätzlich mit dem gemeinen Wert anzusetzen ist. Hieraus folgt die Aufdeckung sämtlicher im eingebrachten Betriebsvermögen enthaltenen stillen Reserven. Allerdings sieht § 1a Abs. 2 Satz 2 KStG i. V. m. § 25 Satz 1 i. V. m. § 20 Abs. 2 Satz 2 UmwStG die Möglichkeit vor, unter bestimmten Voraussetzungen das eingebrachte Betriebsvermögen abweichend zum Buchwert oder sog. Zwischenwert anzusetzen. In diesen Fällen besteht folglich ein Bewertungswahlrecht. Zur Ausübung des Bewertungswahlrechts bedarf es allerdings zwingend nach § 20 Abs. 2 Satz 2 UmwStG der Stellung eines Antrags und es müssen die Voraussetzungen des § 20 Abs. 2 Satz 2 Nr. 1 bis 4 UmwStG kumulativ erfüllt sein (vgl. Rdn. 702 ff.).

7.4 Ertragsteuerliche Folgen für den Einbringenden

Aus Sicht der einbringenden Mitunternehmer erfolgt eine entgeltliche Veräußerung ih- 1222
rer jeweiligen Mitunternehmeranteile. Der Wert, mit dem die übernehmende Gesellschaft das eingebrachte Betriebsvermögen ansetzt, gilt für den Einbringenden gem. § 1a Abs. 2 Satz 2 KStG i. V. m. § 25 Satz 1 UmwStG i. V. m. § 20 Abs. 3 Satz 2 UmwStG als Veräußerungspreis und als Anschaffungskosten der Gesellschaftsanteile. Der Wertansatz bei der übernehmenden Gesellschaft entscheidet folglich über die steuerliche Behandlung der Einbringung des Mitunternehmeranteils beim Einbringenden. Die Ermittlung des Einbringungsgewinns (vgl. Rdn. 729 ff.) richtet sich grundsätzlich nach den regulären Vorschriften für die Veräußerung von Betriebsvermögen. § 20 UmwStG hat als lex specialis Vorrang jedoch vor der allgemeinen Vorschrift des § 16 EStG.

Die optierende Gesellschaft wird ertragsteuerlich wie eine Kapitalgesellschaft behandelt. Auf diese sind insbesondere grundsätzlich alle Regelungen insbesondere die des KStG, EStG, GewStG, SolZG, AStG und des UmwStG, die für alle Kapitalgesellschaften unabhängig von ihrer spezifischen Rechtsform gelten, anzuwenden (vgl. BMF v. 10.11.2021, BStBl 2021 I 2212, Rdn. 50). Rechtsfolge der Option ist auch, dass bestehende Verlust- und Zinsvorträge der Personengesellschaft untergehen (vgl. *Wackerbeck* in Brandis/Heuermann, Ertragsteuerrecht, 178. Erg.-Lfg. (8/2025), § 1a KStG Rdn. 52). Dies gilt auch für den Zinsvortrag und einen EBITDA-Vortrag sowie für Verluste nach § 15a und § 15b EStG. Ferner unterliegen Nachversteuerungspflichtige Beträge nach § 34a Abs. 3 EStG infolge der Optionsausübung der Nachversteuerung nach § 34a Abs. 6 Satz 1 Nr. 2 EStG (vgl. BMF v. 10.11.2021, BStBl 2021 I 2212, Rdn. 47, 48).

1223 § 1a Abs. 3 KStG regelt die steuerlichen Folgen für die einbringenden Gesellschafter der optierenden Gesellschaft. § 1a Abs. 3 Satz 1 KStG stellt ergänzend klar, dass die Beteiligung an einer optierenden Gesellschaft für Zwecke der Besteuerung nach dem Einkommen als Beteiligung eines nicht persönlich haftenden Gesellschafters an einer Kapitalgesellschaft gilt (vgl. BT-Drs. 19/28656 23; *Wackerbeck* in Brandis/Heuermann, Ertragsteuerrecht, 178. Erg.-Lfg. (8/2025), § 1a KStG Rdn. 71; *Hillers/Kahnke*, SteuerStud 2025, 817, 828).

Hierbei sind insbesondere die Besonderheiten im Hinblick auf die Besteuerung bei den Gesellschaftern der optierenden Gesellschaft zu beachten (eingehend hierzu *Brühl/Weiss*, DStR 2021, 945, 946 ff.). Beim Gesellschafter nach § 1a Abs. 3 Satz 2 Nr. 1 KStG durch das Gesellschaftsverhältnis veranlasste Einnahmen führen aufgrund des Besteuerungswechsels (weg von der transparenten Mitunternehmerbesteuerung hin zur Besteuerung nach dem Trennungsprinzip) zu Einkünften aus Kapitalvermögen nach § 20 Abs. 1 Nr. 1 EStG. Tätigkeitsvergütungen führen nach § 1a Abs. 3 Satz 2 Nr. 2 KStG nicht mehr zu Sondervergütungen i. S. d. § 15 Abs. 1 Satz 1 Nr. 2 Satz 1 EStG, sondern zu Einkünften i. S. d. § 19 EStG (Einkünfte aus nichtselbstständiger Arbeit). Entsprechendes gilt für Vergütungen für gewährte Darlehen (Nr. 3) und Vergütungen für die Überlassung von Wirtschaftsgütern (Nr. 4), die vor Ausübung der Option zu Einkünften aus Gewerbebetrieb § 15 Abs. 1 Satz 1 Nr. 2 EStG gehört haben und infolge der Option zu Einkünften i. S. d. § 20 Abs. 1 Nr. 7 oder Abs. 2 Satz 1 Nr. 7 EStG bzw. zu Einkünften i. S.v. § 21 oder § 22 EStG führen (vgl. BT-Drucks. 19/28656 23). Dies gilt nach § 1a Abs. 3 Satz 4 KStG jedoch nur, soweit entsprechende Einnahmen bei einem Gesellschafter einer Kapitalgesellschaft nicht anderen Einkunftsarten zuzurechnen wären.

In den Fällen des § 1a Abs. 3 Satz 2 Nr. 2 KStG gilt die optierende Gesellschaft als lohnsteuerlicher Arbeitgeber, sodass entsprechende Lohnsteuerabzugsverpflichtungen zu beachten sind *(vgl. Grashoff/Mach* in Grashoff/Mach, Grundzüge des Steuerrechts, 16. Aufl. 2023, Rdn. 231a.).

§ 1a Abs. 3 Satz 6 KStG bestimmt zudem, dass unabhängig vom Bestehen einer handels- oder gesellschaftsrechtlichen Buchführungspflicht, zwingend eine Gewinnermittlung durch Bestandsvergleich zu erfolgen hat (vgl. *Wackerbeck* in Brandis/Heuermann, Ertragsteuerrecht, 178. Erg.-Lfg. (8/2025), § 1a KStG Rdn. 75). Die Einnahmenüberschussrechnung i. S. d. § 4 Abs. 3 EStG als Gewinnermittlungsart ist bei einer optierenden Gesellschaft gesetzlich ausgeschlossen.

7.5 Einbringungszeitpunkt und steuerliche Rückwirkung?

Nach § 1a Abs. 2 Satz 3 KStG gilt als Einbringungszeitpunkt das Ende des Wirtschaftsjahrs, das dem Wirtschaftsjahr i. S. d. §1a Abs. 1 Satz 2 KStG unmittelbar vorangeht. 1224

Eine steuerliche Rückbeziehungsmöglichkeit, wie sie in § 25 Satz 2 i. V. m. § 9 Satz 3 UmwStG normiert ist, gibt es im Rahmen von § 1a KStG nicht. Die Anwendung von § 9 Satz 3 UmwStG ist ausdrücklich nach § 1a Abs. 3 Satz 3 Hs. 2 KStG ausgeschlossen. Eine Optionsausübung ist damit grundsätzlich nur mit Wirkung für die Zukunft möglich. Abweichend hiervon lässt § 1a Abs. 1 Satz 7 KStG allerdings zumindest in zeitlicher Hinsicht eine gewisse Art der Rückbeziehung zu. In den in § 1a Abs. 1 Satz 7 Nr. 1 und 2 KStG genannten Fällen kann ein Antrag auf Optionsausübung mit Wirkung für das bereits laufende Wirtschaftsjahr gestellt werden. 1225

7.6 Sperrfrist nach § 22 UmwStG

Im Zuge der Optionsausübung ist ferner die Vorschrift des § 22 Abs. 1 Satz 1 1. HS UmwStG zu beachten. § 22 Abs. 1 Satz 1 Hs. 1 UmwStG regelt eine siebenjährige Sperrfirst. Liegen die Voraussetzungen nach § 22 Abs. 1 Satz 1 Hs. 1 UmwStG vor (Veräußerung erfolgt innerhalb von sieben Jahren nach der Einbringung und die veräußerten Anteile wurden durch eine Einbringung unter dem gemeinen Wert erworben), ist nach § 22 Abs. 1 Satz 1 Hs. 2 UmwStG ein Einbringungsgewinn I zu ermitteln und rückwirkend im Wirtschaftsjahr der Einbringung als Gewinn des Einbringenden zu versteuern (vgl. Rdn. 855, 861 ff.). Eine Sperrfristverletzung kommt dabei sowohl bei Ausübung der Option als auch bei Beendigung der Option in Betracht (vgl. BMF v. 10.11.2021, BStBl 2021 I 2212, Rdn. 46, 98). 1226

7.7 Rückoption

Die Beendigung der Körperschaftsbesteuerung und damit die Rückkehr zur transparenten Besteuerung (sog. Rückoption) ist in § 1a Abs. 4 KStG geregelt (ausführlich zur Rückoption und deren Folgen *Brühl/Weiss*, DStR 2021, 945, 950 ff.) Diese kann entweder im Wege eines Antrags erfolgen oder kraft Gesetzes eintreten (vgl. BMF v. 10.11.2021, BStBl. I 2021 2212, Rdn. 90 ff.). § 1a Abs. 4 Satz 3 KStG bestimmt, dass für die Antragstellung im Hinblick auf eine Beendigung dieselben Grundsätze wie bei der erstmaligen Ausübung der Option gelten. Per Gesetz kann die Option zunächst nach § 1a Abs. 4 Satz 4 KStG ausgelöst werden, wenn die Voraussetzungen zur Optionsausübung nach § 1a Abs. 1 KStG wegfallen. Ferner kommt es zu einer Rückoption kraft Gesetzes nach § 1a Abs. 4 Satz 5 und 6, wenn die optierende Gesellschaft infolge des Ausscheidens des vorletzten Gesellschafters als aufgelöst gilt. Schließlich löst die Umwandlung einer optierenden Gesellschaft in eine Körperschaft eine Beendigung der Option kraft Gesetzes nach § 1a Abs. 4 Satz 7 KStG aus (vgl. BMF v. 10.11.2021, BStBl 2021 I 2212, Rdn. 92). Die Rückoption gilt wiederum als Formwechsel nach § 1 Abs. 1 Satz 1 Nr. 2 UmwStG (auch im Rahmen der Rückoption ist die Rückwirkungsmöglichkeit des § 9 Satz 3 UmwStG explizit ausgeschlossen, vgl. § 1a. Abs. 4 Satz 2 KStG). 1227

7.8 Exkurs: Problemfelder

1228 In praktischer Hinsicht hat die Vorschrift des § 1a KStG derzeit nur recht wenig Relevanz, da viele steuerliche Folgen, die durch die Inanspruchnahme von § 1a KStG ausgelöst werden, derzeit noch ungeklärt sind. Dies ist insbesondere auf die hybride Stellung der optierenden Gesellschaft zurückzuführen.

7.8.1 Optierende Gesellschaften im internationalen Steuerrecht

1229 Insbesondere im internationalen Steuerrecht wirft die Körperschaftsteueroption Fragen auf. Zwei der zentralen Problemfelder werden nachfolgend näher betrachtet.

7.8.1.1. Anwendung der Mutter-Tochter Richtlinie

1230 Ob optierende Gesellschaften die Mutter-Tochter Richtlinie (Richtlinie 2011/96/EU DES RATES v. 31.11.2011, ABl. EU 2011 Nr. L 345 S; nachfolgend nur noch „MTRL") in Anspruch nehmen können, ist strittig. Die MTRL zielt darauf ab, von Tochtergesellschaften an ihre Muttergesellschaften geleistete grenzüberschreitende Gewinnausschüttungen von Quellensteuern zu befreien, um eine Doppelbesteuerung auf Ebene der Muttergesellschaft zu vermeiden (vgl. auch *Böhmer* in Mössner/Oellerich/Valta, KStG, 6. Aufl. 2024, § 1a KStG Rdn. 72).

Die Anwendung der MTRL verlangt in persönlicher Hinsicht, dass sowohl Mutter- als auch Tochtergesellschaft kumulativ drei Voraussetzungen nach Art. 2 Buchst. a i) bis iii) MTRL erfüllen: i) die Gesellschaft muss eine der in Anhang I Teil A der MTR aufgeführten Formen aufweisen, ii) die Gesellschaft muss nach dem Steuerrecht eines Mitgliedstaats in Bezug auf den steuerlichen Wohnsitz als in diesem Mitgliedstaat ansässig und aufgrund eines mit einem dritten Staat geschlossenen Doppelbesteuerungsabkommens in Bezug auf den steuerlichen Wohnsitz nicht als außerhalb der Union ansässig betrachtet werden und iii) die Gesellschaft muss ferner ohne Wahlmöglichkeit einer der in Anhang I Teil B aufgeführten Steuern oder irgendeiner Steuer, die eine dieser Steuern ersetzt, unterliegen, ohne davon befreit zu sein.

Die Finanzverwaltung (BMF v. 10.11.2021, BStBl. I 2021 2212, Rdn. 52) und Teile der Literatur (vgl. z. B. *Grotherr*, Ubg 2021, 568, 571; *Tiede* in Herrmann/Heuer/Raupach, EStG/KStG, 336. Erg.-Lfg. (11/2025), § 1a KStG Rdn. 10; *Tigges-Knümann/Scheerer*, in: Rödder/Herlinghaus/Neumann, KStG, 2. Aufl, 2023, § 1a KStG Rdn. 16) lehnen eine Anwendung der MTRL mit der Begründung ab, dass letztere Voraussetzung (Art. 2 Buchst. a iii) MTRL) nicht erfüllt sei, da optierenden Gesellschaften eine Wahlmöglichkeit zuständen.

Die Gegenauffassung in der Literatur (vgl. z. B. *Förster*, IStR 2022, 109, 114 f.; *Mögele/Steiner/Ullmann*, IStR 2023, 377, 380 ff.; *Müller*, NWB 2022, 241, 246; *Prinz/Ekinci*, FR 2023, 552, 553 ff.; *Prinz*, FR 2022, 61, 64) geht hingegen von einer Anwendung der MTRL aus und argumentiert, dass auch die optierende Gesellschaft eine Gesellschaft

i. S. v. Art. 2 Buchst. a iii) MTRL sei. Der optierenden Gesellschaft stehe, anders als von bestimmten Stimmen angenommen, eine Wahlmöglichkeit nicht zu.

7.8.1.2. Verhältnis zum Abkommensrecht

§ 1a KStG trifft keine Regelung über die abkommensrechtliche Behandlung von optierenden Gesellschaften. 1231

Abkommensberechtigt sind gem. Art. 1 Abs. 1 OECD-MA Personen, die in einem Vertragsstaat oder in beiden Vertragsstaaten ansässig sind. Der Begriff „Person" wird in Art. 3 OECD-MA bestimmt. Hierzu gehören gem. Art. 3 Abs. 1 Buchst. a OECD-MA auch Gesellschaften; in Art. 3 Abs. 1 Buchst. b OECD-MA wird der Begriff der „Person" im abkommensrechtliche Sinne als juristische Personen oder Rechtsträger definiert, die für die Besteuerung wie juristische Personen behandelt werden.

Die Finanzverwaltung (BMF v. 10.11.2021, BStBl 2021 I 2212, Rdn. 54) geht davon aus, dass die optierende Gesellschaft für die Zwecke der Anwendung eines DBA „ein Rechtsträger, der für die Besteuerung wie eine juristische Person behandelt wird", ist und damit die abkommensrechtlichen Voraussetzungen einer „Gesellschaft" entsprechend Art. 3 Abs. 1 Buchst. b OECD-MA (zumindest aus inländischer Sicht) erfüllt. Hat die optierende Gesellschaft ihren Ort der Geschäftsleitung im Inland, ist diese in Deutschland unbeschränkt steuerpflichtig. Damit würde sich eine Ansässigkeit entsprechend Art. 4 Abs. 1 OECD-MA im Inland ergeben und mithin eine Abkommensberechtigung.

Probleme können in den Fällen auftreten, wenn der ausländische Vertragsstaat aufgrund einer anwenderstaatsorientierten Auslegung eine optierende Gesellschaft mit deutscher Geschäftsleitung weiterhin als transparente Einheit und als nicht abkommensberechtigt ansieht (Art. 3 Abs. 2 OECD-MA) (vgl. hierzu z. B. *Förster*, IStR 2022, S. 109, 113).

7.8.2 Ertragsteuerliche Organschaft

Einigkeit zwischen der Literatur (vgl. z. B. *Dreßler/Kompolsek*, Ubg 2022, 1, 10; *Mayer/Käshammer*, NWB 2021, 1300, 1308; *Schiffers/Jacobsen*, DStZ 2021, 348, 353) und der Finanzverwaltung (BMF v. 10.11.2021, BStBl. I 2021 2212, Rdn. 55) besteht darüber, dass eine optierende Gesellschaft unabhängig von der Art ihrer Tätigkeit Organträgerin i. S. v. § 14 Abs. 1 Satz Nr. 2 Satz 2 KStG sein kann. 1232

Ob die optierende Gesellschaft auch Organgesellschaft sein kann, ist hingegen umstritten. Der Wortlaut von § 1a KStG schweigt zu dieser Frage. Die Finanzverwaltung (BMF v. 10.11.2021, BStBl 2021 I 2212, Rdn. 55) als auch Teile in der Literatur (vgl. z. B. *Wacker/Krüger/Levedag/Loschelder* DStR-Beih 2021, 3, 17) erkennen die optierende Gesellschaft als Organgesellschaft nicht an. Dies wird damit begründet, dass die optierende Gesellschaft weder von § 14 von § 17 KStG erfasst sei (so etwa *Wacker/Krüger/Levedag/Loschelder* DStR-Beih 2021, 3, 17). Die Finanzverwaltung stützt ihre Ansicht darauf, dass optierende Gesellschaften keinen Gewinnabführungsvertrag in eintragungspflich- 1233 tiger Form abschließen können, und verweist auf einen Beschluss des OLG München vom 8.2.2011 (31 Wx 2/11, ZIP 2011, 526).

Andere Stimmen in der Literatur (etwa *Bochmann/Bron* NZG 2021, 613, 615; *Liekenbrock* DB 2021, 2111, 2112) sind der Ansicht, dass auch eine optierende Gesellschaft Organgesellschaft sein kann und tatbestandlich von § 17 KStG erfasst sei. Insbesondere komme es auf eine etwaige Eintragung nicht an.

7.9 Kontrollfragen

FRAGEN

		Rdn.
1.	Wann ist die Vorschrift des § 1a KStG in Kraft getreten?	1205
2.	Welche zivilrechtlichen Folgen hat der fiktive Formwechsel des § 1a KStG?	1209
3.	Welche Voraussetzungen sind für die Antragstellung nach § 1a KStG zu beachten?	1211 ff.
4.	Welche Folgen ergeben sich, wenn der persönliche Anwendungsbereich des UmwStG nach § 1 Abs. 4 UmwStG für den fiktiven Formwechsel nicht eröffnet ist?	1217
5.	Was ist Einbringungsgegenstand beim fiktiven Formwechsel nach § 1a KStG?	1218
6.	Welche Folgen hat der fiktive Formwechsel nach § 1a KStG für den Einbringenden?	1222 f.
7.	Kann der fiktive Formwechsel nach § 1a KStG mit steuerlicher Rückwirkung erfolgen?	1224 f.
8.	Sind nach einem fiktiven Formwechsel nach § 1a KStG zu Buch- oder Zwischenwerten etwaige umwandlungssteuerrechtliche Sperrfristen zu beachten?	1226

STICHWORTVERZEICHNIS

(Es sind jeweils die Randnummern – Rdn. – angegeben.)

F

G

V

W

Z